演讲是人类历史发展过程中产生的一枚瑰宝

演讲与口才知识

白虹——编著

江西美术出版社
全国百佳出版单位

图书在版编目（CIP）数据

演讲与口才知识 / 白虹编著 . -- 南昌 : 江西美术
出版社, 2018.5
ISBN 978-7-5480-5073-5

Ⅰ . ①演… Ⅱ . ①白… Ⅲ . ①演讲 - 基本知识②口才
学 - 基本知识 Ⅳ . ① H019

中国版本图书馆 CIP 数据核字 (2018) 第 026176 号

出 品 人：周建森
责任编辑：陈军 廖静
责任印制：谭勋

演讲与口才知识　白虹 编著

出 版：江西美术出版社
社 址：南昌市子安路 66 号 邮编：330025
电 话：0791-86566274
发 行：010-88893001
印 刷：三河市双峰印装有限公司
版 次：2018 年 5 月第 1 版
印 次：2018 年 5 月第 1 次印刷
开 本：850mm × 1180mm 1/32
印 张：22
ISBN：978-7-5480-5073-5
定 价：39.80 元

前言
PREFACE

十八世纪美国最伟大的科学家、发明家，著名的政治家和文学家富兰克林曾经说过："说话和事业的进展有很大关系，是一个人力量的主要体现。你如出言不逊，跟别人争辩，那么，你将不可能获得别人的同情、别人的合作、别人的助力。"说话是一门学问，同生活中其他学问一样，学得好的人能够轻松自如地面对生活；唯一与其他学问不同的是，学不好，不能放弃，转道其他，因为人不可能不说话，说话是人生存的根本。对于说话，古今中外的远见卓识者历来都给予了高度的重视。"一言可以兴邦，一言可以丧邦""一言之辩，重于九鼎之宝；三寸之舌，强于百万之师"等古语，把国之兴亡与舌辩的力量紧密联系起来，充分揭示了说话的巨大的社会作用。

随着人们越来越热衷于说话的修炼和培养，口才学一跃成为当今世界十分走俏的一门学问，而它的前身，或者另外一种形式或分支——演讲学，则是一门更古老的学问。在中世纪前的中国、古埃及、古希腊、古罗马、古巴比伦、古印度等具有悠久历史文明的古国，演讲已成为普遍的社会现象。人类自有演讲以来，演讲活动一直绵延不绝，方兴未艾。究其重要原因，就是演讲有着强烈而广泛的社会作用，有着不可估量的社会价值和极其深远的历史意义。通过演讲，可以祛邪扶正，形成正确的舆论，促进社会文明发展。通过演讲，能培养民众高尚美好的情感，促进人类文明建设。通过演讲，能唤起民众的行动和实践。同时，演讲对个人的作用同样是巨大的，它能促进个人综合能力的发展。演讲者必须促使自己不断提高和完善，只有具备精深的思想，渊博的知识，丰富的经验，敏锐的观察力，敏捷的思维力，准确的判断力，迅速的应变力和较强的记忆力，才有可能在台上口若悬河，仪态优雅，扣人心弦，处变不惊，赢得鲜花、掌声和荣誉。

美国著名教育专家卡耐基非常强调口才的重要性，他说：“假如你的口才好……可以使人家喜欢你，可以结交好的朋友，可以开辟前程，使你获得满意的结果……有许多人，因为他们善于辞令，因此而擢升了职位……有许多人因此而获得荣誉，获得了厚利。你不要以为这是小节，你的一生，有一大半的影响，是由于说话艺术。”进入21世纪，人们对口才的重视达到了前所未有的高度。有没有良好的口才和演讲能力，已作为衡量一个人素质的基本标准之一，这些几乎在每一个人的命运里都扮演着十分重要的角色。就拿面试来说，现在国内外大小公司，已把面试作为人才招聘的必要途径，其中有大多行业尤其看重口试。在这种情况下，“口才”这门课程在许多高校已经属于必修课。总之，演讲与口才无疑是一个人追求成功、提高生活品味的一种不可替代的武器，演讲与口才已经成为放之四海、随处可用的特别通行证。

鉴此，我们组织编写了这部《演讲与口才知识》。本书共分为演讲和口才两部分，从技术角度和实践应用两方面切入，教会大家如何演讲、如何说话。在充分展示口才巨大威力的基础上，将理论与实践相结合，以通俗易懂的语言深入浅出地论述了演讲与口才的艺术，是迄今为止内容最全面、技巧最丰富、方法最实用、应用最广泛的演讲与口才知识读物。

本书的最大特点是有实例有论述，不因有论无证而无操作性，也不因有证无论而没有内涵。从理论上，讲述了演讲与口才的重要性、提高技巧的途径和方法；在实践上，指导读者如何进行各种类型演讲前的准备工作，如何掌控听众的情绪，如何处理现场的突发状况，如何在日常、职场、情场、商场中游刃有余，说好难说的话等。同时还以生动具体的事例向读者展示了同陌生人、上司、客户、朋友和爱人的沟通艺术，以及在求职面试、求人办事、谈判调解、宴会应酬、主持会议、探病聚会等场合的说话艺术。本书融知识性、趣味性、理论性和实用性于一体，是一本不可多得的演讲与口才方面的专业书籍，既可以给这方面的爱好者提供借鉴，也可以给专业人员提供参考，尤其是开设语言课程的大中院校的学生，更值得一读。

阅读本书，让你轻松面对尴尬、获取提升机会、扩大交际范围，在不同的场合、面对不同的人群，说好想说的话，说好难说的话，提高说话技巧，改变一生命运。

目录
CONTENTS

上部　演讲

理论篇

第一章　什么是演讲

第一节　演讲的概述……003

一、演讲的概念……003

二、演讲的条件……004

三、演讲的主要表达手段……006

第二节　演讲的特点和功能……007

一、演讲的特点……007

二、演讲的功能……009

第三节　演讲的目的……012

第二章　演讲的类型

第一节　演讲的分类……014

一、从演讲内容上分类……014

二、从演讲的表达形式上分类……015

第二节　政治演讲……016

范文：奥巴马竞选演讲 016
第三节 经济演讲 018
范文：在全乡经济工作会议上的讲话 018
第四节 军事演讲 021
范文：一旦出击，必歼顽敌 022
第五节 学术演讲 022
范文：发生认识论（节选） 023
第六节 法律演讲 034
范文：支持“物种起源”的学说 034
第七节 道德演讲 036
范文：种族隔离制度绝无前途 036
第八节 礼仪演讲 039
范文：主持词 039

技巧篇

第一章 演讲前的准备

第一节 注意仪表和风度 040
一、面带微笑可拉近同听众的距离 040
二、得体的穿着可以给听众留下一个良好的印象 043
第二节 注意演讲的姿态 050
一、手势的配合 050
二、用眼睛表达自己 053
三、摆正体姿 055

第二章 演讲前的语音训练

第一节 发声能力训练 059
一、不同的语调带有不同的意义 060
二、如何在演讲中运用突兀语言 060
三、怎样用顿歇技法推进情感 061
四、演讲有声表达如何科学运气 062
五、学会使用语气来表达不同的意义 063
六、有活力的声音才能吸引听众 065
七、发音是建立良好沟通的第一步 066
八、不要让声音尖锐刺耳 067
九、节奏适中有助于听众理解 068
十、准确地把感情色彩表现出来 069
十一、不要用鼻音说话 069
第二节 普通话能力训练 070
一、吐字要清晰准确 070
二、语调要准确 072
三、语言能力的练习 073
四、有声语言怎样正确练声 074
五、有声语言怎样清晰咬字 075
六、普通话训练 076
第三节 朗读能力训练 078
一、朗读的作用 078
二、朗读训练法 080

三、朗读中常见的问题 081

第三章 掌控听众的情绪

第一节 使演讲深入人心 085

一、研究听众的需求 086

二、分析听众的心理 087

三、和听众套近乎 088

四、征服听众的方法 089

五、选择亲身经历过的事情作为话题 090

第二节 使听众关注演讲 091

一、声东击西 091

二、投石问路 093

三、欲正故谬 094

四、欲实先虚 094

第三节 使演讲具有兴奋点 095

一、满足求知欲的话题 095

二、刺激好奇心的话题 095

三、与听众利益密切相关的话题 096

四、有关信仰和理想的话题 096

五、娱乐性话题 096

第四章 演讲词的准备

第一节 演讲稿的作用 097

一、减少妄说，避免出丑 097

二、引发灵感，如有神助 098
三、抛砖引玉，博采众长 099
四、“有恃无恐”，百战不殆 099
五、演讲稿可以限定演讲进度 100
第二节 演讲稿的现场感 100
一、利用不同的演讲稿风格来加强演讲稿的现场感 100
二、利用蒙太奇的效果增强现场感 105

第五章 设计演讲的内容

第一节 搜集资料 106
一、收集材料的原则 106
二、有计划查阅、研究相关资料及找他人求教 109
三、采访的技巧 112
四、演讲材料的收集范围和具体方法 113
第二节 整理资料 116
一、整理资料的原则 117
二、正确安排要点的方法 120
第三节 演讲写作 123
一、为什么说演讲词要亲自写 123
二、演讲稿应如何选题 124
三、演讲稿应如何选材 125
四、演讲题目应怎样确定 125
五、演讲稿的选词原则有哪些 126
六、演讲稿的炼句技巧有哪些 127

七、演讲稿中的修辞……128
八、语气规范和谐……131
九、演讲稿如何引用史料……132
十、演讲稿中怎样巧用俗语……133
十一、演讲稿如何巧用幽默……134
十二、演讲中如何巧用数据……135
第四节 演讲语言运用的分寸……136
一、开玩笑的分寸……136
二、批评的分寸……138
三、说服与劝阻的分寸……141
四、拒绝过分提问的分寸……145
五、化解矛盾冲突的分寸……147
六、摆脱窘境讲尺度……149
七、打破僵局有分寸……151
第五节 抒情型演讲……153
第六节 叙事型演讲……156
一、叙事型演讲的基本要求……158
二、叙事型演讲的声腔处理……160
第七节 议论型演讲……160
一、议论型演讲的“三要”……162
二、议论型演讲的基本要求……163

第六章 演讲的开头和结束

第一节 演讲的酝酿……165

第二节 演讲的开场……167
一、以故事开头……167
二、开门见山……168
三、幽默的开场白……169
四、引用的开场白……169
五、抒情的开场白……169
六、演讲注意承上启下……170
第三节 演讲的悬念设置……170
第四节 演讲的自我介绍……171
第五节 演讲的进行……172
一、演讲应怎样设置称谓……173
二、营造逼真生动的语言环境……175
三、运用排比技巧表达各种情感……175
四、怎样才能增强情感的力度……177
五、演讲中如何巧妙朗诵诗文……178
六、演讲时如何用例……180
七、演讲中正反用例有何技巧……181
八、如何委婉表达演讲稿……182
九、怎样使演讲带上幽默感……182
十、怎样准确把握演讲稿中的概念……183
十一、怎样把演讲设计得错落有致……183
十二、如何处理篇幅长的演讲稿……185
十三、演讲中如何巧施客套话……186

十四、如何在演讲过程中表达情感……186
十五、演讲时如何进行情感迁移……187
第六节 演讲的风格……188
一、男性演讲者应追求什么样的演讲风格……188
二、女性演讲者应追求什么样的演讲风格……189
第七节 演讲的结束……191
一、常用方法……192
二、绝妙诱人的结尾……193
三、高潮式、总结式和余韵式的结尾……194
四、格言式、号召式和呼吁式的结尾……195
五、引述式、幽默式和赞颂式的结尾……196
六、运用祝福语……197

第七章 演讲现场的技巧

第一节 情感沟通的技巧……199
一、训练有素不留痕……199
二、全力以赴，争取好感……201
三、把握听众心理的技巧……202
第二节 控制场面的技巧……206
一、表达自己的技巧……206
二、旁征博引的技巧……207
第三节 身体语言的技巧……210
第四节 演讲中的语言技巧……215

第八章 突发状况的处理

第一节 如何面对自身失误 223
一、主动调侃自己 223
二、找个化解尴尬的“台阶” 224
第二节 如何面对刁难者 226
一、仿拟话语 226
二、歧解语义 226
三、以毒攻毒 227
四、巧借比喻 229
五、装聋作哑，糊涂到底 229
第三节 如何面对冷场 230
一、要学会拓展话题的领域 230
二、巧妙析姓辨名 231
三、风趣接话转话题 232

应用篇

第一章 竞选、竞聘演讲

第一节 竞选演讲的适用范围 233
第二节 竞选演讲稿的写作要求 234
一、竞选演讲稿的结构 234
二、竞选演讲稿的特点 235
第三节 竞聘演讲的适用范围 235
第四节 竞聘演讲稿的写作方法 236

一、竞聘演讲稿的开头方法……236
二、竞聘演讲稿的结尾方法……237
第五节 竞选、竞聘演讲的注意事项……238
一、目标的明确性……238
二、内容的竞争性……238
三、演讲的技巧性……238
四、实事求是，言行一致……239
五、调查研究，有的放矢……239
六、谦虚诚恳，平和礼貌……239
七、竞职演讲“五忌”……239
第六节 竞选、竞聘演讲如何吸引听众……240
一、从听众的兴趣入手……240
二、先达共识，再提请求……240
三、争取获得听众的理解……241

第二章 就职演讲

第一节 就职演讲的适用范围……242
第二节 就职演讲稿的特征……242
一、对症……242
二、真挚……243
三、简洁……243
四、真实……243
第三节 就职演讲的作用……243
一、有督促干部实践诺言的作用……243

二、有提高干部素质的作用……243
三、有树立威信的作用……244
四、有自我约束作用……244
五、有桥梁纽带作用……244
第四节 就职演讲稿的写作要求……244
一、标题……244
二、称谓……244
三、正文……244
四、落款……245

第三章 述职演讲

第一节 述职演讲的适用范围……246
第二节 述职演讲稿的写作要求……246
一、充分反映出自己在任期内的工作实绩和问题……246
二、实事求是地评价自己……247
三、抓住重点，突出个性……247
四、述职演讲稿的写法……247
第三节 述职演讲的主要特征……249
一、述职演讲的目的……249
二、述职演讲的作用……249
三、述职演讲的种类……249
第四节 述职演讲的注意事项……250
一、有鲜明的个性……250
二、报喜也要报忧……251

三、做到全面与重点相结合……251
四、以叙述为主，兼用议论……252
第五节 述职演讲的实际应用……252
范文：党组书记述职演讲……252

第四章 离职演讲

第一节 离职演讲的适用范围……260
第二节 离职演讲稿的写作要求……260
一、开头……260
二、主体……260
三、结尾……261
第三节 离职演讲的注意事项……261

第五章 面试演讲

第一节 面试演讲的适用范围……263
一、职位面试……263
二、公务员面试……264
第二节 面试演讲的内容要求……265
一、面试演讲的主要内容……265
二、自我介绍应避免的问题……265
三、自我介绍的要点……267
第三节 面试演讲的注意事项……270
一、扬长避短，向完人靠拢……270
二、用幽默化解紧张气氛……271
三、两难问题折中答……272

四、薪水问题小心谈……274
第四节 面试演讲需用的技巧……278
一、足够的简历备份……278
二、面试礼仪的充分准备……278
三、要提早到……279
四、尊重遇到的每一个人……279
五、留心自己的身体语言……279
六、完整地填妥公司的表格……279
七、展示你勤奋工作及追求团体目标的能力……279
八、给出有针对性的回答和具体的结果……279
九、不要害怕承认错误……280
十、若时间允许的话，阐述过去业绩的成就……280
十一、说明你的专长和兴趣……280
十二、清楚自己的交际用语……280
十三、准备问题向面试者询问……280

第六章 开幕、闭幕演讲词

第一节 开幕词的适用范围……281
一、开幕词的特点……281
二、开幕词的种类……281
第二节 开幕词的写作要求……282
一、标题……282
二、称谓……282
三、正文……282

四、结尾……283
第三节 闭幕词的适用范围……283
一、总结性……283
二、概括性……283
三、号召性……283
四、口语化……284
第四节 闭幕词的写作要求……284
一、闭幕词的组成……284
二、正文……284
第五节 开幕词的实际应用……285
范文：晚会开幕词……285
第六节 闭幕词的实际应用……286
范文：运动会闭幕词……286

第七章 欢迎、答谢演讲词

第一节 欢迎词的适用范围……288
第二节 欢迎词的写作要求……289
第三节 欢迎词的注意事项……290
第四节 欢迎词的详细分类……290
第五节 欢迎词的特点……291
第六节 答谢词的适用范围……291
第七节 答谢词的写作要求……292
第八节 答谢词的注意事项……293

第八章 祝酒词、祝贺词

第一节 祝酒词的适用范围……295
第二节 祝酒词的写作方法……295
第三节 祝酒词的注意事项……298
第四节 祝酒词的主要特点……299
第五节 祝酒词的不同类型……300
一、婚礼祝酒词……300
二、生日祝酒词……309
三、就职祝酒词……311
第六节 祝贺词的适用范围……312
第七节 祝贺词的注意事项……312

第九章 纪念、悼念词

第一节 纪念词的适用范围……313
第二节 纪念词的写作要求……313
第三节 纪念词的注意事项……314
第四节 悼念词的适用范围……315
第五节 悼念词的写作要求……315
第六节 悼念词的注意事项……316
第七节 纪念词的实际应用……316
范文：在殉国将士葬礼上的演说……316
第八节 悼念词的实际应用……318
范文：汶川地震哀悼演讲稿……318

第十章 节日演讲词

第一节 节日演讲的适用范围……320

第二节 节日演讲词的写作要求……320

第三节 节日演讲的实际应用……321

范文：元旦节演讲……321

第十一章 校园演讲词

第一节 校园演讲的适用范围……323

第二节 校园演讲的作用……324

第三节 校园演讲词的实际应用……326

范文：比尔·盖茨哈佛演讲……326

下部 口才

理论篇

第一章 口才的重要性

社交场合，善言者胜……337

求职面试，三分人才，七分口才……340

好口才把你送上没有天花板的职场舞台……343

无硝烟的商业战场，口才是必备武器……347

第二章 拥有好口才的七个规则

克服人性中的弱点……349

借别人的经验鼓起自己的勇气……351

明确并记住自己的目标……353

树立成功的信念 356
积极的心理暗示 359
培养自信心 361
拥有坚强的意志力 363

第三章 说话高手的六项训练

让对方多说话 366
不要和别人争论 369
永远不要指责他人的错误 372
勇敢地承认自己的错误 378
使对方一开始就说“是” 381
牢记他人的名字 384

第四章 好口才的基本原则

实现有效交谈很重要 388
根据对方决定说话策略 389
什么场合说什么话 393
说话要注意方法 396
话要说到点子上 398
关键时刻停三秒 400

第五章 造说话风格的基础训练

声音：一开口就与众不同 403
修辞：让话语更有分量 407
体态：无声语言是有声语言的辅助 410

形象：让别人更容易接受……414
真诚：言之有理，言之有物……417
心理：相信自己一定能说好……419
反馈：洞察对方心理的能力……422
准备：尽量熟悉要说的内容……425

第六章　日常说话的八个误区

沉默不见得永远是金……429
随声附和最没特点……431
别板着面孔说话……434
说话不能太直接……436
不懂装懂只能显得更无知……439
喋喋不休不等于口才好……441
无谓的争论只会大伤和气……443
短话长说就是太啰唆……445

技巧篇

第一章　说服对方的艺术

说服从“心”开始……448
诱导对方多说“是”，达到劝服目的……451
软硬兼施，恩威并重……454
保持缄默的说服力……457
绕个圈子表达——旁敲侧击……460
以谬制谬，巧劝服……464

第二章 提问的艺术

问话热身，消除冷状态……468
锲而不舍，由浅及深问到底……471
留心关键，反复提问……473
反复催问，不给对方拖延之机……475
他人之口问出的真言……476
动机性问题引蛇出洞……478
智力比拼：同一问题多人考量……480
问话跷跷板：两难问题里的权衡之计……482
请求式问话：温和开头好办事……483
只是询问，绝不强求……485
高明的问话参谋，强过武断决策者……487
头脑博弈：策略性问题揣测端倪……488
尊重式提问，巧用倾听……490
销售提问的四大诀窍……491
“设套”在先，问话里的博弈密语……493
经商问话5法则……494

第三章 高效沟通的策略和技巧

从双方投机的话题谈起……496
善于倾听别人说话……498
按六个步骤表达意思……502
恰当地提问……505
避免沟通中可能犯的十种过失……508

掌握应对抱怨的技巧 512
用请求不用命令 515
十种方法说“不” 518
批评也要讲艺术 524
恰到好处地作出回答 527
冷静地处理冲突 531

第四章 谈判的艺术
谈判要讲究策略 535
谈判前要做好细节准备 538
必要的时候可以妥协退让 541
在谈判中应该适当地提问 545
掌握谈判中的应答技巧 547
谈判中如何拒绝 550

第五章 幽默的艺术
以其人之道，还治其人之身 554
活学活用 556
拿自己开开玩笑 558
声东击西的幽默法 560
反常规的类比幽默 563
拒绝伪幽默 566
反向求因 571
比他更荒谬 574

随心所欲地歪解……578
婉言曲说成幽默……582

应用篇

第一章 情爱说话术

如何赢得异性的喜爱……586
千哄万哄哄到她心软……589
如何回答女孩的“魔鬼问题”……592
如何向心仪的对象说“我爱你”……594
甜言蜜语让爱情更上一层楼……597
婚姻生活切忌唠叨不休……601
抱怨的话如何说才不会引起丈夫的反感……604
永远不要用强迫的语言……606
用鼓励代替指责和批评……608
经常谈心可以滋养婚姻……611
别动不动以离婚相威胁……614

第二章 日常交际说话艺术

真诚换真心……616
闲聊是深交的前奏曲……620
给朋友面子……622
当不幸者需要安慰时……626
不做“小喇叭”……629
关心是相互的……630

穿朋友的鞋子 633
微笑交流 635
舍得道歉 638

第三章 职场中的交谈艺术

对领导说话不卑不亢 641
对领导有意见婉转说 642
和上司有分寸地开玩笑 644
嘴上要突显上司身份 645
怎样成功说服老板为自己加薪 648
遭遇批评后如何巧妙辩驳 650
汇报工作要有章法 652
在玩笑中指出领导的错误 655
拒绝老板有理由 656
无事也要多请教 659

第四章 商战推销术

推销时的说话艺术 661
推销中的应变技巧 665
用提问引起客户的兴趣 667
推销员的说服技巧 669
不同年龄的顾客的应对方法 672

上部 演讲

理论篇

第一章
什么是演讲

第一节　演讲的概述

一、演讲的概念

什么是演讲?也许大家的第一反应就是——用嘴说话。但是只要仔细想想，就会发现演讲和讲话有很大的区别。抗日战争时期，经常有些爱国人士、学生会在人潮汹涌的地方，面向听众，凭借自己的口才，运用有声语言和态势语言的艺术手段阐明道理、抒发感情、发表个人见解，感召听众，这是我们所熟悉的演讲。其实早在古希腊时期游吟诗人荷马，游走于希腊各地传唱特洛伊战争中英雄们的事迹；我国的大思想家孔子也是周游列国，推广他的学说，劝告各国诸侯……它们在形式上都是所谓的演讲。

所以演讲和说话的区别应该在于，演讲一般是因疑作答、寻根问底、明辨是非、释疑解惑、阐明观点。而说话，是人们的自言自语，日常的寒暄聊天，或者一般性的个别交谈。

首先，演讲是一种语言，这种语言不单纯地等同于书面用语也不单纯等同于口语，它既兼有书面用语的正式，又具有口语的特点和感染力。

其次，演讲的目的往往是发表见解、阐明道理。

再次，演讲是一个互动的过程，演讲是面对听众的讲话，在演讲现场演讲者与听众进行着信息交流和感情互动，这样就形成了一个特定的时空情境。

最后，为了打动人心，演讲具有一定的表演成分，演讲者在演讲过程中，要借助相应的艺术手段增强演讲感染力。

但要注意的是，演讲不能单纯地表演，在传递信息的时候，要用表演来演绎和阐释演讲的目的。不能单纯朗读，“演”与“讲”在演讲实践活动中，是以“讲”为主，以“演”为辅，互相交织、互相渗透、互相促进的统一。在这里“讲”是起主导作用，起决定因素的，而“演”则必须建立在“讲”的基础上，否则它就失去了存在的意义。

所以我们可以给演讲下这样一个定义：演讲是一种对众人有计划、有目的、有主题，系统的、直接的带有艺术性的社会实践活动。亦可被视为“扩大的”沟通。

二、演讲的条件

演讲是在社会实践的直接需求下产生的一种活动，它是一种人与人之间的公共交往，在这样的交往中，人们在展开的各种活动如政治活动、经济活动、科学文化活动以及其他种种社会交往活动中，必然要发表见解，提出主张，释疑解惑，抒发感情，以达到说服人、感染人、教育人、激励人的目的。

（一）演讲作为一种社会实践活动，具有现实性和艺术性

人们在开展这种活动时，无论是演讲者、主持者抑或是听众，都有自己的目标指向和心理定式，都十分重视演讲的实际效果。就演讲者来说，当然力求当场感召听众，说服听众，达到其预定的目的和任务。就听众而言，从社会价值观念出发，同样也希望从演讲中获得知识和启示。至于演讲主持者，本来就承担有根据特定的目的对演讲活动进行组织和安排的任务，更希望演讲活动各方面协调，圆满成功，达到最佳的实际效果。

一场富有吸引力的好的演讲，不仅可以生动地反映生活，揭示真理，帮助人们正确认识客观规律，同时也可以培养人们美好的道德情操，促进人们奋发向上，给人以强烈的美的享受。演讲活动所发挥的认识作用、教育作用、美感作用，正是社会实践的直接需求，同时，这本身也正是实实在在的社会现实生活，具有直接的现实指导意义。

演讲，不仅是一种现实性的社会实践活动，而且是一种带有艺术性的社会实践活动。科学通过生动的逻辑思维使人认识抽象的真理，艺术往往通过形象使人认识真理。在演讲活动中，演讲者为了最大限度地达到自己的目的，使听众心悦诚服，精神振奋，必须做到“晓之以理，动之以情，喻之以利，导之以行”。为此，常常要借助于戏剧、音乐、绘画、相声、小说、诗歌等多种文学艺术手段为其服务。当然，它虽然具有多种文学艺术形式的一些特点和因素，但它毕竟不同于小说、诗歌、戏剧、音乐、绘画、雕塑等文学艺术现象。文学艺术作品常常运用典型化手法，形象地间接地反映社会生活，其本身并不等于现实生活；而演讲则是直接地表现生活，其本身直接体现着现实生活内容。

（二）演讲必须在特定的时空环境中进行

所谓“特定时空环境”，一般指的是演讲者和听众处在一定的时间和空间环境中，如“街头演讲”，演讲者与听众同时处在街头；“法庭论辩演讲”，演讲者与听众同时处在法庭的氛围之中。

一般说，演讲活动都要有相应的场合、相应的听众、适当的布置、合适的讲台、良好的音响效果和一定的时限。一定的时空环境反作用于演讲，制约着演讲的内容、语言和表情动作等等。一旦时空环境发生转移和变化，演讲的内容、语言和表情动作等也必须随之转移和变化，以适应新的时空环境。在科学飞跃发展的今天，时空观念发生了离异性变化，时间在超强度地缩短，空间在奇迹般地扩大。

广播、电视拓宽了人们的空间范围，同时也缩短了人们的时间差距。运用广播、电视可以把不同时间、不同地点的演讲者和听众组合起来，使传统的演讲出现了新的发展和突破。如广播电视演讲，从表面上看，听众、观众并未直接与演讲者处在同一时间和同一环境中，但从根本上仍是处在特定的时空环境中，演讲者仍然必须有强烈的现场感，宛若置身于听众之中，也要考虑听众对演讲的情绪反映和态度评价，尽管各种反映和评价不一定立即在现场流露出来。

因为在设置着麦克风和摄像机的演播室内演讲，本身也就是处于特定的时空环境中，从客观的角度来讲，任何一个演讲者都无法逃脱他所处的时代环境对他的制约，离开了这些，演讲也就失去了它的存在价值。

（三）演讲必须依托语言来展开

语言是人们彼此交流思想以达到互相了解的一种极其重要的交际工具，人类社会生产的任何方面，都直接或间接以语言为工具。有声语言就是演讲活动中传递信息、表达思想最主要的媒介和物质表达手段，它是演讲者思想感情的载体，以流动的方式，运载着演讲者的主张、见解、态度和感情，将其传达给听众，从而产生说服力、感召力，使听众受到教育和鼓舞。离开了口语表达，就无所谓演讲。要达到以理服人、以情感人、以智育人、使听众心领神会的效果，演讲者的语言必须流畅易懂，富有魅力。

好的有声语言不仅准确清晰、圆润和谐，而且绚丽多彩、生动有趣，以其跌宕起伏、音义兼美的艺术魅力，形成一种境界，使言辞的表现力和声音的感染力均达到最佳的状态。

三、演讲的主要表达手段

演讲顾名思义，就是有演还要有讲。“讲”是讲明道理，诉说对某一问题的看法。“演”是借助声音、表情、动作来加强演讲的生动性。演讲以讲为主，以演为辅，运用有声语言，加上动作、体态和表情，巧妙结合，通过这样的方式来强调自己的观点看法，加强演讲的力度和感染力，是每个演讲者都会做的事情，所以，演讲的主要表达手段，我们可以概括为：声音表达、态势表达和形象表达。

1. 声音

一般来说，声音是构成演讲的基本条件。声音是演讲活动最主要的表达手段。声音承载演讲者的思想和情感，直接传达到听众的耳朵，因为听众是直接听到演讲者的声音，所以要求演讲者吐字准确清晰、声音圆润清亮、语音语调具有节奏性、语气富有感情色彩。

2. 态势

态势是指演讲者的姿态动作、手势眼神以及表情等表演活动。

演讲者通过形体动作辅助声音的工具，来传达演讲者的思想和感情，直接传达给听众的视觉器官。它可以加强声音感染力和表现力，弥补声音的不足。它要求演讲者动作准确到位、自然协调、个性鲜明。

3. 形象

形象是指演讲者的容貌体型、衣冠服饰以及举止神态等方面。

主体型象的好坏、美丑，直接影响听众在视觉方面的欣赏感受和演讲者思想感情的表达。它要求演讲者在符合演讲思想感情的前提下，注意装饰朴素得体，举止神态优雅，风度翩翩，仪态大方，给听众一个视觉美的外部形象，使听众产生倾听的欲望。

第二节　演讲的特点和功能

一、演讲的特点

作为一个演讲者，一定要对整个演讲活动负起责任，因为，演讲者是演讲活动的主体部分，在整个演讲过程中，起着主导地位，而听众始终处于接受地位。因此真正意义上的演讲是一个个性化的活动，它体现了一个人的个人魅力，是一个人的性格、气质、形态、口才的综合反映。

（一）演讲是真实的活动

一些演讲者站在讲台上时，虽然侃侃而谈，旁征博引，有时还能插入一些令人捧腹的俏皮话，说理透彻明白，但是如果没有体现出个人的特点，一样无法激起听众热烈的反响。反之，如果一个演讲者讲的虽然都是具有乡土气息的朴实的语言，但是这些语言中，包含了真情实感，这也会成为一个感人的演讲。

正是因为这样，演讲的一个首要特性就是真实性。

演讲是一种现实活动，它是面向公众、面向社会的，虽然演讲中可以有一些表演的成分，但究其根本，都是为了达成演讲者通过对社会现实的判断和评价，直接向广大听众公开陈述自己的主张和看法的一种手段。

（二）演讲中可适当地加入一些艺术效果

虽然演讲是事实的产物，但是演讲的目的简单来说就是使人认同自己的观点，所以，在演讲的过程中可以加入一些现实活动的艺术。

演讲为了达到启迪心智、感人肺腑的目的，需要借助一些艺术的表现手段创造艺术感染力。演讲的艺术性在于它使得演讲具有了文学特征、朗诵艺术色彩和富有感召力的体态语言，这样就形成了统一的整体感和协调感。也就是说，演讲中的各种因素，例如语言、声音、表演、形象、时间、环境等，形成一种相互依存、相互协调的美感。同时，演讲还具备着戏剧、曲艺、舞蹈、雕塑等艺术门类的某些特点，演讲与这些因素融为一体，就形成了具有艺术感的演讲活动。

（三）演讲具有鼓动人心的力量

我们知道，人们通过演讲活动来宣传真理，统一思想，赢得支持，从而引导他人。尤其在战争年代和政治斗争中，演讲活动一向被喻为是进行宣传教育、政治斗争的有力武器。

所以演讲需要使得听众产生感情上的共鸣，没有鼓动性，就不成为演讲。在演讲中，演讲者需要用自己的形象、语言、情感、体态以及演讲词的结构、节奏、情节等去引发听众的共鸣，以此来抓住听众的心。可以说，鼓动性是演讲是否成功的一个重要标志。

（四）演讲是人们日常生活中的一种工具

演讲从最初的面对公众讲话，演变到今天已经成了一门单独的学科，它是人们交流思想的工具。

现今社会中人们的任何思想、任何学识、任何发明和创造，都可以借助演讲这个工具来传播。可以说，演讲是最经济、最实用、最方便的传播工具。

（五）演讲可以针对明确的目标

演讲是一种社会活动，它所面对的听众也是社会的成员。因此，演讲应具有社会现实的针对性，能够针对特定的人群、问题展开，取得公众的认同。

演讲者的观点来源于对现实社会生活的归纳和提炼，只有这样，演讲才有说服力、感召力，才能引人深思，发人深省。

演讲的观点明确，泾渭分明，容不得一点沙子。演讲，要求旗帜鲜明，主题显露；赞成什么，提倡什么，反对什么，泾渭分明，毫不含糊。

（六）演讲能够适应任何环境

演讲是人们为了表达自己观点的一种活动，所以它能包括的内容也是包罗万象，社会生活事无巨细，古今中外纵横千里，它适合于男女老幼，不同背景、文化层次、职业、身份、种族、阅历的所有人；同时，它不受时空、设备等限制，可以随时随地进行。因此，演讲是具有很强适应性的宣传教育形式之一。

二、演讲的功能

演讲虽然也是讲话的一种，但是和我们日常的讲话是完全不同的。我们日常的讲话，是人们为了交流思想、联络感情、协调行动而说的。这样的讲话，都是人们你一言我一语地讨论。并且日常的讲话，对于逻辑性的要求并不高，人们的交谈是相互地交织进行，所以是散漫的、随意的。

但是演讲就不同，它具有明确的逻辑性和目的性。需要演讲者的精心准备，它是由演讲者、听众两部分组成的。

（一）演讲在演讲者和听众之间建起联系

正如我们之前说到的一样，演讲时有演讲者把自己的观点和看法系统地统合到一起，有计划、有组织传达给听众，在演讲的过程中除了设计好的互动之外，基本上是不需要听众插话的。即使是我们熟悉的辩论赛，也是一个人一个人的阐述，中途一般是不能被打断的。

在这样特殊的模式中，演讲者和听众、听众和听众、听众和演讲者之间就形成了多种多样的联系，这是传播的必然发展。

这些多种多样的联系，也以各种不同的形式展现在了听众和演讲者的面前。听众可以在这些表现之中找到感情的共鸣，同时便于听众理解和记忆演讲的内容。演讲者在台上滔滔不绝地发表演讲时，他的思想感情、举止神态都直接作用于听众，听众接收到这些信息，或欣然赞许，开怀大笑；或心存疑义，无动于衷；或惊或喜，或悲或叹，都会在现场流露出来。

而对于演讲者，这样的联系，可以使他随时确认演讲的进度和效果，对于听众对演讲的情绪反映和态度评价，会自然地反馈给演讲者，为其所察觉。所以一个成功的演讲者能够协调与听众的关系，使他的演讲具有吸引力，演讲就可望成功。

（二）演讲是一种典型的传播活动

我们知道一个传播活动必须是这样：

介质

传播者　　受众

介质

传播源通过一定的介质将所要传递的消息传递给他的目标受众，而受众在得到消息后再将他的想法、感情通过一定的渠道反馈给传播者，这样传播者就知道了他是否得到了他的预期效果。

所以说演讲是一个典型的传播过程，是演讲信息循环流通的过程。

在这个过程中，演讲者通过声音、体态、形象的特殊的媒介，将演讲信息传达给听众，听众在得到这些信息之后，必然会出现一定的反应，高兴、悲伤或者漠不关心等等。

显然，要使演讲顺利进行，必须使各方面联系和各个环节有效地连接，密切配合。尊重演讲的传播性，尊重听众才能更好地完成演讲。

（三）演讲者独白的语言要具有准确性和生动性

我们在上面说过，演讲是一种靠演讲者独白来打动听众、感染听众的传播方式，没有了互动、交谈，就避免了内容的杂乱不统一，可以使得演讲者能够明确地阐述自己的观点，但是同样是因为这样，在演讲中要注意语言的准确、清晰和生动。

就像教师讲课一样，是要将全新的内容使得学生了解、掌握。这就要求演讲者必须通过自身的有声语言材料和相应的体态语言来逐条逐款层层展开。要讲清思想观点的来龙去脉，就不是三言两语可以奏效的。

因此，演讲者的语言必须经过认真组织、仔细斟酌、要有着很强的内在逻辑。

开头要精彩，引人入胜，结尾要恰到好处，耐人寻味。而中间部分要求层次清楚，论点明确，完美地将自己和听众的情绪推向高潮；同时运用叙事、抒情、说理等多种方式将自己的论证做到天衣无缝。如何以其深刻的思想性和精巧的文采美来吸引听众、感染听众，拨动听众的心弦，弹奏出最动听的乐曲，这一切都要求演讲者苦心构思，巧妙结合。

演讲者这种独白式的言态表达方式，又是有声语言和体态语言的结合体，它要求语言、声音、眼光、动作、姿态有机地结合，浑然一体，做到吐词准确、语调动听、表情丰富、动作适度、仪态大方、感情充沛，使人产生一种“思风发于胸臆，言泉流于唇齿”的美感。因此，它必须遵循一定的美学原则，讲究音韵、修辞、气度等等，具有一定的艺术色彩。总之，一次成功的演讲，其语言必须具备以下要素：措辞准确，声调清晰，体态得当，感情真挚，结构完美。

值得说明的是：演讲虽然是艺术化的独白式的言态表达，但这种“艺术化”有一定的“度”，它是受现实活动的目的和效果制约的有限的艺术，实际上只是一种手段性的艺术，如同技能技巧一般。如果超越了这个“度”，就把演讲搞成评书、单口相声或诗朗诵一般，那就不伦不类，失去了演讲的真实性。评书、单口相声、诗朗诵虽然也是“一人讲，众人听”，但是它们属于艺术范畴，是艺术活动，是艺术活动中的言态表达形式；而演讲是现实活动，“它是现实活动的言态表达艺术，而不是艺术活动的言态表达。”

（四）演讲是一种常用工具

在我们的生活中，演讲是无处不在的，政治、经济、军事、外交、法律，也无论是学术、理论、宗教、道德或其他社会问题，都可以成为演讲的题材，帮助演讲者发表自身的意见和看法。

同时，演讲不像文字和书籍，要求受众具有一定文字和文学功底，不论是老、中、青、少，还是工、农、兵、学、商，只要具有听讲能力，都能成为演讲听众。

演讲对于场地的要求也不高，电台、电视台、礼堂、课堂、广场，甚至街头巷尾，只要是有人流的处所都能成为演讲的场地。

因而，它能紧密地配合形势，适应现实任务的多种需要，及时地开展宣传鼓动、就职施政、争取民众、发号施令、激励斗志、传道授业、答疑解惑、布置任务、安排生产等等活动。事实上，演讲是最经济、最灵便、最直接、最有效、最实用的宣传教育形式之一。

第三节　演讲的目的

第一次世界大战之后，帝国主义操纵巴黎工会逼迫中国签署不平等条约，这样的行为使得北京大学等众多高校的学生愤慨，他们游行、示威、公开演讲。

这时期的演讲的目的非常明确，要求取消“二十一条”、拒绝签字，“外争国权，内惩国贼”。通常演讲都具有以下几种目的：

（一）使更多人了解演讲的信息

演讲是一种传播活动，它的主旨就是：演讲者说明、解释或阐明有关人或事或物的某些状况或特征等，使听者理解、明白演讲者传递的信息。

在这样的传播活动中，演讲者不能支配听众的想法和感情，只能传达自己的目的和感情。

（二）使更多人信服接受演讲的信息

这是演讲的目的进一步发展，在演讲将信息传达出去后，他的工作并没有完成，他要确保他的目的和希望能够被听众接受和理解。这要靠演讲者在观察听众的神态、表情等信息来判断。

（三）使人们按照演讲的要求行动起来

这是在前两种基础上产生的一种更高阶段的演讲，这个阶段听众们已经完全接受了演讲的内容，并把演讲者的要求贯彻到了行动当中去。演讲的目的是影响听者的举止，影响其去做某件事或停止做某件事。在这类演讲中，演讲者首先要使听者明白和接受自己的思想、观点、建议，然后，必须以某种激情呼吁的方式，支配或驱策听者的行为，使其按照演讲者提出或传达的要求去行动。

（四）使人们从演讲中得到激励和鼓励

在这类演讲中，演讲者的目的一般不是要影响听者的思想、信念，而主要是企图更强烈、更深刻、更动人地再现听者已经具有的思想、观点、感情、愿望、信念等，使听者的思想感情得到进一步升华和强化，从而受到鼓舞和激励。在“使人激”演讲中，演讲者必须使自己成为听者的代言人，全面通晓、真挚地表达出听者的思想感情。此外演讲者还应当要求自己成为能对听者进行引导的长者。可以说，“使人激”演讲是演讲技艺的顶峰，一些彪炳史册的著名演说，如林肯的葛底斯堡演说、恩格斯在马克思墓前的讲话、丘吉尔首相的就职演说等，都是“使人激”演讲的成功范例。“使人激”演讲与“使人动”演讲有着极其密切的联系，真正能“使人激”的演讲必先能“使人动”。

第二章

演讲的类型

第一节　演讲的分类

每次演讲的主题、形式、内容、观众都不尽相同，所以每次演讲前，演讲者都要煞费苦心地根据这次演讲的实际情况来制定相应的对策，而对演讲的分类能够帮助演讲者更加了解自己要做的演讲是什么。

对于演讲的分类，我们可以从内容和表达形式两个方面来讨论。

一、从演讲内容上分类

1. 政治演讲

政治演讲就是指具有鲜明思想、逻辑清楚的一种演讲，它具有强烈的感染力以及鼓动性，其目的就是尽可能多地吸引人们的兴趣，拉拢更多的人站在自己的阵营。

2. 经济演讲

所谓经济演讲就是在经济的环境中，对于如何发展自己、推销自己，或者是对于整体经济环境进行研究和探讨。

3. 学术演讲

学术演讲一般是学者或者研究人员对于自己的研究成果进行讲解，其目的是为了加强公众对于一些专业性比较强的内容的理解和认识。

4. 法律演讲

法律是国家或地区用来规定人们行为的一种规范，而法律演讲则是从事与法律相关的行业的专业人士对于各种事件的辩论、研究的演讲。

5. 宗教演讲

在宗教国家中，宗教演讲是生活中非常重要的一个组成部分，它的目的是规范人们的行为。

二、从演讲的表达形式上分类

主要有命题演讲、即兴演讲和论辩演讲等。

1．命题演讲

所谓命题演讲，就像学生们的命题作文。演讲者所要演讲的内容不能随心所欲、按照自己的意愿来选择题目，命题演讲由别人拟定题目或演讲范围。

对于这样给定的演讲题目，有些正好是演讲者熟悉的，这样演讲者往往得心应手，但是对于一些演讲者不熟悉或者不太涉及的题目，演讲者就要经过一定时间的准备后再做演讲。

命题演讲包含两种形式：全命题演讲和半命题演讲。

全命题的演讲题目，大多是由组织演讲的单位指定的，这样的命题，通常多是某些活动而准备的，所以它主题鲜明、针对性强、内容稳定、结构完整。

半命题演讲题目，给予演讲者的自由要大得多，这种演讲只是划定了一个大概的范围，在这个范围内，演讲者可以根据自己的喜好再细致划分。

2．即兴演讲

即兴演讲指演讲者在演讲前毫无准备的情况，因为一些临时突发的情况，主动或者被动发表的演讲。这是因为当我们面对一些场面、情境、事物、人物等情况时，经常会临时起兴发表的演讲冲动，例如婚礼祝辞、欢迎致辞、丧事悼念、聚会演讲等。

这样的演讲因为没有详细的准备，所以在逻辑上难免会有所缺失。所以它要求演讲者要紧扣主题，抓住由头，迅速组合，言简意赅。

3．论辩演讲

最常见的论辩演讲就是我们最常见的辩论赛，因为有人与人的互动性，所以要求演讲者具有非常强的应变能力和逻辑性。两方或两方以上的人们因对某个问题产生不同意见而展开面对面的语言交锋都是论辩演讲的代表。在某些方面他和即兴演讲有些相似。但是它比即兴演讲更难些，因为它不但要有即兴演讲的能力，还要同时应对各种提问和质疑。

第二节　政治演讲

政治演讲顾名思义，凡是为了一定的政治目的，出于某种政治动机，就某个政治问题以及与政治有关的问题而发表的演讲。它包括外交演讲、军事演讲、政府工作报告、各种会议上的总结报告、政治评论、就职演说、集会演讲、宣传演讲等。

范文：奥巴马竞选演讲

你好，芝加哥

美国是一个一切皆有可能的地方，如果还有人对这一点心存怀疑，如果还有人怀疑美国奠基者的梦想在我们时代是否还有活力，还有人怀疑我们民主制度的力量，那么，你们今晚正是对那些疑问作出了回答。

在学校和教堂周围所出现的前所未有的长队是答案，这个国家从未见过这么多的人前来投票，人们排三四个小时的队来进行有生以来的第一次投票，因为他们相信这一次将会不同，他们发出的声音可能就是那个差别。

这是一个年轻人和年老人、富人和穷人、民主党人和共和党人、黑人、白人、西班牙裔人、亚裔、印第安人、同性恋和异性恋、残障人士和健全人士所作出的回答。美国人向世界发出一个信息：我们从不只是一些个人的累加或者“红色州”和“蓝色州”的累加。

我们是，我们永远是美利坚合众国。

这是一个引导人们的答案，太多的人在很长的时间内给他们说这个答案，以至于他们对此持愤世嫉俗的态度，对我们是否可以再一次把握历史的希望感到担心和怀疑。已经过去了很长时间，但是今晚，由于我们今天在这场选举所采取的行动，在这个决定性的时候，变革来到了美国。

今晚早些时候，我接到来自参议员麦凯恩的一个特别有风度的电话。麦凯恩在这场选战中进行了长期和艰苦的努力，他为这个他所爱的国家战斗了更长的时间，作出了更艰苦的努力。他为美国承受了我们中的大多数人无法想象的牺牲。由于这位勇敢和无私的领导人的服务，我们的生活变得更好。

我向他表示祝贺，我向佩林州长表示祝贺，向他们所取得的成果表示祝贺，我盼望与他们共事以继续这个国家在未来岁月的承诺。

我想感谢我在竞选旅程的伙伴，一位用心竞选的男士，一位为和他一起在斯克兰顿街头一同长大的男人和女子代言、经常坐火车回特拉华州的男士，美国当选副总统拜登。

如果没有我过去16年最好的朋友、我们家庭的中坚、我生命中的挚爱,我今天晚上不可能站在这里,美国下一位第一夫人米歇尔·奥巴马。

萨沙和马莉娅，我爱你们，我对你们的爱超出了你们的想象。你们已赢得了新的宠物狗，它将和我们一起前往新的白宫。

尽管她没能和我们在一起，但我知道，我的祖母和养大我的家人在看着我，我今晚很想念他们，我知道我欠他们的东西是无法计量的。我的妹妹马娅、我的姐姐奥玛，我其他的兄弟和姐妹，非常感谢你们对我的支持，我感谢他们。

我的竞选经理大卫·普劳夫，这位竞选活动的无名英雄，他进行了最好的政治竞选活动，我认为这是美国历史上最棒的。我的首席策略师大卫·艾克斯罗德，他一直是追随我的伙伴。你们组建了政治史上最好的竞选团队，是你们成就了今天，我永远感谢你们为此所作出的牺牲。

但最重要的是，我永远不会忘记这场胜利真正属于谁，它属于你们，它属于你们。

第三节　经济演讲

经济演讲服务于经济，其所传递的经济理念和信息在经济领域起着越来越重要的作用。一般来讲，经济演讲就是指具有经贸内容性质的演讲。这类演讲大致可分为公关型、总结型、动员型、经验介绍型几种。公关型是指企业家洽谈贸易，阐述本企业的对外政策，宣传本企业的发展形势和产品特色等；总结型就是指企业领导向被授权的大会汇报工作并分析评价工作成绩等；动员型就是指企业领导向职工解释生产计划以及计划实施的意义和效益以便最大限度地调动职工的积极性；经验介绍型就是指围绕产品质量、销售、管理等经济活动所进行的科研探讨等。

范文：在全乡经济工作会议上的讲话

同志们：

新年伊始，万象更新，今天，我们在这里召开全乡经济工作会议，目的是贯彻全县经济工作会议精神，动员全乡广大干部群众，以良好的精神状态、昂扬的斗志，迅速投入到工作中去，全面加快我乡经济社会发展步伐。刚才对全乡 2009 年经济工作进行了实事求是的总结，对 2010 年经济工作进行了周密细致的部署，希望大家认真贯彻落实。下面，我再讲三个方面的意见。

一、认清形势，增强维护稳定和加快发展的使命感和责任感

2009 年是我乡发展极不寻常的一年，特别是 8 月份以来，新一届党委政府带领全乡广大党员干部，不畏艰难，开拓进取，努力工作，开创了我乡社会大局稳定，经济较快增长，人民群众安居乐业的新局面。总体来看，有以下几个特点：

一是经济社会发展十分迅速。2009 年，全乡生产总值达 7.6 亿元，增长 14.1%；财政收入完成 282 万元，增长 8%；非农户 50 万元以上固定资产投资 2.12 亿元，增长 63%；农民人均纯收入达 4560 元，增长 10.5%。

二是工业、农业发展步伐加快。工业方面：2009 年，全乡工业经济发展态势良好，新上投资百万元以上的工业项目 7 家，其中投资

千万元以上项目2家。这些项目的相继投产，增强了经济发展后劲。农业方面：养殖专业户、专业村和养殖小区规模不断扩大；速生丰产林基地建设步伐加快，建成6个生态园林村；蔬菜种植进一步扩大，建成9个蔬菜生产专业村，蔬菜种植成为我乡经济发展的新亮点。目前，肉鸡、肉牛养殖和蔬菜生产已成为群众致富的主导产业。基础设施方面：投资700万元的××变电站、投资680万元的土地整理项目、投资260万元的引黄入福工程和投资75万元的××至××、××村至××2条公路等项目相继完工，极大改善农民生产生活条件。

三是各项惠农政策全面落实。种粮直补、良种补贴、“村村通”工程、沼气池建设、卫生改厕、农村合作医疗、白内障复明工程、“两免一补”、农村低保、五保户供养、大型农机具补贴等各项支农惠农政策均得到全面落实，广大群众得到很大实惠。

四是社会稳定局面明显好转。因稳定问题，乡里近几年吃了大亏，很多优惠政策、项目资金争取不到，严重制约了乡里的经济发展，严重影响形象。致使多项工作在全县甚至全市排名落后。8月份以来，新一届党委政府狠抓信访稳定工作。开展“下访”活动，入村到户，排查矛盾纠纷，掌握信访动向，及时化解矛盾；实行信访责任追究制，按照“谁包的区谁负责，谁包的村谁负责”的原则，自己的村自己管，自己的事自己干，做到问题出现不上交，矛盾来了有人解，及时将信访问题处理在萌芽状态，有效化解了上访隐患；规范信访程序，对信访群众反映问题确实属实的，我们千方百计予以帮助和解决，对缠访、闹访、非法上访、无理上访的，依照有关法律法规坚决严厉打击。通过近半年的工作，我们乡信访量明显下降，11月份实现零上访，深受县领导的好评。

五是乡村干部作风较大转变。聘请市、县党校教师，召开科学发展观领导辅导报告会，组织乡村干部到各县各庄实地参观考察。建立健全学习、值班、考勤、财务管理等各项工作制度，严肃会议纪律，严格遵守县委县政府五项规定，用制度约束干部行为，用理念转变干部作风。切实解决了在思想、作风、纪律等方面存在的突出问题，实现了干部作风和精神面貌的大转变。树立了乡村干部良好形象，深受群众的支持和领导的肯定。

这些成绩的取得，这一良好局面的形成，是乡党委、政府团结一心，狠抓落实的结果，是全乡广大干部群众团结一致，拼搏实干的结果，尤其是在座的诸位共同努力，扎实工作的结果。在此，我代表乡党委、政府向大家表示衷心的感谢，对获得表彰的单位和个人表示热烈的祝贺！

在总结成绩同时，我们还必须清醒地看到，目前全乡还存在很多问题和不足，一是稳定形势还不容乐观，一些信访问题还没有得到彻底解决，各种利益诉求引发的信访问题时有发生，维护稳定的压力很大。二是基层组织建设有待进一步加强，部分乡村干部工作作风需要进一步转变。三是工业项目规模小、档次低、不规范，存在脏、乱、差现象，形不成聚集优势。四是农业标准化水平低，农业结构有待优化，农民增收的有效途径有待拓宽，等等。对这些问题，我们必须高度重视，采取切实有力措施，认真加以解决。

二、明确目标，努力加快经济社会发展

今年全乡经济社会发展的总体要求是：全面贯彻党的十七大和十七届三中、四中全会精神，深入落实科学发展观，坚持“围绕农业抓工业，抓好工业促农业”的整体思路，大力实施“工业兴乡，畜牧强乡，蔬菜富民”战略，不断开创 ×× 经济社会发展新局面。

按照总体要求，落实目标任务，办好大事实事，我们必须突出两个重点，全力做好今年的工作。

（一）加快推进“工业兴乡”步伐

按照“围绕农业办工业，办好工业促农业”的发展思路，发挥优势，加压驱动，全面加快“以工兴乡”步伐。

一要抓项目建设。一是积极引导企业向县产业集聚区发展，2010 年在县产业集聚区新上一家投资千万元的饲料加工项目。二是力争盘活 ×× 肉业。采取灵活多样的方式，想尽一切办法，尽快使 ×× 公司早日恢复生产，产生效益。三是全力整合资源，实施大企业大集团战略，重点扶持食品加工企业，引导其横向联合，共同发展。

二要抓招商引资。一是引进来。全面推行全员招商，全民创业机制。想尽一切办法吸引外资，充分挖掘外出务工人员的潜力，充分利用党政干部、企业老板、知识分子等知名人士的关系，想尽办法引进项目、引进资金。二是服务好。对引进的资金和项目，我们要服务到位。政府给企业制定的优惠政策执行到位，不能打折扣；政府给企业制定的保护措施要落实到位，不能搞变通；政府为新来企业办理手续要及时，不能拖延。切实做到以诚招商、以情感商。真正使引来的资金项目立身、扎根、开花、结果。三是重奖励。乡党委政府制定奖励制度，对招商引资工作突出的单位和个人不仅经济上要重奖，并且在政治上予以倾斜，激发全体干部招商引资的积极性。

（二）加快实施“畜牧强乡，蔬菜富民”战略

积极推广良种种植，大力发展优质、高产、高效农业，确保粮食增产增收。制定扶持措施，争取上级项目和资金，用足用活上级优惠政策，大力发展蔬菜产业，高标准规划以 ×× 村为中心的蔬菜生产示范园区，完善示范园区水、电、路等配套设施建设。积极争取资金，力争筹建蔬菜批发市场，解决群众卖菜难问题。今年，乡党委、政府将在蔬菜专业村承包扶持一个蔬菜大棚，抽调精兵强将全程进行无公害技术管理和指导，以起到示范带动作用。出台优惠政策，加大扶持力度，重点扶持养殖小区、养殖专业村和规模养殖户，提高规模化饲养水平，继续走“公司＋基地＋农户”的道路，积极推进畜牧产业化经营。

…… ……

第四节　军事演讲

军事演讲是每个国家都必不可少的一部分，它是告诉公众军事方面的一些信息和现状，这正是对于平时不能接触国防军事的一般大众了解各地军事情况的一种演讲。

范文：一旦出击，必歼顽敌

美国人能成为自由人，还是沦为奴隶；能否享有可以称之为自己所有的财产；能否使自己的住宅和农庄免遭洗劫和毁坏；能否使自己免于陷入非人力所能拯救的悲惨境地——决定这一切的时刻已迫在眉睫。苍天之下，千百万尚未出生的人的命运取决于我们这支军队的勇敢和战斗。敌人残酷无情，我们别无他路，要么奋起反击，要么屈膝投降。因此，我们必须下定决心，若不克敌制胜，就是捐躯疆场。

祖国的尊严，我们的尊严，都要求我们进行英勇顽强的奋斗，如果我们做不到这一点，我们将感到羞愧，并将为全世界所不齿。所以，让我们凭借我们事业的正义性和上帝的恩助——胜利掌握在他手中——鼓励和鞭策我们去创造伟大而崇高的业绩。全国同胞都注视着我们，如果我们有幸为他们效劳，将他们从企图强加于他们的暴政中解救出来，我们将受到他们的祝福和赞颂。让我们相互激励、互相鞭策，并向全世界昭示：在自己国土上为自由而斗争的自由民胜过世上任何受人驱使的雇佣兵。

自由、财产、生命和荣誉都在危急存亡之中，我们正在流血受辱的祖国寄希望于我们的勇敢和战斗，我们的妻儿父老指望我们去保护。他们有充分理由相信，上苍一定会保佑如此正义的事业获得胜利。

敌人将炫耀武力，竭力恫吓，但是，别忘了，在许多场合，他们已被为数不多的勇敢的美国人所击败。他们的事业是邪恶的——他们的士兵也意识到了这一点，如果我们在他们开始进攻时，就沉着坚定地予以反击，凭着我们有利的工事和熟悉的地形，胜利必将属于我们。每一位优秀的士兵都将枕戈待旦——整装待命，一旦出击，必歼顽敌。

第五节　学术演讲

学术演讲指演讲者针对某些专业性比较强的内容进行演讲。大部分是学校和其他场合的专题讲座、学术报告、学术发言、学术评论、科学讨论、科学报告或信息报告、学位论文的答辩等。

学术演讲具有很强的专业性，它有深刻的论证、很强的逻辑性、严谨的语言风格。

范文：发生认识论（节选）

皮亚杰，瑞士心理学家、哲学家，发生认识论创始人。主要著作有《儿童的语言与思维》、《发生认识论原理》、《心理学与认识论》等。本文是1968年作者在美国哥伦比亚大学一系列讲演的第一讲。

发生认识论试图根据认识的历史、它的社会根源和它所依据的概念和运算的心理来源来解释认识，特别是解释科学知识。这些概念和运算大部分是从常识中抽出来的，因此，这些概念和运算的来源能够阐明它们对于较高阶段的知识的重要意义。但是发生认识论，只要有可能，也要考虑形式化的问题，特别是要考虑应用于平衡的思想结构和在某些情况下应用于思维发展中从一个阶段到另一阶段的转变的逻辑形式化的问题。

关于认识论的性质，我们所作的这种描述碰到了一个主要的问题，即如何对待认识论的传统哲学观点。在许多哲学家和认识论者看来，认识论是对当前此刻存在的知识的研究；它是为知识而分析知识，是在本身范围内，不管它的发展而分析知识。在这些人看来，追索观念的发展或运算的发展，也许历史学家或心理学家对这有兴趣，而不是认识论者所直接关心的。这是对我在此地所概述的发生认识论这门学科的主要反对意见。

但是在我看来，对于这种反对意见，我们能提出以下的答案：科学知识处在持续的进展之中，它每天都在变化。结果，我们不能说：一方面有认识的历史，另一方面它又有今天当前的状态，似乎它的当前状态是确定的，乃至是稳定不变的。知识的当前状态乃是历史中的一瞬间，好像过去的知识状态那样迅速地变化着，而且在许多情况下甚至变化得更快些。于是科学思想就不是某一顷刻的事情，它不是一种静止的情况，它是一个过程。确切一点讲，它是一个继续不断构造和重新组织的过程。这一点几乎在所有科学研究的支流中都是真实的。我们愿意引述一两个例子。

第一个几乎可被公认的例子是关于当代物理学领域的，或者，确切地讲，是有关微观物理学的。在这门科学方面，知识状态逐月发生变化，而且肯定在一年的历程中就有重要改变。这些变化在某一个作者的著作中也时常发生，他在他一生的事业中对他的题材改变了看法，我们不妨以巴黎的德·布罗格里作为一个特殊的例子。几年前，德·布罗格里尚坚持尼尔·玻尔的非决定论的观点。他随着哥本哈根学派相信：在微观物理事件的非决定状态背后，人们就不能发现决定的状态；非决定的状态乃是很深刻的实在，而且人们甚至能够提出理由来证实这种非决定状态的必然性。嗯，后来发生了这样的情况，新的事实使德·布罗格里改变了他的想法，以致现在他采取了一种十分相反的观点。因此，这是科学思想转变的一个例子，这种转变不是经过了连续几代人发生的，而是发生于一个有创造性的科学家的一生之中。

让我们从数学领域中举出另一个例子。几年以前，布尔巴基数学家小组试图把所有数学的基本结构分隔开来。他们确立了三个母结构，代数结构、有序结构和拓扑结构，而这三个母结构就是数学的结构学派所根据的基础，而且被视为一切其他数学结构所由派生的基础。他们的这些有效的努力现在已经在一定程度下遭到了破坏或者说至少是受到修改了，因为麦克兰和爱伦伯发展了范畴的概念，即许多元素聚合起来的集合以及根据这些集合所定义的一切函数的集。结果，今天布尔巴基小组的一部分成员已经不再是正统的了，而不得不考虑更新范畴概念。因此，这里又在科学思想的另一个更基本的领域内，有了非常迅速的变化。

让我们再重复一遍，我们不能说，一方面有科学思想的历史而另一方面又有今天的科学思想体系；只有一个连续不断的转变，继续重新组织的过程。在我看来，这个事实意味着：在这些变化中历史的和心理的因素对于我们试图理解科学思想的性质是有用的。

还有一些领域中根据心理学和社会学的因素我们能更好地理解

当代科学观念的起源，在这方面，我们愿意举一两个例子。第一个例子是康托尔的集合论的发展。康托尔是根据一对一的对应这样一个基本运算来发展他的理论的。确切点讲，通过在整数系列和偶数系列之间建立一对一的对应关系，我们所得到的数目既不是整数，也不是偶数，而是第一个超穷的基数，即 aleph 零。就是一对一的对应关系的基本运算使康托尔能够超过有穷数的系统，而这个有穷数系列是到那时为止唯一的运用中的系列。现在，追问一下这种一对一的对应关系的运算是从哪里来的，是有意义的。康托尔并未发明这一对应关系的运算，这是就一个人发明一个完全崭新的构造这一意义而言的。他是在他自己的思维中发现了它；甚至在他转向数学很久以前，这种一对一的对应运算早就是他的心理装备的一部分，因为极初步的社会学或心理学观察就揭示出来了一对一的对应是一个原始的运算。在所有一切早期社会中，它是经济交易的基础。而在年幼的儿童中，甚至在具体运算阶段之前，我们就发现它的根基了。第二个问题是：这种一对一的对应基本运算的性质是什么？

这立即导致另一有关问题：在一对一的对应和自然数这个概念的发展之间有什么关系呢？一对一的对应的运算流传很广，这是否有助于证明罗素和怀特海的主题，即数是诸等值类的类（所谓等值即指诸类里面的各个单元是一对一的对应）吗？或者说，实际的数，除了一对一的对应以外，还根据某些别的运算吗？这个问题我们将在以后作比较详细的研究。现在根据这一鲜明事例来说，如果认识了一个概念的心理学基础，也就蕴涵着对这个概念在认识论上的理解。在我们研究儿童中数的概念的发展时，我们就能看出：这个概念只是以等值类的类为根据，还是包含有其他的运算？

现在我愿意继续讲第二个例子，而且提出这样一个问题：爱因斯坦怎样能够对于远距离的同时性给予一个新的运算定义？他怎样能够批评牛顿关于普遍时间的概念而不至于在物理学中产生深刻的危机？当然，毫无疑问，他的批评是根据实验发现的，如迈克逊—莫雷实验。虽然如此，如果对彼此远离的事件有同时发生的可能性所重新下的定义和我们的逻辑根本是冲突的，那么在物理学中就会出现很大的危机。我们势必在两种可能性中接受其一：要么是物理世界是不合乎理性的，要么是人的理性是软弱无能的——不能掌握外界的实在。但是事实上并没有发生过这种事情，并没有这种混乱的情况。有少数玄学家（我对在场的哲学家们表示歉意），如柏格森或马利坦等人，曾为物理学中的这种进展所吓倒，但就大多数玄学家而论，以及在科学家们中间，这并不是什么巨大的危机。为什么事实上它不是一种危机呢?

因为同时性并不是一个原始的概念，甚至不是一个原始的知觉。以后我将进一步讨论这个题目，但是眼前我只想申述一下，我们的实验发现已经显示出来，人类并不是明确地感知到同时性，如果我们看到两个以不同速度移动着的对象，而它们同时停止下来了，这时，我们并没有确切地感知到它们是同时停止的。同样，当儿童对于同时性没有确切观念的时候，他们并不脱离对象移动的速度去理解同时性。那么，同时性就不是一个原始的直觉，它是一种智慧的构造。

远在爱因斯坦以前，彭加勒在分析同时性这个概念以及揭示其复杂性时，已经做了大量的工作。他的研究事实上使他几乎已经到达了发明相对论的边缘。现在如果我们阅读他关于这个题目的一些论文（顺便讲一句，从爱因斯坦后来著作的角度来看，这些论文就更加有趣了），我们便知道，他的思想几乎完全是以心理学的论点为基础的。以后我将表明，时间的概念和同时性的概念都是以速度的概念为基础，而速度的概念乃是一种更为原始的直觉。因此，有各种各样的理由，心理学上的理由，能够解释为什么相对论所带来的危机对物理学来讲并不是致命的，毋宁说，它是一种再适应，而且我们既可以在实验的和逻辑的基础上达到这种再适应，也可以找出心理学的途径去达到这种再适应。实际上，爱因斯坦本人也承认同心理学因素的关联，而且当我在 1928 年第一次有机会遇见他时，他曾向我建议，如果我能研究时间的概念，特别是同时性的概念在儿童中的来源，那将会是有益的。

以上所述可以暗示出，当我考虑知识的性质时，利用心理学上的数据可能是有所助益的。现在我想说，它不只是有所助益，而且是必不可少的。事实上，所有认识论者在他们的分析中都参照过心理学的因素。不过他们对心理学因素的参照大多数是思辨性质的，而不是以心理学的科学研究为根据的。我深信，所有的认识论提出了事实的问题，也提出了形式的问题，而且一旦遇到事实问题时，心理学的发现便是有用场的了，必须加以考虑。对于心理学，极不幸的事情就是，每一个人都以为他自己是一个心理学家。在物理学或哲学领域内并没有这种情况。结果，当认识论者需要考虑某些心理学方面时，他并不参考心理学的科学研究，也不去请教心理学家，而只凭自己的思考。他把一些观念和关系收集到自己的思想内，试图由自己去解决所产生的心理学问题。我愿意引述几个认识论上的例子，说明即使一些心理学发现初视之下似乎与讨论的问题无关，但这些心理学上的发现是能够和有关问题关联起来的。

我的第一个例子是关于逻辑实证主义学派的。逻辑实证主义者在他们的认识论中从来不参考心理学，他们认为，逻辑实体和数学实体只是一些语言结构。这就是说，当我们进行逻辑或数理运算时，我们只是利用一般的句法、一般的语义学或莫利斯所谓的一般性语用学，即一般性语言用法的规则。一般讲来，他们的主张是：逻辑的与数理的实体是从语言派生出来的。逻辑和数学只是一些特殊化了的语言结构。现在，在这里，这就与考查事实密切关联起来了。我们能够考查，在语言发展以前，儿童是否就有了逻辑的行为。

我们能够发现，儿童动作的协调是否揭示出一种类的逻辑；是否揭示出一个序列系统；是否揭示出种种一对一的对应结构。如果在语言发展之前，我们在幼儿的动作协调中的确发现有逻辑结构，那么我们就不能说，这些逻辑结构是从语言中派生出来的。这是一个事实问题，不能用思辨，而只能用实验的方法及其客观发现去探索。

于是发生认识论的第一个原理就是严肃地对待心理学。严肃对待心理学的意思就是说，当发生一个有关心理事实的问题时，我们应该向心理学的科学研究请教，而不应试图通过自己的思辨去发明一个答案。

附带说一句。值得指出的是，在语言学本身的领域内，自从逻辑实证主义进入黄金时代以来，理论的地位已经颠倒过来了。布卢姆费尔德在他的时代完全坚持逻辑实证主义者的观点，逻辑的语言学观点。但是目前，如你们所知道的，乔姆斯基已经站在相反的立场了。乔姆斯基肯定，逻辑不是根据于和派生于语言，相反，语言是以逻辑为基础，以推理为基础的，而且他甚至于认为这种推理是先天的。他主张推理是先天的，这也许走得太过了，这个问题又是需要参照事实，参照科学研究加以解决的。这是心理学领域内另一个需要决定的问题。在乔姆斯基今天所辩护的理性主义（根据这个理论，语言是根据于理性而理性又被认为是人类天生的）和实证主义的语言学观点（根据这种观点，逻辑只是语言学里面约定俗成的结果）之间还有一整套可能的答案以供选择，而要在这些答案中作出选择，就必须以事实为基础，即以心理学的科学研究为基础。这些问题是不能用思辨去解决的。

我不想给人们这样的印象，觉得发生认识论只是以心理学为基础的。反之，每当我们能够从事某种形式化的工作时，每当我们在思想发展过程中碰到某些业已完成的结构时，逻辑的形式化是绝对必要的；我们总是在逻辑学家和我们正在探讨的领域内的专家们的协助之下，努力使这种结构形式化。我们的假设是说，以心理学的形成为一方面和以形式化为另一方面，而在这两者之间存在着一种对应关系。但是即使我们承认形式化在认识论中的重要性，我们也明白，光有形式化本身也是不够的。我们正在指出，在一种领域内，要阐明某些认识论的问题，心理学的实验工作是必不可少的，但是甚至就形式化本身而论，仍然还有一些理由证明为什么形式化本身永远是不够的。我愿意来讨论三个理由。

第一个理由，不仅有一种逻辑，是有许多不同的逻辑。这就是说，没有任何单一的逻辑有足够的力量支持人们知识的整个构造。但是它也意味着，当所有不同的逻辑结合在一起，它们彼此间又不够充分地连贯一致，以致不能用来作为人们知识的基础，于是任何一个单一的逻辑力量太薄弱，而把所有的逻辑结合在一起又太复杂了，以致不能使逻辑为知识奠定一个单一的价值基础。这是第一个理由，证明为什么单有形式化是不够的。

第二个理由是在哥德尔定理中发现的。形式化是有限度的。这是事实。

任何连贯一致的系统即使丰富得足够包含初等算术，也不能证明它自己内部是连贯一致的。因此，便发生了下列的一些问题：逻辑是某些事物的一种形式化，一种公理化，但到底是哪些事物的形式化、公理化呢？逻辑的形式化是什么呢？这是一个重大的问题。这里甚至还有两个问题。任何公理系统一开始就包含着一些不可演证的命题或公理，而其他的命题则能从这些公理演证明白；这种公理系统也包含有不可定义的、根本的概念，而其他的概念则是根据这些根本概念来定义的。那么，就逻辑而言，在这些不可证明的公理和不可定义的概念下面的又是什么呢？这是逻辑中的结构论的问题，而且这个问题表明以形式化作为根本的基础是不恰当的。它表明既要考虑公理化的逻辑系统，又得考虑思想本身的必要性，因为逻辑系统尚在发展而且仍然常有直觉性质的这一事实，正是来源于人类的思想。

形式化不够的第三个理由是，认识论开始解释知识时是按照它在科学领域内的实际情况解释的，而这类知识事实上并不只有形式的方面，还有其他的方面。与此有联系的，我愿意引用我的一位逻辑朋友，已故贝思的事例。他强烈地讨厌一般的心理学并且反对把心理学的观察引入认识论的领域，因此，他也讨厌我的著作，因为我的著作是以心理学为基础的。虽然如此，由于学术对照的关系，贝思参加了一次我们的关于发生认识论的座谈会，并且仔细地考查了我们所关心的这些问题。在这次座谈会后，尽管他害怕心理学家们，但他同意和我合写一本我们称为《数学认识论和心理学》的著作。

这本书是用法文出版的，后来翻译成英文。他在对这一卷书的结论中，写了下面的几句话：“认识论的问题是要解释真正的人类思想是怎样能够产生科学知识的。为了做到这一点，我们就必须在逻辑和心理学之间建立一种协调关系。”这个宣告并不暗示心理学应该直接干预逻辑——这当然是不真实的——但是它却主张，在认识论中对逻辑和心理学两者都应加以考虑，因而讨论人类知识的形式的和经验的这两方面都是重要的。

总之，发生认识论既研究知识的意义，也研究它的形成，我们可以用下列的语词来陈述我们的问题：人类心理是用什么手段从一个比较不足的知识状态转向一个较高的知识状态的呢？决定什么是较低的或不很恰当的知识和什么是较高的知识，当然有其形式的和规范的方面。决定一定的知识状态是否高于另一知识状态，并不是心理学家的事情。这是由逻辑学家或某一科学领域内的专家们所决定的事。例如，在物理学的领域内，要由物理学家去决定某一理论是否比另一理论有些进步。从心理科学的观点来看，从发生认识论者的观点看来，我们的问题是解释一个较低的知识阶段是怎样过渡到被判断为较高的阶段的。这种过渡的性质是一个事实问题。这种过渡是历史性的或心理学性质的或者有时甚至是生物学性质的，这一点我将试图在以后加以说明。

发生认识论的根本假设是：在知识的逻辑的、理性的组织和相应的心理形成过程之间有一种平行状态。好，现在，如果这就是我们的假设，那么我们的研究领域是什么呢？当然，最有成果、最显明的研究领域乃是史前人类的人类思想史。不幸，我们对于尼安德特人的心理或泰拉尔·德·夏尔丹的“北京人”的心理，还没有很好的知识。既然我们还没有研究生源说这个领域，我们就将像生物学家一样行事，转向个体发生学。概念在个体中的发生是我们最容易研究的。我们所有的人周围都有儿童。在儿童们身上，我们有最好的机会去研究逻辑知识、数理知识、物理知识等方面的发展。这些东西，我们将在本书后面研讨。

关于这个研究领域的导言，就讲这些。现在我愿意转向某些专题并从研究儿童逻辑结构的发展开始。开始时我将在思想的两个不同而又互相补充的方面加以区别。一个是形象的方面，而另一个我称为运转（算）方面。形象方面被认为是模仿瞬间的和静止的状态。在认识领域内，形象的机能首先是知觉、模仿和心理影像，事实上即内化的模仿。思想的运算方面并不研究状态，而是研究从一种状态向另一状态的转化。例如，它包括转化对象或状态的动作本身；它也包括智慧的运算，这种智慧运算实质上就是转化的体系。

它们是动作，而这些动作是可以和其他动作互相比较的，可以逆转的，即它们能够向着两个方向进行〔这就是说，动作 A 的结果能够被另一动作 B（A 的反演）所排除：A 同 B 的结局将导致同一性的运算，而未改变其状态〕，而且是能够内化的；这些动作能够通过表象而不通过实际动作进行。形象的方面总是从属于运算方面的。任何一种状态只能理解为某一转化的结果或另一转化的出发点。换言之，按照我的思维方式，思想的根本方面是它的运算方面而不是它的形象方面。

用另一种方式来表达同一观念，我认为：人的知识本质上是能动的，认识就是把现实同化于一些转化系统。认识就是转化现实，从而理解某一状态是如何产生的。由于这个观点，我发现自己是对立于把知识当做实体的摹本，一个被动摹本的观点的。实际上，这种把知识当做实体的摹本的观念是以一种恶性循环为根据的：为了制造一个摹本，我们就得去认识我们所描摹的模型，但是按照这种认识论的看法，我们认识模型的唯一方法就是去描摹它，于是我们便陷于循环之中了，而不能知道我们描出的摹本是否像那个模型。

按照我的思想方法，认识一个客体并不意味着去描摹它——而意味着作用于它，这意味着构造转化系统，而这些转化系统只能在施作用于这个客体之上或同这个客体一道才实现的。认识现实意即构造着转化系统，而这些转化系统多多少少恰当地符合于现实。这些转化系统在一定程度上和现实的转化是同构的。构成知识的转化结构并不是现实中的一些转化的摹本，它们仅只是一些可能的同构的模型，而经验使我们能够从中作选择。于是，知识就是一种转化系统，它继续前进地变得更加恰当一些。

大家都同意，逻辑数理的结构是抽象的，而物理的知识——根据一般经验的知识——是具体的。但是让我们请问逻辑数理的知识是从什么东西抽象出来的。有两种可能性。第一种可能性是：当我们对于客体施加作用时，我们的知识就从客体本身派生出来了。这是一般经验论的观点，而且在实验的或经验的知识方面，这个观点大部分是有效的。但是还有第二种可能性：当我们对于客体正在施加作用时，我们也会考虑到这种动作本身，也可以说，会考虑到运算，因为转化工作能够在心里进行。根据这个假设，抽象不是从受到作用的客体中抽绎出来，而是从这种动作本身抽绎出来的。在我看来，这就是逻辑的和数理的抽象的基础。在包括物理知识的情况中，抽象是从客体本身抽绎出来的。例如，儿童能够在他手里举起物件并且知道它们有不同的重量——大的东西通常比小的东西重些，但有时小的东西比大的东西重些。所有这一切他是从经验中发现的，而他的知识是从物体本身抽绎出来的。

但是我也愿意提出一个例子说明有一种情况和上面的情况是同样原始的，在这种情况下，知识是从动作的协调，而不是从物件抽绎出来的。这个例子，即我们曾对许多儿童相当彻底进行过研究的一个例子，它原是一位数学家朋友提示给我的，他曾引用这个例子作为他对数学发生兴趣的出发点。当他是一个儿童时，有一天他在数鹅卵石，他把它们排成一行，从左边数到右边，他得到十。然后，他为了好玩，又从右边数到左边，看他将得到什么数目，他很奇怪他又得到了十。他又把这些鹅卵石排列成一个圆圈，结果又是十。他从另一方向，围着这个圆圈数，他又得到十。而且不管他把这些鹅卵石排成什么形状，当他数它们时，数目总是十。在这里他发现了数学中的所谓可换性，即总数与秩序无关。但是他是怎样发现这一点的呢？这种可换性是这些鹅卵石的本性吗？不错，似乎鹅卵石让他可以按照各种不同的方式排列它们；而对于水滴，他就不能这样做。因此，从这个意义讲来，他的知识有其物理的方面。但是秩序并不在鹅卵石之中，而是他，这个主体，把鹅卵石排列成行，然后又排成圆圈的。此外，总数也不在这些鹅卵石本身之中，而是主体把它们联结起来的。这位未来的数学家那一无所发现的知识便不是从鹅卵石的物理性质中抽绎出来的，而是从主体作用于鹅卵石的动作中抽绎出来的。这种知识，我们称为逻辑数理的知识，而不是物理的知识。

从客体中抽绎出来的这种类型的抽象，我们将称为简单的抽象，而第二种类型我们将称为反省的抽象，我们是从双重意义去使用这个名词。在这里，“反省的”一词除它在物理学中所具有的意义外，在心理学领域内至少还有两个意义。在物理学中，“反射”是指一条光线从一个表面反射到另一表面的这种现象。按照心理学里面的第一个意义，（反省的）抽象是从一个等级转移于另一个等级（如，从动作阶段转移于运算阶段）。按照心理学里面的第二个意义，反省（的抽象）是指反复思考的心理过程，即在思维运算阶段发生了重新组织的活动。

现在我愿意在两种类型的动作之间加以区别。一方面有个别的动作如掷、推、触、搓。这些个别动作产生于从对象中作出抽象的大部分时间。这是我在上面所说的那种抽象的简单类型。然而，反省抽象却不是根据个别的动作，而是根据许多协调的动作。动作能够在各种不同的方式中加以协调。

例如，能够把它们联合在一起，我们称之为相加性协调。或者把它们按照时间顺序先后排列起来，我们称之为有序的或序列的协调。例如，当某些动作是达到一个目标的必要手段时，在我们把动作组织起来去达到这个目标的过程中，便有一个先，一个后。另种类型的动作协调是在两个行动之间建立对应的关系。第四种形式是在许多动作中建立的交点。所有这些协调形式在逻辑结构中都有其对应的平行物，而且照我看来，当这些形式以后在思维活动中发展时，在动作阶段的这种协调便是逻辑结构的基础。事实上，我们的假设是这样的：逻辑思维的根源不单是在语言中发现的，即使语言的协调是重要的，而更一般地是在作为反省抽象基础的动作协调中发现的。说得完备些，我们可以补充说，在单个的动作和协调的动作之间的区别自然是一种逐渐发生的区别，而不是一种突然中断的区别。甚至推、触、搓也是由一些较小的细致动作所组成的一种简单类型的组织。

这只是回溯分析的开始，这种分析还能进一步做下去。像在发展心理学中一样，在发生认识论中永远没有一个绝对的开端。我们永远不能回溯到这样一点上，在这里我们能说："这里就是逻辑结构的开端。"一旦当我们开始讲到一般的行动协调时，我们就会觉察到。当然，还可以更进一步追溯到生物学领域里面去。我们可立即进入神经系统和神经元网络内部协调的领域（如麦卡洛克和皮茨所讨论的内容）。然后如果我们再寻找这些科学家们所讨论的神经系统的逻辑根源，我们就要作进一步的追溯。我们会发现更基本的有机协调。当我们再进一步进入比较生物学领域时，我们就到处发现具有依次包含的对应关系的结构。我不想进入生物学；我只想把这种回溯分析追踪到它在心理学领域内的开端，而且再一次强调人类逻辑的和数理的结构的形成并不能单用语言去解释，而是在一般的动作协调中有其根源的。

第六节　法律演讲

法律演讲包括了和法律相关的一些内容，像是公诉人、辩护代理人在法庭上所作的演讲、律师的辩护演讲。它主要包括检察官的演讲（起诉词）、律师的演讲（辩护词）、社会起诉词、社会辩护词、被告的自我辩护等。这样的演讲针对性强，具有明确的目的性。

范文：支持"物种起源"的学说

赫胥黎，英国生物学家、教育家。其名著有《进化论与伦理学》（旧译《天演论》）。本文是他在许多权威学者的一片反对声中为达尔文的进化论辩护的辩护词。

我曾经说过，科学家是在理性的最高法庭上对自然界最忠实的诠释者。

但是，假如无知是法官的顾问，偏见是陪审团的审判长时，科学家诚实的发言又有什么用处呢？就我所知，几乎所有伟大的科学真理，在得到普遍接受以前，那些最有地位的大人物总坚持认为被研究的现象是直接以神意为依据的。谁要是企图去研究这些现象，不但枉费心机，而且简直是对神的亵渎。

这种反对自然科学的态度，具有异常顽固的生命力。在每次战役中，上述的反对态度都被击溃、受到重创，但却似乎永远不会被消灭。今天，这种反对态度已经遭到上百次的挫败，但是仍然像在伽利略时代那样猖獗横行，幸而危害性已经不那么大了。

请让我借用牛顿的一句名言：有些人一生都在伟大的真理海洋的沙滩上拾集晶莹的卵石；他们日复一日地注视着那股胸怀包藏着无数能把人类生活装点得更高尚美好的珍宝的海潮。这股气势磅礴的海潮的行进虽然缓慢，但却确定无疑地会上涨。要是这些注视着海潮上涨的人们看到那些现代的克纽斯式小人物俨然坐在宝座上，命令这股巨大的海潮停止前进，并扬言要阻止那造福人类的进程时，他们会觉得这种做法即使不那么可悲，也是可笑的。

海潮涨上来了，现代的克纽斯们只好逃跑。但是，他们不像古时那位勇敢的丹麦人，他们学不会谦虚。他们只是把宝座挪到似乎是安全的远处，便又重复地干着同样的蠢事。

大众当然有责任阻止这类事情发生，使这些多管闲事的蠢人声誉扫地。

这些蠢人以为不许人彻底研究全能上帝所创造的世界，就是帮了上帝的忙。

物种起源的问题并不是在科学方面要求我们这一代人解决的第一个大问题，也不会是最后一个。当前人类的思潮异常活跃，注视着时代各种迹象的人看得很清楚，19 世纪必将如 16 世纪一般发生伟大的思想革命与实践革命。但是，又有谁能知道，在这新的改革过程中，文明世界要经受什么样的考验与痛苦的斗争呢?

然而，我真诚地相信，无论发生什么情况，在这场斗争中，英国会起到伟大而崇高的作用。她将向全世界证明，至少在一个民族中，专制政治和煽动宣传并不是治国的必要选择，自由与秩序并非必然互相排斥，知识高于威严，自由讨论是真理的生命，也是国家真正统一的生命。

英国是否会起这样的作用呢？这就取决于你们大众对科学的态度了。珍惜科学、尊重科学吧，忠实地、准确地遵循科学的方法，将其运用到一切人类思想领域中去，那么，我们这个民族的未来就必定比过去更加伟大。

假如听从那些窒息科学、扼杀科学的人的意见，我恐怕我们的子孙将要看到英国的光辉像亚瑟王在雾中消失那样黯淡下来，等到他们发出像圭尼维尔那样的哀哭时，反悔已经来不及了。

第七节　道德演讲

道德演讲是人们日常生活中必不可少的一种。道德是规束人们行为准则的一种约定俗成的规约，它没有强制性，靠的是人们的自觉，在生活节奏越来越快的今天，道德演讲可以起到提醒人们自觉遵守社会道德的作用。

一般的道德演讲，大都是一些德高望重、受人尊敬的人来进行，这是因为这样的人大多本身就是一个道德的楷模，具有说服力。

道德演讲的内容一般都是运用一些真实的事例来达到感动人心的目的。

范文：种族隔离制度绝无前途

曼德拉，南非总统。1962年8月，他因领导罢工运动和抵制白人种族主义者成立“南非共和国”，被南非当局逮捕，在狱中度过27年之久，于1990年2月获释。这是同年2月11日他出狱后发表的首次演讲。

朋友们，同志们，南非同胞们：

我以和平、民主和全人类自由的名义，向你们大家致敬。我不是作为一名预言家，而是作为你们的谦卑的公仆，作为人民的公仆，站在这里和你们面前。

你们经过不懈的奋斗和英勇牺牲，使我有可能在今天站在这里，因此，我要把余生献给你们。

在我获得释放的今天，我要向千百万同胞，向全球各地为我的获释而作出过不懈斗争的同胞，致以亲切的和最热烈的感谢。

今天，大多数南非人，无论黑人还是白人，都已认识到种族隔离制度绝无前途。为了确保和平与安全，我们必须依靠自己的声势浩大的决定性行动，来结束这种制度。我国各个团体和我国人民的大规模反抗运动和其他行动，终将导致、也只能导致民主制度的确立。

种族隔离制度给我们这片大陆造成了难以估量的破坏。成千上万个家庭的生活基础遭到了摧毁。成千上万人流离失所，无法就业。

我们的经济濒临崩溃，我们的人民卷入了政治冲突。我们在1960年采取了武装斗争方式，建立了非洲人国民大会的战斗组织——“民族之矛”，这纯属为反抗种族隔离制度和暴力而采取的自卫行动。

今天，必须进行武装斗争的种种原因依然存在。我们别无选择，只有继续进行武装斗争。我们希望，不久将能创造出一种有利于通过谈判解决问题的气氛，以便不再有必要开展武装斗争。

我是非洲人国民大会的忠诚的遵守纪律的一员。因此，完全赞同它所提出的目标、战略和策略。

现在需要把我国人民团结起来，这是一项一如既往的重要任务。任何领导人，都无法独自承担起所有这些重任。作为领袖，我们的任务是向我们的组织阐明观点，并允许民主机制来决定前方的道路。

关于实行民主问题，我感到有责任强调一点：运动的领导人要由全国性会议通过民主选举而产生。这是一条必须坚持，毫无例外的原则。

今天，我希望能向大家通报：我同政府进行的一系列会谈，其目的一直是使我国的政治局势正常化。我们还没有开始讨论斗争的基本要求。

我希望强调一下，除了坚持要求在非洲人国民大会和政府之间进行会晤以外，我本人从未就我国的未来问题同政府进行过谈判。

谈判还不能开始——谈判不能凌驾于我国人民之上，不能背着人民进行。我们的信念是，我国的未来只能由一个在不分肤色的基础上通过民主选举而产生的机构来决定。

要谈判消灭种族隔离制度问题，就必须正视我国人民的压倒一切的要求，即建立一个民主的、不分肤色的和统一的南非。白人垄断政权的状况必须结束。

还必须从根本上改造我国的政治制度和经济制度，以便使种族隔离制度造成的不平等问题得到解决，并保证我们的社会彻底实现民主化。

我们的斗争已经到了决定性时刻。我们呼吁人民要抓住这个时机，以便使民主进程迅速地、不间断地得到发展。我们等待自由等得太久了。我们不能再等了。现在是在各条战线上加强斗争的时候了。

现在放松努力将铸成大错，我们的子孙后代将不会原谅这个错误。地平线上萌现的自由奇观，应该能激励我们付出加倍的努力。只有通过有纪律的群众运动，胜利才有保障。

我们呼吁白人同胞加入我们的行列，来共同创造一个新南非。自由运动也是你们的政治归宿。我们呼吁国际社会继续采取行动，来孤立这个实行种族隔离制度的政府。

如果在目前取消对这个政府的制裁，彻底消灭种族隔离制度的进程就会有夭折的危险。我们向自由的迈进不可逆转。我们不应让畏惧挡住我们的道路。

由统一的、民主的和不分肤色的南非实行普选，是通向和平与种族和谐的唯一大道。

最后，我想回顾一下我在1964年受审时说过的话。这些话在当时和现在都一样千真万确。我说过：我为反对白人统治而斗争，也为反对黑人统治而斗争，我珍视民主和自由社会的理想，在这个社会中，人人和睦相处，机会均等。我希望为这个理想而生，并希望实现这个理想。但是如果需要，我也准备为这个理想而死。

第八节　礼仪演讲

礼仪演讲是在一些公众场合发表的一些用来调节人际关系的演讲，像我们常见的凭吊、庆贺、婚礼、生日等活动的演讲，都可算为礼仪演讲。礼仪演讲最重要的是要注意各种不同场合的利益要求，说话要得体，要符合身份，符合场合。

范文：主持词

男：各位领导、各位来宾：

女：女士们、先生们：

合：大家好！

男：2009 年的春天，是一片花的海洋，焕发出勃勃生机。

女：美丽的 ××，披上节日的盛装，更加多姿多彩，楚楚动人，展现出山、水、洲、城的迷人画卷。

男：在这春暖花开的季节，我们即将迎来一年一度的新春佳节。

女：在这百舸争流的盛世，“和谐 ××”2009 新春团拜会文艺演出在这里举行。

男：首先，请让我们荣幸地为大家介绍出席本次演出的各位领导和评委。

他们是：×××，×××，……

女：出席本次演出的领导还有：区委书记 ×××，区委副书记、区长 ×× 以及全体区级领导。请大家以热烈的掌声欢迎各位领导的到来。

男：为了这台演出，全区各级各部门都进行了精心的准备，选送了一大批优秀的节目，在这里，对他们的辛勤付出表示感谢，大家掌声鼓励。“和谐 ××”2009 新春团拜会文艺演出正式开始。

技巧篇

第一章

演讲前的准备

第一节　注意仪表和风度

作为一名演讲者，不但要有良好的语言表达能力，同样需要注意自己的仪表和风度。作为一名演讲者，给人的第一印象是非常重要的，而听众正是通过观察一名演讲者的仪表来决定对他的第一印象的。所以注重仪表和风度是演讲迈向成功的第一步，同时也是对听众的最基本的礼貌。

一、面带微笑可拉近同听众的距离

笑是大部分人能够做出的一个动作，我们在生活中总是不停地重复着各种笑容，所以说笑是人脸上一种最棒的表情，它能够反映出一个人的内心世界。

当一个考生面对考官时，考官的微笑可以缓解他的紧张情绪。当一个顾客遇到问题时，服务员的一个微笑可以安抚他的情绪。一个推销员，微笑可以为他赢得客户的信任。一名教师，一个微笑可以拉近他与学生们的距离。

在运用微笑传情达意时，要真诚自然，适度得体。微笑是一个人自信的标志、是待人接物时最基本的礼貌之一，同时一个人的涵养和情感都可以通过微笑表现出来。微笑可以沟通情感，消融“坚冰”，是善意的标志、友好的使者、成功的桥梁。服务业的老板大都喜欢能够面带微笑的员工。

在大部分人中，能够展现出发自内心的微笑的人，心地非常善良的人，也是可以信赖的人，这样的人所说的话是可以相信的。

作为一名演讲者，在演讲中面带微笑，不但可以给听众一种温和开朗的印象，而且可以建立一种融洽气氛。

在所演讲的内容和听众的认知有所偏差，或者有刻意刁难的问题出现时，微笑可以消除听众的抵触情绪，激发听众的感情，缓解场面上的矛盾，避免冲突的发生。

值得我们注意的是演讲中的微笑是要讲究时机的，如果时机不对，同样是无法取得良好的演讲效果的。

首先，在上台和下台时，要面带微笑。上台时的微笑可以给听众一个良好的第一印象，拉近演讲者与听众的关系。下台时的微笑可以给演讲做一个良好的结尾，使听众感到温馨和意犹未尽。

其次，在赞美歌颂一些人、一些事时一定要面带微笑，因为只有微笑才能代表演讲者的赞美是发自内心的，才能加强演讲的感染力。如果演讲者面无表情地发表赞美，那么就会在听众中留下这个演讲者只是虚伪的赞美，并没有加入感情的印象，那么演讲的效果和影响力就大打折扣了。

第三，在面对听众提问时一定要面带微笑，这样做的原因有两个，一是表示对听众的尊敬，二是通过微笑鼓励听众说出自己的想法。

第四，即使遇到反对的声音，也要微笑面对。有这样一个例子，一个女交警在执勤站岗时遇到了一名喝醉酒的男子的纠缠，尽管如此，女交警依然微笑着回答了男子的问题。这名女交警的态度为她赢得了赞誉。在演讲中同样是如此，听到了不同或批判的声音，就更应该微笑着聆听。因为每个人的观点和看法都是不尽相同的，通过听众的反对意见，同样可以使我们学到很多东西，同时能够使得演讲现场气氛活跃起来。

第五，如果遇到了大声喧哗，或者捣乱的听众，演讲者也不能大声训斥，因为一方面这是在公共场合的基本礼仪，另一方面，怒目相对，也会影响其他正常听演讲的听众，使得他们觉得扫兴。所以在这种时候，作为一名演讲者，可以略略停顿一小会儿，这时一些听众会自发地维持会场的纪律，等待会场稍微安静一些时，可以面带微笑地对扰乱了演讲的人进行含蓄的批评。

微笑是我们在日常生活交谈中、辩论中、演讲中，都会用到的一种表情，那么要如何微笑，微笑训练都有哪些技术上的要求呢？

我们可以借鉴摄影师在拍摄照片时，常会问的问题，例如，问："肥肉肥不肥？"答："肥！"问："糖甜不甜？"答："甜。"或者说"田七"、"茄子"等，都可以使我们自然地做出微笑的动作。

在平时，我们可以在空闲的时候，面对镜子作微笑的练习。

看看口腔开到什么程度为宜；嘴唇呈什么形态，圆的还是扁的；嘴角是平拉还是上提。要注意，口腔打开到不露或刚露齿缝的程度，嘴唇呈扁形，嘴角微微上翘。如果能每天面对镜子练习 30 分钟，就能成为一个具有得体微笑的演讲者了。

同时，每天的微笑练习还能够帮助我们找出平时容易犯的毛病。

1. 笑过了头，这种情况就是在微笑时嘴咧得太大。嘴咧得过大，会给人一种不礼貌的感觉。同时，嘴咧得太大会给人一种傻乎乎的感觉。所以微笑要以不露或刚露齿缝为最佳。

2. 假笑，也可以叫做皮笑肉不笑，这种情况在我们在摄影师的要求下拍照时，最经常出现。这是因为，我们并没有投入感情，只是机械地按照要求在摆动作。

在演讲中也是一样，听众们是很敏感的，他们能够分辨出真笑和假笑，假笑看上去让人觉得难受。所以，我们的微笑不单单是要做出个形式，还要以完全平等的态度对待对方，尊重对方的感情、人格和自尊心，只有这样，微笑才是真诚的、美丽的，才具有强大的凝聚力。

最后要注意的一个问题就是，不是所有的演讲都要有笑容，微笑也要分清场合，如召开重要会议、处理突发事件、参加追悼大会时，就不能面带微笑。同时，其他的演讲，演讲中不能从头到尾一味微笑，否则让人感到你像一个弥勒佛，觉得你带了一个假面具上台演讲，没有感情。尤其在不该笑的感情表达时更不能笑。

二、得体的穿着可以给听众留下一个良好的印象

肢体的动作同语言一样是演讲的重要组成部分，是一种重要的无声语言。而肢体语言又包括了个人的形象和动作这两个方面。

肢体语言是补充语言传播的不足、作用于人的视觉的一种手段。

演讲者给予听众的第一印象，是十分重要的，甚至可以决定听众对演讲者的态度和是否愿意认真听取演讲者的演讲。

一般人在面对一个陌生人时，只能凭着这个人的服装和仪表来判断这个人。所以要有一个好的形象，就必须从最基本的做起，注意自己的服装穿着。

中国有句古话说得好："人靠衣服马靠鞍。"其意思就是指一个人穿上好的衣服这个人的气质风度都会变得不一样。服装和仪表，并不仅仅是一个外在形象的问题，也是一个人内在涵养的表现和反映，良好的形象是外表得体和内涵丰富的统一。

对服装和仪表最起码的要求，就是要干净、端庄、整齐，给人以清爽、精神的感觉，使人看了比较舒服。

当你意识到着装打扮的重要性时，还完全不够，如果你不会挑选、搭配，恐怕你的形象意识也是起不了作用的。

恰当的着装能够弥补自身条件的某些不足，树立起自己的独特气质，使你脱颖而出。从礼仪的角度看，着装不能简单地等同于穿衣。它是着装人基于自身的阅历修养、审美情趣、身材特点，根据不同的时间、场合、目的，力所能及地对所穿的服装进行精心的选择、搭配和组合。在各种正式场合，注重个人着装的人能体现仪表美，增加交际魅力，给人留下良好的印象，使人愿意与其深入交往，同时，注意着装也是每个事业成功者的基本素养。

首先，文明大方：忌过露、过透、过短、过紧。

整洁的衣着反映出一个人振奋、积极向上的精神状态；而褴褛、肮脏的服装，则是一个人颓废、消极、精神空虚的表现。因此，衣服要勤换、勤洗、熨平整，裤子要熨出裤线；衣扣、裤扣要扣好、裤带要系好；穿中山装应扣好风纪扣；穿长袖衬衣衣襟要塞在裤内，袖口不要卷起，短袖衫、港衫衣襟不要塞在裤内。

装饰必须端庄、大方，要让对方感到可亲、可近、可信、乐于与你交往。在演讲前，应适当打扮一下，把脸洗干净，头发梳理整齐。男士应刮胡子，女士还可化一点淡妆。一般来说，女服色彩丰富，轮廓较优美，面料较讲究，显示出秀丽、文雅、贤淑、温和等气质。男服则要求线条简洁有力，色彩沉着，衣料挺括。

其次，搭配得体：完美和谐、色彩搭配、鞋袜搭配。

服饰礼仪中所说的服饰，不完全是指我们日常生活中的衣服和装饰物，而主要是指在着装后构成的一种状态。它包括了它所表达的人的社会地位、民族习惯、风土人情以及人的修养、趣味等因素。所以不能孤立地以衣物的好与坏来评价人在着装之后的美与丑恶。必须从整体综合的角度来考虑和体现各因素和谐一致，做到适体、入时、从俗。

适体，就是追求服饰与人体比例的协调和谐。服饰是美化人体的艺术，服饰只有与人体相结合，使服饰的色彩、式样、比例等均适合人体本身的“高、矮、胖、瘦”，从而把服饰与人体融为有机统一的整体。因此，过肥或过紧的衣衫，过小或过大的裤腿、过高的“高跟鞋”以及不得当的颜色搭配等，都会扭曲人的形体、影响人的形象。

入时，就是追求服饰和自然界的协调和谐。人与自然相适应，有春夏秋冬、风雨阴晴的不同服饰；根据四季的变化穿着衣物，不但很合时宜，而且还可保证人体健康。一般来说，冬天衣服的质地应厚实一点，保暖性强一点，如呢毛料等，而春秋衣服的质地则应单薄些。可以设想，一个人在寒冷的天气穿着单薄，浑身颤颤抖抖；在炎热的天气里穿着厚实，满头大汗地出现在交际场所时那种难堪模样。

从俗，就是追求服饰与社会生活环境、民情习俗的协调和谐。应努力使服饰体现出新时代的新风貌和特征，各民族的不同习俗和特色，各种场合的不同气氛和特点。

再次，个性鲜明：与年龄、体型、职业、场合相吻合，保持自己的风格。

选择什么样的服饰，能够在很大程度上体现出穿着者的个性。在服饰整体统一要求中，追求个性美，可以说是现代生活的一大趋势。

个性特征原则要求着装适应自身形体、年龄、职业的特点，扬长避短，并在此基础上创造和保持自己独有的风格，即在不违反礼仪规范的前提下，在某些方面可体现与众不同的个性，切勿盲目追逐时髦。

那么，如何使自己的穿着得体呢？

（一）服饰礼仪

1. 着装应与自身条件相适应

选择服装首先应该与自己的年龄、身份、体型、肤色、性格和谐统一。年长者，身份地位高者，选择服装款式不宜太新潮，款式简单而面料质地则应讲究些才与身份年龄相吻合。青少年着装则着重体现青春气息，朴素、整洁为宜，清新、活泼最好，“青春自有三分俏”，若以过分的修饰破坏了青春朝气实在得不偿失。形体条件对服装款式的选择也有很大影响。身材矮胖、颈粗圆脸形者，宜穿深色低“V”字领，大“U”形领套装，浅色高领服装则不适合。而身材瘦长、颈细长、长脸形者宜穿浅色、高领或圆形领服装。方脸形者则宜穿小圆领或双翻领服装。身材匀称，形体条件好，肤色也好的人，着装范围则较广，可谓“浓妆淡抹总相宜”。

2. 着装要合体，讲究线条配置、搭配合理、色调和谐

瘦高体型的人，不宜选用竖条纹的服装，否则会夸大纤细的身形。太薄的衣服也会给人以呆板、缺乏韵味的感觉，而质感、厚实一点的衣料会使体瘦的人看上去精神抖擞。体型丰满的人则相反，衣服

质地太厚显得笨重，当然也不能太薄，否则体型弱点就暴露无遗了，衣料以薄厚适度为宜。胖人切忌穿大花纹、横花纹、大方格图案的服装，否则只会夸张体型。

3. 衣着服饰要投听众所好

有的演讲者总是喜欢根据自己的爱好穿着服装，这样的好处是面谈时感到自然轻松。

一般说来，着装不必赶时髦，不必求流行，尤其不能浓妆艳抹，花枝招展。

许多人心理上都认为“过分追时髦的人往往是不求上进的人”。专家告诫，当不知道穿什么好时，与其追求新潮，不如穿得正统一点。

（二）服装的选择

1. 男性

春、秋、冬季，男士最好穿正式的西装，西装的色调要用给人稳重感觉的深素色为主，如藏青色、蓝色、黑色、深灰色等。夏天要穿长袖衬衫，衬衫最好选择白色，系领带，领带应选用丝质的，领带上图案可以根据自己的爱好选择，最好是单色的，它能够和各种西装及衬衫相配。单色为底，印有规则重复的小型图案的领带，格调高雅，也可用。斜条纹的领带能表现出你的精明。领带在胸前的长度以达到皮带扣为好。如果一定要用领带夹，应夹在衬衫第三和第四个扣子中间的位置。不要穿短袖衬衫或休闲衬衫。

要穿深色的袜子、黑色的皮鞋。皮带要和西装相配，一般选用黑色。皮鞋、皮带、皮包颜色一致，一般为黑色。眼镜要和自己的脸型相配。镜片擦拭干净。如果选用钢笔一定不要插在西装上衣的口袋里，西装上衣的口袋是起装饰作用的。

2. 女性

要穿简洁、大方、合体的套装，裙子不宜太长，这样显得不利落，但是也不宜穿太短、低胸、紧身的服装，过分时髦和暴露的服装都不适合演讲，春秋的套装可用较厚实的面料，夏季用真丝等轻薄的面料。衣服的质地不要太薄、太透，薄和透有不踏实、不庄重的感觉。色彩要表现出青春、典雅的格调。用颜色表现你的品位和气质。不宜穿抢眼的颜色。

丝袜一定要穿，以透明近似肤色的颜色最好。要随时检查是否有脱线和破损情况。穿式样简单、没有过多装饰的皮鞋，后跟不宜太高，颜色和套装的颜色一致，如果你不知道如何配色，最简单的办法就是穿黑色的皮鞋。

3. 服装的色彩搭配

不同的色彩有着不同的象征意义：暖色调——红色象征热烈、活泼、兴奋、富有激情；黄色象征明快、鼓舞、希望、富有朝气；橙色象征开朗、欣喜、活跃。冷色调——黑色象征沉稳、庄重、冷漠、富有神秘感；蓝色象征深远、沉静、安详、清爽、自信而幽远。中间色——黄绿色象征安详、活泼、幼嫩；红紫色象征明艳、夺目；紫色象征华丽、高贵。过渡色——粉色象征活泼、年轻、明丽而娇美；白色象征朴素、高雅、明亮、纯洁；淡绿色象征生命、鲜嫩、愉快和青春等等。

4. 色彩搭配原则和方法

服装的色彩是着装成功的重要因素。服装配色以“整体协调”为基本准则。

全身着装颜色搭配最好不超过三种颜色，而且以一种颜色为主色调，颜色太多则显得乱而无序，不协调。灰、黑、白三种颜色在服装配色中占有重要位置，几乎可以和任何颜色相配并且都很合适。

着装配色和谐的几种比较保险的办法：一是上下装同色——即套装，以饰物点缀；二是同色系配色。利用同色系中深浅、明暗度不同的颜色搭配，整体效果比较协调。

年轻人着上深下浅的服装，显得活泼、飘逸、富有青春气息。中老年人采用上浅下深的搭配，给人以稳重、沉着的静感。

服装的色彩搭配考虑与季节的沟通，与大自然对话也会收到不同凡响的理想效果。

同一件外套服装，利用衬衣的样式与颜色的变化与之相衬托，会表现出不同的独特风格，能以简单的打扮发挥理想的效果，本身就说明着装人内在的充实与修养。利用衬衣与外套搭配应注意衬衣颜色不能与外套相同，明暗度、深浅程度应有明显的对比。

着装配色要遵守的一条重要原则，就是根据个人的肤色、年龄、体型选择颜色。

肤色黑，不宜着颜色过深或过浅的服装，而应选用与肤色对比不明显的粉红色、蓝绿色，最忌用色泽明亮的黄橙色或色调极暗的褐色、黑紫等。

皮肤发黄的人，不宜选用半黄色、土黄色、灰色的服装，否则会显得精神不振和无精打采。脸色苍白不宜着绿色服装，否则会使脸色更显病态。而肤色红润、粉白，穿绿色服装效果会很好。白色衣服任何肤色效果都不错，因为白色的反光会使人显得神采奕奕。体型瘦小的人适合穿色彩明亮度高的浅色服装，这样显得丰满。而体型肥胖的人用明亮度低的深颜色则显得苗条等。大多数人体型、肤色属中间混合型，所以颜色搭配没有绝对性的原则，重要的是在着装实践中找到最适合自己的搭配颜色。

（三）发型的搭配

大多数人关注一个人，目光首先的落点都是对方的头发。所以，注意保持头发的清洁，并修饰整齐。

发型不仅要符合美观、大方、整洁和方便生活、工作的总体原则，而且要与自己发质、脸型、体型、年龄、气质、四季服装以及环境等因素很好地结合起来，才能给人以整体美的形象。

发型设计可以使人活泼年轻，也可以让人变得端庄文雅，起到修饰脸型、协调体型的作用。就不同的脸型来说，椭圆形脸是东方女性的标准脸型，可选任意发式。长脸看起来面部消瘦，发型设计上应适当遮住前额，并设法使双颊显得宽一些。圆脸型的人应将头顶部的头发梳高，使脸部在视觉造型上增加几分力度，并设法遮住两颊。而方脸型应设法掩饰棱角，使脸型显得圆润些。额部窄的脸型，应增加额头两侧头发的厚度。长脸形的人不宜留太短的头发，下巴较长的人可以留些鬓发，矮胖或瘦小的人头发不宜长，瘦高的人应留长一点的发型。

就季节来说，春秋两季的发式可以自由活泼一些，而冬夏季的头发则由于受到气候因素的影响，需要格外注意。

夏天天气炎热，可留凉爽、舒畅的短发，如果是长发，则可以梳辫子或将头发盘起。由于多数人夏天面部油脂分泌都很旺盛，而额前的头发过多往往容易使热量不便于散发，反过来更加使得面部油光光的。因此，夏季的发型一定要考虑前额、两颊的头发不能留得过多，应尽量把头发向后向内梳理。同时，搭配一个浅色的上衣领，能够把脸部衬托得光亮鲜活一些。

冬天人们的衣着较厚，衣领高，留长发既美观又保暖。在冬季较爱刮风的地方，参加演讲前最好用帽子、头巾或者干脆用发带把头发束缚起来，等到达演讲地点前，利用上卫生间的机会将头发理顺。

女性如果再在头发的适当部位装饰花色款式、质地适合的发夹、发带或头花等饰物，那么就对整体美起到“画龙点睛”的作用，从而增添无限魅力和风韵。但要注意饰物不可过多，色彩也不能过于光亮耀眼，形成堆砌，则给人一种俗气的感觉，反而失去自然美。

男性的发型也要体现出一个人的性格、修养和气质。短发型可以体现男性朝气蓬勃的精神面貌，具体来看，寸发适合于头型较好，面部饱满的男性；前额较宽的人应该梳“三七开”的分头，以便更多的头发能够遮盖前额；选择“四六开”或“中分”发型的男性面部一般都不会过长，而且发质偏油性的较为合适。

（四）化妆的重要性

肤色十分重要，面色红润昭示着你的青春健康。

脸部皮肤的整体妆饰，除了要体现出自然光泽，还要注意脸部各器官妆饰的整体协调，否则便难以达到美容的效果。比如：有一双又黑又大的眼睛和长长的睫毛，为了突出眼睛的魅力，口红的颜色就应该有所限制，尽量使用与肤色接近的口红。

女性在化妆时一定要懂得如何把握淡雅适度的分寸，如果把口红抹得过浓，加上粉底较厚，整个面部便愈发夸大了一张喋血红唇。

为了达到美容的效果，妆饰还应考虑到不同季节和不同时间，根据自身的性格气质、职业特点、年龄、场合而采用不同风格的化法。

对于女性来说，化淡妆比较适宜，这样能显得端庄、秀丽，给人以自然、含蓄、舒适、得体的感觉。人们常说“化过妆就好像没有化一样”的效果就是化妆的最高境界。

少数男性也喜欢用一些化妆品，除非你很内行，而且确实无人能识破你的“伪装”，否则大多数人会认为男性涂脂抹粉显得缺乏阳刚之气。

第二节　注意演讲的姿态

演讲的姿态，是演讲者的重要辅助工具，帮助演讲者加强演讲的效果，对听众有重要的引导作用。

一、手势的配合

手势是人们演讲态势的主要形式。借助手势说话的关键在于“助”，它既不同于烘托语，可代替讲话，又不同于演节目，可以用手势演出情节。

手势有两大作用，一能表示形象，二能表达感情。许多演讲家的手势语独显其妙。伟大的革命导师列宁常习惯于用左手大拇指横插于坎肩，右手有力地挥动的手势：以右手坚定地探向前方，身体微倾向听众，构成了一种独特的姿态。

可见，恰当的手势不仅有助于表达情感，而且有很大的包容性，往往是“无声胜有声”。

论辩，尤其是赛场论辩与法庭论辩时，手势运用能构成论辩者丰富多彩的主体型象，使表达富有感染力量。自然而安稳的手势，可以帮助表达者平静地说明问题；急剧而有力的手势，可以帮助表达者升华感情；稳妥而含蓄的手势，可以帮助表达者表明心迹。

林肯在做律师时的老朋友赫恩登曾回忆林肯在进行法庭论辩时说：“他对听众恳切地发表讲话时，那瘦长的右手指自然地充满着动人的力量，一切思想情绪完全贯注在那里。为了表现欢乐的情绪，他把两手臂举成50度的角，手掌向上，好像已抓住了他渴望的喜悦。他讲到痛心处，如痛斥奴隶制时，他更紧握双拳，在空中用力挥动。”

手势语“词汇”丰富，千变万化，没有一个固定的模式。作为一个出色的演讲者，平时要认真观察生活，刻苦训练，积极付诸实践。下面介绍一些常用的手势：

1. 拇指式。竖起大拇指，其余四指自然弯曲，表示强大、肯定、赞美、第一等意。

2. 小指式。竖起小指，其余四指弯曲合拢，表示精细、微小或蔑视对方。

3. 食指式。食指伸出，其余四指弯曲并拢。用来指称人物、事物、方向，或者表示观点甚至表示肯定。胳膊向上伸直，食指向空中则表示强调，也可以表示数字“一”、“十”、“百”、“千”、“万”……食指弯曲或钩形表示九、九十、九百……齐肩画线表示直线，在空中划弧线表示弧形。

4. 食指、中指并用式。食指、中指伸直分开，其余三指弯曲，这一手势一般表示二、二十、二百……在一些欧美国家与非洲国家表示胜利的含义。

5. 拇指、食指并用式。拇指、食指分开伸出，其余三指弯曲表示八、八十、八百……如果并拢表示肯定、赞赏之意；如果二者弯曲靠拢但未接触，则表示“微小”、“精细”之意。

6. 拇指、食指、中指并用式。三指相捏向前表示“这”、“这些”，用力一点表示强调。

7. 仰手式。掌心向上，拇指自然张开，其余弯曲，这一手势包容量很大。区域不同，意义有别：手部抬高表示“赞美”、“欢欣”、“希望”之意；平放是“乞求”、“请施舍”之意；手部放低表示无可奈何，很坦诚。

8. 俯手式。掌心向下，其余状态同仰手式，这是审慎的提醒手势，同时表示反对、否定之意；有时表示安慰、许可之意。

9. 手切式。五指并拢、手掌挺直，像一把斧子用力劈下，表示果断、坚决、排除之意。

10. 手啄式。五指并拢呈簸箕形，指尖向前，表示提醒注意之意，有很强的针对性、指向性，并带有一定的挑衅性。

11. 挥手式。手举过头挥动，表示兴奋、致意；双手同时挥动表示热情致意。

12. 掌分式。双手自然撑掌，用力分开。掌心向上表示“开展”、“行动起来”等意；掌心向下表示“排除”、“取缔”等意；平行伸手则表示“面积”、“平面”等意。

13. 拳举式。单手或双手握拳，平举胸前，表示示威、报复；高举过肩或挥动或直锤或斜击，表示愤怒、呐喊等意。

14. 拳击式。双手握拳在胸前做撞击动作，表示事物间的矛盾冲突。

15. 拍肩式。用手指拍肩击膀，表示担负工作、责任和使命的意思。

16. 颤手式。单手或双手颤动，必须与其他手势配合才表示一个明确的含义。

手势语言是人类在漫长进化历程中最早使用的一种交际工具。在原始社会里，先民们主要是依靠手势语言进行交际的。而后，人类社会出现了有声语言和文字，手势语言才降为对有声语言辅助、补充和修饰的从属地位。

在各种交际场合，遇到了相识的人，如距离较远，一般可举手招呼，也可点头致意，还可脱帽致意；遇到不熟悉的朋友，可点头或微笑致意；送别客人或朋友时，可举手致意，或挥手致意，也可挥手帕致意，或挥动帽子致意。手的挥动幅度越大，表现的感情也就越强烈。此外，一般场合都需要握手，这也是平日运用得最多的一种手势语言，它承载着丰富、深邃而微妙的信息。一般说来，上级与下级、长辈与晚辈、女性与男性、主人与宾客之间，应由上级、长辈、女性、主人先伸出右手，下级、晚辈、男性、宾客才能伸出右手与之相握。握手力度要均匀适中，这是礼貌、热情、友善和诚恳的表示；而握手用力太轻，被认为是冷淡、不够热情；用力太重，又会显得粗鲁无礼。

手势语言运用得是否恰当自然，这直接关系到口才表达主体的形象。在日常交际中，既要避免像石头人一般的站立着，两手无力地下垂或在后背相交，自始至终只用一个手势动作，也不更换一个姿势，显得呆滞死板；也要防止手势动作泛滥，轻佻作态，前松后紧，前紧后松，前后脱节等现象；更要纠正用手玩弄扣子或不断地用手抚摸茶杯，或老是重复同一动作，或用手指对方鼻子等不良习惯。应在口才实践中不断地加强自身的修养，努力做到手势动作优雅、适当贴切、准确干练、舒展自如、因人而异、因地制宜、协调一致、恰到好处。这样，才能充分发挥手势语言传情达意的功用，增强口才表达的效果。

二、用眼睛表达自己

心理学研究表明，在人的各种感觉器官可获得的信息总量中，眼睛要占80%以上。人内心的隐秘，胸中的冲突，总是自觉不自觉地在不断变幻的眼神中流露出来，它犹如一面聚焦镜，凝聚着一个人的神韵气质。泰戈尔说：“一旦学会了眼睛的语言，表情的变化将是无穷无尽的。”

高尔基在回忆列宁的演讲时写道：“在他那蒙古型的脸上，一双锐利的眼睛在闪闪发光，表现出一个不屈不挠的战士对谎言的反对以及对生活的忠实，他那双眯缝着的眼睛在燃烧着，使着眼色，讽刺地微笑着，闪烁着愤怒。这双眼睛的光泽使得他的演讲更加热烈、更加清晰，有时仿佛是他精神上有一种不可战胜的力量，从他的眼睛里喷射出来，那内容丰富的话语在空中闪光。”当代演讲家彭清一演讲时，总是以自己的亲身体验现身说法，把饱满的热情淋漓尽致地“写”在眼里，其眼窝、眼睑、虹膜和瞳孔组成一台完整的戏。

刘鹗在他的小说《老残游记》中有一段关于艺人王小玉上台说唱的描写：“……她将鼓槌子轻轻地点了两下，方抬起头来，向台下一盼。那双眼睛如秋水、如寒星、如白水银里头裹着两丸黑水银，左右一顾，连那坐在远远墙角里的人都觉得她看见自己了。那坐得近的，更不必说。她的眼神的意思是：我已经注意到各位了。”

这眼神奇妙绝伦，就像无声的问候和命令，比高叫一声“请大家安静”更起作用。

眼神是运用眼的神态和神采来表达感情、传递信息的无声语言。在面部表情中，是最生动、最复杂、最微妙、也最富有表现力的。眼睛是心灵的窗户，最能倾诉感情，沟通心灵。眼神千变万化，表露着人们丰富多彩的内心世界。正如苏联作家费定的小说《初欢》中所描写的那样：“……眼睛会发光，会发火花，会变得像雾一样暗淡，会变成模糊的乳状，会展开无底的深渊，会像火花和枪弹一样投射，会质问、会拒绝、会取、会予、会表示恋恋之意……”眼睛的表情，远比人类的语言来得丰富。

在与人交谈中，正视对方，表明对对方的尊重；斜视对方，表明对对方的蔑视；看的次数多，表明对对方的好感和重视；看的次数很少或不屑一顾，表明对对方的反感和轻视；眼睛眨动的次数多，表示喜悦和欢快，也可表示疑问或生气；眼睛眨动的次数少甚至凝视不动，表示惊奇、恐惧和忧伤；如果不敢直视对方，也可能是因为害羞，可能有什么事不愿让对方知道；如果怀有敌意的双方互相紧盯着，其中一方突然把眼光移向别处，则意味着退缩和胆怯；如果谈判时有一方不停地转动着眼球，就要提防他打什么新主意或坏主意；如果是频繁而急促地眨眼，也许是表示羞愧、内疚，但也可能表明他在撒谎……

配合着眉毛的变化，眉目传情意义更广泛。欢乐时眉开眼笑，眉飞色舞；忧愁时双眉紧锁；愤怒时横眉怒目；顺从时低眉顺眼；戏谑时挤眉弄眼；畅快时扬眉吐气等。

演讲目光语最主要的是强调眼神的运用。一般来说，不同的眼神表达着不同的情感。目光明澈表现胸怀坦荡；目光狡黠表现心术不正；目光炯炯表现精神焕发；目光如豆表现心胸狭窄；目光执着表示志向高远；目光浮动表现轻薄浅陋；目光睿智表现聪明机敏；目光呆滞表现心事重重；目光坚毅表示自强自信；目光衰颓表示自暴自弃。除此之外，故弄玄虚的眼神乃是高傲自大的反映；神秘莫测的眼神则是老奸巨猾的反映；似宝剑出鞘咄咄逼人的目光是正派敏锐的写照；如蛇蝎蛰伏灰冷阴暗的目光是邪恶刁钻的写照。坦诚者目光像一泓清泉，悠然见底；英武者目光如电掣雷奔，波澜壮阔；典雅者目光似云雾初开，林鸟相逐；俊秀者目光如玉，珠胎含月；妖媚者目光似春花始香，夏梅初笑；豪放者目光如风云波浪，海天苍茫……

眼神的表达丰富多彩。有诗人描述说："眼睛是心灵的窗户，不会隐藏更不会说谎。"得体地运用目光语会令你的演讲增添光彩。

眼睛是"心灵的窗户"，眼神的奇妙变化倾诉着一个人微妙的心曲，它是会"说话"的。在演讲中，让眼睛说话，就需要注意以下几点：

1. 以明亮有神、热情友善、充满智慧的眼神，向听众表明你的坦诚、灵活、自信和修养，获得良好的第一印象。

2. 用眼神的变化表达自己内在的丰富感情。比如，讲到兴奋的时候，睁大眼睛，让它散发出兴奋的光芒；讲到哀伤处，眼皮下垂，或让眼睛呆滞一会儿，以渲染哀伤的情绪；讲到愤怒时，瞪大眼睛，怒视前方，让其充满着逼人的神色……总之，什么样的思想感情，就应当配以什么样的眼神。

3. 三种视线交替使用。三种视线分别是指环顾的视线、专注的视线、模糊的视线。环顾的视线，可以照顾全场，关心每一位听众，增强听众的"参与感"，表明演讲者是同所有听众交谈；专注的视线，就如同进行"典型调查"，把准听众的心理，可以用来启发引导听众，或者赞扬、鼓励听众，或者制止个别听众的骚动，调整、控制会场；模糊不清的视线，可以向听众表现演讲者在认真思考，加强话语的价值，也可以借此为视线变化的过渡，稳定自己激动的情绪，同时向听众表明自己有较好的经验与修养。

三、摆正体姿

通过人的身体姿态传递信息，在当今社会，不仅是"修身养性"的基本要求，还是用来表示仪表、传递信息的重要体态语言。

在社会交际中，雅俗的表现与显露，姿势是一个衡量的重要标志。

姿势在礼节上是一种文明修养的表现，也是一个人良好素质的反映。优美的姿势联系着一个人的心灵，可以说是心灵舞姿的外化。形体动作的词汇是非常丰富的，它不仅可以传情达意，更可透露一个人的心态。不同的姿势可以反映一个人特定条件下的心态，通过姿势可以准确地窥测其心灵的俗与雅。

姿势是雅俗表现与显露的必要标尺，人的身体的每一个姿势变化通常都反映了交际者的文明程度。比如，社会交往中，步伐矫健，轻松敏捷，能让人感到年轻、健康和精神焕发；步伐稳健，端正有力，给人以庄重、沉着和自信的印象；步履蹒跚，弯腰弓背，垂首无神，摇头晃膀，往往给人以丑陋庸俗、无知浅薄或是精神压抑的印象。又比如，交谈时高跷二郎腿，随心所欲地搔痒，习惯性地抖腿；或是将两手夹在大腿中间和垫在大腿下，或是撒开两腿呈现“大”字形，或有女性在场时，半躺半坐、歪歪斜斜地瘫在座椅上，都是失礼而不雅观的，会给人留下缺乏教养、低俗轻浮、散漫不羁的不良印象。

体姿对一个人整体型象的塑造有着很重要的作用。人的体姿与人的相貌有同等的重要性，共同显示出一个人的气质和风度。如果“站无站相”、“坐无坐相”，即使相貌再漂亮也会大打折扣。外表相貌是天生的，而体姿可以通过后天的训练向理想姿态转变。

体姿语由两部分组成。一是指说话双方的空间距离，二是指各种不同的身体姿势。体姿语运用的总体要求是准确、适度、自然、得体、和谐、统一。

首先，准确、适度。所谓的准确、适度，就是要根据说话内容、说话环境、说话对象、说话目的的需要，准确恰当地运用。

其次，自然、得体。就是要求体姿语的运用不故作姿态，要适合自己的身份和交际场合。无论是从审美的角度，还是从表达功能的角度，体姿语的运用都要自然、得体，做到既符合审美的原则，给人以美感，又符合特定的情况。

再次，和谐、统一。包括两个方面：一是体姿语言和有声语言配合统一，才能准确地表达自己的思想感情和愿望，否则，就不能收到既定的效果。二是各种体姿语言要求一致而协调。

“坐如钟，站如松，行如风”，这是古人提出的姿势范式。在社会交际中，对姿势的基本要求是：秀雅合适，端庄稳重，自然得体，优美大方。

具体地说，对各种姿势有以下要求：

（一）稳重的坐姿

在各种场合，都要力求做到“坐如钟”，即坐得端正、稳重、温文尔雅。这是坐姿的最基本要求。

入座时，应轻、缓、稳，动作协调柔和，神态从容自如。人应走到椅子前，转身背对椅子平稳坐下，若离椅子较远，可用右脚向后移半步落座。女子入座尤其要娴雅、文静、柔美，若穿裙子则应注意收好裙脚。一般应从椅子左边入座，起身时也应从椅子左边站立，这是一种礼貌。如要挪动椅子的位置，应当先把椅子移到欲就座处，然后坐下去。坐在椅子上移动位置，是有违社交礼仪的。

落座后，应双目平视，嘴唇微闭，面带微笑，挺胸收腹，腰部挺起，重心垂直向下，双肩平正放松，上身微向前倾，手自然放在双膝上，双膝要并拢。亦可双脚一脚稍前，一脚稍后。两臂曲放在桌子上或沙发两侧的扶手上，掌心向下。坐椅子时，一般只坐满 2/3，脊背轻靠椅背。端坐时间过长，可以将身体略为倾斜，头面向主人，双腿交叉，足部重叠，脚尖朝下，斜放一侧，双手互叠或互握，放在膝上。若是着西装裙的女子，最好不要交叉两脚，而是并靠两脚，向左或向右一方稍倾斜放置。起立时，右脚先向后收半步，然后站起。

（二）端正的立姿

在各种场合，都要力求做到“站如松”，即站得端正、挺拔、优美、典雅。这是立姿的最基本要求。

站立时，应头正颈直，双眼平视，嘴唇微闭，下颌微收，挺胸直腰，上体自然挺拔，双肩保持水平，两臂自然下垂，手指并拢自然微屈，双手中指压裤缝，腿膝伸直，脚跟并拢，两脚尖张开夹角 45 度，身体重心落在两脚之间。男女的立姿略有不同。男子站立时身体重心放在两脚中间，不要偏左或偏右；双脚与肩同宽而立；手可自然下垂，向体前交叉或背后交叉也可以。女子站立时身体重心在两足中间脚弓前端位置，双脚呈倒“八”字站立；手自然下垂或向前向后交叉放置。

站立后，竖看要有直立感，即以鼻子为中线的人体应大体成直线；横看要有开阔感，即肢体及身段应给人以舒展的感觉；侧看要有垂直感，即从耳与颈相接处至脚的踝骨前侧亦应大体成直线，给人一种挺、直、高的美感。男女的立姿亦应形成不同侧重的形象，男子应站得刚毅洒脱，挺拔向上，舒展俊美，精力充沛；女子应站得庄重大方，亲切有礼，秀雅优美，亭亭玉立。

（三）优雅的走姿

在各种场合，都要力求做到“行如风”，即行得正确、优雅、轻盈，有节奏感。这是走姿的最基本要求。

行走时，应昂首挺胸，收腹直腰，两眼平视，肩平不摇，双臂自然前后摆动，脚尖微向外或向正前方伸出，行走时脚跟成一条直线。起步时身体微向前倾，身体重量落于前脚掌，行走中身体的重心要随着移动的脚步不断向前过渡，不要让重心停留在后脚，并注意在前脚着地和后脚离地时伸直膝部；迈出每一步都应从胸膛开始向前移动，而不是腿独自伸向前。男女的走姿及步态风格亦有所区别。男子的步履应雄健、有力、潇洒、豪迈，步伐稍大，展示出刚健、英武的阳刚之美；女子的步履应轻捷、蕴蓄、娴雅、飘逸，步伐略小，展示出温柔、娇巧的阴柔之美。还应看到，现代女性穿高跟鞋，主要目的不仅在于增加身高，而在于能收腹挺胸，显示自身走路的动人的身姿和曲线美；而步态高度艺术化的时装模特儿，与其说是展示千姿百态的时装，不如说是在显露高雅美妙的走姿。

人的形体在运动中构成种种姿势，良好的姿势形成优美的仪态。英国哲学家培根认为，相貌的美高于色泽的美，而秀雅合适的动作的美，又高于相貌的美，这是美的精华。秀雅合适的姿势在社会交际中有十分重要的作用。因此，我们应当注意体姿的培养。

第二章

演讲前的语音训练

第一节　发声能力训练

著名的寓言大师伊索年轻时曾经给一个贵族当奴仆。有一天，这位贵族想设宴，宴请城中的达官贵人。于是传下话去，让伊索准备最好的酒席，伊索听后就四处收集各种动物的舌头，办了一个舌头宴。用餐时，贵族大吃一惊，忙问伊索是怎么一回事，伊索笑着说：“我尊敬的主人，你吩咐我为这些高贵的客人办最好的菜，而舌头是引导各种学问的关键，对于这些名士、贵族们来说，舌头宴不是最好的菜吗？”客人们听后，一个个都发出由衷的赞叹和笑声。贵族也为伊索的机智表示赞许，又吩咐他次日准备一次最差的酒宴。伊索应声赶紧下去准备，谁知次日开席上菜时仍是舌头。这次贵族勃然大怒，伊索却不慌不忙地说：“难道一切坏事不是从人口中出来的吗？舌头既是最好的，也是最坏的东西啊！”贵族听后无话可说。

虽然这只是个古希腊流传下来的故事，却说明了一个很重要的道理：说话之于人们有着无可估量的作用。

有一位非常成功的女性，她的声音清脆圆润，不管她到任何地方，只要她一开口说话，所有的人都洗耳恭听，因为他们无法抗拒这如此富于魅力的声音。那种真诚、爽朗、充满生命活力的声音就像从干裂的地面喷出的一股清泉，就像从静寂的山谷涌出的一道急流，在每个人的心头涓涓而流，恰似生命中最美的音乐。事实上，这位女士的相貌相当普通，甚至可以说是有些丑陋，然而她的声音却是那样的圣洁甜美；它所带来的魅力是不可阻挡的，并且也从某个层面象征着她高雅的素养和迷人的个性。

一、不同的语调带有不同的意义

作为一个人，我们说出的每一句话都是带有一定的语气的，或是高兴的、或是伤心的、或是忧郁的、或是兴奋的，语调反映一个人说话时的内心世界，它能够表露出人的情感和态度。

中国的语言博大精深，同样的一个字、一句话，因为说话的语调不同，就具有了不同意义，这也是中国语言的魅力。一个演讲中，听众可以从演讲者的语调中，感受到演讲者的内心状况和他的感情。

同样，听众会从演讲者的语气中来评价演讲者的性格，他们会下意识地对演讲者作评判，判断他是一个令人信服的人、幽默的人、可亲可近的人，还是一个呆板保守、具有挑衅性、好阿谀奉承或阴险狡猾的人。

所以，当演讲者向听众阐述一个问题时，应保持说话的语调并与讨论的话题相适应，并能恰当地表明你对这一话题的态度。严肃的问题要用正式的语气，幽默的问题，要用玩笑的语气，切不能用错，一旦用错，就会导致观众对于演讲者提供的信息不信任。

二、如何在演讲中运用突兀语言

有些演讲者善于在演讲开头时出语惊人，突兀而起，配以起伏变化的语调使演讲体现出一种神秘的色彩，一下子就能把听众震住。这样既能吸引听众的注意力，又能确定演讲的情感基调。有位演讲者在介绍刘玲英为了保卫国家金库而与行凶抢劫者奋力拼搏的事迹时，是这样开始演讲的：

刀，一把明晃晃的三角刮刀已经逼近了刘玲英的眼睛，穷凶极恶的歹徒丧心病狂地嚎叫：“你交不交钥匙？不交就要你变成瞎子！”面对威吓，刘玲英毫不畏惧，回答的是三个字：‘不知道！’凶手手中的刮刀刮进了刘玲英的眼睛，可刘玲英回答的仍然是三个字：‘不知道！’歹徒用三角刮刀在刘玲英身上、脸上捅了二十多刀，鲜血染红了地面，刘玲英还是那三个字‘不——知——道！’朋友们，这就是我们的英雄，面对猖狂，面对凶暴脸不改色心不跳，用生命和鲜血捍卫着人民的财产。在这里我要用我全部的热情来赞一赞这位女豪杰，女英雄！

这里，摆在听众面前的是一幅凶残血腥的画面，令听众为之惊心，为之动魄。加之演讲者夸张地运用轻重、快慢、升降、停顿等语调技巧，强烈地感染着听众。

我们再看看1941年7月3日斯大林《广播演讲》的开头：

希特勒德国从6月22日向我们祖国发动的背信弃义的军事进攻，正在继续着。虽然红军进行了英勇的抵抗，虽然敌人的精锐师团和他们的精锐空军部队已被击溃，被埋葬在战场上，但是敌人又往前线调来了主力军，继续向前闯进……

这样的开头，由惊人的事情说起，听众为之惊叹。

运用突兀而起的方法要注意与后面的内容配合得当，否则给人一种头重脚轻、“吊胃口”的感觉。前后越不协调，听众反感越大。过渡要自然，联系要完整，表达不要过分神秘。

三、怎样用顿歇技法推进情感

顿歇，绝不是思想表达的终止，而是力量的积蓄。停顿是为了更好地连接和贯通。

为了突出某一事物，强调特殊含义，可以运用语法停顿、逻辑停顿、感情停顿等方法变化停顿时间。一般在被突出的事物，感情前后进行。我们看看富兰克林的演讲《制造国旗的人们》的最后两句：“她振奋明亮、果敢光辉，信仰坚定，因为那是你们用心做成的。你们是国旗的制造者，所以你们应当为制造国旗而感到无上光荣。”

这里在“因为”和“所以”后作较长的停顿，然后把声音明亮畅快地送出去。

运用停顿可以产生一种骤然紧张的气氛，停顿以后，听众绷紧的心弦也会突然放开，能让听众得到一种快感，并彻悟到演讲的内容和感情。这里的“顿”是短暂的歇息，是整体之中的一个过程。

这个过程是对听众的引领，是使听众进入演讲情绪场的诱导，听众会拿上你交给他们的这把钥匙去开启演讲情感的大门从而去领略演讲的风采。

俄国政治家、社会活动家普列汉诺夫在日内瓦作《无产阶级与农民》的演讲时，台下一些无政府主义者企图破坏，不时吹出口哨声，其他听众也受到影响，面对这些破坏者，普列汉诺夫运用顿歇技巧："如果我们也想用这种武器，同你们斗争的话，我们来时就会……我们来时就会带着冷若冰霜的美女。"

把强烈愤怒的感情蓄积在停顿处，然后再爆发出来，怒指那一小撮人，收到了奇妙的控场效果。

强调的是，停顿的时间要适可而止。如果太短，紧张的气氛难以形成，高潮难以产生；如果太长听众会琢磨到你顿歇的原因，从而能理解到你停顿后高潮的意义，削弱顿歇的效果。

下列一些场合可运用顿歇手法：

1. 上台站定演讲之前与演讲完了下台之前。此时可做较长时间的停顿，且停顿时要配合态势进行。

2. 赞叹、悲伤、惊讶、愤怒之时，如"你太不像话了"之前停顿。

3. 反问、设问之后。

4. 举例、述说另一整体内容之前。

5. 段落之间。

6. 当你的演讲受到干扰或得到赞美时。尤其是由于你精彩的演讲，听众对你报以热烈的掌声，你一定要停下来，微笑着面向听众。如果听众的掌声是建立在你严肃的幽默之上，你也可以"严肃"地看着听众。

四、演讲有声表达如何科学运气

科学的发音取决于科学的运气，有些演讲者时间稍长点就底气不足，出现口干舌燥、声音嘶哑的现象，此时，只得把力量集中到喉头，使声带受压，变成喉音。

"气乃音之师"。气息是声音的原动力，科学地运用运气发音方法可使声音更加甜美、清亮、持久、有力。要达到这个地步，平时要加强训练，掌握腹胸联合呼吸法。其要领是：双目平视，全身放松，喉松鼻通，无论是站姿还是坐式，胸部稍向前倾，小腹自然内收。

吸气方法是：扩展两肋，向上向外提起，感到腰带渐紧，后腰有撑开感。横膈膜下压腹部扩大胸腔体积，小腹内收，气贯“丹田”。用鼻吸气，做到快、静、深。

呼气方法是：控制两肋，使腹部有一种压力，将气均匀地往外吐，呼气时用嘴，做到匀、缓、稳。

这样的呼吸方法可以进气快，到位深，运气长，好控制。可用下列方法练习：

1. 闻花香。好像眼前有一朵花，深深吸进香味，两肋张开，控制一会儿，缓缓送出。

2. 模拟吹掉桌面上的灰尘。

3. 咬紧牙关，从牙缝中发出“呲”声，平稳均匀。

4. 数数：“1，2，3，4，5，6，7，8，9，10”，循环往复，一口气能数多少就数多少，吐字要清。

5. 数“一个葫芦，两个葫芦”或“一张球拍，两张球拍”，看一口气能坚持多久。

6. 喊人，如“王刚”、“小胡”。

7. 一口气反复念：“吃葡萄不吐葡萄皮儿，不吃葡萄倒吐葡萄皮儿。”

8. 一口气诵读一首五言绝句或七言绝句，力求清晰、响亮，有感情。

五、学会使用语气来表达不同的意义

语气是声和气的结合，不同的语意是某一种声和气在人们长期的使用过程中逐步形成的。它是具有社会性的，是约定俗成的，具有稳定性，包括思想感情、声音形式两个方面。不会以个人的意志为转移，我们只能遵循这一特点，而不能根据个人的好恶去随意地违背它或改变它。

人们对于不同的语气的反应在长期的生活中，是本能的认知：恶声恶气不会是抒发柔情蜜意、大声吼叫不会是称赞别人、粗声粗气不会是向别人道歉、更不能用来表现我们激动的心情。所有使用有声语言的场合，都离不开语气。若想成为一个说话富有感染力的人，就一定要熟练掌握驾驭语气的能力，要善于运用合适的语气来表达复杂的内容和不同的思想感情。

只有用正确的语气才能表示正确的意义，否则我们将不能正确地表达我们的本意，甚至还会招致麻烦和痛苦。但是当一个团体的成员固定使用一种新的语气，那么也会给既定的语气赋予新的含义。

相同的词语因为不同的语气而产生不同的意义的例子在我们身边有很多。

语气能够影响人们的情绪，这是在我们的实际生活中经常会遇到的现象。意大利一位演员曾经用悲怆的语气来朗读数字，虽然朗读数字本身并没有任何意义，但是因为语气的悲哀，使得听众产生了共鸣，不少听众潸然泪下。所以，有时，在表情达意方面，甚至超过语言本身。

就像我们很熟悉的一个词“讨厌”，来举个例子。

当我们用粗声粗气来说，就表示出一种指责、反感；用恶声恶气来说，就表现出一种愤怒、斥责；用柔声细气来说，则有一种害羞的感觉；用嗲声嗲气说，则有一种打情骂俏、撒娇的感觉。使用好声和气的一条重要原则就是要尽力避免可能会出现的歧义现象。

那么作为一个演讲者，在演讲中可以常用哪些语气呢?

首先，当演讲者需要激励听众的士气时，可以使用慷慨激昂的语气。慷慨激昂的语气有一种气势磅礴的感觉，可以给予人们激励的感觉，具有强烈的鼓动性和感染力。

其次，当演讲者需要引起听众的兴趣时，可以使用抑扬顿挫的语气。所谓抑扬顿挫，就是指句子里的语气有高低升降、轻重缓急的变化。抑扬顿挫，使得一句话说出的时间和强度有了变化，这样它所表达的意思就有可能不同，甚至会截然相反。所以，抑扬顿挫的语气可以加强句子的语气，有助于演讲者抓住听众的情绪，吸引听众的注意力。

第三，当演讲者需要平复听众的情绪时，可以使用平和舒缓的语气。有时，一味的慷慨激昂，高声演讲，并不能够吸引听众，当演讲者置身于某些特定的场合中，例如分别的时候，吊唁的时候，演讲者说话时的声音不能高声喧哗、慷慨激昂，这时就需要演讲者用平和缓慢的语气，这样的语气不但能符合听众的心理，还能够安抚、治愈听众的心灵。

最后，当演讲者需要说服听众时，可以使用气势沉稳的语气。这样的语气是在演讲者想要将一种观念或理念传达给听众时常用的，教师就常用这种语气来给学生们讲解新的内容。这样的语气最大的特点就是自信，因为，一个人想要别人相信自己，首先要相信自己，要想说服别人，就先要说服自己，然后再以自己的沉稳自信去征服别人。

总之，用语气表达不同的感情时要注意语言、语意、演讲的场景和主题，注意语气与措辞的一致以及语气之间的协调，这样，我们的演讲才能取得比较好的效果。

六、有活力的声音才能吸引听众

演讲者在演讲中想要得到听众的认同，自己的声音就不能有气无力的，有生命力的声音能给听众认同和活力。响亮的声音，就有一种生机勃勃而富有朝气的感觉。当一个演讲者，希望向听众传递信息、劝说他们赞同时，有活力的充满朝气的语言可以加强给予他们的暗示，得到他们的认同。同样的话用充满活力的语气来表现，还可以带动听众的情绪。

一个再好的演讲稿，如果演讲者用呆板、平淡无奇的语气将演讲稿读出来，一样无法吸引听众的注意力。有活力的声音，甚至可以蛊惑听众，赵本山和宋丹丹的小品中，赵本山就说过：“听这小声，至少有五个加号。”这就是说明有活力的声音，可以使人产生极美好的幻觉，它能够使一个年过七十的老人给人一种年轻、有活力的感觉。

同样的，如果一个年轻人说话有气无力的，则会给人一种苍老的感觉。

而要使自己的声音充满活力，其重点就是要注意重音。即根据演讲内容的需要，把重要的音、句或语意用强调的方式说出。这样演讲者的思想感情就能清楚明晰地传达给听众，并加深他们的印象。

声音不可千篇一律，这就是我们前面说的抑扬顿挫的语气的重要性。

那么具体来说，哪些内容需要演讲者重音强调呢?

首先，感情上的重音，在演讲中，它的作用在于帮助演讲者突出某种情绪，增强说话的感染力。

其次，声音的轻重要考虑到全篇的内容，通篇高亢的声音也会使人感到厌烦，所以重音的运用要考虑整个演讲的内容和主题。所以轻重得当，才能使整个演讲充满活力与激情。

七、发音是建立良好沟通的第一步

我们所说的话都是由每一个字组成的，然后我们给每一个字加上适当的重音和语调，再将所有内容正确而恰当地发音，就形成了我们的演讲。这能够帮助我们准确地表达自己的思想，使听众明白演讲者的意思和所强调的重点。

练习发音的第一步是，练气。

咽喉炎似乎是所有教师的通病，这种现象一方面是因为教师每天的说话量过大，另一方面是因为没有掌握正确的发声方法。我们都知道播音员和歌唱家每天的一个必备功课就是练习发声，练习用气来发声，也就是人们常说的练声先练气。

气息是人体发声的动力，是发声的基础。演讲的效果与发声有着直接的关系，我们之前说了，有活力的声音可以使听众兴奋，反之就会给人一种说话绵软无力的感觉。而影响发声的最直接原因就是气息，气息充足，声音就会响亮而有朝气；气息不足，声音就会恹恹无力；用力过猛就是我们常说的大嗓门，给人一种不礼貌的感觉。

我们在练声时，最重要的就是吸气与呼气训练。我们可以参考瑜伽当中腹式呼吸法来联系吸气和呼气。

所谓腹式呼吸法就是，吸气时让腹部凸起，吐气时压缩腹部使之凹入的呼吸法。正确的腹式呼吸法为：开始吸气时全身用力，此时肺部及腹部会充满空气而鼓起，但还不能停止，仍然要使尽力气来持续吸气，不管有没有吸进空气，只管吸气再吸气。然后屏住气息4秒，此时身体会感到紧张，接着利用8秒的时间缓缓地将气吐出。吐气时宜慢且长，不要中断。做完几次前述方式后，不但不会觉得难受，反而会有一种舒畅的快感。

它不但能练气，同时还能锻炼腹部肌肉，有助于减肥。

练习发音的第二步，练声。

第一，练习音高和音低。可以通过朗读古代诗词、散文等来练习。先从低音说起，再一句句地升高，说到最后再一句句地降下来。然后再一句高，一句低，高低交替地朗读，也可以每个字的音调由低向高，再由高向低。

第二，练习音强与音弱。可以采用和之前同样的材料，按音量从小到大来练习，从小音量练习开始，要注意的是音量虽小，但吐字一定要清晰。之后把音量加大到正常来练习，同样要求吐字清晰，抑扬顿挫。之后再加大音量，用大音量练习，这时要求气息强大，音色高亢洪亮。当我们能熟练清晰地用三种音量发音时，就可以进行三种音量的混合练习，这样的练习还可以加强我们的语感和语气。

第三，练习实音与虚音。所谓的实音，就是音色响亮、扎实、清晰度高的声音，这就要求我们在发音时，要清晰明白，咬字要准确。所谓虚音多用于表达感叹、回味、夸张等情感的语句中，说话的气息强而逸出较多，音量则有所控制，但是同样注意字音的清晰。

最后要注意的是，早晨刚睡醒时不要直接就到室外去练习，特别是室外与室内温差较大时，冷空气会刺激声带，那样会损害我们的声带。

八、不要让声音尖锐刺耳

每个人的声音和音域有所不同，有的人声音天生甜美，也有的人声音天生沙哑，有的人声音高亢，有的人声音低沉，有的人声音浑厚，这是每个人的先天条件，是不能改变的，但是我们可以控制自己的音高。偶尔的高声尖叫意味着紧张惊恐或者兴奋激动；在演讲中，偶尔来一次，可以起到加强气氛的作用，可以吸引听众的注意力。但是如果整篇演讲都用一种尖锐的歇斯底里的声音来说，那么会使得听众神经紧张，使他们感到厌烦和痛苦，破坏了会场的氛围。

九、节奏适中有助于听众理解

听语言出色的人演讲是一种艺术的享受。这是因为他们在演讲时，抑扬顿挫，就像一个优秀的指挥家，将语言的节奏当做一首优美的交响乐随意指挥，随心所欲地演奏出扣人心弦的乐曲。

如果想要成为优秀的演讲者，就要了解语言的节奏有哪几种，同时按照这些节奏来不断地进行练习的话，每个人都能成为优秀的演讲家。

第一，高亢的节奏能营造出威武雄壮的效果，这种节奏的演讲者发出偏高的声音，同时语气的起伏较大，高亢的节奏能产生强烈的感染力和鼓动性使听众热血沸腾，这样的节奏适合于叙述一件重大的事件，宣传重要决定及使人激动的事。

第二，低沉的节奏和高亢的节奏正好相反，它是为了营造一种低沉、庄严的气氛，通常使用较低的声音，低缓、沉闷，语流偏慢，语气压抑。大都在一些郑重的环境中应用，如悲剧色彩的事件叙述，或慰问、怀念、吊唁等。

第三，凝重的节奏介于高亢和低沉之间，声音适中，语速适当，重点词语清晰沉稳，比较中庸。这种节奏每个字都要重音来读，为了体现出一种一字千钧的感觉，在对于一些问题发表议论，或者在做一些大的演讲时比较常用。

第四，轻快的节奏，这种节奏是大部分演讲常用的，这样的演讲节奏比较适合大众，容易使人们产生融入感，日常性的对话、一般性的辩论，都可以使用这类型的节奏。

第五，紧张的节奏，通常运用比较快的语速来表达，往往带有一种迫切、紧急的情绪。每句话之间没有长时间的停顿。其目的是为了引起听众的紧张感和注意力，用于重要情况的汇报，或者是必须立即加以澄清的事实申辩等。

第六，舒缓的节奏和紧张的节奏正好相反，这是一种稳重、缓慢、舒展的表达方式。声音不高也不低，语流从容，给人一种安心悠闲的感觉。一般的说明性、解释性的叙述，学术探讨等类型的演讲都可以运用这种节奏。

最后值得我们注意的是，不同的节奏有时可以改变一个演讲的性质，作为一名演讲者，根据自身演讲的内容和性质选择合适的节奏，才能达到演讲的效果和目的。

十、准确地把感情色彩表现出来

人的声音不像机器一成不变，而是有不同的语气的，同时，人的感情在声音中都能够表达出来，声音是感情色彩的外部体现。演讲者正是通过演讲的语言将自己的感情传达给听众。

当人们心情愉快时，人的声音充满了活力，声音是明朗的。而当人们忧伤时，声音就比较低沉，声音是黯淡的。演讲者在演讲中根据不同的演讲性质和演讲内容把自身的感情融入其中，才能够真正地感动听众，但值得我们注意的是，在我们将声音注入感情时，不能单纯地见喜用喜声，见怒用怒声，只是单纯地运用一种感情会使得听众感觉虚假，同时在喜庆的场合有时也需要用庄重、悲伤的感情。举例来说，在婚礼上，大部分的语言所带有的感情都是喜悦、幸福的，但是在提到父母对新郎新娘的养育之恩时，可以用庄重的语气，而再提起去世的老人时则会用一种哀伤的感情。

十一、不要用鼻音说话

在日常生活中，我们经常听到有些人在说话时，经常会发出“哼”、“嗯”这样的发音，这就是鼻音。

有些人认为，“哼”、“嗯”这样的发音是一种时髦的说话方式，或者把这当成一种追星的表现。但是我们要知道，用鼻音来说话，不但会使得对方听不清你说的话，同时会使语言的影响力大打折扣。

当我们用手指捏住鼻子，我们说话时就使用鼻腔来发音，这就是一种鼻音。鼻音是一种影响极坏的缺点。

我们在看电影时，经常会看到那种喜欢抱怨、脾气不好的反面角色，他们往往说话尖锐，怪声怪气，使人觉得不舒服，他们使用的就是鼻音。所以一旦演讲者用鼻音来说话不但不会达到演讲效果，反而会使得听众产生反感、排斥的心理，所以作为一名演讲者要练习运用胸腔发音，这也是我们之前练声的目的之一。

如果你没有用鼻音说话的坏习惯那么就要保持现状，并避免在将来说话时出现这种情况。如果你现在有用鼻音说话的坏习惯也不用着急，要保持心态的平稳，减低心理紧张，在说话时放松下腭、舌头，张开喉咙，打开声音，使声音是从喉咙而不从鼻孔中发出。

同时，我们可以用录音机、MP3 等录音设备将自己的声音录下来，反复地倾听，从中寻找自己声音的缺点，发现有鼻音的地方，仔细想想是为什么，想想当时的语境并从中找到发音缺陷的原因。也可以通过和别人交谈来纠正自己语言的缺点。

第二节　普通话能力训练

普通话的定义是“以北京语音为标准音，以北方话为基础方言，以典范的现代白话文著作为语法规范的现代汉民族共同语”，这是在 1955 年的全国文字改革会议和现代汉语规范问题学术会议上确定的。这个定义实质上从语音、词汇、语法三个方面提出了普通话的标准，运用普通话来进行演讲既符合社会的需求又能够使演讲的内容被尽可能多的人理解。

一、吐字要清晰准确

准确的发音，是演讲者传达自己意图的最基本的要素，只有清晰准确的发音才能使听者明确地领会演讲者所要表达的思想，加深听众的印象。

不准确的发音不但会损坏演讲者的形象，还会影响演讲者的思路和才能的发挥，影响听众的理解效果。

有这样一则笑话：

有一户潘姓人家长辈过世，家祭时请一位乡音很重的老先生来当司仪。

讣闻的落款是这样写的："孝男：潘根科；孝媳：池氏；孝孙女：潘良慈；孝孙：潘道时。"这位老先生老眼昏花并且发音不标准。当他照着讣闻唱名时，凡是字面上有三点水的或左边部首都漏掉没看到。于是他就给念成："孝男，翻……跟……斗……"

孝男一听，直觉得很奇怪，但又不敢问，于是就翻了一个跟斗。

老先生接着又说："孝媳，也……是……"

孝媳一听："我也要翻啊？"于是孝媳也翻了一个跟斗。

老先生继续说："孝孙女，翻两次。"

孝孙女一听，想想爸妈都翻了，我也翻吧！于是就翻了两个跟斗。

此时孝孙心想："老爸、老妈都各翻一次，姐姐也翻两次，那么我要翻几次？"心里想着想着就开始紧张了："怎么办？"只见老先生扯开喉咙，大声念出："孝孙……翻……到……死！"

这仅仅是一个为博人一笑的笑话，但是仔细想想，要是这样的事情发生在我们的实际生活中，那么我们是怎么也笑不出来了。

那么怎么样才能准确地发音呢？应该做到以下几点。

（一）要念准字音

念准字音是有效交流的第一要素，要念准字音就要尽可能使用普通话，避免方言发音带来的误读误听。

（二）一定要避免读音错误

很多人都知道一个笑话：我骑着自行 [hWng] 车到银行 [xIng] 去问行 [xIng] 长行 [hWng] 不行 [hWng]。

汉语是世界上最复杂的语言之一，尤其是多音字，声调的不同以及字形相近且平时不常用的字，如果不细心的话，经常会出现口误闹出笑话。

1. 口部训练

口部的开合练习。张嘴像打哈欠（打牙槽），闭嘴如啃苹果（松下巴）。开口的动作要柔和，两嘴角向斜上方抬起，上下唇稍放松，舌自然平放。经常做这个练习，可以克服口腔开度小的问题。

咀嚼练习。张口咀嚼与闭口咀嚼结合进行，舌自然平放，反复练习即可。

双唇练习。一个方法是双唇闭拢向前、向后、向左、向右、向上、向下及左右转圈。另一个方法是双唇打响。

舌部练习。舌部练习方法较多，分列如下：舌尖顶下齿，舌面逐渐上翘；舌尖在口内左右顶口腔壁，在门牙上下转圈；舌尖伸出口外向前伸、向左右伸、向上下伸；舌尖弹硬腭，弹上唇，练习其弹性；舌尖与下齿龈接触打响。

2. 呼吸发声练习

慢吸慢呼。立定站稳或一只脚稍向前，双目平视前方，头正，双肩放松，用鼻子吸上一口新鲜空气。保持几秒钟，然后再轻缓地呼出。

快吸慢呼。想象当你看到一封意想不到的来信时，你会迅速而短促地吸一口气，并保持气息，喊一声“啊”，然后保持着吸气状态。你可以经常假想这种状态，反复练习，可以延长呼气时间，对吐字清晰、掌握运气有帮助。

上述方法，只要坚持练习，就可以使你的发音准确，使你的音色圆润。

二、语调要准确

语调是语言表达中的第二大要素，同样的拼音因为平仄不同可以生出不同的语义，例如“tang”因为语调不同可以有“汤”、“糖”、“躺”、“烫”这四种不同的意思。

语调能够润色语言，促进思想沟通，使语言表达更加清晰明确，从而增强语言的表现力。

四声是中古汉语声调的四种分类，以表示音节的高低变化，包括平声、上声、去声和入声。平声、上声、去声又称舒声，入声则为促声。舒声韵尾以元音或者鼻音结尾，促声韵尾以塞音结尾。入声除了是一个声调，还是一系列以塞音收尾的韵母的统称。现代普通话已经失去了入声。唐宋以来，汉语在四声的基础上区分声母清浊对应的阴调和阳调形成八声，也就是四声八调。

三、语言能力的练习

中国语言博大精深，口语是人们日常生活中的必需品，我们要别人理解我们的思想一般是依靠前后连贯、相对完整的语言来实现的。常见的表达能力不强而又缺乏训练的人，经常会出现的问题是语言吞吞吐吐、辞不达意、前后脱节等问题。所以，对于这些问题，语言的训练就是能够培养他们完整、准确的口语表达能力。

首先，增大词汇量的储存。

词汇是语言的基础，一个人不能说出他不知道的事情，同样的，也不能说出自己不知道的词汇。所以语汇贫乏就会造成语流阻断、语言无味、语无伦次。

为了解决这种现象增加词汇量的储存量，你需要储备各方面富有表现力的词汇、短语，使语流更准确、更顺畅。

增加词汇量的方法有很多，可以通过和其他人的交流从别人身上学习自己没有掌握的词汇，也可以通过阅读字典、词典来增加自身的词汇储备，或者也可以通过专门的普通话训练来一方面增加词汇量另一方面也能够纠正读音。

其次，炼句的训练。

在生活中，人们都讨厌说话啰唆重复的演讲者，就像一些单位，人们一听到领导讲话就头大，这主要是大多数领导讲话给人一种冗长但没有多大意义的感觉，这是因为，在每句话中的信息量过少，但每句话又都很长。

一个人在说话前如果没有想好要说些什么、怎么说，就会无可避免地产生无法凝聚思维语言的现象，这就导致了词不达意。

炼句的训练就是为了避免这种现象，使演讲者的语言简洁利索。

在炼句的训练中，我们可以倾听别人的演讲，寻找其中的语言缺陷和用句的精妙之处。也可以和朋友互相练习，让对方故意讲一句或一段不精练的话，然后对这个句子进行改写。也可以给将原本没有问题的句子进行缩写，例如，一句话新闻。

最后，练习使用各种句式。

不同的句式能够表达不同的感情，在演讲中，避免通篇运用陈述句，使得听众觉得无聊。

句式训练的目的是培养运用多种句式推动语流畅通，增强表达效果的能力。重点训练长短句的交错和多重复句、插入、倒装等句式的运用以及陈述、疑问、祈使、感叹句式的组合使用。

四、有声语言怎样正确练声

声带发出来的音是单调乏力的，只有经过头腔、口腔、喉腔、胸腔等共鸣腔的控制才能产生洪亮悦耳的声音。要么激昂高亢一泻千里，要么清澈流转娓娓道来，要么平缓深沉宽厚低吟。

人的共鸣腔以咽腔为主分为中、低、高三区。低音共鸣区是指胸腔共鸣区。中音共鸣区就是咽腔共鸣，指硬、软腭以下，胸腔以上的各共鸣腔。高音共鸣区指鼻腔共鸣腔，头腔共鸣腔。应用、控制各个共鸣腔并求得整体配合可美化音色，加大音量，使声音变化无穷。

下面介绍几种练习方法：

1.“哼鸣”练习：放松喉头，把“哼”的感觉置于叹气的呼吸状态上。练时不能太紧。检验方法：哼唱时看嘴巴能否灵活动作，可以则为正确。

2. 半打哈欠：即闭口打一个哈欠，喉咙呈打开状，软腭提。

3. 气泡音练习：嘴闭，用轻匀的气流冲击声带，使之发出细小的抖动声。

4. 模拟汽笛长鸣（di——），可平行发音，也可由小到大或由大到小变化进行。

5. 模拟声乐节奏发音。

6. 呼唤练习：假设一个对象分别处在 50 米、100 米或更远点，大声拖喊：“小程——等——等！”

7. 音阶层递练习：由低到高，由高到低或高低变化层递训练。

天啦！走开！

天啦！！ 走开！天啦！

走开！请安静！

我们开始上课啦！

8. 夸张四声练习：

山——明——水——秀；

风——调——雨——顺；

阴——阳——上——去；

逆——水——行——舟；

刻——骨——铭——心；

胸——怀——广——阔；

鲲——鹏——展——翅。

五、有声语言怎样清晰咬字

有些演讲者演讲时听众听不清，听不明，听不准。主要原因是吐字不清，归音不到位。吐字归音是说唱艺术中传统的咬字方法，即把音节的发音过程分为出字、立字、归音三个阶段，出字要准确，有叼住弹出感；立字要圆满，充实；归音要鲜明，干净。整个过程类似枣核形。可以用下列方法进行训练：

（一）弹唇：双唇紧闭阻住气流，然后突然打开，爆发 b 或 p 音。

（二）转唇：双唇紧闭，用力噘起，顺时转 360 度再逆时钟转 360 度。

（三）弹舌：舌轻触上齿背，用气冲击使舌跳动。

（四）卷舌：用“er”练习。

（五）练习下列绕口令：

1. 荞麦摘巴包谷摘巴。

2. 妈妈骑马，马慢妈妈骂马。妞妞轰牛，牛拗妞妞拧牛。

3. 打南边来了个喇嘛，手里提着五斤鳎目，打北边来了个哑巴，腰里别着个喇叭，南边提拉着鳎目的喇嘛，要拿鳎目换北边别着喇叭的哑巴的喇叭，哑巴不乐意拿喇叭换喇嘛的鳎目，喇嘛非要换别着喇叭的哑巴的喇叭，喇嘛抡起了鳎目抽了别着喇叭的哑巴一鳎目，哑巴摘下喇叭打了提着鳎目的喇嘛一喇叭，不知是提着鳎目的喇嘛抽了别着喇叭的哑巴一鳎目，还是别着喇叭的哑巴打了提着鳎目的喇嘛一喇叭。喇嘛拿眼瞪鳎目，哑巴滴滴哒哒吹喇叭。

六、普通话训练

（一）声母训练

普通话声母：按汉语语音传统的分析法，一个音节可以分为声母、韵母、声调几部分。声母指音节开头的辅音，如 feiyue（飞跃）两个音节中的 f 和 y，gongjiaoche（公交车）三个音节中 g、j、c。

普通话由辅音充当的声母有 21 个，还有一个零声母。

b p m f d t n l g k h j q x zh ch sh r z c s

（二）平、翘舌音训练

1. 训练要领

z c s 发这三个声母时，舌头平伸，舌尖与上齿背接触形成阻碍。

zh ch sh 发音时，舌尖上翘，与硬腭前部接触形成阻碍。

2. 对比训练

（1）字对比

损—顺 长—仓 参—掺 春—村

早—找 从—虫 苏—书 缩—说

森—深 沙—洒 三—山 脏—张

谆—尊 怎—真 扎—杂 资—知

（2）词对比

粗布—初步 擦车—叉车 乱草—乱吵

史记—死记 师长—司长 商业—桑叶

私人—诗人 自立—智力 栽花—摘花

（3）组词对比

作者 滋长 种族 转载 残春 操场 冲刺

揣测 飒爽 私事 疏松 世俗 财产 声色

（4）听辨训练

推辞—推迟 三角—山脚 资源—支援

主力—阻力 征兵—增兵 照旧—造就

棉纸—棉籽 事实—四十 诗人—私人

商业—桑叶 鱼翅—鱼刺 一成——层

竹子—卒子 最粗—最初 摘桃—栽桃

（5）绕口令训练

这是蚕，那是蝉。蚕常在叶里藏，蝉藏在树里唱。

四是四，十是十，十四是十四，四十是四十，十不能说成四，四也不能说成十。若是说错了，就要误大事。

战士史有志，喜欢看报纸。一看中央指示，二看国际时事，三看国内新闻，四看小说新诗。认不得的字就查字典，重要的内容就抄笔记。久而久之，学问挺深，大家就拜他为师。要问他有什么诀窍，回答很妙：学无止境，持之以恒，时间抓得紧，不愁不长进。

（三）鼻音与边音训练

1. 训练要领

发鼻音 n 时，软腭、小舌下降紧贴舌根，这时口腔通路关闭，鼻腔通路打开，气流振动声带，在鼻腔产生共鸣，从鼻腔流出。

发边音 l 时，软腭、小舌上升，堵住鼻腔的通路，气流振动声带，从舌的两边流出。

2. 对比训练

（1）字的对比

老—脑 刘—牛 路—怒

类—内 赖—耐 年—连

诺—落 龙—浓 闹—捞

拉—拿 冷—能

列—涅 吕—女 零—宁

（2）词的对比

新粮—新娘 旅客—女客 呢子—梨子

新连—新年 脑子—老子 水牛—水流

（3）组词对比

冷暖 老年 能量 奴隶 凝练

暖流 嫩绿 历年 尼龙 老农

落难 鸟类 年轮 奶酪 农林

（4）听辨训练

褴褛—男女 老路—恼怒 浓重—隆重

女伴—旅伴 留念—留恋 难住—拦住

大年—大连 无奈—无赖 脑子—老子

允诺—陨落 泥巴—篱笆

（5）绕口令训练

有座面铺面朝南，门口挂个蓝布棉门帘。摘了蓝布棉门帘，看了看，面铺面朝南；挂上蓝布棉门帘，看了看，面铺还是面朝南。

门口有四辆四轮大马车，你爱拉哪两辆就拉哪两辆。小罗要拉前两辆，小梁不要后两辆。小梁偏要抢小罗的前两辆，小罗只好拉小梁的后两辆。

牛郎年年恋刘娘，刘娘连连念牛郎；牛郎恋刘娘，刘娘念牛郎；郎恋娘来娘念郎。

老龙恼怒闹老农，老农怒恼闹老龙，农怒龙恼农更怒，龙恼农怒龙怕农。

第三节　朗读能力训练

所谓朗读就是朗声读书，在朗读中要求朗读者语言清晰、明亮、富有感情色彩。作为一项口头语言的艺术，朗读需要创造性地还原语气，朗读的目的就是将平板的书面的文字烘托出视觉效果。

一、朗读的作用

朗读可以培养人们的情趣，可以给人们一种将人带入身临其境的感觉，富有韵律的朗读可以深切地撞击人的心灵。同时朗读可以培养人们的审美情趣，一篇文章，在人们声情并茂的朗读中，就可以为人们描绘出文章中的场景。

有一句话是这样说的：一千个人眼中有一千个“哈姆莱特”，这是因为不同的人有不同的思想和观点，所以在朗读时，根据不同的理解，区分语气的轻重，语调的高低，语速的快慢，加上情感的起伏迂回，就形成了或是铿锵有力，或是婉转缠绵，或是辗转回环，或一泻千里的语言风格。这样，朗读就最大限度地调动了听众的听觉，叩击他们的灵魂，拨动他们的心弦。朗读还可以激发人的感情，使听众产生强烈的共鸣。我们可以通过朗读来抒发与宣泄自己的感情，将静态的无声的文字转换成动态的有声的各种情景，从而激发读者的感情，将听众和演讲者的情感交融在了一起。

朗读是作用于人们听觉的一种形式，它虽然不像影视作品一样能够直接作用于人们的视觉，但正是因为这样，才给予了听众丰富的想象空间。

朗读的基本要求有以下几点：

（一）深入地理解作品

1. 理解作品的内容

2. 把握作品的结构

（二）字音正确

1. 认读生字

2. 纠正方音

3. 按字定音

4. 读出音变

（三）把握作者在作品中所要表达的情绪

1. 关切：天冷了，多穿点衣服，别感冒了。

2. 烦躁：讨厌，离我远点。

3. 热情：老王，干吗去了，中午一块儿吃饭吧。

（四）设身处地将作品中所要表达的感情利用语言表达出来

（五）准确使用内在语

1. 和文字描写一致的内在语

“在古老的神州大地上，有一座现代化的汽车城、科技城、纺织城——湖北省襄樊市。她有着古老而优秀的传统文化，古隆中、鹿门寺、米公祠，无不展示着襄阳古代文化的灿烂与辉煌。”

2. 和文字描写不一致的内在语

“奶奶把小女孩抱起来，搂在怀里。她们俩在光明和快乐中飞走了，越飞越高，飞到那没有寒冷、没有饥饿，也没有痛苦的地方去了。”

（六）把握感情基调

感情基调一般包括以下几种：昂扬有力、坚定深沉、喜悦明快、悲愤凝重、愁思满怀、豪放舒展、清新细腻。

二、朗读训练法

（一）选择朗诵材料

朗诵是一种传情的艺术。朗诵者要很好地传情，首先要注意选择那些语言具有形象性的而且适于上口的文章。

（二）把握作品的内容

准确地把握作品的内容，透彻地理解作品中所要表达的内在含义，是作品朗读重要的前提和基础。应注意以下几方面的内容。

1. 正确、深入地理解。朗读者要把作品的思想感情准确地表达出来，需要理解作品的内在含义，清除障碍，把握作品的创作背景、作品的主题和情感的基调，这样才会准确地理解作品。

2. 深刻、细致地感受。有的朗读，听起来也有抑扬顿挫的语调，可就是打动不了听众。主要是因为朗读者没有进入作品的深层，在那里“挤”情、“造”性。

3. 用普通话语音朗读

要使自己的朗读优美动听，必须使用标准的普通话进行朗读。只有普通话才能更好地、更准确地表达作品的思想内容。

三、朗读中常见的问题

每个人都渴望行云流水般的语言，可怎样才能做到呢？这个问题不是简单的三言两语就能说完的。因为造成语言不流畅的原因很多，比如口讷、口吃、思维逻辑混乱，等等，但是这些障碍都是可以解决的，只要我们了解清楚其现况以及根本原因，就可以消除语言流畅的阻力。

（一）口讷

人人都希望自己语言流畅，出口成章。但不少人在人前讲话却十分费力，说出话来结结巴巴，意思支离破碎。正如俗话所说："茶壶煮饺子，肚里有货，嘴里倒不出来。"这种现象叫做"口讷"。

从心理学角度看，口讷的原因主要有二，一是口语的自动化程度较差；二是意识对语言活动的监控失当。言语包含着无意动作，也叫自动动作。平常说话并不需要去思考口唇、舌头、喉部如何活动，呼吸怎样调节，口腔怎样共鸣，只要想好了要说的内容，发音器官就会自动发出适宜而连贯的有声语言来。人的很多行为都是这样，琴师只看乐谱，手下便飞出悠扬婉转的曲调；打字员眼看文稿，手指自能按到正确的字键。习惯成自然，动作经多次重复达到熟练之后，不需要进行更多的思考，便能自发地进行，这就是高度的自动化。

如果缺少正确而充分的训练，没有养成言语自动化的技能，口语表达就难以流畅顺妥。言语活动又是一种高度自主性的思想和情感活动，选择哪些词语和句式来表达，声音高低和语速快慢的调节等，都需要高度灵活的自觉意识和监控。高度的自动化和高度灵活的意识监控是相辅相成的，是言语活动顺利进行的两个必要条件。高度的自动化使意识得到解放。

口讷的人多属于羞怯型。他们过分注意别人的评价，过分注意自己言语活动的细节，对自己说话过程中的失误尤其敏感。这种太强的患失意识，往往干扰语言自动化的实行，造成表达的困难。你越是集中精力注意自己说话的动作，嘴就越发紧张得不听使唤。

口讷的毛病是能够矫正的。矫正的途径是进行科学的训练，提高口语的自动化程度和意识监控的灵活性。按下述几点建议做，会对你语言流畅有帮助，使你消除说话紧张、语无伦次的习惯。平日说话时尽量保持冷静，放慢速度，等一句完整的话想妥了再张口；坚持练习朗诵，最好找一些上口、易记、接近日常用语的优秀散文作品，经仔细玩味后反复朗读，直到背诵如流为止。长期坚持下去，不仅可以丰富口语词汇和表现力，而且能养成言语流畅、出口成章的习惯；多参加歌唱、演讲等活动，多抛头露面，以克服羞怯心理，增强自我意识的耐受性。这里有两种循环过程：失误　自卑，成功　自信，你愿意选择哪一种呢？

（二）思维逻辑混乱

现实生活中常常有人由于缺乏必要的语法修辞知识，又不注意逻辑思维的训练，导致说话时前言不搭后语，条理不清，逻辑混乱，因此逻辑思维不强也是语言不流畅的一大原因。这种词不达意的言语，不但使对方听着吃力，而且会阻碍交往的进程和深度，影响良好人际关系的建立，本人也会因此感到烦恼。要纠正这个毛病，应努力做到：

1. 多学习，勤实践，讲实效。

除了看一些必要的语法、修辞和逻辑方面的书籍外，报纸杂志上的好文章也在学习之列。多看多读能培养语感，加强对语言的自发控制力；另外，平时应注意语言实践，多听、多说、多练，这样能够提高语言的敏感度、清晰度，增强语言材料的丰富性、逻辑性。

2. 有准备地发表自己的看法。

说话前，特别是在叙述一件复杂的事情或者阐述某个观点，或者驳斥某种论调前，最好先在脑子里打一遍“草稿”，先思考，后表达，分层次，讲条理，就会使言语的逻辑性大大提高。而对那些可长可短的话题，要力求短，对可有可无的铺垫话语，则尽量不说。

言简意赅，反而能发人深省。

语言的逻辑性，来自于缜密的思考。这就需要把握问题的前因后果，对问题有独到的见解，观点鲜明，中心突出，层次清楚，并摆事实，讲道理，来论证自己的意见，使人心悦诚服。

3. 克服紧张、焦虑、恐惧情绪，保持一个良好的心境。

谈话时态度沉着、仪表从容、不慌不忙、镇定自若地阐述自己的看法，就会使语言自然亲切、流利透彻，使人在不知不觉中接受你的观点。

总之，要增强自己口头表达的逻辑力量，应注重在实践中不断锻炼，在谈话过程中发现漏洞，可及时采取措施加以补救。

另外，要做到语言流畅，是不允许语病现象出现的。语病现象常见的有几种：

1. 表述简略

表现在其本人自认为表述完毕，而听者却还不知所云。即使是在叙事、状物、抒情时，虽然对于话题的认识有一定深度，也同样找不到话说，不得不三言两语结束。

2. 口齿不清

这里指功能正常而“口齿不清”者，这种现象是与过去缺乏训练有关。在口语表述时心里一紧张，加之原本不习惯朗声说话，结果难免使人感到口齿不清了。这种情况要纠正不太困难，只要有意识地加强朗声阅读和当众表述的训练即可。

3. 表述散漫

其特点是表述时把握不住中心，东拉西扯，而且越说越远，甚至到后来连自己都不知道最初的话题是什么了。这种现象产生的根源在于思维机制的主控功能不强，表述中思维运动的主方向不能紧扣话题向前延伸，在交际中很容易被非主题因素所左右和干扰。如不注意改正，就很难成为口语交际的高手。

4. 语不连贯

即同一话题有时可看做几个子话题和分话题，话题的完整表述应该由各个分话题的完整表述综合而成。而“不连贯”性则表现为多个分话题表述得不完整。

5. 赘语过多

由于赘语词占据了表述时间，结果干扰了信息交流。语言交际主要依靠表述内容，赘语与表述内容之间没有必然的联系，是交际时从语言表述的“外部”强加上去的。它对于信息交流反而具有某种阻隔作用，直接影响交际效果。

6. 节奏过慢

即通常所谓的“拉长腔”。还有则是语句之间停顿时间过长，即所谓“半天说一句”的情况。有人觉得语言表述时间长、速度慢，显得庄重稳健，能增加语言分量。其实，这也是一种误区。

综上所述，语言交际中的种种语病主要由于：表述时思维机制的主控功能不强，思维“运动”与发声运动表现为一种“不同步性”；表述时发声器官运动乏力，且思维速度偏慢；表述中因紧张而导致的心理障碍，等等。

纠正语病的办法主要是接受系统的口语交际训练，多做朗声表述训练。在训练初期，则可多作有文字底稿依托的朗声表述，这样有助于养成“先想好了再说”的习惯，有助于强化表述时思维机制的主控功能，有助于实现思维运动与发声运动的同步性。

第三章

掌控听众的情绪

第一节 使演讲深入人心

我们常见的听众一般分为四种：

1. 对演讲内容完全不了解的。

2. 观点与演讲者相同的。

3. 观点与演讲者相反的。

4. 对于演讲漠不关心的。

对于这四种类型听众，想要使他们接受演讲者的观点其方法也是不尽相同的。

第一种听众，是演讲者比较喜欢的听众，这样的听众是一张白纸，因为对于演讲者的观点，他是茫然不知的，所以可以很容易地接受演讲者的观点。

第二种听众，是演讲者最喜欢的听众，因为观点相同，非常容易产生共鸣。听众也不会产生排斥情绪。对于这样的听众需要注意的就是即使是细小的观点、看法也不能出现错误，因为会被听众发现，同时演讲的内容还要有所新意。

第三种听众，是比较棘手的听众，因为他们在听演讲者的演讲之前就已经否认演讲者的观点，在这样的演讲中演讲者就是试图影响听者的观点和信念，或者使听者建立起新的观念和信念，对于这样的听众，论点一定要明确，事实依据一定要真实有说服性，同时演讲者要有真情实感。

第四种听众，其实是最难以打动的听众，因为他们对于演讲者的内容，既不像赞同者一样喜欢，也不像否定者一样讨厌，而是没有添加任何的感情。

一、研究听众的需求

演讲是讲给听众们听的，是反映人们的心声、愿望的一种推动时代发展的活动，所以作为一名演讲者应该懂得人们想了解什么，想知道什么，不能闭门造车，不问世事，不了解群众。演讲的内容只有贴近生活，贴近人们的需要、需求，才能打动听众的心。

有一个著名的例子，曹操一次在行军时，走到了一个荒芜缺水的地方，将士们因为干渴而士气低落，这时曹操就说前面有一片杨梅林子，里面的杨梅有酸有甜，水分丰富。兵士们因为想到了杨梅的酸甜而大量地分泌了唾液，这样就不觉得干渴了，这样这支部队才成功地走出了这片地区。

这就是望梅止渴这个成语的来历，这就是因为曹操了解人们的需求是什么而做出的决定。

爱国主义教育是时代的主题，是一个古老而永恒的主题。不管是工厂企业、学校、政府机关都要定期进行爱国主义教育。

在进行有关爱国主义的演讲时，如果我们只是单纯地喊口号，就显得不务实际，变成了唱高调、不求实效的空洞的说教。这样的演讲容易使人们产生厌烦情绪，这样就很难起到教育的目的。但是如果我们邀请一些参与过某些战役或者有一定影响的人来进行演讲，由他们来以自己的亲身经历道出一个人是如何爱国的生动事迹，紧紧围绕爱国这个主题，阐明了祖国、事业、人生的关系，这样就能够深深地感染听众，由这些德高望重的人们来传达爱国主义思想，就能够达到宣传爱国主义的目的。

作为一名演讲者，怎么样才能了解听众的需求呢？这首先要求演讲者了解我们当今社会的特点和需求，同时不要把自己当成高高在上的发话者，而是要把自己当成一个听众，设身处地地想想，听众有什么需求，演讲者应该以朋友和对话者的身份，提出听众想要提出的问题，然后给出自己对这个问题的看法与解决它们的办法。只有这样才能使听众觉得演讲者是在和他们讨论一个问题，而不是在发号施令。

二、分析听众的心理

所谓的分析听众的心理，是一个演讲者的最基本的工作。我们分析听众的心理，并不是为了迎合观众，而是为了了解听众，贴近听众，是为了保持演讲的真实性、独立性，以及演讲的公正性。

之所以这么说，是因为观众来听演讲者演讲首要的目的是为了从演讲中得到心灵的安慰。这也就是我们说的“好的演讲能给予人们心灵的共鸣”。

演讲者通过语言来安抚听众的情绪。所以，作为一个演讲者，通过分析演讲者的心理之后，在准备材料时多寻找些能够符合听众的煽动感情、安抚心情的材料。

分析听众的心理的另一个重要的作用，在于诱导听众听演讲的时候，可以通过选择听众喜欢的材料来引起他们的兴趣。

想要诱导人们听取演讲，先得给对方一点小胜利；引导对方做一件很重大的事情时，就得给对方一个强烈的刺激，使之对此事有着一份企求成功的希望。因为当他被一种成功的意识刺激着，他就会为接受更严峻的挑战而去再次尝试一下。

人们在这个世界上，大部分时间都是在思考自己，我们会思考我们的生活、工作、学习、家庭。同时我们还会幻想，幻想我们的未来，或者产生一些奇异的梦。

对于一个男士，有时和他讨论经济危机不如和他讨论怎样用刀片刮胡子不会刮伤皮肤；对于一名女士，和她讨论世界杯比赛，不如和她讨论什么化妆品更适合她。

那么对于这样的人，我们在进行演讲时只要选择和自身发展等相关的方向，就能够引起他心灵的共鸣。所以，想要得到听众的赞同与支持，演讲者应该谈论的话题就是听众最关心的话题。一旦听众产生了与演讲者感同身受的感受，可以说演讲已经有了一个成功的开篇。

曾经有一个青年，向一个大文学家说：“我需要活着。”但是这位文学家却回答他：“我看不出你有活着的必要。”

这位文学家说这样的话，并不是希望这位青年人去死，只是青年人的话无法感动文学家的心灵，是文学家感觉不到青年话中活力。

这个实例说明，一个演讲者，或许他脑子里有许多精妙的题材，有优秀的演讲稿，他设计了生动形象的现场表现方案。然而他每次讲起话来却是死板而缺乏生气，就像是背稿一样，这样的演讲稿首先不能感动演讲者自己，又怎么能感染听众呢。

这种现象出现的原因就在于演讲者不够了解听众的喜好，不能用脑中的题材，结合听众的需求表达出来。他缺乏一种精神活力，他对于自己所要讲的话，总觉得好像没有一说的必要。这样他的演讲无法感动自己，更无法感动听众。

所以，华丽的辞藻仅能耀人眼目，对于演讲者而言，却不能感动人心，需要把自己的活力爆发出来，将自己的情感投入到演讲当中去。演说必须伴以热忱和真诚。

当一个演讲者发现听取他演讲的听众们总是昏昏欲睡时，首先他要检讨一下自己的演讲是不是没有打动人心的力量，这时就要学习像许多著名的演说家那样，学会在台上刺激一下听众。

这种刺激可以通过语言、动作、神态等多种手段来实现。

三、和听众套近乎

所谓的套近乎，并不是要求演讲者放弃自尊一味地讨好听众，而是帮助演讲者拉近和听众的关系。听众的心理是变化多端、复杂多样的，通过和听众套近乎，可以放松听众在遇到陌生人时本能的防备心理，使得听众能够在心情放松的情况下听取演讲者的演讲。同时，在演讲者和听众在某个问题上存在分歧时，套近乎可以帮助演讲者安抚听众的情绪，使得听众能够平心静气地听取演讲者的讲解。

最常见的套近乎方式一般在演讲开始时就可以进行，例如：

各位朋友：我是翻山越岭，历经千难万险才来到这里为大家来进行演讲的，虽然辛苦，但是我一点都不后悔，因为到这里我就发现，这里是山美，水美，人更美，在座的每一个人都非常热情，你们都是我的亲人啊。

短短几句话，一下子牢牢地吸引了听众的注意力，使听众的心里暖暖的，赢得了全场热烈掌声。当然，“套近乎”并不是一味讲赞美的活，光说好听的。否则，会给人哗众取宠、油嘴滑舌之嫌。“套近乎”应该有感而发，有感而“套”，做到以情托声，声中有情。

运用心理控制调动听众情绪。前面讲到演讲首先必须了解听众的心理需求，但当进入演讲过程中，就更应该注意心理控制及听众情绪的调动。只有当演讲者做好了心理控制和听众情绪的调动工作，才能使演讲者与听众心心相通，达到演讲的最佳效果。“套近乎的方法”，是一种非常好用的拉近和听众距离的方式，但是这样的方式并不能每次都用一套方案，要根据不同听众的社会阅历、兴趣爱好、思想感情等方面的特点，结合自己的实际，给观众描述一段与听众相似的生活经历或在学习工作上相同或相似的事例，有时也可以将自己的内心烦恼、趣事展现给听众。

四、征服听众的方法

有时候演讲有其非常明确的功利目的：演讲需要“征服听众”，让他们的心随着演讲者的思考而思考，让他们的行动跟随演讲者的脚步。

这种“征服”的效果，不能通过混淆视听、欺骗蒙蔽的手段来达到目的，而要靠真情实感来感染听众。

古往今来，“尊重”都是能够“征服公众”的一个重要条件。自尊心与安全感是人的共性。要征服一个人首先要尊敬这个人，这是征服听众的必要条件。演讲者登上演讲台之后，他的一举一动都一览无余地展现在了别人面前，每一个下意识的动作都会影响到听众的感受和对演讲者的评价。所以只要演讲者怀有一丝一毫的骄傲，就会在演讲台上被无限放大。因此应谦虚谨慎地向听众表示你的诚意。这样，听众才不会小看你，相反还会认为你是一位诚实坦白、值得信赖之人，你的演讲即能在一种融洽的氛围中进行并取得成功。

孔子是中国著名的思想家、文学家，是儒家的代表，但他从未以他渊博的知识向别人炫耀，他总是以包容一切的博爱精神来感化别人、教化世人。作为演讲者，必须懂得这个简单的道理，并采取相应的措施。

其次，要征服听众，就应有卓越的演讲才能。所谓演讲才能就是一个演讲者的口才和语言能力。这是通过长期的锻炼和学习来实现的。作为一名演讲者，可以从这几个方面来加强自己的语言魅力：有新颖奇特的观点；所有论述都是真情实感；有的放矢，尊重事实；思维清楚，加强语言的逻辑性；合理地安排演讲的布局；运用多种修辞来加强影响力；保持语言生动形象，有活力；语言简洁有力；声情并茂，感人至深。

如果你能较好地掌握这些要求，那么就有了征服听众的较大把握。同时还要注意环境、音响、时间等因素的作用。

五、选择亲身经历过的事情作为话题

对于人们来说，自己亲身经历过的事情说起来总会比较得心应手，一个人说得最生动、激昂、富有吸引力的，必定是自己最熟悉、最了解、最清楚的事物。

而作为听众最为关心的是与其生活息息相关的现实问题，是他们在生活中能够见到听到的熟悉的事情，空泛的理论是无法吸引他们的注意力的，所以有真情实感的演讲总是比单靠从书本、报纸、杂志上东拼西凑的东西要感人。

每个人的生活和经历都不尽相同，以个人的生活经验为话题展开演讲，演讲者往往以个人生活中的小事为例子，这样的小事往往是神秘、特殊而隐秘的，带有鲜明的个性，很少能和其他人相重复，同时可以满足人们的好奇心。

善于演讲的人可以很轻易地从生活中寻找到自己想要的例子，或者能够将别人身上发生的事，生动地转述出来，但是作为一名经验较少的演讲者，怎么样才能寻找到合适的事例，使得自己的演讲不会显得干巴巴的呢？

这时我们可以从自己的生活背景中寻找主题。一般和家庭、幼年及学校生活相关的回忆，都能引起听众的共鸣。因为这是每个人都经历过的生活，都有自己独特的感受，人们都是希望从演讲中寻找到自己过去的影子。

当然，作为演讲者还可以谈自己个人的兴趣和爱好，这样能引起听众的好奇心，并能够引起听众的共鸣。这是因为，演讲者所讲述的爱好或者兴趣总会和一些听众的喜好相吻合，而另一部分的听众则有可能对演讲者所讲述的内容产生兴趣。

另外，一些特殊的经历也能够成为演讲的话题，同样能够达成吸引听众的目的。这些特殊的经历可以是在严酷的环境中求生存，或者接触过伟人、名人。因为大部分听众没有这样的经历，能够引起听众强烈的好奇心。

第二节　使听众关注演讲

听众的注意力是有限的，无论演讲者怎样努力，总会遇到听众注意力不集中的情况，在这种情况下，演讲者就需要想一些办法把听众的注意力吸引回来，否则就会导致演讲的失败，会场秩序的混乱。

一、声东击西

所谓声东击西，兵法原文是这样写的："凡战，所谓声者，张虚声也。声东击西，声彼而击此，使敌人不知其所备。则我所攻者，乃敌人所不守也。"它的意思是：凡是作战，所谓声，就是虚张声势。在东边造声势而袭击的目标是西面，声在彼处而袭击此处，让敌人不知道如何来防备。这样我所攻击的地方，正是敌人没有防备的地方。

我没有踌躇过一刹那，去放弃那遵循格律的戏剧。地点的一致对我犹同牢狱般地可怕，情节的统一和时间的一致是我们想象力的沉重桎梏。我跳进了自由的空气里，这才感到自己（生长了）手和脚。现在，当我认识到那些讲究规格的先生们从他们的巢穴里给我硬加上了多少障碍时，以及看到有多少自由的心灵还被围困在里面时，如果我再不向他们宣战，再不每天寻找机会以击碎他们的堡垒的话，那么我的心就会愤怒得碎裂。

法国人用作典范的希腊戏剧，按其内在的性质和外表的状况来说，就是这样的：让一个法国侯爵效仿那位亚尔西巴德却比高乃依追随索福克勒斯要容易得多。

开始是一段敬神的插曲，然后悲剧庄严隆重地以完美的单纯朴素（风格），向人民大众展示出先辈们的各个惊魂动魄的故事情节，在各个心灵里激动起完整的，伟大的情操；因为悲剧本身就是完整的，伟大的。

在什么样的心灵里啊！

希腊的！我不能说明这意味着什么；但我感觉出这点，为简明起见，我在这里根据的是荷马，索福克勒斯及忒俄克里托斯；他们教会我去感觉。

同时，我还要连忙接着说：小小的法国人，你要拿希腊的盔甲来做什么？

它对你来说是太大了，而且太重了。

因此所有的法国悲剧本身就变成了一些模仿的滑稽诗篇。不过那些先生们已从经验里知道，这些悲剧如同鞋子一样，只是大同小异，它们中间也有一些乏味的东西，特别是经常都在第四幕里，同时他们也知道这些又是如何按照格律来进行的。这方面我就无需多花笔墨了。

我不知道是谁首先想出把这类政治历史大事题材搬上舞台的。对这方面有兴趣的人，可以借此机会写一篇论文，加以评论。这发明权的荣誉是否属于莎士比亚，我表示怀疑；总而言之，他把这类题材提高到至今似乎还是最高的程度，眼睛向上看（的人）是很少的，因此也很难设想，会有一个人能比他看得更远，或者甚至能比他攀登得更高。

莎士比亚，我的朋友啊！如果你还活在我们当中的话，那我只会和你生活在一起；我是多么想扮演配角匹拉德斯，假如你是俄来斯特的话！而不愿在德尔福斯庙宇里做一个受人尊敬的司祭长。

这是歌德为了纪念莎士比亚所做的一篇演讲，但是他并没有直接说明莎士比亚的作品有多么的优秀，而是在说明另一些作品的特点，最后通过这样的比较来达到了赞美莎士比亚的目的。

声东击西，是忽东忽西，即打即离，这是一种演讲方式。如果我们发现听众对于演讲的内容出现了疲劳和厌倦，采用正攻的方法是无法取得预期效果的，而采取佯攻，突然说些表面上和演讲没有太大关系的内容，反而能够引起听众的好奇心。

因此，在同听众的接触中，不要太急于暴露自己的意图，尽量将对方的注意力转移到他所感兴趣的地方，使对方逐渐对你产生信任感，从而建立起良好的关系，此时演讲才能取得良好的效果。

二、投石问路

当演讲者不确定某个论点是否能吸引观众时就可采用这种方式。

有时，为了了解对方心中的秘密，又不便直问，可以用“投石问路”的曲问法进行试探。对于一些敏感的人来说，问者便显得谨慎。投石问路之法也被广泛运用于审讯之中。

尊敬的Bok校长、Rudenstine前校长、即将上任的Faust校长、哈佛集团的各位成员、监管理事会的各位理事、各位老师、各位家长、各位同学：

有一句话我等了三十年，现在终于可以说了：“老爸，我总是跟你说，我会回来拿到我的学位的！”

我要感谢哈佛大学在这个时候给我这个荣誉。明年，我就要换工作了……我终于可以在简历上写我有一个本科学位，这真是不错啊。

我为今天在座的各位同学感到高兴，你们拿到学位可比我简单多了。哈佛的校报称我是“哈佛大学历史上最成功的辍学生”，我想这大概使我有资格代表我这一类学生发言……在所有的失败者里，我做得最好。

但是，我还要提醒大家，我使得斯特夫·鲍尔莫（Steve Ballmer）也从哈佛商学院退学了。因此，我是个有着恶劣影响力的人，这就是为什么我被邀请来在你们的毕业典礼上演讲。如果我在你们入学欢迎仪式上演讲，那么能够坚持到今天在这里毕业的人也许会少得多吧。

这是比尔·盖茨在哈佛大学2001年毕业典礼上所做的演讲的开篇，我们都知道比尔·盖茨，1973年进入哈佛大学，大三时辍学，与同窗保罗·艾伦一起创办了微软公司，成为世界巨富。但是这都不能改变他没有大学毕业的事实，他采取这种方式开始演讲，一方面可以缓解气氛，同时可以试探听众对他的态度，可谓一举两得。

三、欲正故谬

当演讲者发现听众走神时，可以故意将一些简单的问题说错，这样不但能吸引没有的走神的听众们的互动，同时能将走神的听众的注意力吸引回来，还能够缓解演讲现场的气氛。

当我们要启发听众思考某一个问题时，与其告诉他们答案或者给予提示，不如我们故意说一个错误的答案来刺激他们思考问题，因为当演讲者说错时，就能够激发听众思考的欲望，这方面最显著的代表就是教师在教学时的提问方式，学生在上课时，注意力大约只能集中20 ~ 30分钟，但是通常教师都要讲上45分钟，这样就会导致学生在后半段的课程上经常会走神，作为教师，为了保证教学质量，就要想尽一切办法把学生的注意力吸引回来，这时欲正故谬就是一种非常有效的方法。

四、欲实先虚

所谓欲实先虚，是演讲者为了让对方顺着自己的意愿来展开话题而设下的一个圈套。这是因为平铺直叙地将道理讲述出来，有时无法打动听众的心，不能吸引听众的注意力。在这种时候，由演讲者先虚设一问，这一问乍一看与演讲内容毫无关系，或者让对方摸不清虚实，当对方出答案后，这种答案其实正是演讲者想要的，这时演讲者就可以抓住对方的话柄，以此为契机，得出想要的结论。这时，听众也就无法否认自己刚才说过的话了，这样也就无法否认演讲者的结论了。通过这样的小圈套来达到演讲的目的。

历史上墨子曾经给楚惠王讲过这样一个故事，他说：“有这样一个人，他自己家有非常珍贵的宝物，但是他却觉得这些都没什么，反而特别喜欢邻居家的破烂的物品。”墨子问楚惠王：“你觉得这是个怎么样的人啊。”楚惠王觉得好笑，他觉得这个人大概是有病，还是喜欢偷东西的病，这是一个不识货的笨蛋。楚惠王的答案正中了墨子的下怀，墨子接着问，楚国是不是一个物产丰富、土地肥沃的强大的国家，楚惠王当然回答是的，接着墨子又说到了宋国，他认为宋国是一个地域窄小，物产贫乏，弱小的国家，楚惠王当然不会夸奖其他国家，所以他又回答是的。

至此，墨子好像问了三个毫不相干的问题，这就使得楚惠王十分好奇，而他的这些答案和他好奇的心理，就是墨子问这些问题的目的。最后墨子问道，如果大王守着强大的楚国，而去攻击弱小的宋国，这样的行为是不是和之前的那个人一样呢。

这时楚惠王才知道自己中了墨子的圈套，但是此时也是无能为力了，只能回答他“是的”。这样，墨子就通过几个简短的故事，化解了宋国的危机。

第三节　使演讲具有兴奋点

所谓的兴奋点就是最能够吸引听众注意力的关键点，这是一个演讲的亮点所在，也是一个演讲者成功与否的重要因素。

最常见的话题有以下几个：

一、满足求知欲的话题

陌生的知识领域或神秘不可及的事物总是能引起人们的求知欲，使人们兴起探索的欲望，对于不知道的东西，想要弄清楚其工作原理，这是人们的本能，针对这种奇闻轶事展开话题可以大大地吸引听众的注意力。

二、刺激好奇心的话题

西方有句俗语：Curiosity killed the cat（好奇心害死猫）。西方传说猫有九条命，怎么都不会死去，而最后恰恰是死于自己的好奇心，可见好奇心有时是多么的可怕！

可见好奇心是每个活着的生物都具备的特征。演讲者可以利用每个人都有好奇心，通过各类趣闻、名人轶事、突发事件、科学幻想、传奇经历等等内容，来激发听众的好奇心。

三、与听众利益密切相关的话题

在很多单位都会有这样一种现象，公司的一些大的发展方向或者整体规划往往不能得到每个员工的重视。相反的，每个小的细节例如年终奖金的评定方法、午餐的标准等，这样的事情反而能赢得大部分人的关注，这是因为群众最关心的无非就是涉及自己切身利益的事情。所以，纵观各类演讲，一旦关系到吃、穿、住、行、生活琐事的都会非常受欢迎。所以高明的演讲者常常能将要演讲的问题和人们生活中的实际利益结合到一起，例如在讲解全球变暖，号召大家爱护环境时，可以不用空洞的说明，而是根据现实生活中的实际情况来说明：夏天气温越来越闷热等。

四、有关信仰和理想的话题

在物质生活越来越丰富的今天，人们对于理想和信仰的追求也越来越明确，没有探索、没有理想的人几乎是没有的。古今中外，人们都在为信仰和理想而不停地奋斗着。

因此，有关这方面的话题能够被大多数的群众所接受，尤其是青年听众，他们正是人生观、价值观形成的时期，关于信仰和理想的演讲对于他们具有良好的启迪。同时也要注意演讲的内容必须要有针对性、现实性，符合现实生活，符合时代的需求，只有这样才能达到励志的目的。

五、娱乐性话题

现代人的生活节奏越来越快，工作生活的压力也越来越大，这样的生活使得人们的生活也越来越苦闷。娱乐性的演讲正好可以缓解人们的压力。一般娱乐性的演讲大都是选择一些社会上热议的话题，通过演讲者在演讲中穿插些幽默、笑话或娱乐性故事以达到在短时间内提起听众兴趣的目的，礼仪场合或者社交场合人们大都喜欢用这种话题来缓解或者活跃气氛。

第四章

演讲词的准备

第一节　演讲稿的作用

演讲稿是演讲的依据。演讲稿能够帮助演讲者确定演讲的目的和主题; 梳理演讲思路; 提示演讲内容; 把握演讲节奏; 限定演讲时速; 斟酌演讲用语；提高语言表达能力；促进演讲稿写作的研究等等。具体来说，演讲稿的作用主要表现在以下几个方面。

演讲前认真写演讲稿，有如下几点好处：

一、减少妄说，避免出丑

在演说时当众出丑，是非常难堪的事。由于种种原因而当众出丑的情况常常存在，但听众往往会宽容演说者的技巧失误，而对那些“无知妄说”的演讲、演说时的胡说八道是不会原谅的，出现后面一种失误的原因除少数人是由于“无实事求是之心，有哗众取宠之意”外，多数人是由于没有经过深思熟虑，事前没有字斟句酌，他本人对问题还处于模模糊糊、不甚了解的状态所造成的。“以其昏昏”焉能“使人昭昭”？再加上上台以后过度紧张，血压增高，使头脑发热，故而信口开河、胡说一气。

如果事先写了演讲稿，则不会犯这方面的错误。因为撰写讲稿时，演讲者就会认真思考，进入分析、综合、归纳、推理状态。原本散乱、模糊、似是而非的理解，就会眉目清楚，如同在一缸混混沌沌的水中加进了明矾，立刻会变得清澈见底。冷静思考，一般会出现两种情况：一种是觉得自己对问题还没有真切的见解，又不能马上解决，便明智地婉言谢绝演讲，从而避免当众出丑；一种是立即补充知识，抓紧时间学习，再上台演讲，就不会无知妄说，胡扯一气。

二、引发灵感，如有神助

撰写讲稿的过程，其实是一种反复思考、广征博引的过程。这时，你就会充分发挥自己的智慧，对往日所有的“库存”，包括已有的知识、学问、经验、理论进行搜索和全面整理，如同电子仪器所进行的全方位、多角度、多层次的“扫描”过程。

我们可以把人的思维过程分成以下几个步骤。

1. 收集资料。这时演讲者沉浸在对问题的思考中，正是在这个阶段，收集那些创造活动可能要利用的材料。有些材料也许已经存在演讲者的头脑中了。这些一般性材料在以后将与具体的演讲主题资料相互融会贯通。

2. 分析资料。一旦原始资料收集充分，演讲者就可以开始分析和研究这些材料，这就是大脑消化阶段的主要工作。

3. 酝酿。当演讲者将材料分析妥当之后，可以完全地放开自己的思维，转移一下注意力，休息一下，这就是酝酿，也可以说是在“做白日梦”。所以好的演讲者要随身携带一个笔记本来记下突然出现的灵感。好的主意或点子，都是在不经意中一闪而过的。

1993 年，日本的一家研究所对 821 名日本发明家的灵感产生地做了一次调查：

枕头上 52%，家中桌旁 32%，浴室 18%，厕所 11%，办公桌前 21%，资料室 21%，会议室 7%，乘车中 45%，步行中 46%，茶馆中 31%。

4. 灵感闪现。当你不经意时，念头有时就会冒出来。及时地把握所产生的观点才能做出成功的演讲。

5. 应用阶段。要求演讲者把想法放到现实世界中测试，看看是否切实可行。例如，检查一下在演讲中是否有低俗的语言，或者对于民族、性别的歧视等现象。

这一阶段的工作要求耐心和坚韧，只有这样才能使演讲最终取得成功。许多人喜欢出主意，但大多数人的耐心和坚持奋斗的精神不足。

三、抛砖引玉，博采众长

要想获得演讲的成功，除了充分发挥自己的智力潜能外，还需要得到他人的指教和帮助。因为演讲要面对众多的听众，“众口难调”已是不容争辩的事实。你所作的演讲，从主题到语句，如果稍有疏忽，稍失分寸，就会得罪听众。要想使之周密并有分寸，最好能预先向你的亲友、同事、上级、老师征询意见，请他们指出谬误之处，以便改正。当然，并非是用众人的意见代替你自己的思索，“谋在于众，断在于独”，最后结论还得你自己做主，但众人的意见可以给你启发（包括正面的启发和反面的启发）。

征询众人的意见时采取何种方式呢？将众人邀请到一起，让他们作听众做一预演吗？这种办法显然不行。虽然此举能做出科学的评价，提出中肯的意见，但是要把大家同时请到场是非常困难的。如果你把演讲稿分别给大家看，情况就不一样，但所起的效果是同样的。大家不用集中便能提出讲稿的优缺点，然后给你出主意、想办法，为你提供新的材料、证据、理论，甚至帮你进行文字润色，这就是所谓“众人拾柴火焰高”。你的演讲稿便会像吸水的海绵一样，博采众人的智慧。这对你是多么幸运的事！除了少数自命不凡的傻瓜之外，人们都愿意接受别人的帮助。这种预先写好演讲稿，然后再征求、汲取众人意见的方法，对初学演讲的人是绝佳的途径，对有经验的演讲者也是有益处的。

四、“有恃无恐”，百战不殆

演讲者临场失常，不能将水平正常发挥出来，往往是因为心情过于紧张。而造成紧张的原因之一，是自己心中没有把握。尤其对于初次登台的演讲者来说，有了演讲稿，心中就有了底，就可以大胆沉着地进行演讲。即使恐惧心理较重，但由于有演讲稿作依据，也可以继续坚持下去，不至于出现中断演讲的现象。

如果登场前手上已握着一份精妙的演讲稿，这份演讲稿即使让听众自己阅读，听众都能被感染，那么演讲至少就有了百分之六七十的把握，心情也就不会紧张，登台演讲就不会发挥失常。他心里会想："现在我用不着害怕，也用不着粉饰，也用不着过多的表情、拿姿态、做手势，更用不着拿腔拿调，只要对着麦克风，一字一句把意思表达完整，就足以感动听众了，我还怕什么呢！"这就叫"有恃无恐"。在演讲的过程中，当演讲者卡住了壳，临时忘记了某些内容，随时看一眼演讲稿，就会把演讲内容连贯起来。但演讲者一定要做到，除长篇演讲外最好不要带讲稿上台，而是应该背熟记在脑海里。

戏剧界有句行话叫做"剧本，剧本，一剧之本，它决定剧场演出一半的生命。"演讲也可以借鉴这个道理，其实演讲稿就是登台演说的"剧本"，这个"剧本"的好坏，决定着演讲50%的成功。所以，有好的演讲稿在手，演讲者一般都能镇定自如，如同吃了定心丸。

五、演讲稿可以限定演讲进度

每一个演讲都是有时间限定的，短的几分钟、十几分钟，长的一两个小时甚至半天或一天，总是要在一定的时间范围内讲完的，不能永远不停地讲下去。所以同一主题的演讲，在不同的时间限定下，其稿件也是不相同的。

第二节　演讲稿的现场感

每个演讲者都有自己不同的演讲风格，想要成为一名成功的演讲者就一定要形成自己的演讲风格，不同的时代、民族和阶级都有自己不同的特点，每个演讲者的风格也都会受这些因素的影响。演讲者的个人风格可以通过演讲稿的写作来逐步细致和完善。

一、利用不同的演讲稿风格来加强演讲稿的现场感

（一）激昂型演讲

这种演讲风格就如同字面上的意思一样，是一种充满了激情、豪放、爽朗、干脆、刚健的演讲稿。激昂型的演讲稿要求具有真情实感，案例丰富，具有极强的说服力，并不能单纯地认为，激昂就是大吼大叫。

在演讲过程中，演讲者的情绪一直处于一种亢奋的状况。这样的演讲稿，为了能够产生慷慨激昂的演讲效果，在演讲稿的写作中，经常要加入非常多引人入胜的情景描述成分，营造出一种神秘、紧迫的氛围。这样的演讲稿，一般会大量地运用比喻、设问和反问等修辞手法，通过这样的描写来加强语气，使演讲稿语言简洁明了，表达通俗易懂。同时，在演讲稿中经常会用大量的排比句，这是因为，排比的句子在朗读的过程中读音是逐步加重的，这样就能够起到一个语气逐渐加强的感觉，使得演讲者的音域宽广，音色洪亮，能够使会场的气氛异常活跃，演讲者必然能听到听众或是鼓掌喝彩，或是捧腹大笑或痛哭流涕。

激昂型的演讲稿是通过演讲稿中的每一个字来表现演讲者的思想感情，并将这些思想感情施加到听众的感情上，通过演讲的过程加强观众的认知。

作为一名演讲者在写作演讲稿时，如果想将演讲稿写成这种激昂型，首先要确定自己的演讲主题是否符合这种类型的要求。如果演讲者要做的是一个未受人注意的新观点的演讲或者是具有鼓动性和号召性社会政治演讲，那么这种具有强烈感染力和鼓动性的演讲稿类型，是十分合适的。但是如果演讲者在一个社交的场合做一场平和的或是娱乐的演讲时，用这种类型的演讲稿，无疑就是贻笑大方了。

也应当指出，激昂型的演讲也有一些明显的缺点。第一，就演讲者而言，因为高度兴奋，往往过分注意于感情的抒发和渲染，因而容易离题，缺乏逻辑性，这种情况在即兴演讲中表现得尤为突出。第二，就听众而言，在演讲者的情绪感染下，他们虽然容易进入强烈的情感状态，情绪和心理上得到满足，但未必就真正抓住了演讲的精华。第三，就影响力而言，有一项实验调查显示：如果效应在当时或过几天就进行衡量，那么情绪影响的作用确实是强烈的；而如果过几个星期或几个月进行衡量，那情绪影响的效应就很容易消失。

（二）严谨型演讲

这种演讲风格的总特征是：理智、精深、执着、质朴和稳定。

一般地说，这类演讲崇尚实事求是、朴实无华，它所刻意追求的是用命题本身去激发听众的思想，是通过对命题的充分论述去说明某个道理。因此，在主题方面，它要求尽可能排除主观性，使演讲者对待主题的态度具有客观性，至少要隐蔽到近乎毫无所察的“旁观者”的地步；在选材方面，它的形象材料往往少到最低限度，没有多余的情景描述；在结构方面，着力于对论点进行论证和分析，使其严谨无隙、相互贯通；在语言方面，它讲究工整、鲜明和准确，不可雕琢和粉饰；在声音方面，它的语流比较平稳，没有太大的起伏；在体势方面，它的手势动作用得不多，连演讲者的站立姿势和位置都比较稳定。这就是严谨型的演讲风格。

很明显，最具有这种风格特点的，当首推学术演讲和课堂演讲。例如，杨振宁的《读书教学四十年》；我国著名学者和演讲家梁启超先生曾应邀在南京等地作了二十余次学术演讲，这些演讲充分地表现出了严谨的特色。在法庭诉讼演讲中，这类风格的演讲也是不乏其例的，如古巴卡斯特罗的名篇《历史将宣判我无罪》。我们还注意到，在庄严、隆重的集会上，在某些极为特殊的场合，不少演讲也都是这种风格的典范，如华盛顿的《告别词》、林肯的《在葛底斯堡国家烈士公墓落成仪式上的演说》和周恩来的《在亚非会议全体会议上的补充发言》等。

必须指出的是，诉诸理性的严谨型演讲，并不是说它不需要或者毫无感情色彩，而是说它们更注重对听众理智的征服；也并不是说它们全然不做加工和修饰，而是说它们很少显示出粉饰的痕迹。也许正是这一缘故，才使得这种演讲具有很高的审美价值和巨大的社会作用。事实证明，虽然它在短期内对听众的影响不如激昂型演讲那样强烈，但却比后者持久得多、稳定得多、深刻得多。

当然，这种风格的魅力是有条件的。如前所述，对于具有较高智力水平的听众来说，诉诸理性的演讲比诉诸感情的演讲所能产生的影响确实要深刻得多、有力得多。但是，这类演讲能否产生应有的正效应，除取决于演讲者的演讲素养外，显然还取决于听讲者的内在条件。

（三）活泼型演讲

轻松、亲切、生动、幽默、灵活和多变，是这种演讲风格的总特征。在具体的演讲实践中，这些总特征既表现在内容的诸要素上，又表现在形式的诸要素上。比如说，在选题上，多是讲一些别开生面的小题目，特别是一些角度新、与现实联系紧密的题目；在题材上，多选用古今中外某些新鲜有趣的材料，喜欢大量引用名言警句、轶闻逸事、典故史实；在结构上，貌似臃肿杂乱，实则是形散而神聚；在语言上，善于运用各种修辞手法，采用一些富有表现力的词语和多变的句式，口语化色彩很浓。之外，这类风格的演讲也很注重表情、神态和手势，讲究声音的轻重缓急和抑扬顿挫；喜欢用提纲式和即兴式演讲与听众交流；会场气氛轻松活跃，听众常常会发出会心的笑声和鼓掌声。一句话，它既讲内容的厚重，又求形式的多彩。

显而易见，活泼型风格与激昂型、严谨型风格虽有这样或那样的相似之处，但差别却是十分明显的。正是这样，这种风格通常有自己特定的适用范围。首先，它比较适合用来讲社会生活问题，诸如衣食住行、风俗人情、人生爱情和工作学习等；其次，它比较适合那些气氛轻松的集会演讲，如形势教育报告以及某些仪式上的致辞；再次，它比较适合和平时代的演讲；最后，它比较适合对低层次或青年听众演讲。

不言而喻，活泼型演讲同样有着独特的魅力。但是，它也很容易引导人们走上另一个极端，即刻意追求演讲的戏剧性效果，因而一旦处理不妥，即使是最出色的演讲家，也会成为人们的笑柄。有许多事实证明，俄国著名演讲家普列汉诺夫也是擅长活泼型演讲的高手，然而随着时间的推移，他后期的不少演讲表演化倾向越来越明显，常常“带有做作的热情与戏剧式的姿态”。

因此，发表这类演讲，文学性和戏剧性一定要使用得适可而止，尤其要防止过分幽默。如果都是夸饰的言辞、栩栩如生的形象、引人入胜的情节、朗诵般的腔调和表演化的姿态，就会使演讲喧宾夺主，以辞害意；如果节外生枝，随意穿插与主题无关的笑料，就会破坏演讲主题的严肃性，进而破坏演讲的效果。这些都是演讲者应该特别注意的。

（四）深沉型演讲

深沉型风格的总特征可以概括为：恳切、凝重、深邃、含蓄和柔和。说它恳切，是指演讲者的态度一般都比较诚恳，有实事求是之意，无哗众取宠之心；说它凝重，是指演讲的内容通常都比较严肃，有相当的分量；说它深邃，是指演讲的思想一般都比较深刻，有相当的力度；说它含蓄，是指演讲的感情不尚外露，看似风平浪静，实为倒海翻江；说它柔和，一是指演讲的音调较为低沉，节奏也较缓慢，力度对比不太强烈，二是指演讲的体态动作用得较少而且轻缓，主要依靠面部表情。由此看来，这种风格既明显地区别于激昂型演讲，也明显地不同于活泼型；在某些特征尤其是某些形式特征上，虽然它和严谨型演讲有一定的相似处，但从这些特征表现出来的强弱程度来看，从这两种风格总的色彩、总的面貌和总的状态来看，两者还是有很大的差异，基于这一事实，把深沉作为一种相对独立的典型的演讲风格，应该说是合情的必要的。

其实，在某些政治外交演讲中，在某些意在说服教育听众的训导演讲中，尤其是在悼念演讲和告别演讲中，这种风格不仅大量存在，而且以它特有的魅力显示出了很高的审美价值和强有力的感染力。林肯的《告别演说》和恩格斯著名的《在马克思墓前的讲话》，就是这种风格的典型代表。

不过，在发表这类演讲时，应该引起特别注意的是，平柔不同于平淡，也不同于柔弱。平淡是内容的贫乏，是形式的枯燥，它不是心灵的强烈震动和对表现技巧的积极追求；柔弱是内容的浅薄和脆弱，是形式的苍白和软弱，它不是理智的高度升华和对表现艺术的刻意创造。作为一种审美追求，平柔是外柔的美，内刚的美，两者有机统一的美，是一种有特定适用范围的演讲风格。因此，我们不能把它等同于平淡和柔弱。否则，这种演讲就将成为听众的沉重负担，其风格也就失去了应有的光彩。

二、利用蒙太奇的效果增强现场感

蒙太奇是电影中常用的剪辑和组接的方法。它是电影构成的法则，运用这种法则，把那些不同画面的镜头有机地、艺术地剪辑、组接在一起，用以形成整部影片的节奏、气氛和塑造生动感人的艺术形象。在电影创作中运用蒙太奇手法，可以产生隐喻、象征、想象、衬托、悬念、对比、连贯等效果；增强电影的艺术魅力。而这种方法同样适用于演讲。

蒙太奇的表现手法多种多样，分类方法也五花八门，从结构形式上看主要有“并列式蒙太奇”、“平行式蒙太奇”、“交叉式蒙太奇”、“对比式蒙太奇”四种。在演讲中恰当借鉴蒙太奇手法，同样会产生特殊的艺术效果。

（一）并列式蒙太奇

“并列式蒙太奇”又叫“剪辑蒙太奇”，即把各种不同的镜头用并列的方式剪接、编辑在一起，从不同的侧面来反映一个共同的演讲主题。

（二）平行式蒙太奇

“平行式蒙太奇”就是把两组镜头用平行的方式串联起来，使之相对照，互相映衬来突出主题。

（三）交叉式蒙太奇

“交叉式蒙太奇”就是把各种密切相关的生活镜头交织在一起，以引起人们的联想，来突出主题。交叉蒙太奇的方式时而国内，时而海外，进行交叉的叙述、联想、引申，事例就成了有血有肉的统一体，具体而生动形象。如果没有这种镜头的交叉运动，就不会有这么强的艺术表现力。

（四）对比式蒙太奇

“对比式蒙太奇”就是把两种截然不同的生活场面或事物紧紧组接在一起，以造成强烈对比的气氛，来突出主题。

第五章

设计演讲的内容

第一节 搜集资料

演讲是一种需要精心准备、梳理写作的一种表现形式，所以在演讲前精心地写作演讲稿能够帮助我们理清演讲的逻辑，明确地表达演讲的目的和主要问题。

我们在演讲的过程中，需要引用大量的实例来支撑我们的论点，使听众信服。我们还需要了解当今社会的最新的科学技术、信息知识，这也是保证演讲成功的必要条件。所以，收集材料是演讲非常重要的一个步骤，它是充实演讲主题，充分证明论点的有力条件。也是能够影响一个演讲是否成功的重要条件。

一、收集材料的原则

收集材料不是一个茫然混乱的过程，我们要知道自己的演讲需要什么样的资料，什么样的资料适合我们的演讲。如果我们不分青红皂白，只是广泛地将我们能看到的信息都收集起来，虽然这让我们得到大量的资料，但是这样繁重的资料会加重我们的整理数量，加重我们的劳动量，所以有逻辑、有计划地收集资料才能更好地完成演讲。

（一）为演讲选择充分的材料

所谓选择充分的材料就是尽可能多地把我们能够收集到的材料全部收集起来，只有这样，才能满足演讲要求大量地详尽地收集和占有材料。这样我们既能纵向了解事物发生、发展的经过，又能横向了解事物各方面的联系。

在收集材料时，演讲者不但要收集赞同的声音作为论据的材料，对于那些反对的声音，与论点相悖的材料，也要大量地收集，材料越充分，思路就越开阔，论据就越充分，也就越能正确有力地阐明论点，产生令人信服的雄辩力量。特别是学术演讲和法庭演讲，更要求论据充足，旁征博引。材料不足往往难以言之成理，很难达到预定的目标。

这就要求我们在更加了解所要演讲的内容的同时，能够更加丰富我们的知识。当演讲者在面对听众的反对意见或刻意刁难时，有充足的材料和准备，自己才不至于哑口无言，闹出笑话。

（二）材料信息要真实可靠

我们说的真实可靠，是指我们的材料是有据可依的，是真人真事，是客观世界确实存在的、符合历史实际的。真实是选择材料的出发点，因为只有真实存在、发生过的事情才有说服力，才能够感动人，才最有利于人们形成坚定的信念。选择材料时，要选出最可靠的第一手材料，不能用捕风捉影、道听途说的材料，更不能无中生有、胡编乱造。只有真实的材料，才能取信于人。

对于演讲而言也是一样，任意臆造的和虚构的材料，势必与事实发生矛盾，势必被揭穿，所以比起因为虚假材料导致失去信任，就不如多花费些时间寻找真实的材料，当然，这同样包括要学会鉴别材料的真伪。

（三）尽可能地选择具有代表性的材料

我们在收集材料时，有时能够收集到几十或者几百个材料，而通常演讲者的演讲时间只有几分钟，作为一名演讲者，从众多的材料中选择合适的材料是最为重要的一个准备工作。真实具有可信度，新鲜具有吸引力；而典型则由于其深刻揭示事物本质，具有代表性。演讲的目的在于说服人、鼓动人。

具有代表性的、典型的事例，在演讲中可以使演讲有较强的说服力、感染力和鼓动性，而平淡无奇和被多次引用的事例则会使听众产生厌倦的心理，使演讲失败。

典型材料与一般材料是相比较而言的。只有在充分掌握许多材料的基础上，有比较余地，才能分出高下。在与众多材料进行比较时，要发现典型材料，关键在于演讲者的观察分析能力和思想认识水平。

1. 选择具体的材料

具体，是相对抽象笼统而言的。有些材料虽然真实、新鲜、典型，但由于详略处理不当，尽管讲清楚了来龙去脉，也使人感到“不够味”、“不解渴”。这恐怕就在于叙述太简略所致。出现这种情况的原因对于事例性的感性材料来说，往往是因为忽视了对重点材料的必要渲染；从记叙的诸要素看，常常是对 Why（为什么）和 How（怎样）交代得不够。如果把 Why 和 How 的内容进行较为详细的阐述，做必要的渲染，就会显得具体，给人留下明晰的印象。比如“他带病坚持工作，最后累倒在车床旁”，给人的印象就较笼统。如果进一步把他为什么带病工作，如何做的，怎样累倒的，累倒后又怎样，当时的现场怎么样等做必要的交代和渲染，给人的印象就具体得多。

2. 定向收集材料

收集材料要把准方向，防止盲目性和随意性。生活千头万绪，书报浩如烟海，时间和精力不容我们有见必记、有闻必录，这不仅没有必要也没有可能。我们必须把准方向，有计划、有针对性地收集。所谓把准方向就是围绕论题进行，根据论题划定的区域范围，按计划、有重点地工作。选择的论题要大小适中，不宜太窄，也不宜过宽。太窄，往往会漏掉与之相关的材料，使用时没有回旋余地；太宽往往难抓住主线和重点，造成内容芜杂臃肿，削弱和冲淡主题。例如，做一次题为“岗位成才”的演讲，不妨把收集目标集中在下列方面：从名人先哲的著作中收集有关成才的论述及有关部分和整体关系的论述；从教育学和心理学的图书中收集有关成才理论和有关青年心理特点及其发展趋势的论述；从历史图书中收集有关青年在工作中立志成才的故事；从报刊和现实生活中收集，特别是收集本单位青年在本职岗位上所做贡献的先进事例，等等。确定了这样一个范围和方向，收集材料就会顺利得多。

3. 选择新鲜的材料

新颖别致，是就听众的感觉而言的。新奇感是促使人们注意的心理因素。演讲者立论高妙，演讲材料新鲜，就能较好地激起听众的新奇感，引起注意。这对深化主旨，充实内容都有着十分重要的意义。演讲者"人云亦云"，重复使用别人用滥了的材料，就会令人感到乏味甚至反感。因此要尽力防止和避免材料的雷同。要产生新鲜感，一方面要留心收集现实生活中新近发生的事情；另一方面也要善于收集那些过去早已发生但并不为人所知的事例。此外还要善于观察分析抓住现实中看似一般的材料，从中挖掘出新意来。这些当然不是信手可得的而必须有耐心有韧劲。鲁迅先生在这方面为我们树立了很好的榜样。他常借古讽今，十分生动，如《由中国女人的脚，推定中国人之非中庸，又由此推定孔夫子有胃病》的演讲，运用了大量历史材料和现实材料，古今结合，使人感到异常新鲜、有趣。

4. 选择感人的材料

在演讲活动中，要注意选取能提高听众兴趣和打动听众感情的材料。在现实生活中，许多感人的事情都是看似违背常理但又是在情理之中的。例如，有位演讲者在演讲时引用了一位老师上课老是请假跑厕所的事。这种事显然违背常理，令人好笑。可是，当你知道这位老师身患膀胱癌，长期尿血，直到他被抬上病床，大家才发现他揣了一大摞病假条却从不请假时，你会觉得看似违背常理的事情，其实却在情理之中。演讲者用这件事来表现这位老师的高风亮节，十分生动感人。在现实生活中有许多这样的事例，关键在于要善于发现这种有违常理事例的特殊性。此外，演讲要感人，讲人们的奋斗经历，讲与听众切身利益相关的事，容易达到目的。

二、有计划查阅、研究相关资料及找他人求教

只有收集到大量的资料，演讲者才真正具有站在公众面前的勇气。演讲是向听众传达信息，如果你不能满足听众的需要，不能提供足够多的信息，那么你的演讲一定不是好演讲。根据演讲查阅相关资料，找他人求教都是很好的办法。

（一）根据演讲题目查阅相关资料

好好规划一下资料的查找工作使你能够在指定的时间内达到最好的结果。这一点要求你在匆匆忙忙地开始查找之前必须认真考虑自己的演讲题目和场合。你有多少时间？就你演讲的性质而言必须查阅哪些事实？哪些题目要调查？你查阅资料的目的是什么？

1. 从演讲题目入手

先从了解“总体情况”入手。你不应该先入为主地在一个方面的资料上花费大量时间，这样做也许会遗漏与演讲题目相关的其他重要方面。随着研究的深入，你会得到更加具体、更加确凿的材料，你知道哪些内容可以置之不理，但是如果其他方面的有关内容突然冒出，根据已经掌握的知识你完全能够把握这些提示，并顺藤摸瓜进一步深入下去。

演讲者在查阅资料之前的准备或探索性研究是由一系列活动所构成的。面对一个知之甚少的题目，在分析题目之前你必须先查阅一些概括性的知识。即使你对演讲题目很熟悉，你也得在准备查找资料之前在脑海里先理清自己的思路。

2. 规定完成时间

根据你可以支配的准备时间和演讲题目的不同，你要进行的查阅工作也会有很大的差异。建议你为自己的准备工作制订一份可行的时间表。如果演讲前一天才接到通知，你不可能详尽地查阅所有相关文献，但是可以从百科全书之类的书中查找概括性的资料。如果时间较为充裕，你的准备活动就可以更加深入，先从概括性的书籍当中收集线索，用它们作为指导再寻找其他更加细致、更加具体的资料。跳读是从头开始查找资料时最有用的技巧之一。在从图书馆查阅书籍或为此购买图书之前，先迅速浏览一遍书目。因为你没有时间把所有的书都看完，一定要掌握最重要的方法和理论。要首先查看书籍目录，跳过第一章和最后一章，或者阅读某一章或一篇文章的第一段和最后一段。记下书中频繁引用的重要学者和公众人物的姓名。留意反复出现的概念和研究项目。不要认为自己必须一字不落地把整个句子读完。

开始浏览时，翻找一些综述或有关该问题现状的文章和书籍。这些文章和书籍概括指出该问题目前的思潮，追溯该问题来龙去脉的文章段落也非常有用。这些文章和书籍往往很容易从题目中加以识别。

跳过一些资料，阅读一些概括性的书籍可以使你对自己的题目有大致的把握，你就可以进一步缩小范围，把查阅内容集中到某些问题上。

3. 带着分析性问题查阅资料

当你已经完成背景资料的查阅，还没有开始主要的研究活动之前，要回头分析自己的演讲题目。想一想你是否要把题目缩小为某个问题，调整自己的演讲目的，或者修改主题句的遣词造句使之适应演讲场合。

4. 熟悉相关的专业用语

为新题目查找资料就像学习一门新的语言一样。随着你逐步展开对题目的研究，你就能够列出这个过程中所出现的关键词。比如，在研究职业女性时，你会发现自己必须搞清楚“机会均等”、“果断行动”和“相对价值”等之间的区别。你会注意到如“玻璃天花板”、“女强人综合征”和“粉领工人”等都是关键性的名词，在谈论你所面对的问题时这些词已被广泛采用。熟悉与演讲题目有关的语言随着研究的展开而变得不可或缺，因为你在浏览文献时要查找这些关键词。

当然，如果你熟悉的人群中有人对你要演讲的项目非常了解，那么请教他们就再好不过了。

（二）直接向他人请教

直接向他人请教相关问题是非常便捷的一个方法。如果没有特别合适的人选， 你也可以请教一下周围的人对你要演讲的题目的看法。你的朋友、家人、同事都可以成为信息渠道。

在你根据演讲题目组织整理自己的思路时，先和那些自己每天接触的人们谈一谈。你可能会喜出望外地发现有人对你要讲的题目非常在行。在大多数情况下，这些人告诉你的情况是他们自己的观察和体验，在书本中是无法找到的。随便和几位朋友交谈一番，你就会惊喜地发现懂了很多自己原来不知道的知识。在向他人请教的过程中，有几种人你要主要考虑。

1. 教师

任何水平的教育者往往都是平易近人的专家。传播知识和信息是他们的本职工作。如果你不知道应该向哪位专家咨询，可以打电话询问适当的院系或学校。他们会推荐你请教某位取得本领域研究成果的专家。

2. 政府相关部门

因为政府拥有的资源非常丰富，如果找到合适的部门询问，相信他们会认真地帮助你。

3. 独立机构和特殊利益集团

像一些专业性协会和团体也是最佳信息渠道。要注意这些团体看问题的角度往往是有局限性的。可以向一些独立性的机构、协会、特殊利益集团请教，但是要根据你所了解的客观标准权衡自己听到的答复。可能的话，采访与你立场不同的专家，尤其是当演讲题目有争议时，更应该这样做。

另外要注意的是法官、运动员、商业人士、警官、医生、会计师等都是专家。如果你不认识某个特定领域的任何人，看看是否可以通过同事或朋友介绍结识一位相关人士。如果无法建立这种联系，随时留意报纸上提到的人物。如果他们曾经接受过采访，那么可能也愿意再回答一些其他问题。

三、采访的技巧

采访是获得材料的重要手段。不要慌慌张张、毫无准备地采访别人。分析一下采访对象，想一想他或她该如何最大限度地为你的研究提供帮助。如果面谈的对象曾经就你所要谈论的问题写过文章或有专著出版，先把这些资料读一读。你应该事先设计一系列具体而明确的问题，这样就不会浪费宝贵的面谈时间，否则只能得到一些在百科全书中也可以查到的内容。你要准备一些没有确定答案的问题，而不是做肯定或否定的问题，或者只需简单地进行事实确认，但是不要含糊其辞让对方不知该从何说起。

采访时先用几分钟时间融洽气氛，建立进行采访的背景，介绍自己的身份，解释你为什么需要了解这些情况以及你已经得到哪些信息。同时，再次说明你预计采访将占用多长时间。这些内容也许是再次提起你打过的电话或写过的信。如果你希望把采访过程录下来，首先应该征求被采访者同意，但是要准备记录纸和笔，以防录音失败。不管怎么说，即使你确实把采访过程录了下来也应该记录采访内容。笔记可以帮助你让采访始终沿着所设计好的、有待澄清的问题前进，在重新听录音内容时，书面记录还可以帮助你把握重点。

开始提问时，一定要把大部分时间留给专家发言。不要打断、表示异议或鲁莽地说出自己的看法。用话语和身体语言鼓励专家继续说下去：点头、微笑、表示兴趣，留意自己的姿势和面部表情，用谦和的评价鼓励对方，比如“我明白了”、“非常有趣”、“那么后来怎么样”，为采访结束留出一定的空余时间。尊重接受采访者的时间，如果时间快到了，要主动停止发问，即使你只得到了一半问题的答复。总结自己的采访角度，通常请被采访者进行总结性发言会让人获益颇多。有些情况下你可以这样问：“您希望我提出哪些问题而我没有提到？”当然最后要对他或她表示感谢。

四、演讲材料的收集范围和具体方法

占有丰富的材料是演讲成功的一个重要因素。熟悉演讲材料的收集整理范围非常重要。重要的是还要收集属于自己的材料，整理属于自己的素材，而且要保证材料的充足。

（一）演讲材料收集整理的范围

演讲材料的收集整理范围主要包括直接材料、间接材料和创建材料。

1. 直接材料

从现实生活中得到直接材料。这是演讲者在生活、工作、劳动、学习及其他社会活动中所见所闻、所思所感的材料，也就是演讲者自身通过对社会生活的观察、体验、感受和调查研究所得到的第一手材料，这是最重要的材料来源。社会实践是我们获取直接材料的源泉。《从外国人的名片谈起》这篇演讲，就是演讲者在生活中看到外国人的名片，看到了外国人的实际能力，也看到了我国一些人的实际能力等真实材料后产生的，讲出后自然生动感人。

2. 间接材料

从书本或各种媒体中获得间接材料。这是演讲者从报刊、书籍、文献、广播电视上得到的材料，可称为第二手材料。演讲者由于时间和空间的限制，不可能事事处处都亲自观察体验，不可能每种知识都从亲身体验中得来，书籍是前人的经验总结，而广播电视传播的也是他人的亲身经历所得。所以，必须拓宽材料来源，获取大量的间接材料。间接材料的收集也是占有材料的重要手段之一。鲁迅的演讲《魏晋风度及文章与药及酒之关系》，就是靠大量的古代历史、政治、军事理论、医学等多方面的间接材料表现主题的。

3. 创建材料

分析研究获取创建材料。这是演讲者在获得大量直接材料和间接材料的基础上，经过归纳、分析、研究所得出的新材料，是一个演讲者智慧的结晶。这常常和直接材料、间接材料一起综合运用于演讲之中。

（二）准备属于自己的素材

这里强调一个“自己的”，虽然念一本书也是一种准备，但并不是最好的方法。从书上找材料，是可以有帮助的，但假如一个人仅想从书本上得到一大堆现成的材料，立刻据为己有而讲给别人听，难以获得听众热烈的掌声。

今天能参加你们的毕业典礼，我感到很荣幸。你们要离开的是世界上最好的大学之一，而我从来没有大学毕业过。说老实话，这是我最亲密接触大学毕业的时刻了。今天我想告诉你们我生命中的三个故事。就这些，没啥壮举，不过是三个故事。

第一个故事是关于连起生命中的点滴。

我进里德大学读了半年之后就退学了，不过还是作为在校生在校园里晃荡了一年半才最终真正离开。我为什么要退出呢？

（退出）这事在我出生前就开始了。我的生母当时是年轻的未婚大学毕业生，她决定把我送给人收养。她态度很坚决，收养我的人必须是大学毕业生，这样，由一名律师及其妻子来收养我的事在我出生前就全都弄好了。可是当我呱呱坠地的时候，他们在最后关头确定他们真正想要的是女孩。这样，我现在的父母，当时他们也在备选名单上，在晚上接到一个电话，告诉说有一个意外出生的男婴，问他们是否想要，他们说当然想要。我的生母后来才发现，我的养母不是大学毕业生，我的养父连高中都没有读完。她拒绝在最后的收养文件上签名。几个月后当我养父母保证以后我会上大学之后，她才妥协。

十七年之后，我上大学了。不过当时不懂事，选择了一所花销昂贵的大学，几乎和斯坦福大学不相上下。我父母都是工薪阶层，他们的积蓄都用来支付我的学费了。过了半年，我看不到这么做有什么价值。我不知道以后如何生活，也不知道大学如何来帮我对生活做出规划。而我在这里花的是我父母一生所积攒的钱。于是，我决定退学，并且相信这个决定会被证明是成功的。在当时，这个决定还是很让人惊慌的，不过回头去看，这是我做出的最好的决定之一。我退学了，就不用再去上那些我不感兴趣的必修课了，我开始旁听那些看起来有意思的课程。

整个事情并非全都那么具有传奇色彩。我没有宿舍房间，只好睡朋友房间的地板，我把可乐瓶还回去，这样可以得到5分钱来买吃的东西，每周日的晚上我会步行7英里横穿城区，到黑尔克力斯纳教堂吃那每周一顿的美食。我喜欢这种状态。我凭着好奇和直觉，无意中涉足的很多事情后来证明都是非常有价值的。

这是史蒂夫·乔布斯在2005年斯坦福大学毕业典礼上做的演讲的开篇，在这篇演讲中，他大量地举了自身的例子，这些都是他亲身经历过的，所以就显得特别的真实可信。同时因为他所举的场景都是在场听众所熟悉的，就更增加了听众的好感和演讲的真实感。

这就是准备，只有自己真实的经验并加上深思的演讲才会成功。

（三）积累的材料一定要充足

别人的东西，只要消化了就能成为自己的东西。积累材料的过程就是收集属于别人的东西，纳为己有。然后在开始演讲前，就集中于某个题目，去注意和思想、去斟酌、回想并选择最能引起你兴趣的题材，加以润色，改造成另一种形式，成为你自己的作品。

某演说家关于怎样准备他的演说，他如此回答："我的准备是这样的，当我选择了一个题目时，就把题目写在一个大信封上，我备有许多这样的信封。假如我在读书时遇到一些好材料，认为将来用得上，就把它抄上，放入适合它题目的信封里。另外，我一直带着一本记事簿，当我在听别人演讲时，听到有切合我题目的话，便立即把它记下来，也放入信封内。当我要演讲时，就针对我要讲的题目取出我收集的所有材料， 再加上我自己的研究，这样一篇文章就形成了。在我许多年演讲中，从这里取一些，从那里择一点，因而演讲永远有材料，也不会陈旧。"

材料需要积累而且需要积累充分。收集100个意见思想，选择10个非常契合题目的，而抛弃另外90个。收集丰富的资料和知识，可以增加自信，可以使你的心境觉得安然有把握，讲话的态度自然大方。这是准备演说最重要的基本原则，演讲者不应该忽略此点。

第二节 整理资料

在收集资料阶段，我们收集了大量的资料，但是这些资料如果不整理妥当，那么不论我们收集了多少资料都是毫无用处的。怎么才能把大量的资料整理成自己需要的材料呢？材料的选择有哪些基本要求？这就是我们这一节要研究的问题。

一、整理资料的原则

（一）选出真实的材料、剔除虚假的材料

如果演讲者使用这种没有经过考证或找不到出处的材料，准备材料的工作就不能说是完善的。可以设想一下，如果演讲内容被听众怀疑其是否准确，演讲的效果就很难说好。要在平时多下功夫，经常查阅有关书籍、资料并将用得着的资料摘录下来，注明资料的出处，以便在演讲时引用，这能提高演讲的效果。材料准确性的另一个方面是用词准确性。任何一篇演讲的第一个要求是让人听懂，即演讲者的用词必须与听众使用的词汇一致。凡是演讲者使用的词汇、术语超出一定范围，就应该加以解释。特别是面对非专业性的听众发表有关专业方面的演讲时对专业词汇就应该进行解释。

为了保证材料的准确性和可靠性， 我们可以对材料进行刨根问底，例如，在材料中有哪些人？他们在做什么？他们是什么时候做的这些事情？这件事情发生在什么地方？为什么要做这些事情？他们是怎样完成这件事情的？这些问题可以帮助我们了解材料的情况，帮助我们辨别材料的真假，可以帮助我们理清材料的脉络，完善我们的演讲，同时，可以帮助我们避免在演讲时闹出笑话。

（二）选出有新意的材料，舍弃平淡的材料

有新意的材料，指的就是能够成为演讲的依据，同时是大部分听众没有听过或者没有想到过的材料。

演讲时为什么要使用有新意的材料？一是为了信息有价值。二是为了表现魅力。世人常说，世界上没有两片完全相同的树叶；人不能进入同一条河。这是因为事物是不断变化的，而人更喜欢多变。相声、小品演员经常抱怨说他们要不停地变换段子，因为再好的段子，观众看过几次后也就失去兴致了。同样，一支非常好的流行歌曲也不能长期占据榜单的前几位，这都是因为人们喜欢多变的事物的原因。

一名女性如果在街上或者宴会上和其他人撞衫，那是非常尴尬的一件事。 但是，许多人却不断地重复他人的思想、观点和见解，

甚至乐此不疲。这样的信息没有价值更没有吸引力。信息没有吸引力，就不能打动人心，就是老调重弹，陈词滥调往往使人听不进去、不感兴趣。我们对人讲话、与人交际，不仅要利用新材料，而且要在思想内容上有新颖的东西。

内容新是指演讲要有新意，谈论问题要有超越一般、不同凡响的感受和见解。比如你谈论“怎样看待人体美？”“离婚率的上升说明了什么？”这一类的题目，往往会引起别人的注意和兴趣。这就是选取新题目，有所新发现。可口可乐是目前世界上最畅销的饮料之一，可口可乐公司推销成功的秘诀是什么呢？就是广告有新创意，与众不同。

在某次会议上，主持人请企业领导讲话，他谢绝了。理由是：一时讲不出新的意见，与其重复别人的话不如少说最好是索性不说。这位领导的做法值得提倡。实际上那种一讲老话、套话就没个完的现象真是比比皆是。有些人讲起话来滔滔不绝，可往往是打着官腔，说套话，信息量很少，缺乏给人以启迪的东西，甚至只是起到了留声机、传声筒的作用。听这种没有新意的讲话，实在是味同嚼蜡，令人生厌。据说有个知名人士作报告，这里讲，那里讲，一年之内每次所讲的内容都如出一辙，丝毫没有变化。试想，社会在变，听众在变，可报告者如此一成不变、墨守成规，还有什么价值和吸引力呢？即使这个报告起初内容不错，可是日复一日地重复也早让人生厌了。

要做内容有新意的演讲当然有许多方法，但首先要有自己的个性和积极的自我意识，要敢于标新立异。一个人如果不能发现和发挥自己的与众不同之处，不敢表现真实的自我，那就不可能用自己的语言表达自己的思想感情，演讲就没有生命力。

（三）优先选择幽默风趣的材料，放弃枯燥呆板的材料

演讲要想引起听众的兴趣就要选用新颖的、生动有趣的、寓意深刻的材料。吸引听众的有趣材料是演讲的调味品。适当地使用诙谐幽默的材料将在吸引听众方面起重要的作用，它可以帮助你消除

和听众之间的紧张感，委婉地表达自己的意见，巧妙地解除窘境，甚至可以出奇制胜。使用给听众设悬念的办法，也能增加演说的趣味性。演说者可根据听众的心理，在演说中提出问题，然后解答问题，使听众的思路和注意力自始至终跟着演说者的思路走。

除了对材料有以上的要求外，还需要树立吸引意识，讲求语言有魅力，内容有新意，做到说话方式巧妙一些。如果你的某一次演讲语言上难以做到妙语如珠，内容上也不够新颖，那么只要在表达方式上比较巧妙，也会具有吸引力，就像“新瓶装旧酒”，使人精神一振，从而获得成功。

说话方式是指语言表达与交流的诸种因素如何组合搭配的关系。口语表达的角度、语句的顺序、悬念的设置、对比的效果和怎样利用仪表、体态、时间、空间、气氛、物体等非语言形式，都属于说话方式。处理好说话方式各要素之间的关系，需要在平时多加留意，积累经验。

所以，如果演讲者演讲的内容不够新颖，材料也不是幽默有趣，那他可以试试改换说话方式，也能收到良好的效果。

（四）选材要紧紧围绕主题

主题是选材的依据。选择材料必须紧紧围绕主题，选择材料时必须考虑它能否有力地支持主题或为主题服务，否则，再生动的材料也不能用。即坚持这样一条原则：凡是能突出、烘托主题的材料就选用，否则就舍弃。能够有力支持主题的材料一般包括：演讲者自己受感动的材料；演讲者亲身实践证明了的材料；听众感兴趣的材料等。

在公元前 44 年，古罗马的布鲁图斯等人说，恺撒大帝是暴君、有野心。恺撒的重臣安东尼为了驳斥他们的诡辩，在恺撒的葬礼上为恺撒做了辩护，在辩护词中，选择了这样三个材料：“他从前曾获胜边疆，所得的财富都归入国库……”(这不是私心，而是公心。)“他听到穷人的呼唤，也曾经流下泪来。”（这不是暴君，应是富有同情心的好君主。）“那天过节时，你们眼睁睁地看着，我三次以皇冠劝他登基，他三次拒绝。”（这不是野心，而是虚心。）

这些材料都紧扣主题，直接支持和证明了自己的观点，从而产生了无可辩驳的说服力。

二、正确安排要点的方法

收集到足够的材料以后，把所有的想法根据演讲题目进行筛选，保留自己满意的部分，然后对它们进行综合，最后做到前后连贯，这个过程涉及很多步骤，主要包括：产生想法，把想法归类，把每类综合起来，然后重新过滤、调整并且理顺各种想法的关系，最终确定下各个要点。

（一）广泛收集想法

在准备演讲时，不要限制自己的思路。把你觉得演讲中可能提到的内容随手记下来，不管这些内容是在收集资料还是在整理准备放弃的资料时碰到的。不要对任何想法心存偏见或轻易抛弃，把它写下来，现在不必为你记录的内容排列顺序。加快工作速度，即使其中有些只是另一种想法的不同表达或者与另外一些想法截然对立也不要在意。除非已经积累了充足的原材料，否则无法着手进行整理。

（二）整理归类想法

可以采用许多不同的办法进行组织整理，选择适合自己的一种或几种方式，加以组合，起决定作用的可以是视觉效果或者演讲内容。

1. 基础的、可行的提纲

组织演讲内容最传统的办法是采用阶梯形的、缩格提纲的格式。但是在确定提纲的时候不要自我局限认为只能用正式的、完整的句子列出提纲。用完整的句子列出提纲对你清楚表达要点和分要点很关键，但是运用主题提纲这种比较灵活的形式也很有好处。

因为你可能会尝试采用不同的办法整理思路，因此不要把时间浪费在措辞或格式上，以不同的方式对各项内容加以整理，使得它们能够和谐地组织起来，直到发现一种紧凑而清晰明了的结构为止。

2. 概念图

概念图是一种理清思路的方式，通过它可以直观表示某些概念之间的相互关系，你可以按照其基本形式很快绘制简单的图表，用中间标有说明的圆圈或方框表示，再用线把它们连起来。

从你的核心想法、主题入手，在一张纸的中间画圆圈或方框。然后利用整理的想法，对其加以扩展，围绕主题写出几个要点，留出足够的空白以备将来补充分要点。围绕你最初的想法会出现若干新想法；把脑海中产生的新想法写下来，用线将相关的要点连起来。

3. 调整可移动的想法

把内容分布在纸上各个部分，它也可以类似于列提纲用线性方式连接内容。比如，你可以把自己的想法在记事贴上记下，把它们粘在墙上或桌上。你可以根据主题把它们集中起来把某一组的某些部分移到另外一组，直到你对整体结构感到满意为止。或者，如果你更喜欢以线性方式考虑问题，则可以根据记事贴上的内容制定原始提纲，提纲可以写在任何地方，包括缩格记录的分要点。

另一种可行的方式是从收集资料的笔记卡片入手，在卡片上添加你自己的想法。我们建议在查阅资料时使用笔记卡片在上面注明标题。你可以从这里着手写下自己的看法、过渡句，并再用一些卡片进行综合，把它们插在你认为适当的地方。像记事贴一样，你可以随意改变顺序和模式，变换尝试多种处理主题的方式。充分展示每种组合方式的优点，不要急于下判断做选择。让自己享有充分的自由，能够随意调换各个部分，直到你认为满意为止。

经过这个过程，你已为自己的演讲准备了好几个可能的要点。下一步是选择最能满足你的演讲目的、效果最佳的要点。

（三）要点应独立且符合主题

一看你的论点陈述句，就应该想到你的演讲中应该包括哪些要点。明确必须做出回答的核心问题。一旦明白主题涉及的内容，你就能用论点陈述句检验提纲中的要点了。除此之外，还要注意挑选彼此独立的要点。

要点之所以被称为要点不是偶然的，要点是扩展主题的有限几项核心的不可或缺的内容。

为了尽可能明确清晰地说明问题，要点应该彼此独立。每项都应该排除隶属于另一项的可能性。用简单的话来说，这条法则就是我们常说的一句格言："任何东西都有其所归和所属。"演讲者面临的挑战在于找出一种可以恰到好处地把所有内容加以安排的条理。

有时当你尝试把各项内容归为几个要点时，发现有些内容既可以属于这个要点，也可以属于另一个要点。出现这种重叠现象时，你就会明白自己还没有理清思路，还没有为所有内容找到一个有效的分类系统。如果你不知道某项内容应该放在什么地方，听众当然也不会明白。

给要点分类的时候要遵循单一的原则，使得所有内容可以归入某个要点，并且只能归入这个要点，这一点最重要。

往往会碰到这种情况，即某项内容在两个要点之间很难决定把它归入哪一类，对普通听众来说，最好的办法是把问题的范围缩小，排除某些模棱两可的要素，必要时把这些问题留到听众提问时解答。

如果一项内容可以放在两个地方，说明你的要点不能彼此独立。如果一项内容不能放在任何地方，这说明你离题了。

（四）确定要点的数量

虽然这条规则听起来过于武断，但是并不像你认为的那样束缚手脚。作为演讲者，你应该围绕几个要点整理自己的内容和思路。如果把每条思路都作为要点，结果弄得没有机会扩展其中任何一条。如果分要点过于庞杂，你就无法从中抽象出适合你演讲主题的东西。此外，如果你只有一个要点，那么你基本上只有主题，谈不上所谓的整理和组织演讲。

还有一点值得大家注意，就是要点如果超过五条，听众就记不住了。重要性相同或逻辑作用平行的要点称为并列要点，用于解释、支持或服务于其他要点展开的逻辑推理过程，重要性稍弱的要点称为分要点。你心中必须明白各种要点之间的关系只是相对的。演讲的每条内容都既是并列要点，又是分要点，这也是对其他内容的综括。

逻辑推理类似于说明内容之间从属和并列关系，例如，汽车是一种有效的货物运输方式，因为汽车运输的目的地覆盖范围相当广阔；因为汽车的设计形式多种多样，灵活多变；因为汽车相对易于操作。

显然，原因从属于它们所支持的要点。

安排演讲内容时用于证明要点的论据不能与要点具有同等的重要性，或与要点并列。

第三节　演讲写作

一、为什么说演讲词要亲自写

加里宁讲过："要演讲就要做准备，写演讲稿。这就逼你研究得更深刻。因为写演讲稿时，每一个字，每一个意思都得考虑周到。"英国演讲家丹尼尔·韦伯斯特则批评那些不准备演讲稿的人"就好比未穿衣裤出现在众人面前一样"。

遗憾的是，有些演讲者不重视自己写演讲稿，一受到别人的指令参加演讲时，便拜托别人代写演讲稿，以至于经常会在演讲现场闹出不会读或读错字的情况。

演讲是情感的言行外化，如果演讲者以另一种角色来体现别人为他准备的演讲稿，其间肯定存在一定的距离，不可能表达得那么亲切、那么自然。也许你不可能全面地理解演讲稿的思想内容，也许你不可能深层次地把握演讲稿的感情基调，也许你不可能完整地体现演讲稿的语言色彩，表达时只能照本宣科，言不由衷。平时要充分储存素材，"长期积累，偶尔得之"，有丰富的知识底蕴为基础创作就会文如泉涌。

如果素材"存款"不多，那就只能"临时抱佛脚"了。首先可请教有经验的演讲者如何整体地把握演讲稿，然后尽量搜集材料，占有材料，多多益善。只要与主题有关的，不论是现实的，历史的；理论的，事实的；正面的，反面的。都要把材料一个一个分类用卡片整理好，然后理出线索，定好提纲，写成初稿，进行修改，"文章不妨千次磨"。

选的材料要尽量是发生在身边的事，最近的事，不要太大、太远、太旧；不要抄袭，要有自己的议论、自己的抒情、自己的事例。“以我口传我心中之声，以我手写我心中之言。”演讲稿由自己写，至少有以下几点好处：

1. 增强信心。自己对自己的演讲稿有一种亲切感、满足感，相信“熟能生巧”。

2. 便于记忆。写演讲稿时已调动了各种感官，加深了对演讲稿的理解，记忆时当然就轻松多了。

3. 利于表达。演讲稿从内容到感情，从修辞到逻辑，从字词句到篇章结构都是按自己的需要设计的，有利于感情的抒发，口语的表达。

4. 便于发挥。演讲中如果有一条非常清晰的逻辑线索，备稿时就了然于心了。演讲中可以在此基础上灵活变动，临场发挥。

二、演讲稿应如何选题

大凡演讲总有一个特定的讲题范围，只是范围有大有小罢了。

一般说来，生活中常用的演讲如大会演讲、祝词、贺词、悼词等选题范围比较灵活，一些为听众所喜爱、所关心的话题均可选取；一些带有较浓厚专业色彩的演讲如军事演讲、外交演讲、法律演讲、学术演讲等讲题相对确定些，灵活变动的范围不是很大；赛事演讲的命题范围有两种：有些活动的余地很大，有些余地小些。无论是什么类型的演讲，无论是选题的范围宽或者范围窄，选题时都要做到几点：立足时事热点，抓住社会焦点，适合听众论点，寻求奇特的激发点，讲出新颖的观点。这样，你的选题才能别具一格，你的演讲才能脱颖而出。

在一次以“交通安全在我心中”的演讲比赛中，有位演讲者分析这个主题后，估计到很大一部分选手可能会立足于“人们交通意识淡薄而产生的危害”这方面，演讲中展示在听众面前的可能是一幅幅骇人听闻、惨不忍睹的血腥事件。这样，几十名选手讲下去，听众会听得喘不过气来。时间长了，就产生知觉的倦怠。思索之后，这位选手准备从新的角度去体现。于是选准现代生活中这样一种现象切入：很多人不懂交通安全，以致不理解交通警察，致使交警的工作举步维艰，如果全社会都理解交通警察，支持他们的工作，交通事故将会减少。斟酌再三，确定了以《奉献与理解》为题，通过赞颂交警默默耕耘为祖国，无私奉献为人民的精神呼唤人们理解他们。这位选手的演讲似乎为比赛吹来了一股清凉的风，赢得了听众热烈的掌声。

三、演讲稿应如何选材

演讲时选材如果能独具匠心，别具一格，本身就是很吸引人的。如果生搬硬套，拾人牙慧，步人后尘，无异于第二、第三个把姑娘比做鲜花的人——落入不是“庸才”，便是“蠢材”的可怜境地，给听众带来的是难以透气的沉闷。要选取一些典型、生动、鲜为人知的材料，让人觉得你的演讲有新东西、新信息、新见解。立意高，思维性才能强；角度新，吸引力才能大。

心理学研究表明，人的大脑对各种信息的接收是有选择的，往往选择那些新奇古怪的与自己有关的事。社会在进步，一日千里；时代在发展，突飞猛进。新的人物、新的性格、新的问题、新的经验、新的成就以及新的教训俯拾即是。只要我们认真观察，处处留心，是不愁找不到新的演讲材料的。

四、演讲题目应怎样确定

演讲的题目是演讲开头的“开头”。演讲的题目要立意精当而深刻，文字新颖而优美。演讲前无论自己说出的题目还是主持人介绍的题目均要让听众“一听便知，过目不忘”。这就要求题目的确定做到简洁、新奇、意远。题目太长了，听了、记了后面忘了前面；太旧了给人一种“似曾相识”之感，提不起精神。还要注意的是除了一些政治性类型的演讲与一些篇幅太长的演讲外，最好不要在演讲中出现小标题。

可以从以下几个方面设计题目：

（一）题目要具体生动，不要太长。像“未来的思考”、“伟大的历史，光明的未来”、“缔造现实、开拓未来”、“奋起吧，人们！”

显得太空荡，演讲时只能东拉西扯，随意漫游。

（二）充分运用修辞手法。运用修辞格选题能打破常规，体现新意。

比喻法：《祖国——母亲》

设问法：《良心何在》

反问法：《服务于民，你能做到吗》

呼告法：《救救地球》

引用法：《挥一挥衣袖，不带走一片云彩》

对比法：《生与死》、《冰与火》

婉曲法：《进攻“3800”高地》

（三）着眼“只言片语”，要求题目简洁。从字面上来说当然是以最少的字数表达最深广的内容。只言片语的题目又简单，又醒目，又好记。如《路》、《选择》、《责任》。

（四）感情浓缩其中。在演讲开头报上一个感情浓烈的题目是能引起“轰动效应”的。如果在题目之前插上几句简短的引语，运用朗诵技巧处理，效果更好。如：

“‘慈母手中线，游子身上衣。’每当读到这句诗，我这个远方的游子总会油然而生一种对母亲的牵挂之情。我不能回到母亲的身边，只能诉感情于言语，寄托对母亲的深深祝福。这里，我给大家演讲的题目是《妈妈，您听我说》。”

这种类型的题目还比如：《祖国，请相信您女儿吧》、《为了我们的父亲》。

五、演讲稿的选词原则有哪些

演讲最忌空泛。有些演讲者总想在演讲中多用点“优美词语”，于是堆砌辞藻，咬文嚼字，趋于雕琢。而这正是演讲所忌讳的，演讲的选词要做到：

1. 准确。演讲中词语要用对用准，否则“一字之失，一句为之蹉跎”。它要求演讲者在选词时掌握词语的含义，辨别词义之间的细微差别，把握好词的感情色彩和语体色彩。

2. 洁净。单个的词语无所谓洁净之言。这里所说的是指具体的演讲中要字不虚设，词不虚发。这要求演讲者在演讲时明确词的含义，不用重复词，不用无义词。

3. 规范。演讲中要尽量避免深奥冷僻的词语。力避佶屈聱牙，晦涩难懂。

4. 和谐。演讲语言要朗朗上口，生动悦耳。选用双声叠韵词、叠音词，注意押韵合辙，平仄相间，以增添演讲的音乐美、节奏感。

我们来仔细欣赏下面一段演讲词：

我梦想着，有那么一天，甚至现在仍为不平等的灼热和压迫的高温所炙烤着的密西西比，也能变为自由与平等的绿洲。

我梦想着，有那么一天，我的四个孩子，能够生活在一个不是以他们的肤色，而是以他们的品性来判断他们的价值的国度里。

我梦想着，有那么一天，就在邪恶的种族主义者仍然对黑人活动横加干涉的阿拉巴马州，就在其统治者拒不取消种族歧视政策的阿拉巴马州，黑人儿童将能够与白人儿童如兄弟姊妹一般携起手来。

我梦想着，有那么一天，沟壑填满，山岭削平，崎岖地带铲为平川，坎坷地段夷为平地，上帝的灵光大放光彩，芸芸众生共睹光华！

这就是我们的希望！这是我返回南方时所怀的信念！怀着这个信念，我们就能从绝望的群山中辟出一颗希望的宝石。怀着这个信念，我们就能变我们祖国的嘈杂喧嚣为一曲优美和谐的兄弟交响乐。怀着这个信念，我们就能共同工作，共同祈祷，共同斗争，甚至哪怕共同入狱。既然知道有朝一日我们终将获得自由，我们就能为争取自由共同坚持下去！

这是马丁·路德·金著名的《我有一个梦想》的最后一部分，演讲饱蘸激情，用词清新、具体、生动。读来流畅，听来悦耳。

六、演讲稿的炼句技巧有哪些

演讲是一个动态过程。演讲所形成的特殊情境给其中每一句话都赋予特定的意义。这要求演讲者在炼句时首先要从演讲整体出发，从演讲情境考虑，做到精短、严整、自然、亲切。先看下面一段演讲词：

十二年来，我饱尝了作为一个教师的酸甜苦辣，与喜怒哀乐；十二年来，我更深层次、更立体地把握了教师的整体型象。教师是辛苦的，为了学生，他们夜以继日，整日操劳；教师是清贫的，为了别人他们含辛茹苦，不计酬劳；教师是磊落的，为了事业他们两袖清风，虚心清高；但教师是伟大的，为了祖国他们孜孜以求，不屈不挠。

这段话句式完整，匀称贯通，自然优美。

一般说来，除学术演讲、政论演讲较多的运用长句、散句外，演讲的语句以短句、整句为美。短句和整句各有特色。

短句指字数少、形体短、结构简单的句式，演讲中运用短句可以明快、活泼、有力地表达感情，简洁、干净、利落地叙述事理。

整句是相对于散句而言的。它紧凑有力，严密集中，匀称流畅。演讲在适当运用散句的基础上要多运用整句。整句包括排比、对偶、对比、顶真、回环等。

七、演讲稿中的修辞

（一）设喻

在演讲中，比喻技巧的运用是很广泛的。这是因为比喻能准确地讲解知识，形象地表达感情。在演讲稿《争气篇》中有这么一段话：

……洗去靡靡之音，摔掉酒瓶子，让我们与书这个“哥们儿”交上朋友吧！它不需要拔刀相助的江湖义气，只需天长地久地交往。让我们与知识这位热情的姑娘“恋爱”吧！它不需大彩电和沙发床，只需孜孜不倦地热烈追求。

这里演讲者委婉妙喻，引人深思。

演讲语言与书面表达不同，它转瞬即逝，应通俗化、口语化。除了学术演讲外，那种从概念到概念，从理论到理论，弯来拐去，玄而又玄的表达是不受欢迎的。因此比喻在演讲中发挥的作用就大了。

下面是美国黑人领袖马丁·路德·金《在华盛顿示威游行集会上的演说》中的一段：

100 年前，一位伟大的美国人在《解放宣言》上签了字，今天，我们站在这个伟大的阴影下，这条巨大的法令就如一座巨大的灯塔，给成千上万的在不公平的毁灭性的火焰中烧焦了的黑奴带来了希望；这条巨大的法令犹如欢乐的黎明将结束那被监禁的漫长黑夜。

为了使比喻发挥更大的作用，演讲者可以临场设喻：就演讲的地点、场景、事物设喻，这样更具说服力。

（二）排比

排比是由三个或三个以上的结构相同或相似的，语气一致的，成串地表达相关或相连的内容的一种句式。无论在叙事演讲、政论演讲，还是抒情演讲中都被广泛运用。运用排比能使言语规整，语气协调，感情贯通，表达流畅。演讲的开头有排比，演讲的中间、结尾也有排比。演讲中，真是无处不排比。表达排比时一般采取开头慢，后面快的方法进行，下面我们看一则演讲词：

沿途中，壮观的瀑布，会刷净你的头脑；平静的湖水，会使你冷静思考；雄伟的山峰，会唤起你的激情；名胜古迹的内容，会引发你无限的遐想。

四层排比，热情奔放，层层推进，立意高远，振奋人心。祖国的美好景致历历在目，对大好河山的赞美之情呼之欲出。

演讲中运用排比能深化主题，增强说服力。如佩特瑞克·亨利的演讲稿《诉诸武力》：

我们的申请却遭到轻蔑；我们的抗辩招来了更多的暴行和侮辱；我们的祈求根本没有得到大家的理睬；我们所遭到的是被人百般奚落后，一脚踢到阶下。

运用排比句可以全方位地表达各种感情，喜悦、痛苦、亲切、庄重都可产生在其中。如下面两段：

一杯茶，细细品尝；一支烟，神游古今；一张报，看它半天。

教师是蜡烛，燃烧自己，照亮别人；是绿叶，默默生存，点缀生活；是渡船，迎着风浪，接送人们！

最后我们看看道格拉斯在 1854 年 7 月 4 日美国国庆大会上《谴责奴隶制的演说》的精彩结尾：

7月4日，对美国的奴隶意味着什么，让我来回答吧。对于长期受压迫和受凌辱的奴隶，7月4日是一年中最屈辱和最残酷的一天。对于他们来说，你们今天的庆祝活动仅是一场骗局，你们吹嘘的自由只是一种亵渎的放肆，你们标志的民族伟大充满着一种骄傲的自负，你们的喧闹声空虚而没有心肝，你们对暴君专制的谴责无异于厚颜无耻的言辞，你们所唱的“自由平等”的高调更是虚伪至极，是对这些口号的本身的嘲弄。你们的祈祷与圣歌，你们的布道与感恩，连同一切宗教的游行与典礼，仅仅是对上帝的装腔作势的信奉，是欺骗，是诡计，是亵渎和伪善——是给罪恶的勾当蒙上一层薄薄的纱巾。

这里，犀利的言辞和愤怒的感情被如林的排比连成一片。排山倒海，轰轰烈烈，从而使谴责奴隶制的主题思想更加突出，论点更加鲜明，感情上对听众的震动也更巨大。

（三）设问

演讲中在适当的情境下进行提问可以缩短与听众的距离，满足听众的好奇心，创造宽松的气氛，使演讲者处于主导地位，请看下段演讲：

同胞们！敌人在践踏我们的领土，敌人在屠杀我们的乡亲，敌人在掠夺我们的财产，敌人在烧毁我们的房屋，敌人在蹂躏我们的姐妹，难道我们能容忍他们如此兽性大发，胡作非为吗？难道我们能让他们生灵涂炭，为非作歹吗？不能，绝对不能！怎么办，大家说怎么办？

强烈的情感鼓动点燃了听众对敌斗争的熊熊火炬，他们义愤填膺，异口同声：“与他们拼了！”这样，听众与演讲者心相连，语相通，一致说：“我们听你的。”

提问要适时而发。要在气氛很融洽的时候进行，这样听众才能很好地同你配合。如当你讲到现实生活中机构臃肿，办事艰难，你的观点又引起了听众的共鸣时，你可以这样发问：“朋友，我刚才说的这种‘门难进，脸难看，事难办’的现象，你碰到过没有？”

提问要适时而发。在听众有一种强烈的探讨欲、表现欲时可进行提问。比如演讲中讲到“金钱”问题时，这个问题一般人对它很敏感。可以这样问：“有人大声呼喊，‘世上只有金钱好，没有金钱不得了’，在座的诸位，您说对吗！”

提问是最易使演讲掀起高潮与最易走向低谷的手段，一定要把握分寸。

要问得简洁。提问次数不能太多，每次提问要简短，问题的答案要让听众在很短的时间内能答出来，甚至在潜意识驱使下就能作答。切忌内容晦涩难懂，用词佶屈聱牙。如下面这个问题就提得不太好：“朋友们，有人说生活是美，有人说观念是美，你说呢！”

要问得真诚。除了在不得已的情况下，比如想通过提问来平息喧闹时，一般不要问得离奇，问得庸俗，问得莫名其妙，要示之以诚，发自真心。

提问要能放能收。要放得开去，收得拢来，一发不可收拾只可使演讲走向失败。要始终围绕主旨发问，使听众的回答处在你的“圈套”里。适当的时候可运用“对啊”、“是啊”、“正像刚才那位朋友所说的一样”等词句。如果问题提出来后听众没有反应，自己要巧妙地引接下去。

八、语气规范和谐

演讲中常常把相同或相似的语言单位排列在一起使用，给人以整齐一律、气势贯通、怡情悦目的美感。要达到这个目的，可以运用修辞手法中的排比、对比、对偶、回环、顶真等。

比如道格拉斯的一段演讲：

为了你们，也为了我们，我真希望这几个问题能有肯定的回答！要是我的任务不致如此繁重，我的担子不致如此压人该多好啊！然而，有谁会这样冷若冰霜，以至民族的同情心也难温暖他的心？有谁会这样顽固不化，对于感恩的要求毫无反应，虽然不愿满怀感激地承认独立给我们带来的无价恩惠？有谁会这样麻木不仁，这样势利，在四肢解除奴隶制的枷锁之后，仍不愿为国庆节日献上颂歌？

以上这段演讲运用排比，语气强烈，感情充沛。

对比在演讲中也常见：

原来的货币所有者，现今变成了资本家，他昂首走在前；劳动力所有者，就变成他的劳动者，跟在他的后头。一个笑眯眯，雄赳赳，专心于事业；另一个却是畏缩不前，好像是把自己的皮运到市场去，没有什么期待，只期待着刮似的。

这段演讲词运用对比活生生地刻画了资产阶级的狂傲、奸诈和威势，也描绘了被统治者的悲惨处境和苦难命运。

运用回环和顶真均可收到语气流畅，结构严谨，互相映照，循环往复的妙用。

回环例：“科学需要我们，我们更需要科学。”

顶真例：“希望是附丽于存在的，有存在便有希望，有希望便有光明。”

演讲中如果不求变化，过分地使用以上修辞技法也不行，显得单调、呆板、有矫揉造作之嫌。

九、演讲稿如何引用史料

美国宇航员埃德温·奥尔德林上校于1969年7月20日登上月球。返回地球时他在美国国会上发表了一次讲话：

科学考察意味着对未知世界的探索，人们根本无法预知全部结果。查尔斯·林白说过：“科研成果不是最终目的，而是一条通向奥秘而又消失在奥秘中的道路。”

查尔斯·林白是美国宇航专家，此处埃德温引用他的话以证明自己的观点，加强了表达的力度。

演讲中，可以适当地引用名人的言论、公认的史料、数据以及广泛流行的成语、谚语等，可以更好地点明主题、佐证观点，使文义含蓄富有启发性。成功的演讲都能巧妙地或明引，或暗引，或仿引古今中外、东西南北，使听众会心言外，深思彻悟。

演讲家李燕杰演讲时善于旁征博引，说古道今。听他的演讲可以驰骋九万里，纵横五千年。他有一次以《心上绽开春花，芳草绿遍天涯》为题进行演讲，整个演讲只有十来分钟，可引用的哲言、警句、诗文达二十多处。

斯大林在一次选民大会上的演讲中，批评了候选人中一些不正派的人，巧妙借引文学中的语言、人物形象、典故和传说来增强演讲的幽默感和讽刺力，使演讲意新旨远。

同志们，你们自己知道，丑儿家家都有。……果戈理说：这种不正确的、不三不四的人，使你弄不清他们究竟是什么样的人，既不像人，又不像鬼。……

我不能确有把握地说，在代表候选人中间和我们的活动家中间，没有那种在性格和面貌上很像民间所说的“既不像供神的蜡烛，也不像喂鬼的馒头”的人。

要注意的是引文要与行文完整统一，切忌胡拼凑，乱标签，否则给人以生硬、做作之感，甚至叫人莫名其妙。

十、演讲稿中怎样巧用俗语

谚语、歇后语是经过人们长年传诵、千锤百炼丰富起来的。它们寓意深刻、韵味隽永、结构固定、朗朗上口，用它们来形容、描绘事物形象生动、诙谐幽默。听众听来如饮甘泉，如嗅芳香。请看下面二例：

……行得正，走得直，身正不怕影子斜，虽然他们受到了一些人的诬蔑，虽然有时不被理解，但我们相信，路遥知马力，日久见人心。他们的付出是会得到人们理解的。

这里两处用了谚语，顺理人情，很有说服力。

我虽然是一个普通的农民，有些人对我们农民有“包子”、“傻帽”之尊称，他们缝里瞧人——把我们看扁了。但在这里，我要大声疾呼：……

这里运用歇后语，生动形象。演讲中运用谚语、歇后语要注意以下几点：

第一，不能太多。谚语、歇后语有俏皮感，但用多了显得轻佻浮滑。尤其是凭吊演讲、政治演讲更要少用或不用，否则会冲淡主题。

第二，不能乱用。有些谚语、歇后语虽有一定的群众基础，但内容粗俗浅陋，不堪入耳。如，“龙生龙，凤生凤，老鼠生崽会打洞”，“茅厕里游泳——奋(粪)勇(涌)前进”，“穷人死在大路上——命该如此”等。

第三，要自然，完整，与正文融为一体。可以用一些提示语连接，如“有道是”、“俗话说”等。

第四，有些方言区的歇后语不能用。如：“蜀嘴食胡椒——胡溜溜”(福州方言)，“狗吠老虎——唔知死”(客家方言)。

下面罗列一些朗朗上口的民谚：

1. 百日连阴雨，总有一朝晴。

2. 帮人要帮到底，救人要救到头。

3. 补漏趁天晴，读书趁年轻。

4. 不会做小事的人，也做不出大事来。

5. 不怕家里穷，只怕出懒汉。

6. 不怕学不成，就怕心不诚。

7. 常在有时思无时，莫到无时想有时。

8. 迟干不如早干，蛮干不如巧干。

9. 尺有所短，寸有所长。

10. 宁可正而不足，不可邪而有余。

十一、演讲稿如何巧用幽默

演讲中的幽默并不是去追求一种赢得听众一时哄笑的直观效果。那种哗众取宠，无聊打诨的低级取笑是演讲的大忌。演讲中的幽默应是演讲者或演讲中主人公高尚情操和完美人格的外化，是思想、学识、智慧和灵感在语言运用中的结晶，是一瞬间闪现的光彩夺目的火花。听众听来陶冶情操，健全人格。

演讲中运用幽默主要是批评丑恶，使人思索，令人回味，幽默体现含蓄委婉、生动形象、轻松活泼，给人一种温和、友善之感。正如哲学家莱卡尔说的：“幽默不是轻蔑，而是爱。”

演讲中幽默产生于喜剧性的冲突，惬意性的误会，有趣性的错误。

运用技法主要是讲笑话、讲故事；运用比喻、借代、双关、倒置、夸张、类比等；运用动作、表情、姿态配合。

马克·吐温的《无意剽窃》语言诙谐幽默，吸引听众。

当然啦，我给霍姆斯博士写了封信，告诉他我并非有意偷窃。他给我回了信，十分体谅地对我说，那没有关系，不碍事；他还相信我们所有的人都会不知不觉地运用读到的或听来的思想，还以为这些思想是自己的创见呢。他说出了一个真理，而且说得那么令人愉快，帮我顺顺当当地下了台阶，使我甚至庆幸自己亏得犯了这剽窃罪，因而得到了这封信。后来我拜访他，告诉他以后如果看到我有什么可供他作诗的思想原料，他尽管随意取用好了。（笑声）那样他可以看到我是一点也不小气的；于是我们从一开始就很合得来。

从那以后，我多次见过霍姆斯博士；最近，他说——噢，我离题太远了。

得体的幽默轻松活泼，快乐滑稽，诙谐优美，赢得了听众的赞同。

幽默在演讲中要适度、适事、适时，不能太滥，不能太乱，否则让人感到俗气、不庄严。尤其是一些政治性演讲、学术性演讲、凭吊性演讲更要小心。

十二、演讲中如何巧用数据

在古今中外的诸多演讲中，一个个，一串串，一组组的数字在其中发挥着奇妙的作用。这不仅因为数字清楚、明白，也因为数据说服力强，表达准确；还取决于数字运用于广泛的领域，很少受时空、形式、趋向等外界因素的限制，可以纵比也可以横比。数字宛如一颗颗晶莹透明的星座，散发着奇异的光彩，点缀着一篇篇演讲佳作。

当年美国政府决定修建尼亚加拉大瀑水利工程时，赞成者与反对者争论激烈。有位赞成者运用数字演讲：

我们听说在国内有几百万民众是胼手胝足地过着日子，而且憔悴、显得营养不足。他们缺乏面粉来充饥，可是尼亚加拉瀑布，每小时都要无形中消耗掉与 25 万块面包价值相等的瀑布能力。我们可以想象到：每小时有60万只鸡蛋，越过悬崖，变成一块巨大的鸡蛋饼，跌到湍急的瀑布中，如果从织布机上织下来的白布能够有400尺宽，它的价值也等于尼亚加拉瀑布所消耗的能量价值一样。……这是多么惊人的巨大消耗啊！对于这个无形的消耗，有人主张拿出一笔款子来利用这一个巨大的水能，想不到也有人来加以反对呢。

演讲者运用数字，浅显易懂，反驳有力。听者无不为之动容。

演讲中数字运用要准确、精当。不能含混、模糊，忌用“大致”、“大约”、“可能”、“好像是”等引导词。使用的数字宜用整数，不用过长的小数。并且尽量对数字进行形象性的解释。如下面演讲词：

在兽性狂发的一个多月中，日本侵略军在南京屠杀了30万中国人！30万个人排起来，可以从杭州连到南京！30万个人的肉体，能堆成两座37层的金陵饭店！30万人的血，有120吨！

有时重视数字的尾数可让听众增加信任感。“今年年度营运指数上升率为5.317%。”

演讲中数字的运用要简洁、精巧，不要太滥太泛。如果太多会流于枯燥，而太少则容易产生听觉错混。

第四节　演讲语言运用的分寸

我们在演讲及日常交往中，使用得体的语言，把握说话的分寸，尊重自己、尊重他人，这样才能使语言成为人与人之间情感沟通的桥梁，才能使得交往得以维持并向更为密切方向发展。

一、开玩笑的分寸

不难发现，生活中那些会开玩笑的人特别受欢迎。他们凭借一个得体的玩笑，不仅给他人带来了欢乐，而且能迅速获得别人的好感。把握好开玩笑的分寸，才能成功地开玩笑。

（一）开玩笑有轻有重

开玩笑要做到有轻有重，而“重”的玩笑多半是开不得的，它只能在比较特殊的场合才能开。若在一般场合开比较“重”的玩笑，可能就不再可笑了，甚至会变质成悲剧。朋友聚会，为了活跃气氛，应该选择一些比较轻松的玩笑开，如果不是特殊需要，切不可开比较“重”的玩笑。

演讲者在演讲中可以适当地列举一些例子来增强演讲现场的气氛，但是要注意不要把快乐建立在别人的痛苦上。过多地以其他人的过错来开玩笑，会使听众产生排斥感。

（二）不拿别人的隐私开玩笑

玩笑是生活的调味品，适当地开个玩笑，不仅可以调节气氛，减轻疲劳，而且能缩短与朋友和同事之间的距离。一句玩笑话可以化干戈为玉帛，消除积怨，一句玩笑话也可以批评或拒绝某人的要求。

但是开玩笑时必须要注意尺度和分寸，尤其不要拿别人的隐私开玩笑。因为每个人都有隐私，而且也不允许别人触及自己的隐私。一旦有人喜欢拿别人的隐私开玩笑，那他必定是一个不受欢迎的人。

调侃时说出了他人的隐私，有时是言者无意，但听者却有心。他会认为你是有意跟他过不去，从此对你恨之入骨。

心理学家研究表明：谁都不愿把自己的错误和隐私在公众面前“曝光”，一旦被人曝光，就会感到难堪而愤怒。因此，在与人交往谈话中，如果不是为了某种特殊需要，一般应尽量避免接触这些敏感区，避免使对方当众出丑。必要时可采用委婉的话暗示你已知道他的错处或隐私，让他感到有压力而不得不改正。知趣的、会权衡的人须“点到即止”，一般是会顾全双方的脸面而悄悄收场的。当面揭短，让对方出了丑，说不定会使他人恼羞成怒，或者干脆耍赖，出现很难堪的局面。至于一些纯属隐私，非原则性的错处，还是那种方法：装聋作哑，千万别去追究。

（三）开玩笑要分清对象

开玩笑一定要注意区分对象，对于敏感的女性千万不能盲目开玩笑。一般来说女性是比较敏感的，不当的玩笑只会让她恼怒。

黑色玩笑对一个人的影响力很大，同时黑色玩笑背后隐藏了一个人性的弱点——任何人都不会笑着面对被揭开的疮疤。

（四）玩笑不要用语低俗

开玩笑是要运用幽默的语言，有技巧地进行思想和感情交流的艺术。这就要求在开玩笑时要注意语言必须纯洁、文雅。太庸俗、太低级下流的笑话不仅使语言环境充满丑恶的气味，也是对听者的一种侮辱，更是有损于你的形象。

所以在开玩笑时，要注意多说些健康的事、有哲理意义的言辞，摒弃那些庸俗、肉麻的话题。

一提到“肉麻”二字，人们往往联想到“性”。性是个敏感的话题，又是人们感兴趣的一个话题。革命导师恩格斯在19世纪80年代曾指出过这样一个事实：“性爱特别是在近800年间获得了这样的意义和地位，竟成了这个时期中一切诗歌必须环绕着的轴心。”

近年来，我国的文学作品、影视艺术涉及性的，更是不胜枚举。退一步说，人们在日常生活交往中，性也是一个躲不开的话题。就连两千多年前的孔老夫子都感叹：“吾未见好德如好色者也。”然而由于“性”的特殊敏感性，大多数人对此讳莫如深。谈性的时候，小心为好，慎重为佳，时机、对象、分寸都要掌握得恰到好处，不然就会产生较大的负面效应。

健康、风趣的幽默自然受大家欢迎，也易让人接受。正如英国著名戏剧家莎士比亚说过：幽默和风趣是智慧的闪现。同样，法国作家雷格威更断言，幽默是比握手更进步的大文明。但在幽默过程中我们应尽量避免不洁和不雅的内容和形式出现。

二、批评的分寸

俗话说“人要脸，树要皮”，被批评谁都不希望被别人知道。在工作中，上级经常会有给下级提意见或进行批评教育的情况，但一定要注意把握好分寸，不要让他们产生倦怠和逆反心理。

有些演讲中通常会涉及一些批评的内容，这时就要记得批评也要留几分面子给对方。不计后果的批评，经常会出现在离职演讲中，因为是离职所以觉得可以畅所欲言，很多人都会把原公司批得一无是处，这样做的后果是虽然一时心里舒畅，但是将来就再也不能和原公司合作了。

（一）批评留三分

人人都有自尊，都有保护自尊的心理倾向。任何一个谈话高手都知道，批评的话最好不超过三四句。优秀的演讲者，在对别人进行批评教育时，总是三言两语见好就收，不忘给对方留一定的余地，而有的人就不是这样了，他们总是不肯善罢甘休，非把对方批得“体无完肤”不可，结果是过犹不及，往往把事情推到了反面。

一般来说，批评应该适可而止，没有必要把对方置于死地，让对方无颜面示人，因为我们批评的目的是为了治病救人，是为了帮助别人。

从另一个角度来说，人与人之间的个人感情是不能回避的，随着社会的发展，人际的人情味也会越来越浓。社会越前进，社会分工越细，人际的感情依存性越强，人的情感就更加显得可贵。这个问题有利也有弊，作为领导者应该正视这个问题，尽力做好工作。比如一些影响不大，又不属于原则性的错误，进行了批评，达到了批评的目的，就可不再声张，甚至也不再言及领导班子中的其他人。有时也可直接告诉被批评者，说明到此为止，不再告之他人。这都可使对方得到尊严上的安全感，产生情感约束力。

大多数人的本质都应该是积极的，那种冥顽不灵、屡教不改的“老油条”还是少数，多数人都会有一份神圣不可亵渎的尊严，在批评教育时一定要本着这个前提来进行。

（二）批评要分清场合

聪明的批评者知道在什么场合下说什么话，从而创造出一个批评下级的良好时机。愚蠢的批评者则往往不分场合，不看火候，随便行使权力，大耍威风，结果，使问题反而变得更加复杂和严峻。通常批评宜在小范围里进行，这样会创造亲近融洽的语言环境。实在有必要在公众场合批评时，措辞也要审慎，不宜大兴问罪之师。

大量事实说明，恰当地选择批评的时机和场合，对于优化批评的效果是十分重要的。批评的目的和内容都正确，选择的场合和时机不当，也会导致批评的失败。毕竟批评的目的只在于纠正错误，期望改正，而不在于负面打击。

（三）不翻老账

许多人总是对以前曾犯过错误、受过处分甚至惩罚的人，抱有很深的成见。这样，在对他们进行批评教育时，就会自觉不自觉地把眼前的事和以前的事扯到一块儿，翻老账。而这往往就触动了别人最敏感的、最不愿意让他人触及的神经，从而使人产生极大的反感。

批评应针对当前发生的问题，翻老账会使下属产生逆反心理，直觉告诉他领导一直在作收集他全部缺点的工作，这一次是在和他算总账，因而会产生对立情绪，不会做出任何配合的。

驾驶员因违反交通规则而受罚时，有的会乖乖顺从，有的却想尽办法推脱。为什么会产生这种差别？这当然和警察对驾驶员的态度有密切关系。特别是当警察看到驾照违例记载栏时的反应，会直接影响警察的态度。

驾照中有违例记载的驾驶员，都不希望别人看到。而警察因为要执行勤务，有责任查看。但看过违例内容后，应避免再追问，只处理当天的案件即可，这样的话，驾驶员大都会听从处理。如果警察表现出不屑的样子，并盘问不休，驾驶员自然会很反感。

就心理学的观点来说，驾驶员这样的反应是人之常情。弗洛伊德曾说："人具有抹杀不愉快记忆的潜在欲求。"这意味着任何人都难以接受别人用过去来评价现在的自己。尤其是过去犯错已获得应有的惩罚，而现在再揭发，无疑是被强迫接受多余的惩罚，所以明显表示出抵制情绪也是不足为怪的。

批评人时必须认清这种心理，就算不得不提及以往的错误，也要有意避开，以便制造容易接受批评的心理状况。

（四）不要一棒把人"打死"

当有些错误必须要当面指出的时候，有一件事是你一定要做的，那就是批评之后给对方铺退路。

精明的人在说话时都懂得不撕破脸，在对方没有退路时给对方铺退路。这样对方也会自知理亏，而早早收场，不再纠缠。

1909 年德皇威廉二世执政，他目空一切，发表了一篇荒诞绝伦的演说，他说德国是世界和平的主宰，只有使德国建立强大的陆海军才能稳定欧洲，并且维持英国的利益。他还声称自己是英国友人，他曾使英国不受俄法两国的压力在非洲获得胜利。

这篇演说在新闻上一刊登，举世震惊，并把整个局势搅得越发混乱。世人都对这篇骄横狂妄的演说加以攻击评论，尤其是在英国最为激烈，连德国的政客亦不胜惊惶，德皇至此也后悔不该说那么露骨的话。为了保持自己的尊严，德皇就把责任推到总理大臣布洛克亲王身上，叫他来声明那篇演说是出自亲王的建议。布洛克得知此事后就对德皇说："陛下，恐怕世人不会相信它是事实。"德皇闻之大怒，便说："你以为我是笨猪，能犯你永不犯的错误。"布洛克立即发现自己的错误，于是连忙改正说："陛下，我说的话绝无这个意思，实际上陛下各方面的学识都远胜过我，我所懂的只是军事和外交上的一些粗浅知识，而陛下在这方面懂得比我多得多，并且精通一切自然科学。陛下每次谈及各种科学原理时，我都深感佩服，因为我完全是个外行，一点儿都不懂。"

德皇经过他这样一补充，心中的不快顿时全消，因为他相信布洛克没有鄙视之意，并且敬佩自己的才能，于是很高兴地握着布洛克的手说："我们继续互相合作，团结一致，如果有人说布洛克不好，我将对他的鼻子猛击一拳！"

其实，事后德皇也心知肚明自己的不足，重新考虑了布洛克所说的话，只不过当时被人弄得下不了台，自然是非常恼火的。在这个时候，指责的人就要赶快给他铺条退路，好让他风风光光地退场。

三、说服与劝阻的分寸

每个人的见解、主张，都是经过长期的生活经验形成的，你不可能在短时间内通过一场争论改变它。因此，当你遇到与别人意见不同的情况时，一方面不要太过心急地要求别人立刻同意你的看法，应该学会理解、同情对方，容许别人作更多的考虑。另一方面也不要因别人的意见一时和自己不同，就说什么“话不投机半句多”，跟人断绝交往，闭口不说话。如果你能很礼貌又很谦虚地听取别人不同的见解、主张，必然会受到人们的欢迎和尊敬。

（一）动则争辩只会激化矛盾

留心我们的周围，争辩几乎无处不在。一场电影、一部小说能引起争辩，一个特殊事件、某个社会问题能引起争辩，甚至，某人的发式与装饰也能引起争辩。而且往往争辩留给我们的印象是不愉快的，因为它的目标指向很明白：每一方都以对方为“敌”，试图以一己的观念强加于彼。

你喜欢和人争辩，是否是以为你用争论压倒了对方，对方就会被你说服呢？你要明白，你必定压不倒对方。即使对方表面屈服了，心里也必悻悻然，你一点好处也得不到的，而害处却多了。好争辩，第一使你损害了别人的自尊心，令人对你心生反感；第二使你很容易犯专去挑剔别人缺点的恶习；第三使你变得骄傲；第四，你将因此失掉一切的朋友。

你可以阐述你的主张，但是不可在谈话中处处争辩。说服别人的才智是可敬佩的，但不是好胜。而且，你应该听过大智若愚的话吧，修养高的人，绝不肯与人计较的。

学习尊重别人的意见。好胜是大多数人的弱点，没有人肯自认失败，所以一切的争辩都是没有必要的。谈话的艺术就是提醒你怎样游出这愚蠢的旋涡，更清醒地去应付一切。如果能够常常尊重别人的意见，你的意见也必被人尊重，如此，你所主张的就很容易得人拥护，而不必把精神花在无益的争辩上。你可以实现你的主张，你可左右别人的计划，但不是用争辩的方法来获取。如果你想借某一问题增加你的学识，你应该虚心地请教，而不要企图借助争辩。请记得：争辩是一个无期的战争。

切记：“常有理”不是金口才，说服别人时，有输才有赢。给对方留一点空间，也就给自己留下了回旋的余地，离你的目的也就更近了。

当你觉得某些情况下不得不争论一番时，最好先问自己几个问题：

1. 这次争辩的意义何在？如果是一些根本就不相干的小事情，我们还是避免争论为妙。

2. 这次争辩的欲望是基于理智还是感情（虚荣心或表现欲等）？如果是后者，则不必争论下去了。

3. 对方对自己是否有深刻的成见？如果是，自己这样岂不是雪上加霜？

4. 自己在这次争论当中究竟可以得到什么？又可以证明什么？

心理学家高伯特普曾经说过："人们只在不关痛痒的旧事情上才'无伤大雅'地认错。"这句话虽然不胜幽默，但却是事实。

（二）劝阻听众的分寸

劝阻别人，本是一种与人为善的美好情操，也是社会成员应该履行的道德义务。然而有好多人虽是怀着一片诚意苦口婆心地对别人进行说服、劝阻，结果却是费力不讨好，不仅得不到对方的感激，反而会受到周围舆论的讥讽和指责。究其原因，就在于没有掌握好劝阻的分寸与技巧。

劝阻别人最忌讳的就是下面几点：

1. 激化矛盾

大量的说服事例表明，因说服而使矛盾更加激化了的情况，主要有两类：

第一类是强化了对方本来就不该有的消极情绪，从而火上浇油，扩大了事态。

第二类是"惹火烧身"。因说服方法不当，激怒了对方，使对方把全部的不满和怨恨情绪都转移到你身上，你成了他的对立面和"出气筒"。

所以要想做说服者，就要有涵养，有博大的胸怀和宽厚仁义的气质。遇到上述情况，绝不可为了顾全自己的面子而反唇相讥，以牙还牙，使玉帛变干戈。

2. 急于求成

说服别人时，如果条件不具备就急于求成，不前思后想，总想一劳永逸，其结果往往事倍功半，“成”效甚微，甚至把矛盾激化。

3. 官腔官调

官腔官调会给人一种高高在上、唯我独尊、主观武断的官僚作风和指手画脚、发号施令的印象，这对于说服是十分不利的。

所以在说服时还必须注意坚持实事求是的态度，慎用套话，加强语言表达能力的培养。

4. 不分场合

如果不分场合，信口开河，不管人前人后，指名道姓地施行对人说服，结果往往不佳，搞不好还会出现与说服动机相反的结果。

因此，在劝阻别人之前，要事先想好自己该说什么、该怎样说等问题。掌握好劝阻别人的分寸，以免吃力不讨好。

（三）给人台阶下

当说服别人的时候，对方可能会有下不来台的时候。这种时候如果能巧妙地给人台阶下，就可以缓和紧张难堪的气氛，使事情能顺利进行。同时因为我们给对方台阶下，就给对方挽回了面子。所以要达到这样的目的，就应该学会使用下列的技巧，给人台阶下。

如给对方寻找一个善意的动机，装作不理解对方尴尬举动的真实含义，故意给对方找一个善意的行为动机，给对方铺一个台阶下。

（四）将尴尬的事情严肃化

当演讲者在演讲中遭遇了尴尬的情况，可以用严肃的态度来化解事件。

演讲者为了帮助自己或者听众摆脱窘境，恢复会场的气氛，采用了将可笑事件严肃化的办法，这样不但尴尬一扫而尽，还能成为在场的焦点人物。

由此可见，在说服别人的时候，一定要给人台阶下，这样于己于人都是有利的。

（五）响鼓不用重锤敲

有的批评者明白这一道理，更是采取一种十分高明的暗示手段，效果不一般，这就是请教式批评。

1887年3月8日，美国最伟大的牧师及演说家亨利·华德·毕奇尔逝世。就在那个星期天，莱曼·阿伯特应邀向那些因毕奇尔的去世而哀伤不已的牧师们演说。他急于做最佳表现，因此把他的讲道词写了又改，改了又写，并像大作家福楼拜那样谨慎地加以润饰，然后读给他妻子听。

实际上，他写得很不好，就像大部分他以前写的演说一样。如果他的妻子不懂得批评的技巧，她也许就会说："莱曼，写得真是糟糕，念起来就像一部百科全书似的，你会使所有听众都睡着的。你已经传道这么多年了，应该有更好的认识才是，看在上帝的分上，你为什么不像普通人那般说话？你为什么不表现得自然一点？如果你念出这样的一篇东西，只会自取其辱。"她"也许"会这么说，而且如果她真的那么说了，其后果是可想而知的。

但是，她只是说，这篇讲稿若登在《北美评论》杂志上，将是一篇极佳的文章。换句话说，她称赞了这篇讲稿，但同时很巧妙地暗示，如果用这篇讲稿来演说，将不会有好效果。莱曼·阿伯特知道她的意思，于是把他细心准备的原稿撕碎，后来讲道时甚至不用笔记。

批评的话并不是随口说出来的，我们必须思考应该以什么样的方式把它说出来而不会让对方难堪。对于那些有自知之明的人，最好采用暗示的方式，因为这样做就可以达到劝说的目的了，无须再把话挑明，多加一层伤害。

四、拒绝过分提问的分寸

"不"字是很难说出口的，但很多时候我们不得不去拒绝别人。这种时候要注意分寸，不要伤害到别人的感情，使得关系僵化。

（一）通过暗示来说"不"

许多人都苦于找不到合适的办法，其实通过暗示来说"不"是一种不错的选择。当然这种暗示可以是语言的暗示，也可以是身体动作的暗示。

所以，一定要学会一套巧妙的暗示拒绝法，在短时间内表达出

“不”的意思，把正事办妥，并且做到不伤和气地拒绝。

（二）要顾及对方尊严

拒绝别人时，要顾及对方的尊严。因为自尊之心，人皆有之。人们一旦进入社交场合，无论他的地位、职务多高，成就多大，他们无一例外地都关心外界对自己的评价。由于来自外界评价的性质、强度和方式不同，人们会相应地做出不同反应，并对交际过程及其结果产生积极或消极的影响。通常的规律是：尊之则悦，不尊则哀。也就是说，当得到肯定的评价时，人们的自尊心理得到满足，便会产生一种成功的情绪体验，表现出欢愉乐观和兴奋激动的心情，进而“投桃报李”，对满足自己自尊欲望的人产生好感和亲近力，采取积极的合作态度，交际随之向成功的方向发展。反之，当人们不受尊重，受到不公正的评价时，便会产生失落感、不满和愤怒情绪，进而出现对抗姿态，使交际陷入危机。

在社交场合上，无论是举止或是言语都应尊严他人，即使在拒绝别人的时候也要顾及对方的尊严。也只有这样，才能赢得别人的尊重。

（三）把握说“不”的分寸

对别人说不，如果表达得巧妙可以使得双方皆大欢喜；但如果说得不好就会得罪别人。所以在对别人说“不”的时候就要注意分寸，下面有几个小窍门不妨参考一下。

1. 用拖延表示“不”

当听众询问“你觉得你能否胜任这个工作？”

这时可以回答“这个问题我们后面会说到”或者“我现在不回答这个问题，但是路遥知马力，日久见人心。”

2. 用推脱表示“不”

当一个明星被询问是否有恋人时，这时可以回答“我其实很想回答你的问题，但是我现在还不知道答案。”

3. 用客气表示“不”

那听众询问了很隐私的问题时，这时可以回答“我很高兴你这么关心我，但是这个问题不适合在这里讨论。”

4. 用外交辞令说“不”

外交官们在遇到他们不想回答或不愿回答的问题时，总是用一句话来搪塞：“无可奉告。”生活中，当我们暂时无法说“是与不是”时，也可用这句话。

还有一些话可以用作搪塞：“天知道。”“事实会告诉你的。”“这个嘛……难说。”

当你拒绝别人而羞于说“不”的时候，不妨借鉴上述方法吧。但是，在处理重大事务时，来不得半点含糊，应当明确说“不”。

五、化解矛盾冲突的分寸

人际交往中，总是会有一些意见不合的情况发生，这种情况，我们不能意气用事，要找到合理的解决方法，心平气和地解决矛盾。

（一）避免语言冲突的分寸

语言上的冲突，这种冲突的表现形式是多种多样的，比如反问、责问、嘲骂、谩骂等，有时候还会表现在一些体态语中，比如皱眉头、不屑一顾等。

人际交往中的语言冲突是十分有害的，它很容易造成一些尴尬的局面，甚至产生不可预想的结果，这对交往是十分不利的。所以，在与人交谈的过程中，应极力避免冲突。要避免冲突首先就要提升自身的修养，避免与他人起冲突。再者，对于别人无意间的语言冲撞也要表现出应有的大度，让自己占据主动优势。即使是别人有意冲撞，你对之进行反驳时，也要严守一个“度”，把握住应有的分寸，否则就会造成不必要的损失。

如果双方冲突的局面已经形成，你不妨采用下列的办法一试。

1. 暂时回避

当你在演讲中，或与人接触时受了一些气时，最好是先让自己冷静，用一切方法来解除你的烦恼，直到恢复你的心情为止。

2. 一笑了之

对待那些无伤大雅、争论起来也无甚意义的冲撞，不妨像苏格拉底这样诙谐对待，一笑了之。

3. 先声夺人

在你洞明对方故意要弄手腕，欲寻衅冲撞时，就可抓住要害，先发制人，开门见山，旗帜鲜明地亮出自己的观点。这不啻给对方以“当头棒喝”，给他一个下马威，制服对方，从而避免冲撞。

特别值得提醒的是，避免言语冲撞不能靠谩骂、翻白眼、斗殴等消极的方式，否则，不但不能避免冲撞，反而会使冲撞加剧，使势态更恶劣化。

谨慎用语，力避冲撞，这是人际交往及演讲中不能不加注意的重要之点，特别是那些涉世未深、年轻气盛的年轻人更要注意。

当然，如果你面前的是一位野蛮、粗俗、无理的人，你还可以采取据理力争的方法，坚持原则，绝不迁就软弱，争端自然会解决。

双方相争，必有一伤，也可能两败俱伤，所以在与别人交往及演讲的过程中，必须要注意避免语言冲突的分寸与艺术，以免让情形不可收拾。

（二）应对羞辱要有分寸

社会是纷繁复杂的，所以在人际交往中，不是所有的语言都如朋友欢聚时那样融洽和富有情调。所以在许多场合下，人与人之间不可避免会产生纷争与矛盾，比如有的人会被别人羞辱。

被别人羞辱着实是一件令人恼火的事情。它意味着尊严受到侵犯，感情受到损伤。虽然羞辱你的人来势汹汹，张牙舞爪，咄咄逼人，但在这场羞辱与反羞辱的争斗中，何方取胜却还是一个未知数。这关键要看被羞辱的一方如何把握应付的分寸，如何化被动为主动。

尽管羞辱人的言语是卑鄙的、恶毒的、残酷的、无聊的，但你不可以被他的一句羞辱而气愤得像他一样失去理智。应付他的基本对策是保持冷静镇定，这样你才能稳操胜券。

不理睬他人对自己的无礼攻击，便是给他的最严厉的迎头痛击。由此可见，保持冷静、保持沉默是应付羞辱的最好“盾牌”，即使“长矛”再锋利也无法刺穿。

如果有人故意出你的丑，让你难堪，你完全可以以牙还牙，采取更严厉的措施。有时你必须打破僵局，使这种窘迫场面马上结束，可以这样说："你显然是想存心让我下不了台，能告诉我你这样做的目的吗？"或者说："你似乎有些心烦意乱，我是否有什么地方惹你不高兴了？你能告诉我吗？"

比如当对方很生气地问：

"你以为你是什么人？"这种时候，你可以采取以下几种方式来回答。

1. 不要动怒，索性把他的话点明："依你看我要是某某人才够资格和你说话，是吗？"如果对方说"是"，这时，你可以反击一下问："那你自以为是什么人？"

2. 谦和一点，用开玩笑的方式："天气不好时，我自以为就是拿破仑。"或者说："现在吗？我自以为是一个受害者。"

3. 指指旁边的人："我自以为是他，你再问问他自以为是谁？"

人与人相处，可能产生的摩擦有好多种，更复杂琐碎的情况要在实践中认真地对待。

六、摆脱窘境讲尺度

在与人交往中，常常会遇到一些别有用心的人，他们的话语会使我们陷入窘迫的境地。这种时候，我们应该如何说话呢？

总的原则是首先要保持情绪上的冷静、镇定，明辨事理，说话得体；该直言不讳的，不能含糊其辞；该巧妙回答的，就要语出惊人，语意深长；该含糊的也不能直言不讳；该沉默的就沉默……总之，从实际出发，看情况而定，对症下药。

但有一点要特别注意：当有人存心刁难或羞辱你，并使你的感情受到伤害的时候，你千万不要只顾气愤、动怒发火，不要硬着头皮去硬顶。那样就会落入他的圈套，扩大事态，于己更为不利；你也不能张口结舌，或满脸羞红，那样会使对方觉得你软弱可欺，他很可能会变本加厉地嘲弄你。唯一的办法是：头脑冷静，控制情绪，迅速开动脑筋，调整思维，运用语言的艺术特别是以急中生智的幽默的方式去对付。

你可以运用下列方法帮助你摆脱窘境：

（一）巧妙避开话题

有些问题很难准确回答或做出结论，直言相告可能会令人难以接受。碰到这类问题时，不要拘泥于正面解答，而要说一些与此相关的事物来引导对方深思，或是借取比喻、假设、移花接木等方式，含蓄作答，略加暗示。这样，既不脱离所提出的问题，使对方满意；又可巧妙地避开疑难之处，超脱自如。

一位思想政治工作者在与一些青年对话时，青年问："有人说留长发、蓄胡子是精神污染。你也这样看吗？"他答道："马克思、恩格斯不仅头发长，胡子也长，可他们是共产党的老祖宗。毛主席和周总理头发不长，胡子也没留，他们同样是我们尊敬和热爱的导师。"这样讲，既避开了以偏概全的简单结论，显得全面而得体，同时，使自己得以超脱，对方也不会失望。

（二）含糊其辞

在某些场合，尤其是社交和外交场合，对于某些难以回答而又不好回避的问题，你可以含糊其辞，模棱两可，作隐晦笼统的回答，如，"可能是这样"，"我也不太了解"，等等。有时候也可用体态语言略有表示，以便有所回应而又避免明确表态，既摆脱了对方的纠缠，又给自己留下了回旋的余地。

（三）装聋作哑

在某种场合，如果处境不利而又无计可施，什么也不能表示，那就索性装聋作哑，避免落入对方设计的圈套，更加被动。

1945年7月，苏、美、英三大首脑在波茨坦会谈。一次休息时，美国总统杜鲁门有意对斯大林透露：美国已研制出一种威力极大的炸弹，即暗示美国已拥有原子弹。这时，丘吉尔也两眼死盯着斯大林的面孔，观察反应。而斯大林好像什么都没听见，未显露出丝毫异常的表情。其实，他听得很清楚，当然也听出了杜鲁门的弦外之音，内心焦灼。会后，他告诉莫洛托夫："加快我们的研制进度。"

一个人面临这种窘境，拿腔作调反而会暴露缺点，还不如装聋作哑，暗中使劲。

（四）直言不讳

假如朋友或同事在公开场合责备你，而情况又不属实，一定使人难堪。你可以心平气和地直言：“我们是否私下谈谈这个问题？我要求你把情况搞清楚了再说话。如果你不注意尊重事实，那我以后很难再信赖你。”倘若是你的亲友无故责怪你，你就明确地说：“你已经让我难堪了，但你总该告诉我这都是为了什么缘故吧？我什么地方把你得罪了？”当然，假若做错了什么事，哪怕不是有意的，也要诚恳道歉。

所以，每当你面临窘境时，一定要保持头脑冷静，控制好自己的情绪，运用恰当的语言艺术来迅速摆脱。

七、打破僵局有分寸

人际关系是复杂的，所以交往谈话时难免会出现不和。在事情发生以后，有的人试图通过交谈重归于好，但又往往因为话不投机，致使双方越谈越僵。因此，如何能打破谈话的僵局就成为许多人急于想解决的问题。

由于人们的年龄，及所受的教育或所处的环境不同，所以打破僵局的交谈就要善于抓住对方的特点，把握好说话的分寸。主要有以下几种情况：

（一）看清对方性格再说话

人的性格不同，在语言上会呈现出各自不同的特点。

一般说来，性格暴躁型的人喜欢直言快语，厌恶啰唆重复。但他们“火气旺”，脾气大，易与人顶嘴、吵架。当与他们谈话时，应该运用谦和的语气，从启发、自责的方面去说。

性格外向型的人比较能言善辩，说话也比较圆滑，当话不投机时，会运用语言工具与对方争论，但过后不久，不快的情绪就烟消云散。我们与这种性格类型的人谈话，宜单刀直入、开诚布公，以有力的事实和道理进行规劝和说服。

性格倔强型的人，言辞稳重，语态镇静，不易动气，但比较固执，难以听进不同的意见，当对方话题中涉及自己的问题时，会反复解释。性格内向型人，言语比较温和，语调低沉轻细，但很计较对方说话的态度，重视对方话语中的用词和语气，我们如果稍有不慎，就容易使对方产生疑心和忧愁。与己不和者如属于这两种气质类型，我们与其谈话时，就要运用“迂回战术”，多用婉转、暗示、商讨性的语言。

（二）分清对方年龄再说话

心理学告诉我们，老年人最关心自己的身体状况，最希望得到晚辈的尊重。因此，当与己不和者是位年过半百的长辈时，见面后的第一句话应该带有深厚的关怀之情和强烈的道歉之意。如说：“李爷爷，好久没有看望您老人家，近来身体可好？您老这么大年纪了，我还惹您生气，真是不应该，现在我给您老赔不是来了！”

而中年人最重视的是自己事业上的成就。与己不和者如果是属于中年人，见面后首先说的话应该带有对其事业的支持、肯定和赞许之意。如说：“赵师傅，听说您的手艺越来越精了，今天我特意来登门求教。但能不能赐教，就看您能不能宽谅我上次对您的冒犯了。所以，求教之前，我必须向您老表示真诚的道歉！”

再者，与己不和者如果是位血气方刚的年轻人，见面后应该从适应其好学、敢想、爱玩、求信任等特点说起。

适应对方的心理特征，满足对方某一方面的需要，在一般情况下，与己不和者也会友好相待，从而消除了笼罩在双方之间的紧张空气，使谈话得以深入进行。

（三）把握住对方的兴趣再说话

当人们对某种事物感兴趣时，总感到称心如意，伴随着愉快情感。因此，从与己不和者感兴趣的事情说起，不仅能消除他们的敌意，而且能实现感情交流，甚至会出现“酒逢知己千杯少”的局面。对于这一点，有许多事例可以证明。

兴趣相投，爱好一致，能融化感情上的“冰霜”，打破双方谈话的僵局。当然，我们讲的兴趣爱好，是指积极良好的兴趣爱好，而对那些不良的兴趣爱好，我们决不能去迎合。

总之，要想打破僵局，必须要认清对方的不同特点去说。如此一来，僵局才能被打破，双方的关系才能重归于好。

第五节　抒情型演讲

抒情型演讲的主要特点是“以情动人”，即以浓烈的感情抒发透示出一个明确的观点感动人、鼓舞人。无论是以景抒情，以事抒情，或者以理寓情，均要感情至上。常用偶然与必然的辩证关系，或抒情、写景、状物于疑窦悬念之中；或比喻、夸张、拟人、拟物在事物形、理、意的别出心裁之上；或开篇突兀，以奇巧夺目；或结尾呼应印证，转出新意，产生意外奇趣和引人入胜的效果。诗词，这高雅的花朵，奇妙的精灵，堪称语言艺术中的奇葩。寥寥几言，款款数语，就能把人带到一个美的境界、善的空间。或者石破天惊，余音袅袅。

在演讲中，如能很巧妙地加进一些诗词，或者运用朗读技巧在表达时使语言诗韵化，将使演讲情趣盎然，高潮迭起。

下面我们看看斯坦居斯拉夫斯基《在艺术大众剧院开幕式上的讲话》的结尾处：

可要小心，不要揉弄这美丽的小花朵，否则它会枯萎，花瓣会从上面完全掉落。

婴儿的天性是纯洁的。周围环境使人间缺陷在他身上生根，保护他避免这些缺陷吧，那么你们将看到，这个我们更理想、会使我们自己纯洁的生命将在我们中间成长起来。

为了这样的目的，把我们微不足道的恩怨留在家里吧，让我们在这里聚在一起，为了共同的事业，而不是为了琐碎的争执和蝇头小利。一定要丢掉我们俄国人的缺点，向德国人借鉴他们在事业方面的正派作风，向法国人借鉴他们的毅力和对一切新奇事物的钻研探索精神。希望引导我们的是这句座右铭：“共同的步调一致的工作。”

那么，请你相信我，对于我们大家……

……这天一定会降临眼前

那时从这由我们建筑的

光辉灿烂的大理石圣殿

高处传来神圣的钟声

悬在我们的心头上的乌云黑幕被撕成碎片

珍珠和钻石为我们

向大地撒遍。

这里，演讲者运用修辞手法使言语抒情化，其中渗透了对美的追求的强烈情感。

抒情型演讲可以运用比喻、排比、对偶、对比等修辞手法使语言生动活泼，在表达时运用朗诵等艺术技巧使激情蕴含其中，但绝对不能深奥难懂，晦涩不明。

抒情型演讲影响听众的手段则有所不同。如果说叙事型演讲主要通过“讲故事”的方法影响听众，议论型演讲主要通过“说道理”的方法影响听众，那么抒情型演讲则主要通过“抒情怀”的方法影响听众。

抒情型演讲的基本要求：

（一）有感而发

“有感而发”，这也许是每个演讲者都明白的道理，然而不少人仍然在这个常识性的问题上出毛病。有的演讲者恰恰都是无感也在抒发感情，他对某一问题并没什么真切、深刻的感受，然而偏要就这一问题发表抒情演讲。

他是为演讲而“抒情”，而不是“思风发于胸臆”，更不是“骨鲠在喉，不吐不快”。他引用书本上、报纸上的语言，摘引名言名录，使用了一个又一个感叹句，甚至可以在台上声泪俱下。奇怪的是，听众却无动于衷，并对他的这些抒情觉得好笑。这类演讲就好比“少年不识愁滋味，为赋新词强说愁。”如果无感而发，只为了演讲而强求抒情，那么必然会失败。

（二）不可为赋新词“强抒情”

你要进行抒情型演讲吗？如果想打动听众，那就请老老实实地抒发那些确实体验过、确实感动过你的真情实感吧，千万不要“本来不知情滋味，为了演讲强抒情！”

（三）切忌“言过其实”

有的演讲者，对所演讲的事并非没有一点真情实感，但是感受并不深，可演讲者为了使演讲更动人，于是拼命拔高夸大自己的感受，力图使“芝麻”变成“西瓜”。而其效果却会适得其反。

听到这样的抒情，人们除了产生“言过其实”的印象外，还能受到什么感动呢？拔高、夸大了的情感，与毫无真情实感虽然有区别，然而两者却有一个共同的毛病——假。演讲假不得，做假只能是自欺欺人，并不能影响他人。既要抛弃“无病呻吟”，也要抛弃“言过其实”。真实的情感是最有力量、最有信心的表现。而且要保持“有一说一，有二说二”的诚实态度，要凭着真感受使听众真正地感动。

（四）找到听众的共鸣点

“人类的心灵是相通的。”但这并不表示一个人的任何主观感受都会被其他人所接受。演讲应该区别地对待听众。演讲者为了让自己抒发的情怀能被人听懂、理解、接受，就要对别人心灵感受有个预测。如果煤炭大王对捡煤渣的老太婆谈陈旧设备给他带来的烦恼，那么，这便不叫演讲而是胡扯了。因此，作抒情型演讲时，要先问问自己，“我的心情与听众的心情有无共鸣点？他们心里所想与我心里所想有没有共同之处？”认真寻找那种大众普遍牵肠挂肚、时刻关心的问题，来抒发个人的情怀。只有这样做才能引起听众的共鸣，才能发挥演讲的作用。

（五）直抒胸臆，明快犀利

直抒胸臆是常用，且有效的一种抒情方法，这种抒情的特点是不假依托、直话直说、明快犀利。如“我太快乐了！”“我快死了！”这些语言简洁明快，直抒胸臆，能够表达演讲者特定的无法抑制的激动心情。

第六节 叙事型演讲

叙事型演讲是通过通俗易懂和生动感人的经验、事例引发出深刻而令人深思的道理。它不能是生硬地机械地空谈道理，而是讲一些实实在在的实例，丝丝入扣地分析事理。一句话，善于这样做的人懂得：哪怕是最好的调料，也不能一勺一勺地填入听众口中，而只能把它撒在汤中，浇在菜中，恰到好处，适可而止。

1941年12月7日，日军偷袭珍珠港，罗斯福在24小时内驱车赴国会山，他向参、众两院发表演讲《一个遗臭万年的日子》，当天国会通过决议，美国正式对日宣战。

副总统先生、议长先生、参众两院各位议员：

昨天，1941年12月7日——一个遗臭万年的日子——美利坚合众国遭到了日本帝国海空军部队突然和蓄谋的进攻。

合众国当时同该国处于和平状态，而且，根据日本的请求，当时仍在同该国政府和该国天皇进行着对话，对于维持太平洋的和平有所期待。实际上，就在日本空军中队已经开始轰炸美国瓦胡岛之后一小时，日本驻合众国大使及其同事还向我们国务卿提交了对美国最近致日方的信函的正式答复。虽然复函声言继续现行外交谈判已无用，它并未包含有关战争或武力进攻的威胁或暗示。

应该记录在案的是：由于夏威夷同日本的距离，这次进攻显然是许多天乃至若干星期以前就已蓄谋进行了策划的。在策划的过程之中，日本政府通过虚伪的声明和表示希望维系和平而蓄意对合众国进行了欺骗。

昨天对夏威夷群岛的进攻，给美国海陆军部队造成了严重的损害。我遗憾地告诉各位，很多美国人丧失了生命。此外，据报，美国船只在旧金山和火奴鲁鲁岛之间的公海上也遭到了鱼雷袭击。

昨天，日本政府已发动了对马来西亚的进攻。

昨夜，日本军队进攻了香港。

昨夜，日本军队进攻了关岛。

昨夜，日本军队进攻了菲律宾群岛。

昨夜，日本军队进攻了威克岛。

今晨，日本军队进攻了中途岛。

因此，日本在整个太平洋区域采取了突然的攻势。昨天和今天的事实不言自明。合众国的人民已经形成了自己的见解，并且十分清楚这关系到我们国家的安全和生存的本身。

作为陆海军总司令，我已指示，为了我们防务采取一切措施。

但是，我们整个国家都将永远记住这次对我们进攻的性质。

不论要用多长的时间才能战胜这次预谋的入侵，美国人民以自己的正义力量一定要赢得绝对的胜利。

我现在断言，我们不仅要作出最大的努力来保卫我们自己，我们还将确保这种形式的背信弃义永远不会再危及我们。我这样说，相信是表达了国会和人民的意志。

对敌行动已经存在。毋庸讳言，我国人民，我国领土和我国利益均处于严重危险之中。

信赖我们的武装部队——依靠我国人民的坚定决心——我们将取得必然的胜利——上帝助我！

我要求国会宣布：自1941年12月7日——星期日日本对我国进行无缘无故和卑鄙怯懦的进攻时起，合众国和日本帝国之间已处于战争状态。

这里，演讲者从刚刚发生在人们身边的，人们所见所闻的真实事例和真情实景开始，平稳自信地、令人信服地从这些事例情景中把阐释的道理讲出来，并不是把空洞的道理说教式地甩给听众。

演讲的目的是为了发表意见，提出主张，宣传真情，激发热情，鼓励公众。从这点来说，叙事型演讲之中的事例只不过是为议论提供可资证明的证据。因此，叙事型演讲不能只叙不议，而应夹叙夹议，把深邃的哲理融于饶有趣味的事实之中，事理交织，使议论成为叙事的点睛之笔，达到妙笔生花的妙用。这样才能使演讲主旨明了、理据统一，蕴积着一种充足的气势和无可辩驳的理性力量。

叙事型演讲的主要内容大多是演讲者或演讲者十分熟悉的人亲

身经历的事。演讲者所说的，虽然只是个人经历，但其中蕴含的丰富的人生哲理都是大家能领会的，因而可与他人的心灵相通。演讲者或被叙述的人犹如被推举出的一名代表，表现着人类在人生舞台上的某些共同体验。

一、叙事型演讲的基本要求

（一）心灵火花，迸发主题

在作叙事型演讲时，演讲主题来自于演讲者从自身经历的事情中精心选取的一个思想焦点。不管演讲者经历的长短，所遇人和事的多寡，命运的好坏，事业的成功或失败，只要他是一个思维健全的人，他都会有若干感受、感想。有的感想可能是褊狭的、一时的，因而没有多少价值；有些则可能是典型的、经久难忘的、终身受益的，因而是有价值的。这种有价值的感受就可以成为演讲者演讲的主题。但要注意的是，在准备演讲时，一定要对感想进行归纳和提炼，以便找到一个既反映了自己的实际经历、又闪耀着人生哲理的光辉的思想凝聚点。这个凝聚点是演讲者心灵的依托、行动的指南、智慧的结晶、力量的源泉。演讲人只要把这一思想凝聚点提炼成富于哲理性和形象性的语言，就可以作为演讲的题目和主题。如著名企业家伊尔莎·斯奇培尔莉的那篇演讲的题目《通往广场的路不止一条》就是演讲者的思想凝聚点。这就是她事业成功的经验总结。演讲者以父亲的教导，对标题的含义进行解说，进而把这个思想凝聚点升华为全篇的主题。

（二）事因情起，理以事显

所谓“事因情起”，是指演讲者因情绪激荡，想起了他一生中对自己有深刻影响的某些事情。所谓“理以事显”，是指演讲者沿着人生的轨迹，讲述对自己有深刻影响的事情，层层递进，步步深入，使得演讲所要表达的道理在演讲者所述的事情中自然显现。演讲也就达到了目的。

（三）长藤结瓜，疏密有致

在演讲中，更应注意的是：演讲者要善于依据主题选择材料。

通常应截取人生历程中一两件或两三件最典型、最有说服力、最生动的事例来演讲，切忌事无巨细。在对所选的两三件事的讲述中，也要详略得当。一般的过程，可以粗略地介绍，一笔带过；能说明人生哲理的细节，则应详细描绘，一定要写得具体生动。这种演讲过程很像一根长长的西瓜藤上结出两三个大西瓜。一般过程是藤，具体细节是瓜。人生经历自然是越丰富越好，越丰富越有选择余地。不过，丰富的经历并不一定能取得演讲的成功，常见有人唾沫飞溅，声嘶力竭，将自己从穿开裆裤一直讲到胡须白，而听众竟没有听明白他到底要谈什么。虽然，该演讲者有好的思想，也有丰富的经历，但他没有选择材料的本领。他将夺目的鲜花，统统掩盖在数不清的绿叶、枝蔓和杂草丛中了，这就做了一件出力不讨好的事。善演讲者，精力主要不在“讲故事”而在“说思想”上，他所讲的故事，处处都在为说思想考虑。若一两个或两三个故事，都能说明思想，他就会果断地将其余的故事忍痛割爱，只字不提。

（四）波澜起伏，引人入胜

“文似看山不喜平”。叙事型演讲也不能太平铺直叙。演讲过程中，也要有变化、有波澜、有转折。波澜亦即悬念，它能引人入胜。没有悬念，不仅听众会打瞌睡，演讲者自己也会因为叙事的平淡无奇而提不起精神。

（五）夹叙夹议，凸现主题

叙述型演讲只叙不议不行，以夹叙夹议为宜。“议”一般“夹”在叙述过程之间。它一般起两个作用：第一，能够突出强调主题，起到画龙点睛的作用；第二，便于承上启下，使叙述转折自然。夹在叙事中的“议”，可长可短，完全根据演讲内容而定。一句话在叙事过程中不断出现，很像一首乐曲的主旋律，给人带来一个鲜明生动的主题。这句话多次重复出现，形成一种类似音乐上的那种“回环曲”式的美，产生“一吟三叹”的艺术效果。“议”在叙事型演讲中运用得好，可以使演讲增色不少。

（六）高度投入，如临其境

在叙事型演讲中，演讲者叙事时一定要投入，要逼真，要给人“身临其境”的感觉，千万不可蓄意矫饰。一虚假，演讲就毫无效果可言。

二、叙事型演讲的声腔处理

（一）前奏：舒展明净，从容不迫

从容不迫、舒展明净的语调有先声夺人的效果，使整个演讲如行云流水般，同时应保持一定的神秘感，设置一点引人入胜的悬念，这样容易引发听众的好奇心，增加听众兴趣。

（二）主题：庄严凝重，铿锵有力

对主题段、主题句以及叙事中议论的演讲内容，语言要变得庄严、凝重而铿锵有力。这样讲诵，才能使整个演讲“纲举目张”，才能给听众留下难忘的印象。这类文字如果讲诵得随便、轻飘，甚至含糊不清，整篇演讲就垮了一半，无法收到预期的效果。

（三）尾声：精神百倍，气力十足

演讲结束段，要讲诵得格外精神。这时的三五句话，通常凝聚着全篇演讲的精华，内涵极其丰富，寓意特别深远。所以正式演讲前要反复尝试，用不同的情绪、语调、语气来试讲，直到找到一种能完全表达语句的丰富内涵和深长意味的读法为止。人们都说，演讲的出色结尾能“绕梁三日”，让人回味无穷。要达到这种效果，当然得认真思索。

第七节　议论型演讲

在使用议论这种表达方式的时候，最令你关注的莫过于最后的结局了，因为要从这儿看到它是否有力、清晰、精辟以及使任何人都愉悦无比。

——亚里士多德

许多初学演讲的人，一般来说都“长于说故事”，而“拙于发议论”。所谓“长于说故事”，是指演讲者所讲的内容，主要是自己的经历、自己的亲身感受，因此，一般不会出现无话可说的情况。“拙于发议论”

是指演讲者虽然也可以谈自己的经历，谈自己的感受，但“经历与感受”已不再作为演讲的主要支柱。议论型演讲的主要支柱是说理。而说清道理必须有相当强的理性思维、洞察功夫、提炼本领、分析能力、概括能力以及一定的理论修养。但这些对初学演讲的人来说，有一定的困难。

这种状况的存在，使演讲的效果达不到好的高度。不过，改变这种状况，却是可能的。只要能掌握议论型演讲的规律进行一定的训练，我们就能体会到，议论型演讲其实并不神秘。

议论型演讲最大的特色是以理服人，并以此去阐发真理，批判谬误，分清是非，昭示丑恶。议论型演讲理要清，意要明，材料要详细，逻辑性要强。要自始至终有一条线索穿透其中。因此，演讲者选材时一定要有“九九归一”的念头，心中有数，心中有线，用这根线“紧紧抓住听众，一步一步地说服听众，然后就把听众俘虏得一个不剩”。

当选定了演讲题目后，可以这样去展开：“是何？”“为何？”“如何？”“是何？”就是针对演讲题目所表达出来的意思，你认为要怎样理解，是什么意思，也就是你的演讲所要表达出来的观点是什么。观点要交代清楚，旗帜鲜明，不能含混。

有一篇以教师为题材的演讲是这样表述“是何”的：“一提起教师，大家一定会很自然地联想到赞美她的比喻：园丁、春蚕、蜡烛、绿叶、渡船、铺路石……是啊！古往今来，伟人、学者、战将、豪杰哪一个不是出自教师的熏陶；理论学说、发明、创造，哪一件不是包含教师的辛劳？教师是人类灵魂的工程师，他们所从事的是太阳底下最光辉的职业！”

我们再来看看下面这篇演讲：

今天，当我阅悉和平已经到来，就像我当初盼望和平、为和平祈祷之时一样，想到了遍布中欧各地几乎数不清的坟墓。我们许多儿女长眠在这些坟墓之中。我们所有人都会在自己的心头为这些再也不能含笑归来和我们重逢的人树立起一座纪念碑。难道不应该建立一座雄伟壮丽的纪念碑，使后世子孙即使忘记了他们的姓名，也能永远记住他们的牺牲吗？我认为应该这样做。我仿佛听到他们墓上的青草在簌簌生长，发出庄严而又使人慰藉的和声，这种简单而使人安慰的和平之音仿佛逐渐响亮起来，更加庄严肃穆，把一切纷乱的枪炮声淹没下去。在今天这个日子，我们难道心内没有这种感情吗？我们难道不能神游我们孩子们长眠之所，而且感到和平将植根于我们心中，也将主宰欧洲？通过这些哀痛与牺牲，我们不会变得聪明，得到启示，使欧洲永保和平吗？

接下来是引经据典，采撷精华。大到宏观世界的奥妙，小到微观世界的秘密。纵说古往今来，横述四面八方，说出你认为“是何”的根据，即“为何”，这是演讲的根本，是核心部分。这里主要运用深刻的理论，浓烈的情感，配以引人入胜的事实进行分析、归纳、演绎。由表层进入里层，由感性升华为理性，让听众接受你的观点。

在演讲过程中，论据与论题之间存在必然的逻辑关系，从论据能推出论题。论证的方法不管是直接的、间接的，还是演绎的、归纳的，或是反证法、选言证法，它们都必须从论据合乎逻辑地推出论题，这是演讲中论证方法最起码的要求。

最后是“如何”，即怎样对待这个问题。此处往往是演讲情感的最高潮，感情到此升华为最高点。此时鼓动性很强，希望听众能认认真真、扎扎实实地面对演讲观点，并为之付出，为之工作。

“是何”，要清晰、鲜明、简洁；“为何”，要具体、完满、生动；“如何”，要明确、果断、有力。三者要始终联系在一根线上。

一、议论型演讲的“三要”

一要说清楚“是何”，二要说清楚“为何”，三要说清楚“如何”。你把这三个问题阐释清楚了，便完成了演讲中最关键的环节，演讲的成功也就初见端倪了。

所谓“是何”，是指演讲者所持的观点。“为何”，是指演讲者所持的依据。“如何”，是指演讲者希望听众应当怎样行动。

（一）要说清楚“是何”

“是何”即演讲者的观点，它通常作为演讲的第一部分，演讲一开始就明确提出来。这种演讲方式可以称之为“开门见山”式。其优点是入题迅速，简洁明快，能让听众迅速抓住演讲的中心，所以大多数演讲者都采用这种方式。

“主题句”。主题句是全篇的“灵魂”，犹如龙之眼睛，所以必须着意提炼，做到简明扼要、言简意赅。

（二）要说清楚“为何”

说清楚“是何”之后，演讲者要回答“为何”。那么怎样才能说清楚“为何”呢？也就是演讲者对“是何”部分提出的论点找出依据和原因，使听众深信不疑。这一部分，又叫做论证部分，是一篇演讲的主干，内容要充实，分析要具体，论证要有力。古人称文章的这一部分为“猪肚”，意思是说文章的主干部分也像“猪肚”一样，充实、丰富、饱满。

（三）要说清楚“如何”

说清楚“为何”之后，演讲者要回答的问题是“如何”。所谓“如何”，即演讲者希望他的听众怎么样去做。这是演讲的第三要点，出现在结尾部分。

二、议论型演讲的基本要求

（一）思维周密，逻辑性强

议论型演讲要求思维周密、逻辑严谨，表达也要准确。如果思维方法绝对化、逻辑性不强、表达不准确，就容易露出破绽；一露出破绽，听众就会生疑；一生疑，演讲者的观点就不会被听众接受，演讲也就没有了说服力。

（二）庄重真实，生动幽默

议论型演讲要做到庄重真实而又生动幽默。庄重不等于面无表情，机械的说教。许多议论型演讲达不到预期的效果，其毛病之一就是将面无表情当做了庄重，以说教当成了议论。要做到庄重真实而又生动幽默，演讲就不能缺少马克思所说的三种东西：第一，要有真实的情感；第二，要用生动的比喻；第三，要进行幽默的描写。优秀的议论型演讲，它的议论是充满真情实感的，而且经常出现生动的比喻，时时闪现幽默的描写。在庄严的议论中融进比喻，融进幽默，融进真情实感，所以生动、风趣、感人。

（三）深沉冷峻，谷底深潭

如果说叙事型演讲主要“以故事说话”，议论型演讲则主要“以哲理说话”。“以故事说话”讲求娓娓道来，婉转动听；以哲理说话，则崇尚严肃而庄重，即使是打比方、说话诙谐幽默，其骨子里仍然是严肃的。我们可以从这两种类型演讲方法的相异之处，体会到议论型演讲应有的演讲基调：

1. 叙事型演讲自然亲切，娓娓动听；议论型演讲的思辨论争强调精辟，谨严。

2. 叙事型演讲要注意所讲事件的意义，一般不强调“咬文嚼字”；而议论型演讲则必须注意每个词、每个字，以求“微言大义”，对每个字，每句话都仔细推敲。作叙事型演讲，对直观感受能力、形象思维能力以及叙事能力的要求更高；而作议论型演讲，则需要更多的理性分析能力、逻辑思维能力以及辩论能力。因而，叙事型演讲的基调一般是清爽的、柔和的，如山间清泉；议论型演讲的基调一般是凝练的、深邃的、严峻的，如谷底深潭。把握这种基调很重要，许多人把议论型演讲讲诵得或平淡或浮躁，当然是因为没掌握议论型演讲的基调而造成的。

第六章

演讲的开头和结束

第一节　演讲的酝酿

“万事开头难”，而“良好的开头是成功的一半”。

演讲正是如此。美国著名演说家洛克伍德·桑佩说：“在整个演讲过程中做到轻松地巧妙地和听众交流思想是困难的。然而，做到这一点的关键是讲话开头的用字和表达。”所以演讲者要殚精竭虑，全力以赴准备好开头。设置悬念，讲究文采，引人入胜，力求一开口就能拨动听众兴奋的神经。如果能在开始就让听众产生一种肯定的心理，那么这种情绪将伴着他们听完你的整个演讲。

那么应该如何开始一个演讲呢？

演讲开头的方法很多，或单刀直入，或迂回进攻，或敞开发问，或试探而进。下面介绍几种：

1. 开宗明义，一开始就亮出自己的观点，肯定什么，否定什么，批评什么，赞扬什么，和盘托出，清白明了。如公元前44年罗马的安东尼在《为恺撒辩护》演讲中的开场白：

我今天来，是来安葬恺撒，并不是赞扬他的功德。我看人生在世，“好事入泥沙，坏事传千古。”这句话无疑是为恺撒说的。布鲁图斯是一个高尚的人，他告诉你们，说恺撒野心勃勃。若果真如此，自然是恺撒的大错。恺撒已死，也算是已偿了他的债了。今天承布鲁图斯的好意，准我演讲，所以我得在恺撒的灵前说几句话。

2. 运用故事、笑话开头能吸引听众。

3. 展示物件式，运用此法可以给听众以形象、新颖感，一下子抓住听众注意力。

4. 引用名人警语式，运用此法能启人心扉，振奋精神。如《人贵有志》的开头：

一个人要有志气。法国生物学家巴斯德在18岁时写过一段名言。他说：工作随着志向走，成功随着工作来！这是一条规律。立志、工作、成功是人类活动的三大要素。……

5. 自我介绍式。介绍自己的一些个人情况，当然还可以插入些俏皮话来吸引听众。

6. 提问式，运用此法利于引起听众的注意，利于演讲者控制演讲气氛。麦克阿瑟在《责任·荣誉·国家》中是这样开篇的：

今天早晨，我走出旅馆的时候，看门人问道："将军，您上哪儿去？"

一听说我到西点时，他说："那是个好地方，您从前去过吗？"

7. 新闻式。新闻的特点是"新"，说一则新闻可以吸引听众的注意。如罗斯福的一次演讲是这样的：

昨天，1941年12月7日——一个遗臭万年的日子——美利坚合众国遭到了日本帝国海空军部队的突然和蓄谋的进攻。

8. 修辞格式 + 猜谜语式 + 悬念式。

纵观世界上那些著名的演说家，甚至包括林肯、丘吉尔那样的演说天才都非常重视撰写演讲稿，并且是认认真真地写演讲稿。写演讲稿并非表示他们的无能，反而显示他们的明智、精心的准备和严谨的科学态度。

古今中外，成功的政治家无不把绝妙的演讲作为实现政治目标的第一手段。他们机敏睿智、伶牙俐齿、巧发奇中、一言九鼎，为维护国家、民族的利益，或游说、或劝谏、或答辩、或谈判、或演讲、或辩论，均以说话水平导航政治风云，左右形势变幻。

第二节 演讲的开场

演讲者应殚精竭虑、全力以赴对付好开头，力求一开口就拨动听众的兴奋神经。

良好的开头应如瑞士作家温克勒说的有两项任务：一是建立听众对演讲者的认同感；二是如字意所释，打开场面，引入正题。具体方法是语言新鲜，忌套话、空话；忌那些磨光了棱角的、听众不爱听的老话、旧话；语言准确，忌大话、假话；语言简练，忌空话、抽象话。

文章开头最难写，同样道理，作演讲开场白最不易把握，要想三言两语抓住听众的心，并非易事。如果在演讲的开始听众对你的话就不感兴趣，注意力一旦被分散了，那后面再精彩的言论也将黯然失色。因此只有匠心独运的开场白，以其新颖、奇趣、敏慧之美，才能给听众留下深刻印象，才能立即控制场上气氛，在瞬间里集中听众注意力，从而为接下来的演讲内容顺利地搭梯架桥。

奇论妙语，石破天惊，听众对平庸普通的论调都不屑一顾，置若罔闻；倘若发人未见，用别人意想不到的见解引出话题，造成“此言一出，举座皆惊”的艺术效果，会立即震撼听众，使他们急不可耐地听下去，这样就能达到吸引听众的目的。

平常多用的形式主要有这样几种：

一、以故事开头

在开头讲一个与所讲内容有密切联系的故事从而引出演讲主题。1940 年 12 月 17 日，罗斯福总统终于在美国白宫记者招待会上露面了。

此时，正当美、英、苏等国家共同抗击纳粹德国的关键时刻。英国处在欧洲反法西斯侵略的最前线，由于黄金外汇已经枯竭，根本无力按照“现购自运”原则从美国手中获取军事装备。作为英国的重要盟友，罗斯福深知唇齿相依的道理。在反法西斯战争旷日持久的情况下，英国一旦被纳粹击溃，希特勒一朝得势，势必严重威胁到美国的全球利益。美国全力支持英国，是理所当然的事情。

但是，美国国会一些目光短浅的议员们只盯着眼前利益，丝毫不关心反法西斯盟友和欧洲糟糕的战局。而罗斯福却认为必须说服他们，要使《租借法》顺利通过，以全力支持英国，他特别举行了一个意义重大的招待会。

“尊敬的女士、先生们！”罗斯福在简要地介绍了《租借法》以后，紧接着就来说明他的设想了。“假如我的邻居失火，在数百英尺处，我拥有一条浇花的水管，要是赶紧借给邻居拿去接上水龙头，就可能帮他灭火，以免火势蔓延到我家。但是，在救火前要不要对他讨价还价？喂，朋友，十万火急，邻居到哪里去找钱。我想，还是不要他十五元为好，只要他灭火之后原物奉还。如果灭火后水管还好好的，他会连声道谢；如果他把东西弄坏了，他得照赔不误，我也不会吃亏。”

记者们紧追不舍，问罗斯福总统：“请问，总统阁下所说的水管一定是指武器了！”

“当然，”罗斯福毫不掩饰，“我只不过以此来阐述《租借法》原则而已。也就是说，如果你借出一批武器，在战后得到归还，而且没有损坏的话，你就不吃亏；即使军火损坏，或者陈旧了，干脆丢弃，只要别人愿意理赔，我想，你依然没吃亏，不是吗？”

这一番回答之后，再也没有人对此提出任何质疑与反驳了。

这种方式的开场白很能引起听众的兴趣，而且在语言操作上也比较容易，适合那些初学演讲的朋友使用。总之，你要注意的是故事型的开场白一定要摒弃复杂的情节和冗长的语言。

二、开门见山

开门见山式的演讲开场白，也就是一开始就用高度凝练的语言把演讲的基本目的和主题告诉听众，引起他们想听下文的欲望，接着在主体部分加以详细说明和论述。如《在马克思墓前的讲话》：

3月14日下午两点三刻，当代最伟大的思想家停止了思想。让他一个人在屋里总共不过两分钟，等我们再进去的时候，便发现他在安乐椅上静静地睡着了，但已经是永远地睡着了。这个人的逝世对欧美战斗着的无产阶级、对于历史科学，都是不可估量的损失。这位巨人逝世以后形成的空白，在不久的将来就会使人感觉到。

在这里恩格斯以极为简略、精当的话语明确道出了他这次演讲的主题。

开门见山型的开场白适合于比较庄重的演讲场合。因此，它要求必须具备高度的总结概括能力。

三、幽默的开场白

幽默型即是以幽默或诙谐的语言及事例作开场白。这样的开场可以使听众在演讲者的幽默启发下集中精力进入角色，接受演讲。

因为笑话中人物鲜明，情节离奇，意义深远，俏皮幽默，所以在演讲开始讲一个笑话会令听众开心解颐，得到启示，在轻松气氛中领悟演讲观点。

运用笑话开始演讲要轻松地去体现，要配合以微笑、点头等态势语，表现出真实情感；要用清楚而贴切的语言，不装腔作势；要正视听众，求得共鸣，讲之前不要急着做言过其实地应允或过分的谦卑，过高或过低的估计都会使听众反感。

四、引用的开场白

演讲的开场白也有直接引用他人话语的（大多是名人富有哲理的名言），它为演讲主旨作事前的铺垫和烘托，概括了演讲的主旨。

五、抒情的开场白

这种开场白主要借助诗歌、散文等抒情文学的形式，通过华丽的辞藻和汹涌澎湃的激情，感染听众，把听众带入诗一般的境界。多数参加演讲比赛的朋友都喜欢运用这种类型的开场白。

林肯在为独立战争时期一位烈士的遗孀辩护时说：

现在，1776 年的英雄早已长眠于黄泉，可是，他那衰老而可怜的遗孀，还在我们面前，要求我们代她申诉。这位老妇人从前也是一位美丽的少女，曾经有过幸福愉快的家庭生活，然而，她为美国人民牺牲了一切，到头来却变得贫困无依，不得不向享受着革命先烈争取来的自由的我们请求一些援助和保护。试问，我们能视若无睹吗?

六、演讲注意承上启下

演讲，尤其是赛事演讲，一般来说，选手都需要对演讲的开头、中间、结尾进行全面完整的设计。不可能也不太好做过多的临场更改，这似乎没有什么不好的。但如果你能独辟蹊径，逆向求新，巧妙地承接上一位或前面几位选手的演讲话题，或是他们演讲中的观点、动作等进行引发，效果将非同凡响。这种临场性的引发会给听众留下良好的印象。

第三节　演讲的悬念设置

李燕杰曾强调演讲应有“戏剧般的冲突”。这就要求演讲要巧设悬念，变化有致，高潮迭出。恰当地使用悬念技法可以极大地调动听众的情绪，使演讲产生高潮。请看下例：

主持人宣布“下一位演讲者的题目《1大于2，1大于多》”。古怪的题目有悖于常理，但悬念突出。只见演讲者镇定地走上讲台，拿出一张纸，上面写着：《1大于2，1大于多》。演讲开始了：“朋友们，我在这里要告诉大家的是1大于2，1大于3，1大于4，1大于多。”演讲者运用实物、言语对本显古怪的题目进行了更进一步的渲染，使观众产生一种强烈的好奇心，急迫地期待下文，以求得解释。接下来演讲者以计划生育为题旨，阐述道：“‘多生有害国家，多生有害人民，多生有害自己。’‘夫妻同育一枝花，利国利民又利家。’从这点上说，难道不是1大于2，1大于多吗？”释答了问题，解开了悬念，听众接受了观点。

设置悬念的方法很多：可以运用与演讲内容相联系的实物；可以运用突然发出、与内容反差较大的情感；可以运用听众一时难以回答上来的串问；可以运用带有夸张色彩的动作；可以运用录音、幻灯、录像等设备。

悬念的设置要注意的是：新奇，产生出人意料的结果；形象，处在听众情理之中；到位，表达圆满自然。

一般说来，悬念设置在演讲的开头，这利于它贯穿整个演讲。也可运用在中间和结尾处。

下面我们看看利用录像效果设置悬念，以《懒惰走向失败》为题进行一次演讲。整个演讲由固执保守走向封闭，忍耐走向衰竭，虚伪无情走向混乱，懒惰畏缩走向死亡几个板块组成，每个板块前由与板块内容相关联而又有一定刺激作用的图像开始。听众在奇巧的演讲中产生对演讲观点的认可。最后放了一段美国几位运动员团结协作取得一次高难度障碍赛冠军的录像，就录像进行了这样的结尾安排："朋友们，记得所罗门有句名言，'懒惰者贫困，勤奋者富有'。面对懒惰，该说的我都说了，面对勤奋，尽在不言中。您看了刚才这则录像，想到了什么呢？谢谢！"

连锁悬念，环环紧扣。演讲结尾，再展高潮。当听众走出演讲大厅，仍是余音绕梁，深深思索。

第四节　演讲的自我介绍

演讲者走上讲台，听众一般有一种陌生感、朦胧感，渴望了解演讲者的愿望很强烈。如果这时你能及时、准确、得体地自我介绍，自我袒露，使听众得到满足，他们会很高兴的。自我介绍切忌背稿式的朗诵，不要让人感到你花费了很多时间在自我介绍的设计上。自我介绍能取得听众认同的最好方法是自嘲！

自嘲是运用嘲讽的语言，自己戏弄、贬低或嘲笑自己，以此外化出另一层意思，显得"表里相悖"。这就必须委婉达意，巧妙得体，格调轻松，俗而不陋，透露出豁达与聪明。

在演讲中，自我介绍要注意以下几点：

其一是：如果节目主持人已经介绍了，自己就没必要再介绍。如果觉得要补充的话，则要注意与主持人的介绍连成一体。有次一位演讲者参加《理想与未来》的演讲，主持人是这样开场的："接下来是曾多次参加全国演讲比赛并获奖的国家级优秀演讲员，当代青年演讲家为大家演讲，大家欢迎！”显然，主持人忘了他的名字。只见这位演讲者立即上场接过话：“我姓谢，谢谢的谢，叫谢伦浩。在这里首先要谢谢主持人对我的赞美，更要谢谢大家来听我的演讲，不过这里要把主持人刚才讲的‘当代青年演讲家’改成‘未来著名演讲家’。未来是美好的，我相信未来。让我们大家携手并进，共创未来。我给大家演讲的题目是《理想与未来》。”

其二是：一些赛事演讲由于时间严格控制，主持人会为你介绍，这时就没有必要再进行自我介绍。

其三是：自我介绍尽量精巧点。

第五节 演讲的进行

初次上场的演讲者容易犯的错误是速度太快，像放鞭炮似的噼里啪啦，一个调子，一个速度。他们提醒自己“慢慢慢”后，又趋于慢得平坦，慢得没变化。

这里是提醒初次上场的演讲者，演讲的进行要灵活控制，有快有慢。

就听众对象来说：一些年轻的听众，精力充沛，反应灵敏，他们的思维和举止却很敏捷，可快一点；对小朋友、老人家演讲，因为他们接受迟缓，反应不快，可把音节的时值拉长，语流中间停顿可久点，停顿的次数可多些。

就内容感情来说，讲述一些热情、紧急、赞美、愤怒、兴奋之类的内容时，不能以“毋庸赘言”代替，叙述那种无法控制的感情，即表示激动的态度时，叙述进入精彩高潮时可以速度快点。

表现一些平静、悲伤、庄重、思考、劝慰之类的内容时，讲述一些需要听众特别注意之事时，讲述有关数字、人名、地名时，引起疑问之事时要慢点。就环境而言：演讲场合大的，速度可慢点；场合小的可快点；听众情绪受到干扰时慢点，情绪旺盛时快点。

下面以丘吉尔的演讲《热血、辛劳、眼泪和汗水》的结尾处为例进行说明：

摆在我们面前的，是一场极为痛苦的严峻的考验。在我们面前，是漫长的战争和苦难的岁月。你们问：我们的政策是什么？我要说，我们的政策就是用我们全部的能力，用上帝所给予我们的全部力量，在海上、陆地和空中进行战斗，同一个在人类黑暗悲惨的罪恶史上所从未有过的穷凶极恶的暴政进行战争。这就是我们的政策。你们问：我们的目标是什么？我可以用一个词来回答：胜利——不惜一切代价，去赢得胜利。无论多么可怕，也要赢得胜利，无论道路多么遥远和艰难，也要赢得胜利。因为没有胜利，就不能生存。

大家必须认识到这一点：没有胜利，就没有英帝国的存在，就没有英帝国所代表的一切，就没有促使人类朝着自己目标奋勇前进这一世代相因的强烈欲望和动力。但是当我挑起这个担子的时候，我是心情愉快、满怀希望的。我深信，人们不会听任我们的事业遭受失败。此时此刻，我觉得我有权利要求大家的支持，我要说："来吧，让我们同心协力，一道前进。"

这段演讲，开始几句平稳缓慢，从内心发出质问："我们的政策是什么？"接下来加快，说明现实的严酷。演讲者激情迸出，最后号召大家同心协力，一起前进。

总之，演讲要快慢适中。长时间的快会"供过于求"，引起烦躁，听众不易全面了解内容，理解感情；太慢则"供不应求"，听众注意力无法集中，情绪提不起来。

一、演讲应怎样设置称谓

演讲中无论开头、中间、结尾都可以适当地运用称谓。得体的称谓可以把演讲者的感情传导给听众。容易让听众与演讲者同欢乐，同伤悲，共希望，共思索。演讲中的称谓可分为泛称和特称两种形式。

泛称是指不分职业，不看年龄，不管层次的统称。这种称谓广泛用于多层次听众参与的演讲。

如“各位朋友和同胞”、“我的朋友们”，一般的还有“朋友们”、“同志们”、“同伴们”、“各位小姐、先生们”、“女士们，先生们”、“有相同爱好的青年朋友们”、“姐妹们”等。

特称是指在一些特殊行业、特殊年龄、特殊层次的听众面前用的称谓。如：“副总统先生、议长先生、参众两院各位议员先生”（见于1941年12月6日罗斯福的《要求国会对日宣战》），“总理先生、中华人民共和国和美利坚合众国的我们十分尊贵的客人们”（见于1972年2月尼克松《在答谢宴会上的祝酒词》），还比如“在座的各位老师”、“尊敬的教练”、“各位评委”、“未来的工程师们”、“尊敬的白衣天使”、“可爱的小朋友们”、“祖国的卫士们”等。

称谓要能反映出对方的身份、地位和双方的关系，更重要的是表达出演讲者的感情，融洽气氛，拉近距离。无论是泛称还是特称均要做到以下几点：

1. 称谓要发自内心。句句有义，字字含情。语气要亲切，语速要缓慢。景克宁有次到山西一所农业大学演讲，面对大学生他是这样称呼的：“三晋热土，大地之子，绿色生命的守护神。”

2. 称谓要轻快得体。在一般情况下可用“朋友们”称呼。当你没有了解听众的具体情况时不要乱用特称，以免喊错对象而闹出笑话。比如你面对的是年龄大小不一的女听众，而你又是年轻男士，就不能称呼“女同胞们”。当你很清楚听众的职业、年龄等情况时最好是用特称，特称比泛称更显得亲近些，听众有一种受尊敬感。

3. 称谓要适时适度。可在开头结尾处也可在感情高潮处。如诺曼底威廉大公的一段演讲：“我的勇士们啊！一个屡战屡败，对军事一无所知，连弓箭都没有的民族竟能陈兵列阵挡住我们，这岂不是奇耻大辱！背信弃义的哈罗王竟敢露面和你们作战，岂不叫人羞耻？令我十分惊异的是，将你们的亲属和我的族人艾尔弗雷德斩首，犯下滔天大罪的凶犯仍未授首。勇士们，高举战旗，奋勇前进吧！你们的叱咤之声将震动山河，东西回荡；你们的刀剑之光将气冲牛斗！”

演讲中称谓不要过多，过多偏于空泛，听来很不好受。

4. 称谓可直接与感叹句、反问句、双重否定句连用，更能表达出一种强烈的肯定感情。起到振聋发聩、掷地有声的作用。如：“难道还要我再说吗？朋友们，这令人咬牙切齿的税耗子就是这样地吞噬着国家的财产，他们难道不该受到法律的严惩吗？”

二、营造逼真生动的语言环境

我们先看下面一段演讲词：

一天下午，轰隆隆，一发罪恶的炮弹拦腰削断了一棵碗口粗的大树。接着，轰隆隆……一连几发炮弹在战士们的周围爆炸。这时，受伤的战士继续匍匐向前，嗒嗒嗒……敌人的高射炮轰击着，战士们顺着山势往下滚，鲜血浸进了殷红的大地……

这段演讲词把绘声和描状结合起来，增强了演讲的视觉形象和听觉感受，逼真地烘托出战场的气氛，使听众宛如身临其境。

苏联著名幼儿教育家波维卡娅也很喜欢在教学中使用摹状手法，充分调动动作、姿态去表演，运用口技去摹声，使课堂充满笑声。

摹状主要运用形容词后附加重叠音节的方法。如“绿油油”、“红彤彤”。

还有变迭法：“滴滴哒哒”，“郁郁葱葱”。

还有直音法：“黑咕隆咚”、“轰”的一声。

摹状的最大作用是诉诸人的感觉。如：

描写：“哒哒哒哒地跑过跑道”，“风嗖嗖地吹着”。

象征：“牛哞哞地叫”，“狗汪汪地叫”。

拟态：“波涛滚滚地涌来”。

三、运用排比技巧表达各种情感

排比是由三个或三个以上的结构相同或相似、语气一致的语句成串地表达相关或相连的内容的一种句式。无论在叙事演讲、政论演讲还是抒情演讲中都被广泛运用。

另外，在演讲中，一些特别要强调的字词，一些特别要加固的感情可以采用重复的方法去表现。如罗斯福1941年12月9日在对日宣战后向全国广播的“炉边谈话”：

十年前，在1931年，日本入侵中国——未加警告；

在1935年，意大利入侵埃塞俄比亚——未加警告；

在1938年，希特勒侵占奥地利——未加警告；

在1939年，希特勒入侵捷克斯洛伐克——未加警告；

同样在1939年，希特勒入侵波兰——未加警告；

在1940年，希特勒入侵挪威、丹麦、荷兰、比利时和卢森堡——未加警告；

在1940年，意大利先后进攻法国和希腊——未加警告；

而今年，1941年，轴心国家进攻南斯拉夫和希腊，控制了巴尔干——未加警告；

还是1941年，希特勒入侵俄国——未加警告；

而现在日本进攻了马来西亚和泰国——以及合众国——未加警告。

这里罗斯福十次反复使用“未加警告”强烈地呼吁和唤醒人们，如果继续放任法西斯，他们将更猖狂地践踏人类。

这里运用的是同一重复的方法。

演讲中为了防止格式的雷同，可以采取详略变化的方式重复。如“我是一棵小草，一棵秋冬以后枯萎在路边的小草”。

所谓重复，就是用相同的言词复述某一观点或某一句话，分为重复语词和重复叙述两种。前者是对相同语词的重复，后者是运用不同语词表达同一重复的观点或内容。使用重复手法，可以加深感情的程度，加大语言的力度，强化演讲的节奏。

运用重复切忌走向啰唆，比如下面这段演讲就犯了啰唆的禁忌：“朋友，刚才我所说的就是事实，活生生的事实，什么是事实呢？刚才我说的是事实。”

以下一些场合可以运用重复手法：

1. 演讲内容新颖独特；

2. 演讲的话题与听众既往经验相矛盾时；

3. 听众对演讲中的一些理论难理解时；

4. 听众不喜欢演讲的内容，情绪低落时；

5. 演讲者感到应着重强调的地方。

四、怎样才能增强情感的力度

反问是指用疑问形式表达确定的思想内容的一种形式。反问寓答案于问句之中，思想内容恰与字面意义相反。在演讲中用好反问句能加强语势，把意思表达得更加鲜明。由于反问句带有感叹语气或疑问语气，比正面陈述更有激发鼓动力量，更能唤起听众的思想和激情，所以具有很强的感染力和鼓动性。

佩特瑞克在演讲时很喜欢运用排比，把听众的情绪推向高潮：

战争实际上已经爆发。兵器的轰鸣即将随着阵阵的北风而不绝于耳！我们的兄弟们此刻已开赴战场！我们岂可以在这里袖手旁观，坐视不动！请问一些先生们到底心怀什么目的？他们到底希望得到什么？难道无限宝贵的生命，无限美好的和平，最后只能以戴镣铐和受奴役为代价来换取吗？……

演讲中，设问与反问经常连用，设问、反问与排比、递进、感叹经常套用。如古罗马演讲家西塞罗《第一篇控告卡提利那辞》的开场白：

卡提利那，你恣意地滥用我们的耐心还要多久？你疯狂地嘲笑我们何时才了？你肆无忌惮地炫耀自己的无耻行为有无止境？难道无论是帕拉提乌姆山冈的夜间警戒，无论是罗马城里的夜间巡逻，无论是全体人民的惊恐，无论是所有的高尚人的集会，无论是选择这一受到严密保卫的地方作元老会场，无论是元老们的脸色或表情，都未能使你有所触动？你难道看不出你的阴谋已被在座的人们识破而难以施展？你以为我们当中谁都不知道你昨天夜里干了什么？前天夜里干了什么？这两夜你待在哪里了？……

这段演讲词开头是设问，问而不答；中间部分是反问；后面是设问。演讲者将设问、反问、排比、感叹、陈述诸种句式融为一体，使感情更加强烈，气势更加宏大。

在演讲中，巧妙地用好双重否定也可收到强调的效果，如："我们并非是不求上进，不思进取的一代。"运用双重否定把握好否定词，用得不好适得其反，如："大家在论辩时，没有一个人不认为论辩的超水平发挥，不是知识丰富的结果。"这里连用了"没有"、"不认为"、"不是"三个否定词，使表达出来的意思与本义恰恰相反。

五、演讲中如何巧妙朗诵诗文

被戴尔·卡耐基称誉为美国最有感染力的演讲家之一的福尔敦·希恩主教每次演讲总是慷慨激昂，谈论自己有激情的话题，而他运用的技巧是喜欢在开头或结束朗诵一段感人的诗歌。

演讲中运用声情并茂的朗诵可以更好地营造气氛，引领听众进入演讲意境之中。如：

"我是你的十亿分之一，/是你的九百六十万平方公里的总和；你以伤痕累累的乳房，喂养了——/迷惘的我，沉思的我，沸腾的我。/那就从我的血肉之躯上去取得，/你的富饶，你的荣光，你的自由。/祖国啊，我亲爱的祖国！"

朋友们，每当我看到"祖国"这个字眼，我就情不自禁地想起了舒婷的这首诗《祖国啊，我亲爱的祖国》！

这里以声传情，以情托声，声情并茂，这样的开头很有吸引力。

演讲的中间也可在感情强烈处加上一段朗诵，宛如一颗闪亮的星星，点缀着演讲气氛的空间，为演讲平添几分光彩。

季米特洛夫 1933 年在莱比锡法庭的最后辩词中就曾引用了歌德的诗：

警官海勒在法庭上读了一首共产党员写的诗，以此证明共产党员在 1933 年放火烧国会。该诗选自一本 1925 年出版的书。请允许我也引用一首诗，一首由最伟大的德国诗人歌德写的诗：

要及早学得聪明些。/在命运的伟大天平上，/天平针很少不动；/你不得不上升或下降；/必须统治和胜利，/否则奴役和失败，/或者受罪，或者凯旋，/不做铁砧，就做铁锤。/不是胜利，便是失败，不做铁砧，就做铁锤！

清算账目的时刻终会到来，而且要加上利息！国会纵火案的真相以及真正罪犯的判定，将由未来无产阶级专政的人民法庭完成。

伽利略被判刑时，他宣告："地球仍在转动！"

我们共产党人今天也怀着同伽利略一样的决心宣告："地球仍然在转动！"历史的车轮滚滚向前，向着最后的、不可避免的、不可遏制的必然要达到的目标——共产主义。

这里感情浓缩，寓意深长，深深地打动着听众。

演讲结尾是运用朗诵较多的地方。

丘吉尔任英国首相期间，正逢第二次世界大战，有一次他发表演讲，结尾引用了英国诗人克拉夫诗作中的一段：

当那疲乏无力的浪花向岸边冲击，/仿佛是寸步难进了的时候。/远远地，通过小河小溪的流灌，/正静静地汇成一片汪洋。/当晨光初照人间，/那光芒止透过东窗；/太阳在前缓缓地上升，/多么缓慢啊！/但是请看西边，/大地正是一片辉煌！

这里丘吉尔引用诗人的诗句结尾，表达了对战争胜利的期望和信心。

演讲中的朗诵可选用诗段、散文、杂文、台词、歌词、名人警语等。表达时要自然真挚。切忌为了朗诵而朗诵。因此，演讲稿忌通篇运用诗歌形式表达。

怎样才能使演讲口语化？演讲中要多用贴近人们现实的轻松自然、通俗流畅的口语。如多选用儿化名词、象声词、叠音词、语气词、民谚、歇后语等。但有很多演讲者很难做到这一点，他们的演讲似乎每一句话都是经过精心雕琢似的。请看下例：

探索，贯穿于人类前进的每一步，自从地球上诞生了人类以后，探索就成为了人类的主旋律，探索就成了人类忠实的伴侣。它伴随着人类发现一束又一束真理的光芒，伴随着人类一步又一步从愚昧的沼泽走向文明的净土，伴随着人类步履艰难地从黑暗的蒙昧时代步入光明的理性时代……

这段演讲中长句多，深奥的词语多。“愚昧的沼泽”、“文明的净土”，表现这样的文字时，很难讲得出口的，只能是“念”或“诵”，因此缺少感情。

演讲表达的口语化可以通过下列方法使得：

1. 少用文言词，多用现代词汇；

2. 少用方言词，多用通用词汇；

3. 少用书面语，多用口语词汇；

4. 少用抽象语，多用形象词汇；

5. 少用学术语，多用普通词汇；

6. 少用连接词，多用动态词汇；

7. 少用成语，多用俗语。

六、演讲时如何用例

“事实胜于雄辩”，演讲中如果没有典型、生动、感人的事例来做依据，再动听的语言也是苍白、空乏的。

黑格尔说：“演讲家不能只把主题和目的简单地演绎为抽象的概念，而且还要用事实来说理。”演讲的事实要生动具体。惟其如此，才能使演讲引人入胜。

大千世界，丰富多彩，作为“万物之灵长”的人表现出来的感人事迹是数不胜数的，大到名人领袖，小到百姓平民，遗憾的是，我们有些演讲者总是喜欢列举一些人人皆知的名人趣事、轶事，似乎觉得只有名人的言行才有震撼力。不可否认，名人事迹有一定力度，能收到“权威效应”。但是如果千篇一律，听来就会叫人索然无味，面目可憎了。另外这些名人一般不在我们身边，时间悠久、地域相隔遥远。听众容易产生“身外之物”“可望而不可即”之感，并以此产生逆反心态。

这就告诉我们：演讲中也可以举一些发生在身边的让人感到亲切可信的事例。它们具体、生动、实在、说服力强。可以这样说，“下里巴人”更易走入“寻常百姓家”。励志大师戴尔·卡耐基的学生千千万万，有总统、伯爵、牧师、邮差、家庭主妇、教师、工人。他教给学生主要的是战胜自己、消除烦恼的方法。每次新开课，他总要把一些以前取得好成绩的学生介绍给新生，其中大部分是一些普通的人。因为他觉得这样更能使学生相信，这些学生就生活在他们中间，平时常可见面，很真实。

七、演讲中正反用例有何技巧

在一次以“孝敬父母”为主题的全国演讲比赛中，有位演讲者以《愿天下父母都幸福》为题参加了比赛，演讲中列举了两个这样的事例：

刚刚过去的星期天是我十六岁的生日，那天，我首先想到的就是要感恩父母，因为有了父母才有了我，才使我有机会在这五彩缤纷的世界里体味人生的冷暖，享受生活的快乐与幸福，是他们给了我生命，给了我无微不至的关怀。儿女有了快乐，最为之开心的是父母，儿女有了苦闷，最为之牵挂的也是父母。舐犊情深，父母之爱，深如大海。因此，不管父母的社会地位、知识水平以及其他素养如何，他们都是我们今生最大的恩人，是值得我们永远去爱的人。

然而，同学们，你们是否扪心自问过：我对父母的挂念又有多少呢？你是否留意过父母的生日？民间有谚语：儿生日，娘苦日。当你在为自己生日庆贺时，你是否想到过用死亡般的痛苦让你降生的母亲呢？是否曾真诚地给孕育你生命的母亲一声祝福呢？我们中国是一个文明古国，自古讲求孝道，孔子言：“父母之年，不可不知也。一则以喜，一则以惧。”也就是讲，父母的身体健康，儿女应时刻挂念在心。但据报道，今年北京某中学的抽样调查却显示：有近50%的学生竟不知道自己父母的生日，更谈不上对父母的生日祝福。同学们，或许一声祝福对自己算不了什么，但对父母来说，这声祝福却比什么都美好，都难忘，都足以使他们热泪盈眶！

像上面一样，在一篇演讲词中正反事例两相对照，观点鲜明，感情强烈，可以收到很好的效果。因为正面事例能鼓励人们奋发向上，寻求一种美好的精神境界，而反面事例则鞭挞丑恶、抨击虚假，使人受到教育。二者相得益彰。

八、如何委婉表达演讲稿

演讲中运用婉曲技法可以含蓄地表达内心的不满和意见；艺术地表达不便直言的事情；婉转地批评丑恶与谬误。运用婉曲技法可以使气氛风趣轻松，易使听众接受你的观点。

英国文学家查尔斯·兰姆在一次演讲时，有人故意发出“嘘嘘”的怪声捣乱，兰姆说：“据我所知，只有三种东西会发出‘嘘嘘’声——蛇、鹫鸟和傻子，你们几位能到台前来让我认识一下吗？”台下顿时一片安静。

演讲中运用婉曲手法要注意：

其一，要恰到火候且点到为止，不能含混糊涂、晦涩，也不能直露。

其二，切忌为了取得婉曲的效果而一个劲地把矛头指向听众，令听众听来好像含沙射影，难以接受。

其三，要随机应变，随境而发。巧妙地利用语音、语汇、语调、语气、表情、体态、动作结合生活实际，创造出一个内涵深刻、丰富的语言形式，使之具有动人的魅力。

九、怎样使演讲带上幽默感

“幽默是语言中的盐。”演讲需要幽默，幽默感的形成可借助仿词与拆词手法。

先看仿词手法：突破现行语言规范的束缚，巧移善铸，临时仿造出一个意义相反或相近的词语来提高语言的表达效果。演讲中的仿词听来风趣，有一种明快犀利、生动活泼之感。

仿词要仿得听众理解，不能太怪。应仿名言名句，名人诗词。

再看看拆词手法：把词拆开镶进别的词，或把特定的词句有规则地暗嵌在别的词语中，或把词拆开交错搭配。

如：“荒天下之大唐”、“滑天下之大稽”。

演讲中运用拆词手法可引人注意，加深印象，又可创造生动活泼的气氛。

如："有的电视机带彩色还要遥控，收录机卡拉还要 OK，而他家里只有一样东西是带电的，你猜是什么？电灯。"

这里把卡拉 OK 拆来嵌字，妙趣顿生。

十、怎样准确把握演讲稿中的概念

在演讲前一定要对演讲稿中的每一个词，每一个概念仔细推敲，认真斟酌，以免出错。虽然演讲不同于书面文字，转瞬即逝，但有些观点一旦表达出来是不会马上从听众感觉中消失的。他们会思考，会比较。如果认为你的观点虚假、错误，他们会因为你的演讲提供了虚假失真的信息而觉得自己受骗、被愚弄，从而产生了一种抵触心情，导致演讲威信下降。

在一个"戒烟联席会"上，主席说："吸一支烟至少要少活一天。"下面听众马上就有人吸烟。为什么呢？因为这位先生已经抽了三十多年的烟，现在六十多岁了。按主席的说法，以每天十支烟计算，他已经少活了 300 年，岂不是天大的笑话！主席的话经不起推敲。

十一、怎样把演讲设计得错落有致

"文似看山不喜平。"演讲亦如此。据心理学家认为：人听讲话时的注意力每隔五至七分钟就会有所松弛。因此，演讲者要适度地注意演讲的起伏张弛，变化有度。

如果我们把演讲的进行轨迹用一根线来描述的话，这根线不应是直线，而应是曲线，具有运动变化感的曲线。这主要从语言、内容、情感几个方面去体现，语调要高低升降，速度要急促徐缓，声音要宏大精细，音色要刚柔多变，情感要跌宕起伏。

产生这种效果的方法是：事实与道理相交，议论与抒情互见，严肃与轻松共存，快捷与徐缓交叉。下面看看一篇演讲：

试问，自从 1870 年的大战结束以来，哪一年不曾有过战争的警报？就在 70 年代初我们结束战争回来的时候，他们就已经说了：我们什么时候重新开战？什么时候我们再兴"复仇之师"？最迟不过五年。当时他们对我们说："我们是否会发生战争以及能否取得胜利（这正是中间派一位代表在国会上用来责备我的话），现今完全取决于俄国了。唯有俄国手里掌握着决定权。"

在现在这种时刻，我们必须尽力壮大自己。只要我们愿意，我们就能比世界上拥有同样资源的任何国家更加强大。因此，不利用我们的资源就是一种罪过。如果我们不需要一支随时可作战的军队，我们就无需征集这支军队。

这事只取决于并不十分重要的费用问题。费用问题的确无关紧要，我只是顺带提提而已。我说我们必须继续努力，以便应付一切紧急情况。鉴于我国的地理位置，为了达到上述目的，我建议我们必须作出比其他大国更大的努力才行。我国位于欧洲中部。我们至少在三条边界线上可能受到袭击。法国和俄国分别只有东部和西部是无掩护的国界。由于我们的地理位置，或许加上直到现在德国人民所显示的团结力量比其他民族薄弱，使我们比任何其他国家的人民更直接地受到敌对联盟国家的威胁。不管怎么说，上帝已经把我们放在一个邻里不允许我们稍有懈怠的地位，不允许我们在只求苟存的泥潭中打滚。

这项法案将使我国能增加装配有更多武器的部队。在我们不用增加士兵人数时，增加的士兵无需征集入伍。如果我们有了足够武器，他们就随时可以装备起来。这是头等重要的事。我还记得 1813 年英国供给我国后备军的卡宾枪，我用那些枪打过猎，那不是军人用的武器。当然，遇有紧急情况，我们可以很快地得到武器，但如果我们现在储备下武器，这项法案就能加强我们的和平力量，也能给予和平联盟以强大的支援。那就简直有如一个拥有 70 万军队的第四强国加入联盟。这是迄今在战场上最大的队伍。

我从不主张侵略战争。我们决不发动战争。火必须有人去点才会燃烧，我们决不去点火。无论我们怎样意识到上述自己的力量，也无论我们相信盟国多么可靠，都不会因此而妨碍我们以固有的热忱与努力去继续保卫和平。

我们不会意气用事，也不会冲动偏激。

我们德国人除了上帝之外，不畏惧世界上任何人！正是由于我们敬畏上帝，所以我们热爱和平，保卫和平。谁要是残忍地破坏我们的和平，他就会受到教训，知道我们德国人的尚武爱国感情意味着什么！1813 年，当普鲁士还是一个弱小的王国时，这种精神就曾使我们全体人民一致团结在我们的国旗下。他还会知道，这种爱国主义精神现已成为全德意志民族的共同财富。

因此，谁要想进攻德国，都会看到这是一个团结一致，武装起来，每一个战士都抱定上帝与我们同在的必胜信心的德国。

这时英国著名的铁血宰相俾斯麦在 1888 年在德国国会上发表的演说，这篇演讲运用了多种语气，文章错落有致，慷慨激昂，令听者热血沸腾。

十二、如何处理篇幅长的演讲稿

有些篇幅较长，时间较久的演讲如学术演讲，论辩演讲、政治演讲、外交演讲、生意演讲、谈判演讲等在演讲之前可以很简要地阐述演讲目的、论点及方式。能让听众紧紧地把握演讲的中心论点，便于听众接受与理解。

如下面的演讲：

我很高兴来到大家之中，我相信我一定不虚此行。因为我面对的是时代的骄子、科学的栋梁、祖国的人才。而我所要讲的是一个很时髦而又实用的话题——口才与人才。(基本理由)

在这段时间里，我将与在座的各位朋友共同探讨一个这样的热门话题：人才是否一定有口才，有口才的人肯定是人才吗？(论点)

为此，我将从以下几个方面与大家交流：

首先，……

其次，……

再次，……

最后，……(分述)

这样在开始便交代了演讲的目的、主题、论点等，开宗明义地介绍了演讲的整体框架，听众对演讲就心中有数了。

要注意的是：比较短小的演讲，带有浓烈感情色彩的演讲最好不要这样做，赛事演讲更不能如此。

十三、演讲中如何巧施客套话

市长先生、各位爵士、各位先生：

对于诸位先生对我的亲切表示以及我的朋友市长先生和我的尊敬同行大法官阁下刚才对我的过誉之词，要是说我拙于辞令，无法用语言表达我的感谢，想必你们不会觉得奇怪。但是尽管我无法用言语表达，你们一定会相信，我的感情完全是真挚的、由衷的。我感谢你们，各位先生，不仅因为今天晚上你们在此为我举行的宴会极其隆重，有异于寻常的宴会，尤其因为你们使我有机会在这友好的气氛中会晤众多的良友。对于他们，我怀着深深的惜别之情。

这是费尔普斯卸任离开英国前在饯别宴会上的演讲的开篇，这篇演讲用词恳切、真诚，表现出了他对此地的不舍和对人们的尊敬。

十四、如何在演讲过程中表达情感

美国南北战争结束后，有两位军人竞选国会议员。一位是著名英雄陶克将军，陶克功勋卓著，曾任过两三次国会议员；另一位则是约瑟夫·爱伦，他是一位很普通的士兵。

陶克的演讲是：

诸位同胞们，记得十七年前（南北战争时）的那天晚上，我曾带兵与敌人激战，经过激烈的血战后，我在山上的树丛里睡了一个晚上。如果大家没有忘记那次艰苦卓绝的战斗，请在选举中，也不要忘记那位吃尽苦头、餐风露宿、造就伟大战功的人。

这段话很精彩，感情色彩也很浓。

爱伦的演讲是：

同胞们，陶克将军说得不错，他确实在那次战争中立下了奇功。我当时是他手下的一个无名小卒，替他出生入死，冲锋陷阵。这还不算，当他在树林里安睡时，我还得携带武器，站在荒野上，饱尝风寒露冷的味儿来保护他。

爱伦的演讲更动人，更易激起共鸣。他打败了陶克，取得了胜利。

“感人心者，莫先乎情。”“情不深，则无以惊心动魄。”有经验的演讲者当他激情迸发时，好比冲出闸门的河水，呼啸着奋进的浪花，使“快者掀髯，愤者扼腕，悲者掩泣，羡者色飞”。听起来使人精神振奋，思想升华。

这就要求演讲者性情豪爽，话语坦荡，推心置腹，以真换真，以诚对诚，以爱求爱，讲出真情实感；要求演讲者情感的显示应该是炽热、深沉、热情、诚恳、娓娓动人的，做到“未成曲调先有情”；要求演讲者必须和听众一起喜怒哀乐，不掩饰、不回避，对真、善、美热情讴歌，对假、恶、丑无情鞭笞。各种情感溢于言表，使听众闻其声、知其言、见其心，达到感情上的融合，思想上的共鸣，认识上的一致。既影响了听众，也受到听众的影响，达到一种心理情感的交流与平衡；要求演讲者对整个演讲立体把握，协同处理，既有冷静的分析，又有热情的鼓励，既要有怒有喜，又要有爱有憎；要求演讲者不讲架子，不野蛮粗俗，不声色俱厉，不以局外人自居，要引而不发，诱人深入；还要求演讲者寻找自身投入的方式，使用好表达的技巧。有些演讲者在演讲前吃点白参，喝点白酒借以提神是有道理的。

十五、演讲时如何进行情感迁移

里根向美国人民发出了一封公开信。信的开头几段是这样的：

我的美国同胞们：

最近我被告知，我是数百万美国早老性痴呆病患者之一。

得知这一消息后，南希和我必须做出决定：是把这作为一个普通公民的个人私事，还是将这一消息公之于众？

过去，南希得了乳腺癌，而我做了肿瘤切除手术。我们发现，我们的公开宣布，能提高公众的警惕。结果是许多人都去做了检查，使患者在早期得到了治疗，并恢复了正常、健康的生活。

所以现在，我认为重要的是也让你们都知道这个情况。我们衷心希望这能进一步提高人们对早老性痴呆症的警惕。也许，这能促使人们更好地理解罹患此病的个人和家庭。

接下来，里根讲到了他如何调养，治病；他希望同病者战胜病魔；他感谢美国人民过去给他的荣誉。通篇演讲涌动的是“急人所急、想人所想，立足自身，达及他人”的情感。因此他通过演讲赢得了人们的爱戴。

演讲首先要能引起人们的共鸣，然后在此基础上教育人，感化人。列夫·托尔斯泰说过：“演讲应做到将自己体验过的感情传达给他人，而使别人也为这感情所感染，也体验到这些感情。”这就要求演讲者沟通与听众之间的情感通道。不仅仅让听众体验到演讲者的情感，而且应该把这种体验化为“自发的感情”，即将自己的感情转化为听众的感情，达到情感的迁移。

第六节 演讲的风格

不同的演讲风格能够达到不同的演讲效果，是影响演讲成功的重要因素。

一、男性演讲者应追求什么样的演讲风格

男子汉应有男子汉的风采和气质。男性演讲者在演讲中要求做到的是态度坚定沉着，言语掷地有声，表情容光焕发，精神气宇轩昂，风度潇洒大方。达到语言美与风度美的统一，内在美与外在美的交融。

要达到这一目的要注意以下一些技巧：

（一）声音洪亮

由于男性声带相对于女性来说偏宽、厚、长，所以他们的音色浑厚有力，发音准确平稳。初学演讲的男士要使声音优美洪亮首先要学会控制气息，加强气息力度，以保证发音明亮，爽朗。其次要运用好共鸣器官，即灵活控制好口腔、鼻腔、头腔和胸腔。尤其是胸腔。共鸣会使声音很稳健、厚实、有力。另外发音要有特色，不要去学些什么流行语、现代语，把声音发得漂浮灰暗。应做到“高而不喊，

低而不散”，“轻而不浮，沉而不浊”。同时要注意吐字清晰，喷弹有力，这样才能像炮弹一样打得出，送得远。

（二）内容理性

相对女性来说，男性的思维表现得重理性，体现在演讲中带有明显的理性色彩。开诚布公，见微知巨，高瞻远瞩，一般说来，男性演讲者以取议论型演讲为佳，一些叙事演讲、抒情演讲尤其具有极度情感抒发的如悲痛、厌恶、惊喜等情感不宜演讲表达。因为男士表达这些感情难免粗犷而弄巧成拙。

（三）言语豁达

男性粗犷开朗，坦率自然。决定着其演讲语言干脆利落，豪迈奔放，信息频传，旁征博引，往往有一锤定音之势。绝不患得患失，结结巴巴，吞吞吐吐。男性演讲的语言还有一个最大的特色——幽默技巧的运用，诙谐有趣，幽默的言辞中露出讽刺的锋芒，富有战斗性。

美国莱特兄弟在成功地驾驶动力飞机飞上蓝天之后，在法国的一次欢迎酒会上哥哥威尔伯再三被邀请演讲，他即兴演讲说：“据我所知，鸟类中会说话的只有鹦鹉，而鹦鹉是飞不高的。”这一句深含哲理而幽默的演讲词博得了与会者长时间的鼓掌。

（四）感情真挚

对于感情，女性的塑造性强，表演色彩浓。而男性则感情内储，外化不多，往往是英雄有泪不轻弹，演讲时，男士不宜表达极度的感情，但要投入，要自然地去体现，真诚地去体现。

（五）动作潇洒

演讲时，男士一举手，一投足，一顾一盼之间，都要不失稳重、洒脱。高雅的仪态，大方的举止，得体的打扮，亲切的神情是男士演讲风采体现的主要手段。要想达到灵活自如的境界，需要平时加强态势语的设计和训练。

二、女性演讲者应追求什么样的演讲风格

秋瑾是近代史上著名的演讲家。我们先看看她的一篇演讲《敬告中国二万万女同胞》的开头和结尾：

开头——

唉！世界上最不平等的事，就是我们二万万女同胞了。生下来，遇着好老子，还说得过；遇着脾气杂冒，不讲情理的，满嘴连说："晦气，又是一个没用的"。恨不得拿起来摔死。

结尾——

……有钱做官的呢，就是劝丈夫开学堂，兴工厂，做那些与百姓有益的事情。无钱的呢，就要帮助丈夫苦作，不要偷懒吃闲饭。这就是我的望头了。诸位晓得国是要亡的了，男人自己也不保。我们还想靠他们么？我们自己要不振作，到国亡的时候，那就迟了。诸位！诸位！须不可以打断我的念头才好呢？

这篇演讲采用深入浅出的方法，以形象生动，明白晓畅的话语说服听众，以事明理，感情充沛，代表了女性演讲的特点。女性的演讲总是以清脆悦耳的声音，真实浓烈的感情，优美得体的打扮，温柔端庄的气质吸引听众。与男性演讲相比显得细腻、丰富、流畅。表现在：

其一，感情细腻。女士感情丰富、多变、热烈、细腻。她们对演讲内容的把握很精心，很投入。在演讲时能真实地体现各种感情。或致以亲切动人的问候，或诵以优美悦耳的诗章。其中不乏轻言细语，娓娓道来，像春风沁入听众心扉，时起时伏，峰回路转，余音袅袅，让人回味。她们演讲议论时犀利激烈，抒情时舒展优美，叙述平缓清晰。她们很注意与听众的交流，善于调节音节强弱，表达快慢，给人一种变化多姿之感。

其二，形象生动。女性演讲以形象生动见长，善于体现抒情型与叙述型演讲。如下面这段演讲词：

朋友，你是否留心过这样一组镜头：早晨上班，毫不费力挤上公共汽车的是身强力壮的男子汉，而雨里急哭了的是抱着孩子的女工；凶狠地谴责妻子没有及时把饭做好的是丈夫，委屈得哭了的是妻子；回到家里，轻闲、自在地看电视的是爸爸，困乏不堪地操持家务的是妈妈——

其三，打扮得体。女性很爱打扮，女性很会打扮。相对于男士来说，她们可以更准确地按演讲内容去“包装”自己，美化自己，以塑造一个完美的形象。

其四，态势精巧。男性在演讲中表情、动作、姿态可大起大落些，女性不行。她们态势语言的表达应显得含蓄、精巧，可以在台上始终如一地站着，也可以用双手下垂或一只手稍稍在胸前动一动。

女性演讲时要注意的是：一不能太露。言语高亢，音量过大，动作大放大收，表情大起大落均不行。二不能做作、言语男性化，奶声奶气，慢腾腾，软绵绵，大舌头，卷衣角，甩辫子，摇脑袋，动作左摇右晃都不雅观。

第七节　演讲的结束

结束演讲的方法是多种多样的，没有一种适合于任何特殊情况的通用方法。演讲者可根据自己演讲的具体时间、地点、主题、听者及自己个性等因素，选择适合于自己结束演讲的方法，使之有效地为自己演讲的思想和目的服务。

在演讲的结尾，也有些演讲者不考虑如何把演讲留到听众心中，让演讲走入听众记忆深处，也喜欢用一些没有信息含量、没有感情力度的陈词滥调，以致留下松散、疲沓无力的尾巴。有位演讲者这样结束他的演讲：“我的演讲就要结束了，此时我向大家表示深深的歉意。耽误了每人五分钟，加起来就耽误了大家五百分钟，很对不起！”本来这位演讲者音色可以，感情贯通，可这样的结尾实在差劲，似乎让人想到鲁迅先生的一句话，耽误别人的时间等于谋财害命。前面精彩的部分被这苍白无力的话语冲淡了。

演讲的结尾应该感情充沛，语气铿锵，像美国作家约翰·沃尔夫说的“演讲最好在听众兴趣未尽时戛然而止。”给人以振奋，给人以鼓舞，给人以无穷的思考和无尽的遐思。

古希腊哲学家苏格拉底被指控由于不信仰人们共信的神而被处

死刑时，临死前演讲的最后一段是：“诀别的时刻到了——我将死去，而你们还将活下去，但只有上帝知道我们中谁会进入天堂。”这句话意味深远。

一、常用方法

1. 在演讲结束时简洁、扼要地对自己已阐述的思想进行总结，帮助听者加深印象。

2. 利用赞颂的话结束演讲。人一般都喜欢被赞颂。通过一些赞颂的话，会场的活跃气氛可达到一个新高潮，讲者和听者的关系就更融洽了，给听者留下一个满意的印象。但要注意，讲者在说赞颂的话时，不能有过分的夸张和庸俗的捧场，否则听者就会有溢美或哗众取宠的感觉。同时，讲者说话的表情要自然，态度要严肃，口气要诚恳。

3. 利用名人的话或轶事结束演讲。权威崇拜是一种普遍存在的社会心理，恰当地运用权威和名人的话或者轶事结束演讲，可以把演讲推向一个新高潮，给讲者的思想提供最有力的证明。讲者可借助这样的话来结束演讲：“最后，我想引用 ××× 的话（或者关于 ××× 的一个轶事）来结束我的演讲……”但要注意，讲者引用名人的话或轶事要有针对性，要能丰富和深化自己演讲的主题。

4. 利用诗结束演讲。用诗结束演讲可使演讲显得典雅而富有魅力，听者听了也会产生清新和优美的感觉。引用诗句同用名人的话或轶事一样，要有目的，要为演讲的主题服务。同时，讲者引用的诗一定要短，最好四句，最多八句，而且讲者一定要谙熟地背诵所引用的诗句，否则弄巧成拙，反而影响演讲效果。

5. 利用幽默结束演讲。除了某些较为庄重的演讲场合外，利用幽默结束演讲可为演讲添加欢声笑语，使演讲更富有趣味，并给听者留下一个愉快的印象。讲者利用幽默结束演讲时，要做到自然、真实，使幽默的动作或语言符合演讲的内容和自己的个性，绝不要矫揉造作、装腔作势，否则只会引起听者反感。

6. 利用呼吁结束演讲。这方法对一些“使人信”（相信）和“使人动”（行动）的演讲来说，效果尤为显著。讲者通过对与听者有共同思想、共同愿望、共同利益和共同语言的某问题的阐述，使演讲达到一定高潮。然后，讲者利用一些感情激昂、动人心弦的讲演词对听者的理智和情感进行呼吁，并借助像“为实现我们预定的目的而奋斗”等语言，向听者指明行动的具体步骤，这样，讲者实现了激励和感召听者的目的，听者马上就会明了讲者的意图和自己行动的具体方案。

7. 利用动作结束演讲。在演讲中，讲者的动作（无声语言）是与听者交流思想的重要媒介，利用动作结束演讲，是一种具有独特风格的方法。例如，有位演讲者在结束自己的演讲时，他穿上外套，戴好帽子，拿起手套，而后诙谐地对听者说：“我已结束了自己的演讲，你们呢？”他出人意料的绝技立刻博得了全场听者的掌声。

二、绝妙诱人的结尾

演讲要获得全面成功，一定要精心设计好结尾。也就是俗话所说的：“编筐编篓，全在收口。”如果说好的演讲开头犹如“凤头”，那么好的演讲结尾就像“豹尾”。豹尾者，色彩斑斓而又强劲有力。结尾是对整个演讲的总结，它承担着收拢全篇的任务，因此，其意义非常重要。演讲的结尾既有文采又坚定有力，既概括全篇又耐人寻味，才能使全篇演讲得以升华，收到良好的效果。

对讲演结尾的要求大致可以归纳成以下三点：

（一）加深印象，结束全篇

当演讲基本完成，听众对你的观点、态度以及讲述的有关知识基本上已经掌握时，就必须考虑“收口”了。“收口”将从视觉上、听觉上给听众留下最后印象，将在听众的大脑屏幕上“定格”。“收口”的好坏直接决定了听众对整个演讲的印象。精彩的结尾往往能弥补一些不足，强化听众的总体印象。只要我们留意一下，便会发现古今中外的演讲家对结尾都是很重视的。

（二）言简意赅，耐人寻味

演讲结尾切忌重复、松散、拖沓、枯燥，尽量避免那种人云亦云的客套式的结束语。结尾言简意赅应该是演讲者追求的目标。

结尾应犹如撞钟，余音缭绕，耐人寻味，令人感奋向前。

（三）戛然而止，余音绕梁

结束语是演讲的重要组成部分，精妙的结束语能使演讲收到意想不到的效果。通常情况下，结尾不应冗长拖沓，更不能画蛇添足，而要在达到高潮时戛然而止，给听众以余音绕梁、回味无穷的感觉。结尾时要尽可能达到与听众感情上的交融，引起听众的共鸣。在把握好分寸的前提下，满腔热情地提出希望、要求和建议。

结尾要干净利索，凝练有力，极富人情味和鼓动性。

当演讲因种种原因需要中止时，如果演讲者仍然滔滔不绝讲个不停，必然引起听众的反感。因此，一定要学会适可而止。

三、高潮式、总结式和余韵式的结尾

与演讲的开场白一样，其结尾也有不同的形式。结尾结得好，能给人余音绕梁、回味无穷的感觉，也可令人深思。其形式一般有以下几种。

（一）高潮式

演讲如果在演讲主题思想的升华、情绪氛围的渲染都达到了最高点时结尾，我们把这种演讲结尾方式称之为高潮式。

“一二·一”是昆明的光荣，是云南人民的光荣。云南有光荣的历史，远的如护国，这不用说了。近的如“一二·一”，都是属于云南人民的，我们要发扬云南光荣的历史！

反动派挑拨离间，卑鄙无耻，你们看见联大走了，学生放暑假了，便以为我们没有力量了吗？特务们！你们错了！你们看见今天到会的一千多青年，又握起手来了，我们昆明的青年决不会让你们这样蛮横下去的！

反动派，你看一个倒下去，可也看得见千百个继起的！

正义是杀不完的，因为真理永远存在！

历史赋予昆明的任务是争取民主和平，我们昆明的青年必须完成这任务！

我们不怕死，我们有牺牲的精神，我们随时像李先生一样，前脚跨出大门，后脚就不准备再跨进大门！

这是李公朴被杀之后闻一多先生的演讲，他在结尾时把群众的愤怒情绪调动到了最高潮。而实际上，“把高潮放在结尾”是许多演讲人士自觉或不自觉地都在运用和遵循的一条重要法则。

（二）总结式

在演讲结尾时，对前面所讲的内容进行提纲挈领的归纳和总结，就叫做总结式。对于初学演讲的人来说这种结尾方式很容易被掌握，但要注意，总结时要避免对前面演讲内容和形式做简单的重复。

（三）余韵式

运用余韵式结尾，就是在演讲中以含蓄或者留有余地的语言来表达主题，让听众能在演讲结束后的思索中体会其言外之意，而受到启迪，或者总结演讲的精华主旨并深化主题。

四、格言式、号召式和呼吁式的结尾

（一）格言式

所谓格言就是指那些语言简洁、内涵丰富、富有劝诫与教育意义的话。运用格言结尾，可以把演讲的主题思想或最后结论浓缩在一两句话中，言简意赅，从而使听众受到深刻的教育和启迪。

亨利“不自由，毋宁死”的雄壮的战斗呐喊，由此成为美国独立战争时期最有力的战斗宣言。要知道，创造格言并不是文学家、思想家的专利，只要你能在演讲中深刻地把握住演讲主题，并能通过极为精练的句子传达内涵丰富的思想，就是完全属于你自己的格言。

（二）号召式

所谓号召式就是在演讲快结束时，运用极富鼓动性的言辞号召人们有所行动的演讲结尾形式。比如某些竞选性的演讲结尾以“请投我一票”来结尾便是最为典型的号召式。

号召听众采取的行动既可以是某种具体的动作，也可是抽象的、概括的行为，如闻一多先生在《最后一次讲演》中的结尾：“我们要准备像李先生一样，前脚跨出大门，后脚就不准备再跨进大门！”（长时间的热烈鼓掌）在这里，闻一多先生以“后脚就不准备再跨进大门”的形象比喻来号召人们时刻做好为革命事业牺牲的准备。

（三）呼吁式

这里所说的呼吁，就是运用辞令号召、引导听众去采取行动。这是许多有经验的演讲者通过亲身实践总结出来的切实可行的结尾方式，它既可使人心悦诚服，同时又能催人奋进。

当然，你与听众之间必须有共同的思想、共同的愿望、共同的利益和共同的语言作为基础，在这个基础上，你可放开思想包袱，运用富有哲理的、感情激昂的、动人心弦的语言去打动听众、呼吁听众作出某种行动。只有胸襟开阔，目光远大，实事求是，毫无矫揉造作和浮夸虚饰的呼吁，才能够打动人心引起听众的共鸣。

五、引述式、幽默式和赞颂式的结尾

（一）引述式

所谓引述式，就是指在演讲中引用与演讲内容相关的权威性言论来结尾，从而点题或深化主题的结尾方式。

早在两千多年前，亚里士多德就把权威的言论看作使人信服的三大手段之一了。由于这种权威的言论是人们普遍相信的，因此，我们如果能把这种言论运用到演讲的结尾中去，就等于是再次有力地证明了演讲的主题思想的正确性。这种权威性言论包括名人名言，以及经过历史考验、被证明是可以确信不疑的格言、成语、谚语，或者是人们普遍喜欢的文学名著中的警句、诗句等。当然，所引权威言论必须与演讲内容相关或完全吻合，使之有针对性，并能点出演讲的主题。

（二）幽默和赞颂式

戴尔·卡耐基说：“最好在听众的笑声中说再见。”他认为，达到了这一目的就表明一个人的演讲技巧已十分成熟了。取得这种效果的方法有两种：一是幽默的话语，二是幽默的动作。无论采取哪一种方式，都需要运用人的智慧。幽默之所以引人发笑与深思，主要是因为，面对同一个内容，不聪明的人按部就班，有智慧的人却能用别出心裁的方式将其表达出来。

幽默可使会场的气氛达到一个新的高潮，从而使你和听众的关系变得更为融洽、和谐，同时，演讲过程中的一些讲话欠妥的地方，也可在因赞颂而引起的友好气氛中烟消云散，从而形成良好的氛围，使演讲取得较好的效果。

不过，你要注意的是赞颂要恰如其分，不真诚或过分的赞颂，会有拍马之嫌令听众不自在。

六、运用祝福语

演讲，尤其是生活中的社交礼仪演讲主要目的是催人上进，使人愉悦，激人奋起。无论是欢迎会、告别会、追悼会、联欢会，还是茶话会、酒会等，演讲者表达的总是一种对生活的赞美，对人性的讴歌，对痛苦的反思，对未来的向往。这些演讲要感情真挚，如果能在后面用上几句祝福语就像是点燃一盆炭火，使听众温暖如春。

运用祝福语结尾要注意：

1. 发自内心，亲切动人；

2. 注重场合，适度适情；

3. 通俗易懂，简短明白。

各位老师、各位来宾：

今天我们济济一堂，隆重庆祝 ×× 先生百岁华诞。在此，我首先代表学校并以我个人的名义向 ×× 先生表示热烈的祝贺，衷心祝愿 ×× 先生身体健康！同时，也向今天到会的各位老师表示诚挚的谢意，感谢大家多年来为 ×× 系的发展、特别是 ×× 学科建设所作出的积极贡献!

×× 先生是 ×× 学科的开拓者和学术带头人之一，也是我国 ×× 研究领域的一位重要奠基人。×× 先生德高望重，学识渊博，在长达60年的教学和研究生涯中，他淡泊名利，不畏艰难，孜孜不倦，不仅为 ×× 系而且为当代中国的 ×× 学科建设以及人才培养作出了卓越的贡献。

……

×× 先生不仅著书立说，为学术界贡献了许多足以嘉惠后学的优秀学术论著，而且教书育人，言传身教，培养了许多优秀的人才。

……

几十年来，×× 先生以自己的学识和行动，深刻影响和感染了他周围的同事和学生，为后辈学人树立了道德文章的楷模。在 ×× 先生百岁寿辰之际举行这样一个庆祝会，重温他的道德文章，是非常有意义的，必将激励大家以 ×× 先生为榜样，进一步推进全校的师德建设和学科建设。

最后，再次衷心祝愿 ×× 先生身体健康！祝 ×× 系更加兴旺发达！请大家干杯!

谢谢大家!

第七章

演讲现场的技巧

第一节　情感沟通的技巧

一、训练有素不留痕

戴尔·卡耐基在他的著作《口才训练术》一书中记载着这样一件事：

一年夏天，我到阿尔卑斯山脉的避暑胜地——莫林小住，我住的宾馆是伦敦一家公司经营的，他们每周要从英国派来两位演说者，为住店的旅客办讲座。其中有一位著名的女作家，她演说的主题是《小说的未来》。由于她根本没有充分发挥，因而没能很好地表情达意，所以她虽然站在听众面前，却对听众的目光视而不见，不把听众放在眼里，也不与听众交流感情，而是时而望前方，时而看地板，又看手中的纸条。她的声音和视线，使你感觉不到她在面对着一群人讲话，而是对着虚拟的空间演说。

这种心不在焉的态度当然不能获得满意的效果。其实你该像和朋友促膝交谈一样自然、真诚地演说，和听众产生感情交流，让他们与你产生共鸣，同喜同乐，同苦同悲。否则，若像这位作家一样进行演说，那么面对听众还不如面对没有生命的大沙漠。

和听众交流感情的前提是你必须坦率真诚。过去有许多关于演讲的书都没有重视这一点，这些书往往只注重演说的规则及形式，认为懂得了这些就能出色地演讲，就能当演说家，因此有的人甚至去背诵雄辩家的演说词。其实，这是低效率的方法，毫无实际效果，更无技巧可言。

较新式的说话训练与以前曾流行一时的夸张式演说不同。因为现代听众能接受并欣赏的演说者，是那些面对许多听众发表演说就像和普通人交谈一样坦率、自然而且充满生机与活力的人。所以这种说话训练受到了人们的喜爱。

有一次，马克·吐温在内华达州瓷区发表演说之后，有一位年老的瓷器工程师问他："你每次都能这样自然地施展雄辩术吗？"这句话道出了听众对演讲者的要求，自然的雄辩加以引申，就能说出听众想说的话，与他们产生共鸣。

练习是使自然的雄辩加以引申的唯一途径。在练习过程中，你如果发现自己正在以夸张的语气说话，就应该立即停止练习，并严格地审视并反省：

"怎么能这样子呢？你应当清醒，要说得坦率且自然。"然后，在你的听众中找出最不专心听讲的，只对他演说，暂时把其他人忘掉，设想他在向你问话，你也正在回答他的话，并且想"只有我才能回答他的话"。经过这样多次训练后，听众中即使真的有人站起来提出问题，你也能立即自然地做出回答。你还可以利用自问自答来训练演讲的技巧。比如："也许各位听众会怀疑，你所说的话有什么证据呢？我们为什么要相信你所说的话？""有的，的确只有证据才能让你们相信，这就是……"经过这样多次训练就会使你的演讲非常自然，而不会让人觉得你是在背台词，并且能使单调、贫乏的演说趋于生动、具体、和谐。

例如，一位英国演说者演说的题目为《原子与世界》。他对原子的研究已达半个多世纪，他很想把自己的感想和知识，清晰地传达给听众，他忘记了自己是在演说，而只是想通过自己热情的话语，让听众正确地了解原子，让听众感觉到他自己所感觉到的事。最后，这位演说者获得了极大的成功。他的演说充满了无穷的魅力和强大的说服力，博得了听众阵阵的喝彩，可以说他是一位具有异常天赋的演说者。然而他并没有炫耀自己是一位演说家，听众也不这样认为，他们之间已自然地水乳交融了。

如果听过你演说的人认为你是一个经过训练的演说者，这并不是最高境界。所以，千万不要让听众感到你训练留下的雕琢痕迹，而要让听众觉得你是一个平易近人的朋友。擦得光亮洁净的玻璃窗，根本不会引起任何人注意，它的作用是让光线通过。一位优秀的演说者也是这样，如果他的态度自然，听众就不会注意演说的技巧，而只会留意演说的内容。当然并不是演说的技巧不重要，只是不要让技巧掩盖了内容，给人留下“玩弄花招”的印象，那实在不是进行技巧训练的最初愿望。

二、全力以赴，争取好感

（一）全力以赴

诚实、热心和认真的态度，能帮助你达到目的。一个人的强烈情感，能使他展示真正的自我，这是因为强烈的情感能清除一切障碍。这样的演讲者，其行动和演说犹如在无意识中进行的。这种自由发挥的状态就是演讲的最佳境界。

在英国，有一位名叫乔治·麦克唐纳的传教士，他在布道时发表了题目叫《致希伯来人书》的演说，给人留下了深刻的记忆。他说：

各位都是信仰虔诚的人，对于信仰的含义，相信已有了一定的了解，用不着我多说，何况还有许多比我更优秀的神学教授在这儿，我之所以站在这里，只是为了帮助你们加强信仰。

这时，他把全部注意力都集中到演说中去了。为了使听众产生真正的信仰，并且虔诚地表达出来，他全力以赴地演说着，他那充满热情的话语将眼睛所无法看到的永恒真理和自己坚定的信仰，生动具体地表达了出来。他说话态度诚恳、感情真挚，这一切反映了他淳朴敦厚的内在气质，而这种演讲态度正是他成功的关键。

柏克·艾德曾写过出色的演说词，被美国各大学当做雄辩的成功典范来研究，可他本人的演说却很失败，因为他对珠玉一样的演说词，缺乏热烈而生动的表达能力，每当他站起来发表演说时，听众便开始坐立不安，有的咳嗽，有的东张西望，有的走动，有的打瞌睡，有的干脆走出会场，这种情形在会场里实在令人尴尬。因而他得到一个“晚餐报时钟”的绰号。

一枚足以穿透钢板的子弹，如果用手投掷的话，就连衣服的一角都损伤不了，因为它没获得足够的速度，所以没有强大的动能；相反，如果你把豆腐当子弹发射的话，它也无法损伤什么。同样一篇十分精彩的演说词，如果在它的背后没有高水平的演讲技巧来加以再现的话，那么其效果就会和发射豆腐一样软弱无力。因为它虽有速度，但是本身质地却太软了。

（二）让听众产生强烈的好感

演讲追求的是一种自然的表达。这种表达是指把自己心中所想的事，所积聚的情感，诚恳地用言语和表情表达出来。掌握了演讲技巧的演讲者，在演讲时就会注意使用比较丰富的词汇来描述，从而扩大自己的内涵所能表现的范畴。如果你认为缺乏改变自己的能力，那么这种表现就难以进行；如果你对改变自己的方法很重视，那么你就会寻找到适合你个性的表达方式。比较积极有效的方法有：经常检查自己演说时音量的高低、速度的快慢、节奏的强弱等。检查方法：利用录音带录下自己的演说，然后边听边作自我分析，或是请朋友听了你演说后来评判。当然如果能请到专家予以指导，那么演讲技巧会达到更高的境界。

同时，你要记住，不要把太多注意力放在你的表达方式上，那样会使演说流于形式。因此，你面对听众发表演说的时候，一定要满怀热情、全力以赴地去争取听众产生强烈的好感，只有这样，你才能够自由地表达你的思想、意念、情感，才能使你的演说具有极强的说服力。

三、把握听众心理的技巧

由于对演讲效果的评判在很大程度上是根据听众对演讲的接受程度而定的，所以应把握演讲过程中听众的心理。十分有名的《钻石的土地》是由康威尔·罗李演讲的，而且他曾经演讲过6000次以上，也许有人会以为他的演说只不过像录音机一样，多次播放相同的内容，甚至连每一句话的抑扬顿挫都没有改变。然而事实并非如此，因为罗李明白每一次的听众都不尽相同，他必须对演说做适当调整，以满足不同层次、不同品味的听众。当他到某地发表演说前，总是先去拜访当地的各个阶层的人物如局长、经理、工程师、理发师等，或是随便和某人闲聊，并从闲聊中根据他们的言谈举止分析他们会有怎样的期望。然后，才因地制宜、因人而异确定内容、题材，再发表演说。无疑，罗李深知思想传达的成功与否很大程度上取决于听众的理解和接受程度的高低。《钻石的土地》并没有留下讲稿，但他以同一主题讲了 6000 次以上，并取得了成功，这完全得益于他对人情世故的敏锐洞察和演讲的机敏应变。这给我们揭示了一个深刻的道理：演说必须融合听众的心理，符合听众的知识结构。

（一）听众关心的事应纳入演讲

罗李博士认为演讲成功的要素之一是缩短演讲者与听众的心理距离。事实证明，如果是涉及听众所熟知并相关的事物，听众便能较快地接受演讲者的观点、演讲就容易获得成功。

艾立克·约翰斯敦曾担任过美国工商会长、电影协会会长，他的演说，很善于利用演讲地的风俗民情和实际情况。在俄克拉荷马州立大学的演说中，他成功地运用了就地取材这种方法。

俄克拉荷马这块土地对商人而言，原本与鬼门关一样，被认为是永无发展的荒凉之地，甚至在旅游指南中被删去了名字，这都是不久前发生的事情。但是，你们一定也曾听说过，1930 年左右，曾经过这里的乌鸦，向其同伴提出警告，除非已备足粮食，否则到这里就无法生存。

大家都把俄克拉荷马当成无可救药之地，绝不可能有开拓性发展。但到了 1940 年，这里奇迹般逐渐变成了绿洲，甚至将她的美妙变革谱成流行歌曲：大雪过后，微风轻拂，麦田飘散着芳香，摇曳多姿……这不是俄克拉荷马欣欣向荣、勃勃生机的写照吗？

仅仅 10 年的时间，你们的家乡已由一片黄土沙漠，摇身变为长得像大象一样高的玉米田，这就是信念的报偿和敢于冒险犯难的结晶。

由于演说者善于从听众所熟悉的生活环境、切身体验中选材，然后经过分析、归纳、总结，在纵向比较和横向比较上做文章，因而取得了演讲的成功。他的话不是教条，新奇、生动、贴切，紧紧抓住了听众的心，拉近了演讲者与听众的心理距离，所以成功是必然的。

演说者的成功正是在于他明了听众的目的，以及听众期望演讲者能给他们提供的解决难题的知识和方法。有了这样的认识，你才会寻找到听众的真正疑惑或需求，确定自己的演讲内容、主题，也才能有的放矢地演说，才能拥有取得成功的先决条件。如果听众渴望了解当前的局势，那你可以分析国际国内的政治动态；如果听众希望了解怎样进入股市那你可以对他们讲述有关股市、股票的基本知识……英国新闻界的威廉·伦德夫·赫斯特作为美国大报业的经营者在被问到哪种话题能吸引听众时，他毫不犹豫地回答："就是与自身息息相关的话题。"他正是在这种理论指导下，建立了他的新闻王国。

不用举更多的例证，便可知道与听众休戚相关的话题必然会赢得听众的认同进而被听众接受。如果我们心中没有听众，以自我为中心，听众就会感到事不关己，因而显得心不在焉，东张西望，这无疑是对演讲者的嘲讽。

（二）真诚的褒扬

听众是一个思维活跃的群体，他们会根据自己的立场对演说进行评价。如果你不尊重他们，他们会不留余地地拒绝你。所以，如果听众有值得称道的表现，就应抓住时机予以肯定。做到这点就等于拿到了自由出入听众心理王国的通行证。当然，应有赞扬的技巧，否则只会适得其反。

（三）寻找共同点

演讲与对话都是人际交往与沟通的必要手段。如果你是应邀演讲，那么与听众建立起融洽的关系是很重要的。前英国首相麦克米伦，在美国德堡大学毕业典礼上，他的开场白就不失时机地抓住了听众的心。“感谢各位对我的欢迎，虽然作为英国首相在这里发表演说的机会并不多，但我并不认为我是英国首相才被邀请。”然后，他又回顾了自己的家世，并告诉听众，他的母亲是出生在本州的美国人，而他的外祖父就是印第安纳州德堡大学的首届毕业生。

麦克米伦以其直系亲属的血缘情分，和属于开拓者时代的美国学校生活方式为话题所发表的演说，其反响之热烈，自不待言，获得这一成功的重要因素无疑是巧妙地抓住了听众与演讲者双方的共同点。

（四）让听众充当演说中的角色

曾有一位演说者，想要向听众说明从踩刹车到车子完全停止之间的行车距离。这位演说者请了一位坐在最前排的听众站起来，协助他说明车距与车速的关系。被指定的听众，拿着卷尺站在台上，按照演说者的解释前进或后退。这种情况不但具体表现了演说者的观点，同时，也具有与观众沟通的桥梁作用。

有时为了达到让听众扮演一个角色的效果，可以向观众提问，或者让听众重复一遍演讲者的话，然后举手回答。《富有幽默感的作家与说话》的作者巴西·H·怀汀一再强调要让听众直接参与表决，或让听众帮忙解决问题。并且认为要有正确的思维方向。如果用演讲稿的方式去演说，那么观众的反应肯定不会很强烈，应把听众当做是你共同事业的合作伙伴。演说者如果做到观众参与，就能使他要表达的论点更加深入人心。

（五）使听众感到平等

演说者以怎样的态度与听众沟通，是十分敏感的问题。假如以一种有良好教养、拥有较高的社会地位或社会权力的态度和腔调对听众演讲，大都会受到排斥和反感，因为谁都不愿低人一等、听人训话。因此演讲者首先应采取低姿态使听众感到平等，才能与听众建立良好的沟通关系。诺漫·V·比尔曾忠告一位演说缺少吸引力的传教士："诚恳是首要的条件。"

第二节 控制场面的技巧

一、表达自己的技巧

仅有自信和对听众的了解是不够的，还要注意演说中的表达技巧。这里所说的表达技巧指表达方式和措辞方面的基本技巧。

（一）表达方式的技巧

表达方式不同，则效果迥异。如说："我很讨厌他"或"我不喜欢他"，就不如说"我对他的印象不怎么样"。对一个看来超过40岁的人，与其说"你还不太老"，倒不如说"你现在可正值壮年"。这样别人就会认为你是一个很会说话的人。

为什么会出现这种效果上的差异呢？其实原因很简单，说话人的态度是否谦恭，其问话是否合乎听者的心理，都会直接影响到说话的效果。因为任何人都希望得到别人的尊重和体谅。问话如果不尊重和体谅对方，自己就会自讨没趣。

（二）措辞精妙的要诀

在交谈中，措辞的精妙和恰当也是非常重要的一环。如果措辞词不达意，或者粗俗不堪，或者故弄玄虚，那么不管内容有多好，也不会取得良好的效果。要做到措辞简洁精妙，我们在谈话中应注意以下几个方面。第一，尽量简洁明了。说话一般是越简洁越好。有些人在叙述一件事情时，本来只需一两句话就可说明，但他拉拉杂杂说了很多，却仍没有把意思表达出来。听者云里雾里，费了很多的心思，也不知道他要说什么。矫正的最好办法是在说话之前，先打好腹稿，尽量用最简洁、最少的字把要讲的话表达出来。

第二，不要滥用重叠。在汉语里，有时的确要用重复来强调你所要表达的内容。但是，如果滥用叠词叠句，就会显得累赘。如，许多人在疑惑不解的时候常常会说："为什么为什么？"其实，一个"为什么"就足以表达你的疑惑之情。还有的人在答应别人一件事情的时候，常常说："好好好。"其实，说上一个"好"字就足够了。如果你有这个毛病，也得改一下。

第三，同样的言词不可用得太频繁。一般地说，听者总希望说者的语言丰富多彩。我们虽不必像名人那样，字字珠玑，妙语连篇，句句都是深刻精辟的道理，闪耀着哲理的光辉；但也应该在许可的范围内尽量使表述语言多样化，不要把一个词用得太频繁。即使是一个非常新奇的词，如果你在几分钟之内就把它复述了好几次或十几次，那么人们对它的新奇感就会丧失，并对它产生一种厌恶感，进而拒绝接受你的演讲。

第四，要避免口头禅，有些人在交谈中常常不由自主地使用口头禅。诸如“我觉得”、“我以为”、“俨然”、“绝对”、“没问题”等，这类口头禅说多了，不仅影响内容的表达，而且还给人一种傲慢、以自我为中心，逻辑不严密的印象。因此，这类口头禅应尽自己最大努力去克服。

第五，要避免使用粗俗的词。常言道：“言语是个人素质、修养的衣冠。”一个相貌堂堂，看上去颇为不错的人，如果出口成“脏”，那么别人对他的好感就会消失殆尽。其实，这些人中的相当一部分并非学问、本质不好，只是在追求语言的新奇和俏皮的过程中染上了这种难以更改的坏习惯。试想一想，在一个初次交往的人前，你若说了句粗俗的话，他就会认为你是一个粗俗不堪没有修养不可交往的人。

第六，不要滥用术语。如果听众不是专业人员，你却大量使用专业术语，给人一种故弄玄虚的感觉。诸如满口“一元论”、“二元论”、“沙文主义”等术语，不熟悉的人会感到厌倦，而熟悉的人则会认为你卖弄学识、非常浅薄。

二、旁征博引的技巧

所谓“援例”就是通常所说的“用例”或“举例”，以事实证明自己的观点。

有经验的演说者在演说时经常举例。这是因为举例既可有效地说明问题，又能使演说内容充实，形式活泼。即常言说的“事实胜于雄辩”。演讲中用例一般应注意以下技巧：

（一）贴切

演讲中举例，是为了达到“证明问题、阐述观点”的目的。因此，举例一定要贴切。举例说明不贴切是在实际演讲中最容易犯的毛病。不贴切的情况一般有三种。

一种是“风马牛不相及”，即例子与要说明的问题毫不相干。例如：想说明女人不应该过分讲究衣着打扮，而举的例却是“天然游泳场中，女人不用穿衣服。古罗马竞技场上女人也是一样赤裸着身体参加比赛。”她们在游泳中裸体与在竞技场中裸体，只是她们特有的习俗，一种独特的风尚，与妇女不必讲究衣着打扮没有必然的联系，她们中的有一些人也有可能是过分讲究衣着打扮。这样的援例如何能为你的观点服务呢？

不贴切的第二种表现形式是“以己之矛攻己之盾”，即所举的例子与他想要说明的问题自相矛盾。例如，要说明苏联的社会主义比“波兰的修正主义好”，例证却是波兰在修正主义统治下，民不聊生，猪肉和食糖配给制，“市民每人每周只准买两磅食糖和两公斤猪肉”。而当时，苏联已实行了定量供应，一个月供应一斤半猪肉和半斤食糖！这个例子，似乎并不是在说波兰修正主义不好，而是对苏联社会主义的嘲讽。

不贴切的第三种表现形式是“若即若离，似是而非”。即所举例子缺乏针对性。例如，要说明做学问应当讲究恰当的方法，以苦干加巧干达到事半功倍的效果，然而举出的却都是“出大力流大汗”的例子，体现不出“巧”在哪里。想说明“贵在坚持”，可举的却是“在困难的时候要有清醒的头脑”的例子体现不出坚持的重要。这表明演讲人逻辑不够严密，演讲也就失去了其魅力，达不到理想的效果。

（二）新颖

有些事例，本来很好，但你用过来，我用过去，听众听来也就乏味了，觉得你的演讲也不过如此。有人一讲“潜心钻研”就举居里夫人在实验室的事；讲顽强拼搏，就举海伦·凯勒；讲贵在坚持，就举马克思把大英图书馆的地板磨出一道沟，似乎大千世界就这么几个例子可举。举办谈“信仰”的演讲会，居然有十个人争着引用布鲁诺的故事，十次高声演讲“火并不能把我征服，未来的世纪会了解我、知道我的价值的！”有听众马上嘲讽：“演讲者的心肠也太狠了，罗马教皇也不过烧死了一个布鲁诺，而演讲者们一个晚上就烧了十次！”这种“炒剩饭”式的举例，恰好暴露出了演讲者的弱点：知识贫乏，思维迟钝。其实，只要真正留心，现实中和历史中生动感人的事例何止千万。

（三）典型

典型事例与一般事例不同。一般也能说明问题，但毕竟“一般”不可能最有说服力，更不会引起强烈反响，留下深刻的印象。而典型事例则是最生动、最有说服力的。事例一出口，道理就昭然若揭。这种事例，源于生活，能深刻反映生活本质和深层的生活哲理。但这种事例往往被一些貌似平凡的表面现象所掩盖，非潜心发掘不可。

（四）具体

举例是为了证明观点，要想观点明确，就必须使例子生动、形象，具有说服力。如在讲“学习专心认真”这个道理时，你就不能举这样的例子：某某同学学习不专心，所以没考上高中；后来，学习专心了，所以获得了成功，成了引人注目的人物。你也许的确知道这位同学后来是怎样专心致志的，但听众不知道，而这正是他们想知道的。所以应该这样说：赵小兰平时学习不专心，老师在上面讲课，她在下面看小人书；老师要大家练习，她没写几笔就叠纸人去了，所以成绩不好，连高中也没考上。这时她爸爸责备了她，同学们讥笑她，她心中难过极了，一个人不知偷偷哭了多少场。后来一个偶然的机会，她参加了市业余无线电俱乐部，学习收发报。这回她接受教训了，别人将收发报当做业余爱好，她却全身心投入，上课时专心听讲，课后反复练习，她一边走路一边动指头地练按键。一边吃饭，也一边练。有时睡梦中，还在练。她完全生活在“滴滴嗒嗒”的世界里，简直入了迷。一次祖母要她擀面条，做这工作时要两手一起用，没法练习按键了，可是等祖母来拿面条时，发现桌上只有面片，面片上全是坑坑洞洞，像蜂窝一样，原来孙女又在刚擀好的面片上练起来了。后来赵小兰终于取得了市级比赛第二名。

这种举例，不但有概括的叙述，而且有细节的描写，这些细节具体、生动，既能传神地刻画人物，又能有力地证明“专心致志”与“取得成绩”的关系，于是给听众留下了比较深刻的印象。因此，在演讲举例时，不仅要典型，而且要具体生动。要想具体生动，必须有一定的典型细节描绘。

（五）有趣

演讲，是为了影响人。首先必须吸引人，才能影响人。教学要讲究“寓教于乐”，也有人说过：“兴趣是最好的老师。”这样既营造了一个轻松愉快的氛围，又是听众感兴趣的事。这样就很容易让人接受你的观点。剧作理论上也有这样一个法则：一折戏“从头到尾都要有趣”。演讲要达到最佳效果，也可根据上述道理，借鉴戏剧的经验，做到“有趣”。如果没有趣味，听众就会感到乏味，你演讲的方法再好，也无法对听众产生影响。让演讲有趣，举有趣的事例是必不可少的。所以，举例时，应尽量选择有趣的典型事例。只有这样，你才能在实际演讲操作中，吸引听众并对他们产生影响，让他们从心底里接受你的观点。总之以上几个方面的内容构成了演讲基本技巧的要素，对于初次进行口才训练的演讲者来说，掌握它的基本技巧是相当重要的，因为在这个过程中需要克服的障碍很多，如果不能抓住关键则势必会影响演讲的效果。

第三节　身体语言的技巧

身体语言是使演讲效果更好的一种演讲技巧。在深入讨论这一问题之前，必须先弄清楚什么是身体语言。

所谓身体语言是通过人体器官的动作或改变某一部分身体形态

来进行情感思想交流的一种符号序列。通俗地说，身体语言是利用身体动作来传递信息从而达到交际手段的。由于身体语言主要由身体型态的变化来表达，因此又有人将其叫做态势语言。

身体语言在人类文明历史发展进程中的地位和作用虽然不及有声语言，但是，身体语言所表达的意义却比有声语言更丰富、更真实。有声语言所表达的各类信息，大多经过了人的理性思考和总结加工，因而大多蕴含着人的意识中更深层次的东西。而以传递人的情绪和欲望为主的身体语言，在大多数情况下是一种无意识的自然动作，它来源于人先天的动物本能和遗传形态，同时也受一定文化习俗的后天熏陶。

学习研究身体语言，至少具有以下几方面的重要意义：

（一）学习各种符合社会规范的身体语言，使个人的身体语言社会化

每个人在婴幼儿时期就开始运用身体语言。最初运用的身体语言具有先天遗传的性质，仅仅表达人的基本感情和原始表情，如喜怒哀乐、饥渴痛痒等。随着年龄的增长，身体语言的学习范围扩大到后天习得的某些社会规范化的类型，如礼貌动作、卫生习惯等。有意识地学习身体语言，将促进个人身体语言的社会化，帮助我们获得社会的认同。

（二）了解他人的内心世界，领会对方表达的深层次心理信息

身体语言比有声语言更能真实地流露出人的情感和欲望。因此，首先在医学、文艺、公安等领域，掀起了研究身体语言及其丰富涵义的热潮。接着，语言学、传播学、美学，特别是各类管理学科，也相继开始关注身体语言而且越来越广泛地对此进行了研究与应用，从而更深入地了解了人的心理和生理，并且更有效地促进了本学科在各个领域中的广泛应用。

（三）帮助人们有意识地运用身体语言，使个人的事业获得成功

绝大多数身体语言是可以通过学习掌握并加以控制的。一旦学

习和掌握了身体语言丰富的内容与各种形式，就能帮助人们从无意识到有意识，从家庭小范围到社会大环境，把握自己的身体语言，让它更有效地为个人生活、工作服务，从而取得成功。在演讲时，身体语言技巧的运用，会直接影响演讲的效果。自然、适度、灵活、优雅是对演讲身体语言的基本要求。在演讲中，身体语言有两种：站姿和坐姿。站姿比坐姿更具有表现力，而坐姿则要把听众的目光吸引到胸部以上，训练起来难度要更大些。

1. 头部语言的运用

如果不是表达的需要，演讲者的头部就一定要避免往一侧偏，也不要抬得过高或垂得过低。因为面对听众时，演讲者在众目睽睽之下会感受到一种“视线压力”，变得怯场。但是，演讲者是不能无视听众视线的。调整怯场心理的办法有两种：一是运用“回避目光法”；二是把自己的视线投向听众中频频点头的人，从而增强演讲的信心。大胆地将视线对准听众，你与听众之间才会营造出一种亲切交流的氛围。

“眼睛是心灵的窗户”说的是人的紧张、疲劳、喜悦、焦虑等各种情绪都会清楚地写在脸上。而复杂的面部表情会让听众留下极其深刻的记忆。如果表情单调、呆板，那么你的演讲也就毫无说服力可言。而且演讲时，表情切忌做作，初学演讲的朋友则要注意避免那些表示羞涩、胆怯或掩饰口误的消极表情。

当演讲内容变化时，头部也应该随之变化以辅助表达不同的情感。当表示希望、请求、祝愿和思索时，你可以把头部微微抬高，同时视线也随着上升；当表示羞怯、谦虚、内疚和沉痛时，你则要稍稍低头，视线下垂；演讲时，你的头部向前，表达的是同情和倾听，你的头部偏向侧方，则表现的是高傲和自信，等等。请记住，一定要根据内容来确定头部的不同状态。

此外，头部的运动也不能太频繁，幅度也不宜太大，而是要自然。自然的头部运动要伴随着颈部、背部和腰部的运动，并且要互相和谐一致。如鞠躬敬礼时，低头应配合弯腰，但不要让听众看到你的头顶。

2. 手势语言的运用

职业演说家通常都要训练自己的手势语言，而非职业演讲者在设计演讲时的身体语言时，考虑得最多的往往也是手。由此可见，手势语言在演讲中的地位是不容忽视的。在演讲中，不同的手势表达不同的情感与意愿。

手心向上常常表示风趣、幽默或坦诚、直率、奉献、许诺等。例如当讲到“从这里，我们又将踏上新的征途，去收获另一个金秋”这类演讲词时，你可以单手手心向上，从胸前缓缓向前方偏上的角度伸出；当说到“此刻，让我们伴随欢快的音乐，跳舞吧！”，你也可以两手手心向上，从胸前往前平伸，左右适度地分开。手心向下一般表示否定、抵制、反对、抑制或消失、宁静等。如当讲到“仁慈的人大声疾呼：‘和平！和平！’但是没有和平”的时候，你的手势语可以设计为两手手心向下，手掌有力而均衡地向两边划开，但肘部的动作幅度不能太大；当讲到“月光洒落在静静的小溪和树林上”这类演讲词时，你的手势语可以是单手手心向下，往前伸，然后从内向外缓缓移动，表现出月夜山野的宁静。

两手分开往往表示分离、消极的意义，可用在演讲词中表达悲伤，消极。如“从此，我们彼此将远隔天涯，在人生旅途上苦苦跋涉”等。

手心向外的竖势姿势总是表示对抗、分隔、矛盾或反对等。例如当讲到“我们从来不吃这一套”时，你可以一只手手心向外或成竖立状，用力向前推出。

握紧拳头表示团结、挑战、信心、警告等。例如，当讲到“我们将用行动向你们证明，我们是好样儿的”这类具有挑战、自信的演讲词时，你可以一只手握拳，拳心向内，有力地在胸前轻微振动。

在演讲时，你还可用双手高举、手掌摊开、掌心面对听众的手势语言来表达自己对听众的谢意。

当然，手势语言的表意非常丰富，在此无法一一列举说明。但对手势语言的基本要求是不变的，那就是：尽量简明凝练，不要多次重复而使演讲失去吸引力，不要喧宾夺主，从而削弱了有声语言的主体地位。

初学演讲者，大多不知双手该往哪儿放合适，那是因为害怕面对众多的听众所造成的。这时，你不妨在演讲开始时，以下列方式来处理两手的位置：一是把两只手轻松自如地垂放在身体两侧，稍有先后之分；一是可以用一只手握住演讲稿或者书本，或者麦克风等物品，这样有助于消除你的紧张，使你的手会放得更自然；三是当你的前面有讲台时，你可以把手轻轻地放在讲台上。其实，当你投入地去演讲时，手就不会不自然了。

初学演讲者的手大多会无意识地做出一些多余的或不雅观的动作，比如挖鼻子、捂嘴巴、摆弄钥匙、抚弄纽扣等，这些都是成功的演讲手势语言所不应该出现的。

3. 身躯语言的运用

在演讲过程中，身躯在大多数情况下是面向听众的。但也不是一成不变的，根据演讲内容的需要，你也可以侧身或后转身，但一定要整个身躯自然协调地运动，而且时间不宜过长。更不要只扭头而不转身，像个木偶。

如果你是站着演讲，不要将身躯倚在墙壁或讲台上。如果你坐着演讲，请不要左右扭动身体，也不要把全身紧靠在讲台上。这些姿势会让人觉得你软弱无力，无修养。

4. 腿、脚语言的运用

在演讲中，站立姿势以你自己感到自然、舒适为最佳。一般说来，这样的姿势是：两脚叉开站立成 45 度角，类似稍息的样子，但身体重心不变。在演讲过程中，你可以稍作走动，或者换换脚，但应进行得自然。运用手势语言时，一般要遵循“步行原则”，即手与脚不能同向，做左手手势时，右脚应在前，而做右手手势时，左脚应在前，这样才会有种平衡感。

采用坐姿演讲时，一般来说都有讲台遮住身体的下半部分，因此你就不需要再为腿和脚的姿势多费心思了。设计腿、脚的动作，应注意避免这几种失误：频繁地走动；一只脚站立时，另一只脚脚尖踮地或不停地屈膝抖动；两脚交叉；把腿压在椅子边上等。

以上谈到的仅仅是演讲时身体语言的一些一般性原则。初学演讲者主要应注意防止消极的破坏性的身体语言的出现，而不必一开始就刻意去追求“一举手，一投足”都要完善和优雅。当演讲成为自己的本能习惯时，你就可以形成自己的身体语言风格，在演讲中展示真正的自我了。

第四节 演讲中的语言技巧

对语言的追求是一个方面，是一种基础，而对语言力度的掌握却远远超过了这种追求，那是如何让语言发挥其最大作用的一种途径，任何需要语言的地方，语言都很难以它最美的形式出现。

——高尔基

与用语言进行交流的任何方式一样，演讲同样需要遵循语言的一般规律。如合乎语法、讲究修辞等。但由于演讲者是在公众场合与众多听众进行面对面的直接交流，因此演讲更讲究视听结合的效果、情感参与的作用和临场应变的能力。

（一）形象、个性、口语

使听众的视觉愉悦，那么你的观点就更容易让听众接受。为了使演讲效果更好，演讲者除了应注意自己的外在形象和手势语言外，更应注意的是，演讲者要善于将抽象的哲理物化为活动的景象，让空洞的说教转化为鲜明的画面。

演讲要做到形象化，运用比喻和打比方是最有效的手段。如蔡顺华的题为《小狗也要大声叫》的演讲：

各位朋友，到这个讲坛演讲的，应该是曲啸、李燕杰、邵守义那样的大人物。我这个嘴上无毛的青年人站在这里，很不般配哟。（停顿，提高声调）

不过，我很欣赏契诃夫的一句名言：“世界上有大狗也有小狗，小狗不应因为大狗的存在而慌乱不安，所有的狗都要叫！”小狗也要大声叫——就按上帝给的嗓门叫好了！今天，我这个自信的“小狗”，就来大胆地叫几声。

这新颖滑稽的开场白引起观众注意后，蔡顺华简单阐释了契诃夫比喻的本意，又很快从“小狗叫”引入了正题：

试想，一个单位、一个部门、一个地区乃至一个国家，倘若只充斥着极少数名家、权威和当权者的声音，虽不算“万马齐喑”，但群众，尤其是最富有创造力的年轻人的智慧和声音被压抑了，哪里会有真正的“九州生气”？

蔡顺华的演讲结尾更是围绕着“小狗叫”作了如下结论：

那些腹有经纶但阴柔有余、阳刚不足的奶油小生是不敢“叫”的；那些虽“嘴上无毛”但已深谙“出头椽子先烂”等世俗哲学的平庸之辈也是不敢“叫”的；响亮而优美的“叫声”，往往发自那些有胆识的开拓者与弄潮儿。如果我国的第一位“小狗”都发出了自己的“叫声”，那么地球也会颤抖的！

蔡顺华的演讲，通篇利用了“小狗叫”这生动、新奇又幽默的比喻，贯穿始终，使听众在轻松的气氛中接受了一个普通而又严肃的话题。使演讲通俗形象，道理深入浅出，还可选用生活中的实例来证明论点。

某些演讲需要运用数据说明问题，但仅仅把一连串枯燥的数据抛向听众，就会影响现场活跃的气氛。

要想不理会充满形象的演讲，就好像要求歌迷对自己心中的偶像在舞台上精彩的表演不能喝彩。法国哲学家艾兰曾说：“抽象的风格总是差的，在你的句子里应该充满了石头、金属、椅子、桌子、动物、男人和女人。”这就道明了应选用形象化的语言。

世界上没有个性完全相同的两个人，就如世界上没有完全相同的两片树叶一样。演讲者曾力求演讲出自己的风格，创造出独特的“讲”。每个演说家都有自己的风格。如鲁迅先生是分析透彻、外冷内热、富于哲理的演讲风格；郭沫若先生是热情洋溢、奔放跌宕、文辞富丽的演讲风格。这就是继形象化后的又一演讲技巧——

个性化。

演讲的个性与演讲者自己的个性密切相关。每个人的个性形成与人的性别、年龄、生活环境、生活经历、文化修养、气质、职业等因素有关。如一位女药剂师在第一次品尝啤酒时，脱口而出："哎哟，就像喝颠茄合剂一样！"女药剂师的职业敏感使她把啤酒和颠茄合剂联系在一起，而不像一般人把啤酒比喻为潲水。

当演讲者的个性与演讲词的风格不一致时，演讲者的演讲是很难动情的，也很难感染人。演讲者文化层次很低，大谈一些极其深奥的哲理，只能是囫囵吞枣地背诵，而即使背诵出来也只显得极其牵强；平时很严肃的演讲者，生硬地念充满幽默情趣的演讲稿，总会显得不伦不类。与其这样，不如用符合自己气质、个性的语言进行演讲。

演讲风格的个性化还体现为演讲中所涉及人物的个性。对于演讲中涉及的人物个性不应是一种平白的交代，而要通过生动刻画、语言模拟等手法充分展现。

某些演讲，即使对其立意和材料挑不出毛病，而且从某种意义上来说，还是绝妙好词，但就是不能给观众留不下深刻的印象。原因何在呢？其根本就在于演讲者没有把握住演讲词的风格，或者演讲者的个性与演讲词的风格迥异。演讲并不是任何人拿着演讲稿上台照念一遍就行了，还要注意其鲜明的个性，适当采用语言模拟、神态模仿等手段。

在演讲中，不仅要注意语言的形象化、个性化，还要注意演讲语言通俗易懂。若要使每一句话都深入人心，这就必须讲求语言的口语化。听众是否清晰地接受了演讲者的话还是演讲是否成功的先决条件。

演讲语言不同于书面语言，听众在现场中不可能有余暇去理解某些生僻的词语和隐晦的意思，更不可能像阅读文章那样进行多次的反复领会。口头语言的接受特点就决定了演讲语言的特点既要清楚明白、生动形象，同时又具有较强的感染力。

文化层次较高的演讲初学者，往往容易写成很书面化的演讲词。如以下的两段演讲词摘录：

1.《阳光是一种语言》

早晨，阳光以一种最透彻、最明亮的语言与树木攀谈。绿色的叶子立即兴奋得颤抖，通体透亮，像是一页页黄金锻打的箔片，炫耀在枝头。阳光与草地上的鲜花对语，鲜花便立刻昂起头来，那些蜷缩在一起的忧郁的花瓣，也迅速伸展开来，像一个个恭听教诲的学子。

我们的学校便是阳光的象征，它是一座充满生机与活力的“阳光大厦”，而我们则是等待着阳光笑容与照耀的鲜花，一群朝气蓬勃的阳光学子。

然而有时明朗的日子，我们不会留意阳光；普照的阳光，有时像是对大众演讲的演说家，我们不理解，这正如学校安排的每一次计划，我们不能全部理解；学校对双休日时间作出的合理调整，有些同学不理解一样。面对阳光的语言，我们仿佛充满了疑惑与不解。

但这次是我们错了。殊不知，阳光动听的声音，却是响在暗夜之后的日出，严寒后的春天及黑夜到来前的黄昏。这些时候阳光都会以动情的语言向你诉说重逢的喜悦，友情的温暖和那因多少失败的磨炼后收获的成功。阳光一直在无微不至地关怀着每一朵鲜花，每一棵小草，争取以自己最明亮、灿烂的笑容面对这可爱的生灵。

2.《母爱无边》

春天已经悄悄地来到我们身边，春风轻轻地吹红了花，春雨也静静地润绿了叶，朝气蓬勃的我们正像那红花绿叶一样鲜活一样有生命力，而又有谁曾想到过是谁做了那春风春雨默默地滋润着我们呢?

阅读了这两段演讲词后，可以感觉到演讲者确实煞费苦心。《阳光是一种语言》侧重于宣泄内心的情感体验；《母爱无边》则努力追求感情。但是，这两段演讲词的演讲效果都不好：听众都会因迷失在众多的长句和深刻的思辨之中去而无暇接受演讲者的观点。抛开其他方面的缺陷不说，这两段演讲词书卷味很浓，更适合“看”而不适合听。

对于初学演讲者来说一定要掌握书面语和口语的分寸。如果不是为了特别的修辞需要，写演讲词时，须遵循以下几条建议：

第一，尽量使用短句，少用长句，以保持语意之间足够的停顿；

第二，尽量使用清晰明快、言简意赅的语词，少用生僻、晦涩的古词或专业性强的术语。毛泽东的《矛盾论》就是简明的例子：

为什么鸡蛋能够转化为鸡子，而石头不能转化为鸡子呢？为什么战争与和平有同一性而战争与石头没有同一性呢？为什么人能生人不能生出其他的东西呢？没有别的，就是因为矛盾的同一性要在一定的必要条件之下。缺乏一定的必要条件，就没有任何的同一性。

毛泽东选用了最通俗易懂的词语，使深奥的哲学问题变得简单明了。

“体面”与“堂皇”、“驼背”与“佝偻”、“寒冷”与“凛冽”等几组近义词或同义词，每组的后一个词语更书面化，能体现使用者的文化素养，但在一般情形的演讲中，使用后一个则不如前一个。而你若面对的是文化素质极高的听众，那使用后一个的效果可能会更好些。因此演讲语言的使用原则必须根据具体情况而定。

要使演讲语言达到一个完整的统一体，就必须同时具备形象化、个性化、口语化三个条件，因为它们彼此之间存在着必然的联系而不是静止孤立的。任何一个演讲者如果考虑到了这三个因素的重要性，并运用到演讲中，那他就具备了成为一个成功的演说家的先决条件。因此，对于初学者来讲，切不可想当然而为之，要把理论的学习和实践结合起来才能达到演讲成功的彼岸。

（二）幽默、迂回、悬念

在《演讲入门》中约翰·哈斯灵写道：“幽默是演讲者与听众建立友好关系的最有效的手段之一。当你讲得听众眉开眼笑的时候，他们也就主动地参与了思想交流的过程。”哈斯灵总结了幽默在演讲中的作用：建立友好关系和促进思想交流。幽默的运用很讲究技巧与方法，下面简单介绍几种构成幽默的方法：

1. 故意夸张法

丰富的想象可表现为夸张，夸张就是扩大或缩小事物的形象、特征、作用，以强化语言的表现力，可构成幽默。

美国总统里根在竞选演讲中曾这样抨击物价上涨：

夫人们，你们都知道，最近，当你们站在超级市场卖芦笋的柜台前，你们就会感到，吃钞票比吃芦笋还便宜一些。

你们还记得当初你们曾经认为没有什么东西可以代替美元吗？而今天美元却真的几乎代替不了什么东西了！

里根通过对美元贬值的夸张，激起选民们对物价上涨的强烈不满，对当政者的不满，从而达到选民们支持他的目的。

2. 去“包袱”法

中国相声常用“设包袱”、“抖包袱”来构成幽默。演讲可以借鉴相声“丢包袱”这一表演手段，通过风趣的解答构成幽默。

3. 移花接木

当甲乙环境互换和甲乙词语互换时，都有令人捧腹的幽默效果。在《论男子汉》的演讲中，演讲者就大量运用了“大词小用”（移花接木）幽默法：

我选择了这样一个演讲题目《论男子汉》（掌声）。掌声证明了，这是一个真正时髦的问题（掌声、笑声）。广大的女同胞和男同胞，都在积极地做这一时髦的促进派，呼声渐高，浪头一天比一天大，标准一天比一天高，要求一天比一天严，大有让所有的男性公民脱胎换骨、重新做人之势。著名演员刘晓庆说：“做女人难，做一个名女人尤其难。”我说，做男人难，做一个男子汉尤其难也。（笑声、掌声）……而要成为一个男子汉，最能立竿见影的，大概就是所谓的物理方法了：穿一双中跟鞋，增加些“海拔高度”；（笑声）留一撮小胡子，显出些粗犷；着一条牛仔裤，添几分潇洒……

“脱胎换骨、重新做人”、“所谓的物理方法”、“海拔高度”等词语，大大增强了演讲的幽默效果，为演讲掀起了一个又一个的高潮。

4. 如实陈述

对生活中的可笑之事，照原样讲述，就能达到幽默效果。

有一位著名演讲家在一次演讲中，就运用了如实陈述的幽默法：

一个机关请我去讲一讲机关的常用文，即怎样写总结、简报、调查报告等。上课时，我就当众读了一些文章中的病句……其中有个表扬老师傅的：“某某从苦水中长大，对党一直十分热爱，长期的耿耿于怀。”再一个“某某同志逝世了，我们全厂同志化悲痛为力量，真叫做穿着孝衣拜天地，悲喜交加”……

这样的如实陈述，使听众席上的气氛极为活跃，于是演讲也就不难成功了。在幽默技巧的运用中，要注意，材料和语言不能庸俗、低级；幽默要紧扣主题，分量适当，切莫喧宾夺主。

当然在演讲中通过幽默与听众建立友好关系和促进思想交流的方法远不止以上四个方面，一个成功的演讲家往往能即兴通过幽默调动听众的思想感情，而且做得恰到好处。读者必须明确真正的幽默是来源于广博的知识和敏锐的洞察力，而并非哗众取宠。

有时演讲者并不直接阐明演讲主题而是以说反话、先贬后褒等手法，迂回达到演讲主题，这就是所谓的迂回法。这种手法往往能达到“山重水复疑无路，柳暗花明又一村”的演讲效果。

5. 悬念法

所谓悬念法就是指在演讲过程中提出一个听众极为关心的问题后，并不解答，听众又急于想知道问题的答案，从而调动听众的兴趣，让听众参与到演讲中去。设置悬念是一种有效的演讲方法。某大学举办写作知识讲座，老师在讲到细节描写时，首先设置了一个悬念：“请问同学们，男生和女生回到宿舍时，摸钥匙开门的动作有什么不一样呢？”听讲的学生立即活跃起来，有的小声议论，有的抢着回答，有的干脆模拟自己回宿舍找钥匙的动作。主讲教师接着说："据我观察，大多数的女生在上楼梯时，手就在书包里摸摸索索，走到宿舍门口，凭感觉捏住一大串钥匙中的那一片钥匙，往锁孔里一塞，门就打开了。而大多数的男生呢？他们匆匆忙忙地跑到宿舍门口，'砰'的一脚或一掌，门不开，于是想起找钥匙，把钥匙片往锁孔里一塞，打不开，原来钥匙片又摸错了。"

这一番描述，引起了同学们会意的笑声。教师于是又总结道："把男女生回宿舍摸钥匙开门的动作描述出来就是一处细节描写，而细节描写的生动又来源于对生活的细致观察。"这位教师先巧设悬念，让学生积极参与到这个讲课的过程，然后再利用解答悬念抛出知识点，取得了很好的教学效果。

1918年11月，在第一次世界大战结束后，李大钊先生在北京学生的集会上，发表了著名的演讲《庶民的胜利》：

我们这几天庆祝胜利，实在是热闹得很，可是胜利的究竟是哪一个？我们庆祝，究竟是为哪个庆祝？我老老实实讲一句话，这回取胜的，不是联合国的武力，是世界人类的新精神，不是哪一国的军阀或资本家的政府，而是全世界的庶民。我们庆祝，不是为哪一国或哪一国的部分人庆祝，是为全世界的庶民庆祝，不是为打败德国人庆祝，而是为打败世界的军阀主义庆祝。

李大钊先生利用悬念引起听众的深思，然后再深刻地揭示这场战争胜利的伟大意义。这比枯燥的说教更能震撼观众。

第八章

突发状况的处理

第一节　如何面对自身失误

一次，里根总统在白宫钢琴演奏会上讲话时，夫人南希一不小心连人带椅跌落在台下地毯上，观众发出惊叫，但是南希却灵活地爬起来，在众多宾客的热烈掌声中回到自己的座位上。正在讲话的里根看到夫人并没有受伤，便插入一句俏皮话："亲爱的，我告诉过你，只有在我没有获得掌声的时候，你才应该这样表演。"

只要把握得当，戏谑调笑的化解法大多数人都拒绝不了它的"攻效"，因为它能使人开怀大笑，舒展情绪，在笑声中淡化尴尬与窘迫。

一、主动调侃自己

当我们与别人交往时，由于我们的过失，造成谈话中间出现了难堪，这时我们不要责备他人，还是找找自己的责任，采用自我调侃的方式低调退出吧。

当我们由于自己的原因，造成尴尬时，最好的办法就是：不要死要面子活受罪，可以采用自我调侃的办法，来得真诚一点，表达自己真诚的歉意，而对方也不会喋喋不休地责备我们，相反还会因为我们的真诚，一笑而置之。

然而，当由于他人的原因甚至恶意使你陷入窘境时，逃避嘲笑并非良方，而你殚精竭虑地力图反击，很可能会遭到对手更多的嘲讽，不如来个180度大转变的超脱。这种超脱既能使自己摆脱狭隘的自尊心理束缚，又能使凶悍的对手“心软”下来。

当然，大多数人制造尴尬都不是恶意的，而是出于不小心，这时候，如果你过分掩饰自己的失态，反而会弄巧成拙，使自己越发尴尬。而以漫不经心、自我解嘲的口吻说几句取悦人的话，却可以活跃气氛，消除尴尬。

在尴尬的场合，运用自嘲能使自尊心通过自我排解的方式受到保护。而且还能体现出说话者宽广大度的胸怀。

尴尬场合，运用自我调侃可以平添许多风采。当然，自我调侃要避免采取玩世不恭的态度。具有积极因素的自我调侃包含着自嘲者强烈的自尊、自爱。自我调侃实质上是当事人采取的一种貌似消极、实为积极的促使交谈向好的方向转化的手段。

二、找个化解尴尬的“台阶”

在社交活动中，能适时地为陷入尴尬境地的对方提供一个恰当的“台阶”，使对方免丢面子，算是处世的一大原则，也是为人的一种美德，这不仅能获得对方的好感，而且也有助于自己树立良好的社交形象。否则对方没能下得“台阶”而出了丑，可能会记恨终生。相反，若注意给人“台阶”下，可能会让人感激一生。是让人感激还是让人记恨，关键是自己在“台阶”上不陷入误区。

外圆内方的人，不但尽量避免因自己的不慎而使别人下不了台，而且还会在对方可能不好下台时，巧妙及时地为其提供一个“台阶”。这是因为他们在帮助别人“下台”时，掌握了正确的方法。

（一）不露声色搭台阶

心理学的研究表明，谁都不愿把自己的错处或隐私在公众面前“曝光”，一旦被曝光，就会感到难堪或恼怒。因此，在交际中，如果不是为了某种特殊需要，一般应尽量避免触及对方所避讳的敏感区，避免使对方当众出丑。必要时可委婉地暗示对方自己已知道他的错处或隐私，便可对他造成一定的压力。但不可过分，只需“点到为止”。

既能使当事者体面地“下台阶”，又尽量不使在场的旁人觉察，这才是最巧妙的“台阶”。有一则报道很能启发人。在广州一著名的大酒家，一位外宾在吃完最后一道茶点后，顺手把精美的景泰蓝食筷悄悄“插入”自己的西装内衣口袋里。服务小姐不露声色地迎上前去，双手擎着一只装有一双景泰蓝食筷的绸面小匣子说：“我发现先生在用餐时，对我国的景泰蓝食筷颇有爱不释手之意。非常感谢你对这种精细工艺品的赏识。为了表达我们的感激之情，经餐厅主管批准，我代表酒家，将这双图案最为精美并且经过严格消毒处理的景泰蓝食筷送给你，并按照大酒家的‘优惠价格’记在你的账上，你看好吗？”那位外宾当然明白这些话的弦外之音，在表示了谢意之后，说自己多喝了两杯“白兰地”，头脑有点发晕，误将食筷插入内衣口袋里，并且聪明地借此“台阶”，说“既然这种食筷不消毒就不好使用，我就‘以旧换新’吧！哈哈哈。”说着取出内衣口袋里的食筷恭敬地放回餐桌上，接过服务小姐给他的小匣，不失风度地向付账处走去。如果服务员想让这位外宾“出洋相”真是太容易了，但她没有那样做，而是委婉地暗示对方的错处。外圆内方的人往往都会这样不动声色地让对方摆脱窘境。

（二）增光添彩设台阶

有时遇到意外情况使对方陷入尴尬境地，这时，外圆内方的人在给对方提供“台阶”的同时，往往会采取某些妥善措施，及时给对方的面子上再增添一些光彩，使对方更加感激不尽。

此外，还有顺势而为送台阶法和挥洒感情造台阶法。

顺势而为送台阶法，就是依据当时当场的势态，对对方的尴尬之举加以巧妙解释，使原本只有消极意味的事件转而具有积极的含义。

挥洒感情造台阶法，就是故意以严肃的态度面对对方的尴尬举动，消除其中的可笑意味，缓解对方的紧张心理。

人人都有下不来台的时候。学会给人下台阶，既可以缓解紧张难堪的气氛，使事情得以正常进行，又能够帮助尴尬者挽回面子，增进彼此的关系。要达到这样的目的，我们应系统地学会使用以上技巧。

第二节　如何面对刁难者

在社交或公众场合，有时我们会遇到别人有意无意地抢白、奚落、挖苦、讥讽，这时该怎么办？有随机应变能力的人，能调动自己的智慧，化被动为主动，使尴尬烟消云散。“兵来将挡，水来土掩”，你可视不同的对象选择不同的应付办法。

一、仿拟话语

仿照对方讽刺性的话语形式，制造出一种新的说法，将对方置于一种反而不利的位置上，从而使对方落入“聪明反被聪明误”的自造的陷阱中。

丹麦著名童话家安徒生一生俭朴，常常戴一顶破旧的帽子在街上溜达。一次，一个富翁嘲笑他说：“你脑袋上边的那个玩意儿是个什么东西，能算是一顶帽子吗？”安徒生马上回敬了一句：“你帽子底下的那玩意儿是个什么东西，能算是个脑袋吗？”

对方本想嘲笑安徒生服饰破旧寒酸，不想反被安徒生嘲弄了一番。安徒生仿拟对方的话语形式，改换了几个字词，便辛辣地讽刺了对方的愚蠢卑鄙，空长一副脑袋。

二、歧解语义

它是指故意将对方讽刺性的话做出另一种解释，而这种解释又恰巧扭转了矛头，指向对方，这等于让对方自己打了自己的嘴巴。

普希金年轻时并不出名。一次，他在彼得堡参加一个公爵举行的舞会。他邀请一位年轻漂亮的贵族小姐跳舞。这位小姐傲慢地看了普希金一眼，冷淡地说：“我不能和小孩子一起跳舞！”普希金不但不生气，反而微笑着说：“对不起！我亲爱的小姐，我不知道您正怀着孩子。”那位贵族小姐一听顿时羞得满脸赤红。

普希金在这里就是歧解了语义，把“小孩子”偷换成贵族小姐“已有身孕”，因而才不能和别人跳舞。

三、以毒攻毒

当对方用恶毒的话攻击你的时候，不妨顺水推舟，借他的话回敬对方。

1914年9月2日英德两方谈判时，德国首相提出：“你们是否要为一张废纸（指保证比利时中立的休约）和我们开战？”乔治对于这样的提问没有辩解或回避，而是做了这样的演讲：

在座诸位没有人比我更不情愿、更反感地看到我们被卷入一场大战的前景了。在我的政治生涯中，我一直抱着上述的态度。没有人会比我更坚信，我们不可能既避免这场战争的发生，又不使我国荣誉受到损害。我完全清楚，历来一个国家如卷入战争，就必然要乞灵于荣誉这个堂而皇之的名义。

不少罪行都是在荣誉的名义下犯的。现在就有些犯罪活动正在进行。然而，国家的荣誉毕竟是一个客观存在的现实，任何国家无视这个现实，都是注定要灭亡的。为什么这场战争牵涉到我国的荣誉问题？这是因为我们承担着光荣的责任，要保卫一个弱小邻国（指比利时）的独立、自由与领土完整。这国家很弱小，不可能强迫我们这样做。但是如果有人因债权人太穷，无力强迫他还债，便拒绝清偿债务，此人便是一个卑鄙的恶棍。

我们郑重地签订过一项保卫比利时的条约，但是在条约上签字的不仅是我们。为什么奥地利和德国不履行条约规定他们应守的义务？有人提出我国引用这项条约纯粹是借口，说我们施诡计、要手腕，有意掩饰我们对更为文明发达的国家的妒忌心，我们正企图摧毁这个国家。我们对此的回答是我们在1870年的行动。当时我们也曾呼吁法国和普鲁士遵守这项条约。

那时比利时的最大威胁来自法国而不是德国。我们要求德、法两个交战大国同时声明他们无意侵占比利时领土。俾斯麦怎样回答呢？他说，既然有生效的条约，向普鲁士提出这样一个问题，便是多此一举。法国也作出了类似的回答。在布鲁塞尔市政府给维多利亚女王的一份著名文件中，比利时人民对我们干预此事表示了感谢。1870年，法国军队在比利时边境受到普鲁士炮火的严密封锁，断绝了一切突围的出路。唯一的办法是破坏比利时的中立，进入比利时国境。但当时法国人情愿灭亡与屈辱，也不愿破坏条约。当时法国皇帝和将军们以及成千上万英勇的法国人宁愿被俘，也不愿国家声誉受损。在撕毁条约有利于法国的时候，法国没有这样做。但今天，撕毁条约有利于德国，德国却这样做了。

她以一种侮慢的态度公开承认这一点，她说条约只是在有利于你时才对你有约束力。德国首相说，条约不就是一张废纸吗？你们身上有没有带着5镑的纸币？带着印刷精美的小张1镑纸币？要是有的话，烧了它吧。还不是几张废纸！它们是用什么造成的？残片碎布罢了！可是它们价值几何？价值不列颠帝国的全部信誉啊！几张废纸！这几个星期我一直在和几张废纸打交道。我们发现全世界的商业突然停顿下来，机器停止了运转。为什么？因为商业机构是由汇票来推动运转的。我也见过一些汇票，破破烂烂，皱皱巴巴，上面乱涂乱画，斑斑点点，肮脏不堪。但是这些废纸却开动了载满千万吨珍贵货物的巨大海轮，往返航行于世界各地。这些废纸后面的动力是商人的信誉。

条约是代表国际政治家信誉的货币。德国商人和世界上任何其他国家的商人一样有着同样诚实正直的名誉。但是如果德国货币贬值到和她的政治家的信誉一样的水平，那么从上海到瓦尔帕莱索，再也没有一个商人会对德国商人的签字看上一眼了。这就是所谓一张废纸的理论。这就是伯恩哈迪公开宣扬的理论：条约只在有利该国时才有其约束力。这关系到一切公共法律的根本问题。这样走下去，就直通野蛮时代了。正如你嫌地球的磁极妨碍了一艘德国巡洋舰，便把它除去一样，各个海洋的航行就会变得危险、困难，甚至不能航行。如果在这次战争中，这种主张占上风，整个文明世界的机制便要土崩瓦解。我们正在同野蛮作战。只有一个办法能扭转这种情况：如果有哪些国家说他们只在条约对他们有利时才守约，我们就不得不使局势变得只有守约才对他们有利。

四、巧借比喻

巧借对方比喻中的不雅事物，用与此相克相关的事物作比，针锋相对，给以迎头痛击。

例如，达尔文提出进化论以后，赫胥黎竭力加以支持和宣传，并与宗教势力展开了激烈的论战。教会诅咒他为“达尔文的斗犬”。在伦敦的一次辩论会上，宗教首领见赫胥黎步入会场，便骂道：“当心，这只狗又来了！”赫胥黎轻蔑地答道：“是啊，盗贼最害怕嗅觉灵敏的猎犬！”

赫胥黎以比对比，巧妙地戳穿了宗教首领的丑恶本质和害怕真理的面目。

当你面对别人恶意的侵犯时，拥有随机应变的语言表达功力非常重要。在防卫中运用优雅、得体的语言把你的智慧和大度发挥得淋漓尽致。

五、装聋作哑，糊涂到底

“装聋作哑”，就是指对别人的话装作没有听到或没有听清楚，以便避实就虚、猛然出击的处理问题的方式。它的特点是：说辩的锋芒主要不在于传递何种信息，而是通过打击、转移对方的说辩兴致使之无法继续设置窘迫局面，化干戈为玉帛，能够寓辩于无形，不战而屈人之兵。当然唯有具有深阅历的人方能达到这种效果。在人际交往中，这种方式的使用场合很多。

英国前首相威尔逊在一次竞选演讲中，遭到一个捣乱分子的挑衅。演讲正在进行，捣乱分子突然高声喊叫：“狗屁！垃圾！臭大粪！”这个人的意思很明显，是骂威尔逊的演讲臭不可闻，不值得一听。但是威尔逊不理会他的本意，只是报以容忍的一笑，安慰他说：“这位先生，我马上就要谈到你提出的环境脏乱差问题了。”随之，听众中爆发出掌声、笑声，为威尔逊的机智妙答喝彩。

别人的刻薄攻击，不仅可以当做耳旁风，而且还能对其反讥一番，这可是化解尴尬的最好途径。

在人际交往中，有许多场合都可以使用“装聋作哑”的办法，躲开别人说话的锋芒，然后避实就虚、猛然出击。其技巧关键在于躲闪避让的机智，虽是“装作”，正如实施“苦肉计”一样，却一定要表演得自然。

第三节　如何面对冷场

在日常生活和社会交往中，尤其是在比较正式的场合，如聚会、议事等常会出现冷场现象，彼此都尴尬。冷场，在人际关系中，它无疑是一种“冰块”。打破冷场的技巧，就是及时融化妨碍交往的“冰块”。

谈话者之间存在以下几种情况时，最容易因“话不投机”而出现冷场：

1. 彼此不大相识。

2. 年龄、职业、身份、地位差异大。

3. 心境差异大。

4. 兴趣、爱好差异大。

5. 性格、素质差异大。

6. 平时意见不合，感情不和。

7. 互相之间有利害冲突。

8. 异性相处，尤其单独相处时。

9. 长期不交往而比较疏远。

10. 均为性格内向者。

会话出现冷场，双方都会感到尴尬。但只要会话者掌握住了破“冰”之术，及时根据情境设置话题，冷场是很容易被打破的：

一、要学会拓展话题的领域

开始第一句话要注意的是使人人都能了解，人人都能发表看法，由此再探出对方的兴趣和爱好，拓展谈话的领域。如果指着一件雕刻说："真像某某的作品！"或是听见歌唱就说："很有孟德尔颂音乐的风味。"除非知道对方是内行，否则不仅不能讨好，而且会在背后挨骂的。

如果不知道对方的职业，就不可胡乱问他。因为社会上免不了有人会失业，问他的职业无异于迫他自认失业，这对自尊心很重的人来说是不太好的。如果你想开拓谈话的领域而希望知道他的职业，只能用试探他的方法："先生常常去游泳吗？"如果他说："不。"你就可以问他是否很忙，"每天上哪儿消遣最多呢？"接下去探出他是否有固定工作。如果他回答"是"，你便可加上一句问他平时什么时候去游泳，从而判断他有无职业。如果他说是星期天或每天下午五时以后去，那无疑是有固定工作。

确定了别人有工作，才可问他的职业，这样就可以谈他的工作范围内的事情。如果不知对方有没有职业，或确知对方为失业者，那么还是谈别的话题为佳。

二、巧妙析姓辨名

在气氛不活跃时，可以针对一些人的姓名进行别致的解释，其效果往往会出人意料，从而活跃气氛。在这方面伟大领袖毛泽东同志就很有造诣。

客人初次见面，往往要介绍姓名。毛泽东擅长抓住这一机会，运用他渊博的知识，把客人的姓名作有趣的解析，使交谈一开始就消除了对方的紧张情绪，显得亲切随和，普通干部、群众与这位中国最高领袖间的鸿沟顷刻填平。交谈气氛就更为活跃。

1957年9月，毛泽东到上海，邀见新民晚报社社长赵超构（林放）。赵正因当时的政治风浪而惶惶不安。谁知毛泽东一见赵，就对旁人说："宋高宗的哥哥来了！"他由赵的名字"超构"，机敏地联想到高宗的名字"赵构"。前者既是"超构"，那不就可称作宋高宗的哥哥吗？此话出乎人们意料之外，听者初时为之一愣，细想又能自圆其说，别有一番诙谐之趣，会场里顿时爆发出热烈的笑声。赵超构的思想负担立刻解除了。毛泽东联系历史人物的姓名，对赵超构的名字作“歪解”，让人经过思考后发出了会心的微笑。

20世纪70年代，唐由之初任毛泽东的保健医生，首次见面时，心情很紧张。谁知毛泽东望着唐，反复念着他的名字：“由之，由之……”并问：“你的名字是出自《论语》‘民可使由之，不可使知之’吧？”又说：“你不要按孔夫子的‘由之’去做，而是按鲁迅的‘由之’去做。”随即又抑扬顿挫地哼起了鲁迅的诗句：“岂有豪情似旧时，花开花落两由之……”毛泽东出语成趣，使唐大夫欢笑出声，开始了融洽的交谈。这里，毛泽东“析姓辨名”的方法与上面不同，采取了解析名字出处，并随机发挥的方法。但效果是一样的。

三、风趣接话转话题

在谈话中善于抓住对方的话题，机智巧接答，可以使我们谈话变得风趣，从而使谈话活跃起来。有一个典型的例子：当我们夸奖对方取得的成绩时，总能听到这样的回答：“一般情况”的说法。倘若我们不接着话茬说下去，就有点赞同对方的“一般情况”说法的意思，达不到接话说的目的。可以这样回答：“‘一班’情况尚且如此，那‘二班’情况就可想而知了。”言外之意是说：“你一班的情况才如此的话，我二班的情况就更不值得一提了。”这类搭茬儿，一般是采用谐音、双关的手法，接住对方的话茬，作风趣的转答。

巧妙地接答对方的话茬，可以把原来的话题引向另一个话题，使谈话转变一个角度继续进行下去。

应用篇

第一章

竞选、竞聘演讲

第一节　竞选演讲的适用范围

竞选演说是政治家登上历史舞台的第一步，如美国的总统在通往白宫的路上，时时伴随着演讲。美国总统除最初的几届外，其余的无一不是在竞选中产生，因此，若不具备高水平的口才，绝不可能在四年一度的竞选中战胜对手，也肯定当不了总统。

例如第26任总统罗斯福是一位健谈家。他1945年4月12日在工作中猝然而逝，他生命中最后的工作便是撰写一篇题为《在杰弗逊纪念日上的演说》的准备稿，此稿即是有名的“罗斯福未竟演说稿”，它将长留演说史册。

在竞选活动中，大至一国总统，小至一厂之主、一乡之长，或某个团体负责人，都是有抱负的人一展雄才，此时是表现才干和管理能力的好机会。

例如，一位考进某所经济管理学院的学生在学生会主席竞选大会上演讲。在他演讲之前，几位竞选的同学都谈到自己辉煌的过去。他一上台，向大家问好后，接着讲：

和刚才几位同学不同，我的往事“不堪回首”，也有曾经属于自己的辉煌，但都已经成为渐渐淡漠的记忆。××年夏踏进这方热土的时候，就相信：“抛弃过去，才能够拥抱未来。”告诉自己要诚心待人，自强不息。如今两年时间过去了，在走过的路上或多或少地留下了几许遗憾，但至今不悔的是：真诚待人的自己拥有了那么多真诚待己的朋友，让我常常为得到的支持和关心而感动更愿以自己的真诚与执着加倍地报答别人。

作为经院八百莘莘学子中的一员，我为自己是经院人自豪，也更愿为此负起属于自己的那份责任。这，就是今天我站到这里来的初衷。

记得上届学生会竞选的时候，有位候选人曾经响亮地问自己：“我是该安静地走开，还是勇敢地留下来。”结果，他勇敢地留了下来。今天站在这里，我想告诉大家的是：我真诚希望自己也能够留下来，即使面对失败的苦涩，也不会负气“安静地走开”，因为，我是经院人。谢谢大家！

第二节　竞选演讲稿的写作要求

竞选演讲是竞选者为了实现竞聘目的而发表的演说。竞选演讲的作用主要是制造舆论，推介自身，争取选民。随着我国民主政治进程的加快，这种演讲形式将会被广泛采用、更加显示出它的重要作用。

一、竞选演讲稿的结构

1. 标题。大体有三种形式，一是公文标题法，即由竞选人加文种组成，或由竞选职务加文种组成；二是文种标题法，很简单地标出“竞选演讲”；三是运用正副标题法。

2. 称谓。对竞选主管人员或主办单位的称呼。

3. 正文。首先写清竞选的原因和愿望；然后写明自己所具备的应聘条件，包括学历、资历、政治思想、业务水平等各方面的客观条件；

最后表明自己竞选的决心和信心，请求主管单位考虑。

二、竞选演讲稿的特点

（一）气势要先声夺人

竞选演讲的一个重要特征就是具有竞争性，而竞争的实质，是争取听众的响应和支持。而做到这一点的有效方法之一，就是要有气势，“气盛宜言”。这气势不是霸气，不是骄气，不是傲气，而是浩然正气。有了渊博的才识、正大的精神，以及对党的事业和人民的深厚的感情，作者就不难找到恰当的语言表达形式。

（二）态度要真诚老实

竞选演讲其实就是“毛遂自荐”。自荐，当然应该将自己优良的方面展示出来，让他人了解自己。但要注意的是，在“展示”时，态度要真诚老实，有一分能耐说一分能耐，不能为了自荐成功而说大话，说谎话。

（三）语言要简练有力

老舍先生说：“简练就是话说得少，而意包含得多。”竞选演讲虽是宣传自己的好时机，但也决不可“长篇累牍”。应该用简练有力的语言把自己的思想表达出来。

（四）内心要充满自信

著名演说家戴尔·卡耐基曾说过：“不要怕推销自己。只要你认为自己有才华，你就应该认为自己有资格担任这个或那个职务。”当你充满自信时，你站在演讲台上，面对众人，就会从容不迫，就会以最好的心态来展示你自己。当然，自信必须建筑在丰富的知识和经验的基础上。这样的自信，才会成为你竞聘的力量，变成你工作的动力。

第三节　竞聘演讲的适用范围

竞聘演讲的目的是演讲者为了能够竞争上岗，通过演讲的形式向听众表现自己的形象、阐述自己的理念以及表示自己的决心，从而让听众了解自己，选择自己，最终得以赢得竞聘的胜利。一般的企事业单位的领导或者职员大都是要竞聘上岗的。

竞聘演讲必须客观。竞聘演讲就是在向听众推销自己的活动，这种推销要建立在真诚的基础上，要实事求是，不能弄虚作假，不要做不能实现的承诺。同时竞聘演讲是和其他的竞争演讲者应当在真实客观的基础上进行，要扬长避短展现自己的独特魅力、不进行人身攻击。

第四节　竞聘演讲稿的写作方法

一、竞聘演讲稿的开头方法

竞聘演讲的时间是有限制的。因此，精彩而有力的开头便显得非常重要。有经验的竞聘者常用下面的方法来开头：

（一）用诚挚的心情表达自己的谢意

这种方法能使竞聘者和听众产生心理相融的效果。例如：我非常感谢各位领导、同志们给了我这次竞聘的机会。

（二）简要介绍自己的有关情况

介绍如姓名、学历、职务、经历等个人情况。例如：我叫××，××年毕业于××大学社会学系，××年加入中国共产党，现任社会学教研室副主任。

（三）概述竞聘演讲的主要内容

这种方法能使评选者一开始就能明了演讲者演讲的主旨。例如：我今天的演讲内容主要分两部分：一是我竞聘人事局副局长的优势；二是谈谈做好人事局副局长工作的思路。

（四）竞聘演讲稿的主体内容

竞聘演讲的目的，就是要把自己介绍给评选者，让评选者了解你的基本情况，了解你对竞聘岗位的认识和当选后的打算。所以，竞聘演讲的主体内容应该包括以下几方面：

1. 介绍自己应聘的基本条件

所谓基本条件就是政治素质、业务能力和工作态度等。这一部分实际上是要说明为什么要应聘，凭什么应聘的问题。竞聘者在介绍自己的情况时，一定要有针对性，即针对竞聘的岗位来介绍自己的学历、经历、政治素质、业务能力、已有的政绩等等。并非要面面俱到，而应根据竞聘职务的职能情况有所取舍。

2. 简要介绍自身的不足之处

竞聘者在介绍自己应聘的基本条件时，要尽可能地展示自己的长处，但不是对自身的不足之处闭口不言。请看某竞聘者的表述：

我从没有担任过班干部，缺少经验。这是劣势，但正因为从未在“官场”混过，一身干净，没有“官相官态”，“官腔官气”；少的是畏首畏尾的私虑，多的是敢作敢为的闯劲。正因为我一向生活在最底层，从未有过“高高在上”的体验，对摆“官架子”看不惯，弄不来，就特别具有民主作风。因此，我的口号是“做一个彻底的平民班长”。

3. 表明自己任职后的打算

评选者更关心的还是竞聘者任职后的打算。因此，竞聘者在竞聘演讲时，一定要用简明扼要的语言亮明自己的观点，也就是说，要紧紧围绕着听众关心的热点、难点问题，提出明确的工作目标和切实可行的措施。请看某老干部处副处长职务竞聘人的演讲：

总结我自身的情况，我认为我有条件、有能力胜任副处长的工作。如果我能竞聘成功，我将做好以下几项工作：

首先，协助处长继续做好老干部工作。解决老干部急需解决的问题。如老干部的政治生活待遇问题，老干部的晚年教育问题。

其次，积极组织老干部开展积极健康的文化和健身活动，使他们老有所乐。

第三，积极开展家访工作，特别是要加强对孤寡老人的服务工作，安排工作人员与他们结成帮助对子，使他们感受到组织的温暖。

第四，设立一个处意见箱，了解老人的思想状况，了解他们的需求，并将了解到的情况，及时向局领导汇报，并及时解决问题。

二、竞聘演讲稿的结尾方法

好的结束语能加深评选者对竞聘者的良好印象，从而有利于竞聘成功。竞聘演讲常见的结尾方法有：

1. 表明对竞聘成败的态度。这种方法能使评选者感受到竞聘者的坦诚。例如：作为这次竞聘上岗的积极参与者，我希望在竞争中获得成功。但是，我绝不会回避失败。不管最后结果如何，我都将“堂堂正正做人，兢兢业业做事。”

2. 表达自己对竞聘上岗的信心。例如：我今天的演讲虽然是毛遂自荐，但却不是王婆卖瓜，自卖自夸。我只是想向各位领导展示一个真实的我。我相信，凭着我的政治素质，我的爱岗敬业、脚踏实地的精神，我的工作热情，我的管理经验，我一定能把副处长的工作做好。如果各位有疑虑，那就请给我一个机会，我决不会让大家失望。

3. 希望得到评选者的支持。例如：各位领导、各位评委，请相信我，投我一票！我将是一位合格的处长。

第五节　竞选、竞聘演讲的注意事项

一、目标的明确性

一般说来，在竞聘演讲时，竞聘者向评审人员及听众一要讲清自己的应聘条件，突出自己的优势，并且这种优势足以完成应承担的职务和工作；二要回答“若在其位，如何谋其政”。要在有限的答辩时间内完成上述工作，演讲的总体内容应始终围绕一个目标——岗位职务工作进行，做到目标明确，语不离宗，不可开口千言，离题万里。

二、内容的竞争性

竞聘演讲的全过程，其实是候选人之间就未来推行的施政目标、施政构想、施政方案进行比较与选择的过程。竞聘除了基本素质条件之外，实际上更重要的是施政目标与施政措施的竞争。写作时应在此处压倒对方，只有具备了明确、先进的施政目标，且有切实可行的施政措施来保证，才会取得竞争的成功。

三、演讲的技巧性

竞聘演讲是演讲的一种，也存在演讲技巧问题。它除了要求演讲者具备良好的心理素质和较强的语言表达能力外，还应当充分考虑竞争对手、听众的心态、临场状况等多种因素，用据理力争的方式，巧妙地说明“他不行，我行”，或“他行，我更行”。当然自我推销要有艺术性，切忌为了竞争而贬低对手，所遵循的原则是“唯真唯实，具体可信”。

四、实事求是，言行一致

每介绍一段经历、一项业绩都必须客观实在。给国家做出什么贡献，给单位创造什么效益，给职工提供什么福利等，一定要讲清楚，不能吞吞吐吐，模棱两可。要言而有信，不说过头话。能够办到的就说，办不到的就不要开“空头支票”。

五、调查研究，有的放矢

竞聘演讲是针对某岗位而展开的，因此，写作前必须到招聘单位了解情况，可以通过调查摸底、群众访谈等方式，切实弄清楚单位的历史、现状，尤其对于当前存在的焦点、难点问题及其存在的根本原因要问清查透，力争找到解决问题的最佳途径，以便在演讲时击中要害，战胜对手。

六、谦虚诚恳，平和礼貌

竞聘者是通过答辩实现被聘用目的的，只有给人以谦虚诚恳、平和礼貌的感觉，才能被认可和接受。评审人员及与会者是不会接受狂妄傲慢、目中无人的竞聘者并委以重任的。所以，竞聘演讲词十分讲究语言的分寸，表述既要生动，有风采，打动人心，同时又要谦诚可信，情感真挚。

七、竞职演讲“五忌”

竞职演讲作为一种直抒胸臆、发表政见的重要形式，越来越被党政群机关中层干部竞争上岗和企事业单位工作人员竞聘上岗所广泛应用，成为人们考察一个人综合素质的有效途径。

（一）忌信口开河，杂乱无章

竞职演讲具有较强的针对性和时效性，竞职者必须在事前对要争取的职位作大量的调查研究，全面了解职位特征和胜任这一职位所应具备的素质，在所述的内容上做文章。有些竞职演讲者对自己要竞争的职位，没有一个完整清晰的认识，对一些鸡毛蒜皮的小事翻来覆去地解释，对所应从事的工作，抓不住重点，东扯葫芦西扯叶，自己说不明白，听众也搞不清楚。

（二）忌狂妄自大，目空一切

有的竞职演讲者过高地估计了自己的能力，在谈工作优势时好汉提当年勇，自认为条件优越，某职位“非我莫属”，做好工作不过是“小菜一碟”；在谈工作设想时，脱离实际，来一些“海市蜃楼”般的高谈阔论，极易引起听众的反感。

（三）忌妄自菲薄，过分谦虚

竞职演讲要求竞职者客观公正地评价自己的竞争优势，大胆发表行之有效的“施政纲领”。但有的竞职演讲者却唯恐因自己的“标榜”，而引起评委和公众的不悦，把对自我的认识和评估降到“水平线”以下。这种过分谦虚的表白，不仅不能反映自己真实的能力、水平和气魄，也不利于听者对你做出正确的评价。

（四）忌吐词不清，含混模糊

竞职演讲一般要求演讲者在有限的时间内，言简意赅地把自己的基本情况、工作特点、工作设想向听众娓娓道来。但是有的竞职演讲者却不善于把握演讲的轻重缓急，虽连珠炮式地将整个演讲“一气呵成”，但因吐词不清，或语速过快，使听众不知所云。

第六节　竞选、竞聘演讲如何吸引听众

一、从听众的兴趣入手

以对方感兴趣或引以为自豪的话题展开交谈，在满足对方心理需要的基础上提出自己的请求。

二、先达共识，再提请求

强调某一问题的重要性和迫切性，与对方达成共识，然后顺势就解决此问题提出请求，使对方不好推却。

三、争取获得听众的理解

当我们向听众发表竞选演讲遭到拒绝时，往往会发现对方其实并没有经过深思熟虑，只是因为意气用事或其他一些细小的原因而做出了拒绝的决定，这时候，我们就应当站在第三者的观点上，帮助对方分析其决定，然后再促使其答应我方的请求。

不管你愿不愿意，求别人帮忙总是不可或缺的，所以一定要掌握好求别人帮助时的分寸，以求达到最好的求人效果。

演讲是否成功不仅仅取决于和对方的关系如何，还与我们的语言表达恰当与否有很大的关系。要用商量恳求的语气。语气应柔和、诚恳。使对方感到你有求于他而且尊重他，他才肯帮你。说话要诚实守信。

有的人认为向别人提要求是比较困难的，提不好非但自己难以如愿，还有可能引起对方的不满与误会。其实，只要觉得是合理的要求，就应该大胆地提。当然，要把握住说话的分寸，灵活运用各种技巧。你不妨参照下面的方法：

（一）用幽默的话语暗示对方

动用夸张、比拟等多种手法，把请求用诙谐风趣的话语或动作表达出来，既不破坏对方的心情与兴致，又容易使对方愉快地予以接纳。

（二）以情来说服别人

每个人都是有感情的，向别人提出要求时，以情说服往往能取得好的结果。

（三）通过故事委婉要求

采用讲故事的方式，把自己的观点寓于故事之中，让对方自己去领会。

第二章

就职演讲

第一节　就职演讲的适用范围

就职演讲稿是新当选或连任的政府首脑、地方长官、部门领导以及企事业单位的领导就职时，就怎样处理国内外、地方和部门的政务而发表的演说词。随着时代发展，撰写就职演讲已经成为一种惯例。就职演讲是各级领导干部就职时必不可少的一部分，好的就职演讲可以使领导将来的工作变得顺利，在员工和下属心中树立良好的形象。

大到国家领导人，小到班主任，上任时，都要做一个就职演讲。

就职演讲的内容可以从阐述自己的施政纲领、工作规划、工作的决心来表述，也可以从对员工、下属的要求的希望方面来说，总的来说，就职演讲并不是一个形式，是要说些实在的东西，并且在将来的工作中要贯彻到底的事情，要认真对待。

第二节　就职演讲稿的特征

就职演讲是新任领导面对其职权范围内的所有群众或代表而发表的施政演说。就职演讲是群众对新任领导的第一印象，所以，就职演讲稿的写作必须具备以下特征：

一、对症

就职演讲稿的写作是在深入调查研究的基础上动笔的。是就职者面对现实生活中最需要解决的问题发表见解，其矛头所指必须是该单位的热点、焦点问题，这样才会引起听者的共鸣。

二、真挚

演讲稿中注入了演讲者强烈而真挚的感情，这种强烈的感情以适当方式表现出来，必将产生强大的感染力和号召力。

三、简洁

演讲稿必须简洁。要做到主题集中、突出、层次少而有条理，语言准确洗练，使听众一听就能够明白接受。

四、真实

就职演讲稿要比其他文章更给人以真实亲切之感。演讲内容要真实，要讲真话，讲实话，不能哗众取宠。

第三节　就职演讲的作用

就职演讲目前使用的范围还不广泛，还没有正式作为公文文种列入公文范畴。它的重要作用有：

一、有督促干部实践诺言的作用

各单位的新任领导，在竞职期间，曾就在职工作问题发表看法和诺言。现在他们走马上任，要向群众立下军令状，确立工作目标，表示工作态度，阐明工作措施，并以此对工作的方针目标起安排和指导作用，做到有章可循，心中有数，以便听众和上级领导对其监督和督促。

二、有提高干部素质的作用

领导干部的就职演讲，是对干部各方面能力的综合训练。首先，在准备就职演说时，干部的观察能力、分析能力、逻辑思维能力、形象思维能力均得到充分的调动。其次，在演讲中，干部的口才、语言能力、应变能力、理解记忆能力、表达能力都得到了锻炼。在这一过程中，使干部的思维活跃了起来，聪明智慧发挥出来，各方面素质得到提高，是培养、造就创造性人才的有效途径。

三、有树立威信的作用

干部就职演讲，是在新岗位上要塑造自身形象的开始。俗话说，新官上任三把火，就职演讲的好坏，将直接影响此干部今后在本单位工作的成败。如果这一炮打响了，首先给群众一个良好印象，使群众对你产生信任，那么，干部的威信便树立起来了。这样也就给今后工作打下良好的基础。因此，一定要重视就职演说，要做充分准备，不能草率行事。

四、有自我约束作用

就职演讲要向下属明确自己的良好形象，促使自己在工作中尽职尽责，不能懈怠。时时处处以自己规定的目标约束自己，使自己的工作有所遵循。

五、有桥梁纽带作用

好的就职演讲，能够帮助新任领导建立起一座沟通群众的桥梁，拉近领导与群众之间距离，成为动员和维系群众同心协力搞好本部门工作的有力手段。

第四节　就职演讲稿的写作要求

就职演讲稿目前没有固定的格式和内容要求，但一般由标题、称谓、正文、落款四部分构成。

一、标题

就职演讲稿的标题有多种写法，一般由事由加文种组成。

二、称谓

在标题下顶格书写称谓。演讲者面对的听众一般有三种情况：一是主管单位领导与本单位员工，称谓用“各位领导、全体同志员工”；二是面对的是全体人民代表，称谓用“各位代表”；三是主管单位领导，所属单位员工代表，称谓用“各位领导、各位代表”。

三、正文

就职演讲稿的正文一般由开头、主体、结尾三部分组成。

（一）开头。就职演讲的开头部分，要对领导和群众的信任表示感谢。同时简明扼要地介绍自己就任的原因想法、背景环境、心情感受等。就职演讲将会给大家留下自己在这个职位上的第一印象，因此至关重要。而开头则是关于演讲的第一印象，尤为重要。开头部分能够有特色自然是好，如果没有把握，切不可为了出新而出新，以免弄巧成拙。因此，就职演讲的开头不妨稳妥一点的好，有什么“精彩片段”可以留在主体部分慢慢发挥。例如，一位新当选的县长在他就职演讲的开头说道“今天，是我最难忘的日子、最荣幸的日子，也是最激动的日子。在此，让我向各位人大代表表示衷心的感谢！向在座的各位领导、同志们和全县35万父老乡亲表示崇高的敬意！”这样开篇恳切自然，虽不能给人以“惊艳”的刺激，但还是能给听众以良好的印象和感受。

（二）主体。就职演讲的主体部分应首先简单地介绍演讲者本人的基本情况，对当前形势和环境的分析，对可能存在的问题的解剖，对发展前景的展望。接着明确地表述自己任职期间的施政纲领和思路，以及在这个职位上的长期、中期、短期目标。然后详细地说明短期目标的具体任务、工作方法、考核方式和可能存在的困难。最后讨论工作的价值和完成任务的可行性，并请听众提出意见和思考。

（三）结尾。就职演讲的结尾部分，在感谢领导和群众的信任后，更重要的是展望未来，表示决心，发出号召，振奋士气，给听众以鼓舞和激励，如就职者在演讲结尾时，热情洋溢地说“人心齐，泰山移。各位代表，各位领导，同志们，只要我们同心同德，群策群力，我们的目标就一定会实现，我们的事业就一定会成功，我们的明天就一定会更辉煌！”一个好的就职演讲的结尾，能够使听众有一种热血沸腾的感觉，有想马上跟演讲者一起去做些什么的激情。

另外，就职演讲的场合，一般都比较庄重严肃。但这并不意味着所在的就职演讲者都要板着面孔，更不表示应该打官腔说套话。多说一些通俗风趣的话，远比官样文章更能讨人喜欢。

四、落款

一般是署上姓名和日期。

第三章

述职演讲

第一节 述职演讲的适用范围

述职演讲是组织、人事部门考察、任用干部的一种形式，体现了群众对干部任用、选拔的知情权与监督权；都是干部本人在特定的会议上，面对特定的听众所作的演讲报告；本着对个人、对组织负责的态度，采用自述的方式介绍自己工作方面的情况；写成书面材料上交；有利于干部自身素质的提高，因为写作述职报告或竞聘报告的过程，也是不断学习、完善自我的过程。

写述职演讲的人已经具有某一岗位并在这一岗位上工作了一段时期，即在岗述职。

述职演讲要有鲜明的个性，要报喜也要报忧，要做到全面与重点相结合，要以叙述为主，兼用议论。述职演讲的重点在“述职”，主要讲在一定时期内的任职岗位上做了哪些工作，取得了哪些成绩，存在哪些问题，内容不外乎德、能、勤、绩四个方面，具有总结性和汇报性。

第二节 述职演讲稿的写作要求

一、充分反映出自己在任期内的工作实绩和问题

述职是考评干部的重要一环，也是干部自觉接受组织和群众监督的一种有效形式。干部作述职报告，是为了让组织和群众了解和掌握干部德才状况和履行职责的情况。因此，述职报告应该充分反

映出自己任期内的工作实绩和问题，也即写出自身在岗位上为国家和人民办了什么实事，结果怎么样，有哪些贡献还有哪些不足，包括工作效率、完成任务的指标、取得的效益等等。工作实绩如何，是检验干部称职与否的主要标志，述职人要充分认识这一点，实事求是地把自己的工作实绩和问题反映出来。

二、实事求是地评价自己

对自己的评价要实事求是，不夸大，不缩小，要准确恰当，有分寸，不说过头话、大话、假话、套话、空话。要做到这样，应注意处理以下几个关系：

（一）处理好成绩和问题的关系，就是理直气壮摆成绩，诚恳大胆讲失误。

（二）处理好集体与个人的关系，不能把集体之功归于个人，也不要抹杀了个人的作用，必须分清个人实绩和集体实绩。

（三）在表述上要处理好叙和议的关系，就是以叙述为主，把自己做过的工作实绩写出来，不要大发议论，旁征博引，议论也只是对照岗位规范，根据叙述的事实，引出评价，不能拔高。

三、抓住重点，突出个性

述职演讲，一般宜占用 30 分钟，如果用书面表述，一般以 3000 字以内为宜。因此，表述的内容应抓住重点，抓住最能显示工作实绩的大事件或关键事写入述职报告。凡重点工作、经验、体会或问题等，一定要有理有据，充实具体，而对一般性、事务性工作，宜概括说明，不必面面俱到。抓住重点，突出中心，还应突出自己的特色，突出自己独有的气质，独有的风格，独有的贡献，让人能分辨出自己在具体工作中所起的作用。

四、述职演讲稿的写法

述职演讲稿没有固定的写作模式，根据不同类型和主旨，可灵活安排结构。一般由标题、抬头、正文、落款四部分组成。

（一）标题

述职报告的标题，常见的写法有三种：

1. 文种式标题，只写《述职报告》。

2. 公文式标题，姓名 + 时限 + 事由 + 文种名称。

3. 文章式标题，用正题，或正副题配合。

（二）抬头

对听者的称谓如“各位代表”、“各位委员”、“各位同志”，或“各位领导，同志们”。

（三）正文

述职演讲的正文，由开头、主体、结尾三部分组成。

1. 开头

开头，又叫引语，一般交代任职的自然情况，包括何时任何职，变动情况及背景；岗位职责和考核期内的目标任务情况及个人认识；对自己工作尽职的整体估价，确定述职范围和基调。这部分要写得简明扼要，给听者一个大体印象。

2. 主体

主体，是述职报告的中心内容，主要写实绩、做法、经验、体会或教训、问题，要强调写好以下几个方面：

对党和国家的路线方针政策、法纪和指示的贯彻执行情况；对上级交办事项的完成情况；对分管工作任务完成的情况；在工作中出了哪些主意，采取了哪些措施，作出哪些决策，解决了哪些实际问题，纠正了哪些偏差，做了哪些实际工作，取得了哪些业绩；个人的思想作风、职业道德，廉洁从政和关心群众等情况；写出存在的主要问题，并分析问题产生的原因，提出今后改进的意见和措施。

这部分，要写得具体、充实、有理有据、条理清楚。由于这部分内容涉及面广、量多，所以宜分条列项写出。“条”、“项”要注意内在逻辑关系安排好。

3. 结尾

结尾一般写结束语。用“以上报告，请审阅”、“以上报告，请审查”、“特此报告，请审查”、“以上报告，请领导、同志们批评指正”等作结。

（四）落款

述职报告的落款，写上述职人姓名和述职日期或成文日期。署名可放在标题之下，也可以放文尾。

第三节　述职演讲的主要特征

一、述职演讲的目的

述职，即向主管部门陈述工作情况。《孟子·梁惠王下》一文中说："诸侯朝于天子曰述职。述职者，述所职也。"可见，述职这件事古已有之。所谓述职报告，就是述职人（指各级机关、团体和企事业单位的领导及工作人员）向自己的任命选举机构和上级领导或人民群众述说在一定时期内履行职责情况的书面报告。从述职者本人来说，写述职报告的目的是向组织和群众汇报自己在任职岗位上德、能、勤、绩等方面的情况，总结经验、教训，以便今后更好地工作。从组织部门来说，通过述职报告可以定期了解、分析所使用干部及工作人员的任职情况，从而发现干部的长处和不足，为以后合理选拔、调配干部提供依据。述职报告所要回答的是述职者是否称职的问题。

二、述职演讲的作用

为完善干部考核制度，中共中央组织部曾发出《关于试行地方党政领导干部年度考核制度的通知》。通知中规定，对党政领导干部要进行年度"述职"，"被考核者向各自的选举任命机构和上级领导作个人述职"。领导干部定期向本单位的群众报告履行职责的情况，增加了单位、部门领导集体和领导者个人履行职责情况的透明度，一方面便于群众对干部的个性、品格、德行、才干等方面情况的了解，有利于群众监督评议，有利于考核和使用干部，另一方面也可以增强群众对干部工作中所遇到的困难的理解和谅解，得到群众的支持和信任。

三、述职演讲的种类

述职演讲的分类，可以从几个不同的角度进行划分，因而存在着交叉现象。

（一）从内容上划分

1. 综合性述职演讲：是指报告内容是一个时期所做工作的全面、综合的反映。

2. 专题性述职演讲：是指报告内容是对某一方面的工作的专题反映。

3. 单项工作述职演讲：是指报告内容是对某项具体工作的汇报。这往往是临时性的工作，又是专项性的工作。

（二）从时间上划分

1. 任期述职演讲：这是指对从任现职以来的总体工作进行报告。一般来说，时间较长，涉及面较广，要写出一届任期的情况。

2. 年度述职演讲：一年一度的述职报告，写本年度的履职情况。

3. 临时性述职演讲：是指担任某一项临时性的职务，写出其任职情况。比如，负责了一期的招生工作，或主持一项科学实验，或组织了一项体育竞赛，写出其履职情况。

第四节　述职演讲的注意事项

述职演讲不同于工作汇报，不同于施政演讲，不同于工作总结，也不同于行政公文中的报告。它是总结报告的一种特殊形式，其主要特点在于“述职性”。写作上要注意以下几点：

一、有鲜明的个性

任何文章都有自己的特点，述职演讲这个文种对个性的要求尤为突出。每篇述职演讲都是特定的述职者写的，而由于每个述职者的职务不同，主管、分管的工作各异，思想素质、政策水平、业务能力、工作经验和取得的成绩也都各不相同，因此，在述职演讲的写作中，绝不能千篇一律，千人一面，而要体现出“鲜明的个性”。如果说有些文章（如领导讲话）允许他人代笔的话，那么述职演讲则绝对不可以由他人代笔。在写述职演讲时，要写自己的工作实绩，紧紧围绕自己的工作做文章。我国的领导体制是集体领导下的个人分工负责制。每个述职者，特别是一些领导干部，在撰写述职演讲时，既不能把实绩和问题都归为集体作用的结果，也不可把班子集体的政绩和下属的工作成绩当做自己的工作实绩来写。在行文中，要具体分析个人履行职务的职责与班子整体配合发挥职能的情况，应该突出在集体或下属取得的成绩中自己出了哪些主意，做了哪些组织和协调工作，进行了哪些宏观和微观的指导，帮助制订了哪些规章制度，并进行了哪些有效的监督等。只有这样实事求是、实实在在地去写，才能既突出述职者在工作中的德、能、勤、绩，又能充分展示领导者的领导才华和风貌。

二、报喜也要报忧

写述职演讲，充分展示工作成绩是十分必要的。工作成绩是工作能力、工作业绩的集中体现，述职当然要充分肯定成绩。然而，做工作不可能没有缺点和问题。写述职演讲应坚持一分为二、实事求是的原则，成绩要讲，缺点也要讲，既要报喜，也要报忧。有的人写述职报告，只报喜不报忧，或多报喜少报忧。有的大谈特谈成绩，一味地为自己唱赞歌，对工作中存在的问题和矛盾视而不见，甚至是有意地加以掩饰。这就不是实事求是的态度。产生这类问题的原因是：有的述职者骄傲自满，讲起“过五关”，眉飞色舞，一说“走麦城”，就吞吞吐吐，对自己的工作不能做出客观、公正的评价；还有的述职者怀有某种私心，从个人主义、本位主义出发，有意夸大成绩，掩饰缺点，唯恐缺点说多了会否定自己的成绩。其实，只有既肯定成绩，又不回避问题，报喜也报忧，才能给组织人事部门、领导与群众留下诚信的印象，产生良好的述职效果。

三、做到全面与重点相结合

撰写述职演讲有两个常犯的错误：一是过于求全，生怕遗漏了自己的工作成绩，于是就来了个甲乙丙丁、一二三四，看上去似乎面面俱到，成绩不小，可细一琢磨，就会发现，把所有的工作都“平分秋色”，毫无主次之分。二是过于突出个别政绩，全面工作情况得不到有效反映。事实上，述职演讲的写作目的不是为了评功摆好，而是为了说明是否称职。因此，写述职演讲必须全面而又有重点地把履行职责的实绩和履行职责的能力表现出来。所谓“全面”，就是把全部工作分成几大类，概述所取得的主要成绩，同时，也客观如实地指出工作中存在的问题和薄弱环节。所谓“重点”，就是紧紧围绕“职责”二字，详细叙述几项有代表性的工作业绩。要以“面”反映工作的量和质，以“点”来展示工作的手段、方法和能力。这样，全面与重点相结合，写出来的述职报告就一定能收到较好的效果。

四、以叙述为主，兼用议论

述职演讲的主要表达方式是叙述和说明，即述说自己履行职责的情况，述说自己在职权范围内，做了哪些开拓性的工作。在叙述和说明的同时，也兼用议论这种表达方式，即对自己的任职情况有一定的分析和评估，把感性认识上升到一定的理论高度，总结出带有规律性的东西。当然，这种议论和政论文中的议论不同，它不是架空的，也不能是长篇大论的，而只能是从工作实际出发，画龙点睛的、恰如其分的议论，做到“辞达而已矣”。如果只有叙述没有议论，就会变成罗列现象，堆砌事实；如果议论过多不重叙述，给人的感觉就会是空洞无物，华而不实。所以，写述职演讲一定要把观点和材料统一起来，虚实结合，理论联系实际。

第五节　述职演讲的实际应用

范文：党组书记述职演讲

市人民法院党组书记、院长：

根据××～××年度县（市）区领导班子及领导干部考核工作方案的有关要求，我将××年带班子的主要工作和本人履行职责情况报告如下：

××年，在区委的正确领导下，在区人大及其常委会和市中级法院的监督指导下，在区政府的大力支持和区政协的民主监督下，我和党组一班人以实践科学发展观统领工作全局，以“人民法官为人民”和“服务年”等活动为载体，全面落实“从严治院、公信立院、科技强院”的工作方针，坚持保障当事人的合法权益与有效化解争议并重，依法和谐审判与维护国家法律权威并举，履行审判职责与优化经济环境并行，大力加强和改进审判工作，以公开促公正、以公正促审判、以审判促稳定，充分发挥审判工作在服务辖区经济追赶跨越的保障作用，各项工作迈出了坚实的步伐。我本人在 ×× 年度先后被最高人民法院授予“全国法院网络宣传先进个人”，被市中级法院授予“全市法院优秀领导干部”等荣誉称号。

一、从提升干警工作士气入手，全面加强干部队伍建设

要想保持全市先进行列，实现跨越式发展，就必须有一支能够担当发展重任的高素质干部队伍，就必须在队伍当中营造积极向上的精神，破解难题、迎难而上的勇气，规范标准、稳健务实的作风。

1. 注重提高思想认识，找准问题明确方向。我与党组一班人紧紧围绕队伍现状，提出了“思想大解放、作风大转变、效率大提高、工作大创新”的工作思路。要求全院干警不要停留在过去一年取得的成绩上，而要对照其他先进法院深入剖析自身工作中存在的问题。年初以来，我院先后召开五次标准化对照剖析会，认真查找审判工作中存在的问题和差距。全院上下没有从诸多的历史遗留问题上找原因，而是在自身上，找问题查不足，并全面客观地分析了以往工作的得与失。结合全省政法系统开展的“服务年”活动，不断从思想和行为两个层面上强化干警的服务认识，树立用大局统领司法，用服务体现公信的工作理念，通过开展思想“大换位”，倾听人民群众的司法需求，查找与人民满意标准的差距。干警的服务意识发生了新转变，服务发展措施有了新增加，服务发展能力有了新提高。

2. 注重推进文化建设，提高自信凝聚合力。为提高干警精气神，提高凝聚力，今年 3 月底我院举办了以“深入学习实践科学发展观指导审判工作”为主题的演讲活动。全院 22 名老中青三代法官登台演讲，占到干警总数的 35%。演讲的内容紧紧围绕科学发展观这个主题，涵盖了审判业务、司法警察、行政管理等多个业务部门的工作。通过这次演讲活动，既鼓舞了士气、激励了斗志，又使全体干警对科学发展观与司法审判工作的关系有了更加深刻的理解，区委、区

人大等相关部门的领导出席了这次演讲活动，并给予高度评价。我还组织干警利用节假日和上级开展的各项活动等时机，加强法院楼道文化建设，及时更换宣传图片。尤其在建国六十周年庆祝活动中，专门制作了宣传标语和宣传板，积极营造和谐发展的良好氛围。

3. 注重加强队伍建设，提高廉政勤政意识。我院能够认真学习贯彻执行最高法院下发的“五个严禁”，并专门为每人制作了印有此项内容的随身携带的卡片，时刻警示每名干警。同时按照全省政法系统治理司法领域突出问题的电视电话会议精神、省法院召开的“法官廉政建设工程”推进会议和市委关于在全市开展“讲党性、树新风、优环境、促发展”为主题的作风建设活动，扎实开展党风廉政建设。同时进一步规范机关作风纪律，按照全市开展的“治庸治懒”活动的有关要求，不断加强机关人员管理，早晚实行指纹打卡，每天都要对机关纪律包括庭审纪律进行检查。我能够时时处处做好表率作用，带头在元旦和年三十值班值宿。为全面提升各项工作，经常加班加点。为不影响正常工作，党组会、审判委员会全部改在双休日召开，一次审判委员会研讨案件，开到了晚上十二点。党组成员的亲力亲为，给干警树立了良好的勤政廉政形象。在党组成员的感召下，全院法官的精神风貌焕然一新，有效带动了各项审判工作的全面开展。

4. 注重提升能力素质，打造优秀审判团队。坚持人才强院、从严治院的兴院方针，努力做到以人为本，崇尚知识、尊重人才，建设一支德才兼备、肯奉献、敢负责的法官队伍和法院管理队伍。在加强法学研究的同时，全力打造学习型法官，培养专家型人才，鼓励法官向高学历发展。××年年初，我院荣获全国法院网络宣传工作先进单位。××年上半年发表调研论文50篇，被新闻媒体采纳稿件150篇。我本人撰写调研论文8篇，其中国家级3篇；撰写新闻稿件15篇，其中国家级5篇。在“创建公信型法院”活动全市法院法官业务知识竞赛中，我院六个专业全部进入复赛，民商和审监专业均获得了第一名，院总成绩在全市基层法院中名列第一。

5. 注重推进专项活动，深入开展司法服务。在××年春节前夕全市开展的“一帮一”扶贫活动中，我带领党组成员和中层干部深入辖区贫困下岗职工家中进行慰问，为他们送去了粮油生活必备品，并积极帮助他们解决实际问题。在全国开展的“深入学习实践科学发展观”、全国法院开展的“人民法官为人民”和全省政法系统开展的“服务年”活动中，我积极带领党组班子及一线审判人员深入企业、院校、农村、机关、医院、社区进行调研走访，积极帮助企业和群众解决涉法问题。针对辖区内医院多、医患纠纷多的实际情况，我们组织法官主动深入医院举办了多次专题讲座。根据辖区内院校多、为预防学生犯罪，还专门派法官积极配合院校开展了法制教育活动。重点企业的案件由我亲自担任审判长进行审理，使企业感受到我们在用心服务。同时，我院成立了青年志愿法律服务小组，深入院校、企业、社区等人员密集的地方开展法律宣传，使辖区各界真切感受到了“人民法官为人民”。今年7月27日至30日由中国法院网主办我院承办的“××杯”深入学习实践科学发展观征文颁奖活动暨“人民法官为人民”主题实践活动经验交流研讨会在我市成功召开。我院的各项活动也得到了省市各级督导组的好评。

6. 注重培养身边典型，树立正气激发活力。为了激发团队活力，树立队伍正气，我们加大了树立典型工作的力度。通过几年的培养，我院的法警工作已成为全市法警系统的一个样板。为提升法警整体素质，每年都由我亲自组织，利用双休日和每天早晚开展春、秋两个时节的训练。在今年10月23日组织的全市法院司法警察“以公开促公正，创建公信型法院”为主题的考核竞赛中取得了总分第一名的好成绩。法警大队连续五年保持全市法警工作第一名。今年年初被省法院评为××年度全省优秀法警大队荣誉称号。我们在全院开展了学习先进，赶超先进活动。通过身边典型的树立激发团队的活力，营造队伍正气。通过身边看得见、摸得着的先进典型，使审判人员学有方向，赶有目标，改有标准，推动工作扎实有效开展。今年年初我院被市中级法院授予“先进法院”等荣誉称号，为深入推进“服务年”和“创建公信型法院”活动，今年7月我分别在市政法和市中院作了题为“以司法为民的服务作风，唱响公信型法院建设主旋律”的经验交流；10月份我又在全市法院信息化工作会议上作了题为“以数字化促标准化用现代科学唱响公信型法院主旋律”的经验介绍。

二、从完善审判管理机制入手，全面推进审判创新发展

××年，党组在抓审判工作时，注重把工夫下到狠抓整改上，充分把全体干警凝聚起来的“精气神”转化为开展各项审判工作的具体措施，崇尚快节奏，追求高效率，体现超常规，力求快发展。今年年初，我院成立了审判管理办公室，设专人负责对审判工作的管理和监控，定期检查卷宗质量，定期下发审判标准化工作通报，为院领导决策提供准确的审判工作运行数据。

1. 开展审执“大会战”，积极推进审判工作。今年4月初我院开展了审判工作“五十日”大会战，从10月中旬又开展了审判工作“六十日”大会战。活动中签订了院长与主管院长、主管院长与庭长、庭长与审判人员的三级责任状，明确指标和完成时限。把指标的完成作为衡量工作的唯一标准，对未完成的，不分身份等级一律问责。审判人员调离审判岗位进行脱岗培训，主管院长在党组会做深刻检讨。工作的压力带动的是超常规的工作动力，全院上下，加班加点工作，党组成员以身作则亲力亲为。在全国开展的清理执行积案中，对一些重大疑难案件，我还亲自带队奔赴北京、抚顺等地执行。会战期间，我们每日一分析，每日一总结，疑难案件召开审判长案件评估联席会议，寻求最佳解决效果。经过努力，我们的大会战取得实效，审判工作出现了跨越式发展。

2. 实行联动“大信访”，扎实做好信访工作。针对我院历史遗留问题多，底子沉这一现状，我们从建立大信访格局入手，完善了内外联动机制，营造全员共同化解信访的大环境。一是严格信访责任。在信访工作上，我们注重强化全员信访意识，制定了信访责任追究制度，实行一票否决，做到有访必有责。对信访案件解决不力的人员坚决处理和调整。二是完善预防机制。我们注重审理环节的信访预防，每个业务庭室都设立了廉政监督员，对在审理环节出现信访

隐患的案件，主动与当事人进行沟通，及时做好法律疏导，判前释法，判后答疑工作，将不稳定因素消灭在萌芽状态。三是建立联动机制。我们加强了与地方党委、人大、政协的协调，建立解决信访联动机制，充分依靠党委、人大、政协的力量来处理一些我们难以解决的信访案件。尤其在今年开展的全国集中清理执行积案活动中，按照上级精神通过多方努力，集中执结了一批“骨头案”，如多年上访的 ×× 一案就是在活动期间执结的。在今年国庆期间，我还亲自到北京进行接访，积极协调各相关部门做好信访工作。

3. 完善审判“大速裁”，全面提升审判效率。我们从改进内部审判机制入手，提高审判工作节奏，向自身要效率。我院在民商事战线成立了四个标准化合议庭，全部受理速裁案件，速裁机制覆盖到每一名审判人员。通过建立大速裁机制，缩短案件审理期限，节约司法资源。我们严格界定速裁案件的办理时限和操作规程，制定了《速裁案件办理规程》，在制度上保证速裁机制的有效运转。在三名审判人员的基础上，我们为每一个标准化合议庭配备一名法官助理，一名书记员，一个专用审判法庭，全方位满足速裁案件的需求。我们每个月都对速裁案件逐案进行复核，严把案件质量关，坚决杜绝因片面追求效率而导致案件质量瑕疵的发生。

4. 建立多元“大调解”，积极维护社会稳定。按照最高法院提出的“调判结合，调解优先”的工作方针，在加强案件调解，维护社会稳定上，我们动足脑筋，想尽办法，发挥一切可调动力量提高调解率。在建立审判人员、庭长、主管院长、院长协同作战的四级大调解格局的基础上，我们积极协调公安、司法、单位、街道等社会各方面力量建立了多元调解机制，从而有效地提高了案件调解率。我们还积极探索巡回调解机制，对那些行动不便，无法参加庭审的案件，主动深入社区开展巡回办案。今年以来，由我亲自审理了五起案件，其中有四起案件通过调解结案，无一起案件的当事人进行上访。

5. 完善三位一体“大执行”，综合协调执行工作。今年我们对执行工作进行重新审视，以完善“三位一体”执行格局和“立审执联动机制”为切入点，形成了立案、审判、司法警察等多部门协助的工作机制，形成了参与主体多元化，解决方式多样化的“立审执”联动机制。我们将执行关口前移，狠抓风险告知、财产保全、诉讼调解三大环节，最大限度减少“空调白判”现象。我们没有片面对待执行工作，而是将其置于全局进行宏观管理，从强化责任入手，严格落实不同阶段，不同岗位的职责，进一步完善了“审判长、执行长、警长”相衔接的工作模式。我们在执行局内部设立三个执行组，分别由三名执行长担任组长，配备二审一书，实施与各业务庭审判长挂钩制度，按照案件类型确定固定的执行区域，并在司法警察大队指定三名警长协助开展执行工作。在“三长”负责制的运行模式下，我们强调审判长的基础和先导作用，激活审判工作中的执行动力，发挥警长的威慑和保障作用，加大执行工作力度。在我院的大执行格局中，形成了既各司其职、又相互衔接的良好局面。

三、从拓展数字网络平台入手，全面沟通民意打造公信

今年以来，我们把数字化建设定位在全面创新民意沟通平台的建设上，使数字化不仅仅成为法院管理的重要手段，也成为与人民群众沟通联系的桥梁纽带。

1. 开展审判“大公开”，以公开促公正。为更好地让人民群众感受到审判工作的透明度，让社会各界更好地了解法院工作，我院实施了“三网三公开”，即 ×× 政务网公开、×× 区法院网公开、中国法院网公开。通过“三网三公开”，不仅是对自身审判工作公开透明的监督，同时也是提升法官队伍审判能力的有效途径。

2. 开展民意“大沟通”，以沟通促服务。为建立畅通的民意沟通机制，让当事人感受到“看得着，感受到”的公正，在我的组织下，我院率先在中国法院网开通了民意沟通邮箱，并成为全省法院系统第一家通过网络面向全国公开民意沟通邮箱的法院。今年 6 月份，我与中院 ××× 院长一起做客中国法院网进行“人民法官为人民”网络访谈，与全国各地网友进行了交流。10 月 29 日我再次应中国法院网的邀请接受视频采访。

3. 开展庭审“大直播”，以阳光促公信。为让人民群众更好地体验阳光审判，今年6月底，由我担任审判长组织开展了庭审网络直播，我成为省法院系统第一个通过网络进行庭审直播的法院院长，我院成为省法院系统第一家在中国法院网面向全国进行庭审网络直播的法院。通过网络庭审直播不仅对庭审过程的再规范，锻炼了审判队伍，而且增强了社会各界对法院审判过程的了解。

4. 开展档案“大应用”，以科技促效率。今年我院进一步加强了电子档案系统的查询利用，对上级下发的和本院制作的文件，已全部实行网上审批和传阅，逐步推进无纸化数字办公。今年2月份，为方便当事人利用档案进行查询，我院加大了对库存档案的扫描录入工作，开展了档案电子扫描大会战。在会战中，两台扫描仪昼夜不停，人员三班倒，实行拆、录、扫、装流水作业，我与一般干警一样都有任务指标、有完成时限，全力推进此项工作。经过全院干警的共同努力，今年4月底我院完成了建院以来全部诉讼卷宗的数字扫描录入工作，成为全市政法系统第一家完成历史诉讼档案数字化的单位，也是全市党政机关第一家完成历史文书档案数字化的单位。

总结一年来的工作，虽然取得了一些成绩，但成绩的取得主要是区委、上级法院正确领导、指导的结果，是党组班子全体成员相互配合、相互支持的结果，是和全体干警辛苦努力分不开的。但本人还存在一些不足：主要体现在队伍的整体素质还不能完全适应形势发展的需要，少数法官的司法观念、业务能力与法院工作发展的要求还有一定差距；少数法官工作作风不够过硬，办案质量和效率还有待提高。对于这些问题，我和党组其他同志将高度重视，认真研究，采取有力措施，努力加以克服和解决。

在今后的工作中，我将进一步加强学习，扎实工作，以“三个至上”为指导，深入贯彻落实科学发展观，以新举措开创新局面，以新思路打造新业绩，以改革创新精神不断开创区法院审判工作新局面，积极为辖区经济跨越式发展提供良好的司法保障。

谢谢大家！

第四章

离职演讲

第一节　离职演讲的适用范围

离职演讲通常是领导干部在任职期满、工作调动或离退休时，对原单位全体同志欢送会上发表的离职告别讲话。在离职演讲中，演讲者主要回顾自己的工作经历、任职期间所取得的成就、与领导和同事之间的感情、对工作的一些心理感受和看法，并对听众提出自己的希望。好的演讲稿不但能激励后来者承前启后、继往开来、努力工作，而且还能使听众加深对自己的怀念之情。而失败的演讲稿，却让演讲者在最后时刻得罪人。

第二节　离职演讲稿的写作要求

离职演讲稿的正文分为开头、主体和结尾三个部分。

一、开头

阐明自己离职的原因、离职的心情，并且对任职期间大家对自己的支持与信任表示感谢。

二、主体

总结自己在任职期间的成绩、经验和教训，并对今后的发展提出建议。对于工作中和同事之间可能存在的误会和芥蒂之类，也可乘机化干戈为玉帛。

三、结尾

简单介绍自己日后的发展方向和打算，并再次对领导和同事表示感谢。

第三节　离职演讲的注意事项

离职演讲要注意的是，演讲的主题和中心是离职，一般是对公司、同事表示感谢和留恋，虽然可以在离职演讲中说明自己的成绩，但要注意，不要花费大量的篇幅来阐述自己功绩，这样会使得听众产生排斥的心理，同时会让人同述职演讲混淆。

同时，在离职演讲中，虽然可以适当地指出原单位的不足，但是要注意批评的分寸。不要因为自己离开了就觉得可以口无遮拦地批评原单位，每个人都是独立的有自尊的个体，过分地批评原单位，不但会使单位领导面子扫地，同时也使得一起工作的同事颜面无光。所以在离职演讲中，批评的话一般两三句，点到即止就可以了，不要置对方于死地。

有这样一个例子：

在此提一些不足之处，望能引起有良知相关部门高级管理人员稍微解决和改进！

1. 公司人才流动性太高，许多优秀同仁工作 2 ~ 3 年都流失掉了，据我所知很大一部分人新的工作薪水都比我们这儿要高 100% 以上，而在公司已经工作和正在工作的同仁能在 2 ~ 3 年内加薪 30% ~ 40% 的寥寥无几。

2. 公司的饭菜越来越难吃了，冬瓜玉米都开始蒸着吃了，员工中餐晚餐自掏腰包吃泡面，自带或买辣菜的越来越多，可能公司的伙食连 2.5 元的泡面都不值！夜班更差！

3. 公司扬善惩恶机制不够健全，每年都有成百上千人在公司义务献血，难道只是在“真善美”上一笔带过？我们以前学校组织献血，尚且是非赢利机构能给每人 300 元奖励，而公司年赢利几亿到十几亿美金或更多，在“真善美”上一笔带过。公司每年都有员工患白血病或其他绝症，来之前体检正常，而工作一段时间后忽闻特殊疾病，奇怪？每年我们看到的都只是同仁员工自行捐款，从来没有看见非同仁捐款的报道。公司年赢利几亿到十几亿美金或更多，在“真善美”上一笔带过的只是员工捐款？

4. 公司最底层的员工命运是悲惨的，第一和第二厂区调节仪测试人员每天都是站着工作 8 ~ 12 小时，中间休息 10 分钟连坐的地方都没有，他们是人也是别人的子女，只是不是公司高级行政管理人员的子女；难道一贯宣扬“真善美”的公司，3 年半或更长时间一直视而不见？是要节约成本，还是从来没有考虑过？

5. 公司相关部门管理能力不佳，如果供货商管理部门、来料质量控制部门能充分显示工作能力，导线检测员、处理器检查员工作会轻松很多，公司是用美金买厂商良品的，居然有厂商交不良品，不良品被导线检测员、处理器检查员禁用后，厂商居然可以将不良品重新打包给公司再次使用，在惩罚厂商费用时，厂商居然可以拒签，为什么财务不能直接扣款？那些不良品浪费了我们多少工时、人力物力、财力，难道公司一直是消耗厂商不良品的场所？

6. 如果“真善美”，不能诠释至真、至善、至美的真谛，而继续用千万辛苦员工的汗水，去宣扬极少数高阶主管收集奢侈的琴棋书画或其他，会继续让人寒心，感觉不到温暖！如果企业家和管理者都成为资本家，会让人失望和绝望！

在这篇演讲中，演讲者所说的问题也许是真的存在，但是他选错了说的时期，如果他真的想对公司提出这些意见的话，可以在没有第三者时，委婉地跟领导谈起，而不是在公共场合大肆宣传。

第五章

面试演讲

第一节　面试演讲的适用范围

要得到任何一个职位，必须经过面试这一关，短短几十分钟的面试也许就决定着你的职业生涯。

一、职位面试

当你接到企业的面试通知电话后，应该做什么呢？

（一）接到面试通知电话时一定要问清楚应聘的公司名称、职位、面试地点（包括乘车或开车的路线）、面试时间等基本信息，最好顺便问一下公司的网址、通知人的姓名和面试官的职位等信息。最后，别忘了道声谢。这里提醒大家，尽量按要求的时间去面试，因为很多企业都是统一面试，如果错过机会可能就错失了。

（二）上网查一下该公司的相关背景和应聘职位的相关情况。

（三）公司背景包括企业所属行业、产品、项目、发展沿革、组织结构、企业文化、薪酬水平、员工稳定性、发生的关键事件等，了解越全面、深入，面试的成功率就越高，同时，也有助于对企业的判断（人才和企业是双向选择的关系）。

（四）应聘职位情况包括应聘职位的职位名称、工作内容和任职要求等，这一点非常重要，同一个职位名称，各家企业的要求是不尽相同的，了解越多，面试的针对性就更强。

（五）在亲友和人脉圈（包括猎头）当中搜索一下有没有熟悉、

了解这家企业的，他们的感受或了解无疑具有非常重要的参考价值。

（六）这里要说明的是，去招聘会或网上投简历时，最好有个记录，包括应聘的企业和职位、哪份简历投的，哪些企业招聘会上做过简单面试，面试官是谁，面试内容是什么，提过多少待遇要求等等。在接到面试通知时，马上查看一下。

（七）如果是应聘高管职位，最好能了解一下老板的相关背景和个性风格等(一般情况下，老板肯定是面试高管的最后一关)。

二、公务员面试

（一）考官组成

公务员面试一般由 5、7 或 9 名考官（人数不定，但总为单数）组成，人员包括用人单位、组织人事部门、纪律监察部门和理论社科部门的人员等。

（二）评分标准

一般为每位考生面试后先打初评分，等所有人面试结束后通过平衡整体情况再给予每人最后得分。每个人的得分是去掉最高分和最低分后的平均得分。面试分数在所有人员面试结束后当场公布，所以，请随身携带纸笔，记下自己的得分和其他面试人员的得分，面试结束后询问一下别人的笔试分数，按比例进行总分计算（一般为笔试 ×40%+ 面试 ×60%，或笔试 ×50%+ 面试 ×50%），即得出你在笔试及面试后的名次，这时能不能被录取基本就心中有数了。

（三）面试准备

一是衣服。要准备一身整洁的衣服，男士要穿正装，即西装 + 领带 + 白衬衫 + 黑皮鞋（深色袜子），女士要穿职业套装，可根据气温情况决定下身着套裤或套裙。二是外表。头发要整齐，面部要整洁，男士要剃须，皮肤要清洁。女士可化淡妆。三是注意坐、立、行的姿势。要站如青松，坐如泰山，要给评委以稳重自然的印象。四是准备白纸两张，笔一支，表一只（最好要大字大显示屏的）。

（四）面试程序

到考场后，会有专门的准备室，这时所有面试人员都在一起，面试前30分钟左右抽签，决定面试顺序。第一名面试人员结束后，不回准备室，到休息室，与其他面试人员不得相见。第二名面试人员结束后，到休息室，与第一名一起等待结束，依次类推，如面试人员较多，中间会有休息的时间，结束面试的可在休息室附近自由活动，但不可接近考场和准备室。

当轮到你面试时，会有工作人员引领你到考场门外，然后进入考场，回答考官的问题，结束所有回答或考试时间已到，由工作人员带到休息室。

所有人员面试结束后，会有一段时间等待评委打分和工作人员算分，算分结束后，工作人员会把所有面试人员再次领到考场，由主考官按面试顺序宣读每位考生的面试最终得分。

第二节　面试演讲的内容要求

俗话说："千里良马尚高嘶。"求职面试时，同样要学会恰当地自我介绍。招聘者手中往往拥有许多求职履历表，这里面的应聘者个个实力雄厚，所以招聘者想知道你和别人相比有什么独到之处。在能力相同的情况下，那些求职者之所以能够成功，关键在于他们在作自我介绍时的出色表现。

一、面试演讲的主要内容

由于面试演讲大多时间很短，因此说话内容不宜太多、太繁杂，着重讲好以下几个方面即可：

1. 自己的简历、家庭状况。
2. 自己的专业、主修的课程。
3. 所曾担任过的社会工作。
4. 对自己未来工作的简单设想。
5. 应聘的态度。
6. 自己的抱负和理想。

二、自我介绍应避免的问题

在作自我介绍时，有一些应聘者常犯的毛病需要特别提出来强调，希望大家注意。

（一）“我”字连篇

千万不要以为“自我介绍”最容易用上的字是“我”字。当面试官说：“谈谈你自己吧！”一名应试者十分巧妙地回答：“您想知道我个人的生活，还是与这份工作有关的问题？”他把应该用“我”字打头的话，变成“您”字打头。

老把“我”挂在嘴边的人，易使人反感，受人轻视，被认为是强迫性的自我推销。所以，要经常注意把“我”字变成“您”字。“您以为如何呢？”“您可能会惊讶吧？”“您一定觉得好笑。”“您说呢？”把“自我介绍”变成一场你与面试官之间沟通的谈话。

（二）空泛无物

许多人往往急于介绍自己，推销自己，却因为讲话空泛无物，而引起面试考官的怀疑。

张某去某报社应聘业务主管，主持面试的负责人问他：“你日常的兴趣是什么？”他说是爱看书。主试官问：“你爱看什么书。”张某回答说：“爱读西方经济学著作。”主试官又问：“主要是哪些著作？”张某搜肠刮肚偏偏一部著作也想不起。其实他的确读了一些，只是时间太长了，近日根本没有摸过这类书，一时想不起书的名字。张某意在把自己塑造成爱读书、学识渊博，有能力胜任主管工作的人，但由于介绍不“畅”，反而给自己留下了爱吹牛皮的嫌疑。面试结果，他没有收到录取通知书。

（三）说话不留后路

自我介绍最忌吹嘘，夸海口。大话一旦被拆穿，面试很难再进行下去。

小张去面试一家国际旅游公司的导游，他自我介绍说：“我这个人喜欢旅游，熟悉名胜古迹，全国的大城市几乎都去过。”面试官很感兴趣，就问：“你去过杭州吗？”因为面试官是杭州人，很熟悉自己的家乡。可惜小张偏偏没去过杭州，心想若说没去过这么有名的城市，刚才那句话不是瞎吹吗？于是硬着头皮说：“去过！”

面试官又问："你住在哪家宾馆？"小张再也答不上来，只好支吾说："那时没有钱，只好住小旅馆。"面试官又说："杭州的名小吃你一定品尝过？"小张照样说："那时没有钱，就一心看风景，没有去吃小吃。"面试官偏偏只问关于杭州的事，小张语无伦次，东拉西扯，答非所问，最后终于不能自圆其说，谎言被当场识破，主考官十分反感，面试一败涂地。

所以，在求职面试中，即使你有很高的能力，也要实事求是，谦虚谨慎，否则，对方不会认为你是"千里马"的，更不会录用你。

三、自我介绍的要点

自我介绍并不是随心所欲地进行的，一个良好的、恰到好处的自我介绍能给主考官留下深刻的印象，反之则会让你的面试一开始就一塌糊涂。自我介绍是有讲究的，可以从以下几个方面来着手。

（一）彬彬有礼

在作介绍前，要先向主试官打个招呼，道声谢，如："经理，您好，谢谢您给我这么好的机会，现在，我向您作个简单的自我介绍。"介绍完毕后，要注意向主试官道谢，并向在场面试人员表示谢意。

这能给主试官留下很好的印象。没有人会拒绝谦恭的态度。

（二）主题明确

在作自我介绍时，最忌漫无中心，东扯一句西扯一句，或者陈芝麻烂谷子事无巨细都一一详谈，让人听了不知所云。求职面试中的自我介绍宜简不宜繁，一般包括这些基本要素：姓名、年龄、籍贯、学历、学业情况、性格、特长、爱好、工作能力和工作经验等，对于这些不同的要素该详述还是略说，应按招聘方的要求来组织介绍材料，围绕中心说话。假如招聘单位对应聘人的工作能力和工作经验很重视，那么，求职者就得从自己的工作能力及经验出发做详细的叙述，而且整个介绍都是以这个重点为中心。

下面是一位求职者面试时的自我介绍，非常的精练，分寸把握得当："我的经历非常简单。1985 年，18 岁的我高中毕业没有考上大学，招工进入某厂当上了一名车工。从此，我操刀切削十多年。

其间3次参加全市车工岗位技术大比武，荣获两次第3名，一次第2名。去年企业破产，我下岗失业。下岗后参加过3个月的电脑培训，3个月的英语培训，取得两个上岗证书，为我掌握现代化的数控车床打下了基础。听说贵公司招聘技工，我觉得我是比较合适的人选。”

从上例中可以看出，介绍自己简历时可以从参加工作时讲起，不要拉得太远；经历中重点介绍自己从事什么工种，有何特长，凡与此无关的都可省略；能够显示自己优势的，可以讲详细些，而且与招聘内容联系起来。例如，三次参加技术比武获奖，两次参加技术培训，都显示了应聘者的技术水准，可以说正投招聘者所好。所以，立刻引起主考官的兴趣。当然，介绍自己的经历中的成绩时，要注意口气，要巧妙地表露出来，不显示出自我吹嘘的痕迹，给人以自信、谦逊、不卑不亢的印象。在应聘前的准备过程中，要注意把握好分寸。

（三）让事实讲话

在自我介绍中，要尽量避免对自己做过多的夸张，一般不宜用“很”、“第一”、“最”等表示极端的词来赞美自己。在面试场上，有些人为了让面试官对他留下深刻的印象，往往喜欢对自己进行过多的夸耀，如“我是很懂业务的”，“我是年级成绩最好的一个”，总是喜欢带着优越的语气说话，不断地表现自己。其实，如果对自己做过多的夸耀，反而会引起面试官的反感。

谈论自己的话题，应尽可能避免一些夸大的形容词，把话讲得客观真实，尽量用实际的事例去证明你所说的，最好用真实的事例来向面试官显露你的才华。

一家搬家公司在招聘考试时，发现一位应试者在校成绩不太好，主考者问道：“你的成绩不大好，是不是不太用功？”应试者回答说：“说实在话，有的课我认为脱离实际，所以把时间全花在运动上了，所以身体特别好，还练就一身好功夫。”主考者很感兴趣，让他表演一下，应试者脱下衣服，一口气做了100多个俯卧撑，使主考者大为吃惊，立即录用了他。

有位成功面试者这么说：“我毕业于一所没有名气的大学，但请看看我过去10年的工作成就吧！”用事实来突出他的精明和能干。

当你提到自己某方面长处时，请千万记住要用具体论据来支持。比如说，你说：“我和其他工作人员关系很好”时，别说到这里停止了，还要举一些具体事例来加以陈述，如：“我总是和我的工作伙伴和属下有着相当融洽的关系，而且我也跟从前每一位上司都成了好朋友。”

（四）愉快自信

谈自己、推销自己本来是可以谈得很好的话题，但是许多人却在推销自己上缺乏勇气，这或许是怕引起别人反感的缘故。而在平时生活中也常常听他们说：“我有什么好说的。你们天天不都看见了吗？”这就使他们养成从不自我评价、自我展示的习惯，可到了要谈论自己时，免不了有些难以启齿。如一位刚毕业的大学女生去面试，整个过程，她的声音都如蚊蝇，特别是谈到自己时，更显得羞于张口。后来她打电话给公司秘书，公司秘书非常为难地告诉她，面试官说，你那么小的声音，显得对自己不自信，缺乏活力，也缺乏必要的应酬能力。

（五）好牌留到后面出

当你有了不起的业绩时，或者你有足够的资历经验能胜任这项工作时，不要在“自我介绍”中和盘托出、暴露无遗，要给自己留一手，一开始就说出“伟大业绩”会给人自吹自擂的感觉，引起人反感。留在后面说，会给人以谦虚诚实的印象，使面试官对你格外地刮目相看。

小秦曾经得过全国发明奖。他跟面试官没有提过这件事，因为他觉得目前这份工作与他的发明没什么关系。没想到当谈话进一步深入时，面试官无意中提到这项发明。小秦笑笑说：“这是我前年搞的。去年和今年又搞了两项。”面试官问：“得奖了吗？”小秦说：“那有什么可值得提的。”小秦也许在今年和去年都没有得奖，他对得奖的淡漠，赢得了面试官的格外好感。面试官十分高兴，录用了小秦。

试想，如果小秦一开口讲话就把自己发明的成果大大宣扬一番，面试官就会说："你更适合搞发明吧！"而且心里还会想：这人有什么了不起的，别拿什么奖来吓唬我。你越用过去的业绩来炫耀，面试官就越不买你的账。

最后要提出注意的是，我们必须学会"瞬间展示法"，因为现在许多企业特别是外资企业和合资企业，都喜欢采用"一分钟录像"的办法来选择人才。所谓一分钟录像，就是只给应聘者一分钟的时间，让他们利用这短暂的时间来介绍自己，同时录像，然后拿给招聘者观看。

如果招聘单位使用"一分钟录像"的方法录用人员，那么求职者在一分钟的时间里，如何充分地表现，如何更多、更好地让对方了解自己，便成了求职成败的关键所在。因而，要求应聘者必须在短短的几十秒或某一瞬间，最有效、最充分而又最简洁地表现自己，从而获得求职成功。这种策略称为"瞬间展示"法。

第三节　面试演讲的注意事项

金无足赤，人无完人，如果你想刻意掩盖自己的缺点，尤其是那些显而易见的缺点，恐怕会招致反感。最好的办法就是在与主考官交谈时坦然地主动承认，但是，承认缺点是要讲求方法的，最好在谈缺点的时候，模糊该重点，甚至暗暗对自身优点夸赞一番。

一、扬长避短，向完人靠拢

我们都非完人，但可以扬长避短，向完人的标准靠拢。让我们再来看一段戴维与法拉第的对话。

戴维："很抱歉，我们的谈话随时有可能被打断。不过，法拉第先生，你很幸运，此时此刻仪器还没有爆炸。你的信和笔记本我都看了，你好像在信中并没有说明你在什么地方上大学。"

法拉第："我没有上过大学，先生。"

法拉第接着说："我尽可能学习一切知识，并在用自己的房间建立的实验室进行试验。"

戴维："唔，你的话使我很感动。不过科学太艰苦了，付出极大的努力只能得到微薄的报酬。”

法拉第：“但是，我认为，只要能做这项工作，本身就是一种报酬！”

这是一段精彩的传世对白，它是英国科学巨匠法拉第当年向戴维爵士求职时的对话。当戴维爵士强调法拉第没有正规学历时，法拉第毫不避讳地承认自己没有上过大学，并把话锋迅速转向他的长处——执着、勤奋。最后，法拉第被戴维破格收为自己的助手。

这就是一种典型的扬长避短式的回答。答者极力宣扬个人的长处，并把自己的长处同应聘的工作有机地结合起来，变不利为有利。

我们可能会经常遭遇这样一个问题：“你认为你自己最大的弱点是什么？”我们不得不针对这个提问做一番对策准备。

这是一个棘手的问题。如果照实回答，你可能会毁了即将得到的工作；如果回答没有什么缺点又实在不能令人信服。招聘官试图使你处于不利的境地，观察你在类似的工作困境中将做出什么反应。

完满的回答便是用简洁正面的介绍抵消缺点本身带来的不良效果。请记住以下几个原则：

1. 不宜说自己没什么缺点。

2. 不要把那些明显的优点牵强地说成缺点。

3. 切勿不经思量地说出那些严重影响所应聘工作的缺点。

4. 不宜说出一些令人不放心、不舒服的缺点。最后一招就是可以说出一些对于所应聘工作从表面上看是缺点，从工作的角度看却是优点的缺点。理解这一点就能巧妙解决问题。

二、用幽默化解紧张气氛

大多数人刚进入面试厅时都表现得略显紧张，有不少有能力、有才华的人为此痛失机会。对于面试官来说，紧张慌乱的应聘者，意味着不能很好地胜任工作。此时，如果你善于幽默，就可以借此美言笑语化解紧张气氛。幽默可以说是一种优美的、健康的品质；幽默也是人与人之间的润滑剂，是一个敏锐的心灵在精神饱满、神气洋溢时的自然流露。每个人都喜欢有幽默感的人。幽默在某种时刻是通向事业坦途的一盏明灯。

在求职面试过程中，求职者在回答问题时采用一些幽默的语言，这样不但活跃气氛，也能获得面试官的好感。达到成功彼岸的路可以说有千条万条，而幽默是一条阳光大道，是潇洒走一回的必然选择。

一位考官这样问一个应聘者："为什么你要选择教师这个职业？"

应聘者回答说："我从小时候曾立志长大后要做伟人的妻子。但现在，我知道我能做伟人妻子的机会实在渺茫，所以又改变主意，决定做伟人的老师。"

这位应聘者的回答博得在场人员的一片掌声，结果她被录取了。

这位应聘者的明智之处就在于打破了常规思维和表达模式，以真实感受胜人一筹；她用了"伟人"这个范畴来贯穿前后表达自己所立志向。

幽默的谈吐，既表达清楚了自己的中心意图，又出语惊人、新颖、不落俗套，因而这位求职者获得了成功。

幽默是自信的表现，是善于处理人际关系的反映。可以说，哪里有幽默，哪里就有活跃的气氛；哪里有幽默，哪里就有笑声和成功的喜悦。为此，在非常严肃、紧张、决定前途面试的时候，不妨来点幽默，不仅能使自己放松，也使考官记住你，可能还会使你在面试中脱颖而出。

三、两难问题折中答

折中可以说是一门艺术，是祖先智者留下的一颗智慧结晶；是为人处世，各个方面都可以适当运用的生存立世之道。

在求职面试中，主考官经常会给你出一些令你左右两难的问题。在这个时候，你可以选择缄默吗？不能，那只会使你与工作失之交臂。你只能勇敢作答，但有勇也要有谋。左不行，右也不行，那就最好采取折中术。

在一次外企面试中，双方交谈得很投机，看来希望不小。接近尾声时，考官看了一下表，问："可不可以邀请您一同吃晚饭？"

原来这也是一道考题。如果考生痛快接受，则有巴结、应酬考官的嫌疑；如干脆拒绝，又被说成不礼貌。考生动了动脑筋，他机智地回答道：“如果作为同事，我愿意接受您的邀请。”

由于他预设了一个前提条件，所以他的回答十分得体到位，获得好评。

总之，对于可能设有“陷阱”的提问，一般情况不要直答，而应想一想对方的用意是什么，“机关”在哪里，然后运用预设前提的说法跳过陷阱，予以回应。所谓折中术，就是采取一个巧妙的方法将划分左右的界限模糊掉。

日本住友银行招聘公关人员时，极为重视职员协调人际关系的才能。该银行没有专门考核应聘者的业务知识，而是提出了一道别出心裁的判断题：“当国家的利益和住友银行的利益发生冲突时，阁下采取何种对策？”

三类不同的应聘者对问题的回答迥然不同。

第一类人回答：“当国家利益跟我们银行利益发生冲突时，我会坚决地站在我们银行的立场上。”

银行主管人员认为，这样的人将来准会捅娄子，不能聘用。

第二类人回答：“当国家利益和住友银行利益发生冲突时，我作为国家的一员，应该坚决保护国家的利益。”

银行主管人员认为，第二类人员适合政府部门的工作，也不可取。

第三类人则回答说：“当国家利益和银行利益发生矛盾时，我要尽全力淡化矛盾。”

银行主管人员认为这种人才是住友银行需要的高手。企业同政府的关系往往集中表现在国家利益和企业利益上，企业公关人员作为企业与公众之间的媒介，只有注重社会整体的协调性，善于采取圆融战术，才有可能妥善处理好企业与国家的关系。

在这里尤其要指出一个方面是，由于女性本身所具有的一些求职方面的先天劣势，如结婚生子、照料家庭内务等，招聘单位常担心其婚姻和家庭会影响工作，所以面试时往往提出许多相关的问题。这些问题或刁钻古怪，或直击要害，总让人觉得左右两难，如何回答都不妥当；但能否回答好这些问题，又直接关系到求职是否能获得成功。比如，其中有一个问题常常被当做拦路虎时时跳出来为难求职女性：如果让你在家庭与事业之间做选择，你认为哪一个更重要？

这是一个老生常谈的问题，也是一个难题。事实上这是一个对于任何人都重要的问题，之所以更经常地出现在女性求职者面试的情景中，是由于女性往往要对家庭内务承担更多的责任，而这些责任很可能与工作相冲突。招聘单位自然非常希望你以事业为重，但也很清楚谁都希望拥有一个幸福美满的家庭，有幸福的后方保证，才能无后顾之忧地集中精力工作。显然，这道题目是个两难的选择，不管你选择家庭还是事业，无疑都是不合适的。所以，回答这个问题的时候，不妨换个角度，不和题目正面冲突，又给出了招聘单位想要的答案。

你可以参考如下的回答：

“我认为，无论在工作上还是在家庭中，女性的最大目标都是要使自己活得有价值。虽然我很想通过工作来证实自己的能力、体现活着的意义，但家庭对于我的意义也是不容小觑的，我也相信，不只是我，可能每个人都是这么认为的。家庭和生活也许是互相影响的两方面，但我相信，它们并不是站在对立的立场上，处理得当的话是完全有可能两全其美的。事实上，有很多女性都是这样做的，而且她们也做得很不错。我认为我也可以做到。”

这样的回答，既表明了你对待工作的态度，又表达了你对家庭的热爱，而这两点，正是一个心理健康、成熟的女性所应该具备的。

其实，在面试中折中回答问题，就是避开问题锋芒，不要表明你对任何一个方面的倾向，所有的回答都要为求职这个目的而服务。

四、薪水问题小心谈

在中国人的传统思想里，谈钱是一件很俗气的事，尤其是在求职面试这样的情景之下，开口谈钱更是一件左右为难的事。主动问吧，怕被人看成是斤斤计较，只顾追求金钱利益，弄不好还要得罪招聘方；不问吧，自己心中又过不去，万一等到最后才发现薪酬低得令自己难以接受，岂不是竹篮打水一场空？很多大学生在求职面试时由于缺乏社会经验，对于用人单位提出的薪酬要求更是讳莫如深，难以启齿，通常支支吾吾半天仍是词不达意。俗话说：“谈钱很俗气，但是很实际。”工作的最终目的是为了生存、生活，薪酬问题并不是一个无关紧要的问题。

我们必须明白在求职过程中，求职者总是要面临薪水问题的，总免不了有一场讨价还价。有经验的求职者，把讨价还价同展示自己的智慧与实力有机地结合起来，通过谈判，既争取了预期的待遇，又展示了自己的能力，可谓是一举两得。

但是，目前有一种说法，即在择业过程中，最好不要问自己的薪酬，否则可能引起招聘者的反感。甚至有的人事经理更加绝对地说：“如果应聘者主动问薪酬，我肯定让他走人。”

这就给应聘者出了一道难题。其实，问题的关键并不在于该不该问薪酬，而在于你问这个问题要把握好什么时间、什么地点和怎样发问。

在人才交流会上，当你递交应聘资料时，可以不失时机地问一声：这个岗位的收入大约是多少？由于交流会人多嘴杂，招聘者忙得焦头烂额，很可能在不经意中露出真相。如果他不愿回答甚至有反感，由于此时乱哄哄的，他也不大可能耿耿于怀地记住你。

但正式面谈时又另当别论了。情况要比这种时候复杂些。

一些求职者，尤其是毕业生，初次面对求职，由于不知道如何回答薪酬问题，常常对于招聘方提出的此类问题讳莫如深。如果招聘方是在面试初期提出这个问题，通常可能是对你的试探，千万不要轻易开口，最好的回答是：“我很愿意谈论这个问题，但是能不能先请你谈一下工作内容？”或者说：“在你决定雇用我、我决定在这儿工作之前讨论这个问题还为时过早。”大多数情况下，这样的说法都是得体而奏效的。

但在面试后期，即使你一再避免谈及薪水，也仍然会有面试官要求你正面回答这类问题。这时，你就要运用技巧来回答。

薪酬问题一定要说，但是说多少呢？这时的难题是：要价太高，会“吓”跑老板，让人产生“狮子大开口”、“自视过高”等不够谦虚的负面印象；要价低，则很可能将来进了公司发现跟自己同等职位的同事们都比自己拿得多，觉得委屈不说，往往还会影响工作的热情，吃哑巴亏。因此，这个时候给自己“算”出一份合理的薪水是很重要的，那么，究竟该怎样算出自己的“定价”？

一般来说，大多数职位在市场中都会有一个比较公认的薪酬价格，当然，这些行情价也会因公司的性质、规模大小、行业的不同等而有不同的弹性。比如，同是文员，外企和中小型公司相比，薪酬就会相差很远。因此，在求职前你首先需要做的，就是把你要应聘的职位在同等类型、规模的公司里的行情价打探清楚。

行情价只是大致标准，弄清楚后，你要做的就是考虑怎样去讨价还价，为自己争取尽可能多的利益。在这里面，你所应聘职位的可替代性大小在很大程度上决定了你讨价还价的资本有多少。职位可替代性越小的（一般来说都是偏于技术性、技能性等方面的工作），还价的资本就越高，你也就可以放心地提出自己的要求。如果是可替代性大，没了你谁都能干的那一种，则劝你还是少还价或是别还得太厉害为妙。另外，职位越高的工作，还价允许的幅度也就越大，反之，则越小。

工作经验和学历在不同的行业、公司里也有不同的分量。如果你要应聘的是管理方面的工作或是技术工种的工作，那么你拥有的工作经验将是非常重要的，这也会极大地影响你可能会得到的薪酬。至于学历，则要看你的工作对学历的要求度是多少。一般来说，在大公司里，高学历被认为代表着高素质，学历当然比较重要；而对于一些小公司来说，也许他们更情愿要一般的实干型人才。所以，自己的经验和学历值多少，在定价的时候还得掂量掂量，做到心中有数。

薪酬定位明确以后，还要学会讨价还价。

涉及工资时，应坦然地与主考官交谈，说出自己的要求，只要工资要求合理，就不会改变自己在主考官心目中的印象。

在谈及薪酬时，不要以为面试官第一次所报出的数目就一定是他们决定付给你的最终价格，如果觉得不满意，不妨适当表达自己的意见。求职时关于薪酬的讨价还价不仅是对自身利益的捍卫，甚至可以反映求职者的智慧、才识以及对行业的熟悉程度。

一般情况下，招聘单位很少会给你超过你最初提出的薪水数目。因此，谈判时则应注意避免自己先主动亮出底牌，而应让面试官先报出他想给的薪酬，后发制人，才有回旋余地。如果对方报出一个合乎自己意愿的数字，也不要喜形于色，沉默一下，显得像是对这个数字不感兴趣的样子，然后在面试官报出的价格上提高15%～20%，并再次强调自己拥有的一些特殊资格。但如果你发现他们的第一次报价就是唯一，可以略为沉吟，再落落大方地表示可考虑先接受下来试试。

在谈判过程中，如果用人单位坚持让你先开价，可以以一些该职位的通常薪资是怎样的为铺垫，再告诉其一个大致的薪酬范围。真正有诚意的用人单位都明白，只有提供了合理的薪金，才能调动员工的积极性，留得住人才。理想的薪酬数，应是用人单位和求职者双方都能接受的，而求职者应表现一定的灵活性。

总结起来，面试谈到薪酬问题有几个注意点：

1. 切勿盲目主动提出希望得到的薪酬数目。

2. 尽可能从言谈中了解，用人单位给你的薪酬是固定的还是有协商余地的。

3. 面试前设法了解该行业薪酬福利和职位空缺情况。

在协商过程中，如果用人单位要你开价，可告诉其一个薪酬幅度。如他一定要你说出个明确数目，可问他愿意付多少，再衡量一下自己能否接受。

工作谈判不能像其他谈判那样，一味设法提高对方开出的条件，而对方就只顾压低你的价钱。把原来和谐的气氛弄成敌对的局面，这对你实在没有好处。

谈判一旦出现僵局，不妨把话题转移到有关工作的事情上。例如，对方有心压低你的薪酬，就可将话题转移到你上任后有何大计，如何扩大市场占有率和如何降低产品成本等，那样原来紧张敌对的状态，很快便会变成同心协力的局面。

谈薪酬的时候，不一定只拘泥于薪资本身。不妨在谈的过程中强调薪水和你应聘职位的关系。让招聘官听到的不光是你说的那个数目，而且还对你的回答留下如下的印象：薪酬是重要的，但你更在乎的是职位本身，你喜欢的是这份工作的内容和挑战；你所报出的数目是因为后顾无忧的待遇将更能让你在职业安全的条件下发挥自己的才能，为公司带来更大的效益。

如果你是个有一定工作经历的人，则不妨提一下以前的工作薪水，这样很容易给面试公司一个比较明确的参考答案。怎么说也是“人往高处走”，总不至于以前一个月拿3000，到这儿才拿2000吧？当然，前提是你先让招聘官相信你所有的技能、经验契合这个职位并且值这么多钱。

如果受公司预算限制，甚至比你现有或以往的薪水还要少，只要你认定这是一份理想工作，不妨暂时不谈薪水。待对方认定你是最佳人选，再尝试以职位及工作为由，多要求些福利津贴。例如，若想要求提高公务开销，你就应说以往工作顺利，全因频频与客户交际应酬，从而提出担心公务开销不够，雇主也会乐于增加这方面的津贴。

第四节　面试演讲需用的技巧

一、足够的简历备份

当用人单位是由多个面试官进行集体面试的时候，他们未必都把你的简历打印了多份，多带几份简历前往面试，显示你准备得充分，这样不仅能助你获得好感，面试完了也可以再要回来。细节决定成败，预先料到这一点并准备好会显得你做事正规细致给用人单位留下好印象。

二、面试礼仪的充分准备

你的穿着需要匹配你应聘的职业特性，这是心理学说的“首因效应”，也就是常说的第一印象，往往面试官的第一印象在评分中占据了七成以上的分数，切记。关于初步印象和最后印象，最初和最后的五分钟是面试中最关键的，在这段时间里决定了你留给人的第一印象和临别印象以及主考人是否欣赏你。最初的五分钟内应当主动积极沟通，离开的时候，要表现出自己对该职位的渴望，还有期待下一次沟通的眼神。

三、要提早到

不管你的主考人多么谅解你在路上碰到的意外情况，要克服负面的第一印象几乎是不可能的。尽一切能力准时，包括预先给可能发生的意外留下时间。

四、尊重遇到的每一个人

一定要对每一个你接触的人都要彬彬有礼，因为你碰到的不知道是谁，每个人对你的看法对面试来说都可能是重要的。

五、留心自己的身体语言

尽量显得精力旺盛、有活力，对主考人全神贯注。

用眼神交流，在不言语之中，你要展现出对谈话的积极态度。如果是职业女性，主动和面试官握手，将有意想不到的效果。

六、完整地填妥公司的表格

很多公司面试前都会要求你填一张表格，你愿意并且有始有终地填完这张表，会传达出你做事正规、做事善始善终的信息，字体也需要端正，不要觉得满不在乎，否则用人单位也会觉得你对这份工作同样有可能满不在乎。

七、展示你勤奋工作及追求团体目标的能力

大多数主考人都希望找一位有创造力、性格良好，能够融入到团体之中的人。所以，面试人员要通过强调自己给对方带来的好处来说服对方。

八、给出有针对性的回答和具体的结果

无论你何时说出你的业绩，举出具体例子来说明更有说服力。告诉对方当时的实际情况，你所用的方法，以及实施之后的结果，一定要有针对性。

九、不要害怕承认错误

雇主希望知道你犯过什么错误以及你有哪些不足，因此，不要害怕承认过去的错误，但也要主动地强调你的长处，以及你如何将自己的不足变成优势。

十、若时间允许的话，阐述过去业绩的成就

过去的成绩是对你未来成绩最好的简述。如果你在一个公司取得成功，也意味着你可以在其他公司成功。要准备好将你独有之处和特点推销出去。

十一、说明你的专长和兴趣

对雇主最有利的事情之一就是你热爱自己的业务，面试之前要知道你最喜欢的工作是什么，它会给雇主带来什么利益。问到你的兴趣也从侧面来了解你对工作和生活的热爱，不可忽视。

十二、清楚自己的交际用语

对大部分的雇主而言，交际的语言技巧十分有价值，是受过良好教养和有竞争力的标志。清楚你自己是如何交际的，并且配合其他人一起练习，你应从最好的方向努力去展现自己。

十三、准备问题向面试者询问

准备好几个和工作、雇主以及整个机构有关的问题，比如关于企业文化、部门之间的同事情况，企业发展的问题，他们对员工有哪些培训计划等。一方面可以发现企业的管理理念，另一方面，可以向面试者表明，你在某一领域有长期发展的打算，你有希望不断学习不断提高自己的愿望。尤其是对于大学毕业生而言，企业认为无论是工作技能还是专业知识与人际网络，他们都必须重新学习和建立，积极的学习精神可以让他们弥补工作技能上的不足。如果可能的话，求职者还应当对行业提出自己的见解。无论对现状的分析，还是对趋势的预言，都是向面试者表明你一直在关注这个行业，你是这个行业的专家。这些问题将能够帮助你获取有效的信息，同时表达出你对工作的兴趣和热情。

第六章

开幕、闭幕演讲词

第一节　开幕词的适用范围

开幕词是党政机关、社会团体、企事业单位的领导人，在会议开幕时所作的讲话，旨在阐明会议的指导思想、宗旨、重要意义，向与会者提出开好会议的中心任务和要求。

开幕词的主要特点是宣告性和引导性。不论召开什么重要会议，或开展什么重要活动，按照惯例，一般都要由主持人或主要领导人致开幕词，这是一个必不可少的程序，标志着会议或活动的正式开始。开幕词通常要阐明会议或活动的性质、宗旨、任务、要求和议程安排等，集中体现了大会或活动的指导思想，起着定调的作用，对引导会议或活动朝着既定的正确方向顺利进行，保证会议或活动的圆满成功，有着重要的意义。

篇幅要求简短，快速切入正题，内容切忌重复、啰唆的语言，要求口语化、富有感情色彩，又要求生动活泼；语气要热情、友好。

一、开幕词的特点

一是简明性，开幕词要简洁明了、短小精悍，最忌长篇累牍，言不及义，多使用祈使句，表示祝贺和希望；二是口语化。它的语言应该通俗、明快、上口。

二、开幕词的种类

按内容可以分为侧重性开幕词和一般性开幕词两种。侧重性开幕词往往对会议召开的历史背景、重大意义或会议的中心议题等，作重点阐述，其他问题一带而过。一般性开幕词则只对会议的目的、议程、基本精神、来宾等作简要概述。

第二节　开幕词的写作要求

通常由标题、称谓、正文及结尾四部分组成。

一、标题

通常有三种写法：一是用会议名称作标题；二是前边再加上领导人姓名；三是用提示内容中心或主旨的标题，在后面通常加上副标题。

一般由事由和文种构成，如《中国共产党第十二次全国人民代表大会会议开幕词》；有的标题由致词人、事由和文种构成，其形式是《×××同志在××××会上的会议开幕词》；有的采用复式标题，主标题揭示会议的宗旨、中心内容，副标题与前两种标题的构成形式相同，如《我们的文学应该站在世界的前列——中国作家协会第四次会员代表大会会议开幕词》。

二、称谓

一般写在标题下行顶格，称呼通常用“同志们”、“朋友们”、“各位代表”、“先生们，女士们”，如有特邀嘉宾，可写作“尊敬的××先生，各位代表，朋友们”等。

三、正文

一般包括开头、主体和结尾。开头写宣布开幕之类的话。主体部分一般包括以下内容：向大会介绍参加的领导同志和各方面的来宾，通报到会代表人数和团体名称；回顾过去的工作、成绩、经验及不足；提出本次会议的议题和议程；会议的筹备和出席会议人员情况；会议召开的背景和意义；会议的性质、目的及主要任务；会议的主要议程及要求；会议的奋斗目标及深远影响等等。但写作中一定要把握会议的性质，郑重阐述会议的特点、意义、要求和希望，对于会议本身的情况如议程等，要概括说明，点到为止；行文则要明快、流畅，评议要坚定有力，充满热情，富于鼓舞力量。

四、结尾

结语部分，一般以“祝愿大会获得圆满成功”做结尾，也可以做出带有鼓动性的口号。

第三节　闭幕词的适用范围

闭幕词是一些大型会议结束时由有关领导人或德高望重者向会议所作的讲话，具有总结性、评估性和号召性。

闭幕词与开幕词一样，具有简明性和口语化两个共同特点，其种类与开幕词相同。凡重要会议或重要活动，与开幕词相对应，一般都有闭幕词，这是一道必不可少的程序，标志着整个会议或活动的结束。闭幕词通常要对会议或活动作出正确的评估和总结，充分肯定会议或活动所取得的成果，强调会议或活动的主要精神和深远影响，激励有关人员宣传会议或活动的精神实质和贯彻落实有关的决议或倡议。

闭幕词具有以下特点：

一、总结性

闭幕词是在会议或活动的闭幕式上使用的文种，要对会议内容、会议精神和进程进行简要的总结并作出恰当评价，肯定会议的重要成果，强调会议的主要意义和深远影响。

二、概括性

闭幕词应对会议进展情况、完成的议题、取得的成果、提出的会议精神及会议意义等进行高度的语言概括。因此，闭幕词的篇幅一般都短小精悍，语言简洁明快。

三、号召性

为激励参加会议的全体成员实现会议提出的各项任务而奋斗，增强与会人员贯彻会议精神的决心和信心，闭幕词的行文充满热情，语言坚定有力，富有号召性和鼓动性。

四、口语化

闭幕词要适合口头表达，写作时语言要求通俗易懂、生动活泼。

第四节　闭幕词的写作要求

一、闭幕词的组成

由标题、称谓和正文三部分组成，标题与称谓的写法与开幕词基本相同。

闭幕词的标题，跟开幕词的写法类似，常见的写法是《××××大会闭幕词》或《×××在××大会上的闭幕词》。偶尔也有主副标题的写法，将主要内容或主要观点概括成一句话做标题，再用“××大会闭幕词”做副标题。

时间在标题之下正中，加括号注明会议闭幕的年月日。

称谓一般也跟开幕词相一致。

二、正文

（一）开头

闭幕词的开头，一般要用简洁的语言，说明大会经过全体代表的努力，已经胜利完成使命，今天就要闭幕了。

（二）主体

闭幕词的主体主要是对大会进行概括总结，并提出贯彻大会精神的要求和希望。其中概括总结的部分，要列举会议完成的任务和取得的成果，不能过于空泛笼统。提出要求和希望的部分，也要突出会议精神，体现会议宗旨。

（三）结尾

闭幕词的结尾通常比较简单，最常见的说法是：“现在，我宣布，××××大会闭幕。”

闭幕词出现在会议终了，因此，要写得与开幕词前后呼应、首尾衔接，显示大会开得很圆满、很成功。

第五节　开幕词的实际应用

范文：晚会开幕词

尊敬的各位领导、各位来宾、广大的市民朋友们：

下午好！

春回大地，生机勃勃，风光无限。××区××广场文化活动“春之韵”文艺晚会系列“××中学专场演出”即将开始。在这里，我谨代表××中学全体师生向前来观看演出的各位领导、各位来宾、广大市民朋友们表示热烈的欢迎！

××中学已有××年的历史，××年××月，在市委市政府的亲切关怀下，学校整体搬迁至××路××号，地处××××××。随着素质教育的实施和新课改的推行，学校站在21世纪对人才需求的高度，确立了“高起点、高标准、可持续发展、争创一流”的办学思路，面向全体学生，面向每一个学生，面向学生的每一个方面，力争使在××中学就读的每一个学生在德、智、体、美等方面得到全面发展。同时学校以信息技术、音乐教育和英语教育为三个切入点，对不同学生的教育做到特长加全面、全面加特长，努力构建具有××中学特色的校园文化。一流的教学设施、勤奋的师资队伍、严格的教学管理，以人为本、全面发展的教育理念，使得××中的办学水平和教学质量有了跨越式的发展，社会声誉显著提高。目前学校在职教师××人，在校班级××个，在校生××人。其中初中开设有音乐特长班、英语特色班；高中开设有……××年××中高中招生分数线超过市招生分数线××分、××年超过市招生分数线××分；××年高考上线率×%，升学率×%；考入国内重点大学人数有很大突破，理科最高分××分、文科最高分××分；中考最高分××分。

今天我们在这里演出，是落实贯彻《中共中央关于进一步加强未成年人思想道德建设的若干意见》精神，积极构建学校、社区、家庭“三位一体”的教育网络，推动××社区文化建设。此次活动

不仅是为了丰富 ×× 市民的业余文化生活，促进 ×× 社区文化的建设，也是我校艺术教育成果对全市人民的一次展示，同时也是我校实施素质教育的一次社会实践。希望各位来宾、广大市民朋友们对我们的活动予以支持。我们坚信：态度决定成效、定位决定地位、细节决定成败、思路决定出路、理念决定道路。

同志们、朋友们，我们坚信，在市委市政府、市教育局的正确领导下，在广大市民的支持下，在全校师生自加压力、敢于争先的努力下，×× 中学将进一步抓建设、强队伍、扬特色、创品牌，以更新、更美、更优的风姿展现在 ×× 市人民面前。让我们以“三个代表”重要思想为指导，深入学习贯彻十六大精神，以办人民群众满意的教育为目标，为构建和谐的 ×× 社会而努力工作。

预祝 ×× 中学“×× 之春”专场演出圆满成功!

谢谢大家!

第六节　闭幕词的实际应用

范文：运动会闭幕词

女士们、先生们、朋友们、同志们：

×× 单位第三届运动会马上就要落下帷幕了，在此，我谨代表县委、县人大、县政府、县政协，对本届运动会的圆满成功和运动员所取得的优异成绩表示热烈的祝贺！对为运动会付出辛勤劳动的裁判员、教练员、运动员以及全体工作人员表示崇高的敬意！对鼎力支持本次活动的县国税局、县人口与计划生育局、×× 实业有限责任公司等赞助单位以及所有关心、支持本次运动会的社会各界和人民群众表示衷心的感谢!

×× 单位第三届运动会从 9 月 6 日开始到今天历时 14 天，在这不平凡的 14 天里，来自全县各条战线的 81 支代表队、1698 名运动员发扬“更高、更快、更强”的奥林匹克精神，表现出敢打、敢拼、敢闯的旺盛斗志，展现出积极进取、顽强拼搏、奋发向上、勇攀高峰的精神风貌，赛出了水平，赛出了风格，取得了运动成绩和精神文明的双丰收，用实际行动解读了“新世纪、新 ××、新跨越、新风采”的主题。

×× 单位第三届运动会的举行，不仅加强了单位之间的交流，联络了同志之间的感情，更重要的是凝聚了人心、振奋了精神、激发了斗志、增进了友谊，为进一步推动我县各项事业的蓬勃发展提供了强健的体质保障，奠定了坚实的思想基础。可以说，这次运动会既是县直单位体育技能和身体素质的展示会，又是干部职工思想修养和综合素质的检验会，更是各单位机关作风、效能建设和团队精神、集体型象的汇报会，全体运动员用实际行动展现了县直机关干部改革创新、团结向上、文明和谐的新的时代风采。

×× 单位第三届运动会坚持“勤俭、规范、严谨、高效”的原则，组织严密，运行规范，正如人民群众所说，县直机关运动会办成了本县的“奥运会”，×× 县的九月变成了运动的九月、竞争的九月、文化的九月、激情的九月、梦想的九月、收获的九月。此次运动会向社会公开征集了会徽和吉祥物。电视台、县政府门户网站运用了大量的图片、文字、声音，从多个角度展示了运动会，广大干部职工举起相机、手机留下了一个又一个精彩的瞬间，运动会的举行扩大了县直机关的社会影响，丰富了体育精神和体育文化，使本县体育事业的持续健康发展迈出了可喜的一步。县直机关运动会将长期举办下去，我们坚信，县直机关运动会会一届比一届更加精彩。

同志们，朋友们，让我们借这次运动会的东风，抓住县城东迁 10 周年这一新的契机，在工作中发扬团结协作、健康向上、顽强拼搏、争先创优的比赛精神，奋力实现“特色农业大县、新型工业强县、全国旅游名县”的战略目标，用我们的双手缔造 ×× 新的辉煌！

现在我宣布，×× 单位第三届运动会胜利闭幕！

第七章
欢迎、答谢演讲词

第一节　欢迎词的适用范围

欢迎词，是指客人光临时，主人为表示热烈的欢迎，在座谈会、宴会、酒会等场合发表的热情友好的讲话。

在社会主义市场经济深入发展的大背景下，为了提升形象、扩大影响、招商引资、促进发展，近年来各地纷纷举办各种内容和形式、不同规格和规模的节庆活动。按照惯例和程序，在节庆活动开幕式上，常常要由一位东道主方面的要员向来宾敬致一篇热情洋溢的欢迎词。那么，撰写一篇合乎规范的节庆活动欢迎词自然就是活动筹备过程中一项不可忽视的细节工作。

我们这里所说的欢迎词实际上包括两类：一类是欢迎客人，一类是欢迎单位或组织的新成员。种类不同，写法上自然存在差异，这在欢迎词的主体上表现得尤为明显。

欢迎客人的致辞，讲什么，怎么讲，主要取决于主客双方以往的关系，取决于今后双方关系发展的趋向，取决于这次相会的缘由及意义。一般说来，如果是老朋友，就要首先回顾以往的友谊，接着表述时下的友好关系，最后表达友谊长存的愿望。如果是有分歧的客人，则应首先畅谈这次会见的意义，然后提及当前和今后双方共同关心的问题，最后表达希望双方关系正常友好发展的愿望。欢迎单位或组织新成员的致辞，首先要标明他们的到来正适合需要，接着客观评价欢迎对象的特长，并表示赞赏；然后简单介绍本单位或组织的情况，最后希望新来的人在新环境里施展才干或发挥作用，作出成绩。

第二节　欢迎词的写作要求

(一) 欢迎词的格式

欢迎词的结构由标题、称呼、开头、正文、结语、署名六部分构成。

1. 标题。标题有两种形式。一是由欢迎场合或对象加文种构成，如《在校庆75周年纪念会上的欢迎词》；二是用文种“欢迎词”作标题。

2. 称呼。提行顶格加称呼对象。面对宾客，宜用亲切的尊称，如“亲爱的朋友：”、“尊敬的领导：”等。

3. 开头。用一句话表示欢迎的意思。

4. 正文。说明欢迎的情由，可叙述彼此的交往、情谊，说明交往的意义。对初次来访者，可多介绍本组织的情况。

5. 结语。用敬语表示祝愿。

6. 署名。用于讲话的欢迎词无须署名。若需刊载，则应在题目下面或文末署名。

（二）欢迎词正文

首先，表示欢迎。这是节庆活动欢迎词正文的开头部分，一般要用简洁的文字交代致辞的背景，即什么活动开幕了，然后用热情的话语对来宾表示欢迎，也可以向来宾或者有关方面 (人士) 兼表祝愿或者感谢。

其次，阐释意义。为什么要举办节庆活动，目的何为，意义何在，这是节庆活动欢迎词中一般应当予以交代的。

再次，展示优势，也可以说树立形象。这是节庆活动欢迎词正文的重心所在。当下利益重要，长远利益更重要。

最后，表达祝愿。这是节庆活动欢迎词正文的结尾部分，一般用简洁的句子祝愿活动圆满成功，或者祝愿来宾生活愉快，并另起段落以“谢谢大家！”“谢谢各位！”这样的礼仪结语结束全文。

第三节　欢迎词的注意事项

欢迎词是由东道主出面对宾客的到来表示欢迎的讲话文稿。欢迎词指行政机关、企业事业单位、社会团体或个人在公共场合欢迎友好团体或个人来访时致辞的讲话稿。

（一）看对象说话

欢迎词多用于对外交往。在各社会组织的对外交往中，所迎接的宾客可能是多方面的，如上级领导、检查团、考察团等。来访目的不同，欢迎的情由也应不同。欢迎词要有针对性，看对象说话，表达不同的情谊。

（二）看场合说话

欢迎的场合也是多种多样的，有隆重的欢迎大会、酒会、宴会、记者招待会；有一般的座谈会、展销会、订货会等。欢迎词要看场合说话。该严肃则严肃，该轻松则轻松。

（三）热情而不失分寸

欢迎应出于真心实意，热情、谦逊、有礼。语言亲切，饱含真情。注意分寸，不卑不亢。

（四）关于称呼

由于是用于对外（本组织以外的宾客）交往，欢迎词的称呼比开幕词、闭幕词更具有感情色彩，更需热情有礼。为表示尊重，要称呼全名。在姓名前或后面加上职衔或“先生”、“女士”、“亲爱的”、“尊敬的”、“敬爱的”等敬语表示亲切。

第四节　欢迎词的详细分类

（一）欢迎词从表达方式上分

1. 现场讲演欢迎词。一般由欢迎人在被欢迎人到达时在欢迎现场口头发表的欢迎稿。

2. 报刊发表欢迎词。这是发表在报刊或公开发行刊物之上的欢迎稿。它一般在客人到达前后发表。

（二）欢迎词从社交的公关性质上分

1. 私人交往欢迎词。私人交往欢迎词一般是在个人举行较大型的宴会、聚会、茶会、舞会、讨论会等非官方的场合下使用的欢迎稿。通常要在正式活动开始前进行。私人交往欢迎词往往具有很大的即时性、现场性。

2. 公事往来欢迎词。这样的欢迎词一般在较庄重的公共事务中使用。要有事先准备好的得体的书面稿，文字措辞上的要求较私人交往欢迎词要正式和严格。

第五节　欢迎词的特点

（一）欢愉性

中国有句古话是“有朋自远方来，不亦乐乎”，所以致欢迎词当有一种愉快的心情，言词用语务必富有激情和表现出致词人的真诚。只有这样才可给客人一种“宾至如归”的感觉，为下一步各种活动的完满举行打下好的基础。

（二）口语性

欢迎词本意是现场当面向宾客口头表达的，所以口语化是欢迎词文字上的必然要求，在遣词用语上要运用生活化的语言，既简洁又富有生活的情趣。口语化会拉近主人同来宾的亲切关系。

第六节　答谢词的适用范围

自古以来，人们就提倡“礼尚往来”、“知恩报德”、“来而无往非礼也”，于是在人际交往中便有了“谢”的言行：或揖拳，或鞠躬，或以言辞道谢，或以纸笔作书(写成谢函、谢帖、感谢信)，倘若在庄重的礼仪场合，那便要温文尔雅地致“答谢词”了。可以说，答谢词是一种最高级的致谢形式，它有情有声，声情并茂，能够最充分、最有效地表达谢意，在外交、社交活动日趋频繁的当代社会，发挥着越来越重要的作用。

答谢词，是指特定的公共礼仪场合，主人致欢迎词或欢送词后，客人所发表的对主人的热情接待和多关照表示谢意的讲话；也指客人在举行必要的答谢活动中所发表的感谢主人的盛情款待的讲话。

依据不同的致谢缘由和致谢内容，答谢词可划分为两个基本类型：

1.“谢遇型”答谢词。“遇”，招待，款待。“谢遇型”答谢词，即用来答谢别人的招待的致词，它常用于宾主之间，既可用于欢迎仪式、会见仪式上与“欢迎词”相应，也可用于欢送仪式、告别仪式上与“欢送词”相应。

2.“谢恩型”答谢词。“恩”，受到的好处，即别人的帮助。“谢恩型”答谢词，即用来答谢别人的帮助的致辞。它常用于捐赠仪式或某种送别仪式上。例如，1998年长江中下游地区的灾民在接受全国各地捐赠物品的仪式上，在洪水退后为抗洪抢险的解放军战士送行的仪式上，就使用了这种答谢词。

第七节　答谢词的写作要求

（一）格式内容

1. 标题。在第一行居中的位置上写上“答谢词”。

2. 称谓。另起一行顶格写致辞对方的姓名、头衔，既可以是广泛对象，也可以是具体对象。称呼后加“：”以示引领全文。

3. 正文。首先，对主人的盛情表示感谢，并对对方的优越性予以肯定，表达出自己的荣幸与激动。这是答谢词的写作重点。

然后，要对对方的情况做较详细的介绍，以示尊重。接着，应提出希望与之进一步发展关系的强烈意欲。最后，再一次用简短的语言表示感谢。

（二）写作要求

1. 内容与结构要合乎规范。从前文的分析中可以看出，两类答谢词所涉及的写作内容以及所运用的结构形式，各有相对稳定的模式。在写作中，一不可混淆，二不可随心所欲地“独创”，要尽可能地符合写作规范，否则将会张冠李戴、非驴非马。

2. 感情要真挚、坦诚而热烈。既然要“答谢”，就应该动真情、吐真言，这就是所谓“真挚、坦诚”；虚情假意、言不由衷或矫揉造作，只能引来对方的反感。况且，“答谢”的本身，就是一种“言情”方式，既然要“言情”，就应热烈奔放、热情洋溢，给人以如沐春风的温煦感；否则，那种薄情寡义、冷冰冰、干巴巴、硬邦邦的致辞是很难获得对方认可的。

3. 评价要适度，要恰如其分。一般说来，对于对方的行动，“谢遇型”致辞不宜于妄加评论、说三道四。而“谢恩型”致辞则可就其“精神”或“风格”作出评价，但要适度，要恰如其分，不可故意拔高、无限升华，以免造成“虚情假意”之嫌。

4. 篇幅要简短，语言要精练。礼仪“仪式”毕竟不是开大会，致辞一般应尽量简短些，决不可像某些领导的会议报告那么冗长。作为“答谢词”，千字文即可，连战先生的答谢词写得很美，不过，也许是由于60年来的第一次答谢，“酒逢知己千杯少”，其篇幅稍显长了些，但是倒很适合当时的情境。一般“答谢”是无需这么长的。

要想篇幅简短，语言必须精练，应尽可能地将可有可无的字、句、段删掉，努力做到“文约旨丰”，言简意赅。

第八节　答谢词的注意事项

要想写出高质量、较完美的答谢词，除了把握以上几点“要求”之外，还须“注意”处理好以下几个方面的关系：

1. 客套与内容。“客套”是礼仪的表现，“内容”才是实际的东西。一方面，需要客套；但另一方面，客套要为内容服务，不宜过多，更不宜过分，以免造成对方的反感。

2. 友谊与原则。在谈论双边关系时，既要充分表达友好之情、友谊之愿，又不可丧失原则立场。对于敏感性问题应尽可能地回避（宜放到谈判桌前去解决），对于回避不掉的矛盾与分歧，也应以坦诚的态度、温和的口吻、委婉的言辞作出恰当得体的表达，要谨防出言不逊或不慎而伤害了对方的感情。

3. 过去与未来。对于昔日的矛盾与分歧，不宜耿耿于怀，应面向未来，化干戈为玉帛。故而，致辞中应少讲昔日之“辛酸”，多谈未来之“亮丽”。

4.现实与设想。也许，现实的双边关系不那么尽如人意，甚或存在着较大的矛盾与分歧。对于这种情况，致辞中只需稍作提示，而应集中笔墨去做较完美的设想，因为设想的本身就是面向未来。但是，设想毕竟不是现实，不宜于说得那么实在，忌用一定、必然等副词修饰，宜用虚笔出之，比如可采用假设连词以及带有感觉、希望意义的意念性动词加以表达。

5.表达己见。即自己的见解与意见，答谢词所表述的主要是己见；但是当自己的答谢处于对方的欢迎词或欢送词之后时，最好能将对方的意见引述过来，融入自己的意见之中。这样做，不仅可以丰富致辞的内涵，而且也可巧妙地融洽双方关系，增强和悦气氛。

6.言谢与行谢。言谢，即以言语致谢；行谢，指以实际行动致谢。孔夫子就主张要“听其言而观其行”，可见“行”是取信于人的一个最重要的方面。

7.“直”与“曲”。这是对“章法”以及“表达”形式的辩证要求。对于“谢恩型”答谢词来说，无论是章法结构还是表达形式，都应求“直”不求“曲”，也就是说，应依照其结构常式及逻辑层次平直地写来，无需章法上的起伏或者曲折，文字表达也应直来直去，排斥任何形式的婉言曲语。而“谢遇型”答谢词则不尽然，它要求“章法求直，表达求曲”。

8.“雅”与“俗”。这是对致辞语言的辩证要求。与其他的演讲文书一样，答谢词是诉诸听觉的，要想让人听得顺心悦耳，就应将优美雅洁的书面语与活泼生动的口语有机融合一体，以获得琴瑟和弦、雅俗共赏的美感。

第八章

祝酒词、祝贺词

第一节　祝酒词的适用范围

祝酒词，是人们日常生活中最常使用的重要文体之一。

通常在酒席宴会的开始，主人表示热烈欢迎，亲切问候，诚挚感谢，客人进行答谢并表示衷心的祝愿时，运用的都是祝酒词。

祝酒词发展到现在已经成为人们招待宾客的一种礼仪形式。

祝酒词其内容以叙述友谊为主，一般篇幅短小、文辞庄重、热情、得体、大方，是很流行的一种演讲文体。

第二节　祝酒词的写作方法

祝酒词的全局结构有“四宝”：

（一）标题

一般由致辞人、致辞场合和文种三部分组成。如 ×× 在 ×× 典礼上的祝词。致辞人、致辞场合、文种根据情况标题可简化或改变顺序。书面型标题可以直接写为《祝词》、《祝酒词》等，也可以由讲话者姓名、会议名称和文种构成，如《××× 在 ×× 会上的祝酒词》、《××× 在 ×× 宴会上的讲话》等。

（二）称呼

写明受祝的对象，如“×× 先生”，“×× 经理”或“各位领导”，“尊敬的总统阁下”，“女士们、先生们”，“尊敬的各位来宾、各位朋友”，

“尊敬的××先生、各位来宾、各位亲朋好友”……

除正式的称呼外，还可以诙谐一些。如在一次老知青聚会上，有人在祝酒词中用了“贫下中农同志们、知青战友们”，引来了大家的会心大笑，整个酒会的气氛也由此变得轻松活跃起来了。

有时在宴会人际感情比较熟悉的情况下，也可直接称呼为“各位”，然后直接说祝酒词，简洁明快。

（三）正文

正文是写致词人在什么情况下，向出席者表示欢迎、感谢和问候。根据宴请的对象、宴会的性质，简略地表述主人必要的想法、观点、立场和意见，既可以追述已经取得的成绩，也可以畅叙友情发展的历史，还可以展望未来。

如在公司成立周年庆典上，可以这样写：“今天，我们欢聚一堂，隆重庆祝××公司成立三十周年。借此机会，我谨代表××县委、县人大、县政府、县政协和全县60万人民对各位领导和中外嘉宾的光临，表示热烈的欢迎和衷心的感谢！向××公司的创业者们以及全体员工表示热烈的祝贺和诚挚的问候！

“××发端于改革开放的起航之日，兴起于市场经济的转型之时，腾飞于中国经济融入全球一体化的跨越之机，是时代、历史和新老××员工造就的今日辉煌。展望××公司的宏伟蓝图，我们深信扎根于××这块沃土之上的××公司，必将高举民族工业的旗帜，弘扬民族工业的精神，牢牢把握时代发展的战略机遇，为县域经济的发展，为民族工业的壮大，再谱新章，再创辉煌；我们也坚信，有各级领导的关心、中外朋友的关爱、各个部门的鼎力支持和3000名××员工的共同努力，××公司的事业必将更加兴旺发达！”

在学院揭牌庆典宴会上，可以这样写：“值此榴花似火的美好时节，在各位领导和与会同志的关怀支持下，今天上午的××学院揭牌庆典大会取得了圆满成功。为感谢各位领导和同志们的支持帮助，××市委、市政府在这里举行××学院揭牌庆典宴会。在此，

我谨代表中共 ×× 市委、×× 市人民政府和 ×× 学院全体师生员工，向出席今天宴会的各位领导、各位专家、兄弟院校的朋友和各位来宾，表示热烈的欢迎和衷心的感谢！

“×× 学院的创建成功，标志着我市高等教育进入了一个新的发展阶段。真诚地希望在座的各位领导、各位专家和朋友们，一如既往地支持和关心学院建设，促进 ×× 学院这所年轻的本科院校朝着建设名校强校的目标不断前进。”

在婚礼宴会上，可以这样写：“祝福你们，新郎、新娘，祝贺你们的美满结合。从相识、相恋到喜结良缘，你们经历了人生最美好的时光。你们的爱情是纯洁的、真挚的。千里姻缘，天作之合。在对理想和事业追求中建立的新家，正是你们谱写美妙爱情交响曲的延伸。”

总之，正文是祝酒词最主要的部分，要争取把祝酒人所要表达的情意全部表述出来。由于宴会不是演讲会，所以这一部分也需要力求简洁。

（四）结尾

结尾常用“为谁、为什么而干杯”。

如在开业庆典上，可用“现在让我们共同举杯：为感谢各位来宾的光临，为我们的事业蒸蒸日上，为我们的财源广进，干杯！”

在乔迁新居的宴会上，可用“让我们共同举杯：为 ×× 先生乔迁新居世代永安，年丰人寿门有喜，莺迁乔木纳千福，干杯！”

在新婚宴会上，可用“请各位来宾共同举杯：让我们为两位新人双星渡桥渡来福禄寿喜，麒麟送子送进富贵荣华，钟情似海恩恩爱爱百年长，甘苦与共比翼双飞到白头，干杯！”

在祝寿的宴会上，可用：“让我们为 ×× 老先生寿比南山，福如东海；为 ×× 家族松鹤千年寿，子孙万代长；为在座各位嘉宾健康长寿，干杯！”

总之，要把自己的祝福倾注在“喝这杯酒的目的”上，让祝福的阳光温暖每一个人的心间。

第三节　祝酒词的注意事项

（一）用语精辟

用语精辟可使祝酒词准确得体，增加宴会友好融洽的气氛。

1972 年 2 月 21 日，美国总统尼克松应邀访华。晚 7 时，周恩来总理在人民大会堂设宴招待尼克松总统。在祝酒词中，周总理说："美国人民是伟大的人民。中国人民是伟大的人民。我们两国人民一向是友好的。由于大家都知道的原因，两国人民之间的来往中断了20多年。现在，经过中美双方的努力，友好往来的大门终于打开了。"周恩来的祝酒词在20日就准备好了。初稿是"由于美国方面的原因"，后改成"由于不是中国方面的原因"，最后，熊向晖斟酌后改为"由于大家都知道的原因"。尼克松也发表了长篇讲话。他说："我们在这里讲的话，人们不会长久记住。我们在这里做的事却能改变世界。""让我们在今后的 5 天里在一起开始一次长征吧，不是在一起迈步，而是在不同的道路上向同一个目标前进。这个目标就是建立一个和平和正义的世界结构。"尼克松特意引用了毛泽东的诗词："多少事，从来急；天地转，光阴迫。一万年太久，只争朝夕。"他说："现在就是只争朝夕的时候了，是我们两国人民攀登那种可以缔造一个新的、更美好的世界的伟大境界的高峰的时候了。"宴会气氛始终亲切而友好。

（二）妙用修辞

适当地采用修辞可使祝酒词形象生动，易于给人留下深刻印象。

第二次世界大战期间，美国总统罗斯福在德黑兰会议的一次晚宴上祝酒说："虹有很多颜色，各不相同，但它们混合成一条灿烂夺目的彩练。我们各个国家也是如此。我们有不同的习惯，不同的哲学和生活方式。我们每一个国家都按照本国人民的愿望和理想来拟订我们处理各种事情的计划。可是我们在德黑兰会议上已经证明，我们各国的不同理想是可以汇成一个和谐的整体，团结一致地为我们自身和全世界的利益采取行动的。所以，当我们离开这次历史性的聚会时，我们能够在天空第一次看见希望的象征——彩虹。"罗斯福的祝酒词用彩虹来比喻不同社会制度国家的和平共处，非常形象和贴切，为宴会增添了不少温馨的气氛。

（三）讲究文采

适当地引用诗词、典故，同时增加语言的幽默性，会使讲话更有感染力。

1984 年，缅甸总统吴山友访问上海，上海市市长在祝酒词中引用陈毅元帅《致缅甸友人》的诗句："我住江之头，君住江之尾，彼此情无限，共饮一江水。"形象地点明了中缅两岸人民共饮一江水的深情厚谊，话语非常亲切，让外宾高兴不已。

祝酒词的文采很多时候都来自于生动形象的比喻，例如，在两校建立校际关系的祝酒词中有这么一段："过去，我们交往只是一条小路；现在，却是一条宽敞的大道。我相信：我们的友谊和交往一定会成为一条高速公路。"这一连串的比喻，言辞贴切，恰到好处地说出了他内心的祝愿，赢得了大家一致的掌声。

（四）妙、直、畅、真

连珠妙语烘托气氛，达到妙趣横生的效果；直点宴会主题，不要拐弯抹角；语言流畅，使人感受到祝酒人的信念和自身对所要表达的主题和情感的信心；酒宴上的祝词只有真情真意，才能用自己的真诚和着酒的助燃作用拉近主宾之间的距离，以自己的真意换来对方的真情。此外，恰到好处的幽默和调侃使酒宴的欢乐气氛达到极致。

第四节　祝酒词的主要特点

祝酒词就是在饮宴过程中，举杯邀请众人同饮之前，表达祝福目的的精彩凝练的语言。宴会上祝酒，是招待宾客的重要礼仪。一般来说，主宾均要致祝酒词。主方的祝酒词主要是表示对来宾的欢迎；客方的祝酒词主要是表示对主方的谢意。热烈的祝酒词，会为酒会平添友好的气氛。同时，酒也只有伴随着恰如其分的祝酒语言，才能发挥出畅心抒怀、敞开心扉、联结情感、斗智用谋、激发壮志、欢乐无边的特殊功效，才能真正成为喜宴的精灵、友谊的桥梁、商战的法宝……因此，万事抒怀需纵酒，宴会成功靠祝词。祝酒词是控制宴会气氛、掌握宴会节奏、实现宴会目的、保证宴会效果的关键。

1. 祝酒词重在表达祝愿性。祝愿事情的成功或祝愿美好、幸福。

2. 祝酒词不宜太长。言辞简洁而有吸引力。

3. 祝酒词的语言充满热情、喜悦、鼓励、希望、褒扬之意。以便使对方感到温暖和愉快，受到激励与鼓舞。

4. 祝词不应使用辩论、谴责、批评等词句和语气。

5. 颂扬与祝贺要恰如其分。过分的赞美之辞会使对方感到不安，自己也难免谄媚之嫌。

第五节　祝酒词的不同类型

一、婚礼祝酒词

（一）证婚人祝酒词

证婚人的祝酒词是指证婚人在婚礼上对新人的结合予以“证明”，并向新人致以祝福和希望的发言。证婚人身份很特殊，正是因为有了证婚人的“证明”，婚恋双方的结合才显得神圣而庄重。因此证婚人的希望与勉励对新人来说也是颇有分量的。

1. 证婚人祝酒词的主要内容有：表达自己作为证婚人的高兴心情，对喜结连理的双方予以证婚，有时还要宣读双方的结婚证书，向新人致以祝福和希望。

2. 证婚人致祝酒词时应注意的问题：证婚人的祝酒词本身并不是婚礼程序中最重要的内容，其主要目的只是对婚恋双方的结合予以“证明”，以示郑重、正式之意。因此篇幅以简短为佳。证婚人在证婚时应保持郑重的语气和态度，以使在场的人感受到婚姻的神圣。

各位来宾：

今天，我受新郎、新娘的重托，担任 ×× 先生与 ×× 小姐结婚的证婚人，感到十分荣幸，在这神圣而又庄严的婚礼仪式上，能为这对珠联璧合、佳偶天成的新人作证致婚词而感到分外荣幸，也是难得的机遇。

新郎 ×× 先生现在 ×× 单位，从事 ×× 工作，担任 ×× 职务，今年 ×× 岁。新郎不仅英俊潇洒，而且心地善良、才华出众。

新娘 ×× 小姐现在 ×× 单位，从事 ×× 工作，担任 ×× 职务，今年 ×× 岁。新娘不仅长得漂亮大方，而且温柔体贴、成熟懂事。

古人常说：心有灵犀一点通。是情是缘还是爱，在冥冥之中早已注定，今生的缘分使他们走到一起，踏上婚姻的红地毯，从此美满地生活在一起。上天不仅让这对新人相亲相爱，而且还会让他们的孩子们的子子孙孙永远幸福下去。

此时此刻，新娘、新郎结为恩爱夫妻，从今以后，无论贫富、疾病、环境恶劣、生死存亡，你们都要一生一心一意忠贞不渝地爱护对方，在人生的旅程中永远心心相印、白头偕老、美满幸福。

请大家欢饮美酒，祝新人钟爱一生，同心永结。谢谢大家！

（二）介绍人祝酒词

介绍人是促使新郎、新娘结合的中介，因此他们所致的婚礼贺词应主要偏重于对新人从认识到结合过程的介绍。一篇好的介绍人致辞不但能够活跃婚礼气氛，而且对于促进新郎与新娘的心灵契合也起到很好的作用。

1. 介绍人致辞的主要内容有：表达自己作为介绍人的特别心情，向新人致以由衷的祝福。讲述婚恋双方经自己介绍由相识到相恋的过程，使宾客对新郎、新娘的基本情况有更多的了解。对新人的婚后生活提出希望和勉励。

2. 介绍人致祝酒词时应注意的问题：

介绍人是促成新人姻缘的大功臣，新郎、新娘一般都会对介绍人怀有很强烈的尊敬与感激之情。鉴于这一特殊的身份，介绍人可以向新人婚后的生活提出更具体、更切实的要求，促使他们珍惜来之不易的幸福。

介绍人可选取两人在相知相恋过程中的一两件感人故事细致讲

述，既可以激发参加婚礼者的兴致，又能够使一对新人感怀往事，增进心灵的契合。

语气应当是亲切的、关爱的，充满感触与祝福的。

新郎、新娘、证婚人、主婚人、各位来宾：

大家好！

今天是 ××× 先生和 ××× 小姐缔结良缘，百年好合的大喜日子。作为他们的介绍人，参加这个新婚典礼，我感到非常荣幸。同时，我也感到惭愧，因为我这个介绍人只做了一分钟的介绍工作，就是介绍他们认识，其余的通讯、约会，花前月下的卿卿我我等等，都是他们自己完成的。

这也难怪，你们看新娘这么端庄秀丽，新郎这么英俊潇洒，又有才干，确实是女貌郎才，天作之合。

让我们一起举杯，衷心祝福这一对新人情切切，意绵绵，百年偕老，永浴爱河。干杯！

（三）新人家长祝酒词

新人家长一般要作为主人向来宾的到来表示感谢，并向自己的子女提出祝福和希望。

新人家长致辞应注意的问题：

新人家长的身份既是新人的父母，又是在座来宾的主人，因此，在致祝酒词时一定要用较多的篇幅向客人们的光临致以谢意。

可以适当讲一讲自己在为儿子或女儿筹备婚事这一段时间的所思所感，以浓浓的亲情感染人。但同时也要适可而止，切不可带来“眼泪效应”。

要表达一些期望，比如：“希望你们从今以后，要互敬、互爱、互谅、互助，以事业为重，用自己的聪明才智和勤劳双手去创造美好的未来。同时，还要孝敬父母，爱护儿女，共同承担家庭责任，营造一个和谐美满的幸福家庭。”

两位亲家、尊敬的各位来宾：

大家好！

今天我的儿子与 ×× 小姐在你们的见证和祝福中幸福地结为夫妻，我和太太无比激动。作为新郎的父亲，我首先代表新郎、新娘及其我们全家向大家百忙之中赶来参加 ××、×× 的结婚典礼表示衷心的感谢和热烈的欢迎！

感谢两位亲家……

缘分使我的儿子与 ×× 小姐相知、相悉、相爱，到今天成为夫妻。从今以后，希望他们能互敬、互爱、互谅、互助，用自己的聪明才智和勤劳的双手去创造自己美好的未来。

祝愿二位新人白头到老，恩爱一生，在事业上更上一个台阶，同时也希望大家在这里吃好、喝好！

来！让我们共同举杯，祝大家身体健康、合家幸福，干杯！

（四）新人长辈祝酒词

在婚礼当中，长辈的祝酒词是最正规、最必不可少的，是婚礼仪式上的一项很重要的程序。作为一个长辈，不能在婚礼上说几句客套的祝词就算了事，谆谆教导是最合适的祝词。

各位来宾、各位亲朋好友：

王子和公主结婚之后要面对很多的现实问题，生活不是童话，希望你们能够有个心理准备。同时，也希望你们能够在今后的生活中相互磨合、相互宽容、相互谅解，把生活过得像童话一样美好。

今天是两位新人的大喜之日，作为新娘的阿姨，我代表在座的各位亲朋好友向新娘、新郎表示衷心的祝福，同时受新娘、新郎的委托向各位来宾表示热烈的欢迎。

在人生最喜庆的时刻，我衷心祝福他们小夫妻能够互相信任、互相扶持。在这个令人羡慕的日子里，你们应该开心，所有的亲友都在为你们的新婚祝福，你们也将永远幸福、快乐地生活在一起。

最后，我提议，为了两位新人的富足生活，为了双方父母的身体安康，也为在座诸位嘉宾的有缘相聚，干杯！

（五）领导祝酒词

单位领导能够在百忙之中抽出时间来参加婚礼，这本身就说明领导对新人的关心和重视，而领导致辞则集中体现了这一点。好的领导致辞不仅能给人关怀与祝福，还能够密切领导与下属之间的关系，促进工作的顺利开展。

1. 单位领导致辞的主要内容：表达心情，真诚祝愿。说明自己和新人的关系，恰当地赞扬新人的人品、能力以及结合后的美好前景。从工作的角度给予希望和鼓励。

2. 单位领导致辞应注意的问题：

婚礼是充满人情味儿的交际场合，而不是凡事照章行事的单位办公室，因此领导要放下架子，以普通人的态度向新人贺喜，切忌摆架子，以免大煞风景。

领导在致辞时可多讲讲新郎或新娘在工作中的良好表现，给予适当的肯定与鼓励。鉴于婚礼场合的特殊性，这种鼓励肯定会给作为下属的新郎或新娘以很大的鼓舞，从而激励他们在今后的工作中更加努力。

各位来宾、朋友们：

你们好！×先生是单位的业务主干，×女士温柔贤惠，今天是你们大喜的日子，我代表×单位和×单位全体员工衷心地祝福你们：新婚幸福、美满！

愿你俩百年恩爱双心结，千里姻缘一线牵；海枯石烂同心永结，地阔天高比翼齐飞；相亲相爱幸福永，同德同心幸福长！

为你们祝福，为你们欢笑，因为在今天，我的内心也跟你们一样的欢腾、快乐！祝你们，百年好合！白头到老！

（六）新人祝酒词

当领导、家长、宾朋致辞完毕之后，新郎和新娘自然免不了要对来宾和父母进行祝酒，把自己此时此刻的幸福和喜悦说出来与大家一起分享。新郎、新娘的祝酒词不但能够渲染气氛，而且有助于赢取领导和来宾的好感，以在未来的工作、生活中获得更多的支持和帮助；同时，这也是两位新人交流情感与想法的一种方式。

1. 新郎、新娘致辞的主要内容大致是：对大家的光临表示感谢，向致辞者表示感谢。表达喜悦的心情，表达自己的决心，祝福来宾等。

2. 新郎、新娘致辞应注意的问题：新郎、新娘的祝酒词应体现出各自鲜明的性别特点，如新郎可表现自己对爱情的坚定、对事业的信心等，而新娘可适度表现女性独有的温柔、细致的特点，这样两人才显得般配和谐。不要轻易放过这个赢取领导与宾朋好感的机会，可在致辞中有针对性地表达自己今后搞好工作、与亲朋交好的决心，以利于将来工作与生活的顺利开展。

各位领导，各位亲朋好友：

人生能有几次最难忘、最幸福的时刻，今天我才真正从内心里感到无比激动，无比幸福，更无比难忘。今天我和 ×× 小姐结婚，我们的长辈、亲戚、知心朋友和领导在百忙当中远道而来参加我们的婚礼庆典，给今天的婚礼带来了欢乐，带来了喜悦，带来了真诚的祝福。

借此机会，让我们真诚地感谢父母把我们养育成人，感谢领导的关心，感谢朋友们的祝福。我还要深深感谢我的岳父岳母，您二老把你们手上唯一的一颗掌上明珠交付给我，谢谢你们的信任，我也绝对不会辜负你们的。我要说，我可能这辈子也无法让您的女儿成为世界上最富有的女人，但我会用我的生命使她成为世界上最幸福的女人。

有专家说，现在世界上男性人口超过了 30 亿，而我竟然有幸得到了这三十亿分之一的机会成为 ×× 小姐的丈夫，三十亿分之一的机会相当于一个人中 500 万的彩票连中一个月，但我觉得今生能和 ×× 在一起，是多少个 500 万都无法比拟的！

最后，祝各位万事如意、合家幸福。请大家共同举杯，与我们一起分享这幸福快乐的夜晚。

谢谢！

（七）伴郎祝酒词

伴郎祝酒词到底应该是把宴会上所有人都赞扬一番呢，还是穿着礼服，一本正经地谈与新郎的友谊呢？无论怎么说，都切忌为了活跃气氛，讲一些新郎如何放肆、如何享乐的话题，因为那会惹新郎父母甚至新娘不开心。

在祝酒词里，首先要告诉在座的所有来宾，新郎是一个多么优秀的青年，他不仅是一个好朋友、好儿子、好学生，而且他也能够对各种场面应付自如。其次，就是简短介绍，告诉宾客你和新郎认识了多久，你对他了解多少，你要让所有人都知道是你们的友谊让新郎选你当他的伴郎。如果你们孩提时就是朋友，那就多讲些那时候的事，好让人知道你和新郎的友情之深。再次，一旦你说明了你是新郎的最好朋友，你就可以趁机搞些幽默，扮扮洋相，讲讲你和朋友一起干过的坏事——当然不是什么真的坏事——你们在一起时有趣的插曲，如第一次做什么事，认错人的事，旅游冒险之类的故事。小故事应该短而有趣，自始至终体现你和朋友的深厚友谊。

最后，以新郎最好朋友的身份告诉新娘她做了最好的选择，如果你和新娘很熟的话，可以通过两位新人的共同爱好说他们的结合是完美无缺的。总之，你要伸拇指称赞他们的结合，同时表示你非常希望能继续和新郎及新娘保持友谊。

尊敬的各位来宾、朋友们：

大家好！

今天作为 ××× 的伴郎，我感到十分荣幸。

同窗十载，岁月的年轮记载着我们许多美好的回忆。曾经在上课时以笔为语、以纸为言，谈论着我们感兴趣的话题；曾经在宿舍内把酒问天，挥斥方遒；曾经“逃课”去吃早饭、溜玩一会儿，回来时在老师严肃的目光下相视一笑，正襟危坐。可无论我们怎样的“不努力”，每次考试都名列前茅。

有一次我和 ××× 闲聊，他说如果谈恋爱一定会去追 ×××。

如今，他成功了，终于如愿以偿地娶到了美丽而柔婉的 ×××，我和全班的所有同学为你感到自豪和由衷的高兴。

“名花已然袖中藏，满城春光无颜色。”

结婚是幸福、责任和一种更深的爱的开始，请你们将这份幸福和爱好好地延续下去，直到天涯海角、海枯石烂，直到白发苍苍、牙齿掉光！今晚调皮璀璨的灯光将为你们作证，今晚羞涩地躲在云朵儿后的那位月老将为你们作证，今晚在座的二百位捧着一颗真诚祝福之心的亲朋好友们将为你们共同作证。

最后，让我们共同举杯，祝愿这对新人白头偕老，永结同心！

谢谢！

（八）伴娘祝酒词

为了能够使自己在婚礼当天做得得体自如，伴娘应该在婚礼前就准备好祝酒词，祝酒词短的时候可以只有两行，长的时

可能达到两分钟，并准备几个版本，以避免临时抱佛脚的忙乱。

伴娘在新婚祝酒词里加入一些至理名言能让自己在说祝酒词时增加自信，但是在引用名言时，一定要注意保证你选择的名言与你想表达的观点或者信息有共同点，并且还要注意不要为了达到热闹的效果而将自己的发言搞得很滑稽。客人们也喜欢安静一点的内容，不用担心没有掌声，按照你的风格发自内心就可以了。祝酒词写好后，要反复大声朗读，达到能上台的水平。祝酒时间通常都在所有客人就座的时候，新郎和新娘或许希望在上菜的过程中进行祝酒，先征询一下他们的意见再进行祝酒。说祝酒词时不要太紧张，可以深呼吸，喝一点红酒，但语速要慢，尽量表现得大方自然。

尊敬的各位来宾、朋友们：

大家好！

××× 以其美丽与品德在同学和朋友中深受欢迎，今天，她终于将自己今生信托之手交给了与她相知相爱的人。

我与 ××× 是大学同学，四年的相处让我们成为无话不谈的挚

友。毕业后我们天各一方，但时间与空间的隔离并没有影响我们的友谊。当我知道自己将要作为 ××× 的伴娘时，心中的喜悦不言而喻。今天，我来到这座城市，参加 ××× 的婚礼，为的就是能向你们二位表达我的祝福。

祝愿你们永结同心，执手白头；

祝愿你们的爱情如莲子般坚贞，可逾千年万载不变；

祝愿你们在未来的岁月里甘苦与共，笑对人生；

祝愿你们婚后能互爱互敬、互怜互谅，岁月愈久，感情愈深；

祝愿你们的未来生活多姿多彩，儿女聪颖美丽，永远幸福！

（九）来宾代表祝酒词

来宾代表一般由新郎或新娘比较亲密的同事或朋友担当，因此相互之间的顾忌往往会少一些，致辞内容也往往会活泼、灵活些，对于活跃气氛有很大的作用。

1. 来宾代表致辞的主要内容有：介绍自己与新郎、新娘的关系，对新人的婚礼表示祝贺。称赞新郎、新娘的人品、能力、人缘等。介绍新人的生活趣事、恋爱故事等。提出祝福与希望。

2. 来宾代表致辞应注意的问题：由于来宾代表往往是与新郎、新娘关系比较亲近的同事或朋友，因此致词可以不拘形式，自由发挥，争取使婚礼的气氛达到高潮。以讲述新郎、新娘的生活趣事、恋爱故事等以烘托气氛，但切忌在公共场合泄露两人不愿人知的事情，以免出现尴尬的场面。

女士们、先生们、朋友们：

大家好！

今天是好朋友 ××× 的大喜日子，小弟得以参加盛会，万分荣幸。在此，我谨向他们表示温馨的恭贺和美好的祝愿，向养育他们成长成才的双方父母、亲眷和向前来贺喜的各位来宾、好友表示真挚的谢意与问候！

二位新人可谓郎才女貌，佳偶天成。

十年修得同船渡，百年修得共枕眠。于茫茫人海中找到他（她），分明是千年前的一段缘；无数个偶然堆积而成的必然，怎能不是三生石上精心镌刻的结果呢？用真心呵护这份缘吧。我希望你们互助互谅，共同努力，创造美满幸福的家庭。

最后，我祝愿新郎、新娘健康快乐，鸾凤和鸣，白头偕老。干杯！

（十）随员祝酒词

作为参加婚礼的随员，你可能和当事人的关系很一般，对于他们细枝末节的小事情不大了解，又不便以长者、亲朋好友的身份说些鼓励、亲切的话语，只能说些纯粹祝福的话语，但要追求脱离俗套、与众不同就比较困难一些，因为“祝新郎、新娘生活甜蜜，爱情幸福”之类的话语前面的人已说了很多，你再重复似乎意义不大。因此你完全可以换一个角度，从当事人选择的结婚日子上着手引申展开你的话题，表达对新人的良好祝愿。

总之，美好的祝酒词不仅能烘托气氛、温暖人心，而且还能使人深受鼓舞和启发。当你送出真诚祝福的时候你也会由此感到幸福和快乐，因此请不要吝惜你的祝福，请为新人的幸福而幸福。

× 先生、× 小姐：

你们好！

在这金秋十月的大好日子里，我接到了你们的喜帖，于是喜气洋洋地赶来祝福。新郎的潇洒、新娘的美貌可谓是这年秋天最美丽的画面。秋天是丰收的季节，预祝你们的生活和事业像秋天一样硕果累累。

为此，让我们忠心地举杯祝愿你们：新婚幸福，百年好合！

二、生日祝酒词

（一）祝寿必知四大学问

一般来说，老人过生日分得比较仔细。如果是大家族中德高望重的家长过生日，还会有相应的庆祝活动。传统生日一般是按虚岁计算。

1. 整生日：指的是每逢个位数是九或者零的生日，例如五十九岁、六十岁、四十九岁、五十岁等。

2. 大庆：每逢生日个位 9 的生日，如 39、49、59、69、79 等。

3. 正庆：每逢生日个位 0 的生日，如 40、50、60、70、80 等。

4. 散生日：生日个位数是 1 ～ 8 的生日，如 51 ～ 58 岁。

庆祝诞辰，一般在六十岁以前都叫“过生日”，六十岁以后称“做寿”，逢十则做大寿。有的地方，为避讳，认为“十全为满，满则招损”，所以往往“做九不做十”。例如，在五十九岁时做六十大寿，六十九岁时做七十大寿。有些地方习惯于“男做进，女做满”，即男做九，女做十。由于有些地方民俗有“三十六岁门槛年，六十六岁是杀年”的说法，故这两个生日虽不是整数，也要举行大庆，以便化凶为吉，这只是一种民俗心理罢了。在民间流传着这样一句话：“小孩生日一只蛋，大人生日一碗饭。”是说小孩非周岁生日，成人非整生日一般不必邀请亲朋庆祝，只是家庭略备些酒菜或开个家庭生日晚会庆贺一番即可。家庭给老人做寿，应由子女或亲友出面组织庆祝活动。习惯上，百岁称上寿，八十岁称中寿，六十岁称下寿，都要隆重庆祝。

（二）祝寿词要真挚热情

准备贺词，一定要加入对对方称颂、赞扬、肯定的内容。同时，也不要忘了，如果具体场合允许，应借机表示致辞者对被祝贺者的敬重与谢意。准备贺词，还要认真、诚恳地表达致辞者的良好祝福，祝福被祝贺者“大吉大利”、“心想事成”。

很多人都会在给老人祝寿时说“祝您福如东海，寿比南山”，但只有这一句是不够的，还应当结合寿星的具体情况，真挚、恰当、热情洋溢地发表祝词。

（三）祝寿词不要渲染“老”字

家庭祝寿活动比较普遍，中心是祝愿长者健康、长寿、幸福、快乐。祝寿，都由晚辈出面，邀请亲朋好友参加，欢聚一堂，祝寿词随意而发，多半简短、亲切，你一言我一语，以讨老人高兴、欢欣为主，不拘形式。在致祝寿词的时候，有一点需要注意，即祝词中虽然离不开“寿”字，但不要渲染“老”字。俗话说“人老心不老”，即心理不老，心理不老人就不服老。人的心理年龄和生理年龄不等同，一般是心理年龄比生理年龄年轻，所以寿而不老是人的正常心态。如果大家都说他老，一旦他自己也感到年老了，从心理上老化了，那么就会加速他心理和生理的衰老，与祝寿的目的背道而驰。如说“人生自当50始，您还年轻着呢”就比较好，心理不老，保持年轻人的精神状态，是有益于长寿的。

（四）要让老人听清楚

老年人一般情况下听力都不是很好，在祝寿时要注意把音量放大、速度放缓，发音要清楚，要尽量让老人家听到你对他的祝酒词。如果寿星都没听到你说什么，那你的祝酒还有什么意义呢？

孝顺是一种美德，老人家难得高兴一回，千万别不顾及老人的感受随便敷衍了事就各自一边乐去了。要趁这个机会多给老人一些美好的祝福并且让他清晰听到，让他因你的祝福而快乐起来。

三、就职祝酒词

就职祝酒词是新当选或连任的政府首脑、地方长官、部门领导以及企事业单位的领导在就职宴会上，对领导、来宾表示感谢和表达决心的讲话。

就职祝酒词的结构如下：

（一）称谓

指对现场来宾的称呼。这要根据来宾的不同身份而定，力求恰当、得体。致词人面对的来宾一般有三种情况：一是主管单位领导与本单位员工，称谓用“各位领导、全体同志（员工）”；二是面对的是全体人民代表，称谓用“各位代表”；三是主管单位领导，所属单位员工代表，称谓用“各位领导、各位代表”。

（二）正文

就职祝酒词的正文一般由开头、主体、结尾三部分组成。

1. 开头。一般都要表达任职者的心情和对来宾的谢意，恳切自然，给来宾以良好的印象和感受。

2. 主体。这是祝酒词的主要内容。应当着重谈就职者的工作目标、打算和措施，以获取来宾的信任和支持。

3. 结尾。一般都要发出号召，展望前景，给来宾以激励和鼓舞。结尾要充满强烈的凝聚力和感召力。

第六节　祝贺词的适用范围

祝贺词是指在某些庆祝仪式如寿礼、婚宴、剪彩、庆典等场合所作的祝贺致辞。往细处说，祝贺词包括“祝”和“贺”两个方面，“祝”即表示祝愿，“贺”表示庆贺。因此祝贺词的正文部分的大概逻辑就是先说贺的对象，再说能够获得今天这个“可贺”的局面所经历过的努力和奋斗过程，这件喜事背后的重大意义和光辉前景，最后表示美好的祝愿。

第七节　祝贺词的注意事项

相对而言，祝贺词的撰写是比较简单的，因为这样一个轻松喜庆的场合，没有人会有太多计较，哪怕就是说了几个错别字，大家也是一笑置之。当然，如果是一些盛大场合的祝贺词，还是不能马虎的。通常，祝词只要注意以下三点即可：

1. 切合自己的身份，态度热情真诚。

2. 回首过去的时候，要注意分寸，不要触碰人家的隐痛，更不可为开玩笑，就把主人的一些糗事弄得尽人皆知。

3. 注意使用词汇，尽量避免把气氛变得很沉闷，少提工作上的事情。

第九章

纪念、悼念词

第一节 纪念词的适用范围

所谓纪念词就是人们在为了纪念有某种重要意义的事情而举办的活动上进行的演讲。

这样的活动可以是纪念重大历史的事件，纪念重要人物的诞辰或逝世，学校、机构、城市、国家等建立周年活动。

纪念词存在的意义在于，回顾历史，反思现在，畅想未来，通过这样的演讲，我们可以团结群众、鼓舞士气、共同奋斗。

第二节 纪念词的写作要求

纪念词通常是以叙述形式进行的，要求演讲者语气低沉庄重。其格式也是分为标题、正文和结尾三部分的。

（一）标题

纪念词的标题有几种写法或用法：一是在纪念词正文前写上“纪念词”二字；主持人在纪念会上要用“××× 的纪念”；贴出、刊印时要用“在 ××（或者关于 ××）的纪念”。

（二）正文

写明用什么心情纪念什么人或者什么事；写明被纪念的人或事的身份和来历，因为什么原因要纪念。按时间先后顺序介绍人或事的经历和发展；对于被纪念者要给予称颂，但不能过多地赞誉，可以简单地概括成几个方面，文字力求简洁；对于被纪念者带给我们的荣誉要给予客观公正的评价。

（三）结尾

自成一段。因为纪念词的目的是为了展望未来，可以对未来做些憧憬，表示自己的决心。

第三节 纪念词的注意事项

一般来说，纪念演讲还是有很强的目的性的，虽以怀念过去为形式， 但目的还是立足现在，放眼将来。因此纪念演讲就不能仅仅是叙述，还必须要借题发挥。在具体撰写时，应当注意：

1. 注意公众的意识形态。纪念演讲属于公众演讲，就要注意公众的意识形态，一些关于过于偏激或者悲观消极的观点尽量不要提及。不要为了显示自己见解独到，而刻意去标新立异，甚至弄巧成拙，从而引发众怒。

2. 不过多介绍主题。通常来参加纪念活动的听众对于纪念的主题都比较熟悉，因此没有必要对事件或者人物进行过多的介绍和陈述，主要内容应放在对其精神意义的提炼上。

3. 演讲者态度要中肯。既然举行纪念活动，则大多表示人们对这个事件或者人物持肯定的态度。但演讲者在对其进行评价时，应当实事求是，既不能有所贬低又不能盲目歌颂，更不能为了讨好听众而不停地吹捧某人。

4. 着眼于未来。历史毕竟是“俱往矣”，昨天的“风流人物”生活在昨天，虽然伟大精神是永恒的，但其具体行为却不一定是应该效仿的。演讲者应当对两者进行区分，着意提炼挖掘出那些伟大事件和人物上所展现的能指引“今朝”的听众不断前进的光辉思想，以及如何继承并发扬这种伟大的精神和传统。

第四节　悼念词的适用范围

悼念词，是我们悼念逝去的人们的一种演讲，悼念词的目的通常是为了对去世者表示敬意、缅怀及哀思。所以在悼念词中，主要是介绍死者的生平事迹，歌颂死者生前工作中的丰功伟业。鼓励活着的人们学习死者好的思想作风，继承死者的遗志。

虽然悼念一般都是怀念死者，歌颂死者，但是赞扬死者一定要严肃客观，不能夸大和粉饰。

悼念词在措辞上要求简练、庄重、质朴自然、饱含深情。必须充分肯定死者对社会的贡献，真诚表达生者对死者的悼念和敬意，以质朴无华的语言和多种多样的形式体现化悲痛为力量的积极内容。

第五节　悼念词的写作要求

悼念词一般可以分为三种：第一种是最常见的叙述式，以叙述去世者的生平业绩为主，并适当地加以议论或抒情。第二种，是以议论为主，抒情、叙事为辅，主要是评价去世者对社会的卓越贡献及其深邃的思想，与当下的现实生活结合起来，宣传某种社会理念。第三种以抒发感情为主，文学色彩浓厚，能在情感上打动人，颇有些类似于抒情散文。前两种形式通常可以在追悼大会上宣读，而第三种往往就只能在报章杂志上发表。

悼念词的写作格式：

（一）标题

悼词的标题有几种写法或用法：在悼词正文前写上“悼词”二字；主持人在追悼会上要用“×××同志致悼词”；贴出、刊印时要用“在追悼×××同志大会上×××同志致悼词”。

（二）正文

写明用什么心情悼念什么人；写明去世者生前的身份或担任的各种职务名称，何种原因在何年何月何日几时几分不幸去世的，终年岁数；按时间先后顺序介绍去世者的简单生平；对去世者的称颂，可概括成几个方面，文字力求简洁；对评价去世者因去世带来的损失，应实事求是；向去世者学习什么，可分成几点写明，用什么实际行动化悲痛为力量。

（三）结尾

自成一段。一般有两种写法：一句式：“×××同志安息吧！”概括式：“×××同志和我们永别了，我们要化悲痛为力量……×××同志永远是我们学习的榜样。”一定要注意简短。

第六节　悼念词的注意事项

正常来说，悼念词没有什么固定的格式。但如果是悼念重要人物，或者悼念词叙述性很强，要求演讲者宣读悼念词时就要遵守一定规范。

要注意悼念词的开头部分以沉痛的心情说明召开或参加此次追悼会的目的。

尽可能准确地说明死者的职务、职称和称呼，以示尊崇，并要求注意称呼之间的先后排列顺序。

接着简要地概述死者何年何月何日何时何原因与世长辞，以及所享年龄等。

主体部分主要由两方面组成。一是介绍死者生平事迹，即对死者的籍贯、学历以及生平业绩进行集中介绍，应突出死者对人民、对社会的贡献。二是对死者的思想、精神、作风、品质等作出综合的评价，介绍其对他人和社会产生的积极影响，如鼓舞了青年人，为后人树立了榜样等。结尾部分主要写明生者对死者的敬意，如何向死者学习、继承其未竟的事业、化悲痛为力量，为国家、为社会作出更大的贡献等内容。

演讲的最后，还可以写上“永垂不朽”、“精神长存”或“安息吧”之类的语句。

第七节　纪念词的实际应用

范文：在殉国将士葬礼上的演说

伯里克利，古雅典政治家，战略家。受哲学家阿那克萨哥拉民主思想的影响，推崇奴隶主民主政治。公元前 444 年当选将军，连续十五年执掌军权，成为雅典的实际统治者。这是他在雅典与斯巴达战争牺牲者葬礼上的演说。

我们的宪法不抄袭邻国的宪法。我们不模仿别人，相反，却是别人的典范。我们的政府为大多数人而不为少数人谋利，这就是它被称为民主政体的原因。法律方面，所有个别情况不同的人都得到同样的公平对待。至于人们的社会地位，在公众生活中获得擢升的人均具真才实学而非徒负虚名。有才干的人不容受其所属阶级影响；贫穷亦不至阻挡其前进道路。能为国家服务的人不因出身低微而受困阻。我们在政府工作中享受的自由，在日常生活也可得到。我们绝不因嫉妒而互相监视，不因邻人做自己喜欢的事而生气，甚至不喜欢常常脸露不豫之色。因此这种脸色虽无实际惩罚作用，却着实令人反感。我们与人交往随和，但不会因此成为目无法纪的公民。正是畏惧流于目无法纪的心理，成为捍卫我们法律的主要保障，教导我们服从行政机构和法律。我们恪守保护受害人的法律，不论其是否明载于法典。即便这类法律不成文，违反者必定蒙受耻辱。

此外，我们提供多种方法，使人在从事纷繁的事务后得到休息，头脑清新。我们终年举行娱乐活动及祭神典礼。优雅的住宅成为我们日常欢愉生活的源泉，驱散我们的忧闷。我们规模宏大的城市吸引世界各国将产品运入我们的港口，让我雅典人得以经常享用其他各国及本国的产品。

我们的军事政策也与敌人的不同。我们的城市向世界敞开大门。虽然敌人或会因我们自由开放而进行窥探得益，我们从不订出排外法令，阻止外国人到此学习和观察。相对来说，我们不大依靠政策制度，反而较为信赖我们公民天生的爱国精神。在教育方面，我们的对手以严酷的纪律自小训练公民英勇精神，而我雅典公民则完全随意而生活，却同样能随时面对任何真正危险。为证明此事实，请注意，斯巴达人侵略我国时，动辄与所有同盟者联合，不敢单独前来。而我雅典人进入邻国国土时，不需别人支援。我们在国外打仗，往往不费吹灰之力便征服了保卫自己家园的异国人。我们不用整支部队对外克敌，因为我们既要守护海上，又要派遣公民在陆地执行上百种不同勤务。如此看来，无论敌人在何处遭遇我方武装力量分队，战胜我们的分队可扩大视为战胜我们的国家,相反,如若失败,便等于败在我们全体人民之手。

然而，尽管我们习惯于安闲而不惯劳苦，我们的勇气来自天生而非训练所得，我们仍然愿意面向危险。我们具有双重有利条件：既可免于事先受严格训练之苦，又在需要时，能够同经常警戒的人一样，无畏地迎接艰险。

第八节　悼念词的实际应用

范文：汶川地震哀悼演讲稿

2008 年 5 月 12 日 14 时 28 分，四川汶川地区发生 8 级大地震，迄今已有 32447 名同胞遇难。苍生泣血，泪眼横陈，山河变色，草木同悲。

昨天（18 日），国务院发布公告，为表达全国各族人民对四川汶川大地震遇难同胞的深切哀悼，国务院决定，2008 年 5 月 19 日至 21 日为全国哀悼日。在此期间，全国和各驻外机构下半旗志哀，停止公共娱乐活动，外交部和我国驻外使领馆设立吊唁簿。5 月 19 日 14 时 28 分起，全国默哀 3 分钟，届时汽车、火车、舰船鸣笛，防空警报鸣响。在哀悼日里，奥运圣火境内传递也将同时暂停。

这是自中华人民共和国成立以来，第一次就大规模自然灾害举行的全国性哀悼活动，也是第一次从制度上为自然灾害死难的普通百姓降半旗致哀。同时，5 月 19 日 14 时 28 分，也是 5・12 汶川大地震中遇难者的“头七”。在中华民族传统的哀悼氛围中，举国降半旗致哀，我们用全民族的眼泪，悼念这次地震灾害中的罹难者、在救灾中的牺牲者，更用全民族的意志，昭示中国对每一个普通生命的极大尊重。

为此，我们举国致哀。

哀悼日是对民族情感的凝聚。在灾难发生后，各地民众自发捐款、献血，许多国人甘当志愿者，主动表示收养地震孤儿。当民众自发地用烛光哀悼死者，当民众自发地将赈灾物资运往灾区时，中华民族从来没有像现在这样，团结如一人。多难兴邦，作为一个有传统、也有担当的民族国家，我们需要一种国家行为，来重申全民族在这次灾难中的共同情感。

为此，我们举国致哀。

哀悼日也是对国家责任的重申。国家有为生民立命之任，有解民于倒悬之责。当自然灾害来袭时，一切生与死之间的选择，其实是每一个中国人的基本责任担当，更是国家作为民族集合体的承诺。国家有哀民生之不幸的义务，尤其是这场改革后死难人数最多的自然灾害，已经成了民族记忆中的一道伤口。许多公民失去了亲人，失去了家园，失去了他们所有美好的回忆。

为此，我们举国致哀。

哀悼日还是对民众呼声的响应。灾难发生后，不少民众通过各种渠道表达呼声，希望能够通过国事行为，确定国家哀悼日，下半旗志哀。这既是许多国家的通行做法，也是民族国家认同、成熟和发展的标志，更代表了公民和国家荣辱与共的信念。国家现在响应他们的要求，就是保护公民生命的基本尊严，肯定公民爱的权利。

为此，我们举国致哀。

在哀悼日中，我们更不应该忘记，瓦砾废墟下可能还会有奄奄一息的灾民。我们的眼泪是为死难者流，我们的汗水和决心，为那些生命奇迹流淌。在这个持续三天的哀悼日中，我们还要尽最大的努力，去换取哪怕只有一个生命奇迹的出现。与地震后的空间坍塌争夺生命、与地震后的时间争夺生命。这也是哀悼日的沉默里，我们真正需要戮力同心的最重要事情。

往者灾犹降，苍生喘未苏。在这个苍生泣血的日子里，整个民族用哀悼日的方式，树立我们拯救生命的决心，伸张我们的爱和信仰，书写我们生命的荣耀。此刻，我们已经打通了通往灾区中心的道路，生命的孤岛不复存在，而当整个中国降下半旗，鸣响警报和汽笛时，爱的孤岛也不复存在。

因此，为苍生泣血，让我们举国致哀。

第十章

节日演讲词

第一节　节日演讲的适用范围

常见的节日有很多：元旦、春节、妇女节、劳动节、青年节、儿童节、建党节、建军节、国庆节、教师节、端午节、重阳节、清明节、中秋节、元宵节等等。

节日演讲是在庆祝节日时所发表的演讲。在节日演讲中，演讲者一般都会根据节日的特点来确定主题，通常在演讲中要进行历史的回顾，这是因为只有总结历史，才能实现立足当下展望未来的目的。一般节日都是喜庆的日子，所以节日演讲的目的就是使听众轻松愉快。

第二节　节日演讲词的写作要求

节日类演讲是在庆祝节日时所发表的，根据不同的节日拟订不同的演讲主题，这同时也是一种回顾和反思。通常节日演讲都是积极向上的，为听众营造出一种轻松愉快的氛围。

不同的节日因为其代表的意义不同，所以演讲的情绪、主题、感情都是不同的，但是即使这样也还是能够找出节日演讲的几个共同点。

（一）内容都具有纪念性

节日演讲的内容必然离不开相关的节日，一般篇幅很短，但演讲者仍是将主题扣在了节日上，可以这样说，所有的节日演讲词内容都有纪念色彩。

元旦演讲是在欢迎新年时，同时在纪念过去的一年，端午节是为了纪念爱国诗人屈原，西方群众性的传统节日圣诞节，是为了纪念耶稣诞生。

（二）节日演讲都具有丰富的感情

没有感情的演讲是不能成功的，节日演讲就更应该具有丰富的感情。通常节日演讲的情绪都是受到它所要表述的节日的影响。因为节日本身色彩纷呈，风格各异，所以导致了演讲词中情感的多样性和不固定性。

（三）节日演讲的目的具有明确性

演讲都是有其目的的，节日演讲的目的就是通过在节日、纪念日里发表演讲，阐明自己的主张，明确自己的观点立场，弘扬相应的精神，鼓动和激发听众的情绪，发出具体的、正义的号召。无论称节日也好，称纪念日也好，它们都具有一定的纪念意义。

第三节 节日演讲的实际应用

范文：元旦节演讲

在本周的日历上，有一个特殊的日子——1月1日，这标志着华夏神州又增添了一道年轮，标志着时代的航船乘风破浪，伟大祖国又迎来了充满希望的一年。

1月1日又称元旦，“元”是开始，第一之意；“旦”是早晨，一天之意。“元旦”就是一年的开始，一年的第一天。从字面上看，“旦”字下面的一横代表着波涛澎湃的海面，一轮红日正从海上喷薄而出放射着灿烂辉煌的光芒，这个象形字生动地反映了旭日东升的形象。把“元旦”合在一起，就是要人们以蓬勃的朝气和奋发的斗志来迎接崭新的一年。同学们，时光老人的脚步在悄悄挪移，我们不是都有光阴似箭、日月如梭的感觉吗？东晋诗人陶渊明曾有过这样的感叹："盛年不重来，一日难再晨，及时当勉励，岁月不待人"。我们也不乏这种紧迫感。我们是青年，青年是生命中的春天，是早晨八九点钟的太阳。我们是跨世纪的一代，成学业于本世纪，成事业于新纪元，我们将成为时代洪流中搏击风浪的勇士。生逢此时，荣幸又艰巨。读书，是一切成大事者的必由之路，是一切创造的基础。认真读书是时代的要求。我们要用勤奋和汗水夯实学业大厦的地基，用拼搏向时光索取价值，用双手为鲜艳的五星红旗添彩。只有这样，才无愧于华夏子孙，才能肩负起承前启后、继往开来的历史使命。

同学们，我们正满怀着希望和信心来叩响人生这扇奥妙的大门。生活是那样丰富和广阔，有无数宝藏等待我们去挖掘，有无数险峰等待我们去攀登，有无数蓝图等待我们去描画……在这生命的春天里，播撒下希望的种子，辛勤地耕耘吧！

第十一章

校园演讲词

第一节　校园演讲的适用范围

校园是一个微型的社会，相对于真正的社会，校园是一个充满了激情和希望的场所，她是清新纯净的。所以校园演讲通常都是非常有激情的，同时校园演讲的听众都是具有一定文化素养的，对于他们即使用些比较复杂的成语、典故也是能够被理解的。所以在做校园演讲时，风格要是积极向上的，充满青春的热情的。

校园演讲主要包括以下几类。

（一）开学典礼演讲

开学典礼是一个学校每学期伊始的必备工作，在开学典礼上，校领导为了迎接新同学的到来、鼓励老同学更加努力，一定要做一篇演讲，这就是开学典礼演讲。

开学典礼演讲，通常是介绍学校的历史、教师情况、办学宗旨、取得的成绩等等内容。

（二）毕业典礼演讲

毕业典礼和开学典礼演讲正好相反，是学生们离开校园时，由校领导、特约嘉宾甚至可以是学生自己对于自己的在校时期的生活做出的总结和对未来的期望。

这样的演讲一般都是抒情的倾诉心声，表达情意，给学生的在校生活画上一个圆满的句号，并对于他们的未来提出殷切的期望。

（三）同学聚会演讲

同学聚会演讲可以是在校时的联欢会，也可以是毕业后的重逢相聚。不同的时期，表达的主题也是不相同的，前者，一般是畅谈理想和未来。后者这时怀念过去，重述友情。同学聚会演讲一般是自由自在，无拘无束的。

（四）学生干部竞选演讲

学生干部是在学校中，帮助教师进行校园管理的重要人员，随着社会的发展，学生干部的选择越来越民主、自由。成为一名学生干部的第一步就是做好学生干部的竞选演讲。

（五）校庆演讲

校庆对于每一个学校来说都是至关重要的组成部分，它关系到了学校的文化和历史。一般校庆演讲都是由校领导、来访嘉宾、成功校友等人员，在校庆的庆祝典礼上发表演讲。

校庆演讲的内容一般是祝贺学校，感谢来宾，回顾学校的发展史，畅想学校的未来规划。

（六）校园建设演讲

在全社会提倡和谐社会的当今，校园当然也要提倡和谐校园，对于如何构建和谐校园，就是校园建设演讲要讨论的问题了。对于学校，这其实就是要从如何规范管理来谈，对于学生和教师就要从自身修养方面来讨论。

（七）园丁风采

歌颂老师的演讲是一个永恒的题目。但同时要注意不能只是说一些套话，要有发自肺腑的真情实感。

第二节　校园演讲的作用

（一）校园演讲是传播知识的有效途径

当今，尽管科学技术高度发展，知识传播的途径增多，但作为直接运用语言进行传播的演讲，由于现场的作用，能对人体感受多重的综合刺激，高度调动人们的注意力，促进思维活动，并且使听众在情绪、情感、意志等方面同时受到影响，从而加深对演讲所传播的科学知识的理解，增强学习效果，因而它始终是传播科学文化知识，提高文化素养的有效途径。

学校是传播文化科学知识的基地，虽然一般的课堂教学不能算作演讲，但它毕竟具有许许多多演讲的因素。因此，从某种意义上讲，课堂传道授业，也可以说是演讲功能的体现；同时，在学校教学活动中，作为课堂教学的辅助和补充，经常开展的各种类型的学术讲座，却是非常正规的演讲。这种演讲通常是由具有一定修养和造诣的学者、权威担任主讲，能造成良好的心理定式，引起学生的兴趣。这种演讲对深化课堂教学内容，繁荣学术研究，促进科学的普及起着十分重要的作用。此外，学校广泛开展的读书演讲、电影故事演讲、专题辩论演讲、调查访问演讲以及其他专题演讲，对培养学生的观察能力、分析综合能力、表达能力也都具有十分积极的作用，可以促使青年学生向多学科的领域迈进。

（二）校园演讲是思想教育的最佳形式

社会的发展从各个方面以各种不同方式影响着人们的心理状态和精神面貌。特别是青年，受时代的影响表现得更为明显。当代青年兴趣广泛，思想活跃，乐于探索，勤于思考，勇于进取，也敢于标新立异，且十分自尊、自信，不喜欢空洞的说教和粗暴的训斥。演讲的魅力正在于“晓之以理，动之以情，授之以知，导之以美，明之以实，联之以身”。因此，对群众，特别是对青年一代进行前途、理想、道德、纪律的教育，演讲是最理想的形式。古希腊学者、唯物主义哲学家德谟克利特有一句名言：“用鼓动和说服的语言来造成一个人的道德，显然是比用法律和约束更能成功。”运用演讲的特殊手段和魅力来“鼓动和说服”听众，正符合当今思想政治工作的要求。

再者，积极开展演讲活动，也是青年自我教育的好形式，事实上，青年演讲者从产生演讲动机、组织演讲材料，到当众演讲的整个过程，也就是自我教育、提高认识的过程。同时，由于青年人之间有着许多共性，青年人自己现身说法，听众能在心理上产生亲切感，在思想上产生强烈共鸣，从而取得“频率共振”的良好效果。

第三节　校园演讲词的实际应用

范文：比尔·盖茨哈佛演讲

比尔·盖茨，出生于美国西雅图，曾就读于西雅图的私立湖滨中学，1973年进入哈佛大学，大三辍学，与同窗保罗·艾伦一起创办了微软公司，推出了DOS（Disk Operating System，磁盘操作系统）和Windows系统（微软公司提出的视窗电脑操作系统），成为世界巨富。

尊敬的Bok校长、Rudenstine前校长、即将上任的Faust校长、哈佛集团的各位成员、监管理事会的各位理事、各位老师、各位家长、各位同学：

有一句话我等了三十年，现在终于可以说了：“老爸，我总是跟你说，我会回来拿到我的学位的！”

我要感谢哈佛大学在这个时候给我这个荣誉。明年，我就要换工作了……我终于可以在简历上写我有一个本科学位，这真是不错啊。

我为今天在座的各位同学感到高兴，你们拿到学位可比我简单多了。哈佛的校报称我是“哈佛大学历史上最成功的辍学生”，我想这大概使我有资格代表我这一类学生发言……在所有的失败者里，我做得最好。

但是，我还要提醒大家，我使得斯特夫·鲍尔莫（Steve Ballmer）也从哈佛商学院退学了。因此，我是个有着恶劣影响力的人，这就是为什么我被邀请来在你们的毕业典礼上演讲。如果我在你们入学欢迎仪式上演讲，那么能够坚持到今天在这里毕业的人也许会少得多吧。

对我来说，哈佛的求学经历是一段非凡的经历。校园生活很有趣，我常去旁听我没选修的课。哈佛的课外生活也很棒，我在英国的拉德克利夫（Radcliffe）过着逍遥自在的日子。每天我的寝室里总有很多人一直待到半夜，讨论着各种事情，因为每个人都知道我从不考虑第二天早起。这使得我变成了校园里那些不安分学生的头头，我们互相黏在一起，做出一种拒绝所有正常学生的姿态。

拉德克利夫是个过日子的好地方，那里的女生比男生多，而且大多数男生都是理工科的。这种状况为我创造了最好的机会，如果你们明白我的意思。可惜的是，我正是在这里学到了人生中悲伤的一课：机会大，并不等于你就会成功。

我在哈佛最难忘的回忆之一发生在 1975 年 1 月。那时，我从宿舍楼里给位于阿尔伯克基（Albuquerque）的一家公司打了一个电话，那家公司已经在着手制造世界上第一台个人电脑，我提出想向他们出售软件。

我很担心，他们会发觉我是一个住在宿舍的学生从而挂断电话，但是他们却说："我们还没准备好，一个月后你再来找我们吧。"这是个好消息，因为那时软件还根本没有写出来呢。就是从那个时候起，我夜以继日地在这个小小的课外项目上工作，这导致了我学生生活的结束以及通往微软公司的不平凡旅程的开始。

不管怎样，我对哈佛的回忆主要都与充沛的精力和智力活动有关。哈佛的生活令人愉快，也令人感到有压力，有时甚至会感到泄气，但永远充满了挑战性。生活在哈佛是一种吸引人的特殊待遇……虽然我离开得比较早，但是我在这里的经历、在这里结识的朋友、在这里发展起来的一些想法永远地改变了我。

但是，如果现在严肃地回忆起来，我确实有一个真正的遗憾。

我离开哈佛的时候，根本没有意识到这个世界是多么的不平等。人类在健康、财富和机遇上的不平等大得可怕，它们使得无数的人们被迫生活在绝望之中。

我在哈佛学到了很多经济学和政治学的新思想，我也了解了很多科学上的新进展。

但是，人类最大的进步并不来自于这些发现，而是来自于那些有助于减少人类不平等的发现。不管通过何种手段——民主制度、健全的公共教育体系、高质量的医疗保健，或是广泛的经济机会——减少不平等始终是人类最大的成就。

我离开校园的时候，根本不知道在这个国家里有几百万的年轻人无法获得接受教育的机会。我也不知道发展中国家里有无数的人们生活在无法形容的贫穷和疾病之中。

我花了几十年才明白了这些事情。

在座的各位同学，你们是在与我不同的时代来到哈佛的。你们比以前的学生更多地了解世界是怎样的不平等。在你们的哈佛求学过程中，我希望你们已经思考过一个问题，那就是在这个新技术加速发展的时代，我们怎样最终应对这种不平等以及我们怎样来解决这个问题。

为了讨论的方便，请想象一下，假如你每个星期可以捐献一些时间、每个月可以捐献一些钱，你希望这些时间和金钱可以用到对拯救生命和改善人类生活有最大作用的地方，你会选择什么地方?

对梅林达（Melinda）和我来说，这也是我们面临的问题：我们如何能将我们拥有的资源发挥出最大的作用。

在讨论过程中，梅林达和我读到了一篇文章，里面说在那些贫穷的国家，每年有数百万的儿童死于那些在美国早已不成问题的疾病。麻疹、疟疾、肺炎、乙型肝炎、黄热病，还有一种以前我从未听说过的轮状病毒，这些疾病每年导致50万儿童死亡，但是在美国一例死亡病例也没有。

我们被震惊了，我们想，如果几百万儿童正在死亡线上挣扎，而且他们是可以被挽救的，那么世界理应将用药物拯救他们作为头等大事。但是事实并非如此，那些价格还不到一美元的救命药剂并没有送到他们的手中。

如果你相信每个生命都是平等的，那么当你发现某些生命被挽救了，而另一些生命被放弃了，你会感到无法接受。我们对自己说："事情不可能如此，如果这是真的，那么它理应是我们努力的头等大事。"

所以，我们用任何人都会想到的方式开始工作，我们问："这个世界怎么可以眼睁睁看着这些孩子死去？"

答案很简单，也很令人难堪。在市场经济中，拯救儿童是一项没有利润的工作，政府也不会提供补助。这些儿童之所以会死亡，是因为他们的父母在经济上没有实力，在政治上没有能力发出声音。

但是，你们和我在经济上有实力，在政治上能够发出声音。

我们可以让市场更好地为穷人服务，如果我们能够设计出一种更有创新性的资本主义制度——如果我们可以改变市场，让更多的人可以获得利润，或者至少可以维持生活——那么，这就可以帮到那些正在极端不平等的状况中受苦的人们。我们还可以向全世界的政府施压，要求他们将纳税人的钱花到更符合纳税人价值观的地方。

如果我们能够找到这样一种方法，既可以帮到穷人，又可以为商人带来利润，为政治家带来选票，那么我们就找到了一种减少世界性不平等的可持续的发展道路。这个任务是无限的，它不可能被完全完成，但是任何自觉地解决这个问题的尝试都将会改变这个世界。

在这个问题上，我是乐观的。但是，我也遇到过那些感到绝望的怀疑主义者，他们说："不平等从人类诞生的第一天就存在，到人类灭亡的最后一天也将存在——因为人类对这个问题根本不在乎。"我完全不能同意这种观点。

我相信，问题不是我们不在乎，而是我们不知道怎么做。

此刻在这个院子里的所有人，生命中总有这样或那样的时刻，目睹人类的悲剧，感到万分伤心。但是我们什么也没做，并非我们无动于衷，而是因为我们不知道做什么和怎么做。如果我们知道如何做是有效的，那么我们就会采取行动。

改变世界的阻碍并非是人类的冷漠，而是世界实在太复杂。

为了将关心转变为行动，我们需要找到问题、发现解决问题的方法、评估后果，但是世界的复杂性使得所有这些步骤都难于做到。

即使有了互联网和24小时直播的新闻台，让人们真正发现问题所在，仍然十分困难。当一架飞机坠毁了，官员们会立刻召开新闻发布会，他们承诺进行调查、找到原因、防止将来再次发生类似事故。

但是如果那些官员敢说真话，他们就会说："在今天这一天，全世界所有可以避免的死亡之中，只有0.5%的死者来自于这次空难。我们决心尽一切努力，调查这个0.5%的死亡原因。"

显然，更重要的问题不是这次空难，而是其他几百万可以预防的死亡事件。

我们并没有很多机会了解那些死亡事件，媒体总是报告新闻，几百万人将要死去并非新闻。如果没有人报道，那么这些事件就很容易被忽视；另一方面，即使我们确实目睹了事件本身或者看到了相关报道，我们也很难持续关注这些事件。看着他人受苦是令人痛苦的，何况问题又如此复杂，我们根本不知道如何去帮助他人，所以我们会将脸转过去。

就算我们真正发现了问题所在，也不过是迈出了第一步，接着还有第二步：那就是从复杂的事件中找到解决办法。

如果我们要让关心落到实处，我们就必须找到解决办法。如果我们有一个清晰可靠的答案，那么当任何组织和个人发出疑问"我如何能提供帮助"的时候，我们就能采取行动，我们就能够保证不浪费一丁点儿全世界人类对他人的关心。但是，世界的复杂性使得很难找到对全世界每一个有爱心的人都有效的行动方法，因此人类对他人的关心往往很难产生实际效果。

从这个复杂的世界中找到解决办法，可以分为四个步骤：确定目标、找到最高效的方法、发现适用于这个方法的新技术、同时最聪明地利用现有的技术，不管它是复杂的药物，还是最简单的蚊帐。

艾滋病就是一个例子。总的目标，毫无疑问是消灭这种疾病；最高效的方法是预防；最理想的技术是发明一种疫苗，只要注射一次，就可以终生免疫。所以，政府、制药公司、基金会应该资助疫苗研究。

但是，这项研究工作很可能十年之内都无法完成。因此，与此同时，我们必须使用现有的技术，目前最有效的预防方法就是设法让人们避免那些危险的行为。

要实现这个新的目标，又可以采用新的四步循环。这是一种模式，关键的东西是永远不要停止思考和行动。我们千万不能再犯上个世纪在疟疾和肺结核上犯过的错误，那时我们因为它们太复杂而放弃了采取行动。

在发现问题和找到解决方法之后，就是最后一步——评估工作结果，将你的成功经验或者失败经验传播出去，这样，其他人就可以从你的努力中有所收获。

当然，你必须有一些统计数字，你必须让他人知道，你的项目为几百万儿童新接种了疫苗。你也必须让他人知道，儿童死亡人数下降了多少。这些都是很关键的，不仅有利于改善项目效果，也有利于从商界和政府得到更多的帮助。

但是，这些还不够，如果你想激励其他人参加你的项目，你就必须拿出更多的统计数字。你必须展示你的项目的人性因素，这样，其他人就会感到拯救一个生命对那些处在困境中的家庭到底意味着什么。

几年前，我去瑞士达沃斯旁听一个全球健康问题论坛，会议的内容有关于如何拯救几百万条生命。天哪，是几百万！想一想吧，拯救一个人的生命已经让人何等激动，现在你要把这种激动再乘上几百万倍……但是，不幸的是，这是我参加过的最最乏味的论坛，乏味到我无法强迫自己听下去。

那次经历之所以让我难忘，是因为之前我们刚刚发布了一个软件的第 13 个版本，我们让观众激动得跳了起来，喊出了声。我喜欢人们因为软件而感到激动，那么我们为什么不能够让人们因为能够拯救生命而感到更加激动呢？

除非你能够让人们看到或者感受到行动的影响力，否则你无法让人们激动。如何做到这一点，并不是一件简单的事。

同前面一样，在这个问题上，我依然是乐观的。不错，人类的不平等有史以来一直存在，但是那些能够化繁为简的新工具却是最近才出现的。这些新工具可以帮助我们将人类的同情心发挥出最大的作用，这就是为什么将来同过去是不一样的。

这个时代无时无刻不在涌现出新的革新——生物技术、计算机、互联网——它们给了我们一个从未有过的机会去终结那些极端的贫穷和非恶性疾病的死亡。

六十年前，乔治·马歇尔也是在这个地方的毕业典礼上宣布了一个计划，帮助那些欧洲国家的战后建设，他说："我认为，困难的一点是这个问题太复杂，报纸和电台向公众源源不断地提供各种事实，使得大街上的普通人极端难于清晰地判断形势。事实上，经过层层传播，想要真正地把握形势是根本不可能的。"

马歇尔发表这个演讲之后的三十年，我那一届学生毕业，当然我不在其中。那时，新技术刚刚开始萌芽，它们将使得这个世界变得更小、更开放、更容易看到、距离更近。

低成本的个人电脑的出现，使得一个强大的互联网有机会诞生，它为学习和交流提供了巨大的机会。

网络的神奇之处不仅仅是缩短了物理距离，使得天涯若比邻，它还极大地增加了怀有共同想法的人们聚集在一起的机会，我们可以为了解决同一个问题共同工作。这就大大加快了革新的进程，发展速度简直快得让人震惊。

与此同时，世界上有条件上网的人只是全部人口的1/6。这意味着还有许多具有创造性的人们没有加入到我们的讨论中来。那些有着实际操作经验和相关经历的聪明人却没有技术来帮助他们，将他们的天赋或者想法与全世界分享。

我们需要尽可能地让更多的人有机会使用新技术，因为这些新技术正在引发一场革命，人类将因此可以互相帮助。新技术正在创造一种可能，不仅是政府，还包括大学、公司、小机构甚至个人，能够发现问题所在，能够找到解决办法，能够评估他们努力的效果，去改变那些马歇尔六十年前就说到过的问题——饥饿、贫穷和绝望。

哈佛是一个大家庭，这个院子里在场的人们是全世界最有智力的人类群体之一。

我们可以做些什么？

毫无疑问，哈佛的老师、校友、学生和资助者已经用他们的能力改善了全世界各地人们的生活。但是，我们还能够再做什么呢？有没有可能哈佛的人们可以将他们的智慧用来帮助那些甚至从来没有听到过“哈佛”这个名字的人？

请允许我向各位院长和教授提出一个请求——你们是哈佛的智力领袖，当你们雇用新的老师、授予终身教职、评估课程、决定学位颁发标准的时候，请问你们自己如下的问题：

我们最优秀的人才是否在致力于解决我们最大的问题？

哈佛是否鼓励她的老师去研究解决世界上最严重的不平等？哈佛的学生是否从全球那些极端的贫穷中学到了什么……世界性的饥荒……清洁水资源的缺乏……无法上学的女童……死于非恶性疾病的儿童……哈佛的学生有没有从中学到东西？

那些世界上过着最优越生活的人们有没有从那些最困难的人们身上学到东西？

这些问题并非语言上的修辞，你必须用自己的行动来回答它们。

我的母亲在我被哈佛大学录取的那一天，曾经感到非常骄傲，她从没有停止督促我去为他人做更多的事情。在我结婚的前几天，她主持了一个新娘进我家的仪式。在这个仪式上，她高声朗读了一封关于婚姻的信，这是她写给梅林达的。那时，我的母亲已经因为癌症病入膏肓，但她还是认为这是又一次传播她的信念的机会。在那封信的结尾，她写道：“对于那些接受了许多帮助的人们，他们还在期待更多的帮助。”

想一想吧，我们在这个院子里的这些人被给予过什么——天赋、特权、机遇——那么可以这样说，全世界的人们几乎有无限的权力期待我们作出贡献。

同这个时代的期望一样，我也要向今天各位毕业的同学提出一个忠告：你们要选择一个问题、一个复杂的问题、一个有关于人类深刻的不平等的问题，然后你们要变成这个问题的专家。如果你们能够使得这个问题成为你们职业的核心，那么你们就会非常杰出。但是，你们不必一定要去做那些大事。每个星期只用几个小时，你就可以通过互联网得到信息，找到志同道合的朋友，发现困难所在，找到解决它们的途径。

不要让这个世界的复杂性阻碍你前进，要成为一个行动主义者，将解决人类的不平等视为己任，它将成为你生命中最重要的经历之一。

在座的各位毕业的同学，你们所处的时代是一个神奇的时代。当你们离开哈佛的时候，你们拥有的技术，是我们那一届学生所没有的。你们已经了解到了世界上的不平等，我们那时还不知道这些。有了这样的了解之后，要是你们再弃那些你们可以帮助的人们于不顾，就将受到良心的谴责，只需一点小小的努力，你们就可以改变那些人们的生活。你们比我们拥有更大的能力，你们必须尽早开始，尽可能长时期坚持下去。

知道了你们所知道的一切，你们怎么可能不采取行动呢？

我希望，三十年后你们还会再回到哈佛，想起你们用自己的天赋和能力所做出的一切。我希望在那个时候你们用来评价自己的标准不仅仅是你们的专业成就，更包括你们为改变这个世界深刻的不平等所做出的努力以及你们如何善待那些远隔千山万水、与你们毫不涉及的人们，你们与他们唯一的共同点就是同为人类。

最后，祝各位同学好运。

口才

下部

理论篇

第一章

口才的重要性

社交场合，善言者胜

语言作为信息传播的工具，对于我们社交之重要，正如骏马对于骑士的重要。

有了正确的目标，端正的态度，要想取得社交的成功，还要讲究一些方法，良好的方法是达到目标的保证。当然，社交的方法是多种多样的，其中很重要的一点，是取决于一个人的口才。

所谓口才，就是口语表达的才能，即善于用口语准确、贴切、生动地表达自己思想感情的一种能力。随着社会交往逐渐频繁，人们越来越重视“舌头”的功夫了。有的人讲话闪烁着真知灼见，给人以深邃、精辟、睿智、风趣之感，他们理所当然成了社交场上的佼佼者。

凡是善于谈话，并能够利用其美妙的言辞引起他人的注意，使他人倾倒、使他人乐于亲近的人，在社交中，将会受益无穷。

善于谈话的人，不但能使不相识的人见了他产生良好的印象，并且能多识与多交朋友。他能广结人缘，到处受人欢迎；他可以得到最上流的交际，即便他自己的地位也许很低下。

平日的聊天是没有明确目的的即兴式交谈，因此有人认为，聊天不存在交际方面的东西。但是，聪明的人往往会利用聊天的机会，认识朋友，拉近关系，增进友谊，获得许多新的信息，扩大接触面。

聊天还可以调节心理、愉悦情怀，使你郁闷不堪的心情在聊天中烟消云散；你也可以在聊天中去安慰别人，鼓励朋友，解决矛盾，加深了解。

因此，聊天也是一种交际，其深刻的交际内涵在聪明人眼里是宝藏，在不识货的人眼里是稻草。对于如何利用聊天聊出名堂来，从而达到交际的目的，善于言谈的人有他们自己独到的方式方法。

聊天从本质上说是没有什么目的的，可以海阔天空地瞎扯。但从微观来说，闲聊未必就“闲”，口才好的人能从“闲”聊中聊出感情来，使之达到一定的目的。在这个过程中，他们可以掌握闲聊的方式和话题，把它变作具有目的的语言交流。

会说话的人总是有目的地选择话题。尽管聊天的范围不受限制，但是庸俗低级、格调低下、无意义与价值的话题他们一般都不谈，搬弄是非、贬抑他人的话题更是回避，对方的忌讳和缺点从不提及。

他们从不选择挑战性的话题。因为他们知道挑战性的话题容易引起争论，弄得大家都不欢而散。他们也不会自以为是，以教训的口吻与人说话，不随便炫耀，导致别人的反感。与别人在一起聊天，他们绝不会独占鳌头，而总是使大家都有发言机会。

可见，并不一定是在正式场合才算社交，像聊天这种轻松随意的交流也算作是社交，一个善于言谈的人总是能在这看似平平的聊天中获得很多的人际关系。

社交成功的人往往离不开他的一张社交好嘴，而要说到社交口才，风趣的谈吐不得不提。幽默的语言能帮助我们与他人进行沟通和交往，还能帮助我们处理人际关系问题，顺利渡过困难的处境。

幽默能够帮助我们在社会交往中与人建立一种和谐关系。当我们希望成为能克服障碍、具有乐观态度、赢得别人喜爱和信任的人时，它就能帮助我们达到目标。

在社交场合，当你看穿他人的想法时，不妨神色自若，然后轻松地使用幽默力量。例如，西方著名喜剧女演员卡洛柏妮，有一次坐在某餐厅里用午餐，这时有一位老妇走向她的餐桌，举起手来摸摸卡洛的脸庞。这位老妇的手指滑过她的五官，带着歉意说："我看不出有多好。""省省你的祝福吧！"卡洛说，"我看起来也没有多好看。"卡洛这一妙语，打破了双方的尴尬局面。

如果我们想要在社交生活中给人一个良好的印象，就得运用幽默力量。不论做客或是待客，我们都要尽力以此待人。当我们进入室内，就要把幽默力量反映出来。一个面带怒容或神情抑郁的人，不会比一个面露微笑、看来健康快乐的人更受欢迎。纽约一家著名的时装公司董事长史度兹曾经说："客人所能发出的最美妙的声音，就是笑声。"

无论在何时何地，幽默都会帮你打开人与人沟通的大门，假如你要去赴朋友新居乔迁的宴会，主人也许会有点紧张，这时正是你运用幽默力量向他开开玩笑，松弛他的心情的大好机会。例如可向主人说："王小姐邀请我来的时候，告诉我说：'你只用手肘按门铃就得了。'我问他，为什么非用手肘去按不可，她说：'你总不至于空手来吧，会吗？'"

由于社交原因、政治兴趣、业余爱好，等等，我们的生活中存在着许多社会团体。而这些团体则是社会上的人所聚集的小社会。在这些社会团体中，不论你只是其中的普通一员，或者担任委员、干事、总干事、主席，等等，你都运用幽默力量在其中，而获益匪浅。

总之，从友好的态度发出的幽默，就相当于好的仪态举止，能使我们的社交活动游刃有余，不断成功。

说话风趣，还可以使许多尴尬、难堪的交际场面变得轻松和缓，使人立即消失拘谨或不安，使气氛得到活跃，使谈话者之间关系融洽，沟通人们的思想感情。比如，前美国总统里根就任总统后，第一次访问加拿大期间，他向群众发表演说，正在这时，许多举行反美示威的人群不时地打断这位总统的话语。陪同他的加拿大总统埃尔·特鲁多显得很尴尬，里根却面带笑容地对他说："这种事情在美国时有发生。我想这些人一定是特意从美国来到贵国的。他们使人有一种宾至如归的感觉。"里根幽默、风趣的言谈，使紧皱眉的特鲁多顿时眉开眼笑了。

幽默是人的思想、学识、智慧和灵感在语言运用上的结晶，是瞬间闪现的光彩夺目的火花。幽默初看起来似乎是一种表面的滑稽，形式的逗笑，而实际上它是以严肃的态度，来对待对象、现象和整个世界。它能使听者对你的说话感兴趣。

幽默只是说话艺术中的一个部分。社交中处处都有口才发挥的空间，好口才能使社交得心应手，使你充分展现自己的魅力，从而获得更多的人脉资源。

求职面试，三分人才，七分口才

美国成功学大师戴尔·卡耐基曾说："当今社会，一个人求职的成功，仅仅有15%取决于技术知识，而其余的85%则取决于口才艺术。"由此可见好口才的重要性。拥有好口才，已经成为现代人谋职成功的必备条件之一。

1860年冬季的一天，整个伦敦被笼罩在纷飞的大雪之中，街头行人稀少。然而，却有一名衣冠不整、神情忧郁的青年徘徊在一家豪宅门口。那是当时英国巨富克尔顿爵士的宅院，据说那座宅院是当时伦敦最华丽的豪宅之一。青年要求晋见克尔顿爵士，说让爵士给他一份工作，已经在那里同门房软磨硬泡了两天，可势利的门房就是不替他通报。在门房的讥嘲恐吓中，青年却丝毫没有离去的意思，而是一边跺着脚祛除寒冷，一边继续等待机会。

第三天的早晨，克尔顿爵士出现了，他要去赴一个约会。青年突然出现在他的面前，诚挚地请求和他说一句话。克尔顿爵士打量了一下这位陌生的怪客，心里感到有点惊奇，这显然是个饱受穷困折磨的青年，或许是出于好奇，也或许是出于怜悯，沉默片刻，克尔顿爵士微微地点了点头。

克尔顿爵士原本准备最多和青年谈两句话，谁知一讲就是几十句，接着一分钟过去了，一刻钟过去了，他还没有打断青年的谈话。终于在半小时之后，克尔顿爵士宣布取消赴约之行，而用隆重的待客之礼将青年请进自己的豪宅里。在克尔顿爵士的书房里，两人又亲密地交谈了一个下午。等到傍晚时分，克尔顿爵士打电话叫来了替自己执掌生意的几位高级经理，一起为青年举行了一次小型宴会，并当即为他安排了一个重要职务。

自然，那位青年后来也不负克尔顿爵士所望，在进入克氏企业的几年后，他接替克尔顿爵士的重任，坐上了董事长的位子，并且在以后的 20 多年里，将克氏企业发展成为举世闻名的大财团之一。

那位青年就是英国纺织业的巨头霍格。

一名穷途潦倒的青年，在半天之内，竟然获得如此令人羡慕的发展机遇，他成功的秘诀是什么呢?

不正是他那流利动人的好口才吗?

有两位司机给领导开车，由于单位裁员，必须让一个人离开。于是，两人竞争上岗。第一个司机大概讲了十来分钟，说：“我将来要还能开车，一定把车收拾得干净利索，遵守交通规则，要保证领导的安全，一定要做到省油……”第二个司机没用三分钟就结束了。他说：“我过去遵守了三条原则，现在我还遵守着三条原则，如果今后用我，我还将遵守三条原则：第一，听得，说不得；第二，吃得，喝不得；第三，开得，使不得。我过去这样做，现在这样做，今后还这样做。”

在领导心目中，这个司机说得非常好。为什么呢? “听得，说不得”是指，领导坐在车上研究一些工作，往往在没讲之前都是保密的，司机只能听不能说，说了就是泄密。“吃得，喝不得”意思是，司机要经常陪领导到这儿开会，到那儿参观，最后总得吃饭，但是千万不能喝酒，这叫保护领导的生命安全。而“开得，使不得”就是，只要领导不用的时候，我也绝不为了己利私自开车，公私分明。这样的司机谁会不用呢？这不是会说话的效力吗？相反，不会说话很容易在竞争岗位时被淘汰掉。

在当今社会整体文化水平升高的环境下，才华横溢的人层出不穷，要想为自己谋求一份理想的职业已不是一件容易的事，到处都充满着激烈的竞争和挑战。要想在面试中脱颖而出，需要多种才能和“资本”，而良好的口才，是所有这些才能和资本中最有效的一种。

我国著名高校中山大学就业指导中心曾经就举办过一场“全球500强企业—精英学子见面会”热身公开辅导讲座。讲座主要针对从广东及泛珠三角地区万份简历中挑选出来的参加这次见面会的500名精英学子，以及部分应届毕业生。来自广州卡耐基素质培训学校两位资深顾问及讲师就“面试口才、形象礼仪”对求职的重要性为大学生作了形象生动的解说。

吴云川说，当众说话时，得体的形象与礼仪是一种自信的表现。说话看似小菜一碟，人人都会，但当众演讲时落落大方、言简意赅，却并非每个人都能办到。在面对各家单位的招聘人员时，有的大学生反应敏捷、措辞准确、侃侃而谈、娴熟地进行自我推销；而有的大学生则对答迟钝、怯于开口。在每一个应聘者都同样优秀的情况下——同样的学历、同样的专业，企业能对比的恐怕只有学子们的形象外表、自信程度以及对应聘企业与主考官的尊重程度了。

中山大学职业发展协会有关人士说明了他们的调查结果，越来越多的在校大学生也开始有意识地注重通过各种途径努力提高自己的说话水平。广州所有高校几乎都成立了口才协会。他们通过正规的社团组织为每一个有意提高说话能力的学生提供学习和锻炼的平台，并请有丰富演讲经验的教授和校外的当众讲话培训机构为会员上课。这种协会和口才培训班也得到了广大学生的欢迎。

从广州卡耐基学校的学员比例来看，报名参加当众演讲、形象礼仪、心理素质类课程的大学生比例一直在上升，比学校开设初期提高了60%，这说明随着就业形势的日益严峻，越来越多的大学生意识到了口才的重要性。

不得不承认，好口才是一种立足社会的能力，一种成就卓越人生的资本。拥有好口才，就能够使你迅速说服他人，赢得考官的重视，获得一个理想的职位，使你的事业开门见喜，一帆风顺。

好口才把你送上没有天花板的职场舞台

美国人类行为科学研究者汤姆士指出："说话的能力是成名的捷径。它能使人显赫，令人鹤立鸡群。能言善辩的人，往往使人尊敬，受人爱戴，得人拥护。它使一个人的才学充分拓展，熠熠生辉，事半功倍，业绩卓著。"他甚至断言："发生在成功人物身上的奇迹，一半是由口才创造的。"美国资产阶级革命时期著名政治家、外交家富兰克林也说过："说话和事业的进步有很大的关系。"无数事实证明，说话水平是事业成功的重要因素之一，口语表达的好坏直接关系到事业的成败。

我们在办公室这个有限的空间中，做得最多的事情就是与人交流，要是能掌握一些谈话技巧，就可以使自己在芸芸众生中脱颖而出，可以得到老板的赏识，同时和同事的相处也会变得融洽。

腰杆子一向颇直的刘罗锅就不仅能力强、有原则，更重要的是沟通起来很机灵，让乾隆皇帝不宠爱他都不行。

有一回宰相刘墉陪乾隆皇帝聊天，乾隆很感慨地说："唉！时光过得真快，就快成了老人家喽！"

刘墉看看皇帝一脸的感伤，于是说："皇上您还年轻哩！"

"我今年45岁，属马的，不年轻啦！"乾隆摇摇头，接着看了一眼刘墉问："你今年多大岁数啦？"

刘墉毕恭毕敬地回答："回皇上，我今年45岁，是属驴的。"

乾隆听了觉得很奇怪，于是就问："我45岁属马，你45岁怎么会属驴呢？"

"回皇上，皇上属了马，为臣怎敢也属马呢？只好属驴喽！"刘墉似笑非笑地回答。

“好个伶牙俐齿的刘罗锅！”皇上抚掌大笑，一脸的阴霾尽失。

很多人都有这种经验，在一个公司待上一段时间，就会发现公司里升迁很快的往往不是那些只懂得埋头苦干而一言不发的人，相反，那种技术能力稍差但是说话能力很强的人通常会受到老板的特别优待，有的甚至连升三级。

虽然工作能力是职场上不容忽视的工具，但适当的说话技巧却能让人更有可能在职场里出类拔萃。正因为意识到这一点，越来越多的人开始重点关注谈话技巧的功用，他们有时还总结一些办公室常用句型，不但能帮你化危机为转机，更可以让你成为上司眼中的得力助手。

传递坏消息时的句型：“我们似乎碰到一些状况……”你刚刚才得知，一件非常重要的工作出了问题，此时，你应该以不带情绪起伏的声调，从容不迫地说出本句型。千万别慌慌张张，也别使用“问题”或“麻烦”等字眼，要让上司觉得事情并非无法解决。

上司传唤时的句型：“我马上处理。”冷静、迅速地作出这样的回答，会令上司认为你是有效率、听话的好部属。

表现出团队精神时的句型：“莎拉的主意真不错！”莎拉想出了一个连上司都赞赏的绝妙点子，趁着上司听到的时刻说出本句型。做一个不忌妒同事的部属，会让上司觉得你本性善良、富有团队精神，因而另眼看待。

说服同事帮忙时的句型：“这个工作没有你不行啦！”有件棘手的工作，你无法独立完成，适时使用本句型，让对这方面工作最拿手的同事助你一臂之力。

闪避你不知道的事时的句型：“让我再认真地想一想，3点以前给你答复好吗？”当上司问了你某个与业务有关的问题，而你不知该如何回答时，千万不可以说“不知道”，可利用本句型暂时解危，不过事后可得做足功课，按时交出你的答复。

遇性骚扰时的句型：“这句话好像不适合在办公室讲喔！”如果男同事的黄腔令你无法忍受，这句话保证让他们闭嘴。男人有时的确爱开黄腔，但你很难判断他们到底是无心还是有意，这句话可以令无心的人明白，适可而止。

职场中有这样一种说法，“人在职场必备五个‘C’”。所谓的五个“C”是指Communication（沟通）、Confidence（信心）、Competence（能力）、Creation（创造）、Cooperation（合作），而毫无疑问的是Communication（沟通）名列其首。在工作中掌握交流与交谈的技巧是至关重要的。我们不仅仅要确定对方是否了解我们的意图，更重要的是让彼此在同一个观点、同一件事情上，可以取得共识。这其中的沟通，仰赖的就是个人沟通的技巧。因此，如何有效沟通、表达自己的理想与见解是一个很大的学问，是决定我们在职场中是否能够成功的重点。

有的人很会向上司提意见，不仅不会使上司讨厌他，而且提好建议更让上司喜欢他。

在德国某电子公司的一次会议上，公司经理拿出一个他设计的商标征求大家意见。

经理说：“这个商标的主题是旭日，这个旭日很像日本的国徽，日本人民见了一定乐于购买我们的产品。”

营业部主任和广告部主任都极力恭维经理的构想，但年轻的销售部主任说：“我不同意这个商标。”经理听了感到很吃惊，全室的人都瞪大眼睛盯住他。

销售部主任没有同经理争论那个带红圈圈的设计是否雅观，而是说：“我恐怕它太好了。”

经理感到纳闷，脸上却带着笑说：“你的话叫我难以理解，解释来听听。”

“这个设计与日本国徽很相似，日本人喜欢。然而，我们另一个重要市场是中国的人民，他们也会想到这是日本国徽，就不会引起好感，应当不会买我们的产品，这不同本公司要扩展对华贸易营业计划相抵触吗？这显然是顾此失彼了。”

“天啊！你的话高明极了！”经理叫了起来。

面对权威人士提出自己的想法，这位年轻主任不仅有充分的理由，而且还注意了技巧。年轻主任先用一句“我恐怕它太好了”先抚平了经理的不快，使他不失体面。后来他以充分的理由，提出反对经理的意见，经理也就不会感到下不了台了。同时他的真知灼见也引起了经理对他的注意。

聪明人在处理同领导的关系时，能够投其所好，拣领导爱听的话说，又能让领导心里舒服，这就是拍马屁艺术。

《北梦琐事》中说王光远是个急功近利的人，巴结上司，出入达官显贵的家。

如果某某是他巴结奉承的对象，即使这个人的诗写得一般，他也会这么说：“实在了不起！这样的好诗哪怕是李白、杜甫也写不出来。”

对方喝醉酒，无论怎样责骂他，他不仅不会生气，而且还赔笑脸。有一次，上司喝酒喝醉了，拿着鞭子说：“想要打你，怎么样？”

王光远却说：“只要是阁下的鞭子，自当乐意接受。”说着他转过身子，把背部向着上司。

醉汉真的打了起来，可是王光远一点也不生气，依旧和颜悦色，还始终说着客套话。

同席的朋友们对王光远实在看不过去，就问他：“你不懂得耻辱吗？”

王光远毫不隐讳地说：“我只懂结交他有益无害。”

世人称他是“面皮厚如铁”，这便是“铁面皮”一词的由来。

所以，拍马屁要讲究艺术，只图效果，搞得太露，让人感到肉麻，最后弄不好适得其反，连被拍的人也接受不了，产生反感。如果是这样，还不如不拍的好。

总之，如果你以为单靠熟练的技能和辛勤的工作就能在职场上出人头地、扶摇直上，那你就有点太幼稚了。当然，才干加上超时加班固然很重要，但懂得在关键时刻说适当的话，那也是成功与否的重要因素。卓越的说话技巧，不仅能让你的工作生涯加倍轻松，更能让你名利双收。多加强自己口才的训练，并在适当时刻派上用场，加薪与升职必然离你不远。

无硝烟的商业战场，口才是必备武器

如果我们将目光仅仅集中在商场上，情形也一样。商场是一个展示口才的好地方！商家为了自身的生存和发展，就不可能不用最好的产品来赢得市场；需要招聘人才，就得到人才市场上去招聘；需要筹措资金，就得同银行等金融机构谈判；需要采购原材料或成品，就得同供应商谈判；需要推销产品，就得同用户或消费者谈判；需要扩大产品知名度，提高企业的声誉，就得同广告公司谈判；需要引进投资，需要引进技术，都得通过谈判；即便是生产往来中出现了问题，向对方提出索赔，也必须通过谈判解决。如此看来，这一切都离不开嘴。一个精明的商家说过这样一句话：一个成功的谈判者首先必须是一个出色的口才高手！

商场之上，风起云涌，商战轰轰烈烈。欲在竞争激烈的商场上辟出并发展一块立足之地，商家不能不重视商务谈判。“纵横舌上鼓风雷”，商务谈判比日常生活中的谈判更富有竞争性，更富有技巧，它关系到企业的生死存亡。

有一位企业家在与外商做生意时，因意见不同，双方僵持不下，彼此互不相让，一时间，工作气氛相当紧张。这时，企业家像是灵机一动，说道：“我提个建议，我们放假一天，由我方公司做东，我们参观一下当地的名胜，晚上再到最有名的舞厅去轻松一下，怎么样？”主人提出邀请，客人自然不好回绝。于是，企业家带着双方人员游览了当地的名胜古迹。双方离开了枯燥、烦闷的会议室，玩得都很尽兴，尤其是双方的年轻人，已经成了朋友。当晚，企业家又带领大家来到该市最好的舞厅，并主动请对方女代表跳舞。接着，双方其他代表也相继走下舞池，翩翩起舞。由于近距离接触，彼此熟悉得很快。

第二天，双方的敌对情绪已经缓和了许多，由于已经成了朋友，都希望尽快达成协议。达成协议后，对方代表说：“其实，我注意的不是游览、娱乐，而是通过你们对这两项活动的组织，让我看到你的属下口才能力好，办事都井井有条，进出、站立、举止与礼貌都非常规范，从中我也看到了您的管理能力、气度与精神面貌。所以，我才下定决心与您合作，我觉得这是最好的选择。”那位企业家只淡淡一笑。其实，这两项活动是他早就安排好了的。在活动中，大家应该如何说话，如何组织，怎样表现，甚至领导班子成员的舞姿都经过了训练。

优秀的口才，不仅可以展现你的风度与诚意，还可以使你多一个生意上的朋友，或一个潜在的客户。

商场谈判是一个过程，也是一种较量，是谋略的较量，也是口才的较量，不具备一流的口才是无法进入实际的谈判过程的。

在一场中日贸易谈判中，一开始，中方公司的一位领导一本正经地对日方代表说：“非常抱歉，今天我方的另一位负责人王先生不能亲自来参加谈判了。因为不巧得很，你们的竞争对手今天也来到了，我们不得不将谈判团的人员一分为二，王先生去接待他们了。我代表本公司向诸位表示歉意……”

其实，根本就没有竞争对手到来这回事，这只不过是中方故意布下的疑阵。结果，日方谈判代表一听，十分紧张，他们担心竞争对手会将这笔生意抢走，回去不好向上司交代。中方代表抓住了他们的这种心理，步步紧逼；日方步步退让。最后，这笔生意以中方感到十分满意的价格成交了。

中方为了让对方产生一种立刻购买的欲望，在推销产品的谈判过程中，恰当地给对方造成一点悬念，让他有点紧迫感，产生“现在是购买的最佳时机，否则将会错过很好的机会”的感觉，最终促使他立即与中方成交。而这种虚张声势的策略没有口才的配合和展示，就是一纸空谈。

事业的成功与失败，往往决定于你的口才，决定于你在商战中所说的话，这是千真万确的，一个人在商业上的成败，常会在一次谈话中获得效果。如果你想谈判成功，必须具备应付自如的口才能力。口才，为你的经商成功鸣锣开道。

第二章

拥有好口才的七个规则

克服人性中的弱点

在潜意识里拒绝与人交流或者害怕当众说话，并不是某一个人独自具有的心理，大多数人都是这样，只不过程度不同而已。除了训练班的成员，对大学生进行的调查也表明，80% ~ 90% 的学生都产生过不敢当众说话的恐惧感和与人交流的畏难情绪。

这好像是在说“恐惧交流”是人天生就具备的。的确如此，它是人与生俱来的一个弱点，并且和人的性格有很大的关系。心理学家认为性格是一个人的行为表现较为稳定的基本特征。性格具有稳定性，也就是说，一个人的性格在一定的教育和环境的影响之下形成后，是难以改变的，所以才会有“江山易改，本性难移”的说法。

有关专家曾对亚利桑那州的一对大学生孪生姐妹进行过观察研究。这对双胞胎姐妹外貌相似，先天遗传素质完全相同，家庭生活和所受教育的情况也相同。虽然这姐妹俩一直在同一个小学、中学和大学接受教育，然而在遗传、教育和环境如此相同的情况下，姐妹俩的性格却很不相同：姐姐善于说话与交际，自信主动，果断勇敢；而妹妹却相反，缺乏独立自主意识，说话办事总是随同姐姐。有关专家找她们交谈时，总是姐姐先回答，妹妹只是表示赞同，不爱说话，或稍作点补充。总之，姐妹俩的性格完全不同。这是为什么呢？原来父母在她俩中认定一个是姐姐，另一个是妹妹，从小就责成姐姐照管妹妹，对妹妹负责，做妹妹的榜样，带头执行长辈委派的任务。这样一来，姐姐从小就形成了独立、自主、善交际、较果断的性格，而妹妹却养成了遵从姐姐的习惯。

这说明人的性格是长期受所接受的教育和环境的影响而形成的。但这并不适用于成年人，因为对于成年人来说，性格实际上是由心理状态决定的。也就是说，如果一个成年人能改变自己的心态，他就能改变自己的性格。

20 世纪初，心理学家和哲学家断言：普通人只用了全部潜力的极小一部分，与我们应该成为的人相比，我们只苏醒了一半；我们的热情受到打击，我们的蓝图没有展开，我们只运用了我们头脑和身体资源中的极小一部分。这是什么原因造成的？其实就是人的恐惧心理。

其实，某种程度的恐惧感对人的交流是有益的，因为人类天生就具有一种应付环境中不寻常挑战的能力。当你注意到自己的脉搏和呼吸加快时，千万不要过于紧张，而要保持冷静。因为你的身体一向对外来的刺激保持着警觉，这种警觉表明它已准备采取行动，以应付环境的挑战。假使这种心理上的准备是在某种限度之下进行的，当事者会因此而想得更快、说得更流畅，并且一般来说，还会比在普通状况下说得更为精辟有力。

即使是职业演说者，也从来不会完全克服登台的恐惧，他们在开始演讲时也几乎总是会或多或少地有些怯意，并且这种怯意在开头的几句话里就会表现出来；只不过他们能很快地克服这种怯意，进入镇静的状态。

有几点有必要重复一下：

（1）你害怕当众说话、拒绝与人交流并不是特例；

（2）某种程度的交流恐惧感反而有用，我们天生就有能力应付环境中不寻常的挑战；

（3）许多职业的演说家从来都没有完全祛除登台的恐惧感。

所以，你大可不必胆小地躲在自己给自己设定的框框里，你应该采取热诚主动的态度去与人交往。否则，恐惧将一发不可收拾，它不但会造成你心灵的滞塞、言辞的不畅、肌肉的过度痉挛而无法控制，还会严重减低你说话的效力。

借别人的经验鼓起自己的勇气

你也许会说："我也知道自己需要鼓起勇气，但是当我想要开口说话的时候，这好像并不容易做到。"你说的问题是大部分人在说话时都会碰到的问题。那么，让我们谈一谈关于如何鼓起勇气的话题。

顾立区公司董事长顾立区先生有一天来到卡耐基的办公室。他对卡耐基说道："我这一生每逢要说话时，没有一次不是非常恐惧的。但是身为董事长，我不能不主持会议。虽然与董事们都相识多年，但是一旦要站起来说话，我就一个字都讲不出来。这种情形已经有好多年了，我的毛病太严重了。卡耐基先生，我不相信你能帮忙。"

"既然如此，你为什么还来找我呢？"卡耐基问他。

"这是因为发生了一件这样的事情。"顾立区先生回答道，"我的一个会计师，原来是个害羞的家伙。他走进自己的办公室之前，必须要穿过我的办公室。以前他都是看着地板，一个字也不说，蹑手蹑脚地走过我的办公室。不过最近，这种情况发生了改变。现在他总是下颚抬起，眼里闪着光亮，而且还主动和我打招呼，这令我十分惊讶。我问他：'是谁使你改变的？'他告诉我说：'卡耐基先生。'因为这件事情让我难以置信，所以我还是来找你了。"

"如果你希望跟这位会计师一样有所改变，"卡耐基对他说，"你可以定期上课。"

"你要是真能使我开口说话而不再恐惧，"顾立区先生说，"那我可就要成为最快乐的人了。"

顾立区先生果然来参加训练了。事实上，他进步神速。三个月之后的一天，卡耐基请他参加阿斯特饭店舞厅里的3000人聚会，并邀请他向客人们谈谈参加卡耐基口才训练班的感受。他很抱歉地说他不能来，因为他已经安排了一个重要的约会。但是，第二天，他又打电话给卡耐基说："卡耐基先生，我把约会取消了。我一定要来参加这个聚会，因为这是我欠你的。我要告诉人们卡耐基口才训练班给我带来的好处，它真的使我变成了这个世界上最快乐的人。我希望以自己的故事来激励人们，让他们彻底消除损害他们生命的恐惧。"

在聚会上，顾立区先生对着3000人侃侃而谈，足足说了10多分钟，而卡耐基本来只要求他说两分钟。当听众们被他的精彩演说所打动的时候，有谁会想到他原来一说话就会极为恐惧呢?

如果你希望像顾立区先生那样，你也可以在短期内掌握这门艺术。事实上，正如顾立区先生在讲话中想要告诉人们的那样，你完全可以从他的经历中认识到：说话并不是一件很难的事情。也就是说，你可以借用他的经历来鼓起自己的勇气。在你因为恐惧而无法开口说话的时候，你都可以想道：既然顾立区先生可以做到，我也一定能够做到。

在我们与那些重要人物进行交谈、进行商业谈判时，甚至只是在平常与人的交谈中，如果感到很害羞，你都可以借用别人的经验来鼓起自己的勇气。在不同的时候，你可以想到相应的故事，以达到鼓起自己勇气的目的。

曾经对那些说话高手进行的调查发现，几乎所有的人都存在过害羞的心理，当他们发表意见、进行谈判或说服别人的时候，也还是没有完全祛除紧张的心理。在交际场上游刃有余地活动的钢铁大王安德鲁·卡内基常常对人说："虽然我天性很害羞，但是我却努力让自己成为一个说话高手。"

戴尔·卡耐基先生曾收到来自世界各地的感谢信。写信的人有的是企业界的领袖，有的是州长、国会议员、大学校长和娱乐圈的明星，更多的则是企业中的主管人员、工人、工会成员、大学生、家庭主妇、牧师等，他们都是一些默默无闻的普通人。他们的共同点是：都觉得自己需要表达自己的观点、与人沟通，以让别人了解和接纳自己，但是却缺乏足够的勇气、足够的自信心——也就是说，他们一开始都不善言辞。正是因为取得了一定的成绩并实现了自己的目标，所以他们才心怀感激，特意给卡耐基写信表示感谢。

因此，当你需要鼓起勇气在酒会上讲话或跟你的客户谈判的时候——实际上，在一切需要你展现口才的时候——你都可以借别人的经验来激励自己。在你感到胆怯的时候，问一问自己："既然他们都取得了成功，我为什么不能呢？"

明确并记住自己的目标

前文中提到的顾立区先生说，是卡耐基训练班使他说话不再感到恐惧，使他能够在3000人面前侃侃而谈，使他成了"这个世界上最快乐的人"——让说话成为一种快乐，这正是卡耐基训练班的目的。这个目的远较其他目的更为重要。顾立区先生之所以参加卡耐基训练班，之所以能够努力地做卡耐基训练班分派的功课，正是因为他已经预见到了说话的成功会给他带来乐趣。顾立区先生将自己投入未来的理想中，然后努力使自己梦想成真。如我们所看到的那样，最后他成功了。

有一个卡耐基训练班的毕业生说："开始说话的时候，我宁愿挨鞭子也不愿开口；但是临结束时，我却宁愿挨枪子儿也不愿停下来了。"几乎每一个人都渴望获得进行成功交谈的能力，想要体验这种"不愿停下来"的美妙感觉。

钢铁大王卡内基死后，人们在他的遗物中发现了他32岁时所拟的计划。他当时准备退休后到牛津大学接受完全的教育，并"特别注意于公开演说的学习"。而西方有位哲人说过："世间只有令人喜悦的说话能力，可以使人很快地完成一种伟大的事业并获得世人的认识。"

那么，人们为什么要致力于提高自己的说话能力呢？也就是说，究竟说话的成功对人们有什么重要的意义呢？我们不妨想象一下：面对多得难以计数的听众，自信满满地走上讲台，听听开场后全场的鸦雀无声，感觉一下听众被你的深入浅出、幽默诙谐、内容深刻的演说所深深吸引时的那种全神贯注，体会一下听众对你报以经久不息的雷鸣般的掌声时的成就感，然后你带着微笑接受大家对你的赞赏……

当然，提高自己的说话能力的好处，并不只是可以在正式场合发表成功的演说。继续想象一下：依靠你的口才，通过与对方机智地谈判，你赢得了一笔数额巨大的业务；依靠幽默和富有气质的口才魅力，你赢得了心爱的女孩的欢心，并且与她共同迈进了婚姻的殿堂；依靠极具说服力的口才，你使一个国家停止了对另一个国家使用武力，使亿万人民避免了战争的灾难，你受到了人们的尊敬……还有什么比这更加吸引人的呢？

许多来上口才训练班的学员，大都是因为在社交中感到胆怯和拘束，其中有政界要员、明星，也有普通人。他们以前多半是这样一种情形：当站起来说话的时候，他们会感到手足无措；需要在数量很多的人——即使是熟识的人——面前说话时，他们会连一句完整的话都说不出来。在这样的情形下，他们感觉自己好像不再是自己了，因为他们完全控制不了自己。

可是在完成训练班的课程之后，他们的改变连他们自己都刮目相看。他们发现，让自己说话再也不那么为难了。他们都觉得自己以前的害羞和拘束其实很幼稚、很可笑。当然，他们在训练过程中培养出来的那种自然洒脱的气度，也让他们的朋友、家人或顾客另眼相看。他们开始在建立自己的信心的同时，游刃有余地处理和他人的关系，从而影响到他们的整个人生。

另外，这种训练也会不同程度地影响到人的性格，即使不一定很快地显现出来。大卫·奥门博士是大西洋城的一位外科医生兼美国医药学会的会长，卡耐基曾问他："就心理健康而言，接受当众演讲训练有什么好处？"他回答说："回答这个问题，最好是开一个处方；这个处方必须每个人自己给自己配药。如果他认为自己不行，那他就错了。"以下便是奥门博士给我们开的处方：

“努力培养一种能力，让别人能够走进你的脑海和心灵。试着面对单独的人，或在大众面前清晰地表达你的思想和理念。当你通过这种努力不断地获得进步时，你便会发现：你——你的真正自我——正在真正塑造一个崭新的形象，使你身边的人产生一种前所未有的惊讶。

“当你试着和别人说话时，你的自信心会随之增强，你的性格也会跟着变得越来越温和和美好，而这就表示你的情绪已经渐入佳境；随之，你的情绪会使你的身体好起来。这个世界的男女老少都需要讲话。即使我并不清楚在工商业社会中，讲话会带来别的什么利益，我也依然相信它有无穷的好处。不过，我的确了解它对于健康的益处。只要你一有机会，就对几个人或许多人说话—— 而你将越说越好；我自己就是这样。同时，你还会感到神清气爽，觉得自己完美无缺，这都是你以前所感受不到的。

“这是一种舒畅而美妙的感觉，没有任何药物能给你这种感觉。”

想象你自己正在成功地做着你目前所害怕做的事情，想象你已经能够在各种工作和社交场合侃侃而谈，你的观点被大家所接受，并给你带来了许多好处。这对实现你的目标大有好处。因此，时刻铭记自己的目标是十分重要的。

哈佛大学最杰出的心理学教授威廉·詹姆斯的话正好能解释这一点，他说：“几乎不论哪种课程，只要你对它充满了热情，你就能够顺利完成；如果你对结果足够关心的话，你就能够实现它；如果你希望做好一件事，你就能够做好；如果你期望致富，你就能够致富；如果你想博学，你就会博学。只有那样，你才会真正地期盼这些事情，心无旁骛地一心期盼，而不会白费心思、胡思乱想许多不相干的杂事。”

“不要抱着投机的心态来学习，”沃特斯告诫我们说，“这种态度只会使我们一无所获。你应该首先给自己订立一个计划、确定一个目标，然后踏踏实实地为这个目标奋斗。当你把自己的精力和才能都用在这上面时，那么你离成功就不会很远了。而我所说的投机的学习态度，是指那种认为自己所学的东西在将来某个时候可能会带来好处而毫无方向的学习。”

集中你的全部精力、时刻不忘记自信和侃侃而谈的说话能力，对你而言是十分重要的。只要想想由此结交的朋友在社交方面对你的重要性，想想自己为大众、为社会服务的能力将大大增强，想想它对你的人生和事业将产生的深远的影响……总而言之，想想它将为你在将来实现自己的价值铺平道路，你就能实现你的目标。

树立成功的信念

威廉·詹姆斯说过：“如果你对结果足够关心的话，你就能够实现它。”在这里，你可以把它理解为一种必胜的信念。因为当你的目标对你的吸引力足够大时，你就会树立起一种必定要成功的信念。

在任何时候，告诉自己：我一定要，而且能够成功。这样，你就能够成功。

当恺撒率领他的军队从高卢渡海而来，登陆现在的英格兰的时候，他是怎样取得胜利的呢？他把军队带到了多佛海峡的白岩石悬崖上，让士兵们望着位于自己脚底两百英尺的海面上燃烧的船只。士兵们知道，他们与大陆的最后联系已经断绝，退却的工具已经被焚毁，唯一可做的事情就是前进、征服、胜利。恺撒和他的军队就这样成功了。

恺撒成功的秘诀在于他使他的士兵们知道，他们必须取得成功，没有退路。当你想战胜面对听众所产生的恐惧，以及克服提高自己的说话能力必然要面对的困难时，为何不让自己拥有这种精神呢？把消极的思想全部扔到火里焚烧，并把身后通往犹豫退缩的大门紧紧关上，你就必将取得成功。

耶鲁大学的乔治·戴维森教授就是依靠这种强大的信念取得成功的。年轻时候的乔治有一个梦想，他希望能够改变世界、服务全人类。为了达到这个理想，他需要接受最好的教育，而美国是他最理想的去处。

当时的乔治身无分文，要到1万千米外的美国去，简直就是天方夜谭。不过，他还是出发了。他徒步从他的家乡尼亚萨兰的村庄出发，穿过东非荒原到达开罗，在那儿他可以乘船抵达美国。他一心想的是到达那个可以帮助他改变自己命运的国家，其他的一切他都可以置之度外。

他一开始就遇到了极大的困难。在崎岖的非洲大陆上，他用了5天才艰难地跋涉了25英里（约40千米）。他的食物已经吃完，水也已经喝完，而且，他身无分文。他还需要继续前进几千英里。

回头吗？还是拿自己的生命赌一把？乔治知道，回头就是放弃，就是回到贫穷和无知。而他不想这样。他相信自己能够克服这些困难，达到自己的目的地。于是，他对自己说："继续前进，除非我死了。"

他继续孤独地前行。他常常席地而睡，以野果和其他植物维持自己的生命。旅途使他变得瘦弱不堪。由于极度的疲惫和近乎绝望的灰心，几次他都想放弃。但是每当这时，他就自己给自己鼓气。终于，他战胜了自己的怯懦，充满信心地继续前进。

经过种种磨难和痛苦，1950年10月，乔治终于用两年的时间来到了美国，骄傲地跨进了斯卡济特峡谷学院的大门。

凭着对目标的专注和近乎神圣的成功的信念，乔治战胜了常人难以战胜的困难。还有什么比这件事情更加难以办到的呢？

在一次广播节目中，主持人要卡耐基用三句话来说明他学到的最重要的一课。卡耐基当时是这么说的："我所学到的最重要的一课，是我们的思想对我们非常重要。如果我能了解一个人的思想，我就能了解他这个人，因为正是思想造就了我们。而如果我们能够改变自己的思想，也就能改变自己的一生。"

为了达到目标，你需要建立足够强大的自信和目标必将实现的信念，你必须对自己说话能力训练的努力成果保持轻松而乐观的态度。从现在开始，你就要积极地设想自己的努力最终会使你成功。你应该想到，你努力的结果必然是，当需要在众人面前站起来说话时，你能够从容不迫地侃侃而谈、清晰明白地表达你的观点。你一定要把你的决心和信念烙在每个词句、每项行动上，并且竭力培养这种能力。

在卡耐基训练班里有一个叫乔·哈弗斯第的学员。有一天，他站起来信心十足地对大家说，他不满足于做一名房屋建造商，他希望自己成为“全国房屋建筑协会”的发言人；他最想做的事是在全国各地奔走，把他在房屋建筑业中遇到的问题和获得的成就告诉人们。

难能可贵的是，他不但对理想有一种狂热的追求，而且真的说到做到。他想讲的，不仅仅包括地方性的问题，还包括全国性的问题。对于这样的想法，他并没有三心二意，而是用心地准备自己的演讲，并且用心地进行练习。在上课期间，他从没有耽误一次课；即使再忙，他也仍然一丝不苟地按照训练班的要求去做。结果他的进步十分迅速，令大家都十分惊讶。两个月之后，他成了班上的佼佼者，被选为班长。

大约一年以后，乔·哈弗斯第的老师这样写道：“我几乎已经忘记了来自俄亥俄州的乔·哈弗斯第了。一天早上，我正在吃早餐。当我不经意间打开《弗吉尼亚向导》的时候，书中醒目的位置上赫然有一幅乔的照片和一篇称赞他的报道。报道中说：前天晚上，他在一次地区建筑商的盛大聚会中发表了精彩无比的演讲。这时的乔已经不是‘全国房屋建筑协会’的发言人了，简直就像是会长了。”

乔·哈弗斯第为什么能够成功呢？因为他有强烈的欲望，保持了高度的热忱，具备了克服困难的坚强毅力；更加重要的是，他相信自己一定能够成功。

一个成功者不一定具有不同于一般人的本领和才智，但他坚信自己一定能够成功，并且，他会把全部精力用于追逐成功的行动当中。这样，成功的概率就会大大提高。

因为，人——无论是谁——本身都有无穷的潜在能力，但能否开发出来，往往取决于每个人自己的态度。如果你相信自己能够成功，那么你就必定能够成功。

积极的心理暗示

一个人上楼梯，分别以六层和十二层为目标，其疲劳状态出现的早晚是不一样的。我发现，如果把目标定在十二层，疲劳状态会出现得晚一些。因为当你爬到六层的时候，你的潜意识便会暗示自己：还有一半呢，现在可不能累啊！于是你就会继续鼓气往上爬。

也就是说，目标高低带来的自我暗示直接决定了我们行为能力的大小。进而我们可以得出这样的结论：意识不但会影响到你的心理状态，而且会直接影响到你的生理状态。这就是心理暗示的重要性。

自我暗示真的管用吗？是的。现代实验心理学家都同意这样一种观点：由自我暗示而产生的动机，即使是假装的，也会成为人们快速学习的最有力的诱因之一。因此，请对自己进行积极的自我暗示。

威廉·詹姆斯曾说过这样的话："人们通常认为行动总是跟随在感觉之后，但实际上，这两者是并存的关系。行动为人们的意志所制约。借着制约行动，意志可以间接地制约感觉，而感觉并不受意志的直接控制。

"因此，当我们不再感到快乐时，唯一的改变办法就是：愉快地睡觉、吃饭、谈话，尽量从行动上表现出你很快乐。如果这样都不能改善你的心情的话，那么就再没有别的办法了。

"让自己勇敢起来，即使只是从行动上表现出来，因为人们总是习惯于自我催眠。行动可以间接影响你的感觉，然后调动你所有的意志来达到这个目的。这样，勇气也就会取代恐惧了。"

这就是一种心理暗示。

接下来将举一个例子以证明这种心理暗示理论的正确性。这个人被视为勇气的象征。他也有过胆怯的时候，但他决心只依靠自己。于是，在不懈的努力之后，他终于成了受人敬仰的勇士。他就是反对托拉斯、以言论左右听众、手里挥舞着总统权杖的西奥多·罗斯福。

在他的自传里，他这样写道：“我曾是一个体弱多病而且笨拙的孩子。年轻的时候，我常常处于一种紧张的状态中，对自己也没有信心，因此不得不艰苦地训练自己。这种训练并不只是身体上的，也包括灵魂和精神上的。”

一个这样的孩子，是怎么变成勇士的呢？他在自传里解释了让他得以转变的原因：“我在马里埃的书中看到过一段话，印象极为深刻，并把它时时记在心里。这是一个小型英国军舰的舰长向主角解释如何才能顶天立地、无所畏惧地生活的一段话。他说，最初要行动的时候，每个人都会紧张、不安，重要的是，不应让这种恐惧感延续下去。你应该采取的方法是：控制自己，表面上装作若无其事的样子。这样持之以恒，假装的就会变为现实。他只不过是想练习坚强的意志，但这种练习让他变成了真正的勇者。

“这就是我训练自己的方法。一开始，从大灰熊到野马、猎枪，我什么都怕，可我尽量装出不怕的样子来；慢慢地，我不再恐惧。人们要是愿意，也可以像我一样。”

在第二次世界大战期间，有一个犹太人想要活着走出纳粹集中营。人们都说这是不可能的——丧心病狂的纳粹分子随时可能把他们成批地拉出去枪毙；另外，恶劣的生存环境让人们生病、相互传染以至相继死亡。总之，人们都已经失去了生存的信心。但是，这位犹太人暗暗地告诉自己说：“某月某日，联军一定会来拯救我们的。在此之前，我一定要好好地活下去。”结果，在他预定的那个日子来临之前，他的同伴一个个死去，但是他却坚强地活了下来；然而，当他预定的那个日子来到以后，他却像他的同伴一样，急速地衰弱并且死亡了。

从上述事例我们可以看出，心理暗示确实能够给我们带来勇气。积极的心理暗示可以使我们克服恐惧、战胜困难，对我们做任何事情都十分有利。那些敢于接受这项挑战的人将发现自己正脱胎换骨，享受更丰富、更美好的人生。

说话当然也是如此。卡耐基训练班的一个学员说：“最初，我很害怕和顾客说话，每次都是心惊胆战的。后来我告诉自己，其实顾客是很好说话的。几次之后，我不再害怕了，觉得自己有信心了，和顾客说话也一点不紧张了。现在，我甚至开始理直气壮地说出自己的不同意见。上训练班后的第一个月，我的销售业绩提高了将近一半。”

另一位家庭主妇学员也说：“原来我不敢邀请邻居到我家里来做客，我怕自己不能跟他们融洽地谈话。上了卡耐基训练班之后，我觉得自己不再那么害怕了。最近我开了一次家庭宴会，举办得非常成功；我往来于客人之间，尽情地与他们交谈。”

他们都成功地运用了心理暗示，从而克服了自己的恐惧。另外，我们在致力于提高自己的说话水平的时候，必然会遇到各种困难，这种心理暗示也同样可以帮助我们战胜这些困难。所以，当你开口说话或者需要拿出勇气来战胜困难的时候，不妨摆出一副信心满满的样子来。如果你已经准备妥当，就勇敢地把你想要说的话表达出来吧！

培养自信心

卡耐基和他的朋友曾来到阿尔卑斯山的维尔德·凯塞山面前，想要征服这座据说很危险的山。《贝德克旅行指南》上说，业余登山员应该有一个向导带路，因为攀登这座山峰很困难。他们俩都不是专业登山员，但是他们并没有请向导。后来，他们取得了成功。

在他们登山之前，一位朋友问他们是不是能够成功，卡耐基口气坚定地告诉他：“一定能！”

“为什么这么肯定呢？”那位朋友继续问道。

卡耐基说：“也有人像我们一样没有向导而取得了成功。而且，我做任何事情都不会想到失败的。”

在卡耐基的班上，有很多学员在学习完了之后坐在一起谈自己的心得。有相当多的人都认为他们所学到的最重要的东西是对自己的信心，也就是说，对自己成功多了一分信心。在某种程度上，没有什么比自信更加能够将一个人引向成功。

要自信，这是你做任何一件事情都必须要有的正确心态。不论是攀登珠穆朗玛峰，还是和别人说话，自信都是你成功的基本前提。

所以，在你开始说话之前，首先树立你的自信心。

针对不足进行训练

如果的确存在一些不足，你可以进行针对性的训练，克服这些困难和不足，从而树立自信。名列古希腊“十大演讲家”之首的德摩悉尼从小就有口吃的毛病，而且他在说话的时候总是一个肩膀高一个肩膀低，还不停地抖动。在那样一个崇尚口才的时代，这样的人理所当然地会受到歧视。他十分苦恼，并且有很深的自卑感。不过，他并没有被自卑打倒，而是以超常的毅力和吃苦精神进行刻苦的训练。每天清晨他都站在海边，口里含着石子进行练习；针对爱抖动的毛病，他对着镜子练习，并且在两个肩膀上挂两把剑，这样就不会抖动了。经过刻苦的训练，正如我们所知道的那样，他最终成了一个十分出色的、受人尊敬的演讲家。

充分准备，树立信心

一个人说话成功的程度，跟说话之前所做的准备有很大关系。林肯说：“即使是再有实力的人，如果没有精心的准备，也无法说出有系统、高水平的话来。”所以，你需要在说话之前广泛地收集素材，并对你的主题进行深入细致的思考。当你确认自己准备充分之后，不妨设想自己正在以完全的控制力对他人说话。这是你很容易就能做到的。只有相信自己能够成功，并且坚定不移地相信自己，你才会成功。

进行积极的自我暗示

真正的困难不在上面所提到的两点。我们绝大多数人都不像德摩悉尼那么不幸，并没有口吃的毛病，也没有其他的先天不足。

从心理学上说，自卑或者羞怯感总是会不同程度地在我们身上存在着。美国的一个调查表明：在宴会上与陌生人接触时，大约有3/4的人会感到局促不安；同样，由于羞怯或者自卑感造成的演讲或其他说话失败的例子更是屡见不鲜。可以看出，一个人没有自信，并不是因为他自己真的天生不如人，而是他自以为如此。因此，只有完全克服这种感觉，你才能正常甚至超常发挥。

你所有的准备，都是为了说话的那几分钟。不管你准备得如何，在一般情况下，说话的时候都可能会有不自信的感觉袭来。产生它的原因，可能是你担心自己还没有完全准备好——实际上你已经准备得相当充分了，但是你认为自己可能疏漏了什么；也有可能是因为你担心听众比你的水平高，而你所讲的东西对他们来说过于简单；或者你担心可能会出现什么突发事件，比如在你的说话过程中有人打断你等等。这些想法最致命的危害就是给你消极的自我暗示。你必须想办法把它们从你的心里赶出去。

当你说话的时候，看着对方的眼睛，然后信心十足地说话，就好像他欠了你的钱，而他听你说话，只是为了请求你宽限还债的期限一样。这种心理暗示作用，对你树立自信也有很大的帮助。

拥有坚强的意志力

这一节里专门来讲关于意志力的问题。坚强的意志力要求我们在努力的过程中专心致志，拥有不达目的不罢休的韧劲以及克服困难的顽强精神。

如果我们想要成功，那么我们在做任何事情的时候都需要有坚强的意志力。英国政治活动家、小说家爱德华·立顿是一个成功者。他一生中走访了很多地方，所见甚广，也积极参与政界活动和各种社会事务；另外，他还出版了60本著作，而这些课题都是需要深入研究的。人们很奇怪整日忙碌的他竟然还有时间来做学问，于是问他：

“你在百忙之中居然还完成了那么多著述，难道你有可以同时完成这么多工作的分身术吗？”

爱德华当然没有分身术，他拥有的是坚强的意志力。他通常每天只花3个小时甚至更少的时间来研究、阅读和写作，但是他却充分地利用了这3个小时。在这些时间里，他全神贯注地投入到他的学习和研究中，用心极为专一。正是这种坚强的意志力，使他只用了少量的时间就取得了巨大的成就。

在致力于提高自己口才的过程中，我们也需要像爱德华·立顿一样心无旁骛地进行训练。因为只有充分利用了自己有限的时间，专心致志地致力于提高自己的口才，才能最终取得成功。

在进行初始训练的时候，你不可避免地会遇到挫折、困难。这些困难会给你带来不同程度的创伤，会使你的信心动摇。在你遇到困难的时候，不用去想为什么会有这些问题，因为本来就有这些问题。要知道，世上没有任何东西可以代替毅力和决心。许多人有才能但却失败了，就是因为缺少毅力和决心。我们要相信，最困难的时候，就是离成功不远的时候。成功的秘诀其实很简单，那就是无论何时，我们都不能允许自己有一点点的灰心。

前面举了乔·哈弗斯第成功的例子。乔·哈弗斯第成功的原因一方面在于他坚信自己能够成功；另一方面在于他有着坚强的意志力，在通往成功的道路上，他就是靠这个优秀的品质把困难赶跑的。

下面这个故事会证明这一点。这个故事的主人公叫做克劳伦斯·B.蓝道尔，他后来登上了企业的最高层，成为商界的传奇人物。

蓝道尔先生在大学里第一次站起来说话时，像很多人一样，因为不善言辞而失败了。当时，老师规定每个人有5分钟的说话时间，但是他却讲了不到一半就脸色发白，不得不十分困窘地走下讲台。

可是，他虽然有这样的经历，却并不甘心失败。他下定决心要成为一个说话高手，并且一直坚持不懈地努力，最后终于成为政府的经济顾问，受到了世人的仰慕。他写过许多富有启迪的书。在其中一本叫做《自由的信念》的书里，他提到了他当众演讲的情形：

“我的演讲安排得十分紧凑，因为我要参加各种聚会，其中包括厂商协会、商务部、扶轮社基金筹募会、校友会以及其他团体举办的聚会。我曾经在密歇根州得艾斯肯那巴发表爱国演讲，慷慨激昂地投身于第一次世界大战；我还和米基·龙尼下乡进行慈善演讲，与哈佛大学校长詹姆斯·布朗特·柯南、芝加哥大学校长罗伯·M·胡钦斯下乡进行教育宣传；我的法语很糟糕，但是我却用法语发表过一次餐后演讲。

“我认为我了解听众们想要听什么以及他们希望这些内容如何被讲出来。对于演讲的人来说，这里面的窍门就是：只要你愿意学，没有什么是学不会的。”

蓝道尔先生的故事告诉我们：成功的决心和信念，是决定你能不能成为一个说话高手的关键因素。

任何人，只要他希望迎接语言的挑战，希望自己能够简单明白地表达自己的观点并让别人了解自己的才华，就一定要具备坚毅的决心。

在那些成功地获得了说话技巧的人当中，只有极少数是真正的天才，大部分都是跟你我一样的普通人。但是，由于他们肯坚持，他们也同样获得了成功。至于较特殊的人，则有时会气馁，没有坚持下来，结果反倒庸庸碌碌。只要有胆量、有目标，走到路的尽头时，往往也就爬到了顶端。

这是合乎人性与自然的。在商业领域以及其他行业中，相似的事情随时都在发生。著名的石油大王洛克菲勒曾说：耐心与相信收获终将到来是商业成功的第一要诀。它也是说话能够成功的重要条件之一。坚定地相信自己会成功，你就会去做走向成功所必须做的一切，因而也必定能成功。

你要注意的是，坚强的意志力并不是一朝一夕就可以具有的，也并非是生来就有或者是不可能改变的特性，它是一种能够培养和发展的技能。你在平时就应该培养自己坚强的意志力。

第三章

说话高手的六项训练

让对方多说话

很多人急于让对方（为了写作的方便，除非特别提及，否则本书中“对方”一词指的是包括两人谈话中的“对方”、演讲中的“听众”等在内的所有场合的说话对象，即泛指的对象）明白自己的意见，话说得太多了。要知道，有时候话说得太多跟不说话的效果差不多。

尽量让对方多说话吧！他们对自己的事情和问题一定比对你了解得要多。所以，在必要的时候，向他们提一些问题，让他们告诉你一些事情。这样做将会使你们的交流更加有效果。

如果你并不同意对方的观点，你可能想去反驳他。可是你千万不要这么做，因为这将是非常危险的。当一个人急于把自己的观点表达出来的时候，他绝对不会注意别人的观点。在这个时候，你要做的事情就是听听他有什么观点，鼓励对方充分地发表自己的意见。

首先，让我们来看看这种策略的运用在商业上的价值。

若干年前，美国最大的汽车制造公司之一正在和三家重要的厂商洽谈订购下一年度的汽车坐垫布。这三家厂商都已经做好了坐垫布的样品，并且已经得到汽车制造公司的检验。汽车制造公司告诉他们，他们可以以同等条件参加竞争，以便公司作出最后的决定。

其中一个厂商的业务代表R先生——他后来成了卡耐基口才训练班的学员——在班上叙述他的经历时说：“不幸的是，我在抵达的时候，正患有严重的喉炎。当我参加高级职员会议时，我已经几乎说不出话来了。他们领我到一个房间，该公司的纺织工程师、采购经理、推销经理以及总经理跟我晤面。我站起来，想尽力说话，但是却只能发出沙哑的声音。最后，我只能在纸上写道：各位，对不起，我的嗓子哑了，不能说话。

“‘那么，就让我替你说吧！’该公司的总经理看到后说。他帮我展示了我的样品，并且对着大家称赞了它的优点。在他的提议下，大家围绕着样品的优点展开了热烈的讨论。由于那位总经理在替我说话，因此在这场讨论中，我只是微笑、点头以及做了几个简单的手势。

“这个特殊的会议讨论的结果是我赢得了这份订单，和该公司签订了 50 万码的坐垫布。这是我获得的最大的订单——它的总价值为 160 万美元。我很幸运。我知道，假如我的嗓子没有哑，那么，我可能得不到这个订单，因为我对整个情况的看法是错误的。这个经历让我发现，让别人说话是多么的有益。”

交易成功的关键在于，如果你希望别人买你的商品，最好的办法莫过于让他们自己说服自己。在很多情况下，你不能直接向顾客推销你的商品，而要让他们在心底里觉得你的商品确实很有优势，从而主动来买你的商品。

让对方说话，并不只是在商业领域起到了它的作用，也有助于别的方面。比如，它可以帮助你处理家庭中的一些矛盾。

芭芭拉·威尔逊是卡耐基训练班的学员，她和她的女儿罗瑞的关系近段时间迅速恶化。罗瑞以前是个十分乖巧和听话的孩子，但是当她十几岁的时候，却与母亲产生了许多矛盾，拒绝与母亲合作。威尔逊夫人曾试图用各种方法威吓、教训她，但是都无济于事。

“她根本不听我的话，我几乎放弃了所有的努力。有一天，她家务活还没做完，就去找她的朋友玩。当她回来的时候，我照旧骂了她。我已经没有耐心了，我伤心地对她说：‘罗瑞，你为什么会这样呢？’

“罗瑞似乎看出了我的痛苦。她问我：‘你真想知道吗？’我点头。于是她开始告诉我以前从未跟我说过的事情：我总是命令她做这做那，从来没有想过要听她的意见；当她想跟我谈心的时候，我却总是打断她。我认识到，罗瑞其实很需要我，但她希望我不是一个爱发命令、武断的母亲，而是一个亲密的朋友，这样她才能倾诉烦恼。而以前，我从未注意到这些。从那以后，我开始让她畅所欲言，而我总是认真地听。现在，我们的关系大大改善，我们成了好朋友。”

同样地，让别人说话，可能对你求职也有很大的用处。

纽约《先锋导报》曾刊登了一则招聘广告，他们需要聘请一位有特殊能力和经验的人。查尔斯·克伯利斯看到广告后，把他的资料寄了出去。几天之后，他收到了约他面谈的回信。

“如果能在你们这家有着如此不凡经历的公司做事，我将会十分自豪。听说在28年前，当你开始创建这家公司的时候，除了一张桌子、一间办公室、一个速记员之外什么都没有，简直难以置信。这是真的吗？”在面谈的时候，克伯利斯对与他面谈的老板这样说。实际上，每个成功的人都喜欢回忆自己早年的创业经历，并且十分高兴别人能听他讲下去。这个老板也不例外。他跟克伯利斯谈了很久，谈了他如何依靠450美元现金开始创业，每天工作12到16个小时，在星期日及节假日照常工作，以及他最后终于战胜了所有的困难。最后，这位老板简单地问了克伯利斯的经历，然后对他的副经理说：“我想他就是我们正在寻找的人。”

克伯利斯成功的原因可能没有这么简单，但是有一点十分重要：他聪明地提出了一个对方十分感兴趣的问题，并且鼓励对方多说话，因此给了老板很好的印象。

法国哲学家罗司法考说过：“如果你想结仇，你就要比你的朋友表现得更加出色；但如果你想要得到朋友，那就要让你的朋友表现得更出色。”他的意思是，当你的朋友胜过你时，他们就会产生一种自重感；但是如果相反，他们就会产生一种自卑感，并且开始对你猜疑和忌妒。

亨丽塔女士是纽约市中区人事局里与别人关系最融洽的工作介绍顾问。但是一开始有好几个月，亨丽塔在同事中连一个朋友也没有。

“我的工作干得确实很不错，我一直很骄傲。”亨丽塔在卡耐基训练班上说，“奇怪的是，同事们不但不愿意跟我分享我的成绩，而且似乎很不高兴。而我渴望和他们做朋友。在上了这种辅导课之后，我开始按照它去做了，我开始少谈自己，多听同事们说话。我发现，其实他们也有许多值得夸耀的事。对他们而言，把他们的事情告诉我，比听我的自吹更能让他们高兴。现在，每次我们在一起聊天的时候，我都会让他们告诉我他们的故事，共同分享他们的故事。只有当他们问及，我才略微地谈论一下我自己。”

有时候，弱化我们自己的成就会使人喜欢你。德国人有句俗语，大意是：最大的快乐，便是从我们所羡慕的强者那里发现弱点，从而让我们得到满足。是的，你要相信，也许你的一些朋友会从你的挫折或弱点中得到更大的满足。

有一次，一位律师在证人席上对埃文·考伯说：“考伯先生，我听说你是美国最著名的作家，是这样吗？”考伯回答说：“我不过是徒有虚名罢了。”

考伯的回答方法是正确的。你或许不知道是什么使我们不至于成为白痴，那并不是什么了不起的东西，只是你甲状腺中值5美分镍币的碘而已。而如果没有那点东西，我们就会成为白痴。我们都没有什么了不起的。人终有一死，百年之后，我们中的绝大多数都会被人忘记。生命如此短暂，我们不应该对自己小小的成就念念不忘，这样会使人厌烦的。因此，如果你希望别人的看法跟你一致，使你们的谈话进入佳境，就要鼓励别人多说话——这是你必须要做的事情。

不要和别人争论

第二次世界大战后不久，卡耐基在伦敦得到了一个极为重要的教训。那时，他是澳大利亚飞行家詹姆斯的经理人。在大战期间和结束后不久，詹姆斯成了世界瞩目的人物。一天晚上，卡耐基参加了欢迎詹姆斯的宴会。那时，坐在卡耐基右边的一位来宾给大家讲了一段诙谐的故事，并在讲话中引用了一句话。

他指出这句话出自《圣经》，而卡耐基恰好知道这句话出自莎士比亚的作品。那时候，为了显得自己有多么突出，卡耐基毫无顾忌地纠正了他的错误。然而那人却说："什么？那句话出自莎士比亚？不可能，绝对不可能。"他坚持认为自己是对的。

当时，坐在卡耐基左边的是卡耐基的老朋友加蒙，他是一个研究莎士比亚的专家。"我们让加蒙来决定我们谁是正确的"。加蒙在桌子底下踢了卡耐基一脚，然后说："卡耐基，你是错的，这句话的确出自《圣经》。"

宴会之后我们一起回家。卡耐基责怪加蒙说："你明明知道那句话是出自莎士比亚之口，为什么还要说我不对呢？"

"是的，一点都不错。"加蒙说，"那是莎士比亚的《哈姆雷特》第五幕第二场中的台词。可是卡耐基，我们都是这个宴会上的客人，为什么我们一定要找出一个证据，去指责别人的错误呢？你这样做会让别人对你产生好感吗？你为什么不能给他留一点点面子呢？他并不想征求你的意见，也不想知道你有什么看法，你又何必去跟他争辩呢？记住这一点，卡耐基：永远不要跟他人发生正面冲突。这是一个真理。"

"永远不要和他人发生正面冲突。"说这句话的人现在已经不在这个世界上了，可是我们要永远记住这句话。

这个教训给了卡耐基极大的震动。卡耐基原来是一个固执己见的人，从小就喜欢跟人辩论。读大学的时候，卡耐基对逻辑和辩论十分感兴趣，经常参加各种辩论比赛。后来，卡耐基在纽约教授辩论课，甚至还计划着手写一本关于辩论的书。

那天之后，卡耐基又聆听了数千次辩论，并且十分注意每次辩论会之后产生的影响。他得出一个结论，它也是一个真理：天下只有一种方法能得到辩论的最大胜利，那就是像避开毒蛇和地震一样，尽量去避免辩论。

卡耐基还发现，在辩论之后，十有八九，各人还是会坚持自己的观点，相信自己是绝对正确的。

辩论产生的结果只能是失败，永远无法获胜。即使表面上你取得了胜利，实际上却与失败没有什么区别。因为就算你在辩论会上胜了对方，把对方驳得体无完肤，甚至指责对方神经错乱，可是结果又会怎么样呢？你自然逞了一时之快，自然很高兴，但是对方却会感到自卑。你伤了他的自尊，他会对你心怀不满。

你应该知道，当人们被迫放弃自己的意见而同意他人的观点的时候，就算他看起来是被说服了，实际上他反而会更加固执地坚持自己的意见。

巴恩互助人寿保险公司为他们的职员定下了这么一条规定：不要争辩。他们认为，一个好的推销员是不会跟顾客争辩的，即使是最平常的意见不合，也应该尽量避免。因为人的思想是不容易改变的。

老富兰克林的话正好可以说明这一点："如果你辩论、反驳，或许你会得到胜利，可是那胜利是短暂、空虚的，而你将永远也得不到对方对你的好感。"空虚的胜利和人们对你的好感，你希望得到哪一样呢？

在威尔逊总统任职期间担任财政部长的玛度，以他多年的从政经验告诉人们一个教训："我们绝不可能用争论使一个无知的人心服口服。"卡耐基认为：你别想用辩论改变任何人的意见，而不只是无知的人。

下面再举一个例子。所得税顾问派逊先生，曾经为了一笔9000美元的账目问题和一位政府税收稽查员争论了一个小时。派逊的意见是：不应该征收人家的所得税，因为这是一笔永远无法收回的呆账。而那位稽查员却认为必须要缴税。

派逊在卡耐基讲习班上讲了后来的情形：

"他冷漠、傲慢、固执，跟这种人讲理，就如同在讲废话。越跟他争辩，他越是固执己见。后来我决定不再继续跟他争论下去，于是就换了个话题，还赞赏了他几句。

“‘由于你处理过许多类似的问题，’我这样对他说，‘所以这个问题对你来说肯定是小菜一碟。而我虽然也研究过税务，但不过是纸上谈兵。你当然知道，这些是需要实践经验的。说实在话，我非常羡慕你有这样的一个职务，这段时间让我受益匪浅。’

“当然，我跟他讲的，也都是实在话。那位稽查员挺了挺腰，就开始谈他的工作，讲了许多他所处理的舞弊案件。他的语气渐渐平和下来，接着又说到自己的家庭和孩子。临走的时候，他对我说他打算回去再把这个问题考虑一下。

“三天后，他来见我，说那笔税按照税目条款办理，不再多征收。”

这位稽查员的身上，显露出了人性的一个常见的弱点，即希望得到别人的认同。当派逊跟他争辩的时候，他显得十分有权威，希望以此来建立自尊；而当派逊认同他的时候，他就随即变成了一个和善的、有同情心的人，从而自然而然地停止了争论。

释迦牟尼说过：“恨永远无法止恨，只有爱才可以止恨。”因此，误会不能用争论来解决，而必须运用一定的外交手腕和给予别人的认同来解决。

林肯曾经这样斥责一位与同事争吵的军官：“一个成大事的人，不应处处与人计较，也不应花大量的时间去和他人争论。无谓的争论不仅会有损你的教养，而且会让你失去自控力。尽可能对别人谦让一些。与其挡着一只狗，不如让它先走一步。因为如果被狗咬了一口，就算你把这只狗打死，也不能治好你的伤口。”林肯的话也应该成为你的行动准则。

永远不要指责他人的错误

在研究青年时代的林肯的时候，我们惊奇地发现：胸襟博大的林肯一开始竟然是一个以指出别人的错误为乐的人。在他年轻的时候，他非常喜欢对别人进行评论，并且经常写信讽刺那些他认为很差劲的人。他常常把信直接丢在乡间路上，使别人散步的时候能够很容易看到。即使在他当上了伊里诺州春田镇的见习律师以后，他还是经常在报纸上抨击那些反对者。

1842 年的秋天，林肯经历了一件令他刻骨铭心的事情。当时他写了一封匿名信发表在《春田日报》上，嘲弄了一位自视甚高的政客詹姆斯·希尔斯。这封信使希尔斯受到了全镇人的讥笑。希尔斯愤怒不已，全力追查写信人，最后查到是林肯写的那封信。他要求和林肯决斗，以维护自己的名誉。本来林肯并不喜欢决斗，但是却无可奈何，只能答应。他选择了骑士的腰刀作为他的武器，并且请了一位西点军校毕业生来指导他的剑术。

数日来，林肯一直处在一种十分愧疚和自责的状态下，因为这一切都是他指责对方的错误而导致的。他在这样的心态下等待着那惊心动魄的时刻的到来。幸好——非常意外地——在决斗开始的前一刻，有人出面阻止了这场决斗。

为了指责别人的错误而被迫与别人一决生死，这是多么愚蠢的一件事。林肯终于决定以后再不做这样的事情了。他不再写信骂人，也不再为任何事指责任何人。

内战期间，林肯好几次调换了波多马克军的将领，但是这些将领却屡次犯错。人们无情地指责林肯，说他用人不当。林肯并没有因此而对这些将领进行指责，而是保持了沉默。他说："如果你指责和评论别人，别人也会这样对你。"他还说："不要责怪他们，换作是我们，大概也会这样的。"

1863 年 7 月 3 日开始的葛底斯堡战役是内战期间最重要的一次战役。7 月 4 日，李将军率领他的军队开始向南方撤离。他带着败兵逃到了波多马克河边，他的前面是波涛汹涌的大河，身后是乘胜追击的政府军。对北方军队而言，这简直是天赐良机，完全可以一举歼灭李将军的部队，从而很快地结束内战。林肯命令米地将军果断出击，告诉他不用召开紧急军事会议。为了确保命令的下达，他不仅用了电报下令，另外还派了专门人员传达口讯给米地将军。

结果呢？米地将军并没有遵照林肯的命令行事，而是召开了紧急军事会议。他借故拖延时间，甚至拒绝攻打李将军。最后，李将军和他的军队顺利地渡过了波多马克河，保存了实力。

当听到这个消息后，林肯勃然大怒——他从来没有这么愤怒过。失望之余，他写了一封信给米地将军。信的内容是这样的：

“亲爱的米地将军：

我不相信，你也会对李将军逃走一事感到不幸。那时候，他就在我们眼前，胜利也就在我们眼前。而现在，战争势必继续进行。既然在那时候你不能擒住李将军，如今，他已经到了波多马克河的南边，你怎么取得胜利？我已经不期待你会成功，而且也不期待你会做得多好。机不可失，时不再来，我对此深感遗憾。”

你可以猜测一下米地将军读到这封信的时候会有什么表情。但是，你可能会感到意外的是，他根本没有收到过这封信，因为这封信林肯并没有寄出去——人们是在一堆文件里发现它的。

林肯忘记把这封信寄出去了吗？这是不可想象的。众所周知，这是一封十分重要的信件。有人回忆了当时的情景：

“这仅仅是我的猜测……”林肯在写完这封信时，心里想道，“当然，也许是我性急了。坐在白宫，我当然能够看得更加清楚，也更加能够指挥若定。但是，如果我在葛底斯堡的话，我成天看见的是因为伤痛而号哭的士兵，或者成千上万的尸骨，也许那样，我就不会急着去攻打李将军了吧！我一定也会像米地将军一样畏缩的。现在，既然事情已经发生了，唯一能做的就是承认它。至于这封信，如果我把它寄出去的话，我想除了让自己感到愉快之外，将不会有任何其他的好处。相反，它会使米地将军跟我反目，迫使他离开军队，或者断送他的前途。这是大家都不愿意看到的。”

于是，林肯把那封已经装好的信搁在了一边。因为他相信，批评和指责所得的效果等于零。

林肯总统从以前总爱指出别人的错误到后来如此宽容的巨大转变，给我们树立了一个榜样。他以自己的切身经验告诉我们：永远不要指责他人的错误。

当年，西奥多·罗斯福入主白宫的时候说，如果他在执政期间能有75%的时候不犯错，那就达到了他的预期目的了。这位20世纪最杰出的人物尚且如此，那么作为普通人的你我呢？假如你确定自己能够做到55%的正确率，你就可以去华尔街，在那里你可以日进100万美元，丝毫没有问题。如果你没有这样的把握，那么你也不要去说别人哪里对哪里错了。

事实上，大多数人都不会进行逻辑性的思考，他们都犯有主观的、偏见的错误。多数人都有成见、忌妒、猜疑、恐惧以及傲慢的心理，而这些缺点将给他们的判断带来影响。如果你习惯于指出别人的错误的话，请你认真阅读下面的这段文字。它摘自于著名心理学家卡尔·罗吉斯的《怎样做人》一书。

"当我尝试了解他人的时候，我发现这实在很有意义。对此，你可能会感到奇怪，你可能会想：我们真的有必要这样去做吗？我认为，这是绝对必要的。我们在听到他人说话的时候，第一反应往往是进行判断或进行评价，而不是尽力去理解这些话。当别人说出某种意见、态度或想法的时候，我们总是会说'不错'、'太可笑了'、'正常吗'、'这太离谱了'等等评论性的话。而我们却很少去了解这些话对说话人有什么意义。"

另外，詹姆斯·哈维·鲁宾逊教授在《决策的过程》中写了下面一段话，对我们也很有启迪意义。

"……我们会在无意识中改变自己的观念。这种改变完全是潜移默化而不被我们自己注意的。但是，一旦有人来指正这种观念，我们一般会极力地维护它。很明显，这并不是因为观念本身的可贵，而是因为我们的自尊心受到了伤害……在为人处世时，'我的'这个词既简单又重要。妥善地处理好这个词，是我们的智慧之源。无论是'我的'饭、'我的'狗、'我的'屋子、'我的'父亲，还是'我的'国家、'我的'上帝，都拥有同样巨大的力量。我们不仅不喜欢别人说'我的'手表不准或'我的'汽车太旧，也不喜欢别人纠正我们对于火星上水道的模糊概念，以及对于水杨素药效的认识，或对于亚述王沙冈一世生卒年月的错误……我们总是愿意相信我们所习惯的东西。当我们所相信的事物被怀疑时，我们就会产生反感，并努力寻找各种理由为之辩护。结果怎样呢？我们所谓的理智、所谓的推理等等，就变成了维系我们所习惯的事物的借口了。

在这样的情况下，我们得出的判断可靠吗？当然不可靠。既然自己都不能确信自己就是对的，我们还有资格对别人指手画脚吗？

当然，如果一个人说了一句你认为肯定错误的话，而且指出来对你们的交流会有好处的话，你当然可以指出来。但是，你应该这么说："噢，原来是这样的。不过我还有另外一种想法，当然，我可能不对——我总是出错。如果我错了，请你务必毫不客气地指出来。让我们看看问题所在。"

用这类话，比如"我也许不对"、"我有另外的想法"等等，确实会收到神奇的效果。无论何时，无论何地，不会有人反对你说"我也许不对，让我们看看问题所在"。

柏拉图曾经告诉人们这样一个方法："当你在教导他人时，不要使他发现自己在被教导；指出人们所不知的事情时，要使他感到那只是提醒他一时忽略了的事情。你不可能教会他所有的东西，而只能告诉他怎么处理这种事情。"英国19世纪的著名政治家查斯特费尔德对他的儿子这样说："如果可能，你应该比别人聪明；但绝不能对别人说你更加聪明。"

永远不要这么说："我要给你证明这样……"这对事情无益，因为你等于在说："我比你聪明，我要告诉你这样去做才是对的。"你以为他会同意你吗？绝对不会，因为你直接打击了他的智慧、他的判断力以及他的自尊。这永远不会改变他的看法，他甚至有可能起来反对你。即使你用严谨如柏拉图或康德的逻辑来和他辩论，你也不能改变他的看法。因为，你已经伤害了他的感情。

如果你确定某人错了，你就直截了当地告诉了他，那么结果会怎么样呢？让我们来看看具体的事例，因为事例可能更有说服力。

F先生是纽约的一位青年律师，曾参加过一个重要案件的辩论。这个案件由美国最高法院审理。在辩论中，一位法官问F先生："《海事法》的追诉期限是6年，是吗？"

F先生有些吃惊，他看了法官一会儿，然后直率地说："审判长，《海事法》里没有关于追诉期限的条文。"

人们顿时安静了下来，法庭中的温度似乎降到了零度。F先生是对的，法官是错的，F先生如实地告诉了法官。但是结果如何呢？尽管法律可以作为F先生的后盾，而且他的辩论也很精彩，可是他并没有说服法官。

F先生犯了一个大错，他当众指出了一位学识渊博、极有声望的人的错误，所以他失败了。他这样做有益于事情的解决吗？事实证明，一点也没有。

即使在温和的情况下，也不容易改变一个人的主意，更何况在其他情况下呢？当你想要证明什么时，你大可不必大声声张。你需要讲究一些策略，使对方在不知不觉中接受你的观点。

如果你想要在这方面找一个范例的话，我建议你读一读本杰明·富兰克林的自传。在这本书里，富兰克林讲述了他是如何改变争强好胜、尖酸刻薄的个性的。

富兰克林年轻的时候总是冒冒失失。有一天，教友会的一位老教友教训了他一顿："你可真的是无可救药。你总是喜欢嘲笑、攻击每一个跟你意见不同的人，而你自己的意见又太不切实际了，没人接受得了。你的朋友一致认为，如果没有你，他们会更加自在。你知道的东西太多了，没有什么人能够再教你什么，而且也没有人愿意去做这种事情，因为那是吃力不讨好的。可是呢，你现在所知又十分有限，却已经学不到什么东西了。"

富兰克林决定接受这尖刻的责备，实际上他那时候已经很成熟和明智了，但是他知道这是事实，而且对他的前途有害无益。富兰克林回忆说：

"我订下了一条规矩：不许武断、不允许伤害别人的感情，甚至不说‘绝对’之类的肯定的话。我甚至不容许自己在自己的语言文字中使用过于肯定的字眼，比如‘当然’、‘无疑’等等，而代之以‘我想’、‘我猜测’、‘我想象’或者‘似乎’。当我肯定别人说了一些我明明知道是错误的话，我也不再冒冒失失地反驳他，不再立即指出他的错误来。回答时，我会说‘在某种情况下，你的意见确实不错；但是现在，我认为事情也许会……’等等。很快地，我就发现了我的改变所带来的效果。每次我参与谈话，气氛都变得融洽和愉快得多。我谦逊地表达自己的意见，不但让别人能够容易接受，而且还会减少一些冲突。而当我犯了错误的时候，我也不再难堪；当我正确的时候，更加容易使对方改变自己的看法而赞同我。

“一开始，采取这种方法的确跟我的本性相冲突，但是时间一长，也就越来越习惯了。在过去的50年里，我没有再说过一句过于武断的话。当我提议建立新法案或修改旧法律条文能得到民众的重视，当我成为议员后能具有相当大的影响力，都要归功于这一习惯。虽然我并不善辞令，没有什么口才，谈吐也比较迟缓，甚至有时还会说错话，但一般而言，我的意见还是会得到广泛的支持。”

你要知道，在将近2000年前，耶稣就已经说过：“尽快跟你的敌人握手言和吧！”而在耶稣诞生之前的2000多年前，古埃及国王阿克图告诫他的儿子说：“谦虚而有策略，你将无往不胜。”我们似乎也可以这么理解：不要同你的顾客或你的丈夫争论，不要指责他错了，不要刺激他，你需要讲究一些策略，这样你才会成功。

勇敢地承认自己的错误

乔治·华盛顿总统在很小的时候就显示出了许多优秀的品格。他家的种植园中种有许多果树。有一次，乔治的父亲华盛顿先生从大洋对岸买了一棵品种上佳的樱桃树。华盛顿先生非常喜爱这棵樱桃树，他把树种在果园边上，并告诉农场上的所有人要对它严加看护，不能让任何人碰它。

一天，华盛顿先生交给乔治一把锋利的小斧子，让他去清理杂树，然后自己就出去了。乔治十分高兴自己拥有一把锋利的小斧子，所以拿着它在种植园中乱砍杂树。可能是因为太高兴了，他一不小心就砍倒了那棵樱桃树。

那天傍晚，华盛顿先生忙完农事，把马牵回马棚，然后来果园看他的樱桃树。没想到，自己心爱的树居然被砍倒在地。他问了所有人，但谁都说不知道。就在这时，乔治恰巧从旁边经过。

“乔治，”父亲用生气的口吻高声喊道，“你知道是谁把我的樱桃树砍死了吗？”

乔治看到父亲如此愤怒，他意识到是自己的一时冲动闯了祸。他哼哼叽叽了一会儿，但很快恢复了神志。“我不能说谎，”他说，“爸爸，是我用斧子砍的。”

华盛顿先生这时候已经冷静了下来，他问乔治：

“告诉我，乔治，你为什么要砍死那棵树？”

“当时我正在玩，没想到……”乔治回答道。

华盛顿先生把手放在孩子肩上。“看着我，”他说道，“失去了一棵树，我当然很难过，但我同时也很高兴，因为你鼓足勇气向我说了实话。我宁愿要一个勇敢诚实的孩子，也不愿拥有一个种满枝叶繁茂的樱桃树的果园。一定要记住这一点，儿子。”

乔治·华盛顿从未忘记这一点。他一直像小时候那样勇敢、受人尊敬，直至生命结束。

我们中的大多数人都像乔治·华盛顿一样，从小就被教育要诚实，但很遗憾的是，我们中的大多数人已经做不到这一点了。当然，我们可以找出各种理由来为自己辩解，来使自己能够既撒谎又心安理得。在多数情况下，我们为了维护自己的尊严，或者出于自我保护而拒绝承认自己的错误，即使承认错误不会给我们带来任何惩罚——拒绝承认错误好像成了一种下意识的行为，就算我们并不清楚是为什么。

这是一种可怕的行为。如果你确认自己犯了错误，唯一能做的就是承认它。这并不会给你带来多么严重的后果。愚蠢的人，总会想办法为自己的错误辩解或者掩饰；而聪明的人却恰恰相反，他们通常会毫不掩饰地承认自己的错误，因为这会给他带来更多的东西。

在纽约的一家汽车维修店里，曾经发生过一件勇敢地承认自己错误的事情。

布鲁士新进这家维修店不久，就因为热情的工作态度得到了老板和同事们的一致好评。

但是一天，由于一时大意，布鲁士把一台价值5000美元的汽车发动机以2500美元的价格卖给了一位顾客。同事们给他出主意，让他立即追回那位顾客；如果追不回，还可以私下里垫上这2500美元。可是布鲁士觉得这些方法都不好，他决定向老板承认错误。那些同事阻止他，认为他这么做简直太蠢了，因为这会导致他失去这份工作。但是布鲁士却坚持自己的主意。

布鲁士拿着一个装了钱的信封来到了老板的办公室。“对不起，布朗先生，”布鲁士说道，“今天，由于个人的原因，我犯了一个很大的错误，使维修店损失了2500美元。我为我犯了这样的错误而感到羞耻，并打算辞去这份工作。在走之前，我打算把这笔损失补上。这是我的2500美元赔款，请您收下。”

老板听后，沉默了一会儿，然后对布鲁士说：“你真的打算这么做吗？”

“是的，布朗先生，”布鲁士回答道，“我把发动机的价格搞错了，确实是我犯下了这个错误，因此只有我自己来承担这个责任。我本来可以去找那位顾客，但是这样会损害维修店的声誉。而我，对这件事情负有全部的责任。因此，我只能这么做。”

布鲁士这种勇敢承认自己错误的行为打动了老板。他知道，任何人都会犯错误，关键是要有承认和改正自己的错误的勇气。所以，老板并没有批准布鲁士辞职，而是给了他更大的发展空间，也更加器重他，而布鲁士则因为勇敢地承认自己的错误而获得了比2500美元多得多的东西。

史狄芬是一家裁缝店的老板，由于他经营有道，裁缝店的生意很好。一天，一位叫哈里斯的贵妇人来到店里，要求赶做一套晚礼服。史狄芬做完礼服之后，却发现礼服的袖子比要求的长了半寸。不幸的是，他已经没有时间再进行修改了，因为哈里斯太太规定的时间已经到了。

当哈里斯太太来到店里取她的晚礼服的时候，她并没有发现有什么问题。她试穿上晚礼服，发现它为自己平添了许多气质，于是连连称赞史狄芬的高超手艺。不料，等她试完之后打算按照原定的价格付钱时，史狄芬却拒绝接受。于是，哈里斯太太问他为什么。

“太太，”史狄芬说，“我之所以不能收你的钱，是因为我犯了一个很大的错误——我把你的晚礼服的袖子做长了半寸。我很抱歉，我希望你能够原谅我。如果你能够给我一点时间的话，我将免费为你把它做成你需要的尺寸。”

哈里斯太太听完话后，一再强调她对这件礼服很满意，而且并不在乎袖子长那么半寸。但是，她并不能说服史狄芬接受这套礼服的钱，最后，她只得让步。

哈里斯太太回去对她的丈夫说：“史狄芬以后一定会出名的，他认真的工作、精湛的技术、诚恳的态度使我坚信这一点。”

事实果然如此，史狄芬后来成了世界有名的服装设计师。

我们可以举出上千个这样的例子来。这个道理人人都懂，只是实行起来有一些困难罢了。要强调的是，如果你确实想要成功，就一定要勇敢地承认自己的错误。

使对方一开始就说“是”

伟大的苏格拉底是历史上赫赫有名的思想家。他所做的事情没有几个人能够做到。他彻底改变了人类的思想进程，同时也是最影响这个世界的劝导者之一。

他的方法是告诉别人他们是错误的吗？当然不是。他的方法被称为“苏格拉底辩论法”，就是以对方肯定的答复作为这种方法的辩论基础。他提出的每一个问题，都会得到别人的赞同；然后，他连续不断地获得肯定的答复；最后，反对者会在不知不觉中承认苏格拉底的观点而放弃自己的观点。

这是不是很神奇呢？是的，但是如果你愿意的话，你也可以做到。方法很简单，那就是记住一开始的时候，要不断地让对方说“是，是”，千万不要让他说“不”。

在跟人交谈的时候，不要一开始就谈论一些你们可能有分歧的事，你应该先强调你们都同意的事，并且需要不断地强调。然后，强调你们双方都在追求同一目标，试着让对方知道，即使你们有分歧，那也只是方法上的分歧，而不是目标上的。

先让我们来看一个例子。

纽约格林尼治储蓄所的出纳员詹姆斯·艾伯森是卡耐基训练班的学员，他曾经对这个策略深有感触。

“那天，”詹姆斯·艾伯森回忆说，“一个人走进来要开户，我让他先填写一些表格，其中有些问题他愿意回答，另外一些他根本不想回答。如果在以前，遇到这种情况，我会告诉这位顾客，如果他不向我们提供这些资料，我们就会拒绝为他开户。那样的‘警告’使我很愉快，因为这好像在说只有我说话才算数。但是，显而易见，这样的态度将使我们的顾客有不被重视的感觉。

“因为上了训练班的有关课程，我决定不跟他谈银行的规定，而是谈顾客的需要。所以，我同意了他的做法。我告诉他说，那些他拒绝填写的内容并不是绝对必要的。

“‘但是，’我引导他说，‘假如你去世，你不希望把存在我们银行的钱转移给你的亲属吗？

“‘当然。’他说。

“‘难道你认为，’我继续说，‘将你最亲近的亲属的一些资料告诉我们，使我们能够在你万一去世的时候准确无误地实现你的

愿望，不是一个很好的办法吗？'

"'是的。'他又说。

"就这样，最后他终于相信我们要这些资料的目的是为了他，他的态度就转变了。他不仅把他自己的全部资料告诉了我，还根据我的建议，开了一个信托账户，指定他的母亲为受益人，并爽快地填写了关于他母亲的详细资料。"

詹姆斯·艾伯森发现，一旦让那个顾客开始就说"是，是"，顾客便忘了他们之间的争执，并且愿意做詹姆斯所建议的事。

如果让人一开始说"不"，会有什么后果呢？我们来看看阿弗斯特教授在他的《影响人类的行为》一书中所说的一段话：

"一个'不'的反应，是最难克服的障碍。人只要一说出'不'，他的自尊心就会促使他固执己见。当然，也许以后他会觉得'不'是不恰当的，然而一旦他考虑到宝贵的自尊，他就会坚持到底。所以，一开始就让人对你采取肯定的态度极为重要。"

他接着说，人的这种心理模式显而易见。当一个人说了"不"以后，如果他的内心也加以否定，他全身的各个组织都会协调起来，一起进入一种抗拒状态；而反过来，如果他说了"是"，情况就会恰好相反——他的身体就会随之处于前进、接受和开放的状态，这将有利于改变他的看法或意志，使谈话朝积极的方向发展。

如果一开始的时候就使一位学生、顾客或你的孩子、妻子说"不"，那么，即使你有神仙般的智慧和耐心，也无法使那种否定的态度变为肯定。

而想得到对方的肯定其实并不难，人们只是忽略了如何去做。人们总是希望一开始对方就同意自己的看法，如果别人不同意的话，就急切地想驳倒对方，以获得对方的认同。他们或许认为这样做能够显示出自己的高明和突出。然而不幸的是，这种态度往往会适得其反。所以，最好的办法就是，一开始就让对方说"是，是"。

西屋公司的推销员雷蒙负责推销的区域内有一位富翁。雷蒙的前任和他花了13年的时间对这位富翁进行推销，但是直到最近，才使这位富翁答应购买了几部发动机。而当雷蒙再次去拜访他的时候，他却声称以后不会再订购西屋公司的发动机了，原因是他认为这些产品太热，不能把手放在上面。

雷蒙知道如果与他争辩的话，无疑会是徒劳。于是雷蒙打算找出让对方说“是”的方法来。

雷蒙对那位富翁说：“史密斯先生，我完全同意你的看法。如果我公司的发动机确实过热的话，你不应该再买。你花了钱，当然不希望买到热量超过标准的发动机，是不是？”

“是的。”史密斯说。

“你知道，”雷蒙接着说，“电工行会的规定是，一架标准的发动机的温度不能比室内温度高72华氏度，是这样吗？”

“是的。可是你的发动机却高出了这一温度。”史密斯说。

“你工厂的温度是多少？”雷蒙问他。

“75华氏度。”史密斯想了一会儿然后说。

“这就对了，”雷蒙笑着说，“75华氏度加上72华氏度等于147华氏度。如果你将手放在147华氏度的水里，你会不会被烫伤呢？”

史密斯不得不说：“会的。”

“那么，”雷蒙继续说，“我建议你最好不要把手放在147华氏度的发动机上面。”

“我想你是对的。”史密斯说。接着他们又谈了一会儿，最后，史密斯答应在下个月订购西屋公司35000美元的产品。

雷蒙总结说：“我最后才知道，争辩不是聪明的办法。我们要站在对方的立场上去看问题，要设法让对方说‘是，是’，这才是真正的迈向成功的方法。”

牢记他人的名字

有钱人常常出钱资助那些穷困的作家、艺术家和音乐家。他们希望这些文艺家能够把作品献给他们，使他们的名字随着这些作品得以流传。在我们的图书馆和博物馆里，最有价值的艺术品往往由那些希望人们记住他们名字的有钱人捐赠。比如，纽约图书馆里有埃斯德家族与里洛克家族的藏书，大都会博物馆则保存着本杰明·埃特曼与J·P·摩根德的签名书信；而几乎每一个教堂里都镶嵌上了彩色玻璃，用来纪念那些捐赠者。

这说明人们总是非常重视自己的名字，并希望别人能够记住。如果想要给人好感，最简单、最明显而又最重要的方式，莫过于能够随口喊出对方的名字。因为这样，你就给了别人受重视的感觉——而据我所知，每个人都希望拥有这种感觉。这种方法可以说是屡试不爽。

在记住别人的名字方面，富兰克林·罗斯福总统是一个典范。众所周知，罗斯福总统是这个世界上最忙的人之一。但是他知道记住别人名字的重要性，所以舍得花时间去记住那些人。

一次，克莱斯勒公司特意为罗斯福总统制造了一辆汽车，总经理张伯伦和一位机械师将这辆汽车开到了白宫。在张伯伦的信里，他记述了当时的情形：

“我教罗斯福总统如何驾驶一辆配置了许多特殊部件的汽车，而罗斯福总统也教给了我许多为人处世的道理。

“总统非常高兴我被召入白宫，他立刻就叫出了我的名字，这使我非常高兴。令我印象尤为深刻的是，他确实很注意我为他所作的说明。这辆汽车进行了特殊设计，非常完美，可以完全用手进行操作。

“总统说：‘这辆汽车真是太完美了。只要按下这个按钮就可以开动它，而且可以毫不费力地进行驾驶。我不知道它是怎么工作的。我希望自己能有时间对它进行研究，看看它是如何工作的。’

“当总统的许多朋友和同事都围在四周称赞这辆汽车时，他又当着大家的面对我说：‘张伯伦先生，你设计这辆车花了大量的时间和精力，非常感谢你。这辆车简直太棒了！’

“然后，他又对车内的散热器、特制反光镜、时钟、特制的照明灯、椅垫的款式、驾驶座位、刻有他姓名缩写字母的特制衣箱等加以赞赏——他注意到了每个细节，对于我所付出的心血给予了极大的褒奖。他还特意让罗斯福夫人、秘书波金女士、劳工部长等人注意这些部件。他甚至嘱咐他的黑人司机，对他说：‘乔治，你可要好好照顾这些衣箱。’

“上完驾驶课程之后，总统对我说：‘好了，张伯伦先生，我已经让联邦储备委员会的委员们等我30分钟了。我想我应该回去工作了。’

“我当时带了一位机械师。这位机械师是一个很害羞的人，在我们说话的时候，他总是站在后面。尽管他自始至终没有和总统说过一句话，而且总统也只听我介绍过一次他的名字，但出乎意料的是，当我们离开的时候，总统特意找到这位机械师，并与他握手，还叫出了他的名字，对他来到华盛顿表示感谢。我能感觉出来，他的感谢一点都不做作，而是真心诚意的。

“几天之后，我收到了一张罗斯福总统亲笔签名的照片，照片后面还附有简短的对我的帮助表示感谢的言辞。作为一位国家元首，罗斯福总统怎么会有时间来做这样的事情呢？这真的让我难以置信。”

罗斯福总统何以给张伯伦先生如此深刻而美好的印象呢？当然不是因为他是国家元首，而是因为他给了人一种被重视的感觉。为什么他能给人这种感觉？原因很简单：他非常尊重他们，并且记住了他们的名字。

作为一个政治家，记住选民的名字，往往是他的第一堂课；而如果忘记了他们的名字，你将会很失败。在每个人的事业和商业交往中，记住别人的名字也很重要。

得克萨斯州商业股份有限公司董事长班顿拉夫有这样的感触：公司越大，人们之间的关系就会越冷漠。他认为，记住别人的名字，是唯一能使公司氛围变得融洽的办法。

洛克帕罗是加利福尼亚州一家航空公司的服务员，她经常训练自己记住旅客的名字，并注意在服务时叫他们的名字。这使得旅客感到很亲切。有的旅客会当面表扬她，而有的则会写信到公司表扬她。有一封表扬信这样写道："我很久没有坐你们公司的飞机了。但是从现在开始，我决定以后只坐你们公司的飞机。你们亲切的服务让我觉得你们公司似乎是属于我个人的，这一点十分重要。"

大多数人常常不记得别人的名字，原因多数是他们没有注意到这件事情的重要性。现在，你既然已经知道记住别人的名字有多么重要，为什么还不花点时间和精力去做这件事情呢？

拿破仑的侄子——拿破仑三世曾经说："虽然我很忙，但是我不会忘记所听过的每个人的姓名。"

这不是因为他的记忆力很强，而是因为他的方法非常好。其实，他的方法十分简单。如果他没有听清楚对方的名字，他就会请求对方再说一遍；如果这个名字不常见的话，他会请求对方把这个名字拼写出来。而在谈话的过程中，他会将对方的名字反复记忆，并把它跟其长相、外表和其他特征结合起来。会见完的时候，他通常会把那个名字写下来，然后盯着它看很久，直到确认自己已经牢牢地记住了它才肯罢休。这样一来，当然记得很牢了。

这样看来，记住别人的名字的确需要花一些工夫，但是这显然是值得的。爱默生说过："礼貌，是由小小的牺牲换来的。"如果你打算融入这个社会，成为交际场上成功的人，这点牺牲又算得了什么呢？

第四章

好口才的基本原则

实现有效交谈很重要

有效交谈是这样一种交谈：通过一定的方式进行当众说话，最后将你想要表达的观点或意见准确地传达给你的听众，进而达到你说话的目的。这听起来似乎很复杂，其实却很简单。它要求不说“废话”，却能将你的意思表达清楚。

一切说话的艺术都是服务于你说话的目的的。你或许想使你的听众明白你的观点，或许想让他们改变自己的观点转而赞同你，这样你就需要采取一种适当的方法让你的说话发挥作用。比如，“使对方一开始就说‘是’”，我们说这样一种说话策略或艺术是一种有效的说话方式，那是因为这种方式有益于实现有效交谈。

在现实生活中，很多时候，我们由于没有注意到适当的说话方式或其他种种原因，而没有实现有效交谈。比如，一个新手对着一位顾客推销他的汽车，但是到最后都没有使顾客明白这辆汽车到底有哪些优点以及他为什么要选择这辆汽车，那么我们就说这个新手没有实现有效交谈。需要注意的是，假如顾客意识到了这辆汽车确实很不错，但是由于其他原因而没有买，这种情况下，我们认为这个推销员实现了有效交谈。

凯瑟林·阿尔弗雷德是一家纺织厂的工程总监。这家工厂以前采用的方法和标准足以应付过去的生产量。但是最近，他们增加了新的项目，加大了生产任务。为此，凯瑟林设计了一套新的标准，它不仅使员工可以根据纺纱的质量和数量来提高自己的收入，而且使工厂提高了生产量。凯瑟林在一次会议中向公司的领事层介绍了这套新的标准，并且希望得到采用。她因为相信自己设计的标准更加适合公司的发展，因此指出公司原来的做法是完全错误的，并且为新办法进行了辩护。她满以为自己会得到大家的支持，可结果却是，凯瑟林的新标准没有得到通过。

凯瑟林的标准明明比以前的更加先进，领导们也知道这一点，为什么却不让它通过呢？唯一的解释是，凯瑟林没有实现有效交谈。她忽视了说话的技巧和艺术，没有给领导留面子。

凯瑟林在上了卡耐基训练班的几堂课之后，开始意识到这一点。她建议再召开一次会议。会上，她请领导们指出问题出在何处，就每一个要点展开了讨论，并请他们拿出解决方案。而她在适当的时候，引导他们依照她的思路来提建议。这么一来，当会议结束的时候，她所要提的方案就差不多出来了。他们也很赞同这个方案。

这个例子说明：实现有效交谈是十分重要的，它在很大程度上（但不是绝对）决定了你能不能达到你的目的。而有效交谈的实现，则需要适当的说话方式。如果你希望自己的讲话能够成功，你就应该注意运用有效的说话方式。

根据对方决定说话策略

我们已经讲过，说话不是说话人一个人的事情，而必须考虑听众。我们讲话的目的，是要表达自己的观点给别人听。那么，能否达到这个目的，最终的决定因素还是听众。因此，我们在说话时，要尽量使用适合对方的表达方式，即根据对方决定我们的说话策略。

遗憾的是，我们没有一种放之四海而皆准的说话艺术来使你轻易地掌握说话技巧。在说话之前，你有必要对下列问题仔细地进行考虑：你要对谁讲、将要讲什么、为什么要讲这些内容以及怎么讲等。

同样的一种说话策略，对不同的人为什么不一定都适合呢？这是因为人的心理素质、性格、受教育程度、成长环境等都不相同。比如，可以对害羞的A小姐进行鼓励，以建立她的自信，从而使她能够站起来当众说话；对好辩的B先生则进行容忍训练，让他给别人说话的机会，使得他不会因为自己的冲动而失去顾客。之所以采取不同的策略，就是因为A小姐和B先生的性格不相同。

不同的人接受他人意见的方式和敏感度是不一样的。一般来说，文化水平较高的人不屑于听肤浅、通俗的话，对他们应该多用抽象的推理；文化层次较低的人则正好相反，他们听不懂高深的理论，对他们应该多举明显的例子。对于那些刚愎自用的人，不必循循善诱，你可以用激将法；而对于喜欢夸张的人，不必表里如一，可以进行诱导；对于生性沉默内敛的人，不妨循循善诱、语重心长；而对于脾气暴躁的人，用语要简明快捷；对于思想顽固的人，要看准他感兴趣的东西，然后通过这些兴趣点改变其思想，如此等等。只有知己知彼，你才能取得说话的最好效果。

罗素·康维尔前后发表过以“发现自我”为题的著名演说近6000次。你或许会感到不可思议，或许认为重复这么多次的演讲，其内容应该已经根深蒂固地刻在演讲者的脑海中了，所以每次演讲时连字句音调都不会作任何改变了。

但事实并非如此。康维尔博士知道，听众的知识水平与背景各不相同，只有让听众感到他的演讲是有针对性的、活生生的东西，是特意为他们准备的，这个演讲才会引起他们的兴趣。他是怎么做到这一点的呢？他是怎么在一场又一场的演讲中成功地维系着自己和听众之间轻松愉快的关系的呢？请看他自己的回忆：

“在到了某一个城市或镇上准备发表演讲之前，我总是先去拜访当地的经理、学校校长、牧师等有知识或有名望的人，然后走进商店同那里的人们谈话，这样我就可以了解他们的历史和他们个人的发展机遇。之后，我才发表演讲，并在演讲中和他们谈论他们感兴趣的话题。”

康维尔博士非常清楚地知道，成功的沟通必须依靠演讲者使他成为听众的一部分，同时也使听众成为演讲的一部分。尽管这篇重复了近6000次的演讲成为人们最欢迎的演讲，但我们却找不到演说词的副本。由于康维尔博士的睿智和勤奋，所以虽然这一相同的主题他已经给数不清的人们讲过，但同样的演讲不会说两次，因为他面对的是不同的人。

有一条船航行至海上时，突然发生了意外。船长命令大副去叫乘客弃船。大副去了半天，结果却悻悻而回。他说："他们都不愿意弃船，对不起，我实在没办法了。"

船长只好亲自到甲板上去。不一会儿，他便微笑着回来了，然后对大副说："他们都跳下去了，我们也走吧！"

大副很惊讶，于是问船长是怎么做到的。

船长说："我首先对那个英国人说：'作为绅士，你应该作出表率。'他就跳下去了。接着，我对法国人说：'那种样子是很浪漫而且潇洒的。'于是他也跳了下去。然后，我板着脸对德国人说：'这是命令，你必须跳下去。'于是德国人也跳了下去。我对伊拉克人说：'这是将军和真主的旨意。'他马上起身，还没穿救生衣就跳了下去。"

大副听了十分佩服，说道："太妙了，船长，那么美国人呢？"

船长回答："我说：'您是被保了险的，先生。'那人夹着皮包跳下水去了。"

这虽然可能不是一件真实的事，但是却说明了一个道理——你也许已经有所感悟——即我们在说话时，应该时时记着特定的听众。而在说话之前，我们应该知道这些听众是什么样的听众。具体而言应该如何做呢？至少有以下几点你需要注意：

谈论对方真正感兴趣的话题

你必须谈论对方真正感兴趣的话题，这是接触对方内心细想的妙方，这样的话你就已经成功了一半。每一个拜访过罗斯福总统的人，都会对他渊博的知识感到十分惊讶。波赖特福是研究罗斯福的专家，他解释说："不论是牧童、骑士，还是纽约的政客、外交家，罗斯福都知道该和他谈论什么话题。"而之所以能做到这一点，是因为罗斯福总是会在访客到来之前，翻阅一些对方特别感兴趣的资料。

使用对方所熟悉的事例

你必须使用对方熟悉的事例来说明你的观点。也许你辛辛苦苦地说了半天，却还是没有把自己的意思向听众们解释清楚。不妨把你的道理和听众熟悉的事情作比较，告诉他们这件事情和他们所熟悉的那件事情道理是一样的。

曾有一个门徒问耶稣，为何他总是喜欢用比喻来向大众讲道理。耶稣说："因为他们虽然在用眼睛看但是却看不见，虽然在用耳朵听但是却听不见，这样，他们自然就不了解了。"当你向听众谈论他们不熟悉的话题时，他们会有很深的了解吗？这自然很难。所以，我们需要把人们不知道、不熟悉的事物和他们已经知道、已经熟悉的事物联系起来。

当化学家要向孩子介绍催化剂在化学中对工业的贡献时，如果他说："这种物质能让别的物质改变而不会改变自身。"孩子也许很难懂得。

但是化学家可以说："它就像个调皮的小男孩，在操场上又跳又打又闹，还推别的孩子，结果自己却安然无恙，从没有被人打过。"这不是更加容易使孩子们懂得吗？

避免使用专业术语

如果你是一位医生、律师或经济学家，当你打算向外行人介绍一些你的专业知识时，千万要慎用专业术语，即使用了专业术语你也必须极为小心地作详细的解释。

我们曾经听过无数次失败的演讲，演讲者并非没有渊博的专业知识，有些甚至还有不错的演讲技术，但是他们的不小心却使得他们失败了，而且败得很惨。为什么？因为他们忽视了一点，那就是：一般听众对他们的行业缺乏了解，可是他们却高谈阔论，在自己的演讲中大量地使用专业术语，使得听众越听越迷惘。他们的演讲简直如同天书，所以会毫无效果。

因此，记住亚里士多德的一句话："思维如智者，说话如众人。"

当你下次说话想用专业术语的时候，你必须谨慎地向听众进行解释，这样才能使他们懂得你说话的主旨——而那些需要一再使用的关键词则更是这样。

什么场合说什么话

你可能会遇到这样的情形——一个人拍拍你的肩膀，然后说："请给大家说两句。"而这个时候，你多半正在津津有味地倾听别人精彩的谈话，或者正在考虑明天怎么样向你的顾客推销商品。但是你发现，人们的目光很快地转移到你的身上来了。而你大概还没弄清楚是怎么回事，大家就一致欢迎你讲话了。你可能会觉得比较尴尬，因为你根本没有打算站起来说话。

在这样的时候，最好的办法是：你先随便说上几句无关紧要的话，争取一个喘息的机会；然后开始讲适合这个场合的、与对方关系密切的话题。因为对方永远只对自己和自己正在做的事情感兴趣，所以，你可以就地取材，从对方或当时的场合抓取你说话的话题。当然，这个话题你必须熟悉。

讲话最根本的两点其实就是"说什么"和"怎么说"。"说什么"就是你说话的内容，针对不同的场合，你的说话主题应该有不同的变化；"怎么说"就是怎么把这些话表达出来，针对不同的场合，你需要采取有针对性的说话技巧。交际场合经常会出现这样的一种情况：有的人侃侃而谈、口若悬河；有的人却呆坐半天、一声不响，即使有时候想说话，也会因为找不到合适的话题和方法而无从谈起。

不管是即兴说话，还是准备充分的说话，你都必须设法针对特定的场合。你必须关心的有两点，即当时的人和当时的场合。你可以谈论跟对方有关的话题，说说他们是谁、正在做什么，特别是他们为社会和人类作了什么贡献，等等。

而关于场合的问题，确实十分复杂。你可以讲这次聚会的缘由，比如它是周年纪念日，还是表扬大会，或是年度聚会，或者是政治性或商业聚会。由于前来参加聚会的人与聚会主题都有一定的联系，因此，如果你就此发表你的谈话，你当然能够吸引对方的注意力。

最成功的讲话，都是对对方和场合的真实的感想，并且做到了因地制宜。尽管这种说话是针对一定的场合的，它们就像昙花一现一样，一般都只在特殊的场合、特殊的时刻展现，但是人们的愉悦却远远不止于此。在你还没有想到之前，他们已经把你当做说话高手了。

你在说话的时候总是会以一定的社会角色——可能是一个医药学专家，也可能是一个律师——出现在人们面前，所以当你出现的时候，人们总是容易把你的社会角色和你联系起来。但是在不同的场合，你的身份可能会有变化。比如，作为医药学专家的你出现在一个朋友的聚会中时，如果没有人提及，你可能并不需要大谈你的医学知识，这时候你的身份只是一个普通的朋友，而不是你的专业角色；但是当你出现在学术座谈会上时，你需要展现的当然应该是你渊博和专业的医药学知识，这时候你的角色已经发生了变化。因此，我们在不同的场合说话时，一定要注意自己的身份。

中国的语言十分有特色。有一次，某地举行修辞学年会。会长在开场的时候这么说："先让我这老猴要一要，然后你们中猴、小猴接着要。我老猴肯定要不过你们中猴、小猴，但是总是要开个头的。"代表们听了都觉得很有意思，都笑着鼓掌，大家的情绪都被带动起来了。会长是与会者中的权威，又年近古稀，他把自己比做老猴，把其他与会者比做中猴、小猴，不但形象地描述出了老、中、青三代学者共聚一堂，而且显得非常幽默。并且，在修辞学的研讨会上，会长故意用这种修辞表示自谦，与主体身份、客观对象以及具体场合都十分协调，因而取得了非常好的效果。但是，假如一个中年学者说"我是中猴，先让我来要一要，然后你们老猴、小猴接着要"，即使他是会长，他这么说也很不得体。这会使听的人产生反感，而且把年纪大的学者比做老猴是不尊重他们的表现，因为按照他的身份是不能这样打比方的。所以，我们一定要把握好当时场合下自己的身份是什么，之后再开口说话。

在不同的场合，当我们的角色发生改变的时候，我们需要说不同的话。比如某一天，你先与室友交谈，然后去上课，最后回到家和妈妈交谈，另外你还有可能参加了一次义卖活动。在这一天你的角色转换了许多次，有朋友身份、学生身份、孩子身份、商家身份、慈善者身份等，每一种身份都确定了你应该怎么说话。当然，这些东西你可能了解，只是你没有意识到而已。

我们在不同场合说话，还必须符合当时的语境，也就是说，我们所选择的材料、语言内容、表达方法和说话结构都要切合特定的场合，符合特定的时间、地点和人物等因素。

如果参加一个喜礼，人们会期望我们在仪式中说："这个孩子真漂亮。"但是如果你说："这孩子我可不大喜欢，他长得太奇怪了。"你就会引来无数责备的眼光。在婚礼上，我们应该祝福新婚夫妇幸福、白头偕老，而且不要忘记称赞新娘很漂亮。

如果你在非洲东部的农村，遇到了一个非常熟悉的人却只是简单地说了一声"你好"，你可能会被认为很无礼，而且你也无法跟他们处好关系；你应该停下来，耐心细致地询问对方的家庭、家畜和健康状况。有些地方，在婚礼上对新婚夫妇说希望他们会有很多儿子是适合的；但是在美国，如果你还这么说的话，就会被认为是十分突兀和无礼的。

但是，很多人偏偏做不到这一点。水管工人可能会告诉你，你家的厕所需要一个新的套筒垫圈，而通常不会告诉你这是个什么东西——这会使你很茫然——因为他根本没有意识到他面对的是一个对水管修理一窍不通的人。显然，对他而言，这是一次失败的沟通。他应该告诉你套筒垫圈是什么东西，应该买多大的，最好还告诉你到哪里去买最实惠。

一位在夏威夷悠闲度假的文艺家接受了电视节目的采访。女记者这么问他："您这些天感觉好吗？"她本来可能是想问"您是否每天都如此悠闲地享受生活"，殊不知，她问的那句话是在询问别人的身体时才用的。结果，那位文艺家也只好平静地回答："是的，托你的福。”

而如果你在董事会上大大咧咧的，像平时对待同事一样，一点儿都不注意说话策略的话，你很有可能会给他人留下不好的印象，从而面临失业的危险。

说话要注意方法

一次，一位政府高级官员把美国参议院调查委员会的委员们搞得坐立不安、如坠雾里。这位官员不停地比画，却含混不清、毫无重点，根本没有把他的意思表达清楚。结果委员们的困惑也逐渐增加。

后来，一位来自北卡罗来那州的参议员小萨姆尔·詹姆士·阿尔文抓住机会，打了一个精彩的比方。

他说：“这位官员让我想起了我认识的一个男人。这个男人通知律师，他将与老婆离婚。不过他却向律师承认，他的老婆很漂亮，饭菜做得好吃，是个贤妻良母。

“律师问他：‘既然她这么好，你为什么还要离婚呢？’

“‘她总是在我的耳边说个不停，让我受不了。’这个男人说。

“‘她都说了些什么呢？’律师问。

“‘我最讨厌的正是她这一点，’男人回答，‘她从来就没有把话说清楚过。’”

这个高级官员正是这样的。遗憾的是，很多说话的人都是这样，大家根本不知道他们在说些什么，他们也从来没有说清楚，从未把自己的意思讲明白过。

“任何题材，说得好还是不好，完全取决于讲那件事的人怎么样去讲，而不在于所讲的是什么。”这句话出自英国著名政治家昆特莱，一度流传甚广。

说话真的有这么难吗？不是的，只是我们需要掌握一定的方法而已。罗德威·威根斯坦说：“凡是可以想到的事情，都是可以清楚地思考的；凡是可以说出来的东西，都是可以清楚地表达的。”

如果你想要把自己的意思表达清楚，让对方毫不困难地了解你，你可以学着使用下面的方法：

限定你的要点

我曾经听过一个人在 3 分钟之内谈了 11 个要点。这就是说，他用平均 16.5 秒来说明一个要点。我想，即使他是一个天才，也做不到这一点。结果果然如我所料，他说得的确很失败。他就像一个导游带着一群游客，想要在一天之内匆匆地看完伦敦所有的风光——这是有可能的，但是，这样的游览有什么意义呢？看完之后，人们根本记不得自己看到了什么。他也是这样，说话时像一只羚羊飞快地从这一点跳到另外一点，弄得对方最终什么印象也没有。

有时，一些经验丰富的说话高手也会犯这样低级的错误。不过，由于他们具备多方面的才华，所以错误并没有一般人那么严重。但是你千万不要向他们学习，你应该紧扣你的主题。把你的主要观点讲好之后，对方也会被你深深吸引住的。

逻辑顺序要清晰

所有的说话内容都可以用一定的时间和空间顺序或者事物的内在逻辑顺序进行组织。像时间，我们既可以按照“过去、现在、未来”的顺序来组织、展开说话内容，也可以采取完全相反的顺序。而在空间顺序的说话方式上，则可以以某一点为出发点，然后向外拓展；当然，也可以按照方位的顺序来处理。另外，还有一些题材，其本身就有自己的内在逻辑顺序，你只要依照它去说就行了。

逐条说明重点

在你说话的过程中，要明白地表达你的重点，并且告诉别人，你将怎样讲、接下来会讲什么，这样的话对方会很容易对你的说话有一个条理清晰的好印象。你可以这么说：“我要讲的第一点是……”接下来谈论你的第二点、第三点，这样就显得简单而清晰。当然，你也可以使用其他的关联词语。

在美国国会联合委员会举行的商业会议上，著名的经济学家、伊里诺州参议员道格拉斯发表了成功的演讲，他巧妙地运用了这种方法。

一开始他说："我为大家演讲的主题是：最迅速、最有效的经济增长方式是减征那些差不多用尽全部收入的中低收入阶层的个人所得税。"

接着，他用这样的方式继续他的演讲：

"具体说……

进一步说……

此外……

我这样说，是基于以下三个理由：第一……第二……第三……"

最后他说："总之，我们要做的是立即减征中低收入阶层的个人所得税，以增加需求与购买力。"

这样，整个演讲显得紧凑有序，而且很有说服力。

让对方熟悉你的题材

这个问题我们之前已经谈论过了，那就是慎用专业术语，用人们熟悉的语言和题材来跟他们说话。

借助工具

你可以借助工具来说明你的问题。它可以是一些你讲述到的东西，也可以是图片资料或者幻灯片。在这个科学技术日益发达的社会里，这些东西往往使人们觉得比较亲切，它们更能吸引人们的注意力，更能激发人们的兴趣，而且可以更清楚地表达我们的观点和思想。

话要说到点子上

如果一个朋友对你说一件他经历过的事情时这样说："我到一家公司去谈业务。那家公司在 ×× 街的转角，门牌是 ×× 号。×× 路正在修马路。我记得这家公司以前不在这个位置，以前应该是在 ×× 街，也可能不是。我去那家公司遇到了……"

虽然他讲了一大堆话，但是你发现你根本不知道他想要讲什么。后来他终于讲到他在那家公司遇到了一个老同学，你才恍然大悟，明白他要讲的原来是这件事。

其实他不必说那么多话。他为什么不直截了当地把要表达的意思说清楚，却说了那么多不知所云的废话呢？那是因为他没有说到点子上。

你可能也面临过这样的困境：当你费尽九牛二虎之力终于讲完的时候，对方却仍然一片茫然，他根本没有听出来你打算讲什么意思，直到你最后强调了你的观点之后，他才会说："哦，原来你要说的是这个！"

我们都知道这么说话的效果很差，因为你既没有让别人明白你的意思，又没有使你的话具有很强的说服力。原因在哪里？因为你没有说到点子上。

很多人在表达观点时，喜欢在最后才引出自己的结论。这是他们在中学和大学里学到的技巧。这样做导致的结果是，在得出主要观点或者结论的时候，对方早已对你所说的话没有兴趣了，因为他们已经没有足够的耐心了。这也是由于你没有抓住重点。

有人认为，说话说得越长代表说话者的水平越高。这是一种错误的看法。主祷文仅有 56 个字，如果把它的篇幅加长一点，你认为它还有那么大的感召力吗？

林肯总统在葛底斯堡的讲话也只有 226 个字，但它却流传至今。在那次典礼上，来自马萨诸塞州的爱德华·伊韦瑞特发表了长达两个小时的演讲，随后林肯却只讲了两分钟，可是你对爱德华·伊韦瑞特这个名字有印象吗？

事实上，无论事情多么复杂、道理多么深奥，都只是那么一点或者几点经过概括和抽象的认识。而这些认识，是精华，是核心，是本质。只要抓住他们，你就能使你的说话言简意赅、简练有力。

当你和别人交谈时，你说了一大段话才把观点表达清楚，或者更糟，你自己都不明白自己在讲什么，尽管对方表现得彬彬有礼，可他们还是会面带倦容。你完全可以说得更加简练些，用尽量少的话表达你的观点，即抓住你说话的重点。

当然，如果你觉得必须用一篇论文才能说清楚你的观点，我并不反对。但是如果事情明明可以用一句话说完，你为什么非得把它说成一篇论文呢？根据我的经验，长篇大论一般都会损害你说话的内容。当你把它写成论文的时候，你必然会用许多与你的意见毫无关系的词语来充斥你的论文，从而使你说过多的废话。

上面的道理听起来似乎很容易，但是人们往往因为各种原因，在实际讲话的时候忘记了这一点。

约翰是美国加利福尼亚的一个富翁。某年他飞往国外，准备在当地寻找合作伙伴投资建厂。三天后，该国某厂的一位经理跟他进行了商业谈判。这位经理十分能干，通晓市场行情，约翰对他十分满意。他接着对合资企业的前景作了一番令人鼓舞的描绘，令约翰感到十分高兴。正准备签约时，这位经理颇为自豪地说："我们公司 2000 多名职员，去年共创利 100 万美元，实力绝对雄厚……"

约翰一听，心里想：2000 多名职员一年才赚这么一点儿钱？这离自己的预期利润相差太多了，而且，这位经理还这么自豪和满意。于是约翰当即终止了合作。

试想一下，如果那位经理不说那句沾沾自喜的话，谈判就一定成功了。正是他不着边际的话暴露了他和公司的弱点，从而使他失去了这笔重要的业务。回想起来，那位经理一定会十分痛心。

我们经常看到，有的人滔滔不绝地谈论，然而词不达意或语无伦次，让人听了生厌；还有些人则喜欢夸大其词。我们在说话的时候，一定要把多余的话去掉，准备一些简单明了的话，一开口就往点子上说，千万不要生拉硬拽，令人不知所云。

关键时刻停三秒

你可能遇到过这种事情：说话者才华横溢、口若悬河，当他说完的时候，人们确实觉得他说得很精彩，但是如果让他们回忆哪些地方精彩的话，他们会告诉你没有什么印象了——他们可能只是对最后几句话印象深刻。

在关键时候停顿下来，能够使你的讲话增添"趣味"，就好像是在烹饪的好汤里撒盐一样。大多数情况下，停顿运用得太少会使说话索然无味，而这样势必会影响讲话的质量。

良好的说话技巧表现在，它既能够帮助对方更好地理解，也恰恰能够帮助你达到说话的目的。这其中一个重要的技巧就是说话的停顿。有意识地运用停顿，你几乎可以达到你希望达到的所有效果。很多人都经常忘记，停顿和说话是一起被人们听进耳朵的。

林肯总统讲话时有一个绝好的技巧，就是在他想把一个重要思想深印到对方脑海里的时候，就把自己的身体前倾，两眼盯住对方，一言不发。这突然停顿的效果和突然的一声巨响一样，都是惊人的，那就是能引起对方最大程度的注意。

当林肯与道格拉斯议员做著名的辩论的时候，他惯常的忧郁表情显然不利于他，因为这使他说出来的每一个字，仿佛都带有凄凉的味道。因此，当将要结束的时候——我们认为这个时候是辩论的高潮——他突然卷起他的衣袖，两眼逼视讲台下那些快要打瞌睡的，也可能是对他怀有好意的听众，沉默一会儿后，用一种特别的声调说："我的朋友们，我和道格拉斯先生，无论谁当选为上议院议员，其实都不重要。可是，今天，我要在你们面前提一个很重要的问题，这个问题的重要性远远在我私人的利益或者任何党派的命运之上。朋友们！"说到这里，林肯又停了下来，看着听众，让他们等待他接下来的话，以便让他们能够把接下来的每一个字都印到脑海里，"那个问题，即使在道格拉斯先生和我死后被埋进地里，好辩的舌头已经腐烂、不再说话的时候，它也仍旧存在，而且仍在所有人心中燃烧。"

有人评论林肯的这个技巧时说："这几句简短的话和他讲话时的态度，触及了每一个人的心灵深处。林肯在讲话时，常常在一些重要的字句之后突然停顿一下。他深知这样的一种沉默，可以将他的每一个重要意思完全送进别人的脑海中去。"

罗兹爵士也常常是这样。他在每一个重要字句的前后都要停顿几秒钟，甚至在一句话中会停顿三到四次。而且，他停顿得十分自然，一点都不勉强、做作。

现在，我们把下面一段话中应该停顿的地方标了出来。所标的东西不是不能改变的，这没有一定的法则。而且，也许你今天认为要在这个地方停顿，明天却以为应该在那个地方停顿。当你试着读它的时候，最好先用不停顿的方法读一遍，以便比较停顿后的效果。

“商场如战场，（略停顿，以便使这句话印入听众的脑海中）只有以战士般的勇气才能在商场中立于不败之地。（停顿）我们或许并不想这么做，但是，要知道，这种情况不是我们造成的，（停顿）而且，我们也不能改变什么。（停顿）如果有一天，你加入了一个商战的联盟，你就得拿出你的勇气来。（停顿）不然的话，（停顿一两秒）你干任何事都会有失败的危险。（停顿）就像打球一样，（停顿）如果一个人想一棒把球打出去而可以使人跑完三垒，那么就不要对对方的投手感到畏惧。（多停顿一会儿）请务必记住，（多停顿一会儿）那位能够一棒把球击出球场以外而安然跑完全垒得到一分的球员（多停顿一会儿，以使听众着急等待你说出是谁），在他的心里，必定是早已经有了坚定的意志，他一定咬紧了牙，为他那一棒惊人的事业做好准备了。”

另一方面，停顿有助于你减少使用语气词。你可能经常用“唔”、“嗯”、“你知道”等毫无意义的词语，这些词语经常是在你自言自语或者寻找合适的机会时讲出来的。如果你频繁地使用这些语气词，它们会使你的讲话比连贯时更容易分散对方的注意力。停顿就能够让你不发出不必要的声音。

你可能担心停顿会使你流畅的讲话出现空隙。事实上，如果在必要的时候停顿的话，你就赢得了对方的注意力，也赢得了他对你接下来要讲的话的急切盼望的心情，同时也给了他一个很好的机会对所听到的内容有所反应。而且，在你停顿的时候，你可以利用这个时间回味一下你的上一句话。

当你有意识地停顿的时候，你一定要看着对方，或者用目光盯着他。如果你看着你的脚尖的话，他可能会以为是窘迫和尴尬使你停了下来。那样一来，你就会得不到应有的效果，即使后来你让人们知道你很自信，也会得不偿失的。

第五章

打造说话风格的基础训练

声音：一开口就与众不同

声音是你讲话内容的载体。你的声音反映出你的感觉、你的心情和现在的状态，是你说话中强有力的、必不可少的工具。当我们与听众交流思想的时候，要使用许多发音组织和身体的各个部分。我们会做出这样的动作：耸肩、挥动手臂、皱眉、增大音量、改变高低调门和音调，并且依据场合与题材变换语速，以发出不同的声音来。

需要注意的是，这里所强调的是声音的效果而不是声音的原因，即物理品质。那些东西已经无法改变，而声音的效果则受到说话者的情绪、状态的影响，这就是强调说话者必须要热情的原因之一。因此，你需要一开口就与众不同。

遗憾的是，随着年龄的增长，我们中的大多数人都会失去幼时的纯真和自然，在不知不觉中落入一定的、为我们所习惯的沟通模式中去。这使得我们的说话越来越没有生气，我们也越来越不会使用手势，并且不再抑扬顿挫地提高或放低声音。总之，我们正在逐渐失去我们真正交谈时的那种鲜活和自然。

我们也许已经养成了说话太快或太慢的习惯。同时，我们的用词一不小心就会非常散乱。一再强调你在说话的时候要自然，也许你会误以为可以胡乱地遣词造句，或以单调无聊的方式表达——只要你做到了自然。其实不然。要求大家讲话自然，是要你把自己的意念完整地用词语表达出来。从另一个角度来说，说话高手绝不会认为自己无法再增加词汇，无法再运用想象和措辞，无法变化表达的形式和增强表达的效果。这些都是追求精益求精的人们所乐于去做的。

那么，如果你也想塑造自己的讲话风格，你最好注意一下自己的音量及音调的变化和说话速度。你可以把你说的话录下来，也可以请朋友给你指出来，当然，如果能让专家来给你指导的话则会更好。不过，这些都是没有说话对象的练习，跟实际说话完全不同。一旦站在人们面前，你就要将自己的全部精力投入到讲话之中，以引起对方的共鸣。

选择什么样的说话声音，完全取决于你的个性、场合以及你所要表达的感情。在一般情况下，你的发音要做到清脆而洪亮。说话清晰，才显得有自信心、目的性明确和善于表达，这会给对方泰然自若的感觉。在公众场合，如果别人的谈话正处在争论不休的阶段，你站起来说一句话，语句简短、声音洪亮，则会产生震撼人心的作用。

讲话时你的声音能够让大家都听到吗？我指的是你的声音足够大而且清晰。你所处的场合也许是三两个人的促膝而谈，在这种谈话中你可能比较容易做到这一点。事实上，这时你如果音量过大的话，反而会使人以为你在跟人争吵。但是，如果你面对的是成百上千个听众，比如站在广场上发表演讲时，你则应该尽量让更多的人听到。因为如果他们没有听到的话，他们就会忽略你所说的内容，而不是提醒你大声讲或者重新讲述。因此，你要根据情况的不同调整你的音量。

当你需要强调某一个重点的时候，你可以适当地提高音量。在某个重要的地方提高音量，可以引起大家的注意。当然，有的时候适当地降低音量也能使你达到这个目的。在任何情况下，音量的变化都可以使你突出重点。

这里有一个运用重音的例子。

一天，林肯正低着头擦靴子，有位外国外交官看见了，嘲讽林肯说：

“总统先生，你经常给自己擦靴子吗？”

“是的，”林肯答道，“你经常给谁擦靴子？”

林肯的这句话巧妙地转移了对方的重音，使自己脱离了被嘲讽的境地，并置对方于尴尬的处境。

另外，你需要使你的声音有变化。变音涉及音高程度。如果你一直采用高音来说话，有谁愿意听这样尖锐的声音呢？而且，当你普遍地使用高音的时候，你的声音会显得过于单调。因此，你必须在音高上有所变化，这样能够使你的声音悦耳而且更有活力。与调节音量一样，当你要阐明某个观点时，变音也会使你更加积极地传达信息。你可以采取略高或略低的声音来表示你对某个观点的重视程度。

我们平时与人交谈时，声音会高低起伏不断变化，就像大海不断起伏一样。为什么会这样呢？没有人知道，也没有人关心这个问题。但是，这种方式显然能使人感到愉快，而且它也是一种很自然的方式。然而，当我们开始某种正式的讲话时，我们的声音却变得枯燥、平淡而单调，就像一片沙漠一样。当你发现自己出现以上的状况时，就要停下来反省了。

一般来说，你需要使你的声音避免出现以下这些情况：

发音含糊

如果你的牙齿紧紧靠合，或者更加糟糕些，你的双唇像腹语者一样紧闭不动，那么毫无疑问，你正在用鼻音说话。用鼻音说话导致的最大问题就是发音含糊不清。这样对方会以为你在抱怨，而你则会显得怏怏而无生气，非常消极。

听起来不确定

你必须使对方感觉到，你对你所讲的内容是非常自信的。当你的声音颤抖或者犹豫的时候，对方会以为你对所说的没有把握。如果连你自己都对你所说的没有把握的话，怎么要求让对方对它产生兴趣呢？

咕哝

不要使你的话听起来像是在自言自语。声音过低或者不清晰，听起来同样让人觉得你不确定。你可能本来就不打算让对方听到你的这些话，但是他们模糊地听到了，却不知道你讲的是什么，他们就会产生怀疑，猜测你正在说一些对他们不利的东西。

声音过高

如果你的声音像飞机降落时候的制动声，对方会感到你十分可厌，因此不去听你讲话。过高的声音会使你的讲话具有攻击性，他们会以为你正处在一种压倒、胁迫他们的立场，而这不是他们所愿意的。所以当你喊着要大家听你的话的时候，没有人会愿意听从你的意见。

尾音过低

你可能会造成这样的情况：当到了一句话的结尾或者关键的地方，你的声音慢慢地低下去，最后就没有了。这样会使句子听起来不完整。你要相信，对方不会愿意去猜测你后面到底讲了什么东西。

令人不适的语调

无论你的意图如何，它最终都是通过声音来表达的。因此，如果你的声音里含有傲慢、蔑视或者其他消极的情感因素的话，你就会伤害听你讲话的人，或给别人不受尊重的感觉。

当你处于一种消极状态的时候，如果你将它掺杂到你的声音中，人们会把它想象得比真实情况要糟糕得多，转而分散自己的注意力。比如，你稍微的挫折感可能被理解为歇斯底里，而你的失望可能被理解为绝望。因此，你必须在你的语调中显示出你真挚的感情来，这样才能以积极的方式去吸引对方的注意力。

夹杂乡土口音

要想声音娓娓动听，最好不要夹杂地方口音。当然，如果你确实要用的话，你必须运用某种方法进行强调，而不要让人们以为你的发音不标准。

修辞：让话语更有分量

耶稣在解释“天国”时，采用了一种非常好的方法，那就是运用人们熟悉的东西来说明他们不熟悉的东西。比如，他说：

“天国就像酵母，人们把它放到玉米粉里面，它就会全部发酵完毕……

“天国就像寻找珍珠的商人……

“天国就像撒入大海中的网……”

在这里，“天国”可能不是人们所熟悉的，而酵母、商人、网则是为大家所熟悉的东西。耶稣采用了这样一种巧妙的方式，运用两者类似的地方进行比较，就更加容易让人明白。

你是不是有时候也会这么去做？当你想要对方快一点的时候，你可能会对他说：“希望你弄完的时候，我还不至于变成‘木乃伊’！”你和对方都知道，你至少在这么短的时间里变不成“木乃伊”，但是你却很明显地夸大了事实。实际上，在说话的时候，如果你想要强调某一点，适当地运用一些夸张将是一个非常好的办法。而如果你想说明某人的做法可能会产生严重后果的话，你也许会说：“你这样做，就好像是打开了潘多拉的盒子。”而他肯定也知道你说这话的意思。

如果你现在正在跟一个古希腊人辩论，你的好处将是，在这里没有你讨厌的律师；而坏处是，你必须自己为自己辩护。正是因为这样，如果想要在辩论中取胜，你必须采用各种各样类似上面所举的例子那样的方法来改善自己的话语，以使它更有分量，使人们更加相信你。而这种方法就是通常所说的修辞。如果你注意了的话你就会发现，律师之所以能言善辩，正是因为经常用到它。

上面所举的两个例子是两种十分常见的修辞方法，耶稣用的那种是比喻，而你在说自己变成“木乃伊”时所用的是夸张。修辞方法除了上面两种外，还有许多种。你不用因为需要掌握这么多修辞方法而烦恼，实际上，正是因为它多，才使你的说话变得更有说服力。这里将就几种主要的、对你来说可能容易掌握的修辞方法进行简略的说明。

引用

实际上，这种修辞方法是我们最常用到的。卡耐基就经常在本书里大量地引用著名演讲家——比如林肯——和学员的故事来说明他的观点，事实证明，这样的确收到了很好的效果。

有时候，我们并不打算引用一个冗长的故事，而只选择了某人说过的某一句话，甚至某一个词。还有这样一种情况，我们有时候引用一句古话——比如中国的古话——或俗语来说明我们的观点，这样也非常有效。引用不仅简单有效，而且会使你的话更有说服力。

反复

也就是以相同的节奏重复同一个意思。这样做的好处是，你不仅能够把听众的注意力吸引住，从而让他们知道你的主要观点是什么，而且能够将你的主要思想与整个演讲融为一体。比如，一个演讲家在谈论某个部门的时候说：

“这个系统，它有着糟糕的公众服务，政府雇员的数量却远远超过了工厂。

“这个系统，它有着一个好管闲事的政府，每时每刻都准备插手你的商业事务和私人生活。

“这个系统，它吞噬了整个国家将近一半的财政预算。”

通过反复，他让听众相信，这个部门确实存在很多问题而急需改革了。

对比

对比是指同时列出两个相反或者相对的事物。我们先看查尔·狄更斯在《双城记》里是如何巧妙地运用对比这种修辞手法的：

“那是最美好的年代，也是最糟糕的年代；那是智慧的时代，也是愚蠢的时代；那是信仰的时期，也是怀疑的时期；那是光明的季节，也是黑暗的季节；那是希望的春天，也是绝望的冬天；在我们前面，堆积如山，也一无所有；我们全都奔向天堂，也全都走向地狱……”

听起来如何？是不是很打动人？你也很希望如此优美、能说服人的句子出现在你的话里吧！

对比确实能够使原本平淡无奇的话变得精彩，使你变得很雄辩。不用去管为什么会这样，这些问题可以留给语言学家或心理学家去解答，你只要知道它有用并尽量去用就行了。

比如，你在鼓励大家尽快完成任务的时候，可以说：“让我们停止空谈，开始行动。”

而当你在提醒大家不要浪费粮食的时候，你可以说：“你现在的确吃得很饱，但是这个世界上有很多正在挨饿的人。”如果你需要更多的例子，你可以自己去发现和总结。

反问

当你在表达一个观点的时候，你可能会说：“难道不是这样吗？”一方面，你认为事实明明就是这样的；另一方面，你可能并不需要听众回答这个问题。这时候，反问只是为了吸引听众对你的问题的注意，它常常被用在结论和过渡中。

但是有时候，它可以表达更多的意思。如果你想说服一个人，最好的方法就是举出例证反问之，这样比正面辩论要有更大的说服力。

有一次，伟大的拿破仑骄傲地对他的秘书说：“布里昂，你知道吗？你将永垂不朽了。”布里昂并没有明白他的意思，问拿破仑为什么这么说。

拿破仑说道：“你不是我的秘书吗？”

布里昂明白后，不甘示弱地对拿破仑说：“请问，亚历山大的秘书是谁？”

拿破仑没有答上来，他赞扬布里昂说：“问得好！”

你明白这段对话的奥妙吗？拿破仑的意思是，因为布里昂是他的秘书，所以会扬名。但是，布里昂却表示自己不愿意靠别人出名，所以反问了拿破仑这么一句话。他问拿破仑那句话的意思是，伟大人物的秘书不一定就会出名。但是，因为拿破仑是他的主帅，他不能直接反驳拿破仑的观点，所以用反问巧妙地表达了自己的看法。

排比

排比就是将三个或三个以上同样的句式放在一起，而不是表达同一种意思。你可能也曾经看到过这样的例子，只是没有注意而已。林肯在他著名的葛底斯堡演讲的最后说：

"……我们在此坚决地表示，要让他们的死有价值；要让这个国家在上帝的保佑下，得到自由的新生；要让民有、民治、民享的政府不会从这个地球上消失。"

林肯在此运用了两个排比。（中英文排比有所不同。英语原文为：…we here highly resolve that these dead shall not have died in vain, that this nation, under God, shall have a new birth of freedom，and that government of the people，by the people and for the people shall not perish from the earth. 在英文中确实有两个排比句——编者注。）这使得原本平淡无奇的话变得生动和有气势起来，从而对听众产生了非常大的感染力。

排比的独特优点还在于它对任何话题都适用。无论你要讲的是什么，你总能用上这种修辞方法。

关于更多的修辞方法，你可以找相关的著作来看。

体态：无声语言是有声语言的辅助

体态语指的是通过表情、身体姿势和手势传达信息的一种肢体语言。据说，在讲话者所要表达的所有信息中，通过非语言渠道传递的信息占了93%，其中38%来源于声音、语调等因素，而另外的55%来源于表情、身体姿势和手势等体态语。

因此，如果你不想对方对你产生"他懒吗"、"病了吗"、"累了吗"之类的猜测的话，那么，你最好不要显得那样。当然，如果你想发挥出色的话，这样还远远不够。

为林肯作传记的柯恩登这样写道：

“林肯更加喜欢用脑袋来做姿势，他会经常甩动头部。当他想要强调某个观点的时候，这种动作特别明显。有时，这种动作会戛然而止……随着演讲的进行，他的动作会越来越随意，最后趋于完美。他有完全属于自己的自然感和特点，这使得他变得很高贵。他瞧不起虚荣、炫耀和做作……有时为了表示喜悦，他会高举双手大约成50度，手掌向上，看起来好像要拥抱那种情绪。当他想表现厌恶时——比如对黑奴制度——他就会举高双臂、握紧拳头，在空中挥舞，表现出强烈的厌恶感。这是他最有效的手势，表现了他最坚定的决心，看起来他好像要把这些东西扯下来烧了一样。他总是站得很规矩，双脚并齐，绝不会一脚前一脚后，也绝不会扶在什么东西上面。在整个演讲中，他的姿态和神态只有稍微的变化。他也绝不乱喊乱叫，不会在台上走动。为了使双臂轻松，他有时也会用左手抓住衣领、拇指向上，而只用右手来做手势。”

圣·高等斯根据林肯演讲时的一种姿态为林肯雕了一座雕像，立在林肯公园内。你没有必要一定要模仿林肯的姿势，但是需要注意你的姿势却是一定的。

面部表情

你首先要注意你的面部表情。如果说眼睛是心灵的窗户的话，那么脸就是心灵的外观。你的所有情绪都写在你的脸上——如果你不是一个善于控制情绪的人的话。无论如何，你可以而且往往会通过表情传达更多的信息。表情有喜怒哀乐，但是对说话的人来说，一般情况下最重要的表情是微笑，它是拉近你和对方距离的最简单有效的方法。

当然，还有更多，这要看你的说话内容而定了。

身体姿势

在你讲话之前、听话的过程中——尤其是在演讲的时候——如果你必须面对对方坐下，你就必须注意坐姿。不要四处张望，那非常像是一只动物在找一处可以躺下来过夜的地方，而不是对与对方谈话更加有兴趣。

在你坐下来的时候，不要玩弄衣服或别的什么东西，这会分散对方的注意力，而且这样会使人觉得你不够稳重、没有自制力。所以，你必须保持静止状态，控制自己的身体。

当你准备讲话的时候——不论你是站着还是坐着——挺起你的胸膛，显出你很有自信的样子。不要等到面对听众时才这么做，你平时就需要这么做。

正像罗瑟·古里柯在《高效率的生活》一书中所说的那样：现在，10个人中都找不出1个能让自己保持最佳状态的人。他建议我们平时就要注意这方面的练习，在演讲的时候更要“把自己的脖子紧紧贴住衣领”。

手势

这里将重点讲述手势语，主要讲当你站着讲话时的手势。这个时候，手势是最自由和最强有力的体态语，也正是这个原因，人们往往也最容易犯错误。

在你开始讲话的时候，最好忘记自己的手，你不用担心会失去它。它们会很自然地下垂在身体两侧，那是最好的一种姿态。当然，在需要的时候，你会记得用它们来做出恰当的手势的。

但是，你可能会把你的手放在背后，或者插入你的口袋里，或者放在桌子上，因为这样做能减少你的紧张感。这时，你更没有必要在乎它。许多人都是这么做的，即使伟大的罗斯福总统有时也会这么做，好像这种姿势具有非常大的诱惑力似的。

在卡耐基的教学生涯中，他曾经依照教科书里面所说的东西来教授他的学员，让他们学会如何采用姿势。他只是照搬老师灌输给他的那些理论，从而养成了一些坏习惯。卡耐基永远无法忘记第一次上演讲课的情形：

“老师叫我把手臂轻轻地垂在身体的两边，手掌朝后，所有的手指蜷曲成一半，大拇指碰着大腿。然后，我举起手臂，画出一道弧线，以便让手腕优雅地转动。接着，我再张开食指，然后张开中指，最后是小指。当我全部完成这套看起来相当完美的动作后，手臂还要回到刚才的那道弧线，再放到身体两侧。

“实际上，这套生硬的动作在我讲话的时候没有丝毫用处，而我却用它来教我的学员。有一次，我看到20个人同时在做这样的姿势，他们都像打字机一样机械地做着动作，显得十分可笑。其实，从来没有一套标准的手势是适合所有说话者的，除了一些经验之外。每个人都是从自己的内心出发并根据自己的思想和兴趣来培养的。唯一有价值的手势，就是你天生学会的那一种。”

手势完全不同于衣服：衣服可以穿上换下，而手势却是发自内心的，就像大笑、腹痛、晕船一样。一个人的手势，是属于他个人的东西。

在讲话的时候，政治家布莱安经常会伸出一只手，把手掌摊开；格雷斯顿则经常拍桌子或者踏地板，发出很大的声响；罗斯伯利则会高举右臂，然后用力向下挥动。

这些演讲家都具有深邃的思想和坚定的信念，都使他们的姿势强而有力、出于自然。自然和有活力正是行动的最佳表现。我们既不能邯郸学步——身材高大、动作笨拙的林肯不能用短小精悍、动作敏捷的道格拉斯的手势，也不能刻意地让自己做出某种姿势。英国演讲家皮特总喜欢用手在空中乱划，看起来像一个笨拙的小丑；亨利·欧文爵士是个跛脚，看起来行动非常怪异。

吉普希·史密斯——他曾使几千人信奉了基督——所使用的手势很自然，一点都不做作。只要你练习运用这些原则，你就会发现，你也是用这种方式在做出你的手势。没有任何法则让你去遵守，因为这一切都取决于讲话者的气质、他的热情和个性、他准备的情况，以及讲话的主题、对象和场合的情况。

以下有一些建议，对你会有帮助：

不要过多地重复同一种手势，那将会让你给人枯燥的印象；

不要用肘部做短而急促的动作，由肩部发出的动作看起来要好很多；

手势不要结束得太快。

总之，你要使用那些发诸自然的手势。只有那些你内心当中的冲动和欲望才是最值得信任的，这些东西给你的指导最重要。

形象：让别人更容易接受

东方有句话叫做“人不可貌相”，说的是我们不能以貌取人。但是，我们不难发现，人们虽然知道这个道理，但在与人交往的时候，往往还是最先从一个人的外貌去作判断，揣测这个人是什么样的。尽管这种方法十分片面、很不科学，但是却形成了一种社会现象。因为我们在与人交往时，给我们直接的、真实的感觉的就是一个人的形象。至于他的内在，比如涵养和性格，都只能经过较长时间的观察才能得出。

具体说来，形象是说话者文化素养和情趣的反映，它微妙地作用于人的脑海，完成了语言难以完成的效果。如果你注意你的形象，争取在第一时间给人好的印象，那么这将有助于你得到别人的认同。比如说，你给人一种诚恳的感觉的话，别人可能对你产生一种信赖感，从而也相信你所说的话。

你可能非常相信你的老师所说的话，也更加容易被一个你仰慕已久的专家所打动。如果对方是一位总统的话，你可能毫不犹豫地认为他所说的话是对的，这在很大程度上是因为对方在你心目中的形象十分可信。假设你在街上邂逅一个陌生人向你推销商品，如果对方衣冠不整、口齿不清，你多半会认为他卖的是伪劣产品；而如果对方衣冠楚楚、谈吐不凡，你很有可能相信他介绍的产品的优点是真的，从而把它买下。

另外，社会学家发现，我们往往在 7 ~ 20 秒内就对别人进行了判断，这就是对方在我们心目中留下的印象。而这种在极短时间内形成的印象，日后也很难改变，甚至可以延续一辈子。这就是我们为什么本能地喜欢或讨厌一些人的原因。

我们可能会有这样的感觉：如果一个人给你的第一印象很好的话——假如他看起来很自信、对人真诚——那么你可能对他产生相当的好感，转而更加相信他所说的话。事实上，这是所有人都有的感受。

面对说话者，我们的第一印象确实十分重要，这几乎可以影响到自己对对方的所有判断。比如，面对同一个演讲者，如果他给你的第一印象好的话，那么不论他讲得好不好，你都会认为他讲得好；而如果他给你的第一印象坏的话，他即使讲得再好，在你的心里仍然要大打折扣。这个印象对判断他以后的演讲仍然有一定的影响。

既然事实如此，你如果想给人好的印象，使他对你的话更加相信的话，就只有更加注意自己的形象，尤其是给人的第一印象。良好的第一印象是成功交往、创建融洽的人际关系的良好开端。关于形象的建立，具体说起来非常复杂，因为它包含了许多内容。而前面所讲的很多内容仍然有效，比如，有艺术的说话，就能够使你看起来比较可信，因此也有利于在别人的心目中建立你的良好形象。现在着重补充以下的内容：

衣着形象

衣着是信息的一部分，人们对衣着会有自己各种各样的判断。我们应该知道为什么在店铺里穿着好的人会比穿着简陋的人得到更好的服务。一个娱乐节目的主持人，如果他穿着一套笔挺的西装的话，可能会显得比较尴尬；而一个政府发言人，如果他穿着一套休闲服装的话，人们可能不大相信他所说的话，甚至可能以为他是冒牌的。至少你也应该做到让人看起来顺眼，而不是相反。

如果需要更高一点的要求，那就是：衣着应该支持你的观点，而不是转移它。对说话人而言，更重要的一点就是看起来可信——如果你穿着合适的话。

一个人的穿着打扮，包括服饰的颜色、式样、档次和搭配，以及饰物的裁剪，都与他的性格爱好、文化修养、生活习惯有关系。

心理学家发现：一个注重穿着打扮的人，他的责任心和可信度会比较高。

你在穿着方面应该注意以下的问题：

装束要适度。你要让对方注意的是你的讲话，而不是你吸引人的衣服。

要擦亮你的皮鞋。你在台上的时候应该更加注意这一点。

穿着要舒适。不要让领带勒紧你的脖子，这会让你看起来很费劲。

不要把你的衣服口袋塞满。这会让你看起来像是刚从杂货店出来。

不要让你的铅笔等物品从衬衫口袋或西服口袋里面露出来。这会让你看起来很令人讨厌。

礼貌待人，主动热情

不要让自己看起来冷冰冰的，这会让人觉得你很高傲，从而打消跟你交往的念头。你要举止得体、彬彬有礼，而不要看起来很莽撞、没有一点涵养。主动热情则要求你在交往的过程中表现为喜欢、赞美和关注他人。如果你做到了这一点，对方会认为你说的话确实是从他们的角度进行考虑的，从而更加愿意相信你所说的话。

求同存异，缩小差距

平等是交往的首要原则。如果你看起来高人一等的样子，你会使人产生反感情绪；相反，如果你随时都附和别人的观点，那么人们也会认为你没有自己的主见。

相似是交往的另一个原则。你如果和他人在兴趣爱好、观点态度，甚至年龄、服饰等方面差距较小，就会较容易和他拉近距离，从而消除陌生感，尽快地从心理上靠近对方。

了解对方，记住特征

每个人最关心的都是自己。如果你对他的个人问题表示出一定的关心的话，你会给他一种被尊重的感觉。在了解了他人之后，如果你打算更进一步地交往的话，你需要把你们的话题转换到他感兴趣的事情上来。

比如，如果对方喜欢养花的话，你可以跟他谈谈养花的逸闻和趣事，或者表示你对玫瑰的历史有相当的兴趣。不过，千万不要请教太高深的问题，如果对方回答不出来的话，他容易迁怒于你。

真诚：言之有理，言之有物

1915 年，科罗拉多州爆发了美国工业史上最有名的一次工人大罢工。科罗拉多煤铁公司的工人为了改善待遇举行了罢工，但是因为有关部门处置不善，罢工最终演变成了流血的惨剧，工人和工厂方面开始尖锐对立。

那时候，管理矿务的人是美国石油大王洛克菲勒的儿子。他最初使用了高压手段，请出军队进行镇压，但是没有收到很好的效果，双方矛盾越来越大。后来，由于认识到这样做无益于事，小洛克菲勒改变了策略，开始采取温和的手段来解决矛盾。他把罢工的事情放到一边，到各个工人家里去慰问，使双方的矛盾慢慢地缓和了。后来，他召集罢工运动的代表们参加谈判会议，在会议上他说了一段十分打动人的话，正是这段话结束了长达两年之久的罢工运动。下面就是他说话的内容：

“对我来说，这一辈子里，今天是最值得纪念的日子。我十分荣幸能与各位代表相识。如果时间倒回两个星期，那么我在这里完全是面对一群陌生人，因为那时候，我对诸位的认识不多。后来，我有机会去了南煤区的各个帐篷，和代表们也有过一次私人的个别谈话。我看了诸位的家庭，会见了你们的家人。诸位对我十分客气，好像把我当成了朋友一样。所以，在这里，我不妨将诸位都当做朋友。现在，我们本着朋友之间的友谊，来共同讨论我们的公共利益，这将会使诸位都非常高兴。参加这次会议的是工厂和职工的代表，正是因为你们，我才有幸跟诸位成为朋友，有幸站在这里跟诸位一起为解决矛盾而努力。对于这些，我是终生不会忘记的。从今天开始，我们的前途将一片光明。对我个人而言，今天我虽然代表着工厂的董事会，可是，我和诸位却是站在一边的。因为我觉得，我和诸位是有着密切的联系和友谊的。我希望就我们共同关心的话题展开讨论。让我们从长计议，想出一个令大家都满意的解决办法，因为，这是对大家都有益的事情……”

小洛克菲勒的说话谈不上很有文采，但是却透出一种真诚的味道。他让代表们明白，他确实是在为他们的利益考虑的。所以，工人们才被他打动了。

要做到说话真诚，必须使自己的说话言之有理、言之有物。像上面小洛克菲勒的讲话，就是因为始终围绕着工人的利益，从工人的立场出发的，才让对方觉得一点都不空乏，而且确实很有道理，这样才显得很真诚。

杰伊·孟古是一个电梯公司的业务经理，他们公司需要为该市最好的一家酒店定期维修电梯。为了不给客人带来不便，酒店经理要求电梯最多只能停开两个小时。但是，维修电梯最少需要8个小时，而且，在酒店经理要求的那两个小时里，公司也未必能派工人去检修。

在一次维修时间里，孟古能够派出一位最好的工人，于是，他打电话给酒店经理。他说：“力克，我知道你们酒店的客人非常多，而且，你也不希望给客人带来不便。你希望能够尽量减少维修时间，我们应该尽量满足你的要求。不过，我们在检查你的电梯之后发现，如果不能将电梯彻底修好，那么电梯损害的程度会更加严重，到时候，维修的时间肯定会更长。我知道，你不希望到时给客人带来大得多的麻烦。”

酒店经理只好同意孟古的建议，因为他知道，电梯停开8个小时比停开几天要好多了。而孟古抓住了这一点，晓之以理，动之以情，让对方知道自己确实在为他考虑，表明了自己真诚的态度，于是终于把他说服了。

很多人以为只要自己所表达的意见很正确，其他方面都不重要。事实并非如此。替弱势群体募捐，是一件高尚的事情吧？如果你打算让人们慷慨解囊，你打算怎么去说服他们？你会这么样开头吗：

“女士们、先生们：我之所以来这里，是希望诸位能够每人捐助5美元。”

如果你真是这么说的话，那么很遗憾，你将得不到一分钱。你失败的最重要的原因是人们觉得你根本不够真诚，没有打动他们。让我们看看里兰·斯托先生是怎么为一家偏远儿童医院的小病人们募捐的：

“我希望这样的情景不要再出现在我的面前了：一个孩子跟死亡之间只有一颗花生米的距离。世界上还有比这更加悲惨的事情吗？我希望永远不要活在这样悲惨的记忆里。请你想象一下吧！某一天你在雅典那个被炸得千疮百孔的工人居住区里，听到了孩子们凄惨的声音，看到了他们哀怜的眼神。你会觉得更加悲惨。可是，在我的记忆中，所有的印象都只有半磅重的一罐花生。当我用力打开罐子时，一群衣衫褴褛的孩子睁大眼睛看着我，朝我伸出手来。还有那些母亲，抱着婴儿在推挤争抢……她们都把婴儿伸向我，而婴儿那柴秆一样的小手抽搐地伸张着。我尽力使每颗花生都起作用。

“在他们争先恐后的拥挤之下，我几乎被撞倒了。当我举目远眺的时候，我所见的上百只手——那些乞求的手、争抢的手、绝望的手，全都是瘦弱而可怜的手。他们在这里分一颗盐花生，在那里再分一颗；再在这里分一颗，再在那里分一颗……那么多手伸向我，向我乞求着；那么多眼睛闪烁着希望的光芒。我沮丧地站在那里，手里只剩下一个蓝色的空罐子……哦！我多么希望这种事情再也不要发生在我们身上。”

有什么比这样的说话更加富有感情呢？难道你认为人们在听了这么真诚的话语之后，能够不为所动吗？

因此，如果你打算打动对方，最好的做法是让你的讲话言之有理、言之有物。只有这样，才能使你显得很真诚。

心理：相信自己一定能说好

“你为什么不站起来讲两句呢？”当一个沉默寡言的人被问及这样一个问题的时候，他多半会苦笑一下，然后告诉你：“我说不好，我从没有说好过。我想，我大概没有说话的天赋吧！”

美国南北战争期间，海军上将都庞在法拉格上将面前振振有词地解释自己为什么没有能够率领战舰进入查尔斯港口。法拉格上将听完他列举的一大堆理由后，一字一句地对他说：“你似乎还有一点没有提到。”

都庞很疑惑地问道：“哪一点？”

法拉格回答说：“你并不相信自己能够做到。”

法拉格上将的话的确是一针见血。那些沉默寡言的人，他们之所以说不好，并不是因为他们没有天赋，而是他们不相信自己能够说好。实际上，只要他们相信自己能够说好，他们就能办到。前面说过心理暗示的重要作用，那个理论能够解释这一点。

很多说话高手一开始并不相信自己能够在人们面前侃侃而谈，直到他们用行动证明了这一点。事实上，说话并不是一种天生的技能，出色的说话高手也并不是天生拥有如簧的巧舌。他们都是经过艰苦的训练才实现这一点的。

担心自己表现不佳的并不是只有你一个人。这个毛病不仅困扰着那些沉默寡言者，而且折磨过那些经验丰富的说话高手。前面已经说过，林肯在无数的社交场合和无数的人成功地进行了对话，但是每次他在开口之前，都会对自己的表现十分担心。他曾经说：“我很喜欢讲话，但是这并不能阻止每当讲话的时候我所感到的那种神秘的、也许是来自天堂的恐惧。”

幸运的是，他的恐惧并没有使他失败。现在的问题是，你正被这样的问题所困扰，而且你的恐惧使你屡屡失败。

难道这说明了林肯比你更有说话天分吗？绝对不是。这是因为他正确地处理了这种恐惧，使自己战胜了恐惧，而不是被恐惧所控制。

多年前，费城一位成功的企业家根特先生在一次下课后邀请卡耐基共进晚餐。餐桌上，他对卡耐基说：“卡耐基先生，我曾经避免在各种聚会中说话，但是如今我当选为大学里董事会的主席，必须主持会议。你认为年过半百的我，是否还能学会那些令人羡慕的说话技巧呢？”卡耐基肯定地对他说：“先生，你一定会成功的。”

卡耐基的话对根特先生有一定的帮助。大约三年之后，他们俩又一次共进晚餐，卡耐基对根特提起了上次的谈话。他从口袋里拿出一个笔记本，给卡耐基看他此后数月里排定的演说日程表。然后，他高兴地说："在每次开口之前，我都告诉自己，我一定能够成功。这使得我的说话技巧突飞猛进。说话时所获得的快乐，以及我对社会能够提供的额外服务，都是我一生中最值得高兴和满足的事情。"

接着，根特又非常高兴地说出他在说话方面的更大成就——他所在的教区邀请英国首相前来，并在一次宗教会议上发表讲话，而负责向大家介绍首相的不是别人，正是三年前怀疑自己能不能当众说话的他。

他的说话能力提高如此神速，是否很不平常呢？不，这一点儿也不稀奇，因为类似的例子还有很多。根特先生的成功跟他的心理素质及自我认识的改变密切相关。当他说"我能行"的时候，他就已经成功了一半。

卡耐基曾收到一份令他感到意外的来自古巴的电报，拍电报的是一个叫玛利欧·拉卓的人。他在电报中告诉卡耐基，他将来接受卡耐基的口才训练。之后他很快就来了，接受了卡耐基为期三周的训练。在这三周里，卡耐基把他的课程排得很满，让他每晚都在班上说三四次话。他非常努力地去做了。三周后，拉卓先生在"哈瓦那乡村俱乐部"庆祝俱乐部创建人50岁生日的盛大聚会中进行了演讲。他的演讲获得了空前的成功，他本人则被《时代》杂志誉为"银舌雄辩家"。

你们并不知道，在此之前拉卓先生是多么地担心。他在到达纽约后对卡耐基解释说，他是一个律师，但从不曾公开讲话。在培训的过程中，卡耐基不断地对他强调：你一定能够说好，并且必须让自己相信这一点。他也尽力地这么去做了。

在这次生日聚会上，他被邀请呈献一个银杯给创建人。这是一个十分盛大的聚会，拉卓先生十分担心讲砸了，因为如果这样的话，他和他的太太会很难堪，而且也会影响他的生意。但是经过训练之后，他却获得了意想不到的成功。了解他的人都认为这是一个奇迹。

相信自己能够说好，这对说话的人来说的确十分重要。因此，如果你想要成为一个说话高手的话，也必须首先做到这一点。

反馈：洞察对方心理的能力

我们已经一再地强调过听话人的重要性了。实际上，就算是一个说话高手，如果面对的是世界上最糟糕的听众，那么他也没有丝毫的办法。你是在作演讲，还是在作一般的交谈，对方对你的印象绝对会有所不同，甚至截然相反。所以，从这一点说，了解对方的心理也是十分重要的。

有一次，卡耐基应邀为一群大学生进行人生方面的指导。在讲了一个小时之后，卡耐基跟他们谈起毕业后如何找工作的问题。但是卡耐基发现他们的热情并不高，甚至有人还呵欠连天，而当时关于这个话题的很多重要的东西还没有讲完。卡耐基当即换了一个话题，于是他们又都被卡耐基吸引住了。

很多说话高手都能够像读一本书一样读懂对方，从而洞察对方的心理是喜欢，还是反感、厌烦。他们试图从不同的角度、用不同的方法去做到这一点。有些人在讲话的同时试着读懂对方的心理，从他们的反应去调整方法或策略。

这么说也许你会觉得有些空泛。也许你会问，什么是洞察对方的心理？用什么样的方法可以做到这一点呢？当我们读懂对方以后——比如说他们呵欠连天，我们应该做些什么呢？

观察对方的反馈

了解对方的心理最简单的一个方法就是了解他们的兴奋度。如果他们聚精会神地听你讲话，并且时不时地向你提出一些问题，对你也报以会心的微笑，这时候你应该感到幸福。这说明他们十分关注你，因为他们都显得非常兴奋。对讲话的人而言，这些热情高涨的听众的好处是，他们永远不会使你的努力失去作用。假如你运用了幽默，运用了恰当的修辞方法，你会收到应该收到的效果——如果你真的运用了正确的方法的话；相反，如果对方看起来萎靡不振，在你说话的时候呵欠连天，或者看起来真的很疲惫，对你说的话没有丝毫反应的话，那么你的努力可能都会白费。注意，有时候这不是你的问题，而是对方的问题。

你还可以观察对方的肢体语言。你可以看对方是不是在对你点头，那表示赞成；或者有没有在向上看着你，这表示对你很尊敬。他们也可能身体向前倾，在微笑，或者在椅子上不停地动来动去。这些非语言的肢体动作能够告诉你大量关于你讲话效果的信息——对方究竟对你的讲话抱着什么态度？是专心，还是失去了兴趣？是有耐心，还是尽量在克制自己？如此等等。

最后，你必须学会观察对方的表情。在大多数情况下，表情能够表明他现在想的是什么。比如，皱着眉头说明他可能有什么不懂的地方，或者正在对你的观点进行深入的思考——至于究竟是哪一种，需要你根据当时的情况来确定；如果露出了高兴的表情，他可能已经非常理解你所说的，并且表示赞成。

在面对多人讲话的场合中，不要根据你对一个人的观察来确定所有听众的态度，以免对这个人反应的深刻感受使你对所有人都作同样的判断。道理很简单——一个人当然不能代表全体。

但是说话者往往会犯这样的错误。你可能看到其中一个人从一开始到最后从来没有笑过，也可能看到另外一个人从头到尾都皱着眉头，但是那只能说明他自己如此而已。你必须对所有人从整体上作一个判断，从而调整你说话的策略和方法。因为你面对的不是一个人，而是所有人。

另外，你作判断的时候必须考虑多种可能性，因为一个人的表情会很复杂，而且，导致一个表情的原因也很复杂。比如，如果他对你不那么友好，或者看起来不可一世，有可能他是一个知识水平很高的人；但是也有另外一种可能，那就是他恰好知道你所讲的东西，并且进行过深入细致的思考。这个时候，如果你换一个话题，那么他很有可能就不再会有那样的表情了。

采取对策

对那些很兴奋或有其他对我们来说有利的反应的对象，办法有很多。但是如果是那些我们不希望看到的反应——比如说对方快睡着了——我们则必须像在急救室里的医生一样，对他进行“抢救”，这样才不会失败。

当你满眼看到的都是很令人沮丧的表情时，建议你最好先对他们进行一次诊断，给对方分一下更加细致的“级别”。因为针对对方不同“级别”的反应，我们需要采用不同的“急救”方法。

第一级，对方对你的讲话还有兴趣，只是他们看起来对于接受它还有点儿困难。对方还在听你说话，只是他们并不能完全理解你所说的内容，这是一个十分常见的问题。因为虽然我们强调要让对方明白你所说的话，但是大多数情况下，他们并不是那么快就能接受的。所以，这是一个稍作努力就能解决的问题。你只需要更加有耐心，对他们继续解释或者换一种方式说话。你可以从你的讲话中跳出来，问对方是否还需要你另外再举一个例子来进行说明，或者告诉他们接下来你要讲的将是十分重要的。另外，你还可以采用一些提问的方式来回答他们不懂的问题，或者引导他们进行思考。

第二级，对方对你的讲话不耐烦。也就是说，对方的注意力已经开始从你的说话上转移，分散到别的地方去了。他们或者经常往窗户外面看，或者不停地看表——可以说，他们只对你不感兴趣。他们对你的讲话已经不再像一开始那么兴奋，也不再那么激动。这可能是因为你谈话的时间太长了，或者你的讲话不那么有吸引力了。这时候你可以请他们站起来，稍微舒展一下身体，或者讲一个笑话，以吸引他们的注意力，并且注意尽量使你说话的内容显得有趣，或者对他们很有用。你必须抓紧机会，像一开始一样抓住对方的兴奋点——如果你的行动不能达到这样的效果的话，你将再一次失败。

第三级，对方快要睡着了。在听你讲话的过程中，对方看起来好像小孩一样，其中一些已经睡着了，一些处于半昏睡状态，而另外一些可能一片茫然。这是对给多人讲话而言，而如果是两人谈话，对方只可能是其中一种状态。如果这种糟糕的情况真的出现了的话，很遗憾，这说明你的讲话已经失败，或者至少濒临失败。你需要尽快做一些可以使对方兴奋起来的事情，从而再次吸引他们的注意力。你可以试着这么做：用激昂的语调讲出某件有可能让大家都感到气愤的事情，并敲击桌子；让你的麦克风对着扬声器，以使它发出刺耳的鸣声；将你的某件东西扔到地板上……需要注意的是，不论采取何种办法，你都必须表现得不像是你故意这么做的，不然的话对方可能会对你的做法感到反感。例如，当你说到“这就是人们用头去撞击墙壁的声音，因为他们对政府感到十分失望”的时候，你再适时地敲一敲桌子，一定会收到很好的效果。

为了不至于出现上面那种令人沮丧的局面，你需要使你讲话的内容确实符合对方的兴趣和需要，而且应该运用适当的说话技巧，比如说讲故事之类。另外，你最好能够使对方参与到你的谈话中来。

比如，你可以随时向他提出一个问题，或者询问他是否听懂了；在某些场合，你甚至可以请对方跟你一起做游戏。

准备：尽量熟悉要说的内容

我们在开口说话之前——不论是正式的演讲还是平时的谈话，其实大多数情况下都已经有所准备，或者对这个话题有过深入的思考。有时候，我们在讲话之前已经决定要开口，因此会利用讲话之前的一段时间进行思考；但有些情况下，你的那一点儿准备显然是不够的。

比如说，你被通知进行一次专业方面的演讲。这个话题无疑是你很熟悉的，而且你也曾经对它进行过很深入的思考，但你却未必能够把它说好。我们经常会遇到这样的情况：在没有任何准备的情况下，被要求就某个问题“讲两句”。这将会使你很尴尬。我们可以作这样的想象：你在几个小时前被通知要“讲两句”。那么，即使你很害怕，没有一点儿经验，你的表现也会比自己很熟悉讲话内容却没有任何准备要好很多，至少不至于这么尴尬和难堪。为什么呢？因为你会花很多时间进行准备，选择说话的具体内容，确定具体该怎么说，而这样的准备无疑是能够有所回报的。

无需花大量的篇幅来说明准备对你说话的重要性，因为大家都知道这个道理。只想告诉你该怎么来准备。一般而言，准备说话——以演讲为例，其他说话也是一样——大致有以下几个步骤：

确定你熟悉的一个主题

前面已经说过，选择你熟悉的话题，这是至关重要的。你根本不用担心对方可能对你的说话内容不感兴趣，因为让他们感兴趣的东西往往就是这样一些关乎个人的东西，包括你的特殊经历、个人体会、信仰等等。当你谈论自己熟悉的话题的时候，你才会有一种充满激情的感觉。而我们都知道，只有充满激情，才能把一件事情做好——做任何事情都是如此。

把演讲内容确定在一定的主题内也是很重要的，尤其对于那些新手来说，他们在当众说话的时候，可能因为紧张或者不擅于把握说话内容，致使思路偏离自己的演讲主题。可能他们并不想这么做，但是他们的思路却偏偏这样。

一位经验丰富的演讲家告诫我们说：“如果你一开始没有做好准备、没有确定说话主题的话，那么你就会经常‘跑题’，你的演讲也会以失败而告终。”

那些出色的演讲家不会犯这样的错误。有一次，卡耐基拜访了著名演讲家文德尔先生。他们在他波士顿的住所里谈了很久。文德尔先生声音纯净、话语流畅、知识丰富、说话技巧出色，这些都给他留下了深刻的印象。他让卡耐基相信，语言完全有可能成为最精湛的艺术，其高度甚至可以超越其他艺术。他承认，在此之前，他没有听到过比这次更加让他心动的谈话。回去之后他意犹未尽，对文德尔先生的谈话作了回顾。卡耐基发现，文德尔先生的谈话主题十分明确，而且他所有的话基本上都跟他的这个主题有关系。

对你的主题进行深入思考

确定一个你熟悉的主题之后，你必须对它进行深入细致的思考。因为，虽然你有可能非常熟悉你的演讲主题，但是这跟你把它说出来是不一样的。而且，你千万不要忘记，你将要把它对你的听众讲出来，并且要尽量让对方听懂。所以，你必须想办法使它变得符合你的听众的趣味——通俗是最基本的要求。

另外，你可能不像熟悉你的专业那样熟悉你演讲的话题，那么你更加应该通过准备使自己变成这方面的专家——即使不是专家，也应该尽可能地熟悉你的演讲主题。你应该对它进行非常专业的思考，并且把它存放在你的脑海中，准备随时对它进行思考。你可以查阅相关的资料，或者请教这个专业的行家。总之，你在演讲开始之前，最好一直对你的主题进行思考。这至少能使你对它加深印象，从而使它成为你思想的一部分。

耐心细致地搜集材料

在卡耐基口才训练班中有两个学员，一个是哲学博士，另一个是曾经在海军服过役的粗野而爽快的小伙子。令人感到奇怪的是，哲学博士的演讲远远没有小伙子的谈话那么吸引人。卡耐基曾经就这个问题进行了思考，结果发现，原来哲学博士的演讲全部是一些堆砌的概念，而没有吸引人的故事；小伙子的演讲却截然相反，里面有很多生动的故事和他个人的特殊经历，他知道用这样的故事能够加强他的观点的说服力，也能使他的演说更加有吸引力。

他们之间的区别其实说明了演讲的一个很重要的原则，那就是具体原则。人们通常不会对空洞的概念或者观点感兴趣，除非你能够找出说明这个概念或观点的证据来。人们往往只会被具体的细节、数字打动。

爱德文·史罗森打算向人们说明，尼加拉瓜瀑布每天所产生的能量非常大，如果能够把这些能量利用起来的话，将使很多人得到温饱。人们会这么认为：这是事实吗？就算是吧，但还是有点不可信，因为人们没有一种真实的感受。于是爱德文这么描述道："众所周知，我们美国还有上百万的人处于饥寒交迫之中。但是，尼加拉瓜瀑布每天却浪费了相当于600万个面包的能量。想象一下，每小时60万个鸡蛋从悬崖上落下，会形成一个多么大的蛋卷漩涡。这会是多么壮观！……如果把卡耐基图书馆放在大瀑布底下，不到两个小时，整个图书馆就会被各种好书填满。我们也可以想象，每天，一个大型百货公司从伊利湖的上游漂下，把各种商品倒在岩石上。这也会是一种极为壮观的景象吧！而且，这会使尼加拉瓜瀑布看起来比现在更加迷人。当然，我们会反对这样的做法，就像某些人反对利用瀑布一样。"你能不被这样的描述打动吗？

我们力图证明演讲的这个重要原则——具体原则的重要性，希望你在演讲之前广泛搜集资料，以使你的说话更加形象、更加具有说服力。这似乎需要你花较大的力气，因为好像没有一个标准能够说明你的材料已经准备得很完美。所以，你需要尽可能多地收集材料，以使你的准备更加充分。

第六章

日常说话的八个误区

沉默不见得永远是金

我们常常说："沉默是金。"大部分人都认为，有些事情只要你心里知道就行了，没有必要把它们说出来。说出来有什么好处呢？人们可能说你爱表现自己，没有谦虚、谨慎的优秀品德。

沉默是金吗？这个问题不好回答，因为说话是一门大学问——有时候你想说却不能说；有时候你想说却不该说；有时候你想说却不会说；有时候你想说却不用说；还有些时候，你需要说却不愿说。古代希腊有人把寓言比做怪物，它可以用美好的词语来赞美你，也可以用最恶毒的方式攻击你；它能把蚂蚁说成大象，也可以把大象说成蚂蚁。

当你和熟悉你的朋友在一起的时候，你可以选择不说话，那是因为，即使你不说话，对方也有可能知道你在想什么；但是如果你和不太熟悉你的人在一起的话，你不说出你的意见和观点，有谁知道你心里是怎么想的呢？

一个新员工陪同一位公司的经理去参加一次业务谈判。在谈判的过程中，这位新员工为了表示对经理的尊重，自始至终不发一言。谈判结束后，新员工马上就被辞退了。这位新员工可能到最后都不明白自己为什么会被辞退。

还有一个类似的例子，也是一个员工和他的上司一起去参加一次谈判。这位员工发现了一个很重要的问题，他不知道这个问题是上司还没来得及讲，还是上司觉得没有必要说出来。他很想问上司到底是怎么回事，因为这个问题可能会使公司损失上百万。最后，当他发现谈判可能快要结束的时候，他终于决定提醒上司。但是很遗憾，因为种种原因，直到上司和对方签订了合同，他还是没有把这个问题提出来。这次的“沉默”使公司损失了上百万。

沉默往往是那些自以为别人已经了解自己内心想法的人做的事情。他们以为，自己已经做了种种暗示，也看到了对方似乎明白他们的意思，因此不必把话说出来。但事实是，每个人最关心的都是自己，如果不是特别敏感或者对对方特别熟悉的人，别人不会对他人进行深入细致的观察，从而从他人的表情或别的细微动作中判断出他的心理。况且，即使他们猜到了，他们也会对此抱有疑问，因为他们的猜测并没有得到证实。

说话有那么麻烦吗？说话比其他事情更让人们犯难吗？

实际上，懂得说话是一个现代人必须要具备的本领。在今天这样的时代，探讨学问、接洽业务、传授技艺，还有交际应酬、传递信息等等都离不开说话。一个人如果会说话，不仅能把自己的意见完整地表达出来，还能在某种程度上直接体现自身的能力。而你如果不说话，会达到这样的效果吗？

沉默往往导致你没有办法得到这种认可，从而也阻止了你成功的步伐。有些人不喜欢说话，完全是出于自卑心理，或者因为某种原因而不屑开口说话。把话说出来是很重要的一步，无论你表达了什么样的观点。而与人的交流是人进步的阶梯，为了不做“沉默的智者”，你甚至可以做“说话的矮子”，以后，你会变成一个会说话的智者的。

马雅可夫斯基说过：“语言是人的力量的统帅。”语言表达在社会生活和人际交往中都有十分重要的地位。美国诗人佛罗斯特从说话的角度，把一般人分成两类：一类是满腹经纶却说不出话来的人，而另一类是胸无点墨却滔滔不绝的人。他的认识十分深刻，我们在生活中可以看到知识丰富却不善言辞的人，也经常有不学无术的人废话连篇。

可能还有另外一种情况，那就是你应该说“不”的时候却选择了沉默。玛丽和约翰以及他们的很多同事被邀请参加一个由著名演讲者参加的宴会。玛丽高高兴兴地参加了。在宴会上，公司的人一起买了许多食物，但是玛丽一点都不饿，她只吃了一个烤土豆，而别的同事一般都吃了好几道菜。葡萄酒和香槟可以随便喝，她也没有喝一口。宴会结束后，大家决定平摊费用。于是，玛丽为了一个烤土豆花了 70 美元。

第二天，玛丽抱怨这件事情太不公平了。但是她没有想这种不公平是谁造成的。是她的同事们吗？不是。真正的原因在于她自己附和了他们的决定，保持了沉默。

同样参加宴会的约翰，在面对这样的情况时，对同事们说：

“我不想跟大家平摊，因为我总共才喝了一杯饮料。我愿意为这杯饮料买单，即使稍微高一点也可以。我愿意付 20 美元。”

一开始，大家都觉得十分尴尬，因为这好像有点抠门。但是过了一会儿之后人们发现，对约翰来说，只有这样才是公平的。他并没有受到同事的指责。

你是不是也遇到过这样的情况呢？当你被邀请参加一个聚会，虽然你事先已经决定去图书馆，可还是不得不停止读书的计划，只因为你保持了沉默。而另外某天，同事让你第二天帮她买一张车票，因为她听说你住得离车站比较近——而实际情况并非如此——她以为你只要花几分钟就能买到，于是你答应了，但后来你发现必须为此请一天假。这样的时候，你为什么还要保持沉默呢？

所以，需要你讲话的时候，千万不要保持沉默。

随声附和最没特点

随声附和在多数情况下可以被看做是一种善意的成全。你有可能为了顾及对方的面子，有时候的确为了表示自己没有任何看法，从而显示出你没有独立的个人意识。在很多情况下，随声附和是一种没有独立思想的表达方式，它容易让人觉得你比较虚伪。

从不盲从的爱默生说："要想成为真正的'人'，必须是一个不盲从的人。你心灵的完整性是不容许被侵犯的……当你放弃自己的立场，而用别人的观点去看问题的时候，错误便产生了。"这段精彩的话，对那些企图通过遵从别人的观点而赢得人际交往成功的人而言，无疑是一个很大的震撼。

一些涉世未深的人常常会害怕自己与众不同，因此，他们从穿着、行为、语言，甚至是思维方式上模仿别人，以便能够得到对方的认同。她们经常会说"别的女孩像我这么大，都已经开始谈恋爱了"，"玛丽的爸爸并不反对她搽口红"等等。

当我们处于一种陌生的环境，没有过往的经验为自己作参考的时候，最好的办法莫过于借鉴他人的标准——只有当自己的经验和知识足以指明方向的时候，才开始进行转变。我们应该相信，无论如何，时间和努力能够形成这样一种经验和能力，使自己拥有个人的判断能力。那时候，当你需要对他人的意见作出判断的时候，你就可以发表属于自己的观点。这将成为一件自然而然的事情。

很多时候，我们思考和判断的结果可能确实跟很多人一样，比如，我们会发现诚实是最好的行动指南。这不是因为人们这么说了，而是我们根据自己的观察、思考和判断得出了这个结论，我们的确认为犯罪是不应该的和理应受到惩罚的。这自然不能算做盲从和因袭，正好相反，这才是真正的独立人格和独立意识。幸运的是，正是因为我们大多数人都会相信诸如诚实这样的原则是很重要的和正确的，我们的社会才不至于失去正义和美。否则，我们的社会就要陷于一片混乱了。

但是，世事都不是绝对的。一些重要的基本原则，因为时代的变迁和地点的变化，都有可能发生具体的改变，甚至有可能发展到与原来意义截然相反的地步。比如，刑讯逼供在原来是人们所公认为合理的，但是现在也变成了可以质疑的制度。正是那些不因袭前世的改革推动了社会的进步，这才是文明进步的动力。

我们有时候随声附和他人的观点，可能并不是因为自己没有独立的思想，而是出于某种考虑。比如，我们都知道，反对别人的意见是一件不那么容易或者至少会给我们带来不愉快的事情，因此也就不那么急于反驳别人了。大部分人都宁愿对政府的政策保持赞同的态度——即使有不满意的地方——因为他们不愿意失去自己所拥有的那些东西；而反对政府的话，则可能会有某种危险存在。一般的人，容易摇摆在各种意见之间，因为我们可能这么认为：既然有那么多人同意，那么它想必是对的，而我所想的可能是错的。我们的信念可能就在这样的摇摆之间动摇、改变以至于松垮。我们对自己的判断失去信心导致了这一点。但是，那些能够说出自己不同意见的人却截然相反。在一次聚会上，在场的人都赞成某一个观点，除了一位男士。他毫无顾忌地表示自己对此表示反对。后来有人非常尖锐地问他的观点是什么，他微笑着说："我本来不打算发表自己的意见，因为这是一个愉快的社交聚会。本来我希望你们不要问我。但是，既然如此，我还是把自己的观点表达出来吧！"于是他说了自己的看法，并且对之前的那个意见进行了批驳。可以想象，他立即遭到了许多人的诘难。但是，他却始终面带微笑，坚定不移地固守着自己的观点，毫不让步。虽然最后彼此都没有说服对方，但是他却赢得了大家的尊重，因为他有着自己独立的判断。

在这方面，爱默生所采取的立场值得我们敬重。他认为，每个人对自己和社会、神都有一种责任，那就是好好地利用自己所具备的能力，以增进全人类的福祉。他在世的时候，那些反对奴隶制度的人都希望得到他的支持。虽然他也同情他们，希望他们的运动能够获得成功，但是他知道自己不是适合做这种事情的人——而众所周知的是，一个人只有做最适合自己的事情，才可能发挥最大的作用——所以，他拒绝了做这件事情，而选择了做其他的有利于人类福祉的工作。为此，他曾经遭到巨大的误解，但是他却毫不动摇。坚持不迁就他人的原则，或者坚持一种不被大多数人支持的观点，都不是一件容易的事情。

我们的生活如今到处都充满了专家，我们已经开始对他们产生依赖，因此丧失了对自己的判断的信心，于是，我们对许多事情都不能提出自己的意见和看法。我们现在的教育，也是针对一种既定的性格模式来设计的，因此这样的教育模式不能培育出各种各样有用的人才。大部分人都是追随者，而不是领导者。在一般的公立学校，那些胆敢对子女的教育方式产生怀疑的父母实在是很不容易的，因为这项工作通常是由专家们来做的。那些父母是能够独立思考的人，并对自己的信念极有信心。他们不断地提出自己的观点，与那些专家论战。一年之后，他们被选出来当社区教育委员会的委员。有数百名孩子因为他们而得到更多更好的教育。

别板着面孔说话

虽然有些人在谈话的时候滔滔不绝，但是你很难看到他露出什么表情，好像他把自己的感受都隐藏了起来似的。看到这样说话的人，就好像看到一台喋喋不休的机器一样，让人感觉冷冰冰的。

我们在与别人谈话的时候，无论对方持什么意见，我们都不能板着面孔。这会让你看起来好像不尊重对方一样，因此就会招致对方的反感，你们的谈话效果一定不会很好。

与我们交往的无非就是两种人：一种是熟悉的人，另一种是陌生人。如果对方是熟悉你的人，那么，就算你板着脸说话，他可能也不会怪你——但是你也不能老是这样。可能你是这么想的：我已经对着那些陌生的人客气、微笑一整天了，而对熟悉的人则没有必要。其实，任何人都期望有一种被尊重的感觉。你板着面孔说话，那很大程度上代表你对谈话没有激情，别人会把它转移到自己身上，认为你是对跟你谈话的人没有激情。这样，会发生什么结果就显而易见了。

无疑，缩短人与人之间的距离、体现你的真诚的最好的面部表情就是微笑了。纽约一家大百货公司的经理说，他宁愿雇一个有着可爱的微笑、小学未毕业的女职员，也不愿雇一个冷冰冰的哲学博士。

他的意思是：对顾客而言，最重要的不是你究竟有多少学问，而是你对对方有多尊重。

脸是人体最具有表达力的部分。一个人的表情，往往比穿着还重要，你心里所想的东西基本上都能在不经意间通过它表达出来。你在看杂志的时候，可以注意一下在做某件事情的人，试着把他们的其他部分遮住，只剩下一张脸。你会发现，尽管你不能辨别他在做什么，但是你能够知道他现在的心情是怎样的。

你可以做一些实验。当你在和别人交谈的时候，试着用不同的表情：当你在与别人寒暄的时候，微笑着盯着他；当你在和好友说话的时候，茫然地望着他；面无表情地讲一个故事，或者兴高采烈地讲这个故事；笑容满面地告诉他一个消息，然后试着用严肃的表情告诉他这个消息。对比之后，你会发现当你运用不同的表情的时候，对方有不同的反应。

表情的改变很难吗？不，一点都不难。当你讲话的时候，如果有人告诉你："你看起来很不开心。"这个时候你就需要改变一下你自己的面部表情了，因为面部表情反映的常常是一个人的心态。你也许把讲话当成了一件你迫不得已才去做的事情，它在你眼里或许是一项枯燥无味的作业、家务杂事等。你首先需要改变这种心态，因为说话本身并没有那么无趣，它是你和对方就某种共同关心的东西进行的一次交流。

你也可以通过一面镜子进行练习。当你讲话的时候，你的表情会在镜子里展现出来，让你清楚地看到你是怎么样在进行演讲的。当然，你也可以通过他人的评价或反应来使你的表情更加丰富。

你的确需要丰富的表情来表达你的真诚、兴奋、热情，从而使你的说话更加生动、热情和富有吸引力，让听众更加容易接受。林肯在演讲的时候，一会儿看起来非常愉快，一会儿看起来却好像十分悲伤——当然，这些表情跟主题都有很大关系——而听众也随着这样的表情变化而变化，被这种表情所感染。

你可以记住哈勃德的一些明智的建议，然后，把它付诸行动：

“每次外出的时候，正正容，抬起头，肺气饱满；在阳光之中吸饮；对朋友微笑；每次握手的时候，集中精神。不要怕被误会，不要浪费哪怕一分钟去想你的仇敌。要在你的心里确定你究竟喜欢什么，然后，不要改变方向，一直朝目的地行进，全神贯注于你喜欢做的伟大的事情上。在以后，尽管日月如流水，你还是会发现你在不知不觉中抓紧了满足你的欲望所必需的机会，就好像珊瑚虫由潮流中所需要的原质形成一样。在脑海中成为一个有能力、诚恳、有用的人，你所保持的思想，时刻都在改变着你，使你成为那种人——因为思想是至高无上的。保持一个正确的心态，那就是勇敢、诚实、欢悦的态度。思想就是创造，所有的事情都是由欲望产生的。凡是真的祈求，都会应验。你心中关注的是什么，你就会成为什么。收敛你的容颜，抬高你的头，我们就是明天的神。”

说话不能太直接

柯立芝总统执政的时候，一个朋友应邀到白宫做客。他听见柯立芝总统对他的女秘书说：“你今天穿的衣服很漂亮，你真是一位漂亮的女孩子。”平时沉默寡言的柯立芝总统，一生很少称赞别人，但是却对他的女秘书说出这样的话来，这使得那位女秘书听了之后，脸上顿时泛起一片红晕。柯立芝总统接着说：“别不好意思，我所说的话，都是发自内心的。不过，从现在起，我希望你注意文件上的标点符号，不要再出现类似的错误了。”

理发师在替人刮胡子时，通常会先敷上一层肥皂水，使顾客的脸不至于受伤。这跟柯立芝总统的方法有异曲同工之妙。柯立芝总统运用的方法，也是不直接说出对方的缺点，而是先赞美对方。在这样的情况下，我们提出的意见才不至于引起别人的反感，因此也更加容易达到让别人改正错误的目的。

我们在一般情况下是一看到对方有什么问题，就直截了当地指出来。但是，在更多的时候，我们只有含蓄一点、委婉一点，才能达到自己的目的。另外有些时候，因为环境、气氛、心理等等因素，有些东西不方便直接说出来，也必须要用比较委婉的语言来表达，即通常所说的“转着弯儿说”。只有这样，才不会给对方和自己带来不良的影响，从而不会破坏谈话的情绪，甚至阻碍谈话的进行。

委婉和含蓄往往是联系在一起的。它并不是含混其词，其结果也是说出了自己的观点，只是比较隐蔽而已。它是一种比直接说话更加富有智慧、更加具有魅力的表达技巧。其根本目的是通过另外一种更加合适的方式表达自己的观点，或者使别人被自己说服。培根说过：“含蓄和得体比口若悬河更加难能可贵。”

确实，在某些场合，委婉、含蓄地说话比直接说出来效果要好得多。一次，年轻的莫泊桑向著名作家布耶和福楼拜请教诗歌创作。两位大师一边听莫泊桑的诗歌朗读，一边喝香槟酒。听完之后，布耶说：“你这首诗，句子虽然有些小疙瘩，像块牛蹄筋，但是我读过更坏的诗。你这首诗就像这杯香槟酒一样，勉强还能吞下。”这个批评虽然很严厉，但是却因为比喻的运用而减少了它的分量，给了对方一些安慰。

一个人在禁止捕鱼的地方网鱼，这时候，来了一个警察。捕鱼的人心想这下肯定糟了，不料，那位警察却出乎意料地用非常友好的口气对他说：“先生，你在此洗网，下游的河水岂不是要被你污染了吗？”这句话使捕鱼者十分感动，他立即诚恳地道歉，并且把渔网收了起来。而在此之前，他本来想跟警察讨论一下这里为什么要禁止捕鱼呢！

在一家高级餐馆里，一位顾客坐在桌旁，却把餐巾系在了脖子上。这种不文雅的行为很快引起了其他顾客的不满。餐厅经理叫来了一位服务生，对他说：“你必须想办法使这位先生不再做这种不文雅的举动，你要让他知道，在我们这样的高级餐厅，这种行为是不被允许的。但是你必须尽量给他保留尊严。”这可是个十分棘手的问题。那位侍者想了想，然后走到那位顾客旁边，礼貌地对他说：“先生，请问你是要理发呢，还是打算刮胡子？”刚说完，顾客就意识到了他的不文雅的行为，并且赶紧取下了餐巾。

这位侍者并没有直接指出那位顾客的不当行为，而是拐弯抹角地问了一件与餐馆毫不相干的事情。表面上看来，这位侍者好像是问错了，但是正是这种问话，才起到了既顾及顾客的面子，又提醒了他的不当行为的作用。

一般的人对陌生人似乎很委婉，看起来的确很客气，但是他们认为对熟悉的人就不必如此了。这种想法当然是错误的。要知道，不论是陌生人还是熟悉的人——即使是你的亲人，他们都希望自己被别人尊重。他们与陌生人只有一个差别，那就是陌生人可能会暂时接受你的看法，但是却并不会在心底里赞同你。

本拉说服他儿子的做法，有值得我们借鉴的地方。

一天晚上，本拉的太太拿电话账单给他看："你看看，我们的儿子在我们去欧洲旅游的时候，打了多少长途电话。"接着她指着某一天的记录说，"单这一天，就打了 1 小时 40 分钟！"

"什么？！"本拉意识到这样的行为再发展下去，可能会耽误儿子的学习，于是就准备上楼去教训他。但是，本拉站起来又坐了下去，因为他想到自己现在正在气头上，还是不要说的好，而且他需要找点技巧去说服他已经 16 岁的儿子。

本拉把话忍到了吃午饭的时候。他在饭桌上装作毫不经意地说："约翰，暑假快结束了，你马上要回学校了，你抽时间查查看哪家电话公司打长途电话便宜。"然后他又来了个急转弯，"咳，你这学期应该挺忙的，也没多少时间打电话，我是多操心了。"

儿子马上领会了父亲的意思，他不好意思地说："是啊是啊，我因为要回学校，跟同学联络，上个月打了很多电话。以后不会这样了。"

就这样简单！本拉先生把省钱、少打长途电话、用功读书这些意思都表达清楚了，他换了一个方法，因此也没有产生什么不快。

听起来是不是很简单？确实这样。但是你必须想到这么去做，才能做得很好。

不懂装懂只能显得更无知

一般人会认为如果在某件事情上承认自己的无知，就会被别人看不起，因此，他们极容易产生一种唯恐落后于他人的压迫感，从而拒绝承认自己无知。被好胜心驱使的人们因而就会对自己一知半解甚至一窍不通的东西装作很懂的样子，以此来保全自己的面子。

事实上，你经常能看到这样的人。他们会在一件小事情上大做文章，以此显示自己懂得很多大道理，好像什么都懂。别人一谈到某个问题，他们就立即想要发表自己的观点——不管他们有没有想过这个问题——以显示自己有多么高明。他们希望给人们这样一个印象：他们无所不知，而且对他们所知道的东西都达到了专家的水平。

你觉得这样的事情有没有可能？当然是不可能的。在现代社会，信息量极大丰富，知识量爆炸性地增长，专业门类极多，而每个专业也都研究到了很深的地步。任何一个人——即使他是天才，也不可能对所有的东西都通晓。

关键问题还在于，那些不承认自己有所不懂的人，他们没有办法对某一件事情精通。我们可以设想：他们什么都想知道一点，而现在知识又这么多，他们怎么会有精力进行深入的研究呢？不过，可能他们本来就不打算精通某一个专业。他们的目的，只是为了表现自己而已。而实际上，这样的人才是真正一无所知的。

而工作中那种不懂装懂的人喜欢说：“这样的工作真无聊。”其实，他们内心的真正感觉是：“我做不好任何工作。”他们希望年纪轻轻就功成名就，但是他们又不喜欢学习、求助或征询他人意见，因为这样会被人认为他们“不胜任”，所以他们只好装懂。而且，他们要求完美却又严重拖延，导致工作一点都不出色。

在现实生活中，我们喜欢交往的往往是那些看起来很平凡，但是当你跟他交谈之后，就会被他的内在思想所倾倒和折服的人。这种人的真诚、坦率感染了我们，他们所使用的词汇也简单明了，一点儿也不故作高深。朋友关系必须建立在真诚之上，而不是相互吹捧、大唱高调，否则对谁都没有益处。交朋友应该是相互间取长补短，别人的知识比自己丰富就要学习。即使是自己很专业的东西，也要以谦虚的态度来展现实力，这样自己才能赢得他人的尊重，才能说服他人。

有一位小杂志社的社长，不管在什么场合都喜欢装腔作势，并且他常常使用那种听起来很不舒服的音调来表明自己很高明。他经常在别人面前表现得无所不知，这种姿态也使许多人觉得他在做自我宣传。然而，不论他再怎么装，他还是得不到别人的认同。他所出版的杂志，销量也不好。

他的杂志总是被人们认为是现学现卖的东西，甚至十分肤浅。这是因为他喜欢对所有的事情都加以批判，并似乎以此为乐。当他一开口，旁边的人就会说："我的天啊！他又要开始说话了。"然后便万分痛苦地听他自我吹嘘。这种人本来就没有多少智慧，他越是显摆就越显示出自己的无知。

承认自己有不知道的东西，这并不丢人。倘若为了抬高身价而自我吹嘘，一旦被人家看穿，人们就会认为你是一个虚伪的人，甚至认为你一无所知。在人际交往中，一定要保持一个良好的心态，不要不懂装懂。

如果对方指出了你犯的一个错误，你千万不要下意识地为自己找借口。你不用想象自己是一个全能的人，因为那永远是不真实的。

几乎所有企业都希望招聘到具有诚实精神和美好品德的职员。因此，在接受面试时千万不要试图对"明察秋毫"的经理说谎。不少人在接受面试时，由于迫切希望得到眼前的这份工作，通常很容易犯下"不懂装懂"、"故意隐瞒自己的缺点"或"夸大自身优点"的错误。如一些毕业生可能会在求职简历中描述自己的能力时夸夸其谈，或违背事实地强调自己在某项社会实践活动中处于"主导地位"。

汤姆到纽约一家公司的大卖场应聘一个管理职位，并按要求填了登记表。回家等通知期间，汤姆并未花力气了解这家公司。他自信满满，因为他形象、气质、学历俱佳。面试时，主考官问汤姆对公司了解多少，汤姆凭印象说这家公司是一家非常大的企业，还十分肯定地说公司注册资金为10亿元。事实上，该公司只是一家中型企业，注册资金也不是汤姆说的那个数字。最后，汤姆落聘了。主考官说，管理人员必须具有一定的原则性。汤姆的问题在于他不懂装懂，而且不够诚实，“这样的人很难坚持原则，如果在工作中也这样信口开河，说不定会闯出什么乱子”。

我们很容易知道，那些喜欢不懂装懂的人可以随时找出一个理由来为自己进行辩护——好像他们是不得不这样做似的。我们应该如何评价这样的做法呢？我们是否应该放弃自己应该有的诚实和虚心，而去获得这种暂时的利益呢？答案当然是否定的。

喋喋不休不等于口才好

如果你口才好，可以使人家喜欢你，可以结交好的朋友，可以开辟前程，使你获得满意的结果。假如你是一个律师，你的口才便会吸引一切准备诉讼的当事人；而如果你是一位店长，那么你的口才将帮助你吸引更多的顾客。有太多的人因为善于辞令而得到提拔，也有许多人因此而获得了荣誉和厚利。你一生的成败，有一大半是由于说话这种艺术的影响。

你或许承认这一点，但是你却并不一定知道什么才是好的口才。好的口才意味着能够对着墙壁一个人说上三个小时吗？意味着可以无视已经昏昏欲睡的听众，发表冗长的演讲吗？意味着可以就某一件小小的事情，比如系鞋带，翻来覆去地说上半个钟头吗？

你的这些错觉来源于现实。许多人就是能够做到这些的人，他们就可以不管对方的反应如何、不管话题多么无趣，而能够滔滔不绝、侃侃而谈。但是我们不得不遗憾地说，他们所掌握的并不是真正的好口才。他们所谓的口才大概相当于家庭主妇吃完晚饭后的闲聊，她们甚至可以扯上一天一夜，但是我们都知道，这并不是好的口才。

那么，究竟什么才是好的口才呢？如果非要给一个概念的话，可以认为是这样的：好的口才，就是在交谈、演讲或谈判等口语交际活动中，说话者能够根据一定的目的，根据具体的环境和对象，采取不同的说话艺术，准确、生动地表达自己的意思，并且达到交际目的的一种能力。

那么，我们可以回过头来评判为什么说喋喋不休不能称为好的口才了。喋喋不休实际是一种一直重复自己意思的说话，但是却并没有说清楚这个问题；或者他一开始已经说清楚了，只是为了强调，又一遍一遍地重复。而且，说话人根本不顾及对方有何反应，似乎他是对着墙壁在自言自语。这完全是一种下意识的行为。他的目的只在于“说话”本身，即维持说话这个动作，而口才好是因为有一个说话的目的，而不是为了说话而说话。

专门从事将新设计的草图卖给服装设计师和生产商工作的维森先生，最近遇到了一个麻烦。他想要推销商品的对象似乎是一个软硬不吃的服装设计师，名字叫做华尔。他之前从没有遇到过这么难缠的顾客，但是，为了证明自己的实力，而且这笔业务确实能够带来不菲的收入，维森先生决定不达目的决不善罢甘休。他一次又一次地出现在那位服装设计师面前，向他谈及这份草图的设计多么的出色，而且款式新颖、典雅大方。他希望用自己的诚心来证明这份草图的设计确实是出色的，但是，却收效甚微。一天，当他再次出现在华尔面前的时候，华尔终于忍不住说：

“亲爱的维森，我还是不能赞同你的观点，所以，我仍然决定不买你的草图。还有，恕我直言，我觉得你这种喋喋不休的推销方式实在是很失败，而且我一直以来就很反感。”

怎么办？放弃吗？维森告诉自己，不能放弃。但是，打击未免太大了一些。因为他一直以来就是这么推销的，而且以前从未体验过这么大的失败——算起来他已经来过150次了。于是，他决定改变一下他的策略。

第二天，他夹着几张还没设计完的草图，对华尔说：

“华尔，我想请您帮个忙。我这里有几张草图，您能不能修改一下，以使它们符合要求？”

华尔狐疑地看了维森一眼，说：“你放在这里吧，有时间我会看的。”

三天后，华尔打电话叫维森过去，他已经完成了修改。结果可以预料，通过这个方法，维森已经成功地使华尔购买了这些草图，因为这些东西里有华尔自己的心血。

并不是说维森的方法有多么高超——尽管事实如此——只是说，他以前推销的方法是错误的。我们从维森身上学到的经验是：喋喋不休确实不是好的方法。

无谓的争论只会大伤和气

有一次，卡耐基在某个电台发表了演讲，其中讲到《小妇人》的作者路易莎·梅·奥尔科特曾经到新罕布什州的康柯特去凭吊过她的故居。卡耐基的粗枝大叶使他犯了一个错误，而且竟然犯了两次同样的错误。

这种错误使他受到了无数的攻击和诘难。听众们发过来无数的邮件，这些信函的内容多半是责怪卡耐基的，有的甚至是侮辱他的。其中让卡耐基印象最深刻的是一封名叫卡罗尼亚·达姆的听众的来信，她从小就生长在马萨诸塞州的康柯特。她来信向卡耐基表达了她极为愤怒的心情。卡耐基认为，即使他在地理上确实犯了一个很大的错误，但是她在礼貌问题上也犯了一个更大的错误。

卡耐基决定试着把她的仇视当成友善。他乐意这么做。后来，卡耐基找时间给那位老太太打了一个电话，通话内容如下：

卡耐基：夫人，你在几个星期之前给我写了一封信，我要感谢你。

卡罗尼亚·达姆：请问你是谁？我很荣幸和你说话。（她用的是清晰、文雅和有教养的声音）

卡耐基：对你来说，我是一个陌生人。我是戴尔·卡耐基。几个星期以前，你听了我有关奥尔科特的演讲。那次演讲使我自己深为懊悔，因为我犯了一个很大的错误：我说奥尔科特生长在新罕布什州的康柯特。那实在是一个很不应该犯的错误，我为此向你道歉。你花时间给我写信，我很感谢你。

达姆：很抱歉，卡耐基先生。我写那封信，发了很大的火，我得向你道歉。

卡耐基：哦，不，不！不是你，而应该是我向你道歉。任何上了学的人都不会犯我这样的错误。实际上，我已经在发表演讲的第二个星期日的广播里向听众道了歉。现在，我向你个人道歉。

达姆：我出生在马萨诸塞州的康柯特。两个世纪以前直到现在，我的家庭在那里都很有声望，我因我的家乡而自豪。奥尔科特女士生在新罕布什州，这个说法让我难过极了。不过，我得为那封信向你道歉。

卡耐基：我敢说，我比你还要难过十倍。我的错误即使对马萨诸塞州没有任何损害，也深深地伤害了我自己。像你这样有地位、有教养的人，难得花工夫给无线电台的人写信。如果你以后发现我演讲中还有错误，我将非常感谢你给我指正。

达姆：你知道吗？我真的很高兴你接受我的批评。你一定是个很好的人，我很愿意和你交朋友。

就这样，卡耐基不但轻易地避免了争论，还使她向他道了歉，并且同意了他的观点。

有的人为了一件小事的对错而争论不休、面红耳赤，严重的甚至发展到打起架来。无谓的争论没有给双方带来好处，他们只是为了自己的自尊而争辩，互不服气，但是他们达到了自己的目的了吗？即使是表面上达到了维护自尊的目的，但他们难道一定要靠这种方式来赢得自尊吗？

事实上，这样的争论无益于任何事情。我们在前面已经讲过，大部分人都不会因为争论而改变自己的意见。如果你想要别人同意你的意见，首先要做的事情就是避免和他人争论。因为争论实际上是不成熟的表现，为了自尊，每个人都会变得不可理喻，甚至抛弃他平时的所有习惯和看法。

拿破仑的管家常常与拿破仑的妻子约瑟芬打台球。这位管家后来回忆道："我虽然在技术上胜过她，但是为了使她高兴，我必须想办法让她取胜。"从这个故事中，我们可以寻找到一个基本的道理，那就是：为了使别人同意你的观点，或至少不因为争吵而使你和他人的关系破裂，最基本的要求是不要跟他人争辩。我们要使我们的顾客、妻子、朋友在细小的讨论上看起来胜过我们。

那么，当我们确实有不同意见的时候，我们该怎么处理呢？在卡耐基训练班上，他绝对不会只是一个人讲。这样不但显得漫长，而且学员们也得不到提高。但是，当他们被卡耐基叫起来回答问题以后，如果卡耐基说："你错了。"这样多半会引起一番争论，而且他以后再也不会得到别人的参与。所以，卡耐基决定不这么做。他开始设想他们的回答中有合理的成分，于是试着去寻找这样的合理的东西。事实是，他们的回答确实有合理的地方。于是，当他们发表意见之后，卡耐基会对他们说：

"我了解你这么做一定是有原因的，但是我同样发现这样做有一些不合理的地方。让我们一起来看一看吧！"

这就是一种委婉的表达方法。这样做的话，既可以避免无谓争论的发生，又可以表达出自己不同的意见。

另一方面，由于人们有时候仅仅是为了顾及自尊而和别人争论，所以他们并不打算遵照自己的理性来思考问题，即使是一个明明知道自己错了的问题，他也可能会与别人争论不休。这种情况并不少见。也许你认为并非如此，至少这种事情没有发生在你的身上，但是这是因为你在看这本书的时候是心平气和的，而并非处于一种非理智的状态。因此，可以说，为了避免争论，我们最需要做的事情就是维持自己的理性。在你打算和别人争论之前，最好先想一想争辩是不是有用处——你会发现，争辩基本上没有作用。

短话长说就是太啰嗦

在公众场合，有些人滔滔不绝，用语言的触角抓住了每一个人的心，这当然令人钦佩；但是，在很多情况下，这些人的话让人不得要领、不知所云。相反，如果用短短的几句话就能把意思说清楚，为什么要用长篇大论来浪费人们的精力和时间呢？

一次，演讲家马克·吐温和雄辩家琼西·M·德彪一起参加一个宴会，这个晚宴气氛非常融洽。马克·吐温作为第一个演讲者，以他特有的吸引力，滔滔不绝、热情洋溢地演讲了20分钟，赢得了全场的热烈掌声。

接着，该德彪演讲了。他慢慢吞吞地站起来，面带难色地对听众们说：

“各位，在会前，我和马克·吐温先生互换了演讲词。所以，刚才大家听到的马克·吐温先生的演讲，实际上是我的演讲。我非常感谢大家对它报以这么大的热情。但是很遗憾，我弄丢了马克·吐温先生的演讲词，我找了每个地方，但是却仍旧找不到。所以，我无法帮他继续讲下去，请各位原谅我只能坐下来。”

马克·吐温被这位雄辩家弄得哭笑不得，向德彪投去抱怨的目光，然后无可奈何地耸了耸肩。

德彪先生不愧是一个著名的雄辩家。他巧妙地讽刺了马克·吐温的演讲过于冗长，同时也委婉地表达了自己的意见。如果说他的这种做法可能太“不务正业”了的话，我们可以接着讲一件事情来说明长话短说的功效。

当社会主义者马克思的女儿燕妮请教当时德国一位著名的历史学家，问他能不能把古今历史缩写成一本简明的小册子的时候，那位历史学家说：“不用那么多。”接着他说，“只需要四句话就能够做到这一点，这四句话是：

“当上帝要毁灭某人的时候，一般先让其有很大的权势。

蜜蜂盗花，反倒使花开得更加鲜艳和迷人。

时间就是一个巨大的筛子，它会淘去一切历史的陈渣。

暗透了就会有星光可见。”

这就是简短的力量！古今中外多少历史？竟然可以用四句话进行概括。

让我们看一个例子。某公司经理艾伦发现她的员工工作效率并不令人满意。于是，她召开了一次会议。这次会议绝不像类似的会议那么冗长，但是却收到了极为满意的效果。当其他经理问她是怎么做到的时候，艾伦回答道：

“我告诉他们：‘我们的工作效率太低，怎么办？’

“没人回答我，我就保持沉默。他们开始局促不安，我还是沉默。最后，我说了一句话就散会了。我说：‘会议结束。’

“他们都匆忙地回到自己的位置上，开始认真地工作。那种认真的劲儿，我之前还从来没有见过。”

请想象一下吧：如果你对着这群员工喋喋不休地说了两个小时，他们可能还是无动于衷，甚至很讨厌你。

让我们继续回忆林肯的那次已经成为演讲史上的经典的演讲——就是我们多次提到的葛底斯堡讲话。1783 年 7 月 1 日，美国内战中的一场决定性战役在华盛顿附近的葛底斯堡打响。三天之后，北方军队大获全胜。宾夕法尼亚州等几个州决定在葛底斯堡建立国家烈士公墓，以纪念那些在此光荣牺牲的将士。

在落成典礼上，林肯总统参加了演讲。这场典礼的主讲人是前国务卿爱德华·伊韦瑞特，而林肯只是因为是总统，才被邀请来随便讲几句的。林肯感到压力很大，因为伊韦瑞特不仅是个优秀的政治家，还被认为是那个时代杰出的演讲家。伊韦瑞特发表了长达两个小时的演讲，而且的确非常精彩。在这个典礼上，林肯决定以简洁取胜。从他不慌不忙地走上讲台，到他走下讲台，所用的时间只有两分钟，但是掌声却持续了十分钟。林肯的演讲轰动了全国。报纸评论说：

“这篇短小精悍的演讲词，真可以说是无价之宝。它的感情深厚、思想深刻、措辞简约、朴实优雅、行文毫无瑕疵，完全出乎人们的意料。”

伊韦瑞特第二天也写信给林肯，对他的成功表示祝贺。他真诚地说：“我用了两个小时总算接触到了你所说的主题，但是你却只用两分钟就已经说得明明白白。”

林肯的这篇仅有 226 个字的演讲词现在陈列在图书馆，并被铸成金文，作为英语演讲的最高典范。

技巧篇

第一章

说服对方的艺术

说服从“心”开始

日本有一个这样的故事。真田广之替已过世的父亲守灵。他的老家离东京很远，即使坐电车也要花3个钟头时间。而且那时的电车还不像现在这样每一小时发一班车，所以可以说交通很不方便。当时他心里想：“外地的亲戚朋友是不可能前来凭吊的了。”但出乎意料的是，在整个晚上都没有任何一个亲属到来的情况下，一个女子突然出现在他的面前。

“田中小姐，你怎么来了……”

当时真田简直感动得难以言表，因为她不过是他的一名同事而已，真难以想象她会在下班之后，搭乘电车赶到他的老家来。况且当时天色已经很晚，她又不太认得路，肯定是挨家挨户询问才找到他家的。“你经常来这里？”

“不，今天是第一次，我只是想来凭吊一番……”

"太谢谢你了，太谢谢你了！"

真田简直感动得不知道该说什么才好，心里只是觉得她是个多么好的同事啊！这位同事的确拥有很好的人际关系，在公司里，不论男女都是这么认为的。她得到了大家的信任，只要是她说的话，大家都认为不会错，而且也愿意按照她说的去做。这同时也表示，她是个说服力极强的人。

经过那晚的谈话，真田明白了她之所以说服力极强的秘密。也就是她总是能以情动人，而说服别人按照自己的意图去办事的秘诀就在于攻心。平时别人遇到什么麻烦，田中小姐总是会伸出援助之手，这令所有人都为之感动。先得了人心，别人自然会心甘情愿听她的话。

可能平时我们没有太多时间和精力去助人为乐，但该事例告诉了我们一个关键信息，就是说服他人的核心点在于征服他人的内心，使对方在情感上有所共鸣。

文学家李密，曾在蜀汉时担任过尚书郎的官职，蜀汉灭亡后，居家不出。晋武帝知道他有才干，便下诏命他进朝为太子洗马，但李密拒绝了。为此，晋武帝大怒。在这种情况下，李密写了一封信给晋武帝。

"……我想圣明的晋朝是以孝来治理天下的，凡是老年之人，都得到朝廷的怜恤和照顾，何况我祖孙孤零困苦情况特别严重。"

"我年轻的时候在蜀汉朝做官，任职郎中，本来就希望仕途显达，并不矜持名声节操。现在我是败亡之国的低贱俘虏，身份卑微的人，受到过分的提拔，宠幸的委命，已经非常优厚，哪里还敢迟疑徘徊，有更高的渴求呢？"

"只是因为我祖母刘氏如西山落日，已经是气息短促，生命不长。我如没有祖母的抚育，就难以有今日。祖母如失去了我的奉养，也就无法多度余日。祖孙二人，相依为命，因此我实在不能抛开祖母离家远行。"

"微臣李密今年44岁，祖母刘氏今年96岁。这样，我为陛下尽忠效力的日子还长，而报答祖母的养育之恩的日子短呀！故此我以这种乌鸦反哺的私衷，乞求陛下准允我为祖母养老送终。”

“恳请陛下怜恤我的一片愚诚，慨允我微小的志愿，使祖母刘氏可以侥幸保其晚年，我活着也将以生命奉献陛下，死后也要结草图报。臣内心怀着难以承受的惶恐，特地作此书，奏闻圣上。”

这就是流传百世的《陈情表》。将心比心，以情说理，李密在柔言细语中陈述自己的处境。武帝颇为感动，心头怒火也自然平息了，赐给李密奴婢二人，并令郡县供养其祖母。

杰克·凯维是加勒福尼亚洲一家电气公司的一位科长，他一向知人善任，并且每当推行一件计划时，总是不遗余力地率先做榜样，将最困难的工作承揽在自己的身上，等到一切都上了轨道之后，他才将工作交给下属，而自己退身幕后。虽然，他这种处理事情的方法是很好的，但他太喜欢为他人表率，所以常常让人觉得他似乎太骄傲了。

最近不知怎么回事，一向精神奕奕的凯维却显得无精打采。原来最近的经济极不景气，资金方面周转不灵，再加上预算又被削减，使得科里的运转差点停顿。凯维看这种情形若继续下去，后果一定不可收拾。于是他实施了一套新方案，并且鼓励职工：“好好干吧！成功之后一定不会亏待你们的。”但没想到眼看就要达到目标，结果还是功亏一篑，也难怪他会意志消沉了。平日对凯维就极为照顾的经理看了这些情形后，便对他说：“你最近看起来总是无精打采的，失败的挫折感我当然能够理解，但是我觉得你之所以会失败，乃是因为你只是一味地注意该如何实现目标，却忽略了人际关系这种软体的工程，如果你能多方考虑，并多为他人着想，这种问题一定能够迎刃而解。”经理停顿了一下，又接着说：“大丈夫要能屈能伸，才是一个好的管理人员。我觉得你就是进取心太急切了，又总喜欢为职工做表率，而完全不考虑他们的立场，认为他们一定能如你所愿地完成工作，结果倒给了职工极大的心理压力。大概也就是因为这个缘故，所以大家都说你虽能干，但你的部属却很为难。每个人当然都知道工作的重要性，所以你实在大可不必再给他们施加压力。

你好好休息几天，让精神恢复过来，至于工作方面，我会帮助你的。”

杰克·凯维的一段亲身经历让我们知道，必须站在别人的立场，将心比心才能真正达到说服对方的目的，否则，再多的自信和能力也无法让别人服从你。会打棒球的人都知道，当我们要接球时，应顺着球势慢慢后退，这样的话球劲便会减弱，与此相似，我们在说服他人的时候，如果能将接棒球的那一套运用过来，相信说服会变得更容易。

唐代大诗人白居易说：“动人心者莫先于情。”意思是说，要说服人、打动人，必须动之以情，言语必须是诚心诚意的，发自内心，富有人情味和同情心，让人听后觉得你是真心为他好，是设身处地地为他着想，而不是在应付他。相反，冰冷的态度，程式化的言辞，都会引起对方的逆反心理，增加说服的难度。

唯有真挚的感情才能打动人、说服人。

婆婆是家里的一把手，财政大权控于掌中，媳妇感到很不愉快。一天晚饭后，她诚恳地对婆婆说：“您老人家操管全家的生活，真是辛苦。有些事，我们可以办的，您尽管吩咐。现在大家收入增加了，不愁吃穿，生活可以安排得更丰富些。家里的经济收支，您安排得很好，以后您可以让我们试试，如果您觉得不对的地方，也好帮我们改正。”

婆婆非常乐意地接受了媳妇的要求。家庭气氛一如既往，其乐融融。

这就是攻心的威力，说服不是一项硬件工程，它需要先让人心动，然后才能把人说动，一切从“心”出发吧！

诱导对方多说“是”，达到劝服目的

有个日本小和尚聪明绝顶，他的名字可以说是家喻户晓。他最擅长的说服方式就是诱导对方说“是”。这位小和尚的名字就叫一休。足利义满把自己最喜爱的一只龙目茶碗暂时寄放在安国寺，没想到被一休不小心打碎了。就在这时，足利义满派人来取龙目茶碗。

大家顿时大惊失色，不知所措，茶碗已被一休打碎，拿什么去还呢？

一休道：“不必担心，我去见大将军，让我来应付他吧！”

一休对将军说：“有生命的东西到最后一定会死，对不对？”

足利义满回答：“是。”

一休又说道：“世界上一切有形的东西，最后都会破碎消失，是不是？”

足利义满回答：“是。”

一休接着说：“这种破碎消失，谁也无法阻止是不是？”

足利义满还是回答：“是。”

一休和尚听了足利义满的回答，露出一副很无辜的神情接着说：“义满大人，您最心爱的龙目茶碗破碎了，我们无法阻止，请您原谅。”足利义满已经连着回答了几个“是”字，所以他也知道此事不宜再严加追究了，一休和尚和外鉴法师便这样安然地渡过了这一难关。

在说服过程中，可以先巧设陷阱，让对方在没有防备的情况下，诱其说“是”。对方在不知不觉中会一步步坠入圈套。这时候你就牵住了他的“牛鼻子”，对方不得不跟着你走。

诱使对方说“是”的方法是，开头切勿涉及有争议的观点，而应顺应对方的思路强调彼此有共同语言的话题，从对方的角度提出问题，诱使对方承认你的立场，让对方连连说“是”，与此同时，一定要避免对方说“不”。

一个人的思维是有惯性的，当你朝某一个方向思考问题时，你就会倾向于一直考虑下去，这就是为什么有些人一旦沉醉于某些消极的想法之后，就一直难以自拔的道理。在人际交往中我们应懂得并运用这一原理。与人讨论某一问题时，不要一开始就将双方的分歧亮出牌来，而应先讨论一些你们具有共识的东西，让对方不断说“是”，渐渐的，你开始提出你们存在的分歧，这时对方也会习惯性地说“是”，一旦他发现之后，可能已经晚了，只好继续说下去。

使对方产生“是”的反应其实是一种很简单的技巧，却为大多数人所忽略。懂得说话技巧的人，会在一开始就得到许多“是”的答复。这可以引导对方进入肯定的方向，就像撞球一样，原先你打的是一个方向，只要稍有偏差，等球碰回来的时候，就完全与你期待的方向相反了。也许有些人以为，在一开始便提出相反的意见，这样不正好可以显示出自己的重要而有主见吗？但事实并非如此，在现实生活中，这种使对方说“是”的技术很有用处。

促使对方说“是”的方法很多，但目的都是要以最简单的方式使对方说“不”。

当你与别人交谈的时候，不要先讨论你不同意的事，要先强调，而且不停地强调你所同意的事。因为你们都在为同一结论而努力，所以你们的相异之处只在方法，而不是目的。

让对方在一开始就说“是，是的”。假如可能的话，最好让你的对方没有机会说“不”。

很多人先在内心制造出否定的情况，却又要求对方说“好”，表现肯定的态度，这样做是不可能让对方点头的。假如你要使对方说“好”，最好的方法是制造出他可以说“好”的气氛，然后慢慢诱导他，让他相信你的话，他就会像是被催眠般地说出“好”。

换句话说，你不要制造出他可以表示否定态度的机会，一定要创造出他会说“好”的肯定气氛出来。

当你向别人发问，你可以连续不断地追问下去，而最后使对方不得不说“好”。这是制造肯定气氛最高明的技术，也是让对方点头的第一种妙方。

譬如当你看到某种东西，你先连续问对方五六次：“它的颜色很漂亮吧？”“它的手工很精细吧？”“它的造型很完美吧？”“它的……”让对方答出一连串的“是”之后，你再问他原先你想获得他肯定回答的问题，那他一定会说“是”。因为在此之前，他已被你催眠似的说“是”，很自然地，在回答你这关键问题时，他也会说“是”。

所以，要使对方回答“是”，问问题的方式是非常重要的。什么样的发问方式比较容易得到肯定的回答呢？当然是你的问题已经暗示了你所想要得到的答案，这就是使对方点头的第二种妙法。

譬如当你在说服别人购买你的商品时，不应该问顾客喜不喜欢、是否想买。你应该问他：“你一定喜欢，是吧！”“你一定很想买，是吧！”你必须用“这颜色很漂亮吧！”来代替“这颜色很漂亮吗？”因为，你问他“颜色漂亮吗？”他可以回答“不漂亮”。可是，你问他“颜色很漂亮吧！”他就不得不回答“很漂亮”。

你一定在电影上看过那些老谋深算的律师，在法庭为被告辩护时，一定是一步一步诱导原告说出对被告最有利的情况。

第三种使对方点头或说出肯定答案的妙方是，当你向对方发问而他还没有回答之前，自己也要先点头。你一边发问一边点头，可以诱导他更快点头。因为你的行动和态度会诱导对方的行动和态度。所以只要善用此原理，就会更快地得到对方肯定的答案。

那么要如何才能诱导对方作出你所期待的行动和态度呢？关键在于你说话的语气和态度。

软硬兼施，恩威并重

暴力与怀柔，两者分开来用，人人都可以将其发挥到极致，然而这样效果往往不好，如果将两者结合起来，双管齐下，则会取得极佳的效果。

张嘉言驻守广州时，沿海一带设有总兵、参将、游击等官职。总兵、参将部下各有数千名士兵，每天的军粮都要平均分为两份。

参将的士兵每年汛期都要出海巡逻，而总兵所管辖的士兵都借口驻守海防，从来不远行。等到每过三五年要修船不出海时，参将部下的士兵只发给军粮的一半，如果没有船修而不出海，就要每天减去军粮的三分之一，以贮存起来待修船时再用。只有总兵的部下军粮一点也不减，当修船时另外再从民间筹集经费。这种做法已沿袭很久，彼此都视为理所当然。

不料，有一天，巡按将此事报告了军门，请求以后将总兵部下的军粮减少一些，留待以后准备修船时再用。恰巧，这位军门和总兵之间有矛盾，于是就仓促同意削减军粮。

总兵各部官兵听到消息后，立即哄然哗变，他们知道张嘉言在朝廷中很有威信，就径直围逼到张嘉言的大堂之下。

张嘉言神色安然自若，命令手下人传五六个知情者到场，说明事情真相。士兵们蜂拥而上，张嘉言当即将他们喝下堂去，说：

“人多嘴杂，一片吵闹声，我怎么能听清你们说些什么。”

士兵们这才退下。当时正下大雨，士兵们的衣服都淋湿了，张嘉言也不顾惜，只是叫这几个人将情况详细说明。这几个人你一言我一语，都说过去从来没有扣减总兵官兵军粮的先例。

张嘉言说：“这件事我也听说了。你们全都不出海巡逻，这也难怪上司削减你们的军粮了。你们要想不减也可以，不过那对你们并没有什么好处。上司从今以后会让你们和参将的士兵一样每年轮换出海巡逻，你们难道能不去吗？如果去了，那么你们也会同他们一样，军粮会被减掉一半。你们费尽心机争取到的东西还是拿不到的，肯定要发给那些来替换你们的士兵。如果是这样，你们为什么不听从上司，将军粮稍微减少一点呢？而你们照样还可以做你们大将军的士兵，你们再认真考虑一下吧！”

这几个人低着头，一时无法对答，只是一个劲地说：“求老爷转告上司，多多宽大体恤。”

张嘉言问：“你们叫什么名字？”

他们都面面相觑不敢回答。

张嘉言顿时骂道：“你们不说姓名，如果上司问我，‘谁禀告你的？’让我怎么回答！”

这几个人只好报了自己的姓名，张嘉言一一记下，然后，对他们说：

“你们回去转告各位士兵，这件事我自有处置，劝他们不要闹了。否则，你们几个人的姓名都在我这儿，上司一定会将你们全部斩首。”

这几个人顿时吓得面容失色，连连点头称是，退了出去。

后来，总兵部下的士兵每日被扣军粮银一钱，士兵们竟然再也没有闹事的。张嘉言的这招恩威并施堪称经典。

在说服他人的过程中，采用刚柔相济的劝诫之术，一方面能使别人能体面地“退”，另一方面又坚持自己的原则，使自己的主张得到采纳，这种方法使许多事情的处理尚有余地。

太史公司马迁在《史记·滑稽传》记载：战国时期，齐威王荒淫无度，不理国政，好为长夜之饮。由于上行下效，僚属们也全不干正事了，眼看国家就要灭亡，可是就在这种节骨眼上却没有谁敢去进谏。最后只好由“长不满四尺”的淳于髡出面了。但是淳于髡并没有气势汹汹、单刀直入地向齐威王提出规谏，而是先和他搭讪聊天。

他对齐威王说：“咱们齐国有一只大鸟，落在大王的屋顶上，已经3年了，可是它既不飞，又不叫，大王您知道是什么原因吗？”

齐威王虽然荒淫好酒，但是他本人却不是一个笨伯，和夏桀、商纣一样的坏进骨子里去的人物有着巨大的不同，所以当听到淳于髡的隐语之后，他就被刺痛并醒悟了，于是很快回答说：“我知道。这只大鸟它不鸣则已，一鸣就要惊人；不飞则已，一飞即将冲天。你就等着看吧！”

说毕立即停歌罢舞，戒酒上朝，切实清理政务，严肃吏治，接见县令共72人，赏有功1人，杀有罪1人。随后领兵出征，打退要来侵犯齐国的各路诸侯，夺回被别国侵占去的所有国土，齐国很快又强盛起来。

淳于髡并没有以尖锐的语言来进行劝谏，而是避开话锋，柔语细说中又带有一丝强硬与责备，这样对方很容易主动接受建议。

软硬兼施的方法还可以以两种人合作逼人就范的形式来实施。

有一位深受青年喜爱的作家，好多人都曾在影院看过经他的原著改编的影片，影院的观众席都挤满了，观众不时为影剧故事的新颖奇妙鼓掌喝彩，就像20世纪30年代的美国人为卓别林的表演忍俊不禁一样。影片是侦探片，而最吸引人的是影片中审讯犯人的绝妙技巧：警员声色俱厉地威胁、恐吓犯人，把他逼到山穷水尽的困境。这时又一位陪审的警员出场，他态度十分温和地对罪犯表示信任和理解。无论是在影片中还是现实生活中，无论是哪个罪犯都会受这种技巧所驱使，十有八九会坦白认罪的。

而现实中警界的审讯，虽没有影片中表现得那么生动活泼，基本上方法也是如出一辙。首先罪犯由攻击型的警员来审问，以凌厉的攻势摧毁对方的意志，向他说明他的罪证确凿、他的同伙都招供了等等，把他逼到进退两难的边缘。接受了这样的审讯后，有的人会屈服，而顽固的罪犯则会死不认罪。

这种情况下，则派另一位温和型的警员审问他。警员完全站到罪犯的立场上，真心地安慰他、鼓励他："你的兄长都希望你得到宽大处理，希望你为他们考虑"等。对这种软招，罪犯往往会自惭形秽，坦白自己的一切犯罪行为。

这种手法是一种奇异的心理法则，又称"缓解交代法"。由缓特征与急特征的两个人合作，一方首先把对方逼到心理的死胡同里去，令他一筹莫展。这时另一个人出来指点给他一条逃避的暗道。自然这种情况下的对方会自然地奔向那条可以脱身的暗道了。

保持缄默的说服力

大家都认为既是说服，当然就得凭借好口才。其实，偶尔采取沉默战术同样可以达到说服的效果。沉默可以引起对方注意，使对方产生迫切想了解你的念头。以下我们就来看看一个利用沉默成功说服的例子。

一家著名的电机制造厂召开管理员会议，会议的主题是"关于人才培育的问题"。会议一开始，山崎董事就用他那特有的声音提出自己的意见。

"我们公司根本没有发挥人才培训的作用，整个培训体系形同虚设，虽然现在有新进职员的职前训练，但之后的在职进修却成效不彰。职员们只能靠自己的摸索来熟悉自己的工作，很难与当今经济发展的速度衔接在一起，因而造成公司职员素质水平普遍低落、效益不高。所以我建议应该成立一个让职员进修的训练机构，不知大家看法如何？”

“你所说的问题的确存在，但说到要成立一个专门负责培训职员的机构，我们不是已经有OJT(On the job Training职员训练)了吗？据我了解，它也发挥了一定的功用，我认为这一点可以不用担心……”

“诚如社长所说，我们公司已经有OJT组织，但它是否发挥实际作用了呢？实际上，职员根本无法从中得到任何指导，只能跟着一些老职员学习那些已经过时的东西，这怎么能够将职员的业务水平迅速提升呢？而且我观察到许多职员往往越做越没有信心、越做越没干劲。所以，我认为OJT的功能不彰，所以还是坚持……”

“山崎，你一定要和我唱反调吗？好，我们暂时不谈这个话题，会议结束后，我们再做一番调查。”

就这样，一个月后公司主管们重新召开关于人才培训的会议。这次社长首先发言。

“首先我要向山崎道歉，上次我错怪他了。他的提案中所陈述的问题确实存在。这个月我对公司的OJT进行了抽样调查，结果发现它竟然未能发挥应有的功效。因此，今天召集大家开会是想讨论一下应该如何改变目前人才培育的方法，请大家尽量发表意见吧！”

社长的话一出口，大家就开始七嘴八舌地提出建议，但令人奇怪的是，这一次山崎董事却始终一语不发地坐在原位，安静地聆听着大家的意见，直到最后他都没说一句话。

会议结束以后，社长把山崎董事叫进社长办公室晤谈。“今天你怎么啦？为什么一句话也不说？这个建议不是你上次开会时提出来的吗？”

“没错，是我先提出来的。不过上次开会我把该说的都说了，其实那无非是想引起社长你对这问题的重视罢了。现在目的已经达到，我又何必再说一次呢？还不如多听听大家的建议。”

“是吗？不错，在此之前我反对过你的提议，你却连一句辩解也没有。今天大家提出的各种建议都显得很空洞，没有实际的意义，反倒是你的沉默让我感到这个问题带来的压力。这样吧，这件事就交给你去办好了！从今天起由你全权负责公司的人才培训工作。请好好努力吧！”

在特定的环境中，缄默常常比论辩更有说服力。我们说服人时，最头痛的是对方什么也不说。反过来，如果劝者什么也不说，对方的错误意见就找不到市场了。

不同的缄默方式有不同的作用，运用时必须恰到好处。

咄咄逼人的缄默能使人不攻自破：有一个出生在有一定教养家庭的小学生，一天他拿了同学一件好玩具，晚饭前回来，装出一副若无其事的样子，同往常一样笑吟吟地说：“妈，我回来了！”缄默。“姐，我饿了。”缄默。“怎么了？”缄默。“我没做错事啊！”也是缄默。妈妈眼睛瞪着他，姐姐背对着他，全家都冷冰冰地对待他。他终于不攻自破了：“妈，姐，我错了……”

平平淡淡的缄默能发人深省：有些人态度很积极，但发表意见时不免有些偏颇，直截了当地驳回，又易挫伤其积极性，循循诱导又费时，精力也不允许，最好的办法便是平平淡淡地缄默。他说什么，你尽管听，“嗯”、“啊”……什么也不说，等他说够了，告辞了，再用适当的不带任何观点的中性词和他告别：“好吧！”或“你再想想。”别的什么也不说。如此，他回去后定然要竭思尽虑：“今天谈得对不对？对方为什么不表态？错在哪里？”也许他会向别人请教，或许会自己悟出真谛。

转移话题的缄默能使人乐而忘求：对要回答的问题保持缄默，而选准时机谈大家的热门话题并引人入胜，使对方无法插入自己的话题，且从谈话中悟出道理，检讨自己。

义无反顾的缄默能使人就范：某领导有一次交代属下办一件较困难的任务，当然，他能胜任。交代之后，对方讲起了“价钱”。

于是该领导义无反顾地保持缄默，连哼也不哼。“困难如何大……”，“条件如何差……”，“时间如何紧……”，说着说着他就不说了，最后说了一句：“好，我一定完成。”

沉默是金，有时沉默不语能够出奇制胜，如果滔滔不绝，反而有理说不清。

有时候，在沉默的同时以另一种行动的方式来代替口头表达，说服的效果是妙上加妙的。

就拿作为领导来说，其行动对他的部下必然产生很大的影响，因此，领导要有身先士卒、上最前线的风范，以推动工作的开展。

建立起西武王国的康次郎曾经多次教育他的儿子一长大后成为日本西武铁路公司总裁的堤义明说：

“要让职员们跟随你，你必须要比别人多干3倍的工作。”

康次郎是以他的经验教育经营者应该具有的态度，这句话也同样适合于任何一位担任领导和主管工作的人。

要想别人做到，首先要自己带头去做，否则不但说服起不了什么效果，部下也不会服从。“比别人多干3倍的工作”比使用任何语言更具说服力。

“身体力行是说服部下的先决条件。”

光说不干，指手画脚，是绝不可能充分说服部下开展工作的。俗语说得好：“说一千，道一万，不如自己干一干。”自己率先实行的态度，比对部下讲大道理更具说服力。此种无言的说服是最好的说服。

绕个圈子表达——旁敲侧击

西方人有个习俗：男子戴帽，入室必摘下。而女士戴大檐帽，在室内可以不摘。

某电影院常有戴帽的女观众，坐在她们后排的人，十分反感，便向经理建议，请其通行禁令。

经理不以为然，说：“公开禁令不妥，只有提倡戴帽才行。”

提建议者听罢大失所望。

第二天，影片放映前，银幕上果然打出一则启事："本院为了照顾衰老高龄的女客，允许她们照常戴帽，不必摘下。"

通告既出，所有戴帽者"唰"一声全都摘下，无一例外，因为西方人忌讳别人说自己老，尤其是女性。

可见，说服他人做什么事可以根本不用面对面提出你的意愿，也不用说得明白无误。采用一种旁敲侧击的方法有时候更奏效。

公元前 636 年，在外流浪 19 年的晋公子重耳，在秦穆公的帮助支持下，就要回国为王了。

渡河之际，壶叔把他们流亡时的旧席破帷仍然当宝贝似的搬上船，一件也不舍得丢掉。重耳一看，哈哈大笑，说自己就要回国为王了，还要这些破烂干什么？他命令全部抛弃这些东西，狐偃对重耳这种未得富贵先忘贫贱的言行非常反感，担心以后重耳会像抛弃破烂一样，把他们这些陪伴他长期流浪的旧臣也统统抛弃。

于是，他当即向重耳表示，他愿意继续留在秦国，因为在外奔波了 19 年，自己现在心力俱悴，身体已经像刚才重耳丢弃的旧席破帷一样无法再用，回去也没有什么价值了。

重耳一听便明白了狐偃的意思，马上作了自我批评，并让壶叔把东西一一拣回，表示返回国后，一定不会忘掉狐偃的功劳和苦劳，同心同德，治理晋国。

在对别人进行劝服时，由于种种原因不好直说，往往不能直截了当地点出对方的意见和观点是错误的，这时若能旁敲侧击，以事物启发人，会更通俗易懂为对方所接受。

著名的出版业巨人哈斯特是从创办一份小型报纸起家的，经过几年的奋斗，他拥有了 23 家报纸和 12 种杂志。一次，这位杰出的人物遇到了一件令人烦恼的事情：著名的漫画家纳斯特为他绘制了一幅令他大失所望的漫画。

哈斯特觉得这样子可不行，一定要想办法让他重画一张令人满意的图画才行，可是怎样才能让那位著名的漫画家能够重画一张杰出的作品呢？而且，还有一个问题就是，这样一来原先那幅失败的作品就会因此而报废，他一定会有受挫感的，怎样才能让他愉快地重画呢？

当天晚上，大家一起共进晚餐的时候，哈斯特着重对那幅失败的作品好好地赞赏了一番，他表示："本地的电车时常让许多小孩子不慎伤亡，有的时候，驾驶电车的司机看上去简直不像活人，倒像个死人。照我自己看来，那些人好像只是瞠目结舌地看着孩子们在街上玩耍，却毫无顾忌地冲上前去。"这时，纳斯特激动地一跃而起，惊奇地说道："老天！哈斯特先生，这个场景足以画出一张让人震撼的图画来啊！你把我那张画作废吧，我给你重新画一张更出色的。"就这样，纳斯特异常激动地待在旅馆里，连夜赶制这幅漫画，第二天果然就送来了一幅异常深刻的漫画。

精明的哈斯特诱使纳斯特主动提出将自己的画作废，并自愿加班赶制一幅新的画卷，是哈斯特利用暗示来将看似突发奇想的灵感不着痕迹地移植到了纳斯特的心里，以致纳斯特兴致勃勃地完成了一幅新的杰作。

对于有抵触情绪的人正面说服虽然能够表达说服者的诚心，却不能达到解除对方抵触的目的，而如果在形式上加以改变，却能达到重点说服所不能达到的效果。

日本人在第二次世界大战中不知上演了多少杀身成仁的武士道悲剧，但有位美国兵用一句玩笑话，却曾使十几个拼死顽抗的日本兵乖乖地投降。

那是在第二次世界大战末期，美军付出很大代价攻占了太平洋上的一座日本岛屿。最后的十几名日本士兵退到一个山洞里。无论洞外美军怎么喊话，他们拒不缴枪，并拼命朝外射击，美军此时真是无可奈何。忽然有位美国兵灵机一动，半开玩笑式地向洞里的日本兵作出一个许诺：如果投降，就让他们去好莱坞一游，看一看影星们的风采。没想到这句话引来了意想不到的效果。枪声停止了。那些刚才还开枪顽抗的日本兵一个个爬出了洞穴，缴枪投降了。最后，美军司令部为了维护信誉，竟真的安排这些俘虏飞抵好莱坞，大饱了一次眼福。

侧面说服并非是歪打正着。二十几岁的日本兵虽被灌输了不少武士道精神，但正当年少，哪个不做少年郎的梦？好莱坞是个梦幻的世界，它吸引着成千上万世界各地的年轻人的心，对于这些无视生命的日本兵来说却有着超凡的魅力。美国人正是利用了这种心态，达到了说服的效果。

约翰的公司正值生意兴隆之际，忽然因一件意外的事件濒临破产。约翰回到家中，痛哭流涕，想到这20年的艰难创业即将毁于一旦，他的精神陷入极端绝望的境地。他不吃饭不睡觉，心里满是自杀的念头。妻子琼开始也和约翰一样悲痛欲绝，但她看到约翰的样子，明白该是自己拿出勇气的时候了。她一遍遍地劝慰约翰，说些“忘记这一切，从头干起”的鼓励话。但约翰好像没有听到，依然沉湎于自己的绝望心境中。琼看到正面的劝慰不能奏效，心中一动，计上心来，她坐在约翰的身旁，大哭了起来，一边哭一边诉说起今后生活的可怕。“你的公司破产了，我们这个家可怎么办，两个孩子的学费怎么筹，我怎么和孩子们去解释，他们将不能和同学一起去度假。”琼哭得那么伤心，约翰在妻子哭声中从迷茫的状态下慢慢清醒了过来。他想起了自己对妻儿的责任，想起这个打击也同样降临到了家人身上。他立刻收起了悲伤，对琼说：“不要难过，我们重新开始。”琼笑了，对约翰说：“看来得要扮演被安慰者才行。”

关键时刻，琼调转了角色，变换了角度，使约翰重新恢复了勇气。

我国的古人很喜欢采用一种叫“隐语”的手法来表达自己的意见。这种方法更为含蓄，给人一种优美、曲折的感觉。通常是借别的词语或手势动作作出暗示，让对方猜测。巧妙使用隐语不仅可以把话讲得生动、脱俗，而且容易引起对方的注意和兴趣。

周武王灭殷，入纣都朝歌。听说殷有位德高望重的长者，于是武王前去面见，询问殷朝所以灭亡的原因。

殷长者对武王说："您要知道这个答案，请以某一天的中午时分为期，到时再谈。"约定的日期到了，可是殷长者没有来。武王感觉很奇怪。周公说："我已经知道了。此人是个君子，礼义要求他不能非难自己的君王，所以不能明言直说。至于他期而不到，言而无信，实际上暗示了殷所以灭亡的原因。他是在用隐语来回答我们的问题啊。"

齐景公伐鲁，接近许城时，找到一个叫东门无泽的人。齐景公问他："鲁国的年成如何？"东门无泽回答说："背阴的地方冰凝到底，朝阳的地方冰厚五寸。"齐景公不明白，把这事告诉了晏子。晏子回答说："这是一位有知识的人，您问年成，而他回答冰，这是合于礼的。背阴地方的冰凝固，朝阳地方冰结五寸，这表明节气正常，节气正常意味着政治平和，政治平和上下就团结，上下团结年成自然好。您攻打一个粮食充足、群众团结的国家，恐怕会把齐国百姓弄得很疲惫，会死伤不少战士，结局恐怕不会如您的愿。请对鲁国以礼相待，平息他们对我国的怨恨，遣返他们的俘虏，来表明我们的好意吧。"齐景公说："好！"决定不再伐鲁了。

隐语需要对方有一定的领悟能力，否则也达不到预期的效果。因此，我们在对对方进行旁敲侧击的同时，必须考虑到对方的心理和立场。

以谬制谬，巧劝服

在说辩中抓住对方命题中隐蔽的荒谬点，加以推衍，或由此及彼，或由小到大，或由隐到显，最后得出荒谬可笑的结论，从而证明对方的论点是错误的。这种顺言逆意的说辩谋略，在逻辑上属于引申归谬。虽带有某种讽刺意味，但多属善意的。

优孟是楚国的艺人，身高八尺，喜欢辩论，常常用诙谐的语言婉转地进行劝谏。楚庄王有一匹心爱的马，每天给它穿上锦绣做的衣服，让它住在华丽的房子里，用挂着帷帐的床给它做卧席，用蜜渍的枣干喂养它。结果马得肥胖病死了，于是庄王让臣子们给马治丧，要求用棺椁殡殓，按照安葬大夫的礼仪安葬它。群臣纷纷劝阻，认为不能这样做。庄王急了，下令说：“有谁敢因葬马的事谏诤的，立即处死。”

优孟听到这件事，走进宫门，仰天大哭。庄王吃了一惊，问他哭的原因。优孟说：“这马是大王所心爱的，堂堂的楚国，只按照大夫的礼仪安葬它，太寒碜了，请用安葬国君的礼仪安葬它吧。”庄王问：“怎么葬法？”优孟回答说：“我建议用雕花的美玉做棺材，用漂亮的梓木做外椁，用枫树、豫樟各色上等木材做护棺，发动士兵给它挖掘墓穴，让年老体弱的人背土筑坟，请齐国、赵国的代表在前面陪祭，请韩国、魏国的代表在后头守卫，要盖一所庙宇用牛羊猪祭供它，还要拨个万户的大县长年管祭祀之事。我想各国听到这件事，就都知道大王轻视人而重视马了。”庄王说：“我的过错竟然到了这个地步吗？现在该怎么办呢？”优孟说：“让我替大王用对待六畜的办法来安葬它：堆个土灶做外椁，用口铜锅当棺材，调配好姜枣，再加点木兰，用稻米作祭品，用火光做衣服，把它安葬在人们的肚肠里吧！”庄王当即就派人把死马交给太官，以免天下人张扬这件事。

用归谬方式使说服对象认识原来观点的错误，还可采用这样一套方式，即先提出一些问题让对方谈自己的见解，即便对方说错了，也不要急于直接指出，而要不断地提出补充的问题，诱导对方由错误的前提推到显然荒谬的结论上，使之不得不承认其错误，然后再设法引导他随着你的正确的思维逻辑，一步一步通向你所主张的观点，达到劝导说服的目的。

鲁迅的文章尖锐犀利，讽刺国民党的封建文化常采用这一手法，最经典的便是笑斥“男女大防”。

有一次，国民党政府的一个地方官僚禁止男女同学、男女同泳，闹得满城风雨。鲁迅先生幽默地说：“同学同泳，皮肉偶尔相碰，有碍男女大防。不过禁止以后，男女还是一同生活在天地中间，一同呼吸着天地间的空气。空气从这个男人的鼻孔呼出来，被那个女人的鼻孔吸进去，又从那个女人的鼻孔呼出来，被另一个男人的鼻孔吸进去，淆乱乾坤，实在比皮肉相碰还要坏。要彻底划清界限，不如再下一道命令，规定男女老幼，诸色人等一律戴上防毒面具，既禁空气流通，又防抛头露面。这样，每个人都是……喏！喏！”鲁迅先生一面站起来，模拟戴着防毒面具走路的样子。当时逗得大家笑得前俯后仰，事后又引起大家深深的思索。这固然是由于他采取了讽刺和幽默的形式，更重要的，还因为他揭开了矛盾，把大家的思想引导到事物内蕴的深度。

还有一次是鲁迅任厦门大学教授时，校长常常克扣教学经费。这钱不能花，那钱没有预算，再一笔钱又可以不花。老是这样刁难师生，弄得大家意见很大。

这天，校长又决定把经费削减一半。他把各研究院的负责人和教授们召集起来。一说出削减方案，马上遭到教授们的反对。大家说：“研究经费本来就少得可怜，好多科研项目不能上马，正进行的一些研究工作也日子难熬，不能往纵深发展。再说，许多研究成果、论著因没钱不能印刷，再削减经费怎么得了？不行，不行！”校长根本不认真倾听教授们的意见，他强词夺理，说：“对于经费问题，你们没有发言权。学校是有钱人掏钱办的，只有有钱人才可以发言，在这个问题上应充分重视有钱人的意见。”

校长话音刚落，鲁迅霍地起身，从长衫里摸出两个银币：“啪”的一声放在桌上，说：“我有钱！我有发言权！”接着，他力陈经费只能增加不能减少的道理。论据充分，思路严密，无懈可击，驳得校长哑口无言，只得收回主张。教授们胜利了。

鲁迅先生在这里巧妙地将校长所说的“钱”(即财富，广义的钱)偷换成一分二分的零花钱的狭义的“钱”，从而以两个银币的“钱”为引子提出了自己的理由，使校长无话可说。巧以对方的谬论“只有有钱人才有发言权”，将自己的“小钱”掏出来拿到发言权，既诙谐，又讽刺，又能把意见表达出来，鲁迅不愧为一代大文豪。

以谬制谬实际上是攻守易位，是将对方的观点为我方所用，再用对方观点攻对方，即攻和守的角色转换。

“文革”期间，某地农场召开批判大会，批判一位小学教师打了自己的妻子。台下的群众都知道那位教师的妻子和造反派头头有不正当的男女关系，但敢怒而不敢言。教师的妻子第一个上台控诉丈夫，她说：“他不把我当人看待，把我当成他的私有财产！”在那个时代，“私有”被认为是资产阶级世界观的核心。这篇控诉稿可能经过造反派头头的加工润色，不能说不具有一定的“理论水平”，因为封、资、修的货色最易于激起“革命群众”的公愤。当时台下有一位下乡学生，跃身上台进行批判：“你也是个读书人，是人民教师，怎么能把你的老婆当成私有财产？你的错误是严重的，必须彻底认罪。……”造反派头头频频点头，教师的妻子露出得意的笑容。下乡的学生提高嗓门，继续批判：“……我警告你，今后一定要把你的老婆当成公有财产，否则，只有死路一条！”台下一阵哄笑。“公有财产”，多么辛辣的讽刺，原来批判的矛头是指向那教师的不正派妻子的。造反派头头一看形势不对头，急急忙忙收场了事。

这个引申归谬妙就妙在这个被当作“私有财产”的妻子恰巧与造反派头头有不正当关系，下乡学生巧妙抓住这一点，把不正派妻子“不愿被当作‘私有财产’”的意愿扭曲成“以后要将她当成‘公有财产’”，暗中揭示了她与造反派头头的关系。达到了让造反派头头早早收场的目的。

第二章

提问的艺术

问话热身，消除冷状态

第一次见面，不管出于怎样的目的，总希望尽可能多地了解对方，一个又一个的问题就这样问了出来。殊不知，这样的问话方式会给对方造成不适之感，对你本就不熟悉的另一方，戒心会更重。最开始问话的一方往往觉察不到这种迹象，直到对方表现出明显的回避与提防的情形时，问话方才不得不就自己的问话作一番解释。于是疑云消散，双方的交谈才逐渐融洽。但是，如果在对话的最开始就先讲明自己询问某些事的原因，交流的效果是不是会更好呢？

小超是动漫爱好者，最近又迷上飞机模型的制作，经人介绍认识了一个叫赵彦的模型高手，两人一见面就谈了起来。

小超："听说你是这方面的行家？"

赵彦："也不算吧，只是喜欢玩而已。"

小超："你做这个多少年了？听说这行里的有些人很神秘，之前都是专门做飞机的？飞机的原理是不是很复杂？有没有什么有意思的事透露一下？"

听了小超的这几句话，赵彦的面部表情突然严峻了起来。

"你问这些干什么？我不知道。"

感到对方有明显的抵触心理，小超连忙说道：

"不好意思，我解释一下，我之所以问你飞机原理的事，是因为我最近在学着做飞机模型，我朋友没跟你说？”

赵彦摇摇头：“他只说你想认识我一下，没说具体是什么原因。”

“噢，那就是我的不对了，我应该提前告诉你我那么问的原因的。除了飞机原理，我还想知道咱们国内制作飞机模型的整个状况，经费啊，材料源啊，等等，毕竟我刚接触这个，这方面的知识还非常缺乏，可以吗？”

“当然啊。你一解释我就明白了，不然一见面就问我飞机原理什么的，我以为你是间谍呢。”

“哈哈，我的错，我的错。”

小超就犯了只顾问而没有解释的错误。他的问题让对方疑虑重重，甚至因为问题的敏感怀疑他是间谍。因为有这样的想法，对方的心就会关闭得更严，而交流自然无法畅通。在这个过程中，对方还是一副戒备心，没有把小超当真正的朋友，而小超那样问，也是没读懂对方的表现。

不熟悉的人相见，认知总需要一个过程，切不可因为想急切了解某些问题而忽视了思想“互通有无”的过程。简而言之，就是让对方对你跟他对话的目的有个大概的了解，让他心中有数，他才会对你的问题予以解答。

小超从一开始就问，到后来对问话予以解释，就是感觉到了对方内心的变化：由陌生到抵触，不解释可能更加防备，这样发展下去的后果很可能是不欢而散。小超热情四溢，对方却一直是冷状态。

所以，生活中，当我们与某人第一次见面时，不管有多想了解对方，一定不能忽视问话禁语的问题，要耐下心来慢慢诉说。尤其要注意的是，在一些需要解释的问题之前作出必要的解释，跟对方说明自己这样问的意图。这样才能让他最大限度地敞开心扉说出自己的想法，你也会更加了解这个人。

一个严冬的夜晚，两个人初次见面。

对话一：

“今天好冷啊。”

"是啊。"

"……"

"……"

对话二：

"今晚好冷！像我这种南方人，尽管在这里住了几年，但对这种天气还是难以适应，你感觉怎么样？"

"是啊，我父母虽然是北方人，但我也是从小在南方长大的，在这里还是也不适应。"

"你也是南方的？你是南方哪儿的？"

"我是南方……"

以上两段对话均来自两个陌生人初次见面的情景。在第一段对话里，两人见面说的第一段话非常普通："天很冷啊"、"是啊"。从字面上就能判断出双方的聊天能力一般。

第二段对话则不同。第一个人见面就说自己是在南方长大的，对北方这种寒冷的天气很不适应，然后又问对方感觉怎么样。对方虽不是纯正的南方人，但也是在南方长大的，因此，两个人有共同话题，你来我往间，彼此就会越来越融洽。

从第二段的话中可以分析到，尽管见面的两人一个是纯正的南方人，另一个只是从小在南方成长，父母是北方的。两者虽有差异，但主动问话者故意忽略了这种差异，只强调双方的相似性：都在南方有一段成长经历，对北方寒冷的冬季极不适应。因为有了相似的经历，话题才会越来越多。

心理学上讲，人往往会因为彼此间相似的秉性或者经历走到一起，在认同和被认同的过程中，慢慢由陌生变得熟悉。没有人希望与自己对话的那个人是个和自己没有丝毫相同点的人，那样的话，两人很难有聊得来的话题。甚至，有可能爆发矛盾冲突，这也就是第二段的问话人求同存异的原因。

因为有了相同的地方，第一次见面的两个人才会渐渐有亲切感，慢慢放下戒备的心。此外，消除陌生感的方式还有以下几种：

1. 攀认式

赤壁之战中，鲁肃见诸葛亮的第一句话是：“我，子瑜友也。”子瑜，就是诸葛亮的哥哥诸葛瑾，他是鲁肃的挚友。短短的一句话就定下了鲁肃跟诸葛亮之间的交情。其实，任何两个人，只要彼此留意，就不难发现双方有着这样或那样的“亲”、“友”关系。

例如，“你是 ×× 大学毕业生？我也在 ×× 进修过两年啊。你还记得 ×× 吗？”

“你来自苏州？我出生在无锡，两地近在咫尺，今天得好好聊聊！走，有没有兴趣喝一杯？”

2. 敬慕式

对初次见面者表示敬重、仰慕，这是热情有礼的表现。用这种方式必须注意：要掌握分寸，恰到好处，不能胡乱吹捧，不要说“久闻大名，如雷贯耳”之类的过头话。表示敬慕的内容也应该因时、因地而异。

锲而不舍，由浅及深问到底

在某些沉闷的环境里，没有人愿意开口跟陌生人说一句话，那是出于一种防备心理，在这种时候，该怎么办呢？你也要一直沉闷下去吗？

假如你正坐在火车上，已经坐了很久，而前面还有很长很长的路程。你想与他人讲讲话，这是人类的群体性在作祟，而你要尽力使你的谈话显得有趣和富有刺激性。

坐在你旁边的像是一个有趣的家伙，而你颇想知道他的底细，于是你便搭讪道：

“对不起，你有火柴吗？”

可是他一句话也不讲，只是点点头，从口袋里掏出一盒火柴递给你。你点了一支烟，在还给他火柴时说了声“谢谢”，他又点了点头，然后把火柴放进了口袋里。

你继续说：“真是一段又长又讨厌的旅程，你是否也有这种感觉？”

“是的，真讨厌。”

他回答着，而且语调中包含着不耐烦。

“若看看一路上的稻田，倒会使人高兴起来。在稻谷收获之前的一两个月，那一定更有趣吧？”

“唔，唔！”他含糊地答应着。

这时，如果你再也没有勇气问下去，你们的谈话就会到此为止，沉默就会继续。但如果你不再只是问一些表面问题，而是换一个稍微深入的，能引起他兴趣的话题，对方可能就不再沉默了。

“今天天气真好啊，真是适合踢球。今年秋天有好几个大学的球队都很出色，你对这件事有关注吗？”

这时，那位坐在你身旁的乘客直起身来。

“你看理工大学球队怎么样？”他问。

“理工大学球队很好，虽然有几个老将已经离队，但那几位新人都很不错，对这个球队你也关注？”

“嗯，是的，你曾听到过一个叫李小宁的队员吗？”他急着问。

或许李小宁这个人你听说过，或许没听说过。这都不是关键，关键是李小宁这个人能引发对方的谈话兴趣。你就可以顺着他的话说：“他是一个强壮有力、有技巧，而且品行很好的青年。理工大学球队如果少了这位球员，恐怕实力将会大减。但是李小宁毕业了，以后这个队如何还很难说。怎么，你认识他？”

这位乘客听了这话便兴高采烈、滔滔不绝地谈了起来。

可见，人与人相遇，并不是无话可聊，而是没有找到适合双方的话题。这样的话题常常需要一个试探的过程，而要想经历这个过程，就要有锲而不舍的精神，不能因为一两次的受阻就不再问下去。问得越深、越广、范围越大，就可能找到尽可能多的谈资。挖掘到对方最感兴趣的话题，让原本陌生的两个人逐渐熟悉起来，谈话气氛也会变得融洽。

面对陌生人的时候，为了迅速打开话匣子，可熟练掌握以下几种方法：

1. 从对方的口音找话题

对方的口音可以告诉我们他大概的出生地或者居住过的地方，从此处入手，就可询问相关的风土人情、著名人物等问题，激发对方的谈话欲望。

2. 从与对方相关的物品找话题

对方携带的东西通常跟他的兴趣和爱好有关，从此处入手，更容易打开对方的话匣子。如果对方拿着一本体育杂志在看，一句“你是喜欢体育吗？”就会让双方的距离瞬间缩短很多。

3. 从对方的衣着打扮找话题

一个人的穿着常常反映他的品位，如果从他衣服的品牌开始交谈，沟通或许会更加融洽。

留心关键，反复提问

一位面容忧郁的太太走进一家心理诊所，还没完全落座就对心理医生说：

“医生，快帮帮我吧，我不知该如何是好了，我就要精神崩溃了。”

“太太，你怎么了，你看起来气色不好。”

“我先生每天都很晚才回家，回家也不理我，问他做什么去了他说是加班，但我有时闻到他身上有香水味，加班还用喷香水？我怀疑他背着我做了什么见不得人的事。”

“你说‘你怀疑’？”

“是，我怀疑。他每天都这样，我已经受不了了。”

“但是你确定吗？”

“医生，是女人的直觉，女人的直觉你懂吗？而且在男女双方之间，只有男人可以有外遇，可以拈花惹草，女人却不行。”

“你说‘只有男人’可以？我好像听出了别的什么意思，你能解释一下吗？”

“这很好理解啊，男人什么事做不出来？在以前，大家都觉得男人在外边找女人很风光，但现在不一样了，男女平等嘛。”

“你的意思是女人现在可以和男人一样有外遇了？”

“我不是那个意思，那可能是气话。我只是想表达，我先生瞒着我做这种事让我很生气，我无法容忍！”

“你是说如果你先生告诉你这件事，你就会允许他这么做了是不是？而为了表达你男女平等的观念，你也会找别的男人是不是？”

那位太太还想否认，但看到医生坚定的眼神，也只好不情愿地承认了。

故事中的太太和心理医生是第一次见面，太太是抱着埋怨、发泄不满的情绪，却没想到，最后竟然被医生逼问出令人惊讶的不易察觉的真实意图。他是怎么做到的：只抓对方话里的关键点，着重提问，就可看出对方的端倪。

最开始，医生也不知道对方的真实意图是什么，但是当他听到“我怀疑”、“只有男人”等字眼时，他就马上意识到，这是个有企图心的女人。“我怀疑”反映出她主观性比较强，只会去臆想，“只有男人”则似乎透着某种“醋意”：只有男人可以，我们为什么不行？

这句话应该是那位太太的潜台词，她没敢说出来是因为，她是抱着让医生出几条对付丈夫的对策的心理来的，根本没想到自己会出问题。她可以刻意掩藏自己的心意，在对话中却不能做到完全的没有瑕疵，不露马脚。医生正是利用了这一点，抓住了对方话里仅有的一些迹象大加追问，终于逼出了她的心里话：丈夫有外遇，我也要有外遇。

不管这是生气时的思想还是蓄谋已久的想法，归根结底被医生问了个正着。女人的心态也由此发生了极大的变化：开始的怨恨、受委屈到后来被点破真实意图后的愧疚和不安。试想一下，如果医生在整个谈话过程中没有抓住对方话里的关键点追问不止，而是顺着她的话听下去，问下去，对方的真实意图还能被挖出来吗？结果很可能就是否定的了。

这给我们一个提醒：两个人初次见面的时候，不管对方有着怎样的身份和地位，也不管他将自己说得多么悲惨，切不可偏听偏信，而是要留意对方话里的关键因素，用一种不得结果不罢休的态度问下去，多问几遍，或许真的能问出不一样的内心，而这些内容才真的可能带你走进对方的心里。

反复催问，不给对方拖延之机

办事的时候，有的人虽然在最开始遇到了阻碍，但并不气馁，总是一遍遍去催，一遍遍去问。他们这样问的目的是什么？为什么那么“厚脸皮”呢？

赵普是宋朝的大臣，他曾经做过太祖、太宗两朝皇帝的宰相，是个性格坚韧的人。有一次赵普向宋太祖推荐一位官吏，“皇上，孟飞是一名难得的贤臣，他已为官多年，您是不是该考虑一下他晋职的事情了？”

因为太祖平常不喜欢这个人，对赵普的话没有理睬，赵普并没有灰心，他觉得自己是一心为公，并没有做错。第二天上朝又向太祖提起这件事，请太祖裁定，太祖还是没有答应。

赵普仍不死心，第三天又提出来：“皇上，孟飞的事您考虑得如何？”

赵普三天接连三次反复地提，同僚也都吃惊了，太祖这次动了气，将奏折当场撕碎扔在了地上。

但令人吃惊的是，赵普又默默地将撕碎的纸片一一捡起，回家仔细粘好。第四天上朝，话也不说，将粘好的奏折举过头顶立在太祖面前不动。

太祖真是无可奈何了：“若我不同意，这次你会怎样？”

赵普面不改色：“有过必罚，有功必赏，这是一条古训，谁都不能更改，但皇帝怎么能以自己的好恶而无视这个原则呢？”

听了这话，太祖知道没法不答应他了，就只好准许了赵普的奏请。

求人办事历来是件难事，尤其是面对难啃的骨头时。有些人之所以难以请动，肯定有某种原因。例如故事里的宋太祖，赵普向他推荐的人正是自己讨厌的，面对这样的人，他怎么能够轻易答应呢？但赵普是个非常执着的人，不答应他，他就使出了反复催问这一招。

反复催问就是紧抓一个问题不放，不回复，不给他满意回答，就一直问下去。

在求太祖准许自己的奏请这件事上，赵普一共追问了四次。从第一次到最后一次，追问的程度越来越深。他之所以不放弃，是因为他知道不能给太祖一点拖延的机会，一拖延，事情成功的概率就会很小很小。而求人办事者必备的素质之一就是抗压，遇硬不怕，逢险不惊，能控制自己的情感，喜怒不形于色。

当然，赵普也摸清了太祖的心思，他之所以不答应自己，不是因为那个人的能力不行，只是因为他不喜欢那个人。因为个人的好恶而断送一个人才，是赵普不希望看到的，这也是支持他不断追问下去的原动力。

他对太祖的四次追问完全是对事不对人，没有丝毫的恶意，只是想给国家推荐一名良臣，太祖最后答应他，也是因为看懂了他的这份心思。

生活中求人办事的时候，遇到一时的阻碍在所难免，此时千万不可气馁，如果像故事中的赵普一样锲而不舍，事情就总有办成的一天。

他人之口问出的真言

小张是刚上班不久的新人，这一天因为工作需要，他得向另一个部门的王主任询问某个项目的进展情况。小张想了半天也不知道该怎么开口，自己毕竟是新人，直接问领导某事显得不恭敬，但是项目的事今天必须得问清楚，小张就只好硬着头皮问了起来。

“王主任，有件事想问您一下，您现在手头上的这个项目进展得怎么样了？”

一看是小张，王主任就一副爱答不理的样子，敷衍道：“快了，快了，急什么？”

“不是我急，是公司急，所以能不能把项目的进度跟我说一下？”

小张一直在小心翼翼地催，而王主任就是一副怠慢的样子。就在不知如何是好的时候，小张想起了赵经理，又跟王主任说道：“王主任，可能我刚才没说清楚，是赵经理让我来问项目的事，他很急，您看能不能跟我说一下？”

一听是赵经理让问的，王主任马上就不一样了。

“噢，赵经理啊，好，好，我跟你说一下。其实也不是怠慢你，只是我也很忙，你知道的。”

“行，那就麻烦王主任了。”

“不麻烦，不麻烦。”

刚刚进入职场，每个人都会有一种新鲜感和陌生感，这个时期说话就要注意分寸。面对领导，尤其是求领导为自己办事时更要注意。

例子中的小张就是个工作不久的新人，他尚未打通各种关系的时候就遇到了一个有些棘手的问题：向一位领导询问项目的进展情况，即让他向自己“汇报”工作。按常理来说，项目进展得如何，是由领导问下属的，这次颠倒就给小张带来了麻烦。一五一十地问，有可能得罪领导，不翔实地问，又完不成任务。这就难倒他了。

最开始，小张只能硬着头皮去问，效果不佳，王主任根本不怎么理他。原因只有一个，他资历太浅，根本引不起对方的注意。当他假说是赵经理让他来问的时候，王主任就变了模样。突然变得积极、配合了起来。赵经理是自己的上司，他哪敢怠慢呢？

在这个过程中，王主任有一个由极不配合到极配合的心理变化，变化的诱因就是小张搬出了赵经理这张王牌，“一物降一物”，如果不提赵经理，小张可能不会很快得到对方的答复。

这里面有一个逻辑：当遇到一些确实难办的事的时候，不如借他人之口，行自己之事。小张问王主任工作，是“颠倒”级别。赵经理问，则是顺理成章。王主任最后心理的变化也是因为这个原因。他可以对新人不重视，却不能对领导不尊重，一级压一级就是王主任的心思。明白了这点，新人小张将问话策略用在赵经理身上也就不难让人理解了。

假借他人之名，虽然是假的，却不是欺骗，是为了让产生于工作和生活中的问题尽快解决。有时，求人办事不方便直说，就让第三方替自己说。借帆远航，学会这点，求人之时就会省去许多麻烦。

动机性问题引蛇出洞

面试的时候，招聘方选择的是适合于公司空缺职位的人选，这样的人不仅要业务优秀，为人踏实诚恳，更关键的，他的择业动机要和招聘方相契合。求职者的动机多种多样，有图利的，有图名的，有希望获得出国发展机会的，还有的希望能解决户口的，面对这些复杂的动机，面试官如果把握不好，就很难看清求职者的真正意图，自己也会被蒙蔽。

马林是一家公司的面试官，经他面试的人不少于千人。这天，又有一个面试者来到他面前。

求职者：您好，我是来应聘工作的。

马林点头微笑：你好，你为什么来应聘我们公司呢？

求职者：因为贵公司是行业里的领军者，实力雄厚，是每个人都想试一试的舞台。

马林：来我们公司就是为了这个？

求职者：对，就是为了这个，我现在还是学习阶段，不图其他。

马林：嗯，这不是你的第一份工作吧？

求职者：不是，这是第二份了。

马林：说说上一份工作的情况，为什么辞职？

求职者：那是家小公司，我在那里工作了一年多，还是个普通职员，关键是那家公司的待遇非常不好。

听了这个回答，马林微微一笑：你刚才不是说现在是学习阶段，不图其他的吗？

求职者：呃……呃，我是说对贵公司是这样。贵公司的实力是有目共睹的，我来这儿的目的就是学习和提升。

马林：说一下你选择工作的标准是什么？

求职者：这个嘛，其实我的要求也不多。首先要有一个能施展自己才华的舞台，当我给公司带来收益的时候，也期待能得到相应的回报。

马林：我明白了，你离开上个公司就是因为它没给你应得的回报是吧？

求职者：算是吧，不过对贵公司我不会那样的，在这里我还是以学习为主。

马林：好了，面试先到这里吧，有消息会通知你的。

最后，马林并没有录用那个人。他觉得对方太看重自己的个人利益，而且一开始就在撒谎，不诚实。

马林是个经验丰富的面试官，他知道只有有目的地问，有动机地问，才能问出求职者的真实想法，判断他是不是适合进入公司任职。

按照惯例，马林先问了对方来公司面试和辞去上一份工作的原因。他想看透求职者找工作的动机是什么，是为了待遇、舞台还是发展空间？如果求职者前后给出的理由一致，马林就要看看本公司是不是能接受拥有这样想法的人，如果不一致，说明对方在撒谎，是不可信的，不能录取。

案例中的求职者属于后者，他声称应聘马林的公司是为了给自己一个舞台，是为了学习，除此，并没有其他企图。但当他提到自己辞掉上一份工作的原因时，却说是对方待遇不好。前后矛盾，可见，求职者在故意隐瞒自己的真实动机。

他是个很在乎个人利益的人，但为了能进入马林的公司就故意说不在意这方面的需求。如果马林是个缺乏经验的面试官，很可能会信以为真，一旦将对方录取，不仅是自己的失职，也是对公司的不负责任。

故意掩藏动机的人，在应聘中比比皆是。这样的人，在被问到求职的目的是什么时，对方总会说一些自己有这样那样的情节，能吃苦耐劳，可以接受各种挑战，他来到这就是接受挑战，与公司共同成长之类的话。很明显，这是对方的客套话，他总想用自己身上的闪光点与公司的某一方面相契合，让对方觉得，他是适合这家公司的。对于动机性问题，却只字不提。

遇到这样的求职者，面试官就可直接问其工作动机是什么，并让其具体说明。否则，对方就会继续绕下去，时间也会这样白白浪费。

智力比拼：同一问题多人考量

当一个职位有多个潜在的优秀竞争者时，面试官需要的不仅是一双火眼金睛，更需要针对性强、迷惑性强、假设性强的问题来考量应聘者，用未来工作中可能遇到的问题考验他们，更能够检验这个人的素质和“成色”。

这是公司面试的第三天，依旧由李然来主持。他遇到了一个有些棘手的问题，今天来的这两个人都是经过几轮面试后的佼佼者，各方面看起来都非常优异，但他们其中只能有一个留下来。想了半天，李然决定这样面试他们。

李然：“两位都是经过几轮面试的人了，走到现在这一步非常不容易，今天我只想简单地问几个问题，权当交流一番。因为各位应聘的工作是审计，我有这样一个问题：假如你到总公司旗下的一家子公司去做审计，审计的结果是这家公司在某些方面存在问题，该公司领导面对这样的结果拒绝签字。但临去之前领导告诉你，只有对方签字，任务才算完成，面对这样的情况，你们会怎么办？”

听了李然的问题，甲说：“这个好办，用总公司领导去压他，那样他就会服软签字了。”

李然：“如果这家公司的经理资历不一般，曾经做出过非常突出的业绩，总公司的领导对他也非常器重，面对这种状况，你又该怎么办？”

甲：“那我就说‘国有国法，家有家规。’他能耐再大还能大过公司？再说，有总公司领导给我撑腰还怕什么？”

李然：“你是去工作的还是拿领导压人的？”

甲："我……"

李然看甲无话可说了，就让乙发言。

乙："我想的是，或许是我们自己的审计出了问题，不然人家为什么会平白无故的不签字呢？"

听了乙的话，李然点点头。

"如果真的如你所说，是自己的审计出了问题，你打算怎么办？"

"如果真是自己出了问题，那就马上纠正。给予该公司一个公正的结果。"

此时甲又插嘴道："其实现在很多人都是没事找事，我已经做过一轮严格的审计了，为什么还要听他摆布，他说不对就不对？真不把总公司放在眼里了？"

这话让李然和乙有些尴尬，但李然还是强装笑颜地说："好，你们两个都很优秀，最终的结果会在三天内通知两位。"

还用通知吗？结果明眼人一看就知道了。

在上文的面试故事中，李然为了辨别两个应聘者中哪个更加优秀，采取了情景假设的提问法。他这么做的用意非常明显：同一个问题，不同的人给出的肯定是不同的答案，根据不同的答案，就能判断出对方是个怎样的人。

面对李然的问题，甲的回答是用领导压制对方。说出这种话的人一般有这样的思维：如果他只是公司的一般员工，他的不满多是发发牢骚，背后说说别人的坏话，或是狐假虎威，一旦成为领导，就会盛气凌人，用自己的权势压迫别人，不利于公司内部的团结。就文中的问题而言，他原本料想可以用总公司的领导压对方的气势，不想李然又追问：如果这位子公司经理很受总公司器重，不会受到打压，怎么办？甲就无话可说了，他以权压人的本性就暴露无遗了。

而乙的回答则是从自身出发，从自己身上找问题。这样的人谦虚、认真，做事兢兢业业，不管业务精通与否，态度首先是正确的。态度端正，做事就会顺利很多。麻烦也更容易解决。无论同事或者领导，谁会去找这样的人的麻烦，找他的别扭，闹不愉快呢？

甲和乙虽是两个人，却可看成心态的两个表现面，就像硬币的两面一样。好与坏，优秀与淘汰，在假设性问题中一测便明了。面试人员熟练掌握了这种问话方法后，就不怕看不出应聘者的真心了。

问话跷跷板：两难问题里的权衡之计

这是面试的最后一关，应聘者的业务素质非常优秀，但面试官还是有些不放心：业务优秀不代表他整个人也优秀，他决定再考察一番。

面试官："我现在有一个问题，有一天假如你和上司拜访客户，会谈完毕后客户送给你们两张歌剧演出票，每张价值800元，你先是非常惊喜，后来想到公司规定不许收取客户价值700元以上的礼品，就想送回去。但是你的领导非常喜欢歌剧，面对这种情况，你是按照公司的规定将演出票送回给客户呢，还是遂了领导的意去看演出？"

应聘者："这个问题确实不好回答，是领导愿意看吗？"

面试官："对，是领导愿意看。"

应聘者："那我选择和领导一起去看。"

面试官："公司的规定怎么办？"

应聘者："我觉得做人得灵活，规矩也是人定的。再说了，既然领导愿意看，我为什么要跟他对着干？我不是自讨没趣吗？而且，那也是客户的心意，这样有来有往，也便于以后的合作嘛。"

面试官："你是这么想的？我再问你一个问题，如果那两张演出票换成两叠现金，你该怎么办？领导也喜欢钱，你会不会再遂他的意？"

应聘者："那肯定不会，收钱是违法的，我不会那么做的。"

面试官："但如果领导跟你说，只要咱们都不说出去，就没人知道，而且他用命令的口吻让你收下钱，你做不做？"

应聘者："这……我一时还真不知道该怎样回答。可能要到实际情况中才能做出应对吧。"

面试官：“好，你的面试就到这里，你可以回去等通知了。”

应聘者刚走出门，面试官就在他的简历上打了个叉，他被淘汰了。

上文中的应聘者为什么会被淘汰？业务不精？能力不行？都不是。他是不能遵守公司的规定，没有原则性。一个容易在原则性问题上犯错误的人，没有哪家公司愿意接收。

面试官最初的问题中有两种可能性：收下票是合理的，因为领导爱看；不收票也是合理的，因为公司不许。应聘者怎么选择，体现了他怎样的价值观和个人秉性，是好是坏，一听就明了。

面对面试官提出的问题，应聘者最先说的不是自己的答案，而是确定领导是否真的爱看。他的这个回答反映他的思维在向领导倾斜，或者一开始就站在领导这一边。这种思维背后深层次的投影是：应聘者没有将公司的规定放在心上。他以后的回答也进一步印证了这种观点。他选择和领导一起去看，原因是领导喜欢。但被质问将公司的规章放在哪里时，他的回答竟有些不屑。说规矩是人定的，不要太死板。

这样的回答令人失望，不管他个人的业务素质如何优秀，这样的处事态度和个人理念都给面试官留下了极坏的印象。为了确认自己的判断，面试官又将演出票换成了钱，让对方选择，对方竟然不知如何作答，不知如何回答就是默认或者默许。

一个人面对公司利益和个人诱惑无法选择的时候，这个人的个人素质就是不合格的，面试遭到淘汰也是情理之中的事。

所以，在面试的具体过程中，可以适时地提一些两难问题让对方回答，通过他的回答判断其道德素养是否过硬，是否利欲熏心，一心为己而不为公司和他人。

请求式问话：温和开头好办事

老板总是老板，希望什么事情都由自己决定。作为下属，向老板提要求的时候，应该用商量的口吻去寻求他的意见，这里面的问话技巧就更有学问。

小侯是一家化工公司的财务人员，整天坐在办公室与数字打交道，这与他所学的专业不合。小侯觉得挺没意思，也不是他的兴趣所在，因此，想换个环境，发挥自己的特长。于是在一天上午，他瞄准老板一人在办公室没事干，敲门走了进去。

老板见他进来，知道他肯定有事情，示意他坐下后，问道："小侯，有什么事吗？"

"经理，我有个小小的要求，不知您是否会答应？"他微笑着看着经理。

"什么要求？说说看！"

"我……我想换个环境，想到外面跑跑，可以吗？"

"可你对业务不熟，你想跑什么呢？"经理面有难色。

"业务不熟我可以慢慢熟悉。如果经理能给我这个机会的话，我会好好珍惜，一定不会让您失望。"

听小侯这么一说，经理脸色缓和了许多，问道："你具体想去哪个部门呢？"

"您认为我去公关部合不合适？"经理皱了一下眉，"你原来做财务工作，现在去跑公关……"

"经理，是这样的，我有些朋友在媒体工作，我通过他们的关系，可以为公司的宣传出一份力，这样，对公司不是更好吗？"

经理想了想说："那你先试试吧，小侯，我可是要见你的成绩啊。"

"谢谢经理给我这次机会，我一定好好干！"

于是，小侯成功地调到了公关部，而且工作成绩还相当不错。

当新人和老板提要求时，怎样的问话才能打动他的心？

小侯是个聪明人，当他想调动部门的时候，没有蛮横地向老板提出自己的需求，而是用慢条斯理的语言，用请求和商量的口吻对其说出自己的诉求。

这样的问话让对方备受尊敬，也能让他感受到对方的谦和与恭敬，更重要的是，这样的话让他觉得：对方是在和我商量一件事，而不是命令或要求什么。有了这种心理，上司就更能够接受下属提出的建议。

当经理对小侯调换部门的想法提出质疑的时候，他说出自己有些朋友在媒体工作的事情，对公司工作有利。知道这样的情况，老板的内心就起了变化：最开始被询问能否调动工作的时候是一副不情愿的状态，也不信任对方能够干好。当听说对方的朋友在媒体，对公司日后的宣传有利无弊后，就爽快地答应了对方的请求。

试想一下，如果小侯没有说出有朋友在媒体工作这一有利条件，纵使问得再迫切，老板可能也无法答应他的要求。可见，向老板询问相关情况的时候，要知道对方需要什么，适时地提供出来，才能打动他。当然，这一过程中的态度非常重要。

平时的工作中，如想向上层提意见或要求，还可以运用这样的问话：

“老板，我有个想法，能跟您汇报一下吗？”

“经理，有时间吗？有件事想跟您商量一下可以吗？”

以温和的方式开头，接下来的事情会好办很多。

只是询问，绝不强求

一个优秀的推销员怎样在第一时间抓住顾客的心呢？是凭借自己的伶牙俐齿还是其他的方法？下面的故事可能会给人启示。

一个推销搜鱼器的销售经理威廉在一个加油站停下车，他想给车加点油，然后争取在天黑之前赶到纽约。

就在加完油等待交费的时候，威廉看见自己刚加过油的地方停着 4 辆拖着捕鱼船的车。

他马上返回自己的车上，取出几份“搜鱼器”的广告宣传单，走到每一艘船的船主面前，递给他们每人一份：“我今天不是要向各位推销东西，我认为各位可能会觉得这份传单很有意思。你们上路后，有空可以看一看，打发一下时间，我想你们或许会喜欢这种‘底线搜鱼器’的，最关键的是，这并不耽误多少时间对不对？”

交完费后，威廉一边开车离开，一边笑着向那些人挥手道别：

“不耽误时间的，是不是？”两个小时后，在一个休息站，威廉停下车买了一瓶可乐，就在这时，他看到那四个船主向他疾步走来，他们说他们一直在追赶威廉，但拖着渔船，车速怎么也赶不上威廉，他们告诉威廉他们想要多了解一些搜鱼器的事情。

威廉立刻拿出展示品，向他们做完简单的介绍后，说还可以具体示范给他们看，于是威廉与他们一同走进休息室，他想找个插座，为搜鱼器接上电源，但休息室里没有，最后，威廉在男厕所里找到了插座。威廉一边操作一边解释：“比如在72米深的地方有一条鱼，在船的右舷边35米处也有一条鱼……”

威廉讲得认真而投入，男厕所的其他人感到很好奇，不知道发生了什么事情，也纷纷围了上来。15分钟后，威廉结束了自己的示范，这四个人此时已由听众变成了顾客，恨不得马上把这件演示样品买回去。威廉告诉他们只要去任何一家大型零售店都能买得到，随即又提供给他们一份当地的经销商名单。四个人就满意地走了。

从心理学的角度讲，越强迫某人去做一件事，对方可能越抗拒。越不强迫他，他可能越有了解此事的兴趣。

推销员在向船主散发广告宣传单的过程中，并没有强调对方一定要在某个固定时间段去看，而是说“有时间就看看，不耽误时间的是不是？”这句话给顾客透漏的信息是：对面的这个人并没有要求我一定要看他手里的东西，既然这样，看看也无妨。

有时候，推销员执意让顾客了解自己手中产品的行为会招致对方的反感，而故事里的那句问话，恰恰打消了顾客的这种情绪。给顾客留足空间，就是给你和他的发展创造更大的空间。

很多顾客也会觉得，如果推销员见了面就扑上来，不由分说地介绍自己的产品，顾客从心里就会产生强烈的排斥感：我并没有说要听你的介绍，你为什么还要强迫我听？有了这种想法，消费者就很难再接受推销员说的话。连话都听不进去，还怎么了解产品？

两情相悦的东西才是最好的，在消费者心中，最佳的推销模式也是这样。所以，故事中的只询问不强求，看不看都由他。看似不在乎，实际上巧妙地调动起了对方的兴趣。不然，那几个人也不会追着推销员了解产品的相关信息。

生活中，这样的事情还有很多，当你在推销一款新产品的时候，面对自己的顾客，不要急着跟他说产品有多好，而是先问几句诸如“您好，有没有兴趣看看这个？”“随便看看吧，看几眼又不花费多少精力是不是？”此类的话，消费者的思维或许就会被你慢慢吸引，你的推销也可以在不知不觉中进行了。

高明的问话参谋，强过武断决策者

一位管理顾问想租用昂贵的曼哈顿写字楼。租赁代理知道他的经济情况，就向他推荐了一套又一套的房间。在这个过程中，租赁代理从未想过她的潜在客户会不租房子，她只是在想：哪一套房间最适合我的客户？

在介绍不同的办公室之后，她断定该是成交的时候了。

她把潜在客户带进了一套房间。在那里，他们俯瞰东江，她问道：“你喜欢这江景吗？”

潜在客户说：“是的，我很喜欢。”

然后，这位泰然自若的推销人员又把客户带到另一套房间，“你喜欢天空的美景吗？”

“非常好。”那客户回答。

“那么，您比较喜欢哪一个呢？”

顾客想了想，然后说：“还是江景。”

“太好了，这就是您想要的房间了。”租赁代理说。

事实果真如此，那位潜在客户没有拒绝，真的租用了那套写字楼。

在推销的整个环节中，首先要找到一个潜在客户，然后就是下功夫将潜在客户变成真正的购买者。

假如你正在向一位零售客户推销服装。她喜欢那件衣服却犹豫不决。你说，“让我想想，你喜欢那件深颜色的还是浅颜色的，或者是远处那件有些混搭的？”你不必问她是否想买，你只要假设她想买，并提供几个可能的选择项，供她去选择和判断，而不用替她去决断，除非她有明显的障碍(如没有能力支付)，否则将当场完成销售。

若改变推销方法，问她："你就买那件深颜色的吧？"她很可能会拒绝，因为她不一定喜欢深颜色的衣服，这样的问题一旦问得过多，顾客就可能对你及周围的商品产生厌烦情绪，交易很可能会失败。

顾客之所以会厌倦和排斥，不仅仅是被问得过多，还在于之前的不良销售给其留下了阴影。尾随、强迫等推销方式都会让消费者感到厌烦。忍受过一次，他们就不想再感受那种心烦意乱的感觉，对销售员敬而远之就是很自然的事了。

在上面的故事中，房屋租赁代理并没有尾随和强迫消费者，更没有先入为主地替潜在客户做决定，而只是询问顾客的选择意向。这样的对话轻松、充满善意，推销员应该把更多说话的机会和决定权留给客户，而不是擅自替他做判断。老给客户某些具有明确指向性的答案往往会让他有这样的感觉：是我买还是你买？你不了解我为什么老替我选择？一旦顾客有了这样的想法，交易将很难达成。

所以，在实际推销产品的过程中，你应该向顾客提供更多的选择意向，做高明的参谋，而不是将自己的主观臆断提供给对方，成为武断的决策者。不干涉顾客的选择，才可能以最快的速度完成销售。

头脑博弈：策略性问题揣测端倪

作为一名销售人员，向顾客介绍产品的时候，不能一味地按照对方的需求去说。因为对方说出的需求有时并非出于真心或者自愿，这个时候，就需要有心的销售人员用策略性问题打探出他的真实想法，把握住对方的真心，才能提供给他真正需要的产品。

李毅是一家公司的推销员，他在接到一家企业的订购需求后前去拜访，刘小姐接待了他。

李毅："您好，是您打电话说要订购一台传真机吗？"

刘小姐："是的，公司需要，所以想要一台。"

李毅："您需要什么型号的？或者以前用的是什么型号？"

刘小姐："以前没有用过，这是第一次买，明白我的意思吗？"

李毅："噢，不好意思，我能问一下您为什么不通过电子邮件等方式发送文件呢？"

刘小姐："接收公司邮件的公司大部分都是老资格的企业，他们的经营理念和办事风格虽不能说墨守成规，却也真的有些老旧了，但有什么办法呢？他们是我们的上帝，我们有责任满足对方的需求。而且买传真机的事是经过几个同事商量后得出的结论，买就买吧。"

李毅："但是，我看得出来，您并不是非常情愿，是更倾向于用电子邮件等方式发送文件吗？"

刘小姐："谁说不是呢？我也想过了，发传真也不是经常的事，只是有时忙了发一些，接收传真的第一人也不是老板而是文秘。唉，但是没办法，都已经这么定了，你还是给我介绍一下产品的具体情况吧。"

李毅："刘小姐，既然买传真机的事情不是对方要求您办的，我看也不必非得买。您不妨试试其他的产品？"

刘小姐："你是指什么？"

李毅拿出一套电脑传真软件说："这是一套电脑传真软件，它的优势是自动安装，传送文件准确率高，速度快。价钱还非常便宜，您不妨试试这个。"

刘小姐："哦，是吗？那你给我详细介绍一下吧。"

李毅本以为刘小姐是想订购一台传真机的，但通过交谈得知，对方的真实想法是：我并不十分喜欢传真机，我更倾向于其他新型的传输方法。从这样的想法可以看出，对方需要的只是一种能传文件的工具，传真机只是有些口是心非的表达。那么，李毅是怎么发现这点的呢？首先，他就传真机的问题询问刘小姐，发现对方并不十分精通而且似乎不喜欢回答相关问题，当他询问其他更便捷的传输方式时，刘小姐的精神状态马上好了许多。李毅就马上断定，对方的真实需求跟她刚才的表达有误差，而这种误差如果不去试探性地询问，就不会发现。同时，李毅运用了新旧两种产品的对比法：传真机并不合适您，电脑传真软件更快捷和便宜。两者一对比，进一步把顾客的真实需求挖掘出来。提供给对方的需求才能真正符合对方的心意。

在产品销售的过程中，最让消费者满意的产品不一定是质量最好，外观最漂亮的，却一定是最合消费者心意的。想明白消费者的心意，就要学会用多种途径发掘出对方的真实需求，策略性问题就是方式之一。

策略性问题不是故意套对方的话，而是为了给其提供最满意的需求而采取的一种问话措施，掌握这种问话方式，就能更主动地把握消费者的心理和销售时的主动权。为对方提供最急需、最合适的产品，他还会拒绝你吗？

尊重式提问，巧用倾听

面对第一次上门的顾客，怎样的问话才能打开他的心门？我们可以看看下面这个事例：

一名顾客来到一家家电城，正在仔细地看一款刚上市的电视机。一名销售员走了过来。

“请问，您是想买这款产品吗？”

“只是随便看看。”

“好，您觉得这款产品有什么问题吗？或者有什么不满意的地方？如果有，可以提出来，我帮你解答。”

听了这句，那名顾客看了销售员一眼，笑着说：“你很有意思啊，其他的销售员都是见到一个人就拼命地说这个说那个，你怎么不爱说话，反倒让我说呢？”

销售员笑笑说："您的意见就是我们改进的方向。如果老是我说不让您说，您觉得产品能卖出去吗？"

"好，说得不错。那你给我讲讲这款新产品吧，我现在对它倒是有点兴趣了。"

所有高明的推销员，都躬身实践这个原则而获得丰硕的成果。百货店的柜台小姐也是一样，当销售员与顾客面对面的时候，口若悬河的不应该是卖方，而是买方，我们应该是个倾听者。即使他不说，你也应该多问他这样的话：

"对于这个产品您怎么看？"

"您能说说您的具体意见吗？"

当我们如此请教别人时，不仅表示我们承认他的价值，让他有被重视、被尊重的感觉，更重要的是，他体会到了自己在交易过程中占有主导地位。消费者想领导交易的方向和结果，而不是被领导，他也不想成为意见的被灌输方。而善用倾听，就会让对方相对容易地说出自己的想法，形成一种意见的平等交流。在这种友好融洽的氛围中，买卖协议就更容易达成。在平时的推销过程中，完成简单的产品介绍后，如果对顾客说出"您觉得这件商品怎么样？""您觉得它有什么不足？"这些话，顾客会觉得你是在真心征求他的意见，而不是仅仅为了卖掉一件商品。心灵的互动远远比单纯的言语恭维要有效得多。

所以，倾听，并不仅仅是一种行为，更是一种心理战术。是让对方觉得：我和你是在进行朋友间的交流，是在尊重你的前提下彼此探讨，内容不单单涉及买卖和生意。把顾客当朋友，货品的买卖才会更加顺畅。

销售提问的四大诀窍

问什么，怎么问，会不会问，都是大有学问的。当你张口发问时，应根据你提问的目的及所问事物的性质，选用巧妙的提问方式。一般应注意：

1. 用词准确、贴切

提问时，用词贴切，抠准字眼，方能取得最佳的交际效果。

某售货员与前来的顾客打招呼，开始这样提问："同志，您要什么？"不礼貌的顾客则回答："我要的东西多呐，你给吗？"售货员如鲠在喉。后改问："同志，您想买什么？"青年顾客则笑答："不买还不能看看吗？"售货员啼笑皆非。后又改问："同志，您想看点什么？"终于获得了顾客的理解。

比较以上三个问句，由于选用了不同的动词谓语也就产生了不同的交际效果：第一句中的"要"表意含混且兼有乞讨味；第二句中的"买"将售货员与顾客置于买卖关系之中，并会有迫人购物之嫌；第三句中的"看"则表达了对顾客的尊重并暗示了顾客有自由选择商品的权利，即使不买，也不觉得尴尬。三个不同的动词导致三种不同的局面，由此可见，用词贴切的重要性。

2. 选择恰当句式

问句按句式的结构划分，可分为是非问、特指问、选择问、正反问、猜度问等不同类型。在提问时，应根据不同的内容需要，恰当地加以选择。

有家咖啡店卖的可可里面可以加鸡蛋。售货员原来这样问顾客："要加鸡蛋吗？"后在一位人际关系专家的建议下将是非问改为选择问："要加一个鸡蛋，还是两个鸡蛋？"从此，销售额大增。

又如，你到一家餐馆去就餐，点菜时你问："这鱼新鲜吗？"通常情况下，店主出于营利的需要，即使鱼不新鲜，他也会作肯定的回答，所以你等于是白问了。而如果换一种句式，将是非问改成特指问："今天有什么好菜吗？"老板为了给本店树招牌、扬声誉，他必然会将该店独具特色的拿手好菜介绍给你。显然，特指问句帮你达到了目的。

3. 巧换提问语序

提问时，根据情况来巧妙地改变、调整词语的顺序，可以收到满意的效果。

有两名烟瘾很重的教士，其中一名问他的上司：“我在祈祷时可以抽烟吗？”这个请求遭到了上司的斥责。另一名教士也向上司提出了同样的请求，只是变换了一个词语的顺序：“我在抽烟的时候，可以祈祷吗？”上司莞尔一笑，竟然答应了他的请求。第二个教士的机智表现在他将原问句的状语与谓语的中心词调换了位置，用以表现自己时时处处都在为上帝祈祷的忠诚，因而取得了成功。

“设套”在先，问话里的博弈密语

公司发展到一定阶段可能会遇到这样一个问题：到底是要牌子还是要票子呢？牌子是自己心血的积累，票子同样能换来很多东西，具体遇到这个问题的时候，到底应该怎样选择呢？

在1992年秋天，法国一家大型电器集团中国总代理和随同人员一起来到中国考察，他们的目的就是为了和国际大集团争夺中国市场，为此就需要在国内寻找合作伙伴，很快，他们看中了一家公司。

这一天，该集团的中国总代理径直来到目标公司，与该公司董事长攀谈起来。总代理寒暄几句便开门见山直奔主题，说明了他的来意。

“您觉得咱们两家公司合作的可能性有多大？”

目标公司董事长没有直接回答他，而是想了一下说：“成为贵企业分公司有什么优惠条件？”

总代理的回答很直接：“技术、资金、国际品牌。”

“就这些？”

“我相信这些对你们有足够的吸引力。”

目标公司负责人听后一笑，心想：这三项都是我们急需的，是企业发展的三大要素，特别是这家公司的品牌，令不少低压电器的同行垂涎三尺，但接受别人的品牌就意味着自己多年艰辛创办的牌子将不复存在。

“谢谢贵公司的关注，不过我想知道的是，作为一个中国人，您觉得我们应该尽力去维护自己呕心沥血创出的品牌呢，还是为了一些钱财出卖它？”

此言一出，对方感到十分惊讶，随总代理同行的原国内一家国有企业的领导人禁不住发了话：“小老弟，说实话，我刚刚以为你会答应，没想到是这样。对你的人格和信念我十分佩服，但市场经济是残酷无情的。谁不想创出自己的牌子，可是太难了。”

但是，决定已经做出了，负责人笑着摇摇头，“谢谢，我只能谢谢。”

乍看这件事情：一家国际知名企业想和自己合作应该是件好事，但是仔细一想，对方的合作背后实质上有阴谋。表面是合作，实际为并购，是用对方的品牌吞并我方的品牌。

对方一上来就问中方公司，两家合作的概率有多大。这句话是在试探中国厂商，一家大公司主动和一家规模不大的公司合作，后者势必会在合作过程中作出一些具体利益上的牺牲，更关键的是，大公司有可能会以他们的经营理念更加先进为由，要求后者在诸多决策上听他们的。失去对企业的自主权，这还是合作吗？

意识到这一点，中方代表心里已经有数。但是，他并没有直接将自己的想法说出来，而是先给对方设了一个“套”，询问如果合作，中方将从法方那里得到什么优惠条件。这句问话让法方误以为对方已经动心，随即说出了他们的条件，哪知这是中方的一计，中方人员也在试探对方的意图。

经商问话5法则

做生意有时就是心思和心思的博弈，如何在对话中看透对方并不是每个人都能做到的，以下几种方式或许能给你帮助。

1. 漫天要价

生意场上，如果你是实力较雄厚的一方，可先用漫天要价的方式抬高自己产品的价格，询问对方能否接受，试探他的底细和承受能力。如果对方能够接受，你的利润就会大增，不能接受还有洽谈的余地。

2. 看对身份问话

经商之人形形色色，纷繁复杂，有的财力非凡，有的只是私企小经营者。面对不同的人，问话语气要有所变化。或缓或急，或恭维或威慑。一切都要以实际的生意状况而定。

3. 外交辞令问话

做生意难免涉及钱，因产品的价格讨价还价是常有之事。为了能够获得尽可能多的利润，当双方在价格问题上相持不下时，不妨用外交辞令与之周旋。先将主要问题抛开，询问其他问题，既舒缓了情绪，也借此试探性地了解了对方的底牌。

4. 从细节入手

生意场上，难免有不怀好意的奸商。他们往往说自己的项目如何之好，利润如何之高，实际上就是想骗你的钱。为了辨别他的真假，可以从产品、项目等各个细节去询问，问得越具体，对方的真面目就越可能显露出来。甚至可以编造一个该领域的品牌，询问对方是否知道，如果对方肯定，就说明他是真的图谋不轨。

5. 示弱式问话

有些人在和你谈生意的时候，说自己看中的是你的实力和行业信誉，但他的真实想法可能不是如此。为了看透对方，不妨假说自己最近资金短缺、公司因为业务不畅亏损厉害，看看对方如何反应。如果对方依然想和你合作，或许就是真的诚意十足。如果态度马上发生变化，就说明他是另有目的。

第三章

高效沟通的策略和技巧

从双方投机的话题谈起

有一天，爱默生和他的儿子想把一头小牛弄进牛棚。爱默生用力拉，儿子用力推，但是小牛就是不肯进去，因为它更加喜欢牛棚外面鲜美的草。一位爱尔兰农妇见到这种情形，就把自己富有母性的指头伸进小牛的嘴里，让它感觉到自己在吮吸母牛的乳头。于是，它一面吮吸，一面跟着农妇进了牛棚。这位农妇不会像爱默生那样写散文，但是她却更加懂得小牛需要什么，因而能够轻易地解决这个难题。

第一次世界大战期间，英国首相劳埃德·乔治也用了这种方法来处理人际关系。那时候，一些战时的要人，像威尔逊、奥兰多、克里孟梭等都已经在人们的心目中褪色了，唯有乔治还能够占据重要的领导地位。

乔治说，如果一定要用一个原因来解释的话，那就是他每次在钓鱼之前，都是首先问鱼儿喜欢吃什么。

不错，每个人都有自己的需要。你认为这很幼稚、很荒唐吗？事实上，除了你自己，你不会对任何人、任何事感兴趣。因此，总是和对方谈论你想要的东西，或自己感兴趣的事情，这是极为不明智的。你感兴趣的是你自己的需要，但是如果你想赢得他人的欢心、改善与他人的关系，你就首先要问对方需要什么，看看对方对什么感兴趣。

当然，从对方感兴趣的话题入手，还有一个问题需要解决，那就是，如果你自己对这个问题不感兴趣或者不同意对方的意见怎么办？要知道那样会很容易引起争执。所以，我们在一开始谈话的时候，不但要注意选择的这个话题应是两个人都感兴趣的，而且是双方持有相同意见的。即使你对这个话题并不感兴趣，也至少应该表现出你很感兴趣的样子；假如你对这个问题有不同的看法，你也需要把它藏在心里，不要把它说出来。

从双方投机的话题谈起，这样做会有很好的效果。耶鲁大学已经过世的教授菲尔普在小时候就曾经有过这样的经历。

菲尔普8岁的时候，有一天，他到他的姑妈家串门。晚上，一位中年人也到姑妈家来做客。打完招呼之后，那位先生立即把注意力集中到了他身上。那时候，菲尔普对帆船十分感兴趣，而那位中年人恰好也跟菲尔普有相同的爱好，并且跟他一样，也认为西班牙的帆船是全世界最好的帆船。于是，两个人非常高兴地谈论了许多关于帆船的知识。客人走后，菲尔普依旧十分激动，他兴奋地对姑妈说：“这个人真有趣，居然对帆船有这么大的兴趣。”

但是姑妈说的话却让他大吃一惊。姑妈告诉菲尔普，其实那位客人是个律师，而且他本来对帆船毫无兴趣。

“那么，”菲尔普不解地问道，“他为什么跟我谈了这么多关于帆船的话呢？”

“他是一位绅士，”姑妈说，“是一个很有修养的人。他知道谈论让对方感兴趣的事情并且跟对方取得一致的意见，能够使对方感到愉悦，也能够使自己受到欢迎。”

由此可见，即使你是装着对某一个话题很感兴趣，并且跟对方是一样的意见，这对你的社交也是有很大的帮助的，更不用说你真的如此了。

杜甫洛是一个面包公司的老板，他一直在想办法将自己公司的面包卖给一家大酒店，因为这家酒店不但需求量很大，而且在业内很有影响，可以为他们树立一个很好的口碑。四年以来，公司的销售代表差不多每个星期都去拜访一次那家酒店的总经理，而且租用酒店的房间，但是这些措施都失败了。杜甫洛决定改变一下策略。

他搜集到了这家酒店总经理的许多资料，他惊奇地发现这位总经理原来是美国酒店业协会的会员，而且因为热衷于该协会的活动，成了该协会的会长。而杜甫洛本来就对酒店业有着十分浓厚的兴趣，并且一度想要加入酒店业协会。

这一次，杜甫洛亲自拜访酒店总经理的时候，就以酒店业协会为话题开始了他们的谈话。果然，这位总经理对这个话题十分感兴趣，兴致盎然地跟杜甫洛谈了半个小时。这场谈话无疑使总经理非常高兴。在杜甫洛离开的时候，总经理邀请他加入酒店业协会，杜甫洛则愉快地接受了他的邀请。

在谈话中，杜甫洛并没有向他提起关于面包的事情。但是，几天之后，酒店的一位分部经理打来电话，要杜甫洛把面包的样品和价格表拿到酒店去。

"我不知道你们对总经理用了什么高招儿，"那位经理说，"不过，你们确实已经成功了。"

在一开始的时候，从双方投机的话题谈起，不仅能够打开话题，而且会使对方消除紧张和戒备心理。如果你能够和对方取得一致的意见，对方就会慢慢地接受你，进而接纳你的意见，增进和你的亲密关系。

而如果你选取的只是你自己感兴趣的事情，或者是一个有可能存在较大分歧的话题，那么，你们的谈话就会变得十分糟糕。

善于倾听别人说话

我们每个人都最关心自己，这是人的本性。我们都非常喜欢讲述自己的故事，也喜欢听到与自己有关的东西。在这种心理影响之下，我们总喜欢独自滔滔不绝，完全不顾对方的感受；或者当别人说话的时候心不在焉，根本不去关心对方讲的是什么。即使是看起来沉默寡言的人，他们也很喜欢谈论自己。这种做法是跟别人交谈时最大的忌讳。

如果你想要成为一个受欢迎的人，那么就要学会倾听，要鼓励别人多谈自己；当别人要告诉你一些东西的时候，要认真地倾听。这样，他会认为你是一个明智、领悟力强，并且很有同情心的人。

在古老的东方，充满智慧的中国人用下面这个故事告诉了我们倾听的价值：

一个小国给中国的皇帝供奉了三个一模一样的金人，皇帝非常高兴。但是使者也给皇帝和大臣们出了一道难题，那就是：判断出这三个金人哪个最有价值。这让皇帝和大臣们十分为难。他们想了很多办法，请来珠宝匠称重量、看做工，用尽了各种办法，但是却发现三个金人是一模一样的。

皇帝和大臣们束手无策，于是把这个难题公布到全国各地。皇帝答应，答出来的人将得到重赏。终于，有一位隐居的智者说，如果能让他见到三个金人的话，他就有办法解决这个难题。

皇帝将信将疑地把智者和使者请到宫殿。智者仔细地看了看三个金人，发现每个金人的耳朵里都有一个小孔。于是他拿出三根纤细的铜丝，从金人的耳朵里穿了进去。

结果，插入第一个金人耳朵的铜丝从另外一个耳朵出来了；插入第二个金人耳朵的铜丝从它的嘴巴出来了；只有插入第三个金人耳朵的铜丝掉进了肚子里。于是，智者告诉皇帝说：“第三个金人最有价值。”那位使者连连点头称是。

这则故事告诉我们，最有价值的人，既不是听到什么就左耳朵进右耳朵出的人，也不是听到什么就从嘴巴里说出来的人，而是那个把话放在自己心里的人。心理学家也告诉我们，倾听的价值就是了解对方的心理，使人和人之间形成一种良好的互动关系。有人说：“上帝给了我们一个嘴巴，却给了我们两个耳朵，那就是用来听别人说话的。”这种说法虽然过于夸张，但是的确很有道理。

多年前，从荷兰来到美国的巴克家非常贫穷。在13岁的时候，巴克就不得不离开学校去当童工。他的工作十分繁重，工作时间很长，并且每周只能得到6.5美元。但是巴克从未放弃学习，而是用省吃俭用节省下来的钱买了一本《美国名人传全书》。他抓紧时间读完这本书后，写信给这本书上的名人，请他们说说童年生活中的一些事情。

14岁的巴克是一个善于倾听的人。他鼓励名人讲述自己的童年，并把它们记了下来。他请过爱默生讲述自己的童年；格雷将军给了巴克一张地图，并且邀请他一起吃饭，和他谈了一整夜；他还询问过当时正在参选总统的加菲大将，问他是否在运河上做过童工。他把这些资料整理起来，并且成为这些名人的座上宾客。同时，他吸取了这些名人成功的经验，最后终于也走向了成功。

面对那些激烈的批评者，我们最需要做的就是忍耐和沉默—这并不是一件容易做到的事情，但这也正是成功者和失败者的区别。

纽约电话公司最近遇到了一个麻烦，一位顾客毫无理智地大骂公司的接线员，并且拒绝缴纳电话费。他向媒体写信，恶毒地攻击电话公司，最后还向公众服务会投诉。电话公司不想惹这样的麻烦，于是派了一个说客拜访这位顾客。那位说客后来说：

"我第一次去的时候，那位老先生说了三个小时。以后每次去，我都只带耳朵不带嘴巴。我先后去了四次。第四次去的时候，我圆满地解决了这个问题。他向我们道了歉，答应撤销诉讼，并且缴纳了电话费。"

这说明了什么？那位顾客可能并非真的愿意跟电话公司作对，而是想要得到一种被尊重的感觉。当那位高明的说客满足了他这个要求后，他就立刻不再为难公司了。

享有"世界第一保险推销员"美誉的哈默里，是做保险生意获得成功的第一人。他成功的秘诀就是真诚地倾听客户的谈话。一般情况下，他同客户谈话的时候，往往主要是做一个善于倾听的人；而当客户沉默寡言的时候，他就会想办法提出各种各样的问题，鼓励对方说话。哈默里就是用这样的方法，使自己在一年之内做成了几千万美元的保险业务。

摄影记者伊斯阿克·麦克逊采访过世界各地的许多名人，他成功的方法也是善于倾听。他说："人们之所以不能给别人留下很好的印象，就是因为不善于倾听。我们只关心自己要说些什么，而从来不会等对方把话讲完。许多名人都曾告诉我，他们喜欢的是那些善于倾听别人说话的人。倾听别人谈话的习惯，跟优秀的品格一样重要。"

你在认真倾听的时候，最好能让对方知道这一点。这不但能够鼓励对方继续说下去，而且也能够使自己更容易集中精力。你可以通过以下这些方法来做到这一点：

进行目光交流

在倾听别人说话的时候，你的眼睛最好能够注视他。无论你的地位和身份如何，你都必须这么做，因为只有那些傲慢、轻浮、缺乏勇气的人才不去正视别人。

用语言配合对方

你可以简单地说"是"、"太好了"、"真的吗"这样的表示你的态度的话，你也可以问一些问题，以鼓励对方继续往下说。这些都表明你对对方的谈话很用心。但是，千万不要把别人说话的机会抢过来，除非对方已经说完了。

不要随便纠正别人的错误，因为你不能保证对方说的一定是错的；即使他错了，你的纠正也可能会使他难堪，从而失去谈话的兴致。如果过激的话，你们还可能会争执起来。这样的话，谈话就更没有办法继续下去了。

用肢体语言示意

在和对方说话的过程中，不要让对方以为你已经睡着了。微微地点一下头，或者欠一下身子，好像你要更加仔细地听他说话一样。但是千万不要动作过大，这会使对方认为你在故意捣乱，或者至少分散了对方的注意力。

重复重点词句

比如，对方在说"尼加拉瓜大瀑布很美"的时候，你可以说"确实很美”之类的话。这样，不仅让对方知道你在听，而且也说明你知道他要表达的是什么意思。

对要点进行解释

很多说话者担心对方没有听懂他的意思。因此，你要对要点进行适当的解释，借此来说明说话者已经把话说得很清楚，你已经明白他说话的意思了。

按六个步骤表达意思

我们在表达我们的意思的时候，要注意按照一定的步骤。这样做不仅能够使你有话可说和把话说清楚，而且能够使对方对你的话印象深刻。

大致而言，我们在表达意思的时候，需要按照这六个步骤去进行:

告诉对方你要说的是什么

在结束适当的开场白之后，开门见山地把你要表达的意思说出来。我们所处的时代是一个快节奏的时代。因此，说话的人切不可沉溺于那种冗长、闲散的绪论之中。

现在的人们都很忙碌，他们希望说话的人能够以非常直白的语言、一针见血地指出他想要表达的意思，而不是以他的主题来设置悬念。

他们希望不必拐弯抹角地得到某种知识，并且已经习惯于那种消化过的新闻报道。他们希望听到的话像麦迪逊大街上的那些广告一样——借助了招牌、电视、杂志和报纸，通过一些简洁有力的词语，把发布的信息告诉人们。他们没有耐心等你结束全部讲话后，再去猜测你要讲的究竟是什么。因此，你只有在一开始的时候就告诉对方你要讲的是什么，这样才能强调你所要表达的意思。

有些说话人喜欢在一开始用那种陈词滥调来引起对方的注意，这类话听起来让人生厌。比如，你应该直接告诉对方，在寒冬时开车需要更加小心。

对你的意思进行解释

当你说出了你想要表达的意思的时候，你需要对其进行适当的解释和说明。你可以进行纯粹的理论上的说明，但更好的办法则是运用实例去说明。这一步骤是对前一步骤的深化、详述和说明，因为仅仅一句话是不能让对方明白你的意思的，而必须加以说明。

要习惯于一开始就把自己要讲的主题用实例的形式告诉对方，通过这个例子，可以生动而具体地说明你想要向对方传达的意思。当然，需要注意的是，所举的例子必须是能够说明这个问题的。如果不合适的话，是会误导对方的。

如果你想要告诉人们的是一个事件，你必须告诉他们人物、时间、地点等要素，而且还应该告诉他们这一事件发生的过程；而如果是一个意见的话，你也要向他们深入地说明你的观点。

如果你想要表达“在寒冬时开车需要更加小心”这个意思的时候，你应该解释说：“我想要说的是，寒冬是我们开车时最需要注意的季节，如果稍不注意的话，我们的生命就会有危险。”当然，如果你的意思一目了然的话，也可以省去这一步骤。

为什么这么说

这个步骤对你来说十分重要，甚至可以说是最重要的，因为每个人都可以有他自己的观点，重要的是你如何去说明、论证这个观点。如果说“是什么”是你的观点的话，那么“为什么”就是它的原因。

卡耐基训练班的某位学员就“在寒冬时开车需要更加小心”这个主题，在进行了许多说明后，又举了下面这个例子：

“1949年冬天的某个早上，我带着我的妻子和两个孩子在印第安纳州沿着41号公路开车北上。那时候，车子在镜片一样的冰上缓慢地行驶，我小心翼翼地把着方向盘，因为一点小问题就会使整部车子失去控制。

“我们的车子在冰上开了好几个钟头之后，来到了一条较宽阔的马路上。这时候，路上的冰已经被太阳晒得融化了。因为要赶时间，我踩了变速器。其余的车子都跟我一样纷纷加速，似乎每个人都急着赶往芝加哥。孩子们则高兴地在车子的后座唱起歌来。

“忽然，马路的上坡处深入一片林地。车子爬上坡之后，下坡的地方由于被林地的树木挡住了阳光，那里的冰还没有融化。我意识到危险来临了，想减速，但是却已经来不及了。我前面的两部汽车急速地往下冲，我的车子也一样。汽车滑过路肩，停在了一处雪堤之上。幸运的是，车子并没有翻。但是紧跟着我们滑行而下的车子却正撞在了我的车子侧面，我的车门被撞坏了，并且车窗玻璃也纷纷落在我们身上。”

怎么样？这段描述是否能够说明他的观点？答案无疑是肯定的。他所举的例子真实又生动，这样的例子正好是我们在论证的时候所需要的。

这个意思怎么样

这个步骤是从对方的角度出发，更进一步地说明和解释你的意思。也许对方会对你所说的话表示反对，并且提出几条意见来反驳你。你最好在对方提出反对意见之前，主动想到他们可能会有的意见。

你必须对你的意思进行自我否定，然后去说明这一否定是错误的，并且考虑错在什么地方，这样才能使它更加可靠。对对方来说，它也才会更加可信。经不起质疑的意见是不可靠的，并且很有可能就是错误的。当然，这种思考必须在你准备说话之前就已经做好了。

对对方有什么用

许多推销人员说明了他的产品有很多好处，但是似乎并没有成功。这是因为，他说的固然有道理，但是可能跟顾客根本没有任何关系。对对方而言，最重要的不是有没有道理，而是这个道理跟他是否有关系。

如果他得不到任何有益的东西的话，那么他一定不会对它感兴趣。因此，你有必要告诉对方，你说的这个道理跟他有什么关系。你最好是找一个最适当的理由来打动对方，并且让他既同意你的意见，又会在这个意见的指导下去行动。

重复一遍你要说的意思

有些人讽刺说：“在你结束你的说话之前，提醒一下那些已经睡着的人们该醒醒了。”说话结尾的作用当然不止如此，但是如果真的有人睡着了，你强调一下你的意思，至少能起到一定的作用。因为在现实中，即使你说得非常精彩，也可能因为对方的才智、知识水平等问题，或者因为你的说话时间过长，你的主要观点已经被他们遗忘了。

恰当地提问

在社会交往中，我们需要向别人提问题。当你向对方提出一个问题之后，他会觉得你对他的事情很感兴趣，因此很乐意跟你分享他的经验。

实际上，提问对于促进交流、获取信息、了解对方都有着十分重要的作用。善于提问，你就能够掌握谈话的进程、控制会话的方向、开启对方的心扉。

提问的目的就是要达到一种和谐的氛围。我们从讲话者的角度去提问题，往往能获得良好的沟通效果。因此提问时，要把握好时机，摸清对方的心理脉络，使谈话变成一种互动，使问答能够顺利地进行。不要提对方难以回答或者不愿回答的问题，也不要限制对方的回答。

一位顾客想要买一种适合自己汽车的轮胎，售货员需要先了解一些基本的情况，让我们比较一下以下两种不同的提问方式：

方式一：

服务员：你的车在什么级别的公路上行驶？

顾客：在柏油路上。

方式二：

服务员：你的车一般是在什么级别的公路上行驶？

顾客：一般是在柏油路上，周末可能去一些道路条件不太好的地方。

服务员：也就是说，通常情况下道路条件较好。

顾客：是的，但是我每天都需要翻过一座小山。

服务员：这样的话，车的轮胎会磨损很快的，而且拐弯驾驶对你来说一定非常重要。

顾客：的确如此。

很明显，方式二的服务员得到的信息大大超过了方式一，因此根据方式二提供的信息，服务员为顾客提供的参考一定会更加适合顾客的需要。两句提问，仅仅差了一个词，其结果却出现了这样巨大的差别，可见我们在提问的时候一定要注意技巧和方法。

为了方便起见，我们将提问的方式分为以下几种类别：

正面提问。开门见山地问问题，直接提出你想要了解的问题。

反向提问。从相反的方向提问题。

旁敲侧击地问。从侧面入手，迂回到主题上来。

设问。假设一个前提，启发对方思索，使对方回答。

追问。循着对方的谈话发问。

而根据提问的内容，可以将问题分为开放式的问题和封闭式的问题。如果你提的问题是一个封闭式的问题，比如“你喜欢什么动物？”你得到的信息将会非常少，因为这样的问题通常得到的是“是”、“否”或者另外一些简单的答案。封闭式的问题对于那些打算结束别人啰嗦的说话的人是非常有效的。

另外，当你在帮别人迅速地作出决定，在你想要使别人说得更加简洁一些的时候，它也很有效果。但是如果你希望对方继续把话说下去，维持正常的、热烈的谈话，你最好不要提这种问题。

像上段那个问题，如果换成开放式的问题的话，就可以是“告诉我一些关于你的宠物的信息好吗？”这样，对方的回答肯定是十分丰富的，你得到的信息也比较多，你甚至可以在他的回答中找到可以进一步发问的信息。封闭式问题和开放式问题的一个明显的区别是，前者有诸如“何时”、“何地”、“谁”、“何事”、“为什么”、“是否”等词汇在里面。很明显，开放式问题比封闭式问题应用得更加广泛。

你可能曾经碰到过一些问题，让你不知道该怎么回答。有可能这并不是你的错，而是这样的问题根本就提错了。我们称这些问题为无用的问题——请注意，这些无用的问题都只是说，作为一个问题来说它是“无用”的或者对谈话继续进行是无效的。以下简单介绍几种无用的问题。

导向性问题

如果你问“你认为我们是不是应该……”，这种问题有明显的导向性。实际上，你要得到的答案已经设置在你的问话里了。类似这种问题，我们都称之为导向性问题。作为一个问题而言，它没有任何意义——当然，你可能本来就没把它当做问题。类似的问题还有：

“你不是真的……吧？”

“……是吧？”

“难道你不认为……吗？”

假设性问题

假设性问题实际上是假设一种没有出现过的、实际上没有可能出现的情况，以此来达到自己的目的。这种问题实际上已经包含问话者肯定的、间接的断言了。类似的问题有：

“如果你处在我的位置上，你会不会这么做？”

“如果你像他一样得了第一名，你会想要……吗？”

设定性问题

设定性问题就是先设定某人的状况，然后向他问问题。在多数情况下，这种问题是为了达到压制、强迫甚至打击的目的。这种问题只会引起人们的不适和警惕，因为他们很明显地会感到提问者另有深意。类似的问题有：

“你不是……吗？现在为什么却……”

比如，某人问道：

“你不是认为我们应该抵制日货吗，因为日本人对我国人民不友好？”

“哦，是啊！”

“可是我发现你现在开的是日本车。”

多重问题

多重问题指的是将几个问题合成一个问题提问。这种问题往往导致人们不知道该先回答哪个问题，从而造成了尴尬。更加重要的是，当提问者附加了一些细节时，被问者往往找不到问题的重点。类似的问题有：

“你们是如何相处的？你们在一起有困难吗？你愿意告诉我这些吗？”

提问者提出了一连串的问题，这样无形中造成了紧张的气氛，让被问者不知道该先回答哪个问题，甚至不愿回答。

避免沟通中可能犯的十种过失

在高效的沟通过程中，我们必须避免一些经常犯的错误。这些错误只会使你和他人的沟通出现不愉快，进而影响到你们沟通的效果。下面简单地介绍十种可能犯的过失，至于更多的过失，需要你自己去慢慢地发现。

轻易地评价别人

我们在碰到一件事情的时候，总是会给它下一个判断、作一个评价。在通常情况下，如果别人说出某一件事情的时候，我们总是急于说出自己的意见。我们总喜欢给别人一个“好”或者“不好”的评语，就好像我们的意见是绝对正确的一样。或许我们希望通过评论别人来满足自己的优越感和自尊，因为我们在评论别人的时候，首先就已经自认为取得了评价别人的资格。

任何人都会反感对方采取一种高高在上的姿态。谈话时双方的地位是平等的。他跟你谈的可能只是自己的一个问题，他告诉你并不是因为他需要一个评价——即使这个评价他自己已经得出来了——而是需要对这个问题的解决，或者仅仅是陈述它而已。

当我们不得不发表自己的意见对别人进行评价的时候，我们当然不应该隐瞒自己的意见。但是“你是一个好人”或者“你真可爱”这类评价不会使对方满意，因为这表示你对对方不那么重视。

因此，你必须对他的优缺点进行具体的评价。我们实际上应该“就事论事”，而不要针对某一个人。也就是说，在我们评价一件事情之前，不要带有任何成见，更不要因为一件事就对某人轻易地进行评价。

对别人进行说教

我们每个人并非都是老师，对方也并不都是学生，可是我们总喜欢对对方进行说教。我们总喜欢告诉别人应该这么做，而不应该那么做；这么做是明智的，那么做是错误的、是愚蠢的。我们总是自认为比对方知道的东西要多，看得更加清楚，因此完全有资格告诉别人应该怎么做。原本是一般的谈话，一下子变成了课堂上的教与被教，谈话双方的身份变成了老师和学生。

有时候，我们并不了解对方做一件事情的全部原因，以及做这件事情时的全部情况。当别人犯了错误的时候，我们总喜欢用过于简单的道理去说明他做得不那么正确。指出别人的错误，对我们来说是一件“诱人”的事情，为此，我们即使失去了对方的理解和谈话的和谐气氛也会觉得在所不惜。

你应该试着从别人的角度去看问题，这样，也许你就不会对他进行说教，而是更加倾向于理解、尊重和欣赏他了。即使你想要帮助别人，也不要用说教这种硬气的方式。

揣测别人的心理

在潜意识里，我们都希望成为一个心理学家。我们经常对别人说“你理解得不够”或者“你患了妄想症”。即使我们并没有受过专门的心理训练，我们也似乎有一种天生的“推己及人”（用自己的心理去推测别人）的本领，并且自认为这样做是对的。

要知道，那些心理学家也并不仅仅是从心理上就能推测出一个人的心理特征的，而必须结合相当多的事实，才能谨慎地得出结论。我们好像跳过了这一步。

所以，不要不顾事实而无端地推测别人的心理，你能够看到的仅仅是事实而已，你只有通过事实才能读懂他的心理。

直话直说

我们经常会对别人说：“我这个人是个直性子，说错了话大家别见怪。”好像这样我们就能毫无顾忌地犯错误一样；对方也会有意无意地鼓励我们说：“有话就直说。”

事实是，我们常常因为这样的事情而和别人产生隔膜甚至发生激烈的冲突。当我们在进行谈话的时候，气氛看上去好像很融洽，但是某一天你可能会听到对方对这次谈话不满的评价，这个消息绝对会使你惊讶。

这说明，你的直性子实际上破坏了你们的关系，只是当时没有表现出来而已。

当你直接指出对方的错误，而并没有委婉地把你的意思说出来的时候，你可能并没有意识到你已经不自觉地伤害了对方。与此相同的是，你可能在不适当的场合说了不适当的话，因此给别人造成了伤害。因此，要尽量委婉地把你的意思表达出来。

命令对方做事或者接受你的意见

命令就是当你想要别人做某件事情的时候，你用非常肯定的语气告诉他，让他感到没有商量的余地。你让对方感觉到自己就像一台做事的机器一样。

另外，当你想要别人同意你的意见的时候，你可能会采取一种不容置疑的态度去赢得他的同意。在整个过程中，看起来好像你一直在与对方商量，实际上对方却没有表达自己意见的机会。

这两种形式会使你给人一种威慑的力量，使对方不至于反对你的意见。前一种情况，对方只是做了你让他做的事情，但是他不会调动自己的全部精力去做这件事情，并且只会考虑尽快地结束这件事情，而不考虑其他的因素；后一种情况则导致对方有不同的意见却没有发表出来，但是表面上好像你们已经取得了一致。

因此，你应该真正地去赢得他人的同意，应该让他自己说服自己，把你的愿望变成他自己的愿望。

独自诉说或倾听

有些人喜欢把别人当成一面墙壁，只让自己滔滔不绝，而让对方什么都不做；或者在整个谈话中，他们自己拒不发表任何意见，甚至一直沉默。看起来，他可能并不愿意这样做，而是当时的情形逼得他这样做。

这两种情形都是不可取的。我们都知道，所谓沟通，本来就预设了一个前提，那就是谈话是双方的事情。如果希望完满地谈话，必须两方面都积极地参与进来，共同构建和谐的氛围。在谈话中，“独角戏”是唱不起来的。

不说逆耳的忠言

人们往往以为说出一个人的缺点或错误是让对方不高兴的事情，所以我们通常保持沉默。

在很多情况下，我们确实反对直接地指责别人的错误，因为这将会导致谈话气氛的不和谐，甚至使对方产生敌对心理。但是，这并不意味着要隐瞒他人的错误。当我们发现他人有错误的时候，我们应该利用适当的时机指出来，而不是让它就这样过去。

我们和别人沟通的目的，是为了相互提高和人际关系的圆满。因此，如果你发现了别人的错误，并且用恰当的方法告诉了他，他一般情况下是会欣然接受的，因为说到底，这是为了他的进步。他接受了你的指正，当然会更加感激你，从而与你的关系会更加和谐。

不拘小节

我们在日常的交谈中，常常会犯一些小错误而不去注意。比如，一个人的打扮通常被认为是小节问题而不被顾及。我们考虑的可能是一些所谓的“大问题”，比如一个人要有才华、有知识，而不是究竟该怎么讲话。

这种想法的一个特点是，把那些属于“内容”性的东西的作用无限夸大，而把那些“技术”性的东西的作用无限缩小。殊不知，就是这些小节的东西在时刻地影响着你的说话形象，减低着对方与你交谈的兴趣，甚至引起了对方的反感，进而毁损了你讲话的效果。

说话模棱两可

如果我们不能准确地表达我们的意思，不能使我们一语中的，对方一定会认为我们另有所图。另外，可能你所表达的东西并不是你所想的东西。因此，我们必须注意使我们的意思很明确，并且能够充分地表达我们的意见。

含糊不清的原因就在你的思维，你可能并没有真正弄懂或理清你自己的思想。因此，如果你想要表达清楚，最合适的方法就是整理清楚你自己的想法，然后采用一定的技巧清晰、明确地表达出来。

转移话题

如果你在说话中有情绪化的倾向，或者你想隐藏你的观点，你可能会选择换个话题来谈论。你根本不会去回答对方提出来的问题，而是转换一个话题。当然，也可能是因为你没有注意对方的谈话，所以才不得不另寻一个话题。

毫无疑问，转换话题只有在特定的场合才是适合的。一般情况下，我们不要轻易地转换话题，这会严重地影响你与他人的沟通。比如，对方问："你觉得我们的关系怎么样？"你却回答："我想我们应该去看场足球赛。"你可以想象对方会有什么感受。

掌握应对抱怨的技巧

沃顿在新泽西州近海的一个百货商店买了一套衣服。几天后，他发现这套衣服已经褪色，并且把他的衬衫染黑了。于是，他决定去百货商店问明原因。

百货商店的一个店员接待了他。当沃顿把事情的原委告诉这个店员的时候，这个店员不耐烦地对他说："我们已经卖出了上千套这样的衣服，为什么你是第一个来挑剔的人呢？"这个店员的声音很大，好像在对沃顿说："你在说谎！你以为我们是好欺负的吗？"

讲话被打断的沃顿顿时十分愤怒，他与这个店员争执了起来。这时候另一个店员插话说："所有黑色的衣服，一开始总是会褪一点色，而且这种价钱的衣服都是这样。"

第一个店员怀疑他的诚信，而第二个店员却暗示他买的是次等货，这对他而言是莫大的侮辱。沃顿顿时火冒三丈。他正要大发脾气，这时候，公司的负责人走了过来。

这个负责人诚恳地对沃顿说：“先生，我首先为我的店员的粗鲁向你道歉。但是请告诉我，这究竟是怎么回事？”

沃顿大略地说了事情的经过，并且着重强调了这两个店员十分不友好的态度是使他非常生气的原因。在这一过程中，负责人一直微笑地看着他，一句话也不说，并且仔细地倾听他的谈话。可是那两个店员听了后，又要向负责人辩解什么。

那位负责人站在了沃顿的一边，对她们说：“这位先生的衬衫领子的确是被我们的衣服染黑的。这种不能令人满意的商品，我们怎么能卖出去呢？”然后他又对沃顿说：“先生，我得承认，我起先并不知道这套衣服的质量是如此之差。你认为我们应该怎么做才能使你满意呢？”

本来沃顿打算退衣服的，但是听负责人这么说，就立即打消了退衣服的念头。他对负责人说：“我只是想知道，这套衣服以后还会不会褪色？还有，有没有办法可以补救呢？”

负责人建议沃顿把衣服拿回去再穿一个星期试试，看看情形如何。如果他到时还不满意的话，那么百货公司可以给他换货。于是沃顿这么做了。果然，穿了一个星期之后，他的衣服再也没有褪色。他又恢复了对百货公司的信任。

我们发现，在处理沃顿的这件事情上，百货公司的员工主要采取了两种方法，而取得成功的是第二种方法。那位负责人是这么做的：他耐心地倾听了顾客的抱怨，并且从顾客的角度出发，采取了顾客可以接受的处理办法。

我们希望可以找到一个处理抱怨的普遍的方法，以便能够像那位负责人一样从容地应对抱怨。在现实生活中，我们总会遇到各种各样的抱怨：可能来自一个顾客，他投诉我们的商品有问题；可能来自一个朋友，他抱怨自己的事业遭遇了挫折；也有可能来自一个精力旺盛的人，他没什么别的目的，就是想发泄多余的精力。

我们该怎么处理抱怨？实际上，一个人表现出来的抱怨基本上都与要求被尊重有关。即使是火冒三丈的抱怨者，他们也并不在乎你处理抱怨的结果，而只是希望得到被尊重的感觉。基于此，可以按照如下的顺序来处理抱怨：

了解抱怨

卡恩乘坐了比原定班机早一班的飞机，当她到达机场的时候，她发现到处都找不到自己的行李。她猜测自己的行李在后一班的飞机上——后来证明事实果然如此。第二天，她打电话给机场中心，想提醒一下他们管理系统出了问题。

“你应该把你的抱怨写出来。”机场的工作人员回答道。

“我是想提醒你们可以改进你们的管理系统。”卡恩解释说。

“我们这里并不处理抱怨，你应该把它写出来。”工作人员继续彬彬有礼地说。

“我没有时间，而且我并不是在抱怨。行李我已经取回来了。我只是想让你们知道，如果班机调整的话，你们的行李系统应该作相应的调整。”卡恩说。

“哦，原来是这么回事。但是我还是帮不了你，你得打电话给机场的管理者。”工作人员回答道。

你同意像这位机场的工作人员一样处理抱怨吗？他看起来好像很礼貌地在处理问题，实际上自始至终都没有弄懂对方想要表达的是什么意思，更加重要的是，他似乎对对方说什么毫不在意。

因此，如果你想妥善地处理抱怨，一定要弄清楚对方在抱怨什么。不管对方态度如何，你都需要了解他所抱怨的究竟是什么。

了解抱怨的前提自然是倾听，也就是听他究竟是怎么说的。然后，在你听到的信息中，分辨出哪些是真实的，哪些是虚假的，以及哪些是感觉。

你需要做其他一些事情配合你的倾听。为了鼓励对方说下去，你最好在对方说的过程中，用真诚的目光注视对方，同时点头表示他说的东西有道理（或者你听到了）。如果对方是通过电话与你进行交流的，你需要说一些肯定性的词语如“我明白”之类，来表示你确实已经知道了。你可以问一些你不了解的问题，但是你不要问那些细枝末节的问题，而要问非常重要的问题，因为这类问题是解决纠纷的关键。

给予信息

在听完对方的陈述之后，要负责任地、积极地解决抱怨，或者委托别人解决。千万不要用“请把它写下来”、“我很忙”、“这不是我的工作”之类的借口把对方打发走。你应该给人一种十分诚恳的印象。

首先，你应该向抱怨者表示诚挚的感谢。如果他是一位顾客，你可以感谢他对你工作的支持；而如果他是你的朋友，则可以表示你对他的信任感到十分高兴。这种感谢十分有利于关系的拉近。

其次，告诉对方你打算怎么处理这件事。千万不要说“我一定会慎重处理的”这样的话，这样听起来像是在敷衍对方，而是要告诉对方你打算怎么处理。面对卡恩的抱怨，那位工作人员应该说：“非常感谢你抽时间帮助我们解决问题，我会把这个意见传达给行李中心经理的。”

而对那些必须立即解决的问题，必须马上行动起来，以表示你对抱怨者的意见很重视。

询问对方

一旦确定要处理，你最好询问一下对方再去做。你应当问一问对方，你的解决办法是否令他满意。如果不满意的话，你必须回到第一个步骤，或者听一听他的解决办法。

用请求不用命令

我们已经知道，那些强迫、要求和命令性的语气容易使人产生抵触情绪，而这种情绪正是我们不愿意看到的，因为它将严重地破坏人与人之间的关系。只有在相互尊重的基础上请求而不是命令，才能使交流顺畅地进行。

卡耐基训练班有位叫汤姆森的学员，他亲身经历了这样一个故事：

汤姆森所在的汽车公司修好了6名顾客的汽车后，顾客集体拒绝付修理费。他们并非不承认这个账目，而是认为其中某些项目写错了。事实上，每一个修车的项目单上，都有他们的亲笔签名，因此，公司拒不承认这些账目有差错。

汽车公司信用部的职员去收款的时候碰到了麻烦。他们逐一拜访了每一位顾客，要求他们缴纳未付的账款，并且表示，公司是绝对不会把账目弄错的。这些“错误”，应该都由顾客自己负责。这些职员暗示说，在业务方面，只有公司才是专业的，所以，他们没有必要进行无谓的争辩。结果，职员与顾客吵了起来。

这些账很不幸地将要成为一笔烂账，于是公司打算诉诸法律。这件事情被总经理知道了，他查阅了这6位客户以前的付款记录，发现他们之前并没有拖欠的情况。总经理认为，这些顾客之所以不付款，一定是公司在某个环节上出现了问题。于是，他派出了汤姆森去收这笔欠款。

汤姆森也像信用部的职员一样，逐一拜访了那些客户。但是他绝口不提欠款的事情，而是对他们说，他是来对公司的服务情况进行调查的。他表示，他并不相信公司绝对不会出错，然后他尽量让顾客们发泄不满，而自己只是仔细地听。

最后，那些顾客的情绪好像缓和了许多，于是汤姆森说道：

“我也觉得公司对这件事情的处理不是很恰当，为此我代表公司向你表示真诚的歉意。听了你刚才的话，我为你的忍耐力和力求公平的态度而非常感动。正因为你的宽广胸襟，我才请求你为我做这一点儿事。我相信，你会比其他任何人都胜任这件事情。请你再查下我们公司开给你的账目，因为你比任何人都更加清楚。如果有哪个地方记错了的话，你说该怎么办就怎么办吧！”

结果，他们高兴地核对了账单。这些账单的数额在150美元到400美元之间浮动。其中一位顾客只是付了最低额，他拒绝付来历不明的款项；但是其他5位都尽可能高地付了款项，一点儿都没有让公司吃亏。最奇妙的地方是，两年之内，这6位顾客又买了公司的6辆汽车。

毫无疑问，那些信用员是用合同的权威来命令顾客付款的，而汤姆森却正好相反，他所用的方法是请求他们这么做。比较一下即可看出，他们取得的结果是截然不同的。

用请求而不是命令的语气，有很多不可思议的好处，一旦你发现了这些好处，你就会慢慢地养成请求的习惯。

比如，不要说“不要那么做！”应该说“我觉得这样做不是很好”；不要说“我不喜欢你去做！”应该说“你不介意我让约翰去做吧？”

一个很好的方法，就是在你说话的时候带上一个“我”字，用“我”字可以非常详细地叙述个人行为，并且也能够告诉对方这将会对他造成什么影响，或者为什么这是重要的。用“我”来表达要求对方不要做某事的观点，将会使你的话听起来很平静，而不是在责备或命令他人。

比如，你说：“我真的希望在中午之前拿到这份文件的复印件，你能帮我吗？”如果没有别的原因，对方会非常愉快地回答：“没问题！”

当你打算要对方给你打电话的时候，如果你说：“希望你给我回个电话！”这样说虽然礼貌，但是却带有命令的口气。你不妨说：“如果你给我回个电话的话，我会非常高兴的。”

当你在会上讲话的时候，一位同事打断了你的话，并且对你说：“布朗，我想请教你一个问题。”你为了表示不满，会说：“请不要打断我的演讲。”还是会说：“我把话讲完再跟你讨论，怎么样？”

如果我们要表达的意思是命令对方，你可能会担心用请求的语气与对对方说话会显得威力不足，对方根本就不会听我们的话。

杜鲁门总统曾经非常形象地形容过美国的外交政策：拿着大棒轻轻地走路。劝说他人的时候也可以用这种策略。一开始，我们可以“请求”对方，但是如果对方并不为我们的“请求”所打动，我们再转向“大棒”，即告诉他们不这样做的话会有什么后果。

比如，一开始说“我希望在中午之前拿到这份文件的复印件”，如果对方表示有事不能完成的话，你可以接着说一句“如果到时候拿不到的话，恐怕这次谈判会搞砸的”，对方就会明白这个任务很重要，而他完全会先不做其他的事情，转而做你所命令的这件事情。

十种方法说“不”

你每天都准备和不同的人交往，那些人可能会向你提出各种要求。这些要求有合理的，也有不合理的；有你愿意答应的，也有不愿意答应的。但是，拒绝别人往往被认为是一件不好的事情，因为这往往会导致对方很难堪，破坏你和别人的关系。因此，你应该学会拒绝的艺术。

我们发现,如果你在拒绝别人时,冷冰冰地对对方说“不”等词语,这样一般会伤害对方，增加对方的不快和不满，从而使他在心底抱怨你，进而影响到你和他人的人际关系。而如果你用诚恳的态度、一定的技巧来拒绝对方，这样对方会更容易接受，并且能够减少对你的不满，而你也往往能够得到别人的谅解，并把对方的不快和失望控制在很小的范围内。因此，以下将介绍十种方法，告诉你怎么来说“不”。

先同情后拒绝

当对方向你提出一个要求的时候，你应该告诉他这个要求并不过分，但是因为各种原因，暂时没有办法实现。也就是说，在语言表达上，采取了一种“先肯定后否定”的程序，这是一个通用的、十分有效的拒绝方法。你这样做并不会给对方造成心理伤害，而他也会对你的拒绝表示理解。

一个能力出众而且工作勤奋的员工向你提出加薪的要求，而你却因为各种原因，并不打算给他加薪。如果你直接告诉他：“你的要求太过分了！”这样最坏的结果是导致他跳槽，并使他对你产生厌恶感。但是如果你告诉他，他确实对公司作出了不同于一般人的贡献，他的工作能力十分出色，加工资确实是应该的事情，这样能够产生完全不同于直接拒绝的效果。

比如，你这样对他说道：

“约翰，我知道你是个很棒的员工。上次那么重大的销售任务，你都完成了，简直太棒了！我个人认为，你确实应该加薪。但是，你应该知道，我们本季度整体的销售并没有达到预期的目标，因此，公司方面暂时不会调薪。从个人而言，如果单单为你一个人调薪的话，那么一定会引起其他人的不满，这势必会影响公司的整体发展。我想你不希望出现这样的情况吧？

“所以，我的意思是，我们暂时不会为你加薪，但是这只是暂时的情况。公司一定会认真考虑你的待遇问题的，因为你确实是我们公司不可多得的人才。我有信心，如果你继续为公司创造更好的业绩的话，我们一定会根据你的情况来调薪。到时候，你一定会得到满意的薪酬的。我并不是要求你比现在更加卖力——你已经非常卖力了，这一点相信所有人都看得到。我希望你能够继续保持这样的工作状态，在下个季度结束的时候，我们再一起来看看情况如何。”

告诉对方这么做的后果

不合理的要求可能就是因为它会给你或他人带来不利的影响，因此，在你拒绝他人的时候，你可以告诉他这么做的后果。他可能并没有看到这一因素，或者以为你没有看到。当你把利害关系跟他说清楚的时候，也就说明了你为什么不能答应他。

约翰急匆匆地走到你的面前，要你帮忙把一份文件打印一下。但是你当时正在准备一份更加重要的文件，那些董事们都在等着要这份文件。你会默不作声地把约翰的文件放在一旁，等到他 30 分钟后过来的时候，你再跟他解释你为何还没有完成他的文件吗？这样做不是不可以，但是需要花费你太多的时间和精力。

所以，为了免去许多麻烦，你应该直接告诉约翰：“我现在正在打印董事们的一份文件，他们比你更急着要。如果你不希望我因此而被解雇的话，那么请让我把这份文件打完再说。”

一个销售人员在卖给你一本装帧精美的书之后，还想再卖给你一张光盘。他对你说：“每个人都觉得这本书如果配上这张光盘的话，一定会让自己更加有收获。让我帮你搞定吧，只需要 15 美元而已。”

但是你并不想买，你可以跟他说：“我很感谢你这么替我着想，但是我爸爸说过：‘一旦成交，不要再多要。’我们刚才已经成交了一笔交易啦！”你是在委婉地告诉对方，持续地强力促销可能会危及第一笔交易，那么他就会自觉地降低他的要求。

换一种处理方案

在你说“不”的同时，如果换一种方式清楚地说明这样做不切合实际的话，也可以达到同样的目的。当你的试用期的员工要求转正的时候，而你却认为他并不适合这一工作，如果你直接告诉他：“公司拒绝为你转正。”这样做对吗？当然不对，这是十分愚蠢的做法。实际上，你应该坦诚地告诉他：“约翰，我知道你在这段时间里已经尽了最大的努力，同时也取得了不错的成绩。是的，我们应该给你转正。但是，不知道你发现没有，你做事注意细节、待人态度诚恳，如果在销售部门继续做下去的话，这些优点恐怕都得不到充分的发挥。因此，我认为你非常适合在服务部工作。你有兴趣谈论这件事情吗？”

顾客要求你星期二将所有的货送到他的公司，但是你办不到。你难道会直接对他说“不”吗？实际上，你应该对他说：“我无法在星期二将货全部送到你的公司，但是我可以在星期二将大部分货送到你的公司，其余的星期四之前全部送到；或者我们在星期二的时候把所有的货都凑齐，到时候你可以直接到我们这里来提货。你觉得哪种办法更好？”

诱导对方自我否定

我们知道，如果能够让一个人自己说服自己的话，那么拒绝他就变得好办多了。因此，一个很好的拒绝的办法就是，让对方意识到不应该这么做，从而使他进行自我否定。

一个老客户打电话给市场部经理托马斯，请他在他的部门为自己的女儿安排一份工作。这很明显使托马斯十分为难：一方面，他不能直接拒绝客户，这样的话就会失去这位老客户；另一方面，他又不能答应客户，因为他不但没有权力录用一个人，而且客户的女儿根本无法胜任市场部的工作。托马斯给她安排了一场面试。之后，在打电话回复的时候，托马斯对那位客户说：

“洛宾逊先生，很明显，你的女儿非常聪明，她的写作能力尤其出色，并且，她对艺术有浓厚的兴趣。是这样吗？”

洛宾逊先生回答道：“确实如此。她很小的时候就表现出了很强的艺术气质。”

“那么，”托马斯继续说，“你觉得她最适合什么工作呢？”

“可能，她根本就不适合在市场部门工作吧！”

就这样，洛宾逊先生主动地提出不再麻烦托马斯，决定让她进学校教美术课。

间接原因拒绝

间接原因拒绝，也就是回避对方认为应该被接受的原因而拒绝他。这是因为，如果顺着对方的思维方法推论下去的话，那么似乎真的没有反对他的理由。

一个坚持不懈的求职者打来电话说：“我以十分诚恳的态度再次打电话来，希望你能给我一个机会，让我为你们公司效力。我知道你们公司已经没有多余的名额了，但是我希望你们知道，我将是最卖力的员工，并且，我真的非常希望能够得到这份工作。”

看起来，这样的员工是每个公司都想要的，但是实际的情况是，公司已经没有多余的名额了。你想用什么办法来拒绝他呢？作为公司人事部的负责人，洛克这样回答道：

“先生，我想我们已经一再地告诉过你，不要再把你的时间花在谋求本公司的职位上了。我想你需要明白一点，虽然你有那么多的优点，但是，我们公司想要的是服从公司领导的员工。实际上我已经对你说过多次，我们已经把你的联系方法记下了，如果有需要，我们一定会主动联系你的。这是我以前对你说过的，也是今天想对你说的，如果你尊重我的建议的话，希望你能照办。祝你早日找到工作。”

从对方的立场出发

在拒绝对方之前，要学会从对方的立场去考虑问题。在某些情况下，你完全可以说服对方，你之所以拒绝，是出于为对方考虑的。

如果你的老板交给你一个不可能完成的任务，你打算拒绝他，你可以对他说："如果有可能的话，我可以做到 24 小时连续工作，但是这样势必会影响工作的质量。实际上，你比我更加不希望我们的产品出问题吧？"

避实就虚

将那些要求或问题变成一堆泡沫，这需要有相当的技巧。避开那些实质性的问题，而故意用模棱两可的话回答对方，委婉地表达你的不合作的态度。这在许多外交场合都可以碰到。

一位国家元首圆满地访问了他国之后，在该国领导人的陪同下抵达了机场。这位国家元首诚挚地邀请对方回访本国，那位领导人说："在适当的时候，我们是会访问贵国的。"这就是著名的外交辞令。他并没有接受或拒绝对他国的访问，看起来好像回答了访问是必要的，但实际上并没有说出是否会访问或者什么时候访问，而对方要求回答的正是这些。在听完这句话之后，那位国家元首应该已经明白对方的意思了。

电视上那些政府官员在回答记者的提问时，用得最多的是"无可奉告"。我们在现实生活中也可以这样来回答这类自己不愿回答的问题。你可以用"天知道"、"到时候自然就知道了"这些模糊的方式来拒绝回答对方。

以笑代答

在某些场合，可能你不能用语言拒绝对方，这时候，你的肢体语言就可以发挥它的作用。当别人跟你要求什么的时候，你需要先表明一个态度。用微笑来代替回答，这种古老的方法十分有效，因为它不会弄得双方都难堪。

约翰在演讲的时候，发现一个听众正朝他示意，之后约翰知道原来他是想要提问。约翰并不喜欢他的演讲被别人打断，并且不希望听众被提问分散了精力。于是他朝那位听众笑了笑，然后就把目光移到了别人身上。那位听众会意，于是在演讲结束的时候才问约翰那个问题。

可以想象，如果约翰对那位听众说了点什么，那么听众的注意力一定会被打断。

当别人问你："你喜欢跟阿兰得辛在一起吗？"你一笑置之，别人就会明白你的意思。

把难题留给对方

当对方向你要求什么的时候，你如果感到很为难，不妨把这个问题留给他，也就是请他从你的立场来考虑问题。不要轻易地拒绝对方，而是要让他理解你的处境，这才是不会带来什么副作用的好方法。

你和你的妻子已经约好了明天晚上一起在餐厅共进晚餐，以庆祝你们的十周年结婚纪念日。但是今天，你们公司临时决定举行一个晚会，欢迎一个非常重要的客户。公司决定由你来主持这个欢迎仪式。你会怎么办？

如果你认为结婚纪念日比这个让你锻炼的机会更加重要的话，你必须鼓起勇气拒绝公司的任务，并且告诉领导，你很爱你的妻子，你不希望结婚纪念日里让她感到孤单。这样显然还不够有说服力，你可以这样对你的领导说：

"约翰，你跟我一样都深爱着自己的妻子。结婚纪念日里，我不希望对方受一点点委屈。如果是你的话，你会怎么做呢？"

你实际上把问题推给了对方，在多数情况下，领导会同意你的请求的。

对事不对人

当你拒绝别人的时候，为了不使别人感到难堪，必须让别人了解，你拒绝的是这件事而不是对方本人。我们必须将人和事分开。比如，你不能说"我不能为你做这件事"，而应该说"我不能做这件事"。

某公司的一个业务员造访了他的朋友——另一公司的部门经理，打算请他订购他们公司的纸张。这位部门经理解释说："实在很抱歉，我们公司规定，任何人——包括总经理在内——都不能私自订购任何一家公司的纸张。这些采购工作必须由采购部完成。”这样，那位业务员就不好再提出要求了，因为这一规定针对的并不是他一个人。

批评也要讲艺术

1929 年，美国教育界发生了一件惊天动地的大事，一位刚满 30 岁的年轻人—名叫罗伯特·哈金斯—被聘为芝加哥大学的校长。人们纷纷对此进行批评，认为他太年轻，没有足够的经验来管理一个在全美国排名第四的大学。连本来很客观的报纸，也开始对哈金斯进行批评。

哲学家叔本华的一句话正好能说明这场攻击：“小人常常为发现伟人的缺点而得意。”心理学家研究发现，人们常常通过批评他人来得到某种自我满足。

有太多的例子可以证明这一点。所以，当你打算批评别人的时候，你需要想一想你是不是也想得到一种自我满足的快感。这是一种很无聊的举动，而被批评的人不会有丝毫的感激，他只会对你感到厌恶。

接下来要讲的是这样一种批评：你并不打算用它来满足你的自我优越感，而纯粹是为了对方着想，想要纠正对方错误的意见或想法，弥补他的不是。在此基础上，我们希望能够使我们的批评达到它应该有的效果。

事实证明，如果你真的为了对方着想，对方是不会一直非常固执地坚持自己的意见的—如果你运用了正确方法的话。但是同时，我们不能认为，只要我们的出发点是好的，那么一切都不是问题。这是一种过于简单的想法。

我们每个人都有自尊，而有的人甚至达到了自负的地步。当你指出别人的错误、对别人进行批评的时候，一般的人都会下意识地去维护自己的尊严，从而对你的批评采取抵触的态度。这就是人性的弱点之一。我们必须了解这个弱点，利用恰当的批评艺术，来达到我们批评的目的。

德皇威廉二世是一个骄傲自大、目空一切的皇帝，他曾经说过一些令全世界震惊的话，并且引起了整个欧洲社会的不满。他说：

“我是唯一感觉英国很友善的德国人。我正在建立海军，以对付日本。只要有我一个人的力量，就能使英国不至于被法、俄两国所威胁。英国罗伯特爵士之所以能在南非战胜荷兰人，就是我筹划的。”

事实上，在一百来年的和平时期里，欧洲没有哪位国王能说出这样的话来，可想而知这些话在当时所引起的轰动。各国政府都表达了对威廉二世的不满，德国政治家则十分恐慌。威廉二世也开始感到紧张，并暗示布罗亲王替他受过。

布罗亲王看不惯他的做法，于是说道：“陛下，恐怕没有人相信我会建议陛下说那些话的。”

当他说出这些话之后，威廉二世咆哮道：“你认为我是一头驴，你不至于犯的错误，我却犯了？”

布罗亲王意识到自己犯了一个很大的错误，但是为时未晚，他必须想办法补救。于是，他对威廉二世说：

“陛下，我绝对不是那个意思。你在很多方面都超过了我。不论是在海军知识上，还是在自然科学知识上，我都知道得太少了，而你比我知道的多得多。身为一个亲王，我深感惭愧。”

德皇听到这样的话后，脸上的怒意马上就消失了，露出了笑容。这是因为布罗亲王贬低了自己，抬高了他。德皇握着布罗亲王的手说：“我知道自己在这件事情上做错了，我将承认这个错误。”

一开始，布罗亲王犯了一个很大的错误，他没有在批评之前先赞美德皇，从而引起了德皇的不满。但是，仅仅几句赞美，又使德皇开始高兴起来，轻易地使德皇接受了批评。我们在批评别人的时候，是不是也应该这么做呢？

下面是林肯在1863年4月26日写的一封信，收信人是集国家、人民命运于一身的霍格将军：

“霍格将军：

我已经任命你为包托麦克军队的司令官，并且我相信这样做完全是正确的。但是，我希望你知道，我在一些事情上对你并不满意。你是一个英勇善战的军人，这一点我毫不怀疑，我一向对此十分欣慰。同时，我相信你不会把政治和你现在的职责混为一谈。你的自信是非常有价值的、可贵的精神。

在一定范围内，你的野心对你来说确实是有益无害的。可是，你曾经一度过于放纵你的野心，阻碍了波恩学特将军带领他的军队前进的脚步。这是你对国家、人民以及所有军人所犯的一个极大的错误。

据说，你认为军队和政府需要一位独裁的领袖。但是，我希望你不要忘记，我给你军队的指挥权，并不是想让你成为独裁者，而且以后我也无此打算。

只有那些在战争中取得胜利的将领，才能够成为独裁者。而目前，我的确希望你取得胜利。如果你取胜了，我将会冒着危险将独裁权授予你。

政府将会像协助其他将领一样，尽其所能地协助你。但是，我的确担心你的那种不信任人的思想会传给你的下属和战士，而它将会使你损失惨重。因此，我愿意尽力帮助你，平息你这种危险的思想。因为如果有这种思想存在，那么即使是拿破仑，也不能获得胜利。现在，千万不要轻易地向前推进，也不要急躁，你最需要的是谨慎，以最终赢得我们的胜利。”

林肯写这封信的时候正是内战最黑暗的时候，将领们因为联军屡遭失败，普遍地存在着悲观的情绪。林肯描述当时的情景时曾这样说：“我们现在已经走到了毁灭的边缘，上帝似乎都已经抛弃我们了。我看不到一丝胜利的曙光。”这时候，林肯给霍格写了这封信。

正是这封信改变了霍格这位固执的将领，从而改变了国家的命运。当时霍格因为判断出了差错，犯了严重的错误。但是林肯并没有在一开头就批评霍格，而是对他进行了赞美。即使是批评的时候，他也采用了十分委婉的语气。

辛辛监狱的监狱长罗斯用他自己的经验告诉我们这样一段话："如果你面对一个盗贼或骗子，只有一个办法可以制服他，那就是像对待一个体面的绅士一样去对待他。因为只有这样，他才会感到受宠若惊，进而激发起内心的骄傲，因为终于有人信任他了。"

因此，我们在批评别人的时候，不妨采用一些有技巧的方法，这样才能取得令我们满意的效果。

恰到好处地作出回答

如果说提问是人们沟通中必不可少的一个组成部分的话，回答提问也一样重要。我们经常冷不防地被提问，并且要求作出令提问者满意的回答。有问必有答，一问一答构成了语言交流的重要部分。

我们发现，同样一个问题，人们的回答可能各不相同。这说明回答问题有各种可能性，但是我们似乎应该确认一点：在这众多的可能性中，只有一种是使提问者最满意的；另一方面，在某些场合，比如辩论中，回答者往往并没有给提问者想要的答案。

也许他们因为某种原因，不能或者不想告诉听众答案；也许在回答者看来，从自己的立场出发回答问题才是正确的答案。因此，我们一般认为，问题没有正确的答案，而只有恰到好处的答案——这明显是对回答问题者而言的。

中国人的语言内涵十分丰富，同时也意味着解读语言的多种可能性。有一位中国老人满99岁了，一位政府官员去祝贺她，并对她说："我希望明年能够来给你庆贺100岁生日。"那位老人回答道："怎么不能呢？你的身体不是很好吗？"

其实，那位政府官员的意思是，希望老人能够活到100岁。但是那位老人却理解成了政府官员对他自己的身体的担心。我们在回答对方问题的时候，也通常犯那位老人一样的错误：答非所问。

因此，我们在回答问题的时候，首先应该仔细地听清楚对方要表达的意思。

没有一种问话会要求你在听到问题后一秒钟之内马上给出答案，除非你自己想要表现出你反应很迅速。你完全有时间想一想对方问话的意思，了解他的意图，然后再确定回答的方式和范围，从容地组织答案。

有些人似乎习惯于一边说话一边思考，但是这并不是大部分人能够做到的。一般的人在脱口而出之后，马上就会后悔说出了那样的话，因为那样的话本来不应该说，或者完全可以说得更好。

不要急于回答。你可以试着对提问者的意思进行解释，并且夸赞提问者几句。这会让你真正了解提问者的意思，并且得到他的好感，你还可以利用这些时间好好整理一下你的答案。

对问题作出判断，揭示其隐藏的意图。如果你怀疑对方另有意图的话——不管对你有利还是不利——在没有弄清楚之前，不要直接给出答案，而要问一下对方真正的意图是什么。你可以问他："告诉我你真正感兴趣的是什么？你想让我说的是什么？"

你可以建立一座桥梁，由此进入你的回答阶段。这可以算做解释对方问题的一部分。一位议员被问及："你反对加税吗？"那位议员回答道："这位先生想要知道我是否反对加税。实际上，你真正想问的是，我们是怎样使美国人民更加富裕的。让我告诉你我们对于复苏经济的计划……"这个议员十分巧妙地把对方的问题过渡到自己想要回答的问题上。

这样，你首先要对你的答案进行设计，也就是我们前面所说过的"思维"过程——相对于你把它陈述出来而言。当然，对待一般的问题，你必须用你的知识作出符合客观实际情况的回答。不然的话，就会犯狡辩的错误，从而给人不真诚的感觉。

上面介绍了回答问题时应该注意的一些基本问题。接下来，将就如何具体回答常见的问题给出一些意见：

关于是非型问题。提问者想要你回答简单的几个字，这当然是很容易的事情，但是这类问题往往埋有陷阱，因为简单往往容易导致误解。除非在法庭上，你不需要具体回答是非型的问题，你应该直接回答“是”或“不是”。

关于选择型问题。有人问：“你们公司的目标是增加投入还是减少人员？”这样的问题不好回答，因为答案可能不在他给出的选择项内。不要被提问者提出的问题所干扰，按照事实说吧！对上面问题的回答可以是：“我们的目标是提供最优质的产品。”

关于不能回答的问题。当你被问及那些关于个人秘密等不便回答的问题的时候，你应该直接告诉他为什么不能说出来。你必须给出你的理由，否则将会被认为是不真诚的。

关于倾向性问题。比如，“你不再打你的老婆了吗？”而事实上你并没有打过她；或者“此次调价对你们公司造成了多大损失？”事实上你们公司一点儿损失都没有。

回答这类问题时可以直接跳过对方的假设，用事实说话。

关于问题太多。对方提出一系列的问题的时候，你没有必要一一回答。你应该说：“慢一点，我的朋友。”然后再一次回答一个问题。

让人为难的是那些你不想或者不能作出正面、直接回答的问题，这时候你还可以用以下这些方法来回答：

无效回答

当你不想回答对方的问题的时候，你可以选择这样的回答方式。也就是说，你可以用一些没有实际意义的话回答他。

比如，对方问你：“今晚你要到哪里去？有什么秘密的事情吗？”你却不想告诉他，于是你可以说：“没什么大不了的事。”这样，提问的人就不会再问下去了。

对方问你：“贵国打算什么时候对该国采取军事行动？”你回答他说：“我们已经提交给议会讨论了，我相信他们会本着对国家、对世界人民负责的态度来讨论此事的。至于什么时候，到时候诸位就知道了。”

反转问题

有些问题是比较刁钻的，它可能是一个含沙射影的问题，也可能是一个陷阱。这些问题可能会使你尴尬。在这种情况下，你可以换一个角度想一想。

比如，对方问你：“我没有兴趣继续听下去了。这个问题你已经讲过很多遍了，你觉得还有继续说下去的必要吗？”你可以这样回答：“你觉得你已经完全听懂了吗？”让对方来回答他自己提出的问题。

一个外交官被一群记者围住，被要求就前几天某位议员在国会进行的演讲发表一下意见。那位议员讲的是一个国际政治上的敏感话题。这个外交官回答道：“你们要我说，我当然可以说。但是我的态度全世界的人民都已经知道了，因此，我没有必要把它说出来。”

间接回答

在有些场合里，对方可能会提出一些十分敏感的问题，或者想刺探你的真实意图，或者就是想刁难你，使你不便直接给出回答。这时候，你可以间接地作出回答。

英国首相丘吉尔在20世纪30年代访问美国时，一位强烈反对他的女议员对他说：“如果我是你的妻子的话，我一定会在你的咖啡里投毒的。”丘吉尔轻轻一笑，回答道：“如果我是你的丈夫的话，我一定会把那杯咖啡喝下去的。”

还有一次，丘吉尔因为力主和苏联联合对抗德国，一位记者诘难他说：“你为什么老是替斯大林说好话呢？”丘吉尔回答道：“如果希特勒侵入了地狱，我同样会在下院为阎王讲情的。”

当你在回答问题的时候，态度一定要恳切，要让提问者感到你正在努力、真诚地回答他的问题，而不是在敷衍了事。如果有人在寻求信息，则要表现得很专业，让对方觉得你的答案很可信。

不要把注意力局限在提问者身上。提问者提出了问题，但是这不是你跟他之间的私聊，你需要注意的是，有更多的人在你面前，等待你作出解答，提问者只是为你们提供了一个话题而已。当然，相对于其他听众而言，你还是应该相对多地注意这位提问者。

当你回答了某个问题之后，要保持你一贯的作风，千万不要因此而得意起来。否则，你的听众就会努力在你的回答上找漏洞。

对那些有敌意的提问者，你最好保持你的优雅的风度。不要因为对方提出了一个让人尴尬的问题，你就非常不客气地对待他。你应该冷静地处理这个问题，以便使局势朝对你有利的方向发展。

冷静地处理冲突

我们常常会因为某一件事与对方争吵起来，有时候吵得面红耳赤，甚至最后靠决斗来解决问题。但是只要稍加注意你就可以看到，其实这些争论到最后也没有解决什么问题。事后，只要我们冷静地想一想，就会发现本来没有争吵的必要。因为这些问题本来也不是什么大问题，犯不着这样争吵。

冲突在我们的交谈中是难免会出现的，但是这仅仅是表面现象。实际上，冲突是两个人或者更多的人在看法、方法、目标、方式甚至价值方面的不同所引起的，并不仅仅表现在言语的争论上。我们知道，人与人都是不同的。

哲学家说“这个世界上没有完全相同的两片树叶”，人类则更是如此。在大多数情况下，出现分歧是十分正常的，也是可以解决的。但是人们却往往把这些分歧变为争吵，试图向对方说明对方是错误的、自己是正确的，以至于看起来似乎不可调和，有什么深仇大恨一样。

冲突的形式并不限于争吵，它还有很多表现形式。比如，你把问题的所有责任都推到对方身上，并且开始攻击对方的能力、性格甚至人格，使自己得到了自我满足的快感。

我们知道，这种批评是每个人都喜欢做的，况且它还跟你有关系。这是一种常见的批评和攻击方式。比如，你说话的时候话中带刺儿，让他人觉得受到了侮辱，或是受到了轻视。也许你认为这是一种幽默，但是事实上却伤害了对方。又比如，你试图在解决这个问题的方法上，说明你比对方更加高明，以此显示你的优越感。你的这种强烈的感情使对方反感，你们的目的从解决问题上开始转移，转而变为对各自的评价。

冲突自然也不仅仅包括语言上的争吵，它更多地表现为沟通上存在的问题。当我们没有了解并理解对方的观点、方法、价值、意图的时候，冲突自然就会产生。我们总是习惯以自我为中心，以为每个人都应该按照自己的那一套去做事情和看问题，同时，又对别人的那一套表示不满。这是冲突的本质之所在。

古希腊哲学家苏格拉底的妻子是一个十分彪悍的妇女。一次，她对着苏格拉底大发雷霆，后来居然把一盆脏水对着苏格拉底迎头泼去。但是苏格拉底并不生气，反而说："我知道，雷鸣之后总会有一场暴风雨的。"

别人劝他把这个悍妇休掉，苏格拉底说："善于驯马的人都会选择悍马作为自己训练的对象。因为如果连悍马都驯好了的话，那么其他马自然也不在话下。如果我连她都能忍受的话，还有什么不能忍受的呢？"

我们平常的冲突自然没有这么激烈，而且我们一般人也没有苏格拉底这么好的涵养。为了圆满地解决问题，树立良好的社交形象，追求更高的境界，我们需要学会处理冲突。诚然，有些问题不能改变，或者说不能轻易地改变，比如个人的价值观等，但是只要我们愿意，我们的确能够运用适当的方法处理冲突，以达到我们的目的。

纽约市一个电话公司的策划部经理保罗十分赞同这个观点，他甚至乐观地认为，他的员工的冲突是因为对工作热情而产生的，他十分喜欢这些冲突。他不喜欢那种死气沉沉的工作氛围，而喜欢冲突所带来的新的思想、角度，以及解决问题的新的方法。他说，问题的关键在于如何"有建设性地"处理这些冲突。

一个和那位改良蒸汽机的伟大发明家同名的员工，以保罗和策划部其他职员的名义，给他的同事玛丽发了一封电子邮件，指责她的某一个策划方案存在许多致命的错误。“你应该改正它，”瓦特在信的末尾说，“或者干脆让更加适合的人来做。”

保罗看到这封电子邮件后，直接找到了瓦特，并指出他指责对方错误的方法是不当的，并且，他更加不应该擅用他人的名义。这不是解决冲突的正确办法，如果他需要跟玛丽讨论策划方案，应该用另外一种方式去解决这个问题——保罗并没有告诉他应该采用哪种方式。

一天后，瓦特找到保罗，说他已经跟玛丽当面协商了策划方案存在问题的解决办法，玛丽也已经原谅了他的鲁莽。

我们在解决冲突的时候，需要注意以下一些问题：

弄清楚对方的立场

你可以假设对方的用意是好的，从而更多地从对方的立场去考虑问题，这样你或许能够心平气和地和对方谈论。

你希望别人理解你的决定，同样你也应该理解对方的决定。在没有弄清楚对方的真实用意之前，不要假设对方是意气用事，是为了维护自己的利益。

这些假设往往会把我们引入误解的歧途。把你的眼光更多地放在对方的言语、行动上，不要依靠猜测来评判对方。

在别人说话的时候，冷静下来仔细倾听，这样你才能理解对方想要表达的是什么意思。然后，告诉对方，你完全理解他。不要打断别人的谈话，更不要气势汹汹地指责对方。

寻找共同点

我们可以轻易地了解到，我们与别人产生冲突，都是为了事情的解决。我们和他人的关系是伙伴而不是对手，更不是敌人。

所以，当我们和别人发生冲突的时候，应该积极地找出问题的解决方案，而不是使冲突升级。我们和对方的争吵或者其他的行动，都有可能使我们的注意力从问题本身转移到其他方面。

在讨论中，不管我们冲突的核心问题是什么，在问题上产生了什么不同的观点、方式，关键是要注意问题本身，而不是其他方面。

实际上，冲突在大多数情况下都是在寻找“最佳答案”。事实是，因为人是各不相同的，因此给出的答案也各不相同。我们的争论实际上是在讨论哪一种答案最适合当前的我们。在这一点上，我们并没有什么根本的分歧。告诉对方这一点，并且让他相信事实确实如此。

忘掉一输一赢的思维模式，那只是竞技比赛的特点，并不适合冲突的解决，冲突完全可以实现双赢。

你还可以从其他方面来寻找你们的共同点。比如，经过思考后你会发现，其实你们都是主张用同一种方法来解决问题的，只是你们在某些方面出现了偏差，而这一点本来是可以忽略不计的。

解决问题而不是责备他人

你应该诚恳地表达你的观点。如果你确认自己的方案是最优的，就尽量说服对方，让他也这么认为。光提高嗓门是没有办法说服对方的，更不用说责备对方了，那样只会给你们带来不快和不信任。你的目标是解决问题，而不是为了比较你们谁更加高明。

当你配合他人解决问题的时候，你会发现自己正处在一个十分友好的氛围之中，这种氛围会更加有利于问题的解决。如果一次两次的意气用事是你没有办法克制的话，那么千万不要使它成为你的习惯。

第四章

谈判的艺术

谈判要讲究策略

对于一个谈判者而言，他考虑的是在对方同意的情况下，得到自己想要的东西，这使谈判技巧的运用显得极为重要。我们先看一个谈判失败的例子，也许这更加能够说明问题。

一次，某一家钢铁公司的劳资双方由于第一轮谈判的失败，使情况变得十分糟糕。当时，正像在通常情况下一样，其中的一方说：“我们需要更多。”这当然就意味着对方要给予得更多。这样一来，双方都不会轻易同意谈判条件。工人们最后实行了罢工。而实际上，即使工会取得了胜利，他们所得的补偿也将远远低于自己罢工期间所损失的工资。而对公司来说，他们因为罢工也遭受了很大的损失。对双方而言，他们都是受损的。

在大多数情况下，一次失败的谈判会使双方都遭受损失，而如果运用一定的谈判策略，就能达到一种双赢的效果。

比如，在劳资之间的谈判中，工厂方面答应给对方提高薪水、改善工作环境，而工人们则答应做出更好、更优的产品，提高牛产效率，这样就为对方都带来了利益。

一位职员走进老板的办公室，对老板说：“在这样的工作环境中工作，我要求加薪水。”老板多半会对这个要求表示厌烦，从而拒绝这个要求。但是如果他对老板说：“我希望能够改善工作环境，这样我可能会有更高的工作效率。”老板则会选择为他加薪水。

谈判策略对谈判的成功的确具有很重要的作用。在谈判过程中，应该运用以下的谈判策略：

就事论事

跟你谈判的人，绝不会是你的敌人——如果是的话，你们已经没有谈判的必要了。把对方和你们所谈论的问题分开，否则你将没有办法理智、客观地看待这个问题。不管事实如何，都要想象你的对手是一个理智、有礼貌和讲道理的人，你们正在就共同的利益达成一致的意见，而不是在相互争夺利益。你们正在商量，而不是在争论。

把注意力放到事情上，而不是你个人的感觉和情绪上。不要想当然地认为事情如何，你应该看到实际情况，因为那些主观性的东西往往会影响甚至决定一个人对某件事情的看法。

你们正在处理分歧，因此你需要保持开放的头脑，而不要被成见和思维定式所束缚。就这件事情本身，用正确的方法去思考，而不能你以前怎么样判断或解决这件事情，现在还要那样做。每一件事情都会有它的特殊性——虽然也有不少的共同点，关键在于，你不知道决定这件事情性质的究竟是哪种特点。

因此，你最好实事求是地从讨论的事情本身去思考解决的办法。

告诉对方自己很了解他

在谈判的过程中，许多人担心自己的观点没有很好地被对方所了解。如果你能够让对方知道你对他的观点已经十分了解，甚至告诉对方你知道他观点背后的一些想法，那么效果一定会很好。

要做到这一点，首先需要从对方的立场去思考问题。移情是常用的一种思考方法，它可以帮助你了解对方。试着把自己想象成对方，想象他处在这样的情境之中会有什么想法和感觉、想要得到什么，以及会想什么办法来得到这些东西。但是，千万不要以自己的心理来随意猜度别人。

积极地倾听对方的意见，这一点至关重要。他的语言代表了他部分重要的思维，而他所表达的信息是你了解他的思维的重要渠道。即使他没有把自己的真实想法表达出来，你也可以从语言中找出一些蛛丝马迹。倾听对方的意见当然是了解对方的最直接的手段。

最后，你需要用真诚的态度表示自己很了解他，并且很理解他。如果有必要的话，你可以适当地复述一下他的观点或陈述他的需求。

坦白自己的需求

在谈判的过程中，坦白自己的想法是一个争取别人信任和同意的好办法。每个人都希望别人能够把心里话表达出来，并且坦率地和自己分享他的想法、感受和需要。任何人都喜欢跟真诚、坦率的人打交道，而且这也并不是什么见不得人的事情。

比如，当你在面试的时候，你对主考官说："我没有什么经验，但是这对工作没有很大的影响。我认为对一个人来说，最需要的是能力和奉献精神，而这两点我并不缺。我需要一个证明的机会。"当你毫无保留地把自己的想法表达出来的时候，谈判可能会让你收到意外的好效果。

挑明对方将得到的利益

直接挑明你们的共同利益和对方的利益，这一点胜过千言万语。冲突和矛盾当然意味着一些立场的对立，但是更多的却是共同利益的存在，而这正是人们进行谈判的原因。有时候对方坚持某项要求，并不是因为这项要求很重要，而是因为这种坚持的象征意义很重要。因此，你需要了解哪些是对方真正感兴趣和觉得很重要的利益。在你了解了对方的需求之后，最好反复强调能够满足他需求的那些利益。

运用迂回策略

如果你在谈判的时候遇到了很大的困难，不要灰心丧气，你可以运用前面说过的那种迂回的方法，来达到你的目的。英国人哈利说："在战略上，迂回的包抄常常是达到目的的最佳途径。"这句话恰好说明了迂回的重要性。有时候，直接的方法可能会使你失去方向，而间接的方法却能够达到你的目的。

的确，如果你只想用直接的方法去达到你的目的，有时候会十分困难。当大路走不通的时候，为什么不走小路试试看呢？

列出合适的选项

列出选项意味着谈判进行到了最后，将要进行决策了。对一次谈判而言，这是最关键的时刻。这时候，你已经对谈判的方向非常了解，并且通过深思熟虑已经得出了一些解决的办法。这些选项应该是符合双方的共同利益的——如果仅仅是从你的立场出发，那么它们不会给你带来任何好处。

在列出选项的时候，应该抛弃那种蛋糕只有一种最佳分法的想法，而应该考虑各种方法；甚至你不应该限定蛋糕的大小，而应该想办法使蛋糕变得更大。另外，你也不应该认为只有自己才能取得最大的那份蛋糕，因为这可能使你失去更多。总之，你应该考虑得更加长远和全面一些。

谈判前要做好细节准备

谈判总是会让参加者感到很紧张，这可能是因为谈判的结果直接跟自己的目标，或者更加直接地说，跟自己的利益有很大的关系——那些为自己的公司或者国家谈判的人也同样如此。谈判的成功与否跟谈判者的表现有很大的关系，因此谈判总是充满着悬念。正是这种悬念给了那些出色的谈判者展现自己才能和智慧的机会。

谈判一般分为几个阶段：准备阶段、商谈阶段、建议阶段和决策阶段。这几个阶段毋庸置疑都是十分重要的。但是，在正式谈判之前的准备阶段既是影响到后面几个阶段的重要阶段，也是谈判者完全能够把握的阶段。虽然不能说谈判前的几天甚至几个月的准备工作可以完全决定谈判能否成功，但是有一点是可以确定的：一般而言，不经准备就开始谈判是很难获得有利于自己的谈判结果的——这一点在下面关于谈判前的细节准备的一些说明中也可以得到证明。

在谈判前的准备阶段中，我们需要从以下一些方面去考虑其细节：

提高谈判者的能力

正如我在前面所说的那样，谈判的成功与否在很大程度上取决于谈判者的能力和素质。谈判作为一种说话艺术和说服艺术，对谈判者的表达能力、判断能力、应变能力以及学识等有很高的要求。谈判是一种即时性与尖锐性相结合的说话，能够较好地处理谈判的只有那些有很高素质和能力的谈判者。

谈判者的表达能力当然十分重要。一般而言，谈判双方必须在相对较短的时间内达成一致；并且，如果谈判人数过多的话，那么每个人发表意见的时间一定不是很多，这就更需要谈判者在有限的时间内把自己的观点简洁有力地表达出来。

为了实现谈判目标，谈判者所发表的任何言论都应该有利于自己的目标的达成。另外，谈判需要鼓动对手以及打动对方，所以要求言辞具有强大的感染力。这些都需要谈判者具有十分高明的说话艺术。

谈判者的判断能力十分重要。结合你得到的关于对手的信息，判断出哪些是有用的和重要的，哪些是没有参考价值的和次要的，并从这些信息中判断出对手的实力、要求和可能运用的谈判方法等，这些都需要你具有较高的判断能力。在谈判的过程中，需要通过对手的表现、言语对谈判局势进行整体的判断，进而采取有针对性的应对办法。要根据自己的目标和对方的目标以及双方的共同利益，提供最适当的备选方案，达成最终的谈判协议。这些都跟谈判者的判断力息息相关。

应变能力对谈判者来说也很重要。应变能力是建立在谈判者的判断能力基础上的另一种能力，它使谈判者能够基于自己的判断得出一定的应变办法。在谈判的不同阶段，谈判者需要采取不同的应变措施，使谈判朝自己的目标发展。针对对方不同的反应，适时调整应变措施，甚至适时调整自己的谈判“底线”。这些都需要谈判者具有相当强的应变能力。

除了以上这些能力之外，学识、经验等对谈判者来说也都很重要。遗憾的是，一些谈判者以为只要在谈判之前的几天甚至是几个小时之内做好准备，就能够取得谈判的成功。这种想法太天真了。从某个角度来说，即使在谈判之前没有做好准备，那些综合能力较强的谈判者也能游刃有余地和对手进行谈判，因为这种能力更加基础，也更加重要。

因此，谈判者应该努力提高自己的各种能力。也许对你来说这不是一个好的建议，因为谈判马上就要开始了，现在做这种准备已经太迟了。那么你只能在现有能力的基础上，尽可能出色地发挥，但是我并不能保证你一定成功。当然，如果你打算选择一位谈判者去和别人谈判，拥有这些能力的人选是最合适的。

尽可能地了解对方更多的情况

在谈判之前，通过详细的调查尽可能多地了解对手，对谈判者来说也很重要。既了解自己，也了解别人，这一点可以帮助你使谈判走向成功。

了解对方的情况有助于你做好充分的思想准备，提前研究对策，进而使你在将要进行的谈判中掌握主动权。如果是商业谈判的话，你要了解的信息包括对方公司的业绩、经营状况、资金等，还包括对方谈判者的一些基本信息，如相关经历、性格特征。你可以通过你了解的信息判断出对方可能采取的对策以及可能设置的底线。当然，这些东西都需要在接下来的谈判中加以修正或补充。

一些谈判者认为没有必要这么麻烦。他们相信，对对手一无所知的不足，可以通过试探和了解对方来弥补。这么做的缺点显而易见，不仅表现在时间有限、机会有限，更加重要的是，你的试探可能会给你带来不利的影响。如果你能够在谈判开始之前就了解对方，显然是更加适当的。当然，在谈判的过程中你也的确需要去更深一步地了解对方。

确立自己的目标

实际上，对一个谈判而言，你要做的就是两件事情：确立自己的目标和达成自己已经确立的目标。确立目标是一件十分复杂的事情，因为你要考虑的东西太多，并且目标不一定是确定不变的。

最好的方法是，设定你的底线。实际达成的结果只会在你的底线和对方的底线之间浮动，因此应该把你的目标确定在这两个底线之间。剩下的事情就是不断地使你的目标朝对方的底线方向移动。

为了更加有效地在谈判中达成你的目标，你需要分解你的目标。在多数的谈判之中，整体目标并不是一次就得以实现，而是通过一个个分解的目标来实现的。这些分解的目标会更有可操作性。

调整谈判心态

不论对方是多大的公司或者地位多高的人，还是与他们的合作对你来说多么重要，都不要有不利于谈判的态度和心态。对方能够坐到谈判桌前和你进行谈判，绝对是因为你们有着共同的利益，而且你能够给他一定的好处。这就表明，实际上，你们的地位是平等的，你们正在商量解决问题的方法。因此，你大可不必战战兢兢，让对方感到你在求他。

而如果情况正好相反——你认为自己的地位高过对方或者公司的规模大过对方，他们正有求于你，这对你也是不利的。对方可能会因为你的态度傲慢而拒绝跟你友好地协商，而一旦如此，受到损失的一定也包括你。这个道理跟上面是一样的。

不卑不亢的心态才是谈判者应该有的。这种心态能够使你最大限度地促成谈判的成功，达到自己的目标。

必要的时候可以妥协退让

电器设备供应商泰茨公司生产的电机产品在国际上都处于先进水平，而且型号齐全、服务完善。当公司打算进军波士顿的时候，那里的市场已经被另一家电机生产公司——肯德公司占领了。泰茨公司一直在努力争取，却没有能够占领一席之地。后来，他们了解到伍德公司正打算引进电机设备，于是就派了业务员和对方进行谈判。为了能够打破肯德公司的垄断地位，泰茨公司在价格上作出了很大的让步，最终和对方达成了协议。这种让步虽然让他们开始进入波士顿市场，但是在波士顿的产品价格却比在其他地方的价格低了很多，而且提价也变得十分困难。

这个案例给了谈判者一个印象，那就是在谈判中不能让步，否则对自己会很不利。他们认为，泰茨公司完全可以依靠自己性能先进的产品和完善的服务跟肯德公司竞争，最后也一定会取得胜利。

的确，在谈判中，泰茨公司在价格方面的大幅让步，使得他们以后的经营陷入了不利的局面。但是，他们公司的做法的错误，不在于在谈判中作出了让步，而应该在于他们在价钱方面作出了让步。因此，不能因为这个案例否认让步在谈判中所起的作用。我们完全可以想象，如果泰茨公司咬紧牙关一点儿都不让步，他们肯定就无法进入波士顿市场。

实际上，在谈判的过程中，谈判的双方不可能都没有让步，否则就无法达成一致。既然是谈判，那么就必然存在可以沟通的空间。正如我们前面所说的那样，谈判者只是在尽量争取使达成的协议朝着对方的底线运动，而并非一成不变地进行交谈。可以说，正是让步使谈判变得有意义。

必须强调的是，谈判者的让步也不是没有目的、毫无意义、无原则的妥协退让。有的谈判者在谈判的过程中，不打算作出让步；而与此相反的是，有的谈判者为了达到某个目标，进行了毫无原则的妥协退让。两种做法导致了不同的结果，但是对谈判者来说却都不是好事。前一种做法使谈判者失去了和对方达成协议的机会；后一种做法尽管更加可能和对方达成协议，但是这种协议对己方来说是不利的。

在谈判的过程中，有些时候应该坚持自己的观点，有些时候则应该作出一定的让步。把握好这个分寸是十分困难的。因此，我们在谈判中必须讲究一定的策略，即在必要的时候让步。谈判者在谈判中让步，一般都是希望对方也同样能够作出让步。这样做有两种作用：一是用自己的让步来满足对方的需求，对方才会满足自己的需求；二是表达自己的诚意，表示自己希望协议达成。

在谈判的过程中，应该把让步当成是谈判整体策略的一部分，当成是为了达到自己的最终目标作出的一点儿牺牲。因此，应该有计划、有步骤地进行让步。在谈判开始之前的准备过程中，谈判者应该对自己可以作出的让步和对方可以作出的让步有清醒的认识，而不应该毫无头绪。正如前面所说过的那样，要考虑对方的底线和自己的底线，因为这两条底线是让步的最终参考对象。

是否让步、如何让步，这是关于让步的两个基本因素。下面简单地介绍一些在让步时必须掌握的原则：

最好不要首先让步

在谈判的初始阶段，不要因为急于达成协议而匆忙让步。在大多数情况下，首先让步的人会处于被动的局面，因为这似乎说明他更加希望达成协议，这个谈判对他来说更加重要。在这种情况下，对方一定会更进一步提出自己的要求，在谈判的心理上也会占有优势。

因此，尽量不要首先对对方让步。你必须保持对自己产品或服务的信心，让对方感到自己的实力。当然，在适当的时候，你应该通过让步来表示自己的谈判诚意。但是，你必须让对方明白，自己是不得已才作出让步的—只有这种让步才是积极的让步。

只能在次要问题上让步

因为让步是无关于原则问题的，是为了达到自己的整体目标的，是谈判整体策略的一部分，所以，可以在一些次要的问题上进行让步。这样的让步不会使你作出太大的牺牲，而只会赢得最后的胜利。

与此相对应的是，不能作出原则性的让步。这种让步会使你失去自己的目标，最后无法达成有利于自己的协议。这就好像你跟对手谈了一个小时，结果达成的协议却对自己完全没有好处。这种无原则的让步当然是不可取的。

在损失很小的时候让步

如果那些在次要问题上的让步会导致你损失很大，那你也一定不要让步。在特定的情况下，次要问题的让步可能会带来比原则性问题的让步更加严重的后果。不能简单地用主要还是次要的标准来分析。在很多情况下，次要问题也可能会给你带来无法承受的损失。

每次让步小一点

如果你让步过大，对方可能会错误地估计你的底线，因此你会更加难以取得效果。比如，作为卖方，你如果作了较大幅度的降价，这必然会让对方怀疑你的产品并没有想象中的那么好；而如果你每次都只是采取很小的让步，对方会认为他差不多已经使你达到了底线。因此，你们更加可能较快地达成协议。

估计自己的让步的价值

自己每作出一定的让步，就要判断自己的让步在对方心目中的价值。在此之前，你已经掌握了对方的一些信息，了解到了对方的策略和底线等一些重要的问题，因此，你可以准确地预测到自己的让步所产生的影响。有时候，对你来说是很小的让步，而对方却很在意，这种让步是理所当然应该选择的，而那些连对方看来都并不重要的让步，你也就没有必要让步。

拒绝对方让步的要求

当对方提出让步的要求时，你应该对要求进行仔细的考虑，务必做到慎重地作决定。有时候对方所提的要求对你而言并不是什么大问题，但是有时候却与你的原则相冲突。在后一种情况下，你应该拒绝对方的要求。

不要因为你需要达成协议就轻易答应对方的要求，因为对方也有同样的需求，否则你们就不会坐到一起来谈判了。

在谈判中应该适当地提问

在一次谈判中，卖方和买方进行了如下的对话：

卖方：看起来你好像对我们公司的洗衣机不大满意，我可以知道是什么原因吗？

买方：好的，我不大喜欢你们洗衣机的外形，它看上去好像不是很结实。

卖方：的确如此。如果我们在生产下一批产品时，改变它们的造型，使之能够防腐，你是否会满意呢？

买方：这很好。不过，这样一来，交货时间一定会延迟很多了。

卖方：那么，如果我们能够尽量缩短交货时间，按照你要求的时间交货，你能够马上签字吗？

买方：完全可以。

我们看到，在这次成功的谈判中，由于卖方恰当地提问，最终谈判双方达成了协议。这说明提问在谈判中的确十分重要。可以说，提问在严肃而紧张的整个谈判过程中，自始至终都发挥着重要作用。正如这个案例中的卖方一样，那些谈判高手对提问这一方式的运用有着十分娴熟的技巧。正是这样的提问，使他们始终有力地控制着谈判的方向，牢牢地掌握着谈判的主导权，从而使谈判达成了对他们有利的协议。

那么，提问在谈判中究竟有什么作用？具体地说，有以下一些作用：

开场时投石问路。许多谈判高手在已经做了充分的准备、非常了解对方的情况下，为了获取更加具体、可靠的信息，在谈判开始时都会使用提问这一方式。谈判该采取什么样的策略、对方可能会有什么想法，谈判者都能够在开场的提问中获得一定的信息，然后再利用这些信息去制订或改变自己的谈话策略。

获得信息。提问是谈判者获得对方信息的最直接、最有效的手段。对方的真实情况是什么、需求是什么、想法是什么，都可以通过提问来得到。虽然你也可以通过其他的方式去了解这些信息，但是都不如提问这种方式来得直接和有效（那些谈判前毫无准备的谈判者想必也是这么认为的，他们认为这种方式更好，因此事先并不准备）。不过，我们需要注意对方提供的信息是否真实。

提请对方注意。为了吸引对方对我们提供的信息的注意，你也可以使用提问。提问可以建立自己的观点和对方意见之间的联系，从而使对方认真思考你所表达的观点。比如，“我认为……你觉得是不是这样？”这种方式很自然地会把对方的注意力吸引过来，使对方不得不给你一个答案。因此，即使你的本意并不是想询问对方的意见，而只是表达你的观点，也可以使用提问。

传情达意。当对方谈了一个看法的时候，提问可以传递你对这个看法表示关注的信息，而对方一定会非常热情地回答你的提问，这样就营造了一种和谐的谈判气氛。比如，“我对你所说的很感兴趣，不过我有一个问题……”这表示你对对方所说的东西十分关心，而对方一定也会用同样的关心回报你。

引发对方思考。提问当然能够引起对方的思考。你不能直接地对对方说：“关于我刚才说的，你好好地想想吧！”因为这样说似乎是一个命令；你可以说：“关于我的意见，你有什么看法呢？”这样自然更加容易让对方接受。

谈判结束时作结论。在谈判快要结束的时候，结论可以以提问的形式出现。比如，“现在是不是该到下结论的时候了？”这种问话很明显比说“让我们赶快下结论吧”更加容易得到对方同意。对于后者，对方的回答很可能是“不急，还有些问题没有解决。”

上面提到的是谈判中提问的重要作用。正因为它有这么重要的作用，所以，如果谈判者想要取得谈判的成功，就有必要学习恰当地提问的技巧。总的来说，提问应该使谈判朝对你有利的方向发展。具体来说，在运用提问这一方法的时候，应该注意以下一些问题：

把握恰当的提问时机

提问十分重要，这也恰好说明不能滥用提问这一方法。不要认为随时都可以提问。在提问之前，最好能够仔细考虑提问可能会带来的影响，比如是否会打断对方的思路、影响对方的情绪等等。不要在别人谈兴正浓的时候打断别人的谈话，这样显得很没有礼貌，也会使谈判受到影响。

提恰当的问题

谈判者提的问题一定要有针对性，也就是要提恰当的问题。提问应该把谈判引到某一个方向上去，而不能随意发问。不要因为那些跟谈判没有关系的疑惑去提问题。在谈判中，如果你了解到对方可能对某个问题产生了怀疑，你可以用提问的方式去引导他把自己的疑惑说出来，然后找到合适的说辞进行有针对性的说服。在提出一个问题之前，你最好能够对自己的问题进行思考。要避免那些可能有歧义、让对方不知道怎么回答的问题。前面已经提到过一些无效问题，应该尽量避免提那样的问题。

用恰当的方式提问

我们知道，提问的内容一样，得到的回答却可能不一样。这是提问方式的不同所引起的。提问的方式十分重要，因此，在提问的时候，应该注意用合适的方式提问题，用更加有技巧的方式表达你的问题。一位信徒问牧师："我可在祈祷的时候吸烟吗？"牧师答道："当然不行！"另一个信徒问同一位牧师："我可以在吸烟的时候祈祷吗？"牧师答道："当然可以！"两个相同的问题，却得到了完全不同的回答，这是因为提问的方式发生了变化。

掌握谈判中的应答技巧

有问必有答。如果说提问已经成为贯穿在整个谈判过程中的重要组成部分的话，那么跟它相匹配的应答也有着同样的地位。关于应答的重要性，我们已经在前面说过。而由于谈判在某种程度上具有强烈的针对性，因此应答在谈判中也显得更加重要。

在《新约》里有这样一个故事：犹太人和法利赛人带来了一个通奸的女人，他们当众问耶稣："按照摩西的法律，应该用石头打死这个女人。你说应该怎么办？”这是一个圈套，如果同意的话，耶稣身为一个“救世主”就要为这个女人的死负责任；但是如果不同意，那么他就违反了摩西的法律。于是耶稣说：“你们中如果谁没有犯过错的话，谁就用石头打死她吧！”众人扪心自问，都觉得自己并不干净，于是就走开了。而那个女人也就得救了。

在谈判的时候，有些问题可能不见得比耶稣面对的问题更难回答。耶稣凭借自己的聪明机智巧妙地回答了问题，而有些谈判者却倒在了那些问题面前。

那么，在谈判中该如何回答问题呢？这里将一些应答技巧告诉你们，并且希望你们从此能够从容地应答所有问题。

留下充分的时间进行思考

在回答问题之前，你应该给自己留下充分的时间对对方的问题进行思考。不过，一般来说，在谈判的过程中，对方不会给你充裕的时间让你从容地思考。因为他知道，时间越长，你越能给出对你自己有利的回答。在这种情况下，即使他催促你立即回答，你也可以礼貌地告诉他，你必须对这个问题进行思考，并且需要一些时间。

对问题进行分类

你思考的第一点应该是对对方提出的问题进行分类。也就是说，这个问题是友善的还是不好回答的，甚至是带有敌意的。这三类问题应该有不同的应答方法。第一类问题，像一些基本的信息等，由于对方并没有敌意，而且说出来对你也并没有什么影响，如果你还闪烁其词的话，就显得不够真诚了（甚至有可能是对方拿已经掌握的信息对你进行的试探）。第二类问题虽然没有敌意，但却是你不想回答、不便回答的问题，对方可能是无意之中问的，也有可能是故意这么问的。总之，回答这类问题应该把握好分寸，看是否会对谈判有影响。后面谈论的方法基本上都属于这一类（除非特别指出来的）。第三类问题是发生在你们的矛盾很严重的时候，对方可能因为对你的行为有所不满，对你有敌意，所以问这样的问题。回答这种问题时应该礼貌，不应该采取针锋相对的态度，然后把握好回答的分寸。

转移话题

在有些谈判中，对方可能会直接问你底线问题。如果你回答了这样一个问题，那么你会很明显地陷入被动。对于底线这样的问题，你自然不想这么直接地告诉他，因为在一般情况下，无论哪一个谈判者都不希望谈判结果只是底线。而你一旦告诉了对方你的底线，就已经失去了继续谈判的意义。

对于这样的问题你必须想办法进行转移。比如，对方问你，产品的价格最低是多少。你可以跟他说，你提供的价格绝对不会过高，在你告诉他之前，你打算先介绍一下你们产品的一些优越的性能。这样，你就把话题转移了，从而也为自己赢得了主动权。

模糊回答

对那些不得不回答，但是却难以立即作出回答的问题，你可以使用模糊语言。模糊语言即那种给对方不确定的答案的语言。比如，对方问你价钱最低多少的时候，你可以说："不会高于你能承受的价格。"这种模糊语言显得十分巧妙，既回答了问题，又没有使你陷入被动。

模糊语言能够为自己留有足够的余地。比如在应聘的时候，面试人员问你："你的期望工资是多少？"你不能给对方一个确定的答案，但可以说："2500 到 3500 之间。"这样，显然有可能与对方能给你的工资符合。

延迟回答时间

当对方要求你立即回答某个你不想回答的问题的时候，你可以拖延回答的时间。比如，你可以对对方说："我想，现在还不是谈论这个问题的时候吧！"或者"我现在没有第一手的资料，我想等我查阅完第一手资料的时候再给你一个详尽而准确的答复，这样可能会更好些。"这些理由都具有不可辩驳的说服力，因此你将不会再遇到同样的问题。

不过，延缓时间只能是暂时的。如果你这一次拖延了回答对方问题的时间的话，下一次你就不能再借故拖延了。因此，你最好找一个更好的办法来解决这个问题。

适当地处理对方的错误

在谈判的过程中，由于沟通上的问题，对方可能并没有完整地理解你说的话，因而产生了误解。这是谈判中经常会出现的情况。

一些谈判者在对方误解了自己的情况下采取了观望的态度——如果这种误解有利于自己，他们就视而不见、将错就错；而如果对自己不利，则马上指出对方的错误。这是一种只看眼前而不顾长远的做法。他们害怕自己会受到损失，于是忽视了谈判实际上是以坦诚为基础的，而绝不应该相互欺骗和隐瞒——即使这是被动的。

在这种情况下，正确的做法是，不管对方的误解对自己有利还是不利，都应该委婉地向对方提出来。你不用担心你会因此而遭受损失，那些东西可能并不是你应该得到的。而如果你隐瞒了真实信息，那么等对方发现的时候，你会得不偿失的。

谈判中如何拒绝

谈判就是为了满足双方的要求而彼此参与的过程。每个人的需求不同，因而会展现出不同的行为和表现。虽然我们希望谈判双方能够配合默契，顺利地完成谈判，但是大多数情况下，利益冲突导致的问题还是会不断地发生。鉴于要营造一个平和、融洽的谈判氛围，以使谈判能够成功，我们不能直接拒绝或否定对方，而是必须进行有策略的拒绝。

在下面这个十分经典的案例中，谈判的一方使用了一种极高的拒绝策略，使原本对对方有利的局面变成了对自己有利的。

美国有名的电器生产商海锐公司和另一家不怎么有名的公司进行商业谈判，希望能够把电器设备卖给那家公司。那家公司的三个采购代表看起来像他们的公司一样不起眼，而海锐公司的谈判代表则准备得十分充分，并且似乎十分精于谈判。

海锐公司的谈判代表约翰和他的同伴们的表现是压倒性的。他们在一开始的时候拿出准备好的一大堆图表、图像和数字，无可辩驳地说明了他们公司的电器产品是最合适不过的。等他们介绍完自己的产品之后，两个小时已经过去了。而对方在整个过程中一直安静地坐在沙发上，一句反驳的话也没有，只是默默地听着。

约翰说完之后，吐了一口气，轻蔑地对反应迟钝的对方说："你们觉得怎么样？"

其中一位采购代表彬彬有礼地说道："的确，你讲得十分精彩，但是我们却不大明白。"

约翰惊诧地问道："你们不明白？我们讲了这么久，你们居然说不明白？——那好，你们不明白什么？"

采购代表说道："所有事情。"

锐气十足的约翰感到不可思议，因为他们的介绍是十分详尽而且颇具说服力的，但是他只得问道："你们从什么时候开始不明白的？"

"一开始，"采购代表说，"我们从一开始就不明白。"

约翰又能怎么样呢？于是他问道："你们想要我们怎么样呢？"

"你最好重复一遍吧！"

约翰像泄了气的皮球一样，刚才的那股信心和气势一下子都不见了。对方并没有针对某一点提出反对，他们的沉默就是对所有意见的否决。但是约翰和他的同事们难道会继续用两个小时来重复介绍他们的产品吗？当然不会。采购代表们正是运用这一点巧妙地拒绝了对方，同时也为自己赢得了谈判的主动权。果然，海锐公司的价钱开始下跌，而且形势对他们越来越不利。

这就是拒绝策略的奇妙用处。在谈判中知道何时拒绝、如何拒绝，你会收到很好的效果。有些谈判者担心自己的拒绝会给自己带来不利的影响，因而即使不同意对方的意见，也从不表现出来。他们担心的其实不是拒绝本身所带来的影响，而是拒绝的方法不当带来的。

另外，我们鼓励谈判者进行拒绝，并不意味着他可以随时拒绝对方。谈判者如果不是对对方表示不满，或者想和对方进行争论，就不要轻易地使用拒绝。你必须在恰当的时机进行拒绝，比如，当对方的确非常想要买下你的产品，却因为价钱的问题迟迟作不了决定的时候，你可以对他说："先生，我决定不卖这件产品了。"一般情况下，对方都会提高价钱来购买你的产品的。

究竟该如何拒绝谈判中的对方？以下这些拒绝方法值得借鉴：

援引客观条件的限制

在很多情况下，如果对方给你提出了一个无法回答的问题，而且无论你怎么解释，对方都苦苦纠缠的话，你最好表示自己也爱莫能助——由于客观条件的限制，你无法回答对方的问题。这样能够使对方不再纠缠，并且对你表示谅解。

所谓的客观条件主要包括两个方面：一个是局限于你自身的客观条件，比如技术力量、权限和资金条件等；另一个是社会条件的限制，比如法律、制度和形势等。当然，这两者可以单独使用，也可以综合运用。

先肯定后否定

当对方提出了一个要求或看法而你不能同意的时候，你可以先找出其中合理的部分予以肯定，然后委婉地表示你不能确定其他的部分。"总的来说，你的看法有一定的道理。"以这样的开场答复对方，对方会更加容易接受你的意见。

在谈判的时候，尽量不要使用否定性的词语，即使你需要表达出来，也应该用一种更加有技巧的方式。对每个人都应如此，尤其是谈判的对方。他们是提供给你某种利益的人，一旦遭到了否定，他们就会产生不快，从而产生一种抗拒的心理。

以攻为守

当对方提出某个你不能接受的要求的时候，为了不受到对方的牵制，你可以化守为攻。你可以提及对方在前面拒绝的你的某个要求，告诉对方你可以同意他的这个要求，但是他也必须满足你的那个要求，并说对方的这个要求跟你的那个要求是一致的。这样，即使你同意了对方的要求，也不会有任何损失。

引导对方自我否定

即使对方提出了一些不合理的要求，你也不要针锋相对。有时候，你可以旁敲侧击地暗示对方，让他认识到自己的看法有一定的局限，进而自觉地撤销自己的不合理要求。只有让对方自己否决自己的想法，他才会真心地接受，而不会产生不快。

补偿安慰

如果你不想因为拒绝而引起对方的不快，但是又不得不拒绝，你必须想办法对对方进行补偿和安慰。不论你的拒绝策略有多么巧妙，都终究掩盖不了拒绝了对方这样一个基本的事实。你谈判的对手并不是一个完全理智的人，在某种程度上，对方也可能会因为被拒绝而产生消极的情绪。这时候，你必须想办法进行补偿和安慰。

提出你可以满足对方某一个对你来说无关紧要的要求，或者对你的拒绝表示遗憾。这样，对方的心情可能会好一点儿。充分地表达你的谈判诚意，这一点对你来说很重要。

第五章

幽默的艺术

以其人之道，还治其人之身

以其人之道，还治其人之身，是指按照对方的逻辑去理解或推论，由此及彼，最后物归原主，使其搬起石头砸自己的脚，自食其果。

这种返还幽默法，要善于抓住对方一句话、一个比喻、一个结论，然后把它接过来去针对对方，即把对方给自己的荒谬语言或行为及不愿接受的结论，经逻辑演绎后还给他，以其人之道，还治其人之身。

餐馆里有一位顾客叫住老板：“老板，这盘牛肉简直没法吃！”

老板：“这关我什么事？你应该到公牛那里去抱怨。”顾客：“是呀，所以我才叫住了你。”

顾客按照老板的荒谬逻辑，推论出老板即是“公牛”，让对方哭笑不得，自食其果。

这位顾客所用的幽默方法就是返还幽默法。

返还幽默法一般是对方攻击有多少分量，就以同等的分量还击。软对软，硬对硬，不随意加码。加码过重会影响幽默情趣。

有个顽童见到一位老人骑着一头毛驴由城外进来，闲来无事存心想调皮捣蛋一番。

这顽童在老人骑驴朝着他过来的时候，忽然大声说：“喂！你要不要吃方糖？”

老人见这孩子挺有爱心的，于是高兴地回答：“小伙子，谢谢你，我不吃糖。”

没想到这小子竟然说：“我又不是对你讲，我是对你的驴讲！”

路人听到了都哈哈大笑。

原本以为老人会因为没面子而大怒，没想到他一愣，随即举起手拍了一下驴头说：“你这坏家伙，刚才我问你有没有驴朋友，你还撒谎说没有，坏蛋！”

他又打了驴子一下，在路人嘲讽那小子的笑声中，洋洋得意地走了。

以其人之道，还治其人之身就是要懂得“顺藤摸瓜”、“借竿上树”。

一位阔太太牵着哈巴狗上街，见到衣衫破烂的三毛，想拿他开心取乐，便对他说：“你只要对我的狗喊一声爸，我就赏给你 1 块大洋。”三毛眼珠一转，笑着说道：“喊 1 声给 1 块，要是喊 10 声呢？”“那当然给 10 块了。”阔太太不假思索地答道。三毛躬下身去，顺着狗毛轻轻抚摸，煞有介事地喊了声：“爸！”阔太太妖里妖气地笑了一阵，随手给了三毛 1 块大洋。三毛连喊 10 声，阔太太很爽快地赏了三毛 10 块大洋。这时，周围挤满了看热闹的人。三毛傻笑着向阔太太点了点头，故意提高了嗓音，长长地喊了一声：“谢谢，妈——”围观的人大笑不止。阔太太面红耳赤，目瞪口呆，半晌方才醒过味来。

故事中的三毛就是使用了“以其人之道，还治其人之身”式幽默方法，幽默地回敬了阔太太的侮辱。

这种方法用于对付那些耍赖之人最有成效，往往能使对方的无理取闹不攻自破，使对方作茧自缚。

一位懒汉去朋友家做客。早晨起床后，自己不但不收拾床铺，朋友替他叠被时，他还振振有词地说：“反正晚上要睡，现在何必去叠！”饭后，懒汉将碗筷一推，一动不动地坐在沙发上闭目养神。朋友又得收拾桌子，又得洗刷碗具，懒汉说：“反正下顿还要吃，现在何必洗呢？”到了晚上，朋友劝他把脚洗一洗，这样既讲卫生，又有益于健康。懒汉又耍懒，反驳说：“反正还要脏，现在何必洗呢？”于是，朋友打算惩治他一下。第二天，吃饭的时候，朋友只顾自己，对懒汉不管不顾。懒汉来到饭桌旁，见没有自己的碗筷，便嚷道：“我的饭呢？”朋友问道：“反正吃了还要饿，你又何必去吃呢？”睡觉的时候，朋友也同样只顾自己，不理懒汉，懒汉见状，焦急地问道：“我睡哪儿？”朋友反驳道：“反正迟早要醒，你又何必要睡？”懒汉急了，叫道：“不吃，不睡，不是要我死吗？”朋友泰然答道：“是啊，反正总是要死，你又何必活着？”说得懒汉哑口无言。

故事中的朋友紧紧抓住了懒汉的荒谬逻辑，顺竿上树，以其人之道还治其人之身，使得懒汉无话可说。

在这种方法的使用上，聪明的阿凡提可以说是行家，他经常利用这种方法惩治那些刁钻狡猾的地主。

从前有个巴依(地主)，对人非常狠毒刻薄。一天，阿凡提来到巴扎(集市)，刚巧巴依正在那儿吃鸡。巴依一口咬定说，鸡的香味是鸡的一部分，阿凡提闻到了香味，所以一定要付钱。阿凡提皱皱眉头，晃了晃手里的钱袋说：“钱的声音是钱的一部分，你既然听见了，那当然是我付过钱了。”在聪明的阿凡提面前，巴依无言以对，狼狈而去。

阿凡提依据巴依的荒唐逻辑“鸡的香味是鸡的一部分”，导出自己的结论“钱的声音也是钱的一部分”，并以此为突破口，以退为进，步步逼近，终于将对方逼得无路可走，只得低头认输。

在使用“以其人之道，还治其人之身”式幽默术时，关键在于抓住对方的语言逻辑，然后以此为基点，推出荒唐的结论，令对方的诘难不攻自破。

活学活用

人的一生，都是在不停地学习。这个学习包括两个方面，第一种是学习文化知识，如学生们每天坐在教室里听老师讲课；另一种则是在实践中学习，学习各种技术技巧。学习的效果也可以分成两种，一种是潜移默化式的，另一种就是立竿见影式的——我们把这一种叫做活学活用。幽默技巧中也有一种方式叫做活学活用式的幽默。

活学活用式的幽默是指在学习别人的做法时，立刻理解并掌握别人的方法，然后将这种方法运用到自己的实践中来，当时学习，马上应用。

一次，小王向邻居借了一笔钱，借钱的时候，说好一个月后归还。一个月后，邻居向他要钱，他故作惊讶地说："我没有借你的钱呀！"邻居看了看他说："你忘了吗？上个月的时候，你向我借的。"

小王故作惊讶地说："对，的确上个月我借了你的钱，但是，你应该知道，哲学上讲'一切皆流，一切皆变'。现在的我已不是上个月向你借钱的我了，你怎么叫现在的我为过去的我还钱呢？"

邻居气得一时无言以对，他回到家里，想了一会儿，拿了一根木棍，跑到小王家里狠狠地把小王痛打了一顿。小王抱着头气势汹汹地叫道："你打人了，我要到法庭去告你，等着瞧吧。"邻居放下木棍，笑嘻嘻地对小王说："你去告吧，你刚才不是说'一切皆流，一切皆变'吗？现在的我，早已不是刚才打你的我了，你确实要去告，就告那个刚才打你的那个我吧。"小王听了，无话可说，被痛打一顿，也只好自认倒霉了。

一个吝啬的老板叫仆人去买酒，却没有给他钱，仆人问："先生，没有钱怎么买酒？"

老板说："用钱去买酒，这是谁都能办到的，如果不花钱买酒，那才是有能耐的人。"

一会儿，仆人提着空瓶回来了。老板十分恼火，责骂道："你让我喝什么？"

仆人不慌不忙地回答："从有酒的瓶里喝到酒，这是谁都能办到的。如果能从空瓶里喝到酒，那才是真正有能耐的人。"

不花钱买酒与空瓶里喝酒一类比，其内在就出现了针锋相对的矛盾，谐趣顿生。仆人"现炒现卖"的学习灵性，表现出了他非凡的智慧。

球王贝利向足球爱好者们赠送过各式各样的礼物，像明信片、手帕、袜子、护腿、球鞋、球衣等，甚至有几次他被球迷团团围住，不得不剪下头发相赠。

在一次比赛之后，有个足球俱乐部的老板挤到贝利跟前，竟然向贝利要“几滴血”，他央求贝利道：“请给我几滴血吧，我要把您的血输到我的球队的中锋身上，这样会大大增强他们比赛的意志。”

贝利风趣地答道：“先生您能不能送我几滴血呢？那样就能大大增加我的财气啦！”

输贝利的血能增强比赛的意志，那么输老板的血自然也就应该能增加财气啦！只要前者能够成立，那么后者也应该能够成立！看来贝利不仅是球王，而且还很有“学以致用”的幽默精神。

活学活用式的幽默同别的幽默技巧，如以谬还谬，仿造仿拟式的幽默有共通相似的地方，也有不同的地方。活学活用式的幽默关键的地方是要尽快学习掌握对方的方式方法，深刻地理解对方的意图。然后就是马上学以致用，将学到的方式方法尽快投入使用。在这一使用过程中，要注意应巧妙地置换条件，否则按照正常的方式去理解，则没有幽默可讲了。幽默的力量只有突破常规才能显示出来。

拿自己开开玩笑

如果你有风趣的思想，轻松地面对自己，你便会发现自己可以原原本本地接受自己的身高、体重或其他身体特征；你也会发现幽默能帮你以新的眼光去看你对经济的忧虑。也许你无法得到真诚的爱，但是你能使你的人际关系充满温暖和谐——与人分享欢乐，甚至和仅仅有一面之缘的人也会有很好的关系。

自嘲是自己对自己幽默，是消除自己在沟通中胆怯的良方。

自嘲是运用戏谑的语言，向别人暴露自身的缺点、缺陷与不幸，说得俗一些，就是把脸上的灰指给对方看。

俗话说得好：“醉翁之意不在酒。”自嘲同样是这个道理，有着独到的表达功能以及实用价值。

长篇小说《围城》重版，《谈艺录》与《管锥编》问世以后，钱钟书的名声日盛，求访者愈来愈多，钱钟书有不愿意接受访问的脾气。有一天，有一个英国女士打电话给他，要求拜访，钱钟书在电话里说：

“如果你吃了一个鸡蛋感觉很好，又何必认识那只下蛋的母鸡呢？”

在这里钱钟书自比“母鸡”，虽然是有意贬低自己，但却是在说英国女士没有必要来拜访他。

正如人们喜欢谈论一些关于别人的笑话一样，在适当的时候，也要拿自己开开玩笑，要善于自嘲。

美国著名的律师乔特是最善于讲关于自己笑话的人。有一次，哥伦比亚大学的校长蒲特勒在请他做演讲时，曾极力称赞他，说他是“我们的第一国民”。

这实在是一个卖弄自己的绝好机会。他可以自傲地站起来，一副得意洋洋的神气，仿佛是要对听众说：“你们看，第一国民要对你们演讲了。”

但是聪明的乔特并没有如此。他似乎对这种称赞充耳不闻，却转而调侃自己的“无知”。这种自嘲很快博得了听众的好感。

他说：“你们的校长刚才偶然说了一个词，我有点听不太懂。他说什么‘第一国民’，我想他一定是指莎士比亚戏剧里的什么国民。我想，你们的校长一定是个莎士比亚专家，研究莎士比亚很有心得，当时他一定是想到莎士比亚了。诸位都知道，在莎氏的许多戏剧中，‘国民’不过是舞台的装饰品，如第一国民、第二国民、第三国民，等等。每个国民都很少说话，就是说那一点点话，也说得不太好。他们彼此都差不多，就是把各个国民的号数彼此调换，别人也根本看不出有什么分别的。”

这实在是一种非常聪明的方法，它使自己与听众居于同等的地位，拉近了自己与听众的距离。他不想停留在蒲特勒所抬举的那种高高在上的地位上。如果他换一种说法,用庄重一点的言辞,比如,“你们校长称我为第一国民,他的意思不过是说我是舞台上的一个无用的装饰品而已。”虽然表达的意思是一样的,但是绝对不能把那种礼节性的赞词变为一种轻松的笑话,也绝对不会取得那样的效果。

无论是在一帮很好的朋友中,还是在一大群听众中,能够想出一些关于自己的笑话,能够适当地自嘲,是赢得别人尊敬与理解的重要方法,远远要比开别人玩笑重要得多。拿自己开开玩笑,可以使我们对世事抱有一种健全的态度,因为如果我们能与别人平等地相待,就可以为自己赢得不少的朋友。相反,如果我们为显示自己是怎样的聪明,而拿别人开玩笑,以牺牲别人来抬高自己,那我们一生一世也难以交到一个朋友,更不用说距离成功有多遥远了。

成功的人士从不试图掩饰自己的弱点,相反,有时他们会拿自己的弱点开开玩笑。而现实生活中,我们却经常可以遇到一些专喜欢遮掩自己弱点的人,他们也许脸上有些缺陷,也许所受教育太少,也许举止粗鲁,他们总要想出方法来掩饰,不让别人知道。但这样做以后,他们却于无形中背弃了诚恳的态度,毫无疑问,与之交往的朋友会对他们形成一种不诚恳的印象,使人们不敢再与他交往。

世界上最不幸的就是那些既缺乏机智又不诚恳的人。很多人常常自以为很幽默,经常喜欢拿别人开玩笑,处处表现出小聪明,结果弄得与他交往的人不敢再信任他,以前的朋友也会敬而远之,纷纷躲避。

适当地拿自己开开玩笑吧,这不仅是一种机智,更是驱散忧虑、走向成功的法宝。

声东击西的幽默法

声东击西法,是一种更加含蓄迂回的幽默技巧。意在向东而先向西,欲要进击先后退。在利用幽默的语言来回击或反驳一些错误观点的时候,这种技巧的运用特别有力。

但是，声东击西法要取得好的效果，取决于听众的静心默思，反复品味。因为这种幽默技巧的特点是：你想表达的思想不是直接表达出来，而是以迂为直，被埋藏在所说出来的后面。听众在听完话之后，必须有个回味的时间，才能体会出个中的奥秘，产生幽默风趣的情绪。

“劳驾，请问去警署的路怎么走？”一个行人停步问路人。

“这很简单，你用石头把对面商店的橱窗给砸烂，十分钟后你就到了。”

路人似乎是答非所问，他没有具体回答去警署的路线，却提示了去警署的一种可行的办法：你只要制造事端，自然有人送你去警署。这就是声东击西法的幽默。

阿凡提是一个智者，而且他还是个大幽默家。他的话多属于声东击西法的典型，而且显得十分幽默。

声东击西法在不少场合都可以见到：明是说罪，暗里摆功；明是说愚，暗里表忠；明说张三，实指李四；欲东而西，欲是而非；敲山震虎，指桑骂槐，含沙射影，等等，都属于这一类。当然，在日常的生活中，这种声东击西法的幽默技巧也可以诙谐地加以运用，以产生强烈的幽默效果。

有一人应友人之邀参加家宴，友人很吝啬，仅仅招待了他几滴白酒。这人临走对友人说：“劳驾你，请在我的左右腮帮上各打一记耳光吧。”友人问什么原因，这人说：“这样的话，我脸上通红，老婆才知我在你家吃饱喝足了，否则，不好交代啊！”

这位吝啬的友人也觉得不好意思，便拿出一个很大的酒杯，可倒酒时仅盖上杯底。这人便向友人要一把锯子，友人很奇怪，这人回答说：“我是想把这杯子无用的上半部锯掉。”

这位先生面对友人的吝啬不好直说，转弯抹角，几句妙语实在值得玩味。既表达了自己的不满，也讥讽了友人的小气。

同样是曲意嘲讽主人吝啬，下面这个幽默似乎技高一筹。

有一客人见主人招待他没有菜肴，便跟主人要来副眼镜，说视力不好使，带上眼镜后，大谢主人，称赞主人太破费，弄这么多菜，主人道："没什么菜呀？怎么说太破费？"客曰："满桌都是，为何还说没有？"主人曰："菜在哪里？"客指盘内曰："这不是菜，难道是肉不成？"

此则笑话一波三折，客人嘲讽主人，手段高明，令人叫绝。话说出了口，又能置身事外。

指桑骂槐也是声东击西幽默法的一种，也就是明骂桑而实骂槐，运用此法既可达到己方目的，又不授人以柄，避免了正面冲突。此法的技巧主要表现在应对语的选择上，要让"槐"听明白是骂"槐"，但又抓不住把柄，叫对方"哑巴吃黄连，有苦说不出"。

人类的语言非常奇妙。它的功能变化万千。同样一个词语，只要换一种语言环境，意思和味道就很不一样了。不懂得这门道的人，是很难利用语言的这种灵活性来开拓他的幽默途径的。

指着槐树骂槐树，不可能幽默；指着桑树而实际上骂了槐树，才有可能幽默。指桑骂槐法就是利用一种特殊的语言环境，把词语的针对性转向谈话对方，从而产生幽默的效果。

魏晋时，谢石打算隐居山林，奈何父命难违，不得已在醒公手下做司马。一次，有人送醒公草药，其中有一味名叫远志。醒公问谢石："这药又叫做小草，为什么同是一物而有两个名称？"

谢石一时答不上来，郝隆当时在座，应声说道："这很好解释，隐于山林的就叫远志，出山就叫小草了。"

谢石听到此处，满脸愧色。

魏晋时人们崇尚回归自然，并不以官宦为荣，隐居山林，过闲云野鹤似的生活是非常时髦的举动。郝隆这里正是指桑骂槐，表面上解释是草药的名称，实质上是嘲讽谢石，而谢石即使想反攻也无从下手。

指桑骂槐的特点就在于巧妙地利用词语的多义性或双关性等特点来做文章。说话者说出的话语，从字面上的意思看似乎并不是直接针对对方，但话语中却暗含了攻击对方的深层意思，使对方虽有觉察却又抓不住把柄，只好哑巴吃黄连，自认倒霉。

从前，有个瞎子被无辜地牵涉到一场官司中，开堂审判时，他对县太爷说：“我是一个瞎子。”

县官一听，立刻厉声责问：“混账！看你好好的一只清白眼，怎么说没有眼睛？”

瞎子接过县官的话说：“我虽然有眼睛，老爷看小人是清白，小人看老爷却是糊涂的。”

这里，盲人采用的就是指桑骂槐法。他所说的“清白”和“糊涂”，实际上是利用一词多义的现象而造成的一语双关的修辞效果，从而达了“指桑骂槐”的目的。

表面上看，他说的“清白”是指盲人的眼睛是清白眼，而实际上却是暗指人自身是清白无辜的。“糊涂”一语，貌似指盲人因眼睛看不清县官，但实际上却是说县官说话做事糊涂，是个糊涂昏官。所以，整句话的表面意思是“小人看不清老爷”，而实际上却是“我看老爷是个糊涂官”。

这两句话从形式上看是“指桑”，即回答老爷的问话，从内容看却是“骂槐”，即暗中讥骂昏官。盲人巧妙利用指桑骂槐法，痛快淋漓地嘲讽了昏官，又使县官抓不住什么把柄。

反常规的类比幽默

类比幽默法是指把两种或两种以上互不相干甚至是完全相反的、彼此之间没有历史的或约定俗成的联系的事物放在一起对照比较，显得不伦不类，以揭示其差异之处，即不协调因素。

在类比幽默中，对比双方的差异越明显，对比的时机和媒介选择越恰当，所造成的不协调程度就越强烈，对方对类比双方差异性的领会就越深刻，所造成的幽默意境也就越耐人寻味。

人们的日常生活和科学研究一样，凡分类都是约定俗成，得用同一标准，否则，必然造成概念的混乱，导致思维无法深入进行。人们从小就训练掌握这种最起码的思维技巧。如：猪、牛、羊、桃就不能并列在一起，人们会把桃删去，这是科学道理，但并不幽默。

在类比分类时要产生幽默的趣味恰恰要破坏这种科学的逻辑规律，对事物加以不伦不类的并列。

赵阿婆的女儿吵着要买嫁妆，赵阿婆气恼地说："死丫头，你的婚事也不和我商量，东西我不买！"

母女大吵起来，引得许多邻居来看。

邻居陈伯站出来说："你不能怪她没和你商量啊！"

赵阿婆问："为什么？"

"你当年成亲时不是也没和女儿商量吗？"陈伯反问道。

赵阿婆一时语塞。女儿却高兴起来，陈伯又转身对姑娘说："你妈不给你买是不对，可你妈出嫁时，你给她买了吗？人要彼此一样才好呀！"

母亲成亲和女儿商量与母亲成亲女儿买嫁妆并列一起，都是不可能的事，意思完全相反，差异巨大，但说明了母女二人争吵的理由，是都没有为对方着想，因此，经陈伯如此点化，母女二人不得不心服口服。

类比幽默术是个反常规的坏孩子，它是借着一丝灵气，将事物不伦不类地加以归类。因其具有简便的特征，常为人们所使用。

星期六，一位年轻人照例进城卖鸡蛋。他问城里常打交道的中间商："今天鸡蛋你们给多少钱一个？"

中间商简单地回答："两美分。"

"一个才两美分！这价真是太低了！"

"是啊，我们中间商昨天开了个会，决定一个鸡蛋的价格不能高于两美分。"

年轻人艰难地摇摇头，很无奈，但也只好将蛋给卖掉，回去了。

第二个星期六，这个年轻人照例进城了，见的还是上次那个中间商。中间商看了看鸡蛋，说："这个星期你的鸡蛋太小了。"

"是啊，"年轻人说，"我们的母鸡昨天开了一个大会，它们作出决定，因为两美分实在太少，所以不能使劲下大蛋了。”

一个是人开会，一个是鸡开会，并列一比，妙趣横生。

类比幽默的幽默感是“比”出来的，其情趣也是“比”出来的。这样就有利于对方心理接受。我们看下面一例：

有一位中学生，成绩很好，几乎每次考试都是全班前两名。有次考到第五，她妈妈生气地说：“去年我为你感到骄傲，这次你怎么了，你曾经是班上考得最好的呀！”

女儿微笑着说：“每个同学的妈妈都想为自己的孩子考第一而骄傲。如果我老是第一，他们的妈妈可怎么办呀？”

孩子得第一的妈妈的心情和孩子成绩差的妈妈的心情并列相比，两种心情完全相反，其趣就生于此。

类比幽默是把风马牛不相及的一些概念，或彼此之间没有历史的或约定俗成的联系的事物放在一起对照比较，显得不伦不类，以揭示其差异之处，即不协调因素。它能使人在会心的微笑或难堪的境况中开启心智，受到教育。

人们都清楚，微妙的男女关系里，有不少玄妙的心理因素支配着，要是你能巧妙地掌握和运用这些因素为自己服务，你将战无不胜！而这里所说的技巧就是幽默。

男人在没有竞争的情况下，获得女性的青睐后，他的自大心理便会油然而生，自以为很了不起，并且在自大之余，还会小看那位小姐，不珍惜那段情感。因此，女性这时就有必要抬高自己的身份去对付他，以便获得较公平的对待。这时幽默是绝佳工具。

因为男人有保护、支配女人的愿望，同时对于容易获得的常常漠然视之，而对不易到手的却有着憧憬的倾向。巧妙控制这一心理，用实用效果极佳的类比幽默术是再好不过的了。

女朋友：“我得告诉你，今天我接吻了五次。”

男朋友：“什么？你说你今天是第五次接吻了？”

女朋友：“是！”

男朋友：“还有四个，是谁？”

女朋友（故意停顿一下）：“苹果、橘子、蔷薇、姐姐的孩子。”

这里的幽默之趣就出在那不相称的排列上，一时把男朋友的心搞得七上八下，会让他永远记住这一次的吻。你的智慧使他认为你是有价值的女性而对你另眼相看。

操作类比幽默术时，要注意将智慧和超脱精神结合起来，因为你的智慧能帮你选择多种的类比对象，而你的超脱精神则能保证你不受一些不合理或常规思想的束缚。当你使用幽默术时，不妨参考一下先辈前人在这方面所留下的经典范例，从中你可以得到不少经验。

拒绝伪幽默

何为幽默?

对于幽默的含义各人都有不同的理解，当年鲁迅、蔡元培、林语堂等大家为译成“幽默”还是“诙摹”有过一番争论。“幽默”一词在中国得以广泛流传，林语堂先生功不可没。

林语堂说，humor 既不能译为“笑话”，又不尽同“滑稽”；若必译其意，或可用“风趣”、“谐趣”、“诙谐”，无论如何，总是不如音译的直截了当，也省得引起别人的误会。凡善于幽默的人，其谐趣必愈幽隐；而善于鉴赏幽默的人，其欣赏尤在于内心静默的理会，大有不可与外人道之之滋味。

幽默，生动有趣而意味深长，中国古代称笑话为雅谑或雅浪，而幽默从字义看，幽者雅也，默则可理解为机智冷静，林语堂的译法可谓独到。

列宁说，幽默是一种优美的健康的品质。

幽默应是对噱头、调侃、贫嘴、说教、卖弄、装傻卖乖或尖酸刻薄的超越。在我们当下流行的文化里，在我们的电视里，在我们广播的电波里，让人感到非常遗憾，实在是因为噱头、调侃、贫嘴、说教、卖弄、尖酸刻薄和装傻卖乖等伪幽默已经泛滥成灾。相声、小品、文娱节目，演员们、主持人们、追逐时髦的少男少女们，几乎都在“幽默”着，而现场的观众居然也被逗笑了。

幽默这个外来词在我们生活中经历了很长时间，随着时间的流逝，幽默的定义逐渐被曲解了；幽默这个高雅的词也被滥用了；被称之为“有趣”的东西实际上是低级趣味；被称之为“可笑”的东西常常令人似笑非笑而感受乏味；被称之为“意味深长”的东西实际上是意味“伸长”到无影无踪。

在某次电视主持人大赛中，有一个令人极恶心的场面— 一个西装革履的选手腆着肚子一手上举、一手扶腰，一前一后摇着脑袋装成茶壶，说陕北话，然后是一片笑声。后来这个选手又用了一个洋泾浜式的英语牵强地回答了一个问题，说自己最大的特点是幽默，并用英语说了一段逻辑混乱的话。令人意料不到的是，评委竟然说他幽默，让他得了高分。

不少主持人都喜欢这样哗众取宠式地“幽默”一把。某省台的一个综艺节目，其男主持人就特别“幽默”，他能扭腰送胯，一会儿男声、一会儿不男不女类似太监的声音，可他再“幽默”收视率也上不去。这节目似乎决心要一条路走到黑，又找了一个腰围即将超过身高的胖女人来作主持，不知道是不是由于这女主持人太胖，口腔的空间都被舌头占满，她的普通话几乎说到了无人能懂的地步，于是她一个劲地摇动她的一身胖肉，一会儿跪着一会儿趴下，尽全力作践自己，拼命讨好观众。她似乎不知道这是在把自己送给别人当笑料，是对自己的嘲弄，是作践自己的人格。看着她就觉得可怜，怎么好意思不施舍一点笑声呢？

拿无知当个性，拿无聊当有趣，这不是真正的幽默，这是幽默的大误区。

有个不争的事实，荤段子已经臭了人街。起初人众还能容忍，然而一旦泛滥，便难免倒了人的胃口。

在幽默语言中，不管是舞台表演的，还是人际交往的，性暗示过分强烈的叫做荤幽默或黄色幽默，反之则可以理解为“素幽默”。黄色幽默发生在公开场合，有伤大雅，引人反感，即使本来可能接受它的人，也往往顾忌朋友师长的态度而不知如何反应是好。所以，这种荤幽默最不宜在公众场合讲，否则不但令人不愉快，反而会降低自己的魅力。

中国是深受儒家文化熏陶的国家，讲究的是“非礼勿听，非礼勿视”。所以，我们一方面不得不承认黄色笑话存在的合理性—否则相当多的网站都应被整顿，另一方面要注意绝对不要在公众场合，尤其是有异性、长辈、上级等在场的情况下谈及这种笑话。不顾国情、毫无节制地讲露骨的笑话，其实也是对别人的一种侵害，更是对自己人格的贬低。

另外，幽默的制造千万不要拿别人的要害当原则，勿以讽刺他人为乐。

众所周知，幽默是以社会生活为基础产生的，它不是虚飘在空中的幻景，它的存在本身体现了人们多方面的社会功利需要，包括惩恶扬善、沟通心灵、调解纷争，等等，这使幽默必然地要和讽刺、嘲笑、揭露联系在一起。但是，幽默所有的善意的讽刺、温和的嘲笑，其中灌注着深厚的情感因素，正像萨克雷《布朗先生致侄儿书》所说的：“幽默是机智加爱。”爱减弱了幽默批评的锋芒，通过诱导式的意会发生潜移默化的作用。苛刻的幽默很容易流于残忍，使人受到伤害、陷于焦虑之中。通常，讥讽、攻击、责怪他人的幽默，也能引人发笑，但是它却常常造成意想不到的后果，使本应欢乐的场面变得十分难堪。

一位中学教师在出差途中拎了一兜香蕉去看望一个多年未见、新近升为副处长的老同学。老同学心宽体胖，雍容富态，开门见是同窗好友，一边让进屋，一边指着他手中的兜戏谑道：“你何时落魄到走门子了？本处长清正廉明，拒绝歪风邪气腐蚀贿赂。”一句讥讽的调侃，使教师自尊心受了伤，反感顿生，扭身就走。

显而易见，幽默既不等同于一般的嘲笑、讥讽，也不是为笑而笑，轻佻造作地贫嘴耍滑。幽默毕竟是修养的体现，它与中伤截然不同。

幽默好似“维生素”，中伤却似恶人剑；幽默笑谈是美德，恶语中伤系丑行。真正好的幽默是真情实感的自然流露，是严肃和趣味间的平衡，它以一种古怪的方式激发出来，却经常表现出心灵的慷慨仁慈。

正因为这样，讥讽他人受到许多幽默理论家的一致反对。林语堂认为幽默与讽刺极近，却不能以讽刺为目的。讽刺每趋于酸腐，去其酸辣，而达到冲淡心境，便成幽默。玛科斯·雅克博似乎更率直：“不要讽刺！讽刺会使你和受害者都变得冷酷无情。”

如果总是要在与你地位、处境相差很远，确切地说是比你背景差的人身上打主意，对那些不如你的人拼命调侃，这可算是幽默的一大伪造。

客观而论，站在你的角度上，比你混得差的人可笑之处肯定不少；但如果总是津津乐道地笑话不如你的人，你就会被别人笑话，笑你不厚道、笑你没出息，专捡软的吃。高明的幽默一般是避开、淡化了题材中人物的面目，或者将聚光灯对准“大人物”，找乐子。

有的农民由于长期的贫困而缺乏知识，我们整个社会都负有改变这种状况的责任。如果我们缺乏同情，去嘲笑他们，那就不是幽默，而是残忍。先看以下几则笑话：

有一个乡民进城卖瓜，走近路口，红灯亮了，仍挑担向前走。交警走到他面前，行了一个礼说：“阿伯，请留步，红灯亮了。”

乡民抬头看看亮着的红灯，说：“灯在上边亮，我在下边走，不碍事。”

一个卖完柴的乡民扛着扁担进了一家商店，刚推开门，恰巧店里敲打10点半的钟声，“当”的一声响，把乡民吓得直打哆嗦，他赶紧向店员解释说：“不是我打的，这不是我打的。”

一般来说，无知是可笑的，无知还偏要装得有学问、精明，就更可笑了。将无知作为幽默“原料”，虽然有些道理；若问题牵涉到乡民的无知时，如果忘记当时的背景，只是嘲笑他们，是不公平的，也是不近人情的。

幽默之所以成为幽默，其必要条件就是使人快乐，而一切痛苦或不愉快的因素都不能因它而生，否则就不是真正的幽默。

另外，千万别轻视别人的职业或种族。

职业歧视很致命。你嘲笑对方本来就不满意的职业无异于嘲笑对方的才干、信仰、人品甚至人格，因而随意玩笑的结果只能是造成彼此深切的隔阂。一位向来内向、腼腆的女大学生在自谋职业之时，被迫改变初衷做了一家宾馆的公关小姐，她讨厌终日在客人面前说笑周旋，而渴望当一名文静的女教师。一日，当她出席同学聚会时，她最亲密的女友迎过来："哇，好漂亮！全体起立，向我们的卖笑女郎致敬！"欢快的笑声中，本来春风满面的她顿时目瞪口呆，随即伤心地冲出了聚会厅。

人的职业选择有自愿和不自愿两种，因而心理上也会产生骄傲或自卑两种截然不同的情结。洋洋得意者固然从你的风趣中感受到了羡慕，而更多的失意者则只能从你的调侃里嗅出轻蔑的气味，由此产生无法消除的误解。

同样，种族蔑视也是施展幽默的一大障碍。人特别是东方人最讲宗族，民族的一切都被披上神圣的色彩，轻慢抑或戏谑对于民族感情来说是十分危险的。不但费力不讨好，还可能招致灾祸，引起强烈的不满。

幽默家赫伯·特鲁有一次去看一个朋友，他以这样一句话来开始彼此的谈话："我来讲个波兰人的笑话。"

"算了，赫伯，"他的朋友说，"我不愿听。"

"我真不明白，"他抗议道，"你是波兰裔的美国人，而我也算半个波兰裔的美国人。为什么我们不能说个波兰人的笑话来听听呢？"

"算了吧，"朋友坚持，"不要告诉我任何波兰人的笑话。"

这个例子中所蕴藏的正是一种"说不清道不明"的微妙情绪，如果冒犯它无疑会引发冲突，从而带来关系与感情的破裂。

反向求因

反向求因幽默法就是要求在推理过程中善于钻空子，特别是往反面去钻空子，把极其微小的巧合的可能性当作立论的出发点。

在生活中有某种常态，在思维中有某种常理，人们的联想都为这种习惯了的常态和常理反复训练达到自动化的程度，以致一个结果出来，便会自动地联想到通常的原因。

反向求因法的特点，就是把一个极其微小的可能性当成现实，虽不能最后取消对方提出的另一种更大的可能性，但这种类型的方法更具有喜剧性，是另一种完全否定了原来因果关系的幽默方法。

一位叫约翰的病人问医生："我能活到90岁吗？"

医生检查了一下约翰的身体后，问道："你今年多大啦？"

病人说："40岁。"

"你有什么嗜好吗？比如说，喜欢饮酒、吸烟、赌钱、女人，或者其他的嗜好？"

"我最恨吸烟、喝酒，更讨厌女人。"

"天哪，那你还要活到90岁干什么？"

本来读者的期待是：戒绝烟酒女色能得到肯定的评价，其结果则不但相反，而且把这一切当成了生命意义。否定了这一切，就否定了活到90岁的价值，那就是这一切的价值高于长命的价值。

有一次，萧伯纳收到英国著名女舞蹈家邓肯一封热情洋溢的信。

信中说，如果他俩结合，养个孩子，那对后代将是好事，"孩子有你那样的脑袋和我这样的身体，那将会多美妙啊！"

在回信中，萧伯纳表示受宠若惊，但他不能接受这样的好意。他说：

"那个孩子的运气可能不那么好，如果他有我这样的身体和你那样的脑袋，那可就糟透了。"

萧伯纳用的方法就是反向的求因法，他是向反面钻空子，把哪怕是极其微小的巧合的可能性当成立论的出发点，构成对方期待的落空。在这里，萧伯纳的幽默的特点是把自我调侃（长得不好看）和讽喻他人（脑袋不聪明）巧妙地结合在一起了。

爱因斯坦初到纽约，在大街上遇见一位朋友，这位朋友见他穿着一件旧大衣，劝他更换一件新的。爱因斯坦回答说：

“没关系，在纽约谁也不认识我。”

几年以后，爱因斯坦名声大振。这位朋友又遇见他，他仍然穿着那件大衣。这位朋友劝他去买一件新大衣。爱因斯坦说：

“何必呢，现在这里的每一个人都认识我了。”

爱因斯坦的过人之处不仅在于淡泊，而且在于肯定相同衣着时，却运用了形式上看来是互不相容的理由，以不变应万变。不管情况怎么变幻，行为却一点也不变。

反向求因幽默术在人际交往中很有实用价值，它能让你在情况极端变幻的情况下，找到有利于自己的理由，哪怕互相对立的理由，也都能为己所用。

当然，这种幽默术的功能不但能用于松弛人与人之间的紧张关系，有时也可以用相反的目的，使人与人之间的关系保持紧张。

马克·吐温有一次在回答记者提问时说：“美国国会中有些成员是婊子养的。”

国会成员们都大为震怒，纷纷要求马克·吐温澄清或道歉，否则便要诉诸法律。

几天以后，马克·吐温的道歉声明果然登出来了：

“日前本人在酒席上说有些国会议员是婊子养的。事后有人向我大兴问罪之师，经我再三考虑，深悔此言不妥，故特登报声明，把我的话修正如下：‘美国国会中有些议员不是婊子养的。’”

表面上是马克·吐温作了 180 度的大转弯，实际上是他作了一个概念游戏，“有些是”就意味着有些不是，而“有些不是”就意味着有些是。在形式上是从肯定到否定，而实际上是否定暗示着肯定。

对于某些不守规矩的人，尽可以使用这种颠倒法，让他受到一定教训。

阿凡提当理发师，大阿訇来剃头，总是不给钱，阿凡提想找机会整治他一下。

有一天，大阿訇又来理发。阿凡提先给他剃光了头，在刮脸的时候，问道："阿訇，您要眉毛吗？"

"要，当然要！"

"好，您要我就给您。"阿凡提说着"嚓嚓嚓"几刀，就把阿訇的两条眉毛刮了下来，递到他手里。阿訇气得说不上话来。

"阿訇，胡子要吗？"阿凡提又说。阿訇连忙改口说："不要！不要！"阿凡提连声说好，又是几刀，把阿訇的胡子全部剃了下来。

再看下面一个例子：

某甲很穷，但他从来不肯奉承富人。

某富翁曰："我有无尽钱财，你为何不奉承我？"

某甲答道："家财是你的，你又不分点给我，为什么要我奉承你呢？"

富翁说："好吧，我把家财分两成给你，你该奉承我了吧？"

某甲笑着说："两成？这样分法太不公平了，我不会奉承你。"

富翁想了片刻说："那分一半给你，总该奉承我了吧？"

"到那时，你我已经平起平坐。"某甲说，"我为什么还要奉承你？"

富翁把心一横说："我把家财全送给你，怎样？"

"哈哈哈！"某甲纵声大笑道，"到那时，你穷我富，该你来奉承我了。"

喜剧性产生于矛盾的层层转化，富翁越是期待奉承，就分给某甲越多的财产；越是多分出财产，就越是减少了被奉承的可能性，直至完全丧失可能。

这种方法的好处并非重新另找一个相反的因果，而是由本身演绎出相反的因果线索来。原来是有财要求奉承，要求奉承的结果变成了无财，而无财却只能去奉承别人。

比他更荒谬

归谬法，归根到底是将对方的观点归结到荒谬的程度，从而显现其荒谬性，也就在同时，产生了幽默。这在中国古代口才中，经常可以见到。

一天，有个佛教徒正在当众宣讲“轮回报应”的教义，他说为什么人不能杀生，因为今生杀了什么生物，作下了孽，来世就变成什么生物。比如，你杀了牛，来世就变牛；杀了猪，来世就变猪；即使杀了蝼蛄、蚂蚁，来世也会变成蝼蛄、蚂蚁。

正当他讲得起劲的时候，有位姓许的先生插话说：“照你的说法，大家都杀人好了！”

“胡说，我们佛门弟子连蝼蚁的性命都不肯伤害，怎么能杀人呢？”

许先生说：“不对，你刚才说杀什么变什么，杀牛变牛，杀猪变猪，如果这种说法是对的，那么只有杀人，来世才能变人。这不是号召大家杀人吗？”

从“杀什么变什么”到“杀人变人”，十分幽默，也十分雄辩。

又如，古代，有个叫徐雅的读书人，非常爱护树木。一天，他看见邻居正挥动着大斧，砍伐院内一棵枝叶茂盛的大桂树，忙上前阻止说：“这棵树长得这么好，您为什么要砍掉它呢？”

邻居叹息道：“我这院子四四方方，院中有这么一棵树，正好是个‘困’字，我怕不吉利，所以才忍心砍去。”

徐雅听后笑道：“依照您的讲法，砍去这棵树后，院中只留下人，这岂不成了囚犯的‘囚’字，不是更不吉利了吗？”

邻居听了连连点头称是，收起斧子再也不砍树了。

“囚”比“困”更不吉利，从而使追求吉利的邻居幡然醒悟。

再如，《列子》中记载了下面一个故事。

齐国有一位姓田的大贵族，家里食客千人，异常阔绰。

有一天，田家大摆筵宴，客人中有献上鱼和雁作为礼物的。主人看了很高兴，并感慨地说："上天对我们真优厚啊！你看，这些鱼儿、雁儿，不都是为着我们的口腹享受而生的吗？"客人们听了，点头附和着。

座中有一位鲍家的孩子，还只有13岁，站起来说："我不同意你这种说法。人也是天地万物中的一个种类，由于大小智力的不同，生物界有弱肉强食的情况，但并没有什么由上天注定谁为谁生的道理。人类选择可吃的东西做食品，这些东西难道是上天特意为人类创造的？正如蚊子吸人的血，虎狼吃人的肉，也是上天特意要生出人来给它们做食品的么？"

"上天特意要生出人来给它们做食品的"，这显然是荒谬的，13岁的孩子，比主人的见识还高！

连锁归谬法是归谬法的经典展现，利用连锁反应"一是百是，一非百非"的特点，推出荒唐的结论。我们通常用"连锁反应"一词来表示一事物发展过程中呈现出的严格因果联系，其实在幽默的具体应用中往往也有相同的情况。然而简单而一般的因果推理并不见得就有出其不意的幽默功能，为了将幽默的主题不断推向高潮，强化幽默的效果，还必须将连锁推理与归谬法有机地结合起来，归谬是就推理的结果而言的。在具体推理过程中用连锁法，在最后结论上用归谬法，这就是这里所说的连锁归谬法的基本程序。

东汉哲学家王充，曾和一些有迷信思想的人发生过一场辩论。有人说："人死了，人的灵魂就变成了鬼，鬼的样子和穿戴跟人活着的时候一模一样。"

王充反驳道："你们说一个人死了，他的灵魂能变成鬼，难道他穿的衣服也有灵魂，也变成了鬼吗？照你们的说法，衣服是没有精神的，不会变成鬼，如果真的看见了鬼，那它该是赤身裸体，一丝不挂才对，怎么还穿着衣服呢？并且，从古到今，不知几千年了，死去的人比现在活着的人不知多多少。如果人死了就变成鬼，就应该看到几百万、几千万的鬼，满屋子、满院子都是，连大街小巷都挤满了鬼。可是，有几个人见过鬼呢？那些见过的，也说只见过一两个，他们的说法是自相矛盾的。”

有人辩解说：“哪有死了都变成鬼的？只有死的时候心里有怨气、精神没散掉的，才能变成鬼。古书上不是记载过，春秋时候，吴王夫差把伍子胥放在锅里煮了，又扔到江里。伍子胥含冤而死，心里有怨气，变成了鬼，所以年年秋天掀起潮水，发泄他的愤怒，可厉害呐，怎么能说没有鬼呢？”

王充说：“伍子胥的仇人是吴王夫差。吴国早就灭亡了，吴王夫差也早就死了，伍子胥还跟谁作冤家，生谁的气呢？伍子胥如果真的变成了鬼，有掀起大潮的力量，那么他在大锅里的时候，为什么不把掀起大潮的劲儿使出来，把那一锅滚水泼在吴王夫差的身上呢？”

王充在这里反驳论敌时就是使用了条件归谬式。他先假设论敌的观点是正确的，由此推出了一系列的荒谬结论，这就给了论敌当头一棒，使他们张口结舌，哑口无言。

归谬法幽默不仅可以用来批判错误观点，也可以用来教育学生。

某小学一位语文老师拿着一叠作文本走进教室，进行作文评讲。作文题目是《记一件好事》，结果全班50个同学中，有40个同学分别救了一个落水的小孩。这位语文老师决定要学生重做一篇作文，他是这样对学生说的：“同学们，这次作文写得好不好呢？我先不下结论，下面先请大家算一道算术题。一个班级50个学生，有40个学生分别救起一个落水小孩，按这个比例，全校1300个学生一共救了多少落水小孩？全国两亿学生一共救起多少落水小孩？”

全班学生哄堂大笑起来！许多学生异口同声地说：“老师，让我们重新写一篇真实的！”

这个带有启发性质的归谬法幽默，教育效果是如此之高，学生们异口同声地主动要求重写作文，从另一个侧面展现了归谬法幽默的魅力。

在运用归谬法的时候，所引申出来的谬论要求越荒谬越好，越荒谬幽默色彩越强烈。看一个古希腊的幽默小故事：

一场可怕的暴风雨过去后，一位大腹便便的暴发户对阿里斯庇普说："刚才我一点也没害怕，而你却吓得脸色苍白。你还是个哲学家，真不可思议。"阿里斯庇普回答说："这并不奇怪，我害怕，是因为想到希腊即将失去一位像我这样的哲学家……但是，你有什么可担心的呢？你如果淹死了，希腊最多也不过是损失了一个白痴！"

故事中，阿里斯庇普没有否认自己的害怕，他的聪明之处是在暴发户结论的基础上，另辟蹊径，为暴发户的结论作了一个更加幽默的解释，从而将暴发户的结论推上不打自败的境地。这种方法从表面上来看是荒谬的，但实际上通过智慧的转化，往往能够谬中求胜。从这一点来看，它一点也不荒谬，而且处处闪耀着智慧的灵光。

这种以谬攻谬的幽默的特点是后发制人的。关键不在于揭露对方的错误，而是在荒谬升级中共享幽默之趣。而要达到这个目标，得有模仿对手推理错误的能耐。

19 世纪末，伦琴射线发现者收到一封信，写信者说他胸中残留着一颗子弹，须用射线治疗。他请伦琴寄一些伦琴射线和一份说明书给他。

伦琴射线是绝对无法邮寄的，如果伦琴直接指出这个人的错误，并无不可，但多少有一点居高临下的教育的意味，伦琴采用了以谬还谬法。

伦琴提笔写信道："请把你的胸腔寄来吧！"

由于邮寄胸腔比邮寄射线更为荒谬，也就更易传达伦琴的幽默感。

这样的回答是给对方留下了余地，避开了正面交锋的风险。在家庭生活中、社会交际中，针锋相对的争执常引起不良的后果，而以谬还谬的幽默，把利于一触即发的矛盾缓和了。

在人际交往中，互相幽默地攻击有两种。一种是纯粹戏谑的，主要为了显示亲切的情感引起对方的共鸣，或者为了展示智慧，引发对方欣赏。一种是互相斗智性的，好像进行幽默外的比赛，互相争上风，这时的攻击性更重要。当然有时攻击性是很凶猛的，但表现形式是很轻松的。不管有无攻击性，都以戏谑意味升级为主。将谬就谬乃是使戏谑意味升级的常用办法，即明明知道对方错了，不但不予以否定，反而予以肯定，而肯定的结果是更彻底的否定。

随心所欲地歪解

什么事都有一个“理”，“理”的存在为人们司空见惯，如果擅自改变事物的前后关系、因果关系、主次关系、大小关系，“理”就会走向歪道，有时歪得越远，谐趣越浓。

下面的例子是最好的说明。

一位乞丐常常得到一位好心青年的施舍。一天，乞丐对这个青年说：“先生，我向你请教一个问题。两年前，你每次都给我 10 块钱，去年减为 5 块，现在只给我一块，这是为什么？”

青年回答：“两年前我是一个单身汉，去年我结了婚，今年又添了小孩，为了家用，我只好节省自己的开支。”

乞丐严肃地说：“你怎么可以拿我的钱去养活你家的人呢？”

乞丐喧宾夺主，对青年的责怪过于离谱、荒谬，令人们在吃惊之余哑然失笑。

故意对某些词句的意思进行歪曲的解释，以满足一定的语言交际需要，造成幽默风趣的言语特色，叫人忍俊不禁，从而营造轻松愉快的谈话气氛，更好地协调人际关系。

有一年，在一次座谈会上，有几位同志为鬼戏鸣不平，说是神戏上演了，所谓妖戏也上了舞台，唯独未见鬼戏登台。一位同志脱口而出：“这叫做‘神出鬼没’。”

这位同志对成语“神出鬼没”进行了曲解。作为成语，“神出鬼没”

中“出没无常，不可捉摸”的意思，这里却曲解为“神(仙戏)出(现了)，鬼(戏还)没(有上舞台)”。

一位姑娘问自己的恋人：“小张，你怎么夏天胖，冬天瘦啊？”

小伙子应声而答：“这叫热胀冷缩嘛！”一句话逗得姑娘咯咯笑个不停。

这里，小伙子对“热胀冷缩”作了曲解。

词语有它固定的含义，绝大多数不能按其字面的意思来机械解释，而曲解词语法却偏偏“顾名思义”，突破人们固定的思路或者说跳开常理，从而产生幽默感。

曲解词语法除了经常“顾名思义”、“利用多义”之外，还常利用音同音近的谐音。比如，歇后语即是用这种曲解词语的手法创造成功的。当你使用这些歇后语时，也就是在不知不觉地使用曲解词语法。如：

嗑瓜子嗑出臭虫来了——什么仁(人)儿都有

石头蛋子腌咸菜——一盐(言)难近(尽)

一二三五六——没四(事)

从上面我们可以看出，强烈的幽默效果往往产生在故意曲解某些词语的含义中。所以，当你使用曲解词语法时，一定要让人感到你是故意曲解词语，而不是“无意”，否则，也许会让人以为你是天字第一号的大傻瓜。当然，特定的语境加你的聪慧，会使你成功的。

“望文生义”的原意是：只按照字面去牵强附会，而不探求其确切的含义，含有明显的贬义。望文生义法，即明知故错地只按照字面解释词义，得到与原解释截然不同的结果，使说话十分诙谐，充满幽默感。

有位同志主持会议，开宗明义地宣布：“今天的会议十分重要，研究全厂改革大计，故应明令禁止说普通话。”

与会者不禁愕然：普通话是宪法规定的大力推广的汉民族的共同语，为什么要禁止呢？不说普通话，莫非要说方言或英语不成？

望着众人迷惑不解的目光，主持人这才缓缓解释说：“所谓普通话，就是指那普普通通、平平庸庸、四平八稳、不痛不痒、没有独到见解、缺乏实际内容的套话、空话。这种话难道不应禁止吗？所以，我提议在今天的会上，大家一定要说切实有用的话！”

听到这里，众人才恍然大悟，全场大笑，鼓掌表示赞同，主持人巧用望文生义法，开场白极富幽默感，既点出会议的宗旨，又活跃了会场的气氛。

望文生义法是一种巧妙的幽默技巧。运用它，一要“望文”，即故作刻板地就字释义；二是“生义”，要使“望文”所生之“义”变异和与这个“文”通常的意义大相径庭，还要把“望文”而生义引向一个与原意风马牛不相及的另一个内容上，从而在强烈的不协调中形成幽默感。因为所有的幽默，从总体上说，都是来源于不协调。

逻辑上，一个词语可以表达不同的概念，将错就错、巧换概念就是在论辩中故意曲解某一词语在对方论辩中的意思，巧妙换意，出其不意地驳倒对方。

威尔逊在任新泽西州州长时，接到来自华盛顿的电话，说新泽西州的一位议员，即他的一位好朋友刚刚去世了。威尔逊深感震惊和悲痛，立刻取消了当天的一切约会。几分钟后，他接到了新泽西州的一位政治家的电话。

“州长，”那人结结巴巴地说，“我，我希望代替那位议员的位置。”

“好吧，”威尔逊对那人迫不及待的态度感到恶心，他慢吞吞地回答说，“如果殡仪馆同意的话，我本人没有什么意见。”

面对这位迫不及待地企望登上议员位置的新泽西州的政治家，沉浸在深深悲痛之中的威尔逊非常委婉幽默却又毫不留情地予以了嘲讽和回击。威尔逊运用的幽默手法，是用曲解的办法暗中转换了对方话中的希望得到的“位置”的概念。对方原来觊觎的是议员的席位，而威尔逊故意临时置换为已去世的议员在殡仪馆所在的位置，从而在幽默之中表达了对对方的反感和讽刺。

歪解幽默法就是以一种轻松、调侃的态度，随心所欲地对一个问题进行自由的解释，硬将两个毫不沾边的东西捏在一起，以造成一种不和谐、不合情理、出人意料的效果，在这种因果关系的错位和情感与逻辑的矛盾之中，产生幽默的手法。

歪解就是歪曲、荒诞的解释。一本正经地从事实出发、从科学出发、从常理出发，那就找不到幽默。说咸鸭蛋是咸水煮的不是幽默，说咸鸭蛋是咸鸭子生的这才是幽默。

请看这样一则幽默：

3位母亲自豪地谈起她们的孩子，第一位说："我之所以相信我家小明能成为一名工程师，是因为不管我买给他什么玩具，他都把它们拆得七零八散。"

第二位说："我为我的儿子感到骄傲。他将来一定会成为一名出色的律师，因为他现在总爱和他人吵架。"

第三位说："我儿子将来一定会成为一名医生，这是毫无疑问的，因为他现在体弱多病。俗话说'久病成良医'。"

读到这儿，我们都会忍俊不禁。这种幽默的力量是从哪来的呢？很显然，是从这3位母亲滑稽的解释中得来的。如果说儿子能当上工程师是因为喜欢用积木搭桥盖房子，说儿子能当律师是因为喜欢法官的大盖帽，说儿子能当医生是因为他常玩给布娃娃打针的游戏，那就没有多少幽默可言了。这种解释是从生活中的常理来的，人们听来毫不觉得意外，所以并不可笑。

而这里的3位母亲却都从这些常理中跳了出来，给这些问题找到了一个似是而非、牛头不对马嘴的解释，结果和原因之间显得那样不相称、那样荒谬，两者之间的巨大反差就形成了幽默感，这就是歪解幽默的奥秘所在。

幽默不是科学，不是逻辑，而是一种雍容豁达的生活态度，是用巧妙的手段来宣泄情感而又不致造成伤害的一种方式。只有把握了幽默只属于人的情感、人的心灵这一本质，才会潇洒自如地突破常规，用看似荒谬的理由去解释生活，解释自己与他人，为生活制造一点笑声、一点乐趣。歪解幽默法最常用于自嘲。

某人有一次在宴席上问鲁迅："先生，你为什么鼻子塌？"

鲁迅笑答："碰壁碰的。"

这个回答里面，既有对社会现实的不满，又有对自己生活经历坎坷的嘲讽，这样丰富且具有社会意义的内容与"塌鼻梁"这样一个具有丑陋因素的自然生理特征结合在一起，便产生了无法言喻的幽默感。

有人问一个作家："你为什么能写那么长的大部头小说？"

作家答道："因为我有失眠症，晚上只好做点文字游戏来解闷。"

这种自嘲都透着一种自信，而不是把自己说得一文不值。

歪解幽默法作为一种幽默技巧，并不神秘，也不深奥，只要是出于表达情感的需要，只要是不那么死心眼地有一说一，有二说二，那么，在日常交际中，谁都可以用它幽默一下。

婉言曲说成幽默

有些事直接发表自己的见解不太合适，容易让人误解或不愉快，婉言曲说是很好的方法，而且这种婉言曲说不同于修辞格里的委婉修辞方法，它是形成幽默的一种语言艺术。

王麻子是个极爱占小便宜的人，常常在别人家白吃白喝，吃完了上顿等下顿，住了两天住三天。一次，他在一朋友家里吃了三天后，问主人道："今天弄什么好吃的呀？"

主人想了想，说："今天我们弄麻雀肉吃吧！"

"哪来那么多麻雀肉呢？"

主人说："先撒些稻谷在晒场上，趁麻雀来吃时，就用牛拉上石磨一碾，不就得了吗？"

这个爱占便宜的人连连摇手说："这个办法不行，还不等石磨过来，麻雀早就飞跑了。"

主人一语双关地说："麻雀是占惯了便宜的，只要有了好吃的，怎么碾（撵）也碾（撵）不走。"

现在我们谈论的"婉言曲说"的幽默法，可以说是"婉曲"的变格，它是说话人故意把所要表达的本意绕个圈子曲折地说出来，利用婉言来获得幽默效果。

克诺先生来到一个陌生的城市，走进一家小旅馆，他想在那儿过夜。

"一个单间带供应早餐要多少钱？"他问旅馆老板。

"不同房间有不同的价格，二楼房间 15 马克一天，三楼房间 12 马克一天，四楼 10 马克，五楼只要 7 马克。"

克诺先生考虑了几分钟，然后提起箱子就走。

"您觉得价格太高了吗？"老板问。

"不，"克诺回答，"是您的房子还不够高。"

一般说来，幽默应避免敌意和冲突，否则，幽默就会被减弱或者消亡。从这个意义上讲，婉言曲说最适合构成幽默。

一个法国出版商想得到著名作家的赞扬，借以抬高自己的身价。他想，要得到一个大人物的好感，必须先赞扬赞扬他。

这天，他去拜访一位知名作家。他看到作家的书桌上正摊着一篇评论巴尔扎克小说的文章，便说："啊，先生，您又在评论巴尔扎克了。的确，多少年来，真正懂得巴尔扎克作品的人太少了，算来算去，也只有两个。"

作家一听就明白了出版商的意图，便让他继续说下去。"这两个人，其中一个是您了。可是还有一个呢？您说，他应当是谁？"

作家说："那当然是巴尔扎克自己了。"

出版商顿时像泄了气的气球，悻悻地走了。

出版商想求得知名作家的赞扬，故意登门拜访。作家呢，不好直接拒绝，就来了个婉言曲说。出版商把世间懂巴尔扎克作品的人确定为两个，一个，他自然要送给作家了；另一个，他是给自己预备的。但自己说出来，那太没涵养，况且自己认可的东西并不一定能得到作家的赞同，还是启发作家说出来吧。由此，出版商一直沿着自己的设计和思路，准备着一种情感—他期待着作家的赞扬，让作家指出他是懂巴尔扎克作品的人。

作家并不回绝对方的话，因为那太扫人兴了。但是他有意漠视对方的“话外音”，一句答话，让对方的期待栽了个大跟头，作家回答的是，另一个懂巴尔扎克的人是巴尔扎克自己。于是双方没戏唱了，只好散场。

凡有大成就者，向来都是舌吐方圆的专家，他们不仅仅专长于自己的一份事业，而且在待人接物上有着独到的迂回之术，他们能够在让人发笑的过程中不知不觉加入自己的观点。

著名的法国钢琴家乌尔蒙，年轻时有一天，他弹奏拉威尔的名曲《悼念公主的孔雀舞曲》，节奏太慢，正在听他弹奏的拉威尔忍不住地对他说：“孩子，你要注意，死的是公主，而不是孔雀。”

在这里，拉威尔将公主与孔雀这两种原来互不相干的事物，出人意料地联系起来，使人们产生惊奇，并在笑声中意会到拉威尔话语的真正含义。

拉威尔对乌尔蒙的演奏“节奏太慢”，并不是采取直接批评的方式，而是采用婉转的暗示：“死的是公主，而不是孔雀。”这样，使演奏者首先得回味一下，拉威尔的话到底是什么意思？弄清楚了，便意识到自己处理作品中的失误。应该加快速度，快到什么程度呢？拉威尔的话给了提示，是孔雀舞曲。演奏者的脑海中定会浮现出美丽的孔雀翩翩起舞的英姿。拉威尔的旁敲侧击，使乌尔蒙明白了自己的毛病所在。

阿凡提讽刺人从来不露骨，相反，他的话总是带刺却让人想笑。

阿凡提带着他7岁的儿子，拿着一份报告去找科长。

科长接过报告，不禁哈哈大笑：“阿凡提啊阿凡提，别人都说你聪明，你怎么糊涂起来了？你才 40 多岁，你儿子才 7 岁，怎么打起退休离职报告来了？”

阿凡提不紧不慢地说：“科长，按照你的工作效率，当你把这份报告批下来时，我和儿子的年龄就都够了！”

阿凡提说：“当你把这份报告批下来时，我和儿子的年龄就都够了”，从 40 多岁到 60 岁，中间有 10 多年的时间，阿凡提在拐弯抹角的夸张中制造了笑料。

上面是针对工作效率的低下，下面则是讽刺工作效率的“高超”了。

一群人围在伦敦白厅前，中间躺着一个小男孩，蜷缩在地，痛苦地呻吟着。原来他吞了一枚 10 英镑的金币到肚里。围观的人眼看孩子痛得不行了，都急得不知如何处置。这时，从人群中走出一位先生，他走到小孩身边，抓住小孩的腿，把他倒提起来，猛力地摇晃了几下，忽然听到“呼”的一声，那枚金币从小孩子的嘴里喷了出来。围观的人舒了一口气。

一位旁观者问那位先生：“你是医生吗？”

“不！”那人回答，“我在税务局工作，叫化子见到我都逃。”

此幽默令人喷饭，把税务局抠钱的本领夸张得无以复加。

幽默是一种高超的语言艺术，这种艺术是在婉言曲说中产生的。说话直愣的人不可能创造出幽默来。按部就班，一是一，二是二，实说实，虚说虚，没有任何的发挥就不可能碰撞出幽默的火花。

应用篇

第一章

情爱说话术

如何赢得异性的喜爱

在我们这个时代，人们眼中的有才华的人，往往首先是一个善于表达的人。而如果你只是在同性面前善于表达，从而赢得了同性的喜爱，那还只是成功了一半，因此，你必须想办法赢得异性的喜爱。

但是，如果你是一位男士，你可能经常遇到这样的情形：当你在和男士谈话的时候，你可以轻易地做到口若悬河、滔滔不绝；而当对面坐着一位漂亮、可爱的女士的时候，你可能就会呆若木鸡，连一句完整的话也说不上来。

异性交往有着无穷的乐趣。在异性面前，每个人都希望自己能够像平时一样伶牙俐齿、妙语连珠。但是也许正因为这种表现的欲望过于强烈，每个人在与异性交谈时都或多或少地存在紧张感。其实，只要掌握一些基本的原则，要做到成功地与异性交谈、赢得异性的喜爱，就可以变得十分轻松。

礼貌有节

任何社交场合都需要一定的礼仪，异性交往尤其如此。众所周知，男性和女性的性格是各不相同的，男性偏向于坦诚、直率，而女性则委婉、含蓄。在此基础上，礼貌主要表现在尊重各自的差异方面，而这也构成了异性交往的前提。

俄罗斯有一句谚语：男人靠眼睛来爱，女人靠耳朵来爱。这句话对我们的启示是，男人往往更加重视视觉效果，而女性则对动听的语言更加注意。在与男性的交谈中，任何一个不雅的举动都可能会被他收入眼底；而在与女性的交谈中，我们的任何一句令人不悦的词句都会被她装进耳朵。

另外，性别对于接受是有影响的。同样的一句话，对不同性别的人讲，可能意味着不同的意思。一般来说，男性能承受比较直率、干脆、粗放的话语，而女性则更加喜欢委婉、轻柔、细腻的话语。

因此，考虑到性别差异，你就不能把一些同男性说的话同样地诉说于女性，这样会冒犯对方的。

比如，对于陌生的或者不太熟悉的女性，不应该问及她的年龄，也不应该贸然地问她的家庭情况，因为这都会被认为很冒失、没有礼貌。而同样的问题如果问及男性，这样的不佳效果就不会产生。对男性说的话可以粗放、豪爽一些，甚至带一点骂辞也无关紧要——当然要在非正式场合；但是对女性却不能说同样的话。特别是开玩笑时更应该注意程度和对象。

话语投机

如果注意观察，我们可以发现这样一种情况：男性交谈的话题往往是较公开性的，比如社会、时事、政治等等；而女性交谈的话题往往是较私人性的，比如服装、孩子、家庭等。注意到这个区别，对我们寻找合适的话题有很大的帮助。

有这样一对情人：男孩先是喋喋不休地谈论公司的事，然后又兴致勃勃地谈论起国家大事；而女孩却在旁边心不在焉，只是因为不忍心打断男孩的谈话，所以不得不一直装作对他所谈论的东西很感兴趣。这样，本来是关系十分亲密的情人，却因为话不投机而出现了冷冰冰的局面。

这就是由于异性的话题差异而导致的结果。男孩并不知道女孩对什么东西感兴趣，所以找了这个话题来讲，并且认为既然女孩并没有表现出不耐烦，就代表她也对这个话题感兴趣。其实只要他稍加注意，就可以发现问题的所在。

男性和女性的谈话是有十分明显的差别的。一般而言，在男性面前，大多数女性并不会主动引导话题、滔滔不绝，她会更加愿意做一个倾听者和跟从者；表现在谈话中，她的话会显得比较含蓄。这时候，谈话的主动权一般都掌握在男性手中。而一场谈话的成功与否，主要是由男性控制的。

赞美对方

任何人都喜欢被称赞。由于人们都希望赢得异性的好感，所以异性的称赞对他们来说就更加重要了。可以说，赞美，是赢得异性好感的最好的方法。

如果一个男人采取了某种行动，进而得到了对方的赞同，他就得到了自己希望得到的最高的赞赏。比如，如果女性对他欣赏的电影评论说："这真是一部十分有趣的电影。"这等于在说："你真是一个有趣的人。"这种肯定的引申意义，确实是不可思议的。

相对而言，女人则更加喜欢得到直接的赞美。当一个女人被称赞"你今天真漂亮"的时候，这会让她——如果她开始心情不那么好的话——变得高兴起来。需要注意的是，如果说男人喜欢听到"今天晚上你很愉快"，那么女人则更加喜欢听到"你今天晚上真迷人"之类的话。

保持神秘

在心理学上，保持神秘感是一个人拥有持久魅力的不二法门。很多人抱怨他们结婚之后爱情就走向了灭亡，这在一定程度上就是因为丧失了神秘感。这种抱怨不能不说有一定的道理。

与此相反的观点是，人与人交往应该真诚、直率，说话应该直截了当。但是我们可以说，异性在交往的时候却并非如此。

我们的确需要向对方敞开心扉，但是这却是在一定程度上的“敞开”。可以这么形容这种程度，即能够让对方发现你有一定的吸引力，但是却并不完全坦白。

实际上，正是因为男女之间具有很多的不同，才让异性交往显得神秘，并且具有十分强大的吸引力的。而如果你一开始就展示了你的全部，那么也就在一定程度上丧失了这种吸引力。

社会交往中忽视性别差异

如果你同对方的交谈是一种以社会交往为目的的异性交谈，那么，你最好在一定程度上忽视对方的性别特征，这样才能做到自然、和谐，才能消除紧张心理，也只有这样，才能够在客观上帮助你赢得异性的好感。这一点很好理解：正因为这种差异的存在，你才会想到在交谈的过程中应该取悦对方，才会郑重其事。当然，忽视性别差异并不意味着你可以不拘小节，因为所有谈话都是需要注意礼仪的。

当一个人出现在许多异性中的时候，这时候你们的话题可以是那些适合大多数人的。

如果他们大多是男性，自然不能寻找那些家庭或者孩子等较私人的话题，以勾起少数女性的兴趣。作为一个女性，如果你处在这样的环境之中，最好倾听他们的谈话；如果可能的话，还要表现出极大的兴趣。这样，你才能够取得社交的成功。

千哄万哄哄到她心软

要想邀请自己的心上人出去游玩，在很多男孩子看来，不是一件很容易的事，因为女孩碍于矜持和体面，通常会拒绝邀请。然而，你在此处止步不前了，自然也会无果而终。其实女孩都需要男孩“哄”，只要你哄得恰到好处，问题看来也不是那么难。

多数时候，你最好单刀直入，不给她说“不”的机会。

当你要去邀请她时，不要用商量的口气问她“愿不愿意……”

之类的话，而最好武断地说：“咱们一道去……”

虽然女人也有不愿意与你同行的时候，但是如果她想说“不”的话，则多少会给她造成心理负担，使她对你有一种歉疚感。

然而，你如果用“愿意不愿意……”这种问法，乍看起来好像非常“绅士”，但事实上却给了对方说“好”或“不”的两种机会。不用多说，责任上的分担都推给了对方，而女人又不习惯于承担任何责任，所以警戒心高的女人，为了不节外生枝，干脆就摇头对你说“不”了。

“愿意不愿意……”“要不要……”这种尊重的言词被接受的可能性实在太小了，你可能也有这种经验吧。

相反的，如果你用单刀直入的问法“咱们去……吧”那就大不一样了。

下面这一段，是一位小伙子煞费苦心地劝说女朋友答应他的邀约的对话：

“你今天真漂亮。晚上6点钟我们出去吃顿饭、聊聊天，好吗？”

“不行。”

“我们应该彼此多了解一点。就在6点钟好了，到时我来接你。”

“不行。”

“说不定我们可以遇到一个我们喜欢的人，或是一件有趣的事呢！就今晚6点钟吧？”

“不行。”

“6点钟见面以后，我们可以吃顿饭、看场电影，然后到咖啡厅去坐坐，我们会有一个非常美妙的夜晚的，还是去吧！”

“是吗？”

“我发觉我越来越喜欢你，今天晚上一定要见到你，就6点钟，我来接你。”

“那好吧，就6点钟再见。”

这是一个聪明的男孩，他使出了浑身解数，终于让对方由说“不”到说“是”。他不断地给对方勾勒出一幅美好的预期的画面，最后女孩终于动心了。

还有一些男孩在邀请女孩的时候以情真意切为主打，让女孩感觉到温暖、真心，女孩被打动了，自然会对你言听计从。这是一封男孩写给他喜欢的女孩的邀请信，它包含着满怀的激情和热爱，执着与关怀：

在这之前我想先向你道谢，谢谢你借我一双手和我一起抗衡寂寞的冷，战胜寂寞，谢谢你为我剪短思念，照亮黑夜。

《哈利·波特》是一部很不错的电影，不是吗？主角们受到攻击时，我听见你细声低喊；舞会那一幕，我们都看得很入迷，我恨不得拉着你跳进去和他们一起共舞；主角与巨龙战斗那8分钟，你的呼吸被音乐操控了，我陪你一起紧张；年轻有为的角色死得如此可惜，你的叹息让我的心漏跳了一拍。

回程的时候，车里空气很薄，我的呼吸有点急促。能和你交谈的话题很少，因为我不健谈。我的CD播放了很多歌，张栋梁的、杜德伟的、李圣杰的、品冠的、光良的，你只哼过李圣杰的《痴心绝对》。唔，我会记起来，痴心绝对。

我双手握着方向盘，我知道回家的方向，却不知道自己的方向。你总是让我迷惘。空调散出的低温空气是绷紧的气氛，笼罩着车子里的两个人。你说再见、晚安，把我的快乐辛酸留了下来。我把车子停在原地，才发觉车子里缺少的气体是勇气。我说再见，因为我想再见。

我想向你道歉，原谅我的不健谈。我决定再邀你看一场电影以示歉意。放心，我会预先选好位子，不会像这次坐在F15和F16的位子。坐在这位子会令我们的脖子很酸，这一家戏院的冷气也特别的冷。唔，好的，下次我会记得带外套。

再次向你道歉，原谅我不够细心，忘了带外套为你御寒，忘了预先选好位子，忘了买好可乐和爆米花给你享用。一切一切，我都感到深深的歉意。

别担心我，得不到你的原谅，我只是会魂不守舍，上课没心听课导致成绩下降、走路撞到柱子搞得头昏脑涨、忘记吃饭令我虽生犹死、睡不了觉引起情绪不稳定、驾车不专心撞出一场世界性的创举而已。基本上，死不了，所以你有权利不原谅我。但是，基于基本的礼貌，我觉得我还是得等你原谅，等你给我一个赎罪的机会。

这样诚挚的话语，恐怕对方是很难拒绝了。这个男孩无疑又多了一次让对方了解他的机会。

“谨慎”、“谦恭”、“有风度”是妇女的传统美德和本能表现。因此，在邀请她们出游的时候要拿出你的勇气，让她们看到你的决心与诚意。女孩子其实都是需要耐心哄的，也是很容易心软的。

如何回答女孩的“魔鬼问题”

俗话说：“女人的心，海底的针。”这句话是说女人的心思难以捉摸。又有言：“言为心声。”女人既然想了，自然会说；既然心思难以捉摸，说出的话就不会太容易回答。男人应该如何回答女人经常提出的棘手问题？比如，她们大多数会问下列“魔鬼问题”：

你在想什么？

你爱我吗？

我看起来身材不好吗？

你认为她比我漂亮吗？

如果我死了，你怎么办？

这几个问题很难回答好，一旦男人回答不好，每一个问题都可能引起争执并导致关系紧张。

当她担心男友不够爱自己时她可能会开始问很多问题，有的是关于恋爱双方之间的关系，有的则是关于男友的感觉。例如他有多爱她，或他觉得她的身材如何等问题。这时候，不需要为这些问题寻求理智的答案，因为她只是想确定男友是否还爱她。

例如，如果她说：“你觉得我胖吗？”

男友不能回答：“是啊，你是没有模特儿的身材，可是模特儿都是饿出来的。”或答：“你不需要这么苛求自己，我不在乎你的身材。”

而是应该说："我觉得你很美，而且我喜欢这样的你。"然后给她一个拥抱。

如果她说："你觉得我们相配吗？你还爱我吗？"

男友不该说："我觉得我们还有些方面必须再沟通。"或答："你还要问几次？这个话题我们已经讨论过了。"

而是最好这样说："是啊，我好爱你。你是我生命中最特别的女人。"或："我越了解你，就越爱你。"

"工作和我，对你来说哪个重要？"当女性提出这个问题时，男性一时会感到很难问答。

一个人的生活有许多方面。对男性来说，工作和妻子属于不同的生活层次，属于不同生活层面的东西，实在是很难进行比较的。

女性也并不是一点不懂这层道理，但她还是要问。其中的底细，与其说是在探测男子的选择意向，不如说是向男子提出抗议：你对我不够好。

女性一般会在感情冲动难以自制或有气无处可泄的时候，提出这种有胡搅蛮缠之嫌的问题。这时你想指出问题本身所固有的矛盾，让她知道此问题没有正确的答案可言，似乎是件不大可能的事。不如让她尽情倾诉心中郁积着的话，发泄一下内心的感情。待她发泄过后头脑开始冷静下来时，再对她说："你当然对我很重要。"这样就明白无误地告诉她，并充分承认她的存在价值，之后再强调："正因为你对我很重要，所以我更要发奋地工作，开创我们美好的未来。"这种模棱两可的回答，既避开了她的锋芒所指，同时也是在暗示她：我无法决定到底哪一样比较重要。这该是一种很聪明的处理方法。

雷是一位事业心很强的男孩子，这个优点倒让他的女友敏十分担忧，老是担心结婚以后，雷会只顾及发展自己的事业，而忽略她的存在。经过一段时间的考虑，敏决定试探一下，看看在雷的心中，她和事业哪个更重要。

在一次闲谈中，敏半开玩笑半认真地说："雷，为了我，你真的什么都可以放弃吗？包括你的事业？"雷以为敏是跟他开玩笑，就笑着说：“当然不能了，事业对我很重要。”敏一听，脸色一下子就沉了下来，“哼，我就知道，你们男人都是这个样子，都是工作狂，你心里根本就没有我！”

雷一听，知道自己刚才说错了话，忙解释道：“敏，你误会了，我不会为了你放弃我的事业，并不等于你在我心里就不重要。同样，为了事业我也不会放弃你的。你是知道的，我这个人事业心强，可你知道吗？我这样的努力工作都是为了能为我们的将来创造更好的环境，如果我不能让你生活得更好，我还怎么有资格说‘爱你’呢？我想，你喜欢我的理由也应该有事业心强这一条吧，你希望你未来的丈夫是个毫无追求的懦夫吗？”雷的一番推心置腹、坦率真诚的话语深深打动了敏，此刻她脸上早已荡起了甜蜜的笑容。婚后，雷事业有成，敏成了他的贤内助。

恋爱中的女孩子心思异常的敏感，常常因为男友一句不经意的话就浮想联翩，甚至“上纲上线”，给彼此带来很多不快乐。男士应该多多迁就，给她一个信服的理由，让她安心。

如何向心仪的对象说“我爱你”

泰戈尔说：在玫瑰花充裕的光阴里，爱情是酒；在花瓣凋谢的时候，爱情是饥饿时的粮食。人生不能没有爱情。

那么，当你爱上一个人的时候，应该怎样说出“我爱你”呢？

著名作家老舍33岁了，饱经沧桑的他形成了一种内向含蓄的性格。一天，他童年的伙伴，语言学家罗常培邀他去吃饭。一个穿着中式短褂、黑色长裙，留着齐耳短发的姑娘同桌就餐。饭后，罗常培对老舍说：“我看你岁数越大脾气越怪，不成家，我们不跟你交朋友了。”“什么没有都行，就是不能没有朋友。没朋友我就活不了。”老舍急忙回答。罗常培笑了，答应为他介绍一位女朋友。第二次、第三次，老舍又被罗常培邀去吃饭，每次都会遇到那位姑娘。三顿饭吃过后，一封笔力遒劲的信送到了姑娘手中：“我们要想见面，不能靠着吃朋友，你有笔、我有笔，咱们互相来谈心吧！”这位有着独立自强精神的新女性，后来成为老舍的夫人。

新凤霞向吴祖光求爱，先是采取暗示，没有奏效，就直接表明了心迹。新中国成立后不久他们开始交往，感情日益深厚。新凤霞十分敬仰吴祖光的为人，希望能和他共同生活一辈子。有一次，他们在一起，新凤霞说："我演的《刘巧儿》这出戏，您看了吧？"吴祖光说："看过，真好。"新凤霞说："前门大街的买卖家，到处都在放巧儿唱的'因此我偷偷地就爱上了他……这一回我可要自己找婆家……'"但是吴祖光为人很单纯，一点儿也不懂她的意思，竟说："配合宣传婚姻法，这出戏最受欢迎。"新凤霞想：不能失掉这次谈话的机会，应当使他明白自己的意思。于是，鼓足勇气对吴祖光说："我想跟你……说句话……"吴祖光说："说吧！"新凤霞说："我想跟你结婚，你愿意不愿意？"吴祖光对此没有一点精神准备，他站了起来，停了一会儿说："我得考虑考虑。"这下子可伤了新凤霞的自尊心，她自言自语地说："我真没有想到，这像一盆冷水从心头上倒下来呀！"吴祖光说："我得对你一生负责呀！"后来，两人结为百年之好。

很多人求爱都采取投石问路探虚实的方式，因为每个人都害怕遭到拒绝。梁实秋求爱就是用了一个双关语对韩菁清进行了成功的试探。

梁实秋垂暮之年梅开二度，爱上了比他小 30 岁的韩菁清。一天他们在台北梅园餐厅共餐。梁实秋点了"当归蒸鳗鱼"，韩小姐关切地说："当归味苦啊！"梁先生若有所思地说："我这是自讨苦吃。"韩小姐笑道："那我就是自投罗网！"两人相视哈哈大笑，心有灵犀一点通。

如果害怕拒绝，但又心情躁动不安，急切盼望对方知道自己的心意，那就借鉴陀思妥耶夫斯基的方法，实话虚说，借机抒情。

1866 年，对陀思妥耶夫斯基是具有重要意义的一年。妻子玛丽亚和他的哥哥相继病逝。为了还债，他为赶写小说《赌徒》请了一个速记员，她叫安娜·格利戈里耶夫娜，一个年仅 20 岁，性情异常善良和聪明活泼的女孩。

安娜非常崇拜陀思妥耶夫斯基，她工作认真，一丝不苟。书稿《赌徒》完成后，作家已经爱上了他的速记员，但不知道安娜是否愿意做他的妻子，便把安娜请到他的工作室，对安娜说：“我又在构思一部小说。”“是一部有趣的小说吗？”她问。“是的。只是小说的结尾部分还没有安排好，一个年轻姑娘的心理活动我把握不住，现在只有求助于你了。”他见安娜在听，继续说：“小说的主人公是个艺术家，已经不年轻了……”

安娜忍不住打断他的话：“你为什么折磨你的主人公呢？”“看来你好像同情他？”作家问安娜。

“我非常同情，他有一颗善良的心，充满爱的心。他遭受不幸，依然渴望爱情，热切期望获得幸福。”安娜有些激动。

陀思妥耶夫斯基接着说：“用作者的话说，主人公遇到的姑娘，温柔、聪明、善良，通达人情，算不上美人，但也相当不错。我很喜欢她。但很难结合，因为两人性格、年龄相差悬殊。年轻的姑娘会爱上艺术家吗？这是不是心理上的失真？我请你帮忙，听听你的意见。”作家征求安娜的意见。

“怎么不可能？如果两人情投意合，她为什么不能爱艺术家？难道只有相貌和财富才值得去爱吗？只要她真正爱他，她就是幸福的人，而且永远不会后悔。”

“你真的相信，她会爱他？而且爱一辈子？”作家有些激动，又有点犹豫不决，声音颤抖着，显得既窘迫又痛苦。

安娜怔住了，终于明白他们不仅仅是在谈文学，而且是在构思一个爱情绝唱的序曲。安娜小姐的真实心理正如她自己所言，她非常同情主人公，即作家陀思妥耶夫斯基的遭遇，且从内心里爱慕这位伟大的作家。如果模棱两可地回答作家的话，对他的自尊和高傲将是可怕的打击，于是安娜激动地告诉作家：“我将回答，我爱你，并且，会爱一辈子。”

后来，作家同安娜结为伉俪。

在对对方心意非常不确定的情况下，采用实话虚说的技巧，既能摸清对方的心思，又能避免遭到拒绝时的尴尬，这不失为一个妙方。

当然也有那种开门见山、直抒胸臆的求爱方式，有时这样直接的方式能给对方留下坦率、真诚的印象，最终获得芳心。

列宁在伏尔加河畔认识了克鲁普斯卡娅，在随后的交往中逐渐爱上了她。由于革命工作繁忙，列宁只好把爱情深深埋藏在心里。当列宁被流放到西伯利亚后，他抑制不住相思之苦，给克鲁普斯卡娅写了封信，第一次向她表达了自己的爱情。信的末尾是这样写的：

“请你做我的妻子吧！”

面对列宁的直接表白的求婚方式，克鲁普斯卡娅勇敢地闯进了严寒的西伯利亚，和列宁走到了一起。

但是需要强调的是，像列宁这样大胆坦白地表达自己的爱意，甚至一步到位地求婚的方式，想在现实生活中运用的话，至少需要几个条件：首先，你必须确知对方的心里也有你；其次，你得知道对方的性格能接受你这样的坦白。否则的话，容易给对方留下鲁莽、冒失的印象，甚至吓着对方。

甜言蜜语让爱情更上一层楼

男女相处的时候，有时甜言蜜语非常受用，尤其是爱侣已到了接近谈婚论嫁的阶段，不妨大胆些，在言语间多放点“蜜”。沐浴在爱河中的人，是不用客套的字眼的。任何海誓山盟，“爱你爱到入骨”的话也可以说，不必怕肉麻，除非你并不爱他。与他久别重逢时你可以讲：

“好像在做梦，多么希望永远不要清醒。”你以充满爱意的眼神望着他：

“总是惦念着你！别的事我一概不想……我感觉好像一直跟你在一起。”

这是“无法忘怀、时时忆起”的心境，只要谈过恋爱的男女，一定有此体验。除了他以外，任何事都不放在眼中，总是想念着他。

上面那句话不用怕羞，可以反复使用。相爱之初，热烈的甜言蜜语绝对不会使人感到厌烦，也许还认为不够呢！

“你喜欢我吗？”你不妨大胆地问他。

“说说看，喜欢到什么程度？”或用这样的语气追问。“请你发誓，永远爱我！”甚至你单刀直入地这样对他撒娇说。

“世界是为我们而存在，对不对？”

“你爱我，我可以抛弃一切！你也是这样？爱就是一切。”

“你不会背弃我吧？如果你抛弃我，我会寻死！”

不要以为甜言蜜语说出来就是为了一时的气氛，仅仅是为了逗对方开心。甜言蜜语对整个爱情的加固都起着重大作用，它是爱情运转的润滑剂。

“如果你爱我，有什么为证呢？”这是女人经常挂在嘴边说的话。女性就是希望在有形的、眼睛和耳朵都能感觉到的形式上确认“自己对他是不可缺少的人”。例如，恋人之间在见面的时候，男方没有抱抱她的肩或握握她的手，她就要怀疑他是否爱她，甚至因此而解除婚约的女性也大有人在。妻子新做的一个发型，或穿上了一件新衣服时，做丈夫的假如不发一言，她会认为你无动于衷，这样她就会感到不满。

女性要求认可的欲望很强，恋爱中的更不用说了，就是在结婚后，女人也爱问：“亲爱的，你爱我吗？”她时常要求确认“爱”，而对此感到退却的大多是丈夫。在男人看来，不管如何爱她，“我爱你”这三个字只要讲过，就不想说第二次。男人总是这样认为，我是否爱你，可以在实际行动中表现出来。

可是，对女性来讲，语言比行动更为重要。假如男人不在她们耳边重复地说“我爱你”，她们就认为不能与对方沟通。处于幸福、甜蜜状态的女性，都是根据丈夫的“爱语”或反复的动作得到安心和了解的。

因此，满足这种心理是男性的任务，“我爱你”、“我喜欢你”这些话对女性是非常重要的。她们认为这样是女性显示内在价值和魅力的标志所在。

当她们想要得到认可的欲望被满足后，她们就会心安理得安安分分地去做一个好妻子，爱情就会变得更加和睦。

通常，男子都爱花言巧语，何不把美丽的话语多用在妻子身上呢？

“你一身打扮真是漂亮极了，让我好好看一看。”

“你总是那么迷人，来，跟我坐会儿。”

“别太累，待会儿我帮你做，咱们到河边散散步，好吗？”

“你这两天太辛苦，我带你出去吃一顿。”

“我们单位的同事都夸你贤惠能干。”

“拥有你是我最大的福气。”

“别生气，一生气你会变丑的，不信去照照镜子。”

“等我有钱了，好好带你去外面走走，咱们两人重新过一次蜜月。”

“你脸色不大好，身体哪儿不舒服吗？”

“你早些休息，今天的事我来做。”

“还记得我原先写给你的情书吗？”

“我给你买了盘你最喜欢的歌曲带。”

“你一生都会爱着我吗？”

“你不要对我这么凶，好吗？我心里很伤心。”

“这个家没有你，简直就难以想象。”

“我老婆做的菜真好吃。”

“你真伟大。我怎么想不到呢？”

“结婚纪念日我们去照张合影吧？”

“爬高爬低的事我来做，你别上上下下的，小心些。”

“《结婚的爱》我看了，写得真好，你看看吧。”

总之，做丈夫的要把你的爱通过甜言蜜语表现出来，让她时刻体会到你深爱着她，并时时创造一种美妙的生活环境取悦于她，那样你们的感情会一天比一天深厚，妻子对你的爱也会一天比一天深。

这对于你并不麻烦，同时她的愉快传染给你，成为两个人的愉快；她的美丽心情成了你的财富，丰富你的情感生活。

很多人在谈恋爱时把恋人看得很完美，花前月下，卿卿我我，有时明知道对方的某种缺点自己难以接受，可指出来又怕伤害对方的感情，于是就装出一副菩萨心肠，一忍再忍。其实这和父母溺爱孩子一样，终究会酿成苦果的。那么，年轻的恋人怎样既能指出他（她）的缺点，又不伤他（她）的心，更重要的是还要让他（她）接受你的意见呢？

其实有许多窍门，比如对对方进行旁敲侧击，促其反思并改正。

某局长的千金小徐和本单位的小李谈恋爱时总是显示出某种优越感，因为小李是农家子弟，大学毕业分在局里做科员，没有什么“靠山”。有一次小徐到小李家做客，对小李家人的一些生活习惯总是流露出看不顺眼的情绪，并不时在小李耳边嘀嘀咕咕。吃过晚饭把小姑子支使得团团转，又是叫烧水又是让拿擦脚布什么的。小李看在眼里很不是滋味。他借机笑着对妹妹说：“要当师傅先做徒弟嘛！你现在加紧培训一下也好，等将来你嫁到别人家里，也好摆起师傅的架子来。”小李这么一说，小徐当时似乎听出了什么，过后不得不在小李面前表示自己有些过分了。

小李不失时机地用“要当师傅先做徒弟”的俗话来提醒小徐，避免了直接冲突。即使对方当时略有不满，过后也会有所感悟。

当对方的所作所为引起自己的不满时，也可用诙谐的言谈让对方笑着接受自己的“不满”。

雅倩非常喜欢跳舞，男友小张偏是个好静的人，正参加自学考试，但常被她拉去“看”舞。雅倩有个很不好的习惯，不跳到舞厅关门不尽兴，久而久之小张就受不了了。有一次他们从舞厅出来已是夜里12点多了，小张说：“你的慢四跳得很棒，我还没看够，你一路跳回宿舍怎么样？”雅倩撒娇说：“你想累死我啊！”小张一副认真的样子：“不要紧，我用快三陪你跳。”雅倩扑哧一乐：“亏你想得出，丢下我一个人也不怕我碰上流氓？”小张这时言归正传：“那你在舞厅丢下我一个人也不怕我打瞌睡被人掏了包儿？”雅倩这时才知道男友压根儿没有兴趣跳舞，以后就有所收敛了。

对恋人的不满不用憋在心里，可以适当对对方提出自己的意见，但是要用对方法，否则只会破坏感情而于事无补。

婚姻生活切忌唠叨不休

大文豪列夫·托尔斯泰是世界上最伟大的作家之一，他的《战争与和平》、《安娜·卡列尼娜》是世界文学史上不朽的名著，他因此而拥有了耀眼的名望、财富和社会地位。但是，这些对人们来说最宝贵的东西却丝毫没有使他的婚姻变得幸福；相反，可以说，他的婚姻是他这一辈子最大的悲剧。

托尔斯泰认为金钱是一种罪恶的东西，因此他想要放弃他的作品的出版权，不再对他的作品征收版税。但是他的妻子是个过惯了奢侈生活的人，她这一辈子最重要的工作之一，就是为这个问题对托尔斯泰不断地进行责骂和唠叨。在地上撒泼打滚是她经常使用的伎俩，她甚至要挟托尔斯泰：如果他再阻止她得到这些钱，她将会服毒自杀。

由于再也不能忍受家庭和婚姻对他的折磨，托尔斯泰在他82岁那年10月的一天——那天正下着大雪——离家出走了。他宁愿在寒冷的黑夜里漫无目的地行走、忍饥挨饿，也不愿再见到那个可怕的女人。11天后，人们发现他死在一个火车站的候车厅里，那时候一个亲人都不在他身边。而他的遗言，却是不许他的妻子出现在他身边。

当托尔斯泰去世的时候，妻子终于意识到了她给这位伟大的人物所带来的痛苦，只是一切都已经太晚了。她临终的时候对她的儿女说："你们父亲的去世，是我的过错。"听到这样的话，他们的儿女能够说些什么呢？他们都知道这是事实——正是她的喋喋不休和没完没了的唠叨把托尔斯泰给害死了。

破坏爱情和婚姻的最狠毒的手段，就是唠叨不休。它像眼镜蛇吐出的可怕的毒液一样，总是具有巨大的破坏性，能够轻而易举地让一个美好的家庭走向破裂。当然，偶尔的吵嘴没有这么大的破坏性，它是不可避免要发生的事情。一般的人都知道怎么去弥合吵嘴所带来的微小的创伤，而不至于使它过大。唠叨不休的人却并不这样，他总是这么做，其结果就是造成的伤害无法弥合。

林肯最大的悲剧也不是他被暗杀——当然这也很不幸——而是他的婚姻。我们不知道当他被枪击之后，他是否感到了痛苦，但是我们的确知道，在此之前的23年里，每个黑夜和白天，他都不得不遭受婚姻的折磨。在他去世后，当他的儿子小泰德被告知自己的父亲已经进入了天堂时，小泰德动情地说："我的父亲在人间的日子一点都不快乐，值得庆幸的是，他现在已经得到了解脱。"

林肯当年的同事贺恩律师曾经说："林肯的不幸，是婚姻造成的。"的确如此，林肯夫人生性刻薄，对林肯尤其如此。她在婚姻生活的大部分时间里都在寻找和指责这位伟大人物的缺点。她总是以指出林肯的长相丑陋为乐，说他的大耳朵垂直地长在脑袋上、鼻子太短而嘴唇又太突出、四肢太大头却太小。不仅如此，她还指责林肯走路时总是佝偻着身子，肩膀一上一下地十分滑稽；她一边抱怨林肯走路没有弹性，一边还模仿他走路的样子。

比佛瑞兹是研究林肯的专家，他在自己的回忆录中写道："林肯夫人的嗓音十分尖，叫起来连街对面都能听到；她斥骂的声音，能够让邻居听得一清二楚。不仅如此，她发怒时并不仅仅限于语言，还包括行动等其他方式。"换作其他任何一个人，与这样的夫人生活在一起，其婚姻生活都是不会幸福的。

我们可以随便举一个例子。在林肯夫妇结婚后不久，他们租赁了欧伦夫人的房屋。一天早上，大家正坐在一起吃早餐。因为一句无关紧要的话，林肯激怒了他的夫人。她立即跳起来，当着许多人的面，把一杯热咖啡泼到了林肯的脸上。

林肯尴尬地坐在椅子上，一声不吭地忍受着。后来，欧伦夫人拿来了毛巾给他擦脸和衣服，而林肯夫人却依旧在唠叨。

当这种婚姻像恶魔一样折磨着那位伟大的总统的时候，他发现这样的唠叨和谩骂简直比政敌的毁谤更加让人难以忍受。当林肯作为律师经常到外地办理案件的时候，每到星期六，其他律师都回家和家人共度周末，林肯却从不回去。他像一个没有家庭的流浪汉一样，宁愿忍受乡下旅馆恶劣的条件，也不愿意回到地狱般的家里。

日本人针对婚姻生活不美满的原因进行了调查，结果发现丈夫对妻子不满的因素中，位居前三位的依次是：唠叨不休（27%）、性格不好（23%）、不懂得持家（14%）。也就是说，导致人们婚姻不美满的很大一部分原因是女士的唠叨不休。有这样一位女士，她不但性格温柔、善于持家，而且对丈夫也十分关心。但是就在不久前，她的丈夫却愤然离家出走了，其原因就是他忍受不了妻子事无巨细的唠叨。这一事例正好也说明了日本的调查的正确性。

这并不只是社会学家的发现，一些法律也把忍受唠叨当成了一个可以减轻犯罪人刑罚的条件。比如，瑞典法律就明文规定：如果受害人是一个爱唠叨的人，那么杀害受害人的被告可以被判为过失杀人罪。而乔治亚州的最高法院所判的案件表明，丈夫如果是为了躲避妻子的唠叨而把自己反锁在房子里，则是无罪的。他们认为，即便是住在阁楼的某个角落里，也比住在大厅里却要忍受女人唠叨要来得舒服。

有不少的事例都说明了唠叨不休对婚姻的破坏作用。《电信世界》中曾经有一篇文章报道了这样一件看起来很离奇的事情：一个已经50岁的维修员一连雇用了3名杀手，最后终于杀死了他的妻子，其原因竟然是他忍受不了妻子的唠叨。据这位丈夫说，他的妻子总是能够围绕一件不起眼的小事说上三天三夜，这都快要把他逼疯了—事实上，从他做出的这件事情来看，他已经疯了。

一名32岁的坦桑尼亚男子曾经用一瓶驱虫剂过早地结束了自己的生命。人们在他的尸体旁发现了一个药瓶和一封信，他在那封信里写道：我决定立即结束我的生命，因为我的妻子总是喋喋不休。

我们无意把婚姻生活不美满的原因全部归结到女人们的唠叨上—实际上，在所有这样的事情当中，另一个人同样也可能犯很严重的错误—这里想说明的只是，如果你确实意识到自己喜欢唠叨不休，并且这种唠叨正在破坏你的婚姻生活，那么，你应该毫不迟疑地结束它。

抱怨的话如何说才不会引起丈夫的反感

周末晚上，妻子做好饭菜左等右等不见丈夫归来，邻家传来热闹的嬉笑声，妻子更觉孤独，于是她给晚归或不归的丈夫写下这么一段话：

“晓军，等至夜深，依旧不见你归来，想是到同事家打麻将去了。一周繁忙的工作之后，确实应该轻松一下心境，但愿你能确实轻松。

“晚上，我独自一人立在阳台边数天上的星星，并猜测哪一颗星星属于你所在的位置。有一颗最初很亮很亮，可我看得久了，却发现它又黯淡下去，最后我都找不着了。

“起风了，吹得门窗砰砰作响，每一次门响，我都以为是你回来了，兴奋地打开门，外面却是黑漆漆的夜……

“我在等待一个不回家的人，我想你一定不愿意这样。虽然你人留在了一个我不可知的地方，但家里到处都闪现出你的身影，厨房的餐桌上还留着你早起喝剩的半杯奶，已没有了早晨热腾腾时飘着黄油的香味，我只好把它倒掉了，等你回来，我再重新为你热上一杯，但愿你不会再把它剩下。”

请再看另一段妻子留给不归丈夫的话，比较一下二者的效果。

“我就知道你今晚心又痒得难受，‘死猪不怕开水烫’，你是无可救药了，像这样下去，日子没法过了。

“你在外面轻松快活，留下我孤独一人，早知道我还不如回娘家去，待在这破家干什么。

“我郑重警告你：你再这样我告诉你爸妈。我不相信，你的毛病我治不了别人还治不了。”

两段话的效果应该是截然不同的，后者充满了怨恨、责怪，这样尖锐的话说出来非但达不到效果，反而会令对方更为反感。

谈恋爱时，要多一分理解，才能把握好爱情。一次李丽的一些朋友邀请她周末出去玩，还特别嘱咐她带上她的男朋友阿强。李丽兴致勃勃地打电话告诉阿强，但是阿强说：“丽，我不能去，周末我要陪领导出差，下次吧！”李丽听后顿生不悦，对着电话筒大声说：“你好牛啊，请都请不动，也太不给我面子了！”阿强听了这话，默默地放下电话，好长一段时间都没有主动找过李丽。

在恋爱中，由于主观或客观原因，不可能自己的每个要求每次都得到满足。当对方不能满足自己的要求时，一定要保持冷静，多一些理解，少些抱怨和指责。

上一个故事中，对李丽的邀请，阿强不是不想去，而是公务在身不能去。如果李丽能考虑到这一点，把指责变成一种理解，说出“我很遗憾你不能去，我原本想我们一定会玩得很开心，不过你工作重要，下次有时间再玩”等一类的话，双方的关系非但不会受到影响，反而会使爱情更上一层楼。

很多做妻子的，往往刀子嘴，豆腐心，虽然洗衣、做饭全包，丈夫回家，可口饭菜端上桌，嘴里却唠唠叨叨没个完，不是回来晚了，就是衣冠不整，要么是左右邻里一大串，你家如何如何又如何。结果听得丈夫一忍二，二忍三，实在忍不了，扶桌而起，或默然无语，或拂袖而去，饭菜没吃多少，烦恼塞了一肚，实在厌烦无奈，蒙头就睡。不识相的妻子是一通指责，不脱衣就睡、吃好饭也不洗碗，就这样没完没了。家庭成了两个人的负担，两个人的灾难，可在心里面，她真有这么多的怒气和愤慨吗？

其实，每个女子都会认为做家务是自己不可避免也难以逃避的一种责任，没有一个女子会以为自己成了家以后是什么也不需要做的。既然嫁人之前就多少对做家务有心理准备，因此那些唠叨的话语就成了她向丈夫夸耀自己能干和贤惠的特殊语言，也成为她和丈夫交流的唯一语言方式。她不知道同一内容、同一意思用不同的话说出来，效果就会大不一样。

“有没有兴趣帮我择一下菜？”

“看你疲倦的样子，一定很忙吧？”

“不对吧，你原来挺爱干净的。”

“我嫁给你，就是因为你很有能力。”

“你一定会把那事做好的，你一向都很机灵。”

“你该不会是个吝啬鬼吧？”

“你想得真周到！”

“别多想了，我知道你有难处。”

“给家买点东西带回去吧！”

“你做的菜比我做的好吃多了。”

用这样一些软话来说服对方，效果会更好。男人一般都是遇刚则刚，遇柔则柔的，他们通常经不起女人的柔言细语。所以刀子嘴最好还是早早放弃为好。

永远不要用强迫的语言

虽然我们在传统的基督教婚礼仪式上可以听到这样的话：“从此以后，不论更好或更坏、贫穷或富有、疾病或健康，你们都会彼此相爱，一直到死亡的那一天。”但是这种誓言听上去并不可信。我们更加相信自己的眼睛和耳朵，它们让我们知道：即使在我写下这些文字的这一刻，也有无数的家庭正在争吵，有无数的男女正在伤心。如果我们把视野放得更加宽广的话，可以把我们的观察结果变成一句话：有人的地方就有矛盾和冲突——家庭自然也不会例外。

虽然这个结果可能听起来让人有些沮丧，但是却大可不必如此。能够和和气气、相亲相爱当然好，但是即便有一些冲突，也会使我们的婚姻生活变得更加有意思。冲突是由不同的意见、不同的观察角度甚至不同的解决办法所引起的，而拥有亲密关系的夫妻也自然会存在这方面的问题。

比如，你觉得你的妻子不化妆的话看上去可能会更加舒服，你想让她接受你的观点；但不幸的是，她坚持认为自己化妆后更加动人，甚至认为不化妆就会感觉不自信——结果两个人争论不休。当这样的家庭冲突产生的时候，我们会想办法去处理；同时，我们总是希望两个人都对这个处理结果满意——从这一点来看，关于化妆这个问题，上面一开始的解决办法是不恰当的。

你不能用强迫的语言去说服对方或者命令对方做任何事情——就像前面所提到的那样，因为这样做的结果只会对你们不利。

有这样一个古老的故事：风因为想证明自己比太阳强大，于是对太阳说："我比你强大多了，这一点我可以轻易地证明给你看——我能很快地脱去那个人的衣服。"风让太阳躲起来，自己开始施展威力。但是，风刮得越大，那人把自己的衣服裹得越紧。

最后，风不得不放弃了它的努力。这时，太阳从乌云后面出来，晒得人身上暖洋洋的。那人开始出汗了，于是把外套脱了下来。

太阳对风说："友善的力量，永远都比强迫的力量更加强大。"

确实，强迫经常不能达到目的。有一句古话说：你无法用一把枪去套住一个男人。当然，这样说可能有些片面，因为你也无法用一把枪套住一个女人。它的意思是，你不能强迫你的妻子或丈夫去做什么事情。

强迫性的语言似乎无时无刻不在上演。大多数人都对他的顾客小心翼翼，生怕说错一个字，但是面对妻子的时候却大吼大叫，像一个暴君一样。他们总是习惯于指使自己亲密的爱人怎么去做事、怎么去说话。无怪乎迪克斯说："说伤人的话最多的，就是我们的家人，这的确让人吃惊。"奥利弗·哈姆斯在他的《早餐的独裁者》一书中描述的就是这样一种情境。但是哈姆斯本人却并不这样，他从不让妻子看自己的脸色，即便心情不好，他也不迁怒于人。

桃乐斯·迪克斯曾经评论说，有半数以上的婚姻都是失败的。依她看来，婚姻失败的很大一部分原因都与强迫性的语言有关。她提出疑问说：

"让太太们感到疑惑不解的是，既然他们完全可以采用温和的手段取代强迫，为什么他们不能够更加温婉地对待太太们呢？

"男人明明知道，奉承可以使太太不顾一切地去做任何事情：他知道，只要称赞太太管家有方，她就会把自己的最后一分钱都贴补家用；他知道，只要赞美太太穿上去年买的过时的衣服非常漂亮，她就不会去想巴黎的高级时装；他知道，他的亲吻能够让太太宁愿自己的眼睛变瞎、喉咙变哑。这一切方法，太太已经毫无保留地告诉他了，可是他为什么却好像一点儿都不知道呢？”

因此，为了家庭的幸福，所有人都应该放弃使用强迫性的语言。

用鼓励代替指责和批评

在美国，有一位著名的女士，被别人戏称为“打岔专家”。在一次宴会上，她的丈夫十分兴奋地跟朋友们谈起了某位将军的事迹。他正说得兴起，没想到这位女士进来插话说：“先生，不要再说了，如果你能有他一半的才能，我也就心满意足了。”她就是这样在大庭广众之下给她的丈夫泼冷水，批评她的丈夫的。这当然让人受不了。最后，她的丈夫不得不跟她离了婚。

另外，也有与此相反的例子。俄国女皇凯瑟琳统治着世界上最大的帝国，毫无疑问，她有着至高无上的权力。事实上，她是一个残忍的女人，曾经发动过许多次毫无意义的战争，杀害过许多仇敌。但是她的婚姻生活却很幸福，因为她在家里一直都是十分温和的，她从不疾言厉色地对她的家人进行批评和指责。即便她的家人犯了什么错误，她也会什么都不说，而是微笑着好像什么也没有发生一样。

当珍妮·维茜嫁给杰姆斯·克力尔的时候，许多人嘲笑这是一桩极不协调的婚姻，甚至有人说，这简直就是“鲜花插在牛粪上”。维茜是一个非常漂亮并且拥有大量财产的女孩，而她的丈夫却是一个不名一文的家伙，并且看不出有什么前途——所有人都知道他粗鲁、愚蠢而且没有教养。

维茜却不顾一切地爱上了克力尔，认为她的丈夫是当代少见的天才诗人。她几乎放弃了自己以前的全部生活，陪她的丈夫住到了乡下，一心一意地在生活上照顾丈夫。她成了一个完全称职的家庭主妇，缝衣做饭、悉心照顾有胃病的丈夫、驱散他心中的抑郁。她坚信自己的丈夫能够成功，而且总是鼓励他去做自己想做的事情。

“我从不去指责和批评他什么，”维茜在她的一封信中说，“包括他的粗鲁和没教养。正好相反，我认为这都是他的个性，而我爱的是他的全部。为什么一定要把每个人都变成同样的模型呢？我总是在帮助他，这一点他一直很感激我。”

结果如何呢？克力尔最后成了爱丁堡大学的校长，他的《法国大革命》、《克莱沃尔的一生》成为名著，而他们夫妻在顿查尔的住所成了有名的文化聚会的场所。

有这样的一位妻子，她总是嘲笑丈夫的每一份工作。一开始，他找了一份推销的工作，由于是新手，他的业绩不是很好。每次当丈夫到家的时候，他的妻子总是对他说：“我的天才推销家，今天是不是又成交了好多笔买卖？但是，我怎么没有看到你带回家的佣金呢？看你的脸，不会是又被经理臭骂了一顿吧？”

这种愚蠢的嘲笑持续了很多年。不过，这位丈夫一直没有放弃当初的那份工作。如今，他已经是那家全国有名的公司的经理了。他和他原来的妻子离婚了，现在的妻子很年轻，经常鼓励他、给他支持。而他的前任妻子却好像很无辜，她对别人说：“他怎么能这么对待我呢？他穷苦的时候是我陪伴他的，但是他现在却离开了我，找了一个更加漂亮和年轻的女人。”

有什么不可以理解的呢？

你为什么不能容忍你的丈夫有一些缺点，而经常对其进行指责和批评呢？当他犯了一个错误的时候——不管他是有意的还是无意的——你为什么都要批评他呢？你应该做的是慷慨地原谅他。当你告诉你的丈夫，说他在某件事情上的做法真是愚蠢透顶，在这方面一点儿天分也没有的时候，那么就已经扼杀了他改变的动力和希望。批评和指责解决不了问题，它们只会使事情变得更加糟糕。社会学家一再告诫我们：批评和指责只会使家庭不和谐，使婚姻破裂。

如果我们换一种方式，即对他进行鼓励，那么情况就变得好多了。作为家人，你应该相信他有能力做好这件事情，这样他才会调动全部的积极性，投入到这件事情中去。

桃乐斯的丈夫罗伯·杜培雷一直想做一个保险行业的推销员，

但当他在1947年开始真正从事这一行业的时候，却一次也没有成功过。一天，他决定放弃这份工作了。

“我完全失败了，”他对他的妻子说，“也许我本来就不适合这份工作。我一开始的选择就是错误的。”

也许一般的人会用批评来使罗伯改变主意，但是桃乐斯知道这是一种愚蠢的做法。她坚定地告诉罗伯，这只是暂时的失败而已。她鼓励他说：“不用担心，罗伯，我相信你一定会取得成功的。”接着，桃乐斯指出了罗伯的一些连他自己都不知道的才华，说正是这些才华能够确保他取得成功。

后来，罗伯找到了另外一份推销的工作，可是他仍旧一次一次地失败。如果不是桃乐斯的鼓励和支持，他早就放弃了再试一次的想法了。桃乐斯不断鼓励他说：“再试一次，也许你就成功了。你要知道，你有这个能力。”

“我觉得我不能辜负她的信任，”罗伯在一封信里说道，“她成功地在我身上建立了她的自信，而我正是依靠这种自信建立起自己的信心的。这就是我前进的动力。”

我们相信罗伯终有一天会取得成功的，因为对于目标而言，只要自己想要达到，最终就会达到。像这种家人面对失败而灰心丧气的例子不胜枚举，这时候只有鼓励才对他有作用，而批评和指责，只会导致非常糟糕的结果。

法国著名的科幻小说家儒勒·凡尔纳在未成名的时候，像处于这个阶段的大多数人一样，投出的稿子无一例外地被退回了。他气得打算把所有的稿件都一把火烧光，所幸稿件被他的妻子夺了过去。妻子对他说：“亲爱的，你写得棒极了！我相信你一定会成功的，再试一次吧！”他又试了一次，结果果然被采纳了，并且正是这部书稿的出版使他一举成名。

如果你想改变你的丈夫或者妻子的某个缺点，你也应该用鼓励的办法。我们很多可爱的女士都会花时间打扮自己，让人看起来非常喜欢，但是约翰的妻子却是一个例外。她似乎没有打扮的习惯，只是有时候心血来潮了才打扮一下自己。并不是说不打扮就一定不好，但是对约翰的妻子而言却正是这样。她不打扮，只是因为她有一个很漂亮的姐姐。每当别人劝她打扮的时候，她经常回敬道："不用你管，我再怎么打扮也不如我姐姐。"

她根本就认为自己不适合打扮，所以她并非不爱打扮，而是自卑的心理在作怪。约翰深知这一点，但是他并不像其他人那样，直接指出她不爱打扮的毛病，而是当妻子不打扮的时候，他就一声不吭；当她偶尔打扮了一次，他就用真诚的赞美去打动她："你真漂亮！"慢慢地，妻子对自己的容貌产生了自信，也经常打扮起来了。

不要批评和指责你的丈夫或妻子，改用鼓励的方法，也许对方会更加乐意改变自己。

经常谈心可以滋养婚姻

加拿大安大略的杰克·杜蒙先生曾经给卡耐基寄了一封信，对卡耐基说了一些他对婚姻生活的感悟。他在信中说道：

"我好不容易娶了一位理想中的妻子，她聪明、美丽而且温柔，可以说是完美女人的化身。结婚之后，为了使我们的家庭更加幸福，我开始把几乎全部的精力放在了我的工作上，所以事实上把维持婚姻和家庭幸福的任务全部交给了我的妻子。

"一开始，我并没有觉得有什么不妥，只是开始感到我的家庭生活并不像想象中那么幸福。妻子常常跟我吵架，但是用不了几个小时，我们就会和好。对这样的事情，我并没有放在心上。但是一天，我的刚满 4 岁的儿子突然对我说：'爸爸，你不喜欢妈妈吗？我觉得她很好啊！'他那么说好像我是一个大坏蛋似的。他的话让我突然体会到'妈妈'这个词的分量，然后我也体会到她作为'妻子'的分量。我当然是很爱我的妻子的。她一直默默无闻地为我们这个家做着很多事情，而我却没有任何表示。每天回家之后，我吃着她精心做的可口的晚餐，把一天的疲倦都驱散掉；第二天又穿着她洗烫的衣服，精神抖擞地去上班。我觉得这一切都是应该的，一切都很自然。

“可能在我妻子的心里，在某些时候，也会有和我儿子一样的想法：‘难道杰克不再爱我了吗？难道我做错了什么吗？’她会产生这些想法，都是我的过错。我虽然是爱她的，但是我却不能原谅自己。在过去的5年里，她从没有体会到什么是幸福的家庭生活。

“于是我找了一个合适的机会，邀请我的妻子参加只有我们俩的约会，并且跟她谈了一次心。我非常郑重地告诉她，我很爱她，就像以前一样，但是我在之前却做了许多傻事，并请求她的原谅。我的妻子原谅了我，她也把自己的一些想法告诉了我。她的想法原来跟我料想的一样，她的确存在过我不再爱她的疑虑。她对我说，作为一个妻子，她却不能完全了解和信任她的丈夫，这使她十分愧疚。

“那次谈话之后，我们的婚姻生活发生了明显的变化，我的妻子显得比以前快乐多了。因此，以后我又经常找时间跟我的妻子谈心——每个星期至少一次。谈心确实使我们的婚姻保持了活力，我们现在跟刚结婚的时候是一样的。”

的确如此。结婚并不只是意味着相互交换戒指，而是要让对方知道，你是多么愿意跟他（她）生活在一起。许多先生和太太感到疑惑：为什么婚前那么热烈的两个人，在婚后却显得那么陌生，或者只是像一对朋友一样，完全不再有情爱的表示。当他们完成结婚的仪式之后，他们甚至不再有正式的交谈。

而当他们对某件事情的意见发生分歧的时候，他们经常会把它藏在心里，躲在角落里生闷气，抱怨怎么遇到了这样一个不好相处的配偶——他们不大喜欢或者不好意思把自己的心里话说出来。

结果如何？很多婚姻的破裂，正是那些琐碎的小事导致的，而不是那些触礁般的大事件。而这正是因为没有沟通的缘故。想想看，如果你能够适时地把自己内心的想法跟对方说出来，难道还会有什么不可解决的问题吗？

因此，婚姻专家给我们的建议是：与你的配偶谈心——就像杜蒙那样。

“他不爱我”、“她一点儿都不理解我”，这样的话我们几乎天天都可以听到。问题在哪里呢？难道真的是对方变心了吗？难道对方真的那么不负责任——在结婚的时候，对一个以后一辈子都要生活在一起的人轻易地就进行了幸福的许诺吗？

事实当然不是这么简单。不能否认存在这方面的原因，但是相信主要原因不在这里。既然两个人能够结婚，那么就应该不存在不可以解决的矛盾和冲突。问题的关键在于他们缺少沟通。

相对来说，大部分的男人更会存在这方面的问题，他们都像杜蒙先生一样。他们向人们解释说："我每天花 10 个小时上班，每天筋疲力尽，什么都不想说，什么都不想做。至于家庭的事情，就交给我的妻子来处理好了。"

有关的调查统计显示，结婚后的男人每天对妻子说的话一般不会超过 2000 个单词。相对于男人平均每天说 15000 个单词来说，这个数字低得让男人们难以置信，但是相信女人们应该不会感到惊讶。男人的话对顾客、上司、下属和朋友们都讲完了，回到家里好像就无话可讲了。

如果这种行为可以原谅的话，那么下面的这一种行为就不可以原谅了。当他明明知道自己可能被妻子误解为"不爱我了"或者"有外遇"的时候，他依旧缄口不语。他并没有想到要解释什么，好像也没有想到这种猜测可能导致的后果。

让我们来想象一下没有进行及时和足够沟通的婚姻破灭的轨迹：忙碌于工作的男人认为自己最大的责任是为家庭提供足够的物质保障，因此没有时间和精力给予妻子感情上、肉体上的慰藉，而此时的女人则需要得到这些。当她不能被满足时，常常会感到自己很寂寞、被忽视、被欺骗了，于是她开始抱怨，并且开始进行种种无理的猜测。这导致了夫妻关系的疏远。

男人仍旧没有注意到这一点。一开始，女人会耐心地去试图理解、吸引、引导他；但当女人打算主动跟他谈心的时候，男人却一点儿都不重视。于是，这种难以忍受的、如同寡居的生活使女人越来越容易怀疑和猜测。

女人想要挽救似乎要破裂的婚姻。于是她产生了一种焦虑的感觉，并且为此而苦恼。她开始找机会刺激他，使他尴尬、发怒，这更加加深了女人的焦虑。就在这时候，发生了一件小事，他们发生了争执，女人开始借题发挥，而男人本性难移，依然忽视这种矛盾。男人认为女人是在无理取闹，一点儿都不理解自己的辛苦；认为她生性尖刻、泼辣，也许他们本来就不适合在一起。女人认为男人既然这么不重视她，于是就提出了离婚。

毫无疑问，这样的发展轨迹符合大多数情况。多么可怕！而这一切的原因仅仅是没有进行及时、有效的沟通。

因此，如果你认为存在这种危险的话，请多与你的妻子或丈夫谈心——把你心里的想法告诉对方，这样就会好起来的。

别动不动以离婚相威胁

“我们离婚吧！”这句话没有人喜欢听，当然也没有人乐意把它说出来。可以说——如果不怕过于偏激的话，在所有的、形形色色的夫妻之间的矛盾和冲突之中，只有离婚这个要求显得比较过分，而且比较棘手。听到这个词的时候，人们就会像一个被告被法庭宣判了死刑一样感到害怕。

但是请注意，这里所指的是庄重的宣告，而不是那种开玩笑的话。因为所有有威力的话如果变成了一句玩笑，就跟“你好”这样的词语一样平常，也就失去了它原来的意义。遗憾的是，好像有不少人经常拿它来开玩笑，至少并不是以严肃的态度来对待它。

东方有这样一个古老的故事：一个男孩在村庄的外面放羊，他觉得放羊没什么意思，想找点儿乐子，于是他喊道：“狼来了！”村庄里的人们以为真的是狼来了，于是都拿着武器来救援男孩和他的羊。等他们气喘吁吁地赶到的时候，男孩乐得手舞足蹈，告诉人们这只是他在开玩笑而已。第二天，他又一次喊道：“狼来了！”那群善良的人们有的将信将疑，有的认为男孩已经骗过大家一次了，应该不会骗第二次了，于是大部分人又都赶去救那个男孩和他的羊，谁知他们又一次被告知上当了。第三天，那个男孩又对着村庄喊："狼来了！"——这次狼真的来了。但是人们还会相信他吗？人们连上了两次当，都不愿意上第三次当了。结果，那个男孩和他的羊都被狼给吃了。

这个故事是想告诉人们：不可说谎。但是我想说，不要拿本来应该认真的事情开玩笑。如果把"狼来了"比做"我要跟你离婚"的警告的话，那么善良的人们就是被这句话欺骗的人。他们一开始以为这句话是很有分量的、严肃的，但是当他们屡次上当之后，会发现这原来不过是一句玩笑话，结果就会一直把它当成是一句玩笑。的确，我们都需要幽默，但是这种"黑色幽默"还是少来点儿为妙。

当然，一般的人还是不会经常用它来开玩笑的。但是，现在越来越多的丈夫或妻子对他们的配偶滥用了这句话。他们动不动就会以离婚威胁对方，以达到改变对方或者使对方听自己摆布的目的。他们天真地以为，所有事情都可以用这种有攻击力的谈话来解决。

"如果他爱我，他会愿意为我改变的。"许多在口头上说离婚的人经常这么想。他们期望这种有分量的条件能够换来对方的改变；而如果对方在这种情况下都不能改变，那么他们就会把这张支票兑现——采取行动，也就是离婚。他们把离婚当成了婚姻的"试金石"。不幸的是，这样的试金石往往并不灵验。

我们应该知道，离婚应该是婚姻到了无法挽救的时候得出的结论性的东西，而绝不应该是一种条件。

许多人在说出"离婚"这个词的时候同时也会有"也许我们总会解决的"、"他最终会改变的"、"可能是我一时冲动"等等一类的想法，他们其实并不想真正地采取行动，或者说他们并没有完全死心。他们说这话的时候的确很气愤，并且真的有这样的想法，但是随着时间的慢慢推移，这种想法会渐渐淡化、消失。这可能可以解释为什么说"离婚"在事实上成了一种条件。

那么，当你没有确定无疑的把握的时候，不要把这个词说出来。离婚应该成为你的底线，而不是可以宽容的条件，也不是筹码。只有当婚姻处于完全破裂的时候，你才能说："让我们离婚吧！"

第二章

日常交际说话艺术

真诚换真心

有这样一个感人的故事：在美国西部的一个小镇，少女安妮由于受到严重碰撞，成了“植物人”，现代化的医疗手段无能为力，安妮醒来的希望极为渺小，她的父母悲痛欲绝，而安妮的朋友东妮每天都来到她的床前，抓住安妮的手，轻轻呼唤她的名字，仿佛在同一个正常的人娓娓而谈，日复一日，年复一年，奇迹终于出现了，真诚战胜了死神，东妮的呼唤居然使安妮苏醒过来了。

这是朋友之间的真诚而产生的奇妙的力量。茫茫人海，芸芸众生，我们在生活中与朋友相处怎能缺少真诚？

美国心理学家诺尔曼·安德林在1968年曾设计过一张表，列出555个描写人的形容词，让人们指出其中哪些人品最为人喜爱。结果表明，被人喜欢的选项中，位居前几位的竟有6个是与“真诚”有关的，而在评价最低的人品中，虚伪居于首位。这说明了真诚的人能让人产生一种安全感，从而受人欢迎；虚伪的人为人讨厌，难结良友。

真诚就是我们通常说的讲老实话、做老实人、办老实事，这是人与人之间关系亲密的根源，也是社交场赢得人缘的根本。我们往往说谁有人格魅力，其实人格魅力的基点就是真诚，真诚待人是赢得人心、产生吸引力的必要前提。对待你的朋友心眼实一点、心诚一点，你将能得到更多与人合作的机会，从而获得更多的成功概率。

现代社会是一个发展迅速、竞争激烈、优胜劣汰的社会，不少人有社交的强烈愿望，却喜欢把自己封闭起来。其实，与人交往我们也主张有颗戒心，但对你相识的、基本可以信赖的朋友，应多一点真诚。如果我们互相戒备，见面只说“三分话”，这谈不上是正常的交往，又何以能够推心置腹、以诚相待呢？因此要想得到知心的朋友，首先得敞开自己的心怀，要讲真话、实话，不遮遮掩掩、吞吞吐吐，以你的坦率换得朋友的赤诚和友爱。正如谢觉哉同志在一首诗中写道：“行经万里身犹健，历尽千艰胆未寒。可有尘瑕须拂拭，敞开心扉给人看。”

翻译家傅雷先生说：“我一生做事，总是第一坦白，第二坦白，第三还是坦白。绕圈子，躲躲闪闪，反易叫人疑心，你要手段，倒不如光明正大，实话实说，只要态度诚恳、谦卑、恭敬，无论任何人都不会对你心存偏见。”由此可见，真诚是栽培友谊花朵的营养素，是美化社交环境的天然素。知无不言，言无不尽，以自己开阔、大度、实在、真诚的言行打开对方心灵的大门，并在此基础上并肩携手，合作共事。

现代心理学证明，人思想深处既有内隐闭锁的一面，又有希望获得他人的理解和信任的一面：我们总是定向地对自己的知己朋友袒露热诚，进行思想感情的交流和心灵的互动。其实，除了我们的隐私，许多的东西皆可向人倾诉，没有隐瞒的必要，朋友可在你诚实中感受到你的可信。

真诚的本质就是一种坦荡、诚恳的发自于内心的待人接物态度，它的内涵不限于说真话，重要的是一种内在的品质。

一个人想在事业上飞黄腾达就必须有过人之处，就应该是：胸怀坦荡，光明磊落，以诚心为本，做一个正直的创业者。

坦荡磊落，本于正，本于诚。坦率诚挚的准则是公正，而正直的保证又是坦诚。在公正忠诚基础上的直言劝谏才能直而不狡、诚而不诡、劝而不害；诚信更是交友的基本原则，只有常怀一颗真诚的心，才能充分地扩展人际合作关系，才会点旺人气，为将来的事业打下基础。

唐武则天时，狄仁杰应召回京，被任命为宰相，与当朝宰相娄师德共同辅政，他并不知道自己是娄师德全力推荐的，相反他总觉得是娄师德从中作梗，甚至怀疑前一段时间自己所受的遭遇也是与娄师德有关，因此，他常在武则天面前指责娄师德的不是。对此武则天大为不解。

终于，有一次，她问狄仁杰："娄师德究竟品行如何？"

狄仁杰嘲讽道："他带兵戍边时有过功劳，其品行好不好我不便说。"

"那么他有没有发现和举荐人才的能力？"武则天问。

"我和他一起共事，没感觉出他有这一点。"狄仁杰回答说。

这时，武则天拿出一张东西给他看，看完后，狄仁杰不禁面红耳赤，原来那是娄师德举荐自己的奏折。

狄仁杰感叹道："娄师德肚量这么宽厚，待人如此真诚，我还处处疑心于他，真是惭愧之至。"

此后他主动接近娄师德，两人的关系日渐密切，同心同德，共同辅政，相处得很好，而这对狄仁杰的为人有很大的影响。

可见，人与人交往需要一颗真诚之心。立身处世刚正不阿，与人办事真心真意，言之有理，行之有节，是人际交往的基本点。假如心口不一，见风使舵，阳奉阴违，两面三刀，就不是真诚的态度，是不利于交际的。

一架飞机起飞前，一位女乘客请空姐给她一杯水，她需要吃药。空姐很有礼貌地回答："小姐，飞机刚刚起飞，还在颠簸。为了您的安全，请稍等片刻，等飞机进入平稳飞行后，我会立刻把水给您送过来，好吗？"

飞机进入了平稳飞行状态很久后，那位空姐猛然意识到：糟了，由于太忙，她忘记给那位乘客倒水了！就在此时，有人按响了服务铃。当空姐来到客舱，看见按响服务铃的果然是刚才那位女乘客，知道自己错了，她小心翼翼地把水送到那位乘客跟前，面带微笑地说："小姐，实在对不起，是我的疏忽，延误了您吃药的时间。”

但是这位女乘客似乎并不领情，她指着手表怒气冲冲地说道：“医生要求我中午一定要吃药，但是现在已经3点了，你让我怎么吃这药？”

空姐手里端着水，心里有些委屈，但是她的脸上依然带着歉意的微笑，可是无论她怎么解释，这位挑剔的女乘客都不肯原谅她的疏忽。

接下来的飞行途中，为了补偿自己的过失，每次去客舱给乘客服务时，空姐都会特意走到那位女乘客面前，微笑地询问她是否需要水，或者别的什么帮助。然而，那位女乘客明显余怒未消，并不理会空姐。

临到目的地前，那位乘客要求空姐把意见本给她送过去，空姐知道她要投诉自己。此时空姐心里虽然依然委屈，但是仍然不失职业道德，显得非常有礼貌，面带微笑地说：“小姐，请允许我再次向您表示真诚的歉意，无论你提出什么批评意见，我都将欣然接受您的批评！”那位女乘客没有开口，接过留言本，在本子上写了几行字。

等到飞机安全降落，所有的乘客陆续离开后，空姐打开意见本，却惊奇地发现，那位女乘客在本子上写下的并不是投诉信，而是一封热情洋溢的表扬信。

这位空姐用诚恳的态度向对方表示了歉意，面对这样的态度，即使是要求再苛刻的人，都会被打动。由此可见，诚恳的态度在人际交往中是多么的重要。

真诚是赢得牢固友谊的根本，以真待人，以诚感人，以信取人，都以真诚为前提。真诚是血与血相交流，心与心相叠印，情与情相融合。吹牛撒谎、虚伪狡诈的人，最终必然走向众人的对立面，成为形影相吊的孤家寡人。只有袒露自己真诚的胸怀，才能在社交场合左右逢源，与你的挚友以心换心，肝胆相照，才能为你的事业开拓崭新的未来。

闲聊是深交的前奏曲

有人认为聊天是极为浪费时间的事，岂知一般社交性质的谈话，多半是从“闲谈”开始的。实际上，之所以有些人“能说会道”、关系广泛，就是因为他们“闲谈”的功夫很棒。

但有些人就是不喜欢“闲谈”，他们觉得“今天天气怎么样”和“吃过早饭了吗”这一类的话，都是无聊的废话，他们不喜欢谈，也不屑于谈，他们不知道像这一类看起来好像没有意义的话，却还是有一定作用的。什么作用呢？就是交谈的准备作用，就像在踢足球之前，蹦蹦跳跳，伸手踢脚，做一些热身运动一样。

一般的交谈总是由“闲谈”开始的，说些看起来好像没有什么意义的话，其实就是先使大家轻松一下，熟悉一点，造成一种有利于交谈的气氛。

交谈都是由“闲扯”开始，比如说天气，而天气几乎是中外人士最常用的最普遍的话题。天气对于人生活的影响太大了，天气很好，不妨同声赞美；天气太热，也不妨交换一下彼此的苦恼；如果有什么台风、暴雨或是季节性流行病的消息，更值得拿出来谈谈，因为那是人人都关心的话题。

任何事情都有一个艰难的开端，就是交谈这样看似简单的事情也不例外。开始交谈，的确是需要相当的经验，当你面对着各式各样的场合，面对着各式各样的人物，要能做得恰到好处，实在不是一件容易的事。倘若交谈开始得不好，就不能继续发展双方之间的交往，而且还会使得对方感到不快，给对方留下不好的印象。

谈话也是对自身资源的一次挖掘，很考验一个人的知识水平和文化层次，平时除了你所最关心、最感兴趣的问题之外，你要多储备一些和别人“闲谈”的资料。这些资料应轻松、有趣，容易引起别人的注意。

富兰克林·罗斯福从非洲回到美国，准备参加1912年的总统竞选。因为他是已故美国总统西奥多·罗斯福的堂弟，又是一位有名的律师，自然知名度很高。

在一次宴会上，大家都认识他，但罗斯福却不认识在场的来宾。这时，他看出虽然这些人都认识他，然而表情却显得很冷漠，似乎看不出对他有好感的样子。

罗斯福想出一个接近自己不认识的人并能同他们搭话的主意。于是他对坐在自己旁边的陆思瓦特博士悄声说道：“陆思瓦特博士，请你把坐在我对面的那些客人的大致情况告诉我好吗？”陆思瓦特博士便把每个人的大致情况告诉给了罗斯福。

了解一些情况后，罗斯福在闲谈中随口向那些不认识的客人提出了一些简单的问题，从中了解到他们的性格、特点、爱好，知道他们曾从事过什么事业、最得意的是什么。掌握这些后，罗斯福就有了同他们闲谈的资料，并引发他们的兴趣，在不知不觉中，罗斯福便成了他们的新朋友。

闲谈是交往的前奏曲，人们喜欢跟“能说会道”的人打交道，在闲谈上下功夫，你会得到好人缘。但是闲谈也需要有所注意。

很多人在闲谈中往往没话找话说，甚至说一些不负责任的闲话，而这些闲话中难免会涉及别人的是非，如果说得多了，难免会伤害到一些人。

常听到这样一句评价人的话：“这个人说话不经过大脑。”就是指有的人在闲谈中不注意分寸，有的话没经过思考就说出来了，完全没有顾及听者的反应。

小夏是个大学生，因为长相可爱，性格开朗，所以结交了不少的朋友。但是很快，小夏就发现了一个问题：那些朋友和她交流过几次之后，就不再与她来往了。小夏也弄不清楚到底是什么原因造成的。

后来有一次，一个和小夏关系还不错的朋友告诉了她问题的所在。

“小夏，你有的时候说话太伤人了。”这个朋友说，“你说的话可能不是有心的，也不是故意想伤害别人的，可是你的话还是伤了别人。”

“是这样吗？我怎么不知道？”

“就说参加同学聚会那次吧，当时有个挺胖的女孩子，你还记得吧？”

“记得啊。”

“你在吃饭的时候不停地说什么胖的人容易得病啊，性格不好啊等等，虽然我们都知道你不过是闲谈而已，但是你说的时候完全没有考虑到那个女孩的感受。那个女孩当时几乎什么东西都没敢吃，回去的路上她还哭了呢，说她也不想那么胖啊。”

“但是，我并没有说她啊，只是因为说到时下减肥的话题时才说起来的。”小夏为自己辩解。

“是这样没错，可是你的话毕竟是伤到别人了啊，即使你是无心的也一样。”朋友严肃地对小夏说，“不管和什么人在一起，都要注意自己的言行，否则你的一句无心的话，可能会伤害到别人，就会被人疏远。”

千万不要忽视闲谈时的言行，说话要经过考虑。只有那些不带任何偏见色彩的，不存在个人主观意见的或者个人信仰的，不会伤害到对方的话语，才不会让你的形象受到言语的影响。

给朋友面子

谁都知道，许多人非常爱面子。人没有面子，就会觉得不体面，心里难受，朋友也不例外。给朋友面子其实就是给自己面子，你给了朋友面子，朋友往往就会很好地帮助你。

美国钢铁大王安德鲁·卡内基的助手查利斯·施瓦布是一个一年有100万美元薪水的人。像这样的待遇即使在美国也屈指可数。那么为什么卡内基能付给施瓦布年薪100万美元，即每天3000多美元的报酬呢？正如卡内基亲自为他写的墓志铭上说的那样：“他是一位知道如何将那些比自己聪明的人团结在身边的人。”也就是说，施瓦布善于给别人面子，以面子换来面子，换来那些肯为他打天下的人。

有一天中午，施瓦布从一个钢厂走过，看到几个雇员正在车间里吸烟，而那块“严禁吸烟”的大招牌就在他们的头顶上。施瓦布没有指着那块牌子对他们说：“你们站在这里抽烟，难道你们都是文盲吗？”而是朝那些人走过去，友好地给每个人递上一支雪茄，并说：“孩子们，如果你们能到外面去抽这些雪茄，我将十分感谢。”

那些吸烟的人立刻意识到自己错了，对施瓦布就自然产生了好感，因为他没有简单粗暴地斥责他们。在纠正错误的同时，并没有伤害他们的自尊，这样的领导，谁还愿意和他作对，而不去努力工作呢？因为他们的领导在指出错误的同时，使得他们保住了面子，他们也应该给领导面子，把自己的工作做得更好。

上面说的虽是上下级间的面子问题，但朋友间又何尝不是如此呢？与其伤朋友的面子，不如给他一个面子，让他欠你的情，那么他日后回报的面子一定大于你给他的。

诸葛亮之所以一生追随刘备，鞠躬尽瘁，死而后已，就是因为刘备给了他太大的面子。刘备第一次屈身去请，诸葛亮适逢外出。第二次去请，诸葛亮又恰巧不在。一直到第三次，诸葛亮才与他交谈。如此大的面子，诸葛亮怎能不尽心相报。这位历史上最出名的谋士，被请出山时还是满头青丝，等去世的时候，已是白发苍苍的老者了。诸葛亮不仅全心回报了刘备，也回报了其儿子刘禅的面子，最后，终以生命相报，不得不让人感慨面子的重要。

陈文进公司不到两年就坐上了部门经理的位置，但是有个别下属不服他，有的甚至公开和他作对，钱诚就是其中的一位，而且钱诚是他从小玩到大的朋友。自从陈文做了部门经理之后，钱诚经常迟到，一周 5 天，他甚至有 4 天都迟到。

按公司规定，迟到半小时就按旷工一天算，是要扣工资的。问题是，钱诚每次迟到都在半小时之内，所以无法按公司的规定进行处罚。陈文知道自己必须采取办法制止钱诚这种行为，但又不能让矛盾加深。

陈文把钱诚叫到办公室：“你最近总是来的比较迟，是不是有什么困难？”

“没有啊，堵车又不是我能控制的事情，再说我并没有违反公司的规定呀。”

“我没别的意思，你不要多心。”陈文明显感觉到了对方的敌意。

“如果经理没什么事，我就出去做事了。”

“等等，钱诚你家住在体育馆附近吧。”

“是啊。”钱诚疑惑地看着对方。

“那正好，我家也在那个方向，以后你早上在体育馆东门等我，我开车上班可以顺便带你一起来公司。”

没想到陈文说的是这事，钱诚反而有些不好意思，喃喃地说：“不，不用了……你是经理，这样做不太合适。”

“没关系，我们是同事啊，帮这个忙是应该的。”

陈文的话让钱诚脸上突然觉得发烧，人家陈文虽然当了经理，还能平等地看待自己，而自己这种消极的行为，实在是不应该。事后，钱诚虽然还是谢绝了陈文的好意，但他此后再也不迟到了。

知道你的朋友做错了，直接提建议很可能会伤及他的面子，同时破坏你们的友谊，不如学学陈文的做法迂回指出缺点错误。

有时候，给朋友留面子，尊重朋友，是一种征服。

某校在评定职称时，由于高级职称的名额有限，一位年龄较大的教师未能评上。因为评选工作是保密的，这位老教师便向一位负责职称评定的副校长打听情况。副校长考虑到工作迟早要做，便和这位老教师像朋友一样地坐下来促膝交谈：

校长：哟：老 ×，什么风把你给吹来了。

老师：校长，我想知道这次评高讲我有希望吗？

校长：老 ×，先喝杯茶，抽支烟。我们慢慢聊，最近身体怎么样？

老师：身体还说得过去。

校长：老年教师可是我们学校的宝贵财富，年轻教师还要靠你们传帮带呢！

老师：作为一名老教师，我会尽力的。可这次评定职称，不知道能否……

校长：不管这次评上评不上，我们都要依靠像你这样的老年教师。你经验丰富，教学也比较得法，学生反映也挺好。我想，对于一名教师来说，这一点，比什么都重要，你说呢？

老师：是啊！

校长：这次评职称是第一次进行，历史遗留的问题较多，可僧多粥少，有些教师这次暂时还很难如愿，要等到下一次。这只是个时间问题。相信大家一定能够谅解。但不管怎样，我们会尊重并公正地评价每一位教师，尤其是你们这些辛辛苦苦工作几十年的老教师。

老教师在告辞时，心里感觉热乎乎的，他知道自己这次评上高讲的希望不大，但由于自身得到了别人的尊重，成绩受到了别人的肯定，他能接受那样的结果。用他对校长的话讲："只要能得到一个公正的评价，即使评不上我也不会有情绪的，请放心。"

本杰明·富兰克林，是一位杰出的科学家、政治家、外交家，具有高度的为人处世的技巧。他曾在年轻时当选为费城市议会的文书，他本人很喜欢这个工作，但是议会中有一个既有钱又很有才能的议员，很讨厌富兰克林，甚至公开责骂他。富兰克林决心使这位议员先生喜欢他，他讲述了自己所用的一种方法：

"我听说他的图书室里藏有一本非常奇特的书，我就写了一封便函，表示我极欲一读为快，请求他把那本书借给我几天，好让我仔细地阅读一遍。他马上叫人把那本书送来了。过了大约一个星期的时间，我把那本书还给他，还附上一封信，强烈地表示我的谢意。

"于是，下次当我们在议会里相遇的时候，他居然跟我打招呼了（他以前从来没有这样做过），并且极为有礼。自那以后，他随时乐意帮助我，于是我们变成了很好的朋友，一直到他去世为止。"

朋友相交，一定要会用面子。你给朋友面子，朋友自然也会回报你，如果你有什么事需要朋友帮个忙，朋友念在你曾给的面子，一定能鼎力相助。

当不幸者需要安慰时

人生的道路不平坦，逆境常多于顺境。不幸的事，人人难免。身处逆境，面对不幸，当事者不仅本人需要坚强起来，也迫切需要别人的安慰。人是社会的、合群的和有感情的高等动物。痛苦再加孤寂，痛苦倍增；痛苦有人分担，痛苦减半。“患难见真情”。安慰如“雪中送炭”，能给不幸者以温暖、光明和力量。给予不幸者以安慰，是为人处世的一种美德。当朋友遭到不幸时，及时送上真诚的安慰，更是你应尽的责任。

一个夏日的傍晚，一位少妇投河自尽，被正在河中划船的老船夫救起。老船夫关切地问道：

“你年纪轻轻，为什么要寻短见呢？”

少妇哭得凄凄惨惨，说：

“我才结婚一年，丈夫就抛弃了我，活着还有什么意思呢？”

“那我问问你，你一年以前是怎么过的呢？”老船夫问道。

少妇回忆起自己一年前的美好时光，她眼前一亮：

“那时我自由自在，无忧无虑，对生活充满了希望。”

“那时你有丈夫吗？”老船夫又问。

“当然没有啦。”少妇答道。

老船夫说：“那么你不过是被命运之船送回到一年前，现在你又自由自在，无忧无虑了，你什么也没损失啊。”

少妇想了想，说：“这还是真的，我怎么会和自己开了这么大一个玩笑呢！”说完，又重新充满了希望。

人在悲伤的时候，总会认为未来的生活毫无希望，从而失去对生活的兴趣，老船夫让少妇回忆起过去的美好生活，让少妇明白生活中还是有很多让人快乐的事情，重新点燃了她对生活的希望之火。后来，他们成了一对忘年之交。

生老病死是自然规律。具体到生病，人在生病以后，情绪会很低，经常会心烦意乱，胡思乱想。你如果能够将安慰奉献给他们，他们的心情就会好转些，并对你表示感激。不过，你应当讲究一些技巧，这样才能达到安慰患者的目的。

要了解情况，有针对性地同病人进行交谈。

了解情况，是指对病人的病情、思想状况和实际情况有所了解，以及有关疾病的基本医药卫生知识。根据患者在住院期间的不同状况来进行各种安慰。

例如，有的慢性病患者由于病休时间较长，容易产生放弃希望的思想。对此，要多给他讲一些“既来之，则安之”的道理，劝慰病人在医院安心治疗，不要有头无尾，功亏一篑。有的病人可能较多地考虑经济负担等实际问题，对此则应该劝他们着眼于健康，注意调养，并建议与单位联系争取适当补助。有的病人对自己所患疾病缺乏信心，遇到这种状况，就应该多介绍一些别人得了同类的病而经过治疗得到痊愈的事例，这样就可以减少患者及其家属的忧虑。

交谈中尽量多谈一些患者感到愉快、宽心的话题和事情。安慰病人的目的在于让病人精神宽松，早日恢复健康。因此，在安慰对方时，绝不能与其谈论有可能增加忧虑和不安的消息与话题。在病人谈论病情和感觉时，应当认真聆听，以便从中发现一些对病人有利的因素。随时接过话题，对病人进行安慰。

在交谈过程中，还要特别注意语气语调的运用。病痛在身的人，十分需要他人的安慰，因而对探望者的语气语调特别敏感。所以，探望者要努力使自己在交谈时音量适当，语气委婉，感情真挚。要尽量使患者在你探望后感到心情愉快和轻松。这样，有利于减少疾病给患者带来的心理压力，有助于恢复健康。

中央电视台著名主持人赵忠祥，有一次去某精神病医院采访一位女患者。编辑的采访提纲中原先拟好的问题是：“你什么时候得的精神病？”赵忠祥感到这话过于刺激患者，就改用委婉亲切的问法：“您在医院住多久了？”“住院前觉得怎么不好呢？”几句和蔼可亲婉转温和的问话，一下子缩短了交谈双方的距离，那位原是小学教师的患者感到来访者亲切可信，回答问题时也显得自然恳切。她说：“最近，我快出院了，我非常想念我的学生们。我真想快一点治好病，能为教育孩子贡献我一分力量。”语言诚恳感人，谈得十分投机。赵忠祥马上接口讲：“您很快就要出院了，真为您高兴。今天咱们这段谈话已经录了像，过几天在电视里播放，我想您的学生看到您的身体恢复了健康，也一定会很高兴的……”

有的人胸怀大志，无奈情场失意，一蹶不振，这时你应该及时地对他进行安慰并鼓励他尽快振作起来，唤醒他的自我意识。

小吴从大学一年级开始谈恋爱，三年了，不久前不知何故女朋友跟他吹了。他很伤感，一蹶不振。他父亲的一位朋友李老师知道此事后，特地赶来做疏导工作。李老师一见面就说：

“我知道你失恋了，是来向你道贺的！”

小吴很生气，转身就走。李老师说：

“难道你不问问为什么吗？”小吴停下来，等着听李老师的下文。李老师说：

“大学生都希望自己快点成熟起来，失败能使人的心理、思想进一步成熟起来，这不值得道贺吗？大学生的恋爱大多数只能属于非婚姻型，一是大学生在学习期间不允许结婚，二是很难预料大家将来能否在一起工作。这种恋爱的时间又很长，随着知识的积累，人慢慢成熟了，就有可能重新考虑对方，恋爱也就悄悄发生了。应该说，这是大学生心理成熟的一种重要标志，你这么放任自己的感情，是心理成熟还是不成熟的表现呢？另外，越到高年级，大学生越倾向于用理智处理爱情。这时，感情是否相投，性格是否和谐，理想和追求是否一致，学习和工作是否互助互补，都会成为择偶的标准，甚至双方家庭有时也会成为重点考虑的条件，这就是择偶标准的多元化，这种标准多元化更是大学生心理逐渐成熟的表现，也符合普遍规律。你女朋友和你分手是不是出于择偶条件的全面考虑？你就没有全面考虑你的女朋友吗？如何处理你这种感情的失落，你该心中有数了吧？”

李老师先设置悬念—“道贺你失恋”，把小吴从感情的泥沼中“唤”了出来，然后通过合情合理的分析，唤醒他的理智，多次用“大学生失恋不一定是坏事，而是心理成熟的标志”的观点来加以点校。李老师就是一步步唤醒小吴的年龄意识，使他意识到是该用理智来处理感情问题的时候了，从而约束自己的感情，恢复心理平衡。

不做“小喇叭”

每个人都有秘密，按照现在的话来说，就是每个人都有属于自己的、个人隐私的东西。既然是秘密、是隐私，就不想让更多的人知道，最多是朋友，尤其是好朋友之间的你知、我知。

一个人到了青春期的时候，随着思想的成熟，自我意识也相应地加强了。这时候就开始有属于自己的秘密，就开始在一定范围内向别人保密，甚至是自己的家人和自己最亲近的父母也不例外。有意思的是，这个秘密却通常会告诉身边的好友，当然是有条件的，就是希望好友能为自己保密。如果朋友有意无意地泄露了秘密，那么不会有人再对他说秘密了，而泄露秘密的人也就失去了诚信。

美国人交朋友有不少准则，而其中，交友的第一条准则是“为朋友保守秘密”。乍然一听，令人感到有些奇怪，为什么不是别的，偏偏把“为朋友保守秘密”定为第一准则呢？

隐私权在西方社会是一种很普遍的公民权利，是最基本的人权之一。比如自己的私生活，一般不会让朋友过问；自己的财产，也不会轻易向朋友公开；除非受到邀请，是不会随便去朋友家中“串门儿”的；除非相约，是不会与朋友一起“吃一顿”的……

事实上，对隐私权的保护，我国早已有之，古代圣贤大儒均视其为人性的基本部分，对其极为尊重。从我国的建筑风格来看，无论王侯豪宅，还是百姓草堂，外皆有高墙围护，内设院落分隔，既有曲径相通，又有门窗相隔，无非是为保护自己有一个相对幽静、自由的空间，免受烦扰，放松身心，这不就是在保护隐私吗？

汉朝的张敞，是一个高官，更是一个情种。他与妻子恩爱非常，还常常为妻子画眉，一时，在京师长安传为佳话。但有伪道学先生以此为“有伤风化”，竟向皇帝告了御状，想让皇帝摘下“道德败坏”

的张敞的乌纱帽，以“匡正世风”。但皇帝并不听伪道学先生的胡言乱语，他不仅未责怪张敞，反而当着文武百官的面说：“画眉是夫妻间的事，我管不着。夫妻间还有比画眉更亲密的事儿，我也去管吗？”显然，这是在保护张敞夫妻的隐私。

有的人每当遇上些伤心事，譬如涉及家庭纠纷、生理缺陷和个人安危之类的个人“隐私”，一个人闷在心里实在很不舒服，往往希望能在挚友面前倾诉。但在朋友面前倾吐的秘密不希望让其他人知道。

只有为朋友保守秘密、守口如瓶，才能得到朋友的信赖，友谊才能不断加深。反之，如果不把为朋友保守秘密视为一种义务与责任，反而热衷于飞短流长，不但会失去朋友，而且还会失去周围同事对你的信赖，你最终还是逃不过孤家寡人的命运。

关心是相互的

一个极其寒冷的冬日的夜晚，路边一间简陋的旅店迎来一对上了年纪的客人。然而不幸的是，这间小旅店早就客满了。

“这已是我们寻找的第十六家旅社了，这鬼天气，到处客满，我们怎么办呢？”这对老夫妻望着店外阴冷的夜晚发愁地说。

店里的小伙计不忍心这对老人出去受冻，便建议说：“如果你们不嫌弃的话，今晚就睡在我的床铺上吧，我自己在店堂里打个地铺。”

老夫妻非常感激，第二天要照店价付客房费，小伙计坚决拒绝了。临走时，老夫妻开玩笑地说：“你经营旅店的才能真够得上当一家五星级酒店的总经理。”

“那敢情好！起码收入多些可以养活我的老母亲。”小伙计随口应道，哈哈一笑。

没想到两年后的一天，小伙计收到一封寄自纽约的来信，信中夹有一张往返纽约的双程机票，信中邀请他去拜访当年那对睡他床铺的老夫妻。

小伙计来到繁华的大都市纽约，老夫妻把小伙计带到第五大街和三十四街交汇处，指着那儿的一幢摩天大楼说："这是一座专门为你兴建的五星级宾馆，现在我正式邀请你来当总经理。"

年轻的小伙计因为一次举手之劳的助人行为，美梦成真。这就是著名的奥斯多利亚大饭店经理乔治·波菲特和他的恩人威廉先生一家的真实故事。

关心是相互的，你真心实意地对人付出热情，对方就会把你当成真正的朋友，并以他的关心作为回应。

《太阁记》是日本历史上的名将丰臣秀吉的传记，其中有一段极有趣的插曲是"短矛和长矛比赛的故事"。

有一天，秀吉的主公信长的专教矛术的武师，主张作战时短矛较有利，但是木下滕吉郎（秀吉），却力说在战场上长矛较有利，二者争执不下，互不相让。于是信长各派一小队小兵给武师和秀吉二人，交代他们各训练三天后举行一场比赛，用以证明长矛短矛何者较有利。

那一位矛术大师从第一天起就对部下小兵施以严厉的训练，开口闭口就是：

"这个地方不对，那个地方不对。"

"那种刺法，违反了矛术原则。"

"用力刺，再用力刺！"

最后甚至说："你们这些小兵就是缺乏武术的涵养，真是不成材的无能东西……"

就这样，不停地数落小兵们的缺点，第二天、第三天也是同样的严格训练，使小兵们身心俱感疲乏不堪。

"管他什么鬼比赛，输赢对我们来说有什么关系，比赛时只要随便比画两下，应付应付就好。我们安分的做我们的小兵吧！每天如此严厉的训练，怎么吃得消？"

武师手下的小兵们已然完全丧失了斗志。

滕吉郎这一方面如何呢？第一天，他先吁请部下的小兵们大家通力合作，然后说：

“长话短说，大家先来开怀畅饮，预祝我们旗开得胜。”

于是大开宴席，夸奖小兵们臂力强大、体格魁梧……大大地鼓励了一番。

第二天也是大略训练了一下，就解散了。在解散之前依然是大大地犒劳了一番，一边喝酒，一边告诉他们说：“在战场上，矛不只是用来刺人的，你们可以任意挥舞，打敌人的脚，刺敌人的胸膛，打得敌人翻滚在地，只要达到目的，任何用法都可以。”

第三天仍然是简单地做了个总复习，就鼓舞激励大家说：

“大家再喝一杯，好好地培养体力，明天的比赛一定可以获胜。”

三天以来，小兵们天天吃的是山珍海味，体力充足，精神百倍，滕吉郎又如此地鼓舞、关心他们，每个人在心中都暗暗发誓，非替滕吉郎打个胜仗不可。

御前比赛的结果，不用说，滕吉郎这一队获得大胜。

关心别人其实是从一些小事上开始的，把别人的事多放在心上，不要总是对那么微不足道的小事情漠不关心。罗斯福总统为什么能受到那么多人的喜爱，就是因为他总是真心实意地对他们表示关心。

有一天，一位黑仆的妻子问罗斯福：

“鹌鹑是一种什么鸟？”

总统非常亲切、详细的解说有关鹌鹑的一切给她听。过了不久，总统打了个电话到仆人的家里，告诉仆人的妻子：

“现在刚好有鹌鹑在窗外，你赶快过来站在窗户边看看—”

关心他人还要经常留意他人的兴趣爱好。

不论什么时候，只要你看到与某人的特殊兴趣有关的文章，你都可以把它剪下来或者复印一份，然后送给有关的人。这是与人保持交往的一种极好的方式，而不要仅在你需要获得某种关心时才打电话给他，没有什么比这样更糟了。当你送给他们一些感兴趣的内容时，你可以在需要某些帮助的时候随时打个电话。他们将会记住是你送给他们剪贴文章，也许他们还会向你表示“我能为你做些什么呢？”

总之，关心是相互的，要获得朋友的关心就要主动献上自己的一份诚挚的关怀。

穿朋友的鞋子

人生得一知己是幸运的，许多事不必说他就能心领神会，知己深知你心中的每一根琴弦和音调，在你刚刚弹出第一个音符的时候，他已经知道了整个乐曲的内容。这就是历史上高山流水的美谈，这就是白居易“同是天涯沦落人，相逢何必曾相识”的感叹。

生活本来就充满矛盾，这是人与人之间产生误解和隔阂的根源，是通向友谊王国的“拦路虎”。与真心朋友交往就要给对方多一些理解，多站在别人的立场和角度来为他着想，这也就是所谓的“穿朋友的鞋子”。

古人说：“同师曰朋，同志曰友。”《世说新语》里记载，管宁和华歆同席读书，同师教导，其朋友之情有多深厚，不得而知，但割席绝交是一件极其让人痛心的事。古代圣贤讲究君子安贫乐道，耻言富贵，管宁割席的缘由正是华歆有崇尚富贵之嫌。人们历来赞赏管宁的品节高尚，但从社交之道来看，管宁就因为一点点“富贵之嫌”，就无丝毫规劝，轻而易举地“废”掉了人生占重要地位的友谊吗？

其实，管宁对朋友似乎太苛刻了，他们之间缺乏正直的理解和体谅。实际上，人各有志，人各有异。朋友之间是一个个独立的个体。再者，世界也是绚丽多彩的，事物也是复杂多样的，因而人的思想和见解不可能统一在同一个水平线上。有人爱吃饭，有人爱吃菜；有人爱喝茶，有人爱喝咖啡；有人喜欢跳舞，有人喜欢武术。所以我们交友不一定得要求别人各个方面都完全符合自己，我们只要求同存异，互相包容，就可以与他结为朋友，最后发展为知己。

多站在对方的立场上看问题。这是成功学大师卡耐基曾总结出的一条重要的交际经验。

因为人们在交流中，分歧总占多数。卡耐基希望缩短与对方沟通的时间，消除差异，提高会谈的效率，为此，他苦恼了好久。直到有人给他讲了一个故事—犯人的权利，他才从中领悟到这条交际原理。

据说，某犯人被单独监禁。有一天，他忽然嗅到了一股万宝路香烟的香味。于是，他走过去，通过门上一个很小的缝隙口，看到门廊里有个卫兵深深地吸了一口烟，然后美滋滋地吐出来。这个囚犯很想要一支香烟，所以，他用手客气地敲了敲门。

卫兵慢慢地走过来，傲慢地喊："想要什么？"

囚犯回答说："对不起，请给我一支烟……就是你抽的那种：万宝路。"

卫兵错误地认为囚犯是没有权利的，所以，他用嘲弄的神态哼了一声，就转身走开了。

这个囚犯却不以为然。他认为自己有选择权，他愿意冒险检验一下自己的判断，所以他又敲了敲门。这回，他的态度是威严的，和前一次明显不同。

那个卫兵吐出一口烟雾，恼怒地转过头，问道："你又想要什么？"

囚犯回答道："对不起，请你在30秒之内把你的烟给我一支。不然，我就用头撞这混凝土墙，直到弄得自己血肉模糊，失去知觉为止。如果监狱当局把我从地板上弄起来，让我醒过来，我就发誓说这是你干的。当然，他们绝不会相信我。但是，想一想你必须出席每一次听证会，你必须向每一个听证委员证明你自己是无辜的；想一想你必须填写一式三份的报告；想一想你将卷入的事件吧——所有这些都只是因为你拒绝给我一支劣质的万宝路！就一支烟，我保证不再给你添麻烦了。"

最后，卫兵从小窗里塞给他一支烟。为什么呢？因为这个卫兵马上明白了事情的得失利弊。

这个囚犯看穿了卫兵的弱点，因此达成了自己的要求——获得一支香烟。

卡耐基通过这个故事想到自己：如果自己能站在对方的立场上看问题，不就可以知道他们在想什么、想得到什么、不想失去什么了吗？仅仅是转变了一下观念，学会站在对方的立场看问题，卡耐基就立刻获得了一种快乐——发现一种真理的快乐。

怎样做到善解人意呢？你必须保持对对方“同感”的理解，其实这也是一种说话技巧。

所谓“同感”就是对于对方所述，表示自己有类似的想法和经历。比如吴倩以十分认真的语调告诉她的好朋友李蓉，她想自杀。李蓉不是去问她为什么，也不板起脸孔说教一番，而是说“是啊，我曾经也有过同样的想法，记得是那天发生的一件事，使我看到了人为什么要勇敢地活下去……”结果吴倩就轻松地谈起了她的烦恼与苦闷。李蓉边听边点头，表示理解和关注。后来吴倩不但勇敢地活了下去，并且做出了成绩。她和善解人意的李蓉的友谊愈来愈深了。

要想达到与人情感沟通，就要注意对方。当对方对某一事物表露出一种情感倾向时，你就要对他所说的这件事表达同样的感受，而且激烈些，于是你们就谈到一起了。

真诚理解是友谊的纽带，是成为知己朋友的情感基础，我们不必把其看得过于高深。理解就在你的身旁，理解就在每天琐碎的日常生活当中，而我们能做的，只是在人际交往中，设身处地多为他人着想。

微笑交流

微笑是一门艺术，一门学问。微笑牵涉我们的文明素养，微笑也牵涉我们的民族性格和传统文化。微笑展示仁慈宽厚的胸怀，微笑显现愉悦欢快的心态；微笑是尽释前嫌、化解恩仇的阳光雨露，微笑是社交场合的通行证。

有位学者曾这样说过：当你离开家门时，注意，先收紧下颚，然后抬头挺胸，用力做个深呼吸。出门走在路上，不要吝啬你的笑容，如果遇到熟人，更别忘了保持微笑。与别人握手的时候，要诚心诚意，不要让对方造成误解，也不要在意对方是你的竞争对手。

因为微笑具有神奇的魔力，是最好的魔法师。

当你走进商店，店里的服务员对你微笑，你会感到愉快，觉得自己受到了尊重；走进单位时，对遇到的每一个人微笑，大家都会感到心情舒畅，会从彼此的微笑中得到这样的信息——“他是一个和蔼的人”，“她是一个值得信赖的人”。

《如何消除内心的恐惧》一书的作者波拿巴·傲巴斯多丽在书里写道：“你向对方微笑，对方也会报以微笑，他用微笑告诉你，你让他体会到了幸福感。由于你对他微笑，使他觉得自己是一个受别人欢迎的人，所以他会向你报以微笑，使他感到自己的价值和地位。”

人际交往中，情绪是一个影响交流效果的重要因素。积极的情绪可以缓解紧张，而消极的情绪只能制造紧张。任何人都不希望在人际交往中制造出紧张的气氛，都希望用最好的气氛协调关系，而微笑就是最好的表达方法。

微笑虽然无声，但却可以表达出高兴、赞同、尊敬、同情、感谢等讯息。所以微笑是阳光，可以驱散阴霾；微笑是春风，可以驱散寒冷。

不过有一点你必须做到，那就是你的微笑一定要发自内心。

我们说过称赞别人必须出自真诚。同样地，微笑也必须发自内心。

不完全或是令人感觉特意修饰的微笑，是无用且虚伪的。如果你想微笑就大大方方地笑吧！甚至张开大嘴露出白齿的大笑都能讨人欢心。

有些人会认为自己原本就很内向，从来不会这样开怀地笑过，所以现在要面露微笑恐怕也很困难。可是各位，不必担心，要养成微笑的习惯，只需慢慢练习，时常表现自己的情感就可以了。你练习的机会愈多，愈会感到心里充满自由和轻松。而每天都感觉自由、轻松的人，就算他以前是整日愁眉不展的人，现在也会面露微笑。我们认识许多有此经验的人，在这里我们就为你举例：

任某某任职于某保险公司，负责对外招揽客户，他已经连续好几年业绩居全公司之冠，他曾经这样说过：

“你不妨面对镜子照照自己的脸，当你失意的时候，镜中就会出现一副落寞无神的面孔；当你得意的时候，镜中就会出现一副神采飞扬的面孔，可见面相和手相一样是会改变的。如果有人不在意自己面相的变化，而想赚顾客的钱，那么这个人必然是商场的败将。当我们和别人交往时，应该真心流露出亲切、欢喜、笑容可掬的脸孔。为此我们必须经常面对镜子，研究自己的面相。”

所以，你不妨每天早上在洗手间里反复练习，想想从前快乐的往事，或者想想令你愉快的事，你自然会在镜中看到自己快乐的笑脸。

微笑可以带来奇迹。

因此，当你要称赞别人时，请面带笑容。因为，这样会使你的称赞产生更多的效果。

当你委托别人做事时，也请你微笑。因为，别人会因此而认为非照你所委托的去做不可。

当你接受别人的委托，也请你微笑。因为，对方会因此而对你更加感激。

即使是你在说“无聊的话”时，也请你面带微笑。因为这样会让你的“无聊”降低到最低程度。

所有这些你都做到了，朋友自然会找上门来，没有人会拒绝一个能给自己带来好心情的朋友。就连小偷也会因为你的微笑放弃偷盗而与你成为朋友。有这样一个故事：

独自在家的家庭主妇小乔正看一档法制节目，说的是关于注意门户、小心打劫的新闻。这时候，门铃响了，以为是婆婆回来的小乔问都没问一声，就打开了门，就在小乔打开门的同时，她看见一个持刀的男人正恶狠狠地盯着自己，回想刚才的新闻，她顿时明白自己遇到什么情况了。怎么办，尖叫吗？

聪明的小乔灵机一动，微笑着说：“先生，你真会开玩笑！你是推销菜刀的吧？这菜刀的样式我喜欢，我要一把。”小乔边说还边作势让男人进屋，又接着说："你很像我过去的一位邻居，看到你真的很高兴。你喝咖啡，还是喝茶？"

没想到会遇到这样的人，本来脸带杀气的歹徒慢慢地变得腼腆起来。他有点结巴地说："谢……谢，谢谢！"

最后，小乔真的买下了那把明晃晃的菜刀。拿钱的时候歹徒迟疑了一下才收下，在转身离去的时候，他对小乔说："小姐，您改变了我的一生！我想跟您成为朋友。"

总之，人应该保持平稳的精神状态，也就是要有开朗且坦诚的心境。因为只有微笑才能保持正常的精神状态，而只有精神状态正常的人才具有无穷的魅力和创造能力，才能实现夙愿。

所以，从现在开始，收紧你的下颚，抬头挺胸，以微笑面对整个世界，你得到的将会是同样的友好的回应。

舍得道歉

人非圣贤，孰能无过？但是有的人却认为承认错误是暴露了自己的缺点和错误，尤其在别人面前，是一件有失身份的事情，所以即使犯了错也不肯承认，遮遮掩掩，甚至当别人当面指出或提出的时候都不肯承认，更不要说道歉了。

然而，你要清楚：与其等别人提出批评、指责，还不如主动认错、道歉，这样更易于获得谅解、宽恕。凡事坚信自己一贯正确，发生争端总是武断地指责对方大错特错，从不认错、道歉的人，根本交不到朋友，或易交难处，永远缺乏知心朋友。

如果我们由于自身的孤傲和不安全感宁可让友情出现裂痕也不愿意说"我错了"这句话，那实在是愚蠢之至。诺曼·皮勒说过："真正的道歉绝不只是简单地认错，而是对你说过或做过的有损友好关系的言行表示真诚的歉意，并真心实意地希望友谊得以修复。"

1755年，在竞选弗吉尼亚州议员的辩论中，23岁的上校乔治·华盛顿说了一些侮辱脾气暴躁的小个子对手潘恩的话，对方当即用桃木拐杖把他打倒在地。站在一旁的士兵立刻冲上去，想为年轻的上校报仇，华盛顿本人却从地上爬起来阻止了他们，说他会处理好此事。

第二天，他写信给潘恩，邀请他在一家酒馆同自己会面。潘恩到达后，本以为华盛顿会要求他先表示歉意，然后与他进行决斗，谁料，华盛顿却先对他表示了歉意，并主动伸出和解之手。

道歉并非示弱。一个人要承认自己的错误是需要勇气的。人际关系是生活中最难处理的事情，人都免不了有出错的时候。一旦错了，就得道歉，只有如此才能避免更大的损失。

有些人明知道是自己的不对，可是碍于所谓的身份或者面子一类的问题，不肯主动认错，觉得认错是没面子的事情，所以冲突也就无法解决。其实一个人能主动承认错误，就是一种勇气，这不仅有助于解决相关的矛盾，也能取得一定的满足感。

说“对不起”的时候，眼睛一定要直视对方，只有这样才能传递出你的心意。如果一边做事一边道歉，或者用回避的方式，都表现不出你的诚意，无法让对方感觉到你是真的认错。没有辩解的道歉才能让对方感觉你的心意，达到道歉的目的。

小雯借朋友的衣服穿，却因为疏忽不小心把衣服刮破了，小雯觉得很抱歉，就在还衣服的时候，很诚恳地对朋友说：“对不起，我不小心弄破了你的衣服，这是一个裁缝的电话，我已经联络过他了，他说可以补得像没坏的一样。”

这种正面的直接道歉是最好，也是最佳的方式。假如小雯在还衣服的时候只是说：“衣服破了，我赔钱给你吧。”对方肯定会婉言谢绝，但心里绝对会不舒服，觉得小雯的“道歉”只是形式上的，不够真诚，他们之间自然也就有了缔结。

小伟在朋友的生日宴会上喝多了，将女主人最喜欢的一个花瓶失手打碎了，以小伟的经济实力赔不起这个花瓶。

为了表示自己的歉意，小伟挑选了一张精致的贺卡，写上自己的歉意：我知道我的行为给你们造成了困扰，也知道自己的行为是无法原谅的，请相信我绝对不是故意的，如果当时我没有喝醉，也就不会发生那种事情了，所以请接受我最真挚的歉意。

小伟将卡片亲手交到朋友手里，并带了一瓶朋友最喜欢的酒，不是为了表示赔偿那个花瓶，而是为了表示真诚的歉意。

小伟的这种道歉方式很艺术，你也可以不直接说出“对不起”，而是像小伟这样用一张卡片或一份小礼物等，都可以表示歉意。最重要的是不要回避，一开始就要先承认自己的错误。而且道歉一定要有诚意。

真心实意地认错、道歉就不必强调客观原因、做过多的辩解。就是确有非解释不可的客观原因，也必须在诚恳地道歉之后再略为解释，而不宜一开口就辩解不休。否则，你对自己的错误实际上是抱着抽象否定、具体肯定的态度，这种道歉，不但不利于弥合双方思想感情上的裂痕，反而会扩大裂痕、加深隔阂。道歉需要诚意。双方成见很深，当对方正处在火头上，好话歹话都听不进时，最好先通过第三者转致歉意，待对方火气平息之后，再当面赔礼、道歉。有时当务之急不是先分清谁是谁非，而是要求双方求同存异去对付共同面临的困难或“敌手”。如双方僵持不下，势必两败俱伤。如一方先主动表示歉意，就有可能打破僵局，化紧张为和谐，乃至化“敌”为友。

要记住，真正的道歉不只是认错，同时也意味着承认自己的行为给对方造成的困扰，而你对彼此之间的关系很重视，希望道歉可以化解冲突，重归于好。诚恳的歉意不仅能弥补彼此之间的关系，还可以增进彼此的感情。所以，如果你犯了错，就大方地表示歉意，诚恳地说一句“对不起”。

一定要改变观点，不要认为道歉是没有面子的事情，当你做错的时候，请拿出你的勇气和诚意，向对方道歉，要知道道歉是缓解冲突的“润滑剂”。

第三章

职场中的交谈艺术

对领导说话不卑不亢

有的下属对领导唯马首是瞻，即使领导做错了，还佯装欢笑，卑躬屈膝，违背原则地说一些子虚乌有的话。如果是非常精明的领导，这种人是很难得到重用的。因为这种人并没有什么真才实学，不仅很难成事，还经常会坏事；而且这些人把利益放在第一位置，现在他可以违背自己的良心说对你有“利”的话，明天也可以干出对你不利的事来。

当然，作为下属，对领导的面子还是要照顾到的。这就要求在和领导讲话的时候既不能肉麻地拍马屁，也不能让领导感觉被压制，下不了台，也就是要不卑不亢。

当在领导面前处于不利境地时，如果为了迎合领导，讲了假话，那就违背了自己的内心，也未必会得到领导认可。在这个时候如果讲究点技巧，不卑不亢，既讲了真话，不违背自己的本心，又能使对方接受，岂不是一举两得。下面就是这样一个例子：

宋代有一位大臣，为官公正，为人刚正不阿。年轻时四处游学，机缘巧合，竟然认识了微服私访的当朝皇帝。皇帝心血来潮，写字画画儿去卖，只可惜水平实在不高。这位青年告诉皇帝，他的画儿只值 1 两银子。皇帝听了既不服气又生气，但也不好发作。

第二年这位青年进京赶考，高中状元，成了天子门生。觐见皇帝时才发现，原来当年卖画儿的老兄竟然是皇帝，皇帝也认出了他。皇帝屏退左右，只将这位大臣留了下来，拿出当年只值 1 两银子的那幅画，问道："卿家认为这幅画价值几何？"

这位大臣赶紧前进一步说道："这幅画如果是陛下送给微臣的，那就价值万金，因为无论陛下送的何物，对微臣来说，都是无价之宝。但如果拿去卖的话，这幅画就值 1 两银子。"

皇帝听了，不禁拍掌大笑，知道自己有了一位才学渊博、品行端正的忠心之士。

这位大臣在这里并没违背自己的本意，而是讲了真话，这种不卑不亢的巧妙表达，也使皇帝觉得在理，因而也非常高兴。

对于有些涉及领导者的棘手问题，为了给对方留一个面子，同时恰当地维护自己的尊严，就要巧妙区分，从不同的角度来解决，这一招通常都是很灵验的。

不卑不亢只是一种说话手段，运用它的关键是理直而气壮，只有在领导面前大胆地说出应该说的话，才能不致弄巧成拙，惹领导不快。

对领导有意见婉转说

面对来自上司的压力，总有一些话如鲠在喉，不吐不快。此时此刻，你将怎么做？不吐不快，绝不意味着要一吐为快，跟上司提意见还是要婉转说。因为他有权力随时开除你。

提意见兼并上司的立场

李先生是一家比较知名外企的总经理助理。他的顶头上司王总搞学术和技术出身，由于工作重点长期落在研究开发领域，因此对企业管理一知半解。出于对技术的钟情与依恋，王总直接插手技术部门的事，把管理的层级体系搞得乱七八糟，其他部门虽然表面上敢怒不敢言，但私下里无不怨声载道，让李先生与其他部门沟通协调倍感吃力。

经过思考，李先生决定采用兼并策略，向王总建议。

他对王总说，真正意义上的领导权威包含着技术权威和管理权威两个层面，王总的技术权威牢固树立，而管理权威则有些薄弱，亟待加强。王总听后，若有所思。

李先生巧妙地兼并了王总的立场，结果获得了成功。后来，王总果然越来越多地把时间用在人事、营销、财务的管理上，企业的不稳定因素得到控制，公司运营进入了高速发展状态，李先生的各项工作也顺风顺水，渐入佳境。

从李先生的经历，我们可以得到很好的启发：兼并上司的立场，的确不失为向上司提意见的上等策略。首先，它没有排斥上司的观点，而是站在上司的立场上，最终是为了维护上司的权威，出发点是善意良性的；其次，这种策略是一种温和的方式，能够充分照顾上司的自尊，易于被上司接受，效率较高；另外，它需要很强的综合能力，需要很高的社会修养。能够针对不同情况，不断提出有效率的兼并上司立场的意见，并非轻而易举。长期这样做下去，久而久之，自己个人的领导能力亦会迎风而长，甚至来一个飞速提升。

注意语气适当，措辞委婉

因为说得过火或过于渲染，涉及领导的尊严与权威，尺度掌握不准，搞得不好就会有嘲讽、犯上之嫌，被领导误以为心怀不满，另有所指。所以下属一定要注意使自己的口气比较和缓，显示自己的诚恳和尊敬之情。特别是要使领导明确地认识到，你的所作所为都是出于做好工作的动机，是为领导设身处地地着想，而不是针对领导者本人有何不恭的看法。

“要想成功与上司交手，了解他的工作目标和其中的苦衷是极为重要的。”赖斯顿说，“假如你能把自己看做上司的搭档，设身处地替他着想，那么，他也会自然而然地帮你的忙，实现你的理想。”

卡耐基·梅伦大学的商学教授、《金领工人》一书的作者罗伯特·凯利，曾引述加利福尼亚某电影公司的一位程序设计员和他上司进行争辩的故事。当时，为了某个软件的价值问题，双方争执得僵持不下。凯利说：“我就建议他们互换一下角色，以对方的立场再进行争辩。5 分钟以后，他们便发现自己的行为有多么可笑，两个人都不禁大笑起来，接着，很快找出了解决的办法。”

和上司有分寸地开玩笑

高蝶上学的时候就非常聪明，老师说她的脑子灵活，言辞犀利，还有丰富的幽默细胞。无论上学还是工作，她都是大家的一颗“开心果”。尽管如此，她在一家公司已经工作3年了，仍然只是一名仓库管理员。到底是什么原因使她在工作上没有转变，她自己也说不好。

那天，高蝶向研究心理学的表哥提到了这个问题，表哥问她：“你平时有没有在言辞上对上司不敬啊？”

高蝶一愣，想她平时除了爱开玩笑，没有其他的毛病了，难道是她向上司开玩笑引起的？于是，高蝶想到了最近的几个玩笑。

那天，上司穿了身新衣服来上班，灰西装、灰衬衫、灰裤子、灰领带。同事都没有说话，只有高蝶高声地喊着：“哎呀，穿新衣服了？”上司听了咧嘴一笑，她接着捂着嘴笑：“哈哈，像只灰耗子！”

还有周五的时候，来了个客户找上司签字。当上司签完字后，对方连连称赞上司的字好，说：“您的签名可真气派！”高蝶正好走进办公室，听到称赞声后，一阵坏笑：“能不气派吗？我们上司可暗地里练了3个月呢！”当时她注意到上司和客户的表情都很尴尬，不过她也没有多想。

现在仔细一想，好像问题都出在这里。有时为了赶时间，高蝶很早就去公司上班了，所以加班时会满身疲惫，难免出点差错，上司不仅不体谅，还不分青红皂白地说她偷懒，怎么解释都不行。当时觉得很委屈，目前看来，好像真正的原因很明了了！

玩笑开得好不仅可以增进人际关系，还能使你整个人充满魅力。但如果玩笑有人身攻击的成分，就是黑色玩笑了。很多人喜欢和别人开玩笑，却不知道玩笑也是要有分寸的，其实，黑色玩笑体现一个人性的弱点：面对一个人或一件事时，会不自觉地挑刺，这是一种思维习惯。

开玩笑没有分寸的人一定是热衷于挑刺的人，这类人往往被视为“刻薄”，容易引起他人反感。同事或朋友、同学之间，也许一笑了之，但如果冒犯了上司的尊严，其后果是严重的。

首先要学会宽容，学会挖掘别人的优点。只有你的眼睛里都是对方优点的时候，你的玩笑开起来才会动听一些。

其次，在和上司单独相处时，可以去赞美对方的衣饰细节的变化，这样能迅速拉近双方间的距离。用这个方法，不仅能在紧急时刻迅速打破和上司之间的僵局，而且还能了解到不少上司的喜好。

嘴上要突显上司身份

既然你的角色是为人职责，那么就该摆正自己的位置，在自己的职位上为公司出力，而且还要做到不“越位”。上司就是上司，平时说话应该注意突出他的身份。

“越位”的表现有多种：

第一，决策的越位。在有的企业中，职员可以参与决策，这时就应该注意，谁做什么样的决策，是要有限制的。有些决策职员可以参与意见，有些决策，职员还是不插言为妙。

第二，表态的越位。表态，是表明人们对某件事的基本态度。表态要同一定的身份密切相关。超越了自己的身份，胡乱地表态，是不负责任的表现，也是无效的。对带有实质性问题的表态，应该由领导或领导授权才行。而有的人作为下属，却没有做到这一点。上级领导没有表态也没有授权，他却抢先表明态度，造成喧宾夺主之势，陷领导于被动。

第三，干工作的越位。哪些工作由你干，哪些工作由他干，这里面有时确有几分奥妙。有的人不明白这一点，有些工作，本来由领导做更合适，他却抢先去做，从而造成干工作越位。

第四，答复问题的越位。这与表态的越位有些相同之处。有些问题的答复，往往需要有相应的权威，作为职员、下属，明明没有这种权威，却要抢先答复，会给领导造成工作的干扰，也是不明智之举。

第五，某些场合的越位。有些场合，如与客人应酬、参加宴会，也应当适当突出领导。有的人作为下属，张罗得过于积极，比如同客人如果认识，便抢先上前打招呼，不管领导在不在场。这样显示自己太多，显示领导不够，十分不好。

在工作中，“越位”对上下级关系有很大影响。下属的热情过高，表现过于积极，会导致领导偏离帅位，大权旁落，无法实施领导的职责。因此，领导往往把这视为对自己权力的严重侵犯。

下属如果经常这样，领导会视之为“危险角色”，不得不警惕你，甚至来制约你，这时，即使你有意同领导配合，领导也不愿与你配合了。

阿明年轻干练、活泼开朗，入行没几年，职位“噌噌”地往上升，很快成为单位里的主力干将。几天前，新老板走马上任，下车伊始，就把阿明叫了过去：“阿明，你经验丰富，能力又强，这里有个新项目，你就多费心盯一盯吧！”

受到新老板的重用，阿明欢欣鼓舞。恰好这天要去上海某周边城市谈判，阿明一合计，一行好几个人，坐公交车不方便，人也受累，会影响谈判效果；打车吧，一辆坐不下，两辆费用又太高，还是包一辆车好，经济又实惠。

于是，阿明来到老板跟前。“老板，您看，我们今天要出去，”阿明把几种方案的利弊分析了一番，接着说：“所以呢，我决定包一辆车去！”汇报完毕，阿明发现老板的脸不知道什么时候黑了下来。他生硬地说：“是吗？可是我认为这个方案不太好，你们还是买票坐长途车去吧！”阿明愣住了，他万万没想到，一个如此合情合理的建议竟然被打了“回票”。

“没道理呀！傻瓜都能看出来我的方案是最佳的。”阿明对此大惑不解。

专家提示：阿明凡事多向老板汇报的意识是很可贵的，错就错在措辞不当。注意，阿明说的是：“我决定包一辆车！”在老板面前，说“我决定如何如何”是最犯忌讳的。

尊卑有序是一种纪律的象征，维护领导权威形象是属下分内的事。

在许多时候，职员有同领导出访客户的机会。在这个时候，领导和职员的配合程度直接关系到公司的形象，做好陪同是对职员的基本的要求。比如有重要的契约或接受订货时，必须与领导同行，这时一般有两种情况要注意：

第一种是客户和领导有直接的关系。这时作为下属应该站在辅助的地位，和客户初次见面时应该亲切地寒暄，并且作适当的自我介绍，第一次就要给对方留下一个好印象。在整个谈话过程中，要不卑不亢，给人以良好的感觉。

在客户和领导谈话时，陪同的职员应该细心地倾听，如果对方有问题问你，你要直接或间接地征询领导的意见，然后给对方以满意的回答。谈判过程中，如果领导和客户在某个方面争论得比较激烈，你就要适时地从中打圆场。在商谈结束时，无论成交还是不成交，都不要被当时的气氛所影响，应尽宾主之仪，亲切地道别，不要让对方有这样的评价："这个公司上下怎么一点礼貌都不懂。"或是："这个公司经理还不错,可用人不太精明,怎么选了这么不懂礼仪的陪同。"

还有一种情况是请领导访问自己所熟悉的客户。这时首先要注意的是前面已讲过的不要"越位"，应该将自己立于领导和客户之间的中间人立场，使领导有多讲话的机会。

在领导与客户商谈时，应该注意领导的谈判技巧和应对方式，并且要充分掌握气氛。气氛过"热"时，适当地"降温"，如"来，大家先喝杯茶"；气氛过"冷"时，不时地"加温"，可以说"这茶不错，你们认为呢？"这样适度地转移话题，解除尴尬，才不失为中间人的身份。

当然这时也不能一味骑墙，毕竟商谈是为了本公司的利益。因此，你要不太显露地为本公司出力。比如，当领导谈判时进一步向对方提问时，你可以若无其事地推动；当你认为领导谈判的内容不当或有必要进行更正时，应该很有默契地助领导一臂之力。但是，在这种情况下，因为你同客户也是旧相识，因此，不要过多地同领导联系，以求占得上风。因为这样会使对方提高警觉，产生戒备心理，对双方的相互沟通无益。况且，有领导在场，你也大可不必过多地参与商谈的主要内容，领导心中自然是有数的。

怎样成功说服老板为自己加薪

谋取是为了求生，每个人都希望生活得更好，薪水更多，职位更高，工作环境更宽松。大多数人都不会只满足于现状，常常会向上司提出这样那样的要求。我们向上司提出要求时，一是不要提过高或不切实际的要求，二是当我们向上司提要求时，言辞一定要慎重，应该少用这样的话："我应该得到那个职位"，"我要到有空调的房间办公"，"我提的要求，请一定要帮我办"，等等，你如果在上司面前这样说话，给人的感觉你不是在提要求，而是在下命令，威胁你的上司要按照你的意思办，这样做的结果往往会事与愿违。

向上司提出要求时，你应当语气平和，面带微笑地陈述你的主要理由。然后再委婉地提出你的要求，尽量多用征询的话。

给上司提要求一般都绕不开加薪的话题。

事业顺利就意味着加薪和升职，然而这两个内容都比较麻烦，也是棘手的问题。许多人并非表现不好或没有工作能力，他们只是不善于表现自己。如今的企业老板因公务缠身，不可能每时每刻都留意你的表现，作为员工，有必要主动、适时地表现自己，只有这样才能达到自己的预期目标。当然，每个人的表达方式都会不同，关键的一点是有技巧地表现自己。

加薪是岳华渴望已久的事情。论起资历，他在厂里一干就是4年，自认工作态度还行，也没有犯过什么过错，可是老板根本没有给他加薪的意思。岳华觉得自身价值得不到体现，心里很烦闷，他也曾多次在工作总结会上暗示过老板，但老板对此也没有丝毫反应。若明确地向老板提出这个要求，岳华又觉得不好意思，怕遭到拒绝，但是不说的话又不甘心，最后他还是鼓起勇气，委婉地向老板说明了自己的意思。出乎意料的是，老板在观察了他几周后果然为岳华加了薪，事情就这么简单。岳华认为，只要是属于自己的正当权益，就应该努力去争取。

当然向老板提出加薪，也要讲究技巧。岳华之所以不敢贸然提出加薪，也与他的朋友李浩要求老板加薪的失败有关。

李浩认为他的这个经历比较惨痛。李浩曾经在一家公司工作快3年了，对自己的工作熟悉到不能再熟悉的程度，而老板一直没有给李浩加薪的意思。年轻的李浩一时冲动，就以熟悉业务为谈判条件向老板提出调动职位，其实是想迫使老板为他加薪。李浩后来对岳华讲，自己当时的举动是非常错误的。结果是薪水没有加成还弄了个不欢而散。此后，李浩与老板的关系大不如前，最后不得不离开那家公司。

如以商量、倾诉的语气向老板陈述自己的意图，老板会非常注意聆听，并且询问你工作上遇到的问题，最终可能会为你加了薪水。

其实，老板和员工的关系是平等的。只要你认为加薪是合理的，你就有权提出。但你必须注意说话的方式，最好是巧妙地、有技巧地把自己的意图传达给老板，就算万一不被老板接纳，也不至于让双方陷入尴尬的局面，以致影响日后的相处。

身在职场，我们都对加薪怀有浓厚的兴趣。那么怎样要求加薪且能如愿呢?

在要求加薪之前往往要准备很长一段时间。根据一位成功的管理者总结，为加薪做准备需要实施5个重要步骤。

1. 成为你所从事领域的权威

首先，了解你的工作，并保持对它的了解，不断进步。假如赶不上你所从事职业的发展，就不会有提升的机会。但同时，不要自大地认为自己是不可或缺的，因为根本没有这种人。

2. 同你的老板建立真诚的工作关系

任何经理、总监都不会给他不喜欢的人加薪或晋级。一般来说，老板都喜欢衷心赞美他并让他感到自己价值的那些人。精明的雇员都盛赞老板并向老板表现这种赞赏。但赞赏不等于阿谀奉承。称赞一个人最好的方法是称赞他的业绩而不是赞美他本人。

3. 表现自己

那种认为只要工作做得好，就自然会得到提升和加薪的想法是错误的。你必须让自己受到注意。

通常情况是，你的老板认识不到你是多么优秀，让他了解这一点——不要引起反感，不要显出骄横——在办公室里、工作餐上、办公聚会或其他社交场合。

千方百计让你的名字在上司的脑海中扎根。最好的广告正是这样做的。正像一位总经理说的："广告最重要的就是重复。不断地重复才可树立形象。我们不介意人们是否准确记住我们对某种产品所做的介绍。我们只希望大家能记住产品的名称，那就足够了。"

4. 让上级时刻掌握你的动态

不要让他们经常来查你，要让他们不必常来检查就可了解你的任务正在按计划正常执行。这就说明你是可靠的，可以完成工作。

5. 振作精神准备加薪谈判

不要迟疑或是低估自己。我们把价值看做成本。你对公司的价值和你所拿工资有直接联系。

告诉你的老板给你加薪后他会得到哪些好处。他将得到的最大好处就是能得到你宝贵的帮助。但发出最后通牒之前，一定要找到其他工作。

此外要注意的是，想要得到加薪，还必须选择适当的时机。一般要避开周一和周五。周一会有很多使工作重新入轨的具体事情。等到了周五，人们又会以最快的速度清理办公桌，准备去度周末。让老板加薪最好的时机是你刚刚出色地完成一项非常困难的任务，老板也肯定了你的工作成绩以后。

遭遇批评后如何巧妙辩驳

被上级批评或指责，虽然应该诚恳而虚心地听取，但并非说你一定要忍气吞声，不管他说得对不对都要一股脑儿接受，必要时应该勇于辩护，并且要作积极的辩护。

晋文公一次用餐时，厨官让人献上烤肉，肉上却缠着头发。文公叫来厨官，大声责骂他说："你存心想让我噎死吗？为什么用头发缠着烤肉？"

厨官叩着响头，拜了两拜，装着认罪，说："小臣有死罪三条：我找来细磨刀石磨刀，刀磨得像宝刀那样锋利，切肉肉就断了，可是粘在肉上的头发却没切断，这是小臣的一条罪状；拿木棍穿上肉块却没有发现头发，这是小臣的第二条罪状；捧着炽热的炉子，炭火都烧得通红，烤肉烘熟了，可是头发竟没烧焦，这是小臣的第三条罪状。君王的厅堂里莫非有怀恨小臣的侍臣吗？"

文公说："你讲的有道理。"就叫来厅堂外的侍臣责问，果然有人想诬陷厨官，文公就将此人杀了。

这明显是个冤案，如果正面辩解，有可能使晋文公火上浇油，怒气更盛而获死罪。因此，厨官采取正意反说的方式为自己辩解。他装着认罪的态度供认了3条罪状，其实是为了澄清事实：切肉的刀如此锋利，肉切碎了而头发居然还绕在上面；肉放在火上烤，肉烤焦了而毛发犹存，这明显不合乎事理。至此，厨官已证明自己无罪，同时提醒晋文公，是否有人陷害自己？厨官的辩解顺其意，却能揭其诬，可谓灵活机巧。

有些人面临麻烦的事常用辩护来逃避责任，这就走到另一个极端了。这种推卸责任的辩护，偶一为之，无伤大雅，尚可原谅，倘一犯再犯，肯定会失去别人对你的信任。

有时候，做错了事责任不会在下级，大部分却是由于上级的缘故，这时应大胆辩解。不辩解，只能使上级对你的印象更加恶化，而丝毫不会考虑到也有自己的责任。

所以，工作中，同事之间，尤其是下级与上级之间，由于地位不同而发生意见相左的情况时，不要害怕会被认为是顶撞，应积极地说明理由，沉默不语只能使问题更加复杂而难以化解。

辩解的困难点在于双方都意气用事，头脑失去了冷静。所以过于紧张和自责，反而会使场面更僵。因此越到这类棘手的对立状态时，更应该积极辩明，明确责任。其要点大概有以下几点：

(1) 不要畏惧。不必害怕声色俱厉的上级，越是嚷得凶的上级，往往心越软。

(2) 把握时机。寻找一个恰当的机会进行辩解也很重要。辩明应该越早越好。辩明越早，则越容易采取补救措施。否则，因为害怕上级责骂而迟迟不说明，越拖越误事，上级会更生气。

(3) 对错误已经有了足够的认识。

(4) 辩护时别忘了站在对方的立场上讲话。上级责备下级，当然是出于自己的观点。如果下级不了解这一点，一味认为自己受了冤枉，因此站在本身的立场上拼命替自己辩解，这样只能越辩越使上级生气。应该把眼光放高一点，站在对方的立场上来解释这件事，则容易被接受。

(5) 辩解时不管是何种情况，都不要加上“你居然这么说……”。任何人都有保护自己的本能，做错事或和旁人意见相左时，便会积极地说明经过、背景、原因等。但在上级看来，这种人顽固不化，只是找理由为自己辩护罢了。

(6) 道歉时不要再加上“但是……”。千万不要说“虽然那样……但是……”这种道歉的话，让人听起来觉得你好像是在强词夺理，无理争三分。道歉时，只要说“对不起”，不必再加上“但是……”，如果面对的是性格坦率的上级，或许就可以化解彼此的距离。当然该说明的时候仍要有勇气据理力争，好让上级了解自己的立场。

汇报工作要有章法

作为上司来说，判断下属是否尊重他的一个重要的因素，就是下属是否经常向他请示汇报工作。心胸宽广的上司对于下属懒于或因忽视而很少向其汇报工作也许不太计较，甚至会好心地认为也许是下属工作太忙，没有时间汇报；也许是认为本来就是他们职责内的事，没必要汇报；或者是这段时间自己心情不好，他们不敢来汇报，等等。但对于怀疑型的上司来说，如果出现这种情况，他就会做出各种猜测：下属是否在这段时间内偷懒，没有完成工作；下属是不是根本就没把他这个领导放在眼里，等等。对于这种上司，下属应该勤于汇报工作，哪怕你只是完成了整个工作的一小部分。如果不经常指示汇报工作，还会埋没你的成绩。经常请示汇报工作，让上司知道你干了什么、效果如何，这样还可以显示出你对他的尊重。如果遇到困难和麻烦，上司还可在人力物力上支持你，比你闷着头干要强上千百倍。

突出中心，抛出“王牌”

泛泛而谈、毫无重点的汇报显得很肤浅。通常，汇报者可把自己较为熟悉的情况的某个方面作为突破口，抓住工作过程和典型事例加以分析、总结。汇报中的这张“王牌”最能反映出你工作的质量。

市建材公司的冯涛从一个用户那里考察回来后，敲了经理办公室的门。

“情况怎样？”经理劈头就朝冯涛问道。

冯涛坐定后，并不急于回答经理的问话，而是显得有些心事重重的样子。因为他十分了解经理的脾气，如果直接将不利的情况汇报给他，经理肯定会不高兴，搞不好还会认为自己没尽力去办。

经理见冯涛的样子，已经猜出了肯定是对公司不利的情况，于是改用了另一种方式问道：“情况糟到什么程度，有没有挽救的可能？”

“有！”这回冯涛回答得倒是十分干脆。

“那谈谈你的看法吧！”

冯涛这才把他考察到的情况汇报给经理：“我这次下去了解到，这个客户之所以不用我们厂的产品，主要是因为他们已经答应从另一个乡镇建材厂进货。”

“竟有这样的事！那你怎么看呢？”

“我想是这样的，我们公司的产品应该比乡镇企业的产品有优势，我们的产品不但质量好，而且价格还很公道，在该省已经具有了一定的知名度。”

“就是，一个小小的乡镇企业怎么能和我们相比呢？”经理打断了冯涛的汇报。

“所以说，我们肯定能变不利为有利。最重要的是，当地的建筑公司，多年来使用我们公司的建材，与我们有很好的合作基础，这是我们的优势所在。但该客户答应与那个乡镇企业订货，主要是因为那个乡镇企业距离他们较近，而且可以送货上门。这一点，我们不如那家乡镇企业，我们可以直接到每个乡镇去走访，在每个乡镇找一个代理商，这样问题就解决了。”

“小冯，你想得真周到，不但找到了症结所在，还想出了解决的办法，要是公司里的员工都像你这样有责任心就好了。”

“经理过奖了，为公司分忧是我的责任。经理您工作忙，我就不打扰您了。”

不久，冯涛被调到了销售科，专门从事产品营销，公司的建材销量节节上升，冯涛也越来越受到重视，很快成了公司的业务骨干。

不要遗漏重点

如何判断什么是重点呢？当上级交代你去完成一件工作时，这项工作的结果对上级来说一定会有它的用途。例如，上级请你去对外洽谈年终总结会的开会场所，此时上级要根据场地能否租得到来决定开会的日期，因此，报告的重点将是有哪些适合的场地，在什么日期能租借到及费用各是多少，等等。

汇报工作要讲究一定的逻辑层次，不可“眉毛胡子一把抓”，讲到哪儿算到哪儿。一般来说，汇报要抓住一条线，即围绕工作的整体思路和中心展开一个面，分头叙述相关工作的措施、关键环节、遇到的问题、处置结果、收到的成效等内容。

作为汇报，提纲挈领是根本原则。英国作家卡普林提出了“5WlH”的汇报要点。所谓“5WlH”是指：

Who……何人（人）

When……何时（时间、时期）

Where……何地（场所、位置）

What……何事（对象、理由）

Why……何因（目的、理由）

How……怎样发生的(方法、顺序)

还有一个是后人加上去的:

How much……多少钱(经费、价格)

此外，报告时一定要注意区别事实与自己的感觉，你工作时，上级并没有亲临其境，他无法辨别你描述的是事实还是你自己的主观感受。事实和观感是有差别的，若给上级错误的诱导，让他下达了错误的指示，这个责任应该归咎于报告者。

所以，优秀的职员愈是能了解上级要把工作结果用在哪里，就将愈能把握住报告的重点，更简单地说，上级的关心点就是你报告的重点。

在玩笑中指出领导的错误

某公司的待遇很差，职工苦不堪言。公司领导之所以不肯改善职员的待遇，是因为他认为下级职员是庸才，对公司不够忠心，工作不努力，而且多数人兼职。当有人拿其他同性质的公司作对比时，该领导说:“那些公司的职员都是正途出身,不像我的下属是杂牌军。”

有一天，该领导的一位高级职员针对公司近来迟到人数逐渐增多这一现象，对领导说:“初级职员简直没法到公司工作。”领导问:“为什么?”这位高级职员说:“坐出租车吧,觉得车费太贵;坐公共汽车吧,又苦于挤不上去；而且每月所出的公共汽车费，也不胜负担，让他们如何能解决这个问题?”高级职员叹了口气，一副毫无办法的样子。

领导接着说:“以步当车，一文不费，而且可以借此运动身体，不是好的办法吗?”

高级职员摇了摇头:“不行，鞋袜走破了，他们买不起新的。我倒有一个办法，希望领导出一个布告，提倡赤足运动，号召大家赤脚走路上班，这个问题不就解决了吗?谁让他们命运太坏，生在这个时候?谁让他们不去想发财的门路，却当苦命的职员?他们坐不起出租车、公共汽车，也不能鞋袜整齐地到公司上班，都是活该!”他一面说，一面笑,说得公司领导也不好意思起来,只好同意改善一下部属的待遇。

在这里，该公司高级职员批评领导的方法就是“嬉笑怒骂”。他用责备下属的语气，尽情表露他们的苦衷，用反面的方式表达正面意思：公司待遇太低。在语气上是嬉笑，实质上是怒骂，是批评。由于比较委婉，不伤对方面子，对方容易听进去，一旦觉悟到自己的过失，就容易接受劝告，改变行为。

拒绝老板有理由

任何事情有其结果，必有其起因。当老板的意见不正确，需要你拒绝的时候，一定要提出你拒绝的理由。

平白无故地拒绝老板的意见或者老板要你做的事情，如果不说出理由，是极端不礼貌的行为。

在拒绝老板的时候，要注意以下几点：

1. 态度要明确

当老板有了指示或者命令的时候，如果你持不赞同的观点，不要明确地表示拒绝，不要直接地说出“行”或者“不行”，要持有一种保留的态度。持有保留的态度可以避免引起老板的不快。

你的最终目的还是要拒绝老板的不当指令。但是这样做绝对不是说对老板的任何指示或者命令都要持有一种既非“肯定”，也非“否定”的暧昧态度。相反的，为达到拒绝的目的，最重要的一点是，事先就要明确地决定自己的态度，之所以这样做是为了拒绝老板，不要改变自己的初衷。

有些问题十分重要而又复杂，无法当场决定采取“肯定”还是“否定”的立场，这时候为了有所保留，不招致老板的不快，就要说：

“我想这个问题很重要，请让我多考虑一些时候。”

“现在一时说不出所以然来，无法马上答复你，请给我两天的时间。”

此时，表现得模棱两可，则是必要的，关键是争取缓冲的时间，以便仔细考虑。

鲁迅曾说过：“犹豫要走哪一条路的时候，应该好好地定下心来，花费足够的时间以选择要走的路。”

这可看做有关决断的有益训示。

2. 善于辩解和找借口

作为下属，既要懂得拒绝老板，还要知道该如何让老板通过你的拒绝而欣赏你。

要想做到这一点，就要善于“辩解”和“找借口”。

“辩解”是“辩明理由让对方了解”以推动工作，而不是推诿责任，它是对自己言行负责的人应有的正确态度。在工作当中，有的人会因为认为“辩解是有失面子的事情”，而保持沉默，这样做的最终结果是失去自己的主见，也是对自己的工作不负责任的表现。

当然，如果为了保护自己而拼命地辩解，也是不好的。

正确的做法应该是，主动说明原因，提供情报，说明不能够做的理由，绝不仅仅是只要保护自己，这才是最好的方法。

一般来说，下属找借口时说话都是慢吞吞或犹豫不决的，同时语调也会变得低沉，但如果是堂堂正正地说明理由时，态度便会热忱而明快，语调也会开朗爽快。

向老板说明拒绝的理由时，要口齿清晰，态度明朗，如果在讲话的时候语调低沉、态度畏畏缩缩，老板就会认为你是在找借口。

3. 要在拒绝当中成长

作为公司的下属，常常会遇到这样的事情。当老板在某些场合听到一些工作上的新方法后，马上就会在自己的部门实施，于是就督促下属说：“我想在我们的部门，用这种新方法来进行工作。”如果本部门适合这样的工作方法还好，但如果本部门的确不适合运用这种新的工作方法，这样做无疑是增加工作难度，这个时候，有的下属就会在私下里发牢骚。认为老板这样做是强人所难，也不管行不行得通，就将原来的工作秩序打乱。

发牢骚终归是发牢骚，不能解决任何实际的问题。这时，要想让老板打消这个念头，除非有人勇于拒绝上级或老板的新花样，让他说出“是这样的吗？”如果不是这样的话，就只有接受领导的这个新花样。

在实际工作当中，照正常情况，一个公司如果想采用一种新的工作方法，应该由组长一类的下层负责人根据实际情况决定是否采用，而不应由老板来考虑。可是如果一旦老板心中有了某种打算，要想消除将是十分困难的。

那些绞尽脑汁想要设法说服老板的人，可以从中培养自己的某些能力。

当你认为老板的计划不可实施而加以拒绝的时候，在拒绝的过程中，你或许能发现老板计划好的一面，而从中认识到从前没有发觉的老板的另一面，这对于你和老板之间加深了解不失为一件好事。

以上的情况说明，即便下属在拒绝老板的过程中或许最终反而被老板说服，但自己却会因为受到老板的影响而得以成长。在“拒绝”的时候，下属可以得到很多实际的锻炼，这包括胆量思维的敏捷性、口才的发挥，等等，从而促使自己成长，所以，作为下属，如果想在工作中做出成绩，就要学会拒绝，并勇于拒绝，当然，拒绝也必须是有理有节的，而绝不是无理取闹、更不是胡搅蛮缠的。

4. 拒绝的最终结果还是要尊重老板的决策

下属在工作的时候，如果老板提出的计划是无论如何也行不通的，这时，下属对老板的命令是不是非服从不可呢？经验告诉我们，作为下属，你必须服从老板的最后决定，听从老板的意见，因为这个时候，最终要负责任的是老板。

这个时候如果你一意孤行，明目张胆地反对老板的决定，置老板的决定于不顾，按照自己的想法去做，是绝对行不通的。

这个计划如果执行，十有八九会失败，且会造成重大损失，作为下属，就要考虑，是否也非服从不可。下属要如何作最终判断呢？依照下面方式思考才是正确的态度。

自己的意见显然是正确的，而老板却断然不肯接受时，原则上应先让老板了解你是出于公心，是为工作着想，并且是在万般无奈的情况下才反对的，然后去实行老板的命令。假如你认为按老板命令去做，会对企业的利益造成难以弥补的重大损失，在情况十分危急的紧要关头，你可以以辞职为手段，“要挟”老板取消其命令。当然，这得有个前提条件，即你是一个在工作中老板离不开的人，或这个命令老板只能依靠你去执行。如果不是这样，则可以假意接受下来，但在执行中让它走样，变形，从而使它的危害性变小或没有。

总之，作为一个负责任的下属，作为一个充满正义感的下属，要牢牢记住，在任何情况下，都应该把企业的整体利益放在首位。你如果这样做了，即便老板误解了你，但在事实面前，最终他还是会认识到你是正确的。到时，他就会万分地感谢你，因为是你的坚持，或是你的“胡作非为”才免除了一场重大损失，也才免除了他的灾难性后果。

无事也要多请教

日常工作中与人交往时，“闭嘴”可使你得到好处，有时可以帮你免掉自讨苦吃之虞，有时还可以帮助你成功地做上一笔好买卖。

小李和小陆是同一所名牌大学的毕业生，他们的成绩都很优秀。两人分配到同一家单位。一年以后，小陆被提升为部门主管，小李则被调到公司下属的一家机构，职位没有实权，地位明升暗降。为什么呢？

他们分配到该单位后，领导各交给他们一件工作，并交代他们可以全权处理。

小李接到任务后，做了精心的准备，方案也设计得十分到位。他一心投入工作，全然不记得要向领导请示一下。领导是开明的，既然说过让他全权处理，自然也不干涉，但也没有和下面人交代什么。等到小李把自己的计划付之于实践时，各部门人员见他是新来的，免不了有些怠慢，小李心直口快，与一个人顶了起来，这可惹了麻烦，因为这人正是公司总经理的亲信。后果可想而知，他的工作处处受阻，最后计划中途“流产”。

小陆接到任务后，经过周密分析调查，提出了若干方案给领导看，又向领导逐条分析利弊，最后向领导请教用哪个方案。这时，领导对他的分析已经信服了，当然采取了他所推荐的那个方案。这时他又问领导如何具体实施。领导说：你自己放手干吧，年轻人比我们有干劲。小陆连忙说，自己刚来，一切都不熟悉，还得多听领导的意见。因为小陆的态度谦恭，意见又到位，领导很满意，当即给几个部门的主管打电话，让他们大力协助小陆的工作。因为有了领导的交代，小陆在实施自己的方案时又时时注意与各部门人员的协调，所以他的工作完成得又快又好。

孔子教导我们要“不耻下问”，按这种道理说，“上问”就更是理所当然了。领导也许学历不如你，某些方面的能力也许不见得很强，但是他能成为领导，自然有他的长处，多向他请教不但能提高自己的能力，有助于做好工作，还能给领导留下良好的印象。一举两得，何乐而不为呢？

有人因为害羞而不敢向领导请教，有人因为自傲而不愿向领导请教，有人害怕向领导请教会显得自己没水平……其实大可不必顾虑这些。多思勤问的人总会得到领导的重视的：一是，你的提问显出你对工作的热情和思考；二是，你的提问显出你的谦虚和诚恳。这样的人谁会不喜欢呢？

你是不是常常向上司询问有关工作的事？或者是自己的问题，有没有跟上司一起商量呢？

如果没有，从今天起，你就应该做出改变，尽量地发问。一个不成熟的部下向成熟的上司请教，这并不可耻，而且是理所当然的。即使你并不是不懂，也要“问”，从而可以满足上司好为人师的心理。千万不要想：“我这样问，领导会不会笑我，我是不是丢了脸？”如果你这样想，那就是多虑了。

有心的上司都很希望他的部下来询问，部下来询问，就表示他在工作上有了不明之处，而上司予以回答，就能减少错误。

如果你假装什么都懂，一切事都不问，上司会觉得“这个人恐怕不是真懂”，会对你的能力表示怀疑。

除了金钱以外，任何事情都可以问，诸如工作上的难题、家中的困扰、男女感情的苦恼，都可以跟上司谈谈。

作为上司，他们必定很喜欢能敞开胸怀，有事和自己商量的部下。

第四章

商战推销术

推销时的说话艺术

作为一个推销员，最大的问题就是无论他怎么努力，对方都仍然无动于衷。而一个出色的推销员却能够掌握推销时的说话艺术，从而使推销变得很简单。任何 s 一个推销员都渴望拥有这样高超的说话艺术。

遗憾的是，这种说话艺术并不是轻易就能得来的。一个很有说服力的事实是，在商业活动中，成功的毕竟只是少数，大多数推销员都还在苦苦地奋斗。

以下介绍推销时可以用到的几种重要的说话艺术，其中有一些是前面已经提到过的。

迎合对方的兴趣

最重要的一点其实不是你的产品有多么出色，而是对方对你和你的产品的认同。一般来说，这种认同跟他的兴趣是相符合的—只有这一点才是最重要的。

柯达公司的总经理伊斯曼先生为了纪念自己的母亲，准备建造“吉尔本剧院”。纽约优美座椅公司的经理艾当森想要得到剧院座椅的订单，于是跟剧场的建筑师约特一起去见伊斯曼先生。

在路上，约特对艾当森说：“我知道你很想得到这个订单，但是伊斯曼先生很忙，脾气也不好，这次会面最好不要超过 5 分钟，否则你就一定得不到这个订单。你最好尽快说明情况，然后迅速离开。”

伊斯曼先生确实很忙，当他们走进他的办公室的时候，他正在埋头整理文件。他摘下眼镜点头示意，并且问道：“两位有何贵干？”

约特介绍了艾当森。艾当森并不急于说明自己的来意，而是说：“伊斯曼先生，我没有想到你的办公室这么漂亮。能够拥有一间这样的办公室，是一件多么美妙的事情啊！说实话，我从未见过这么漂亮的办公室。”他走到办公桌的旁边，问道：“这个办公桌一定是用英国橡木做的，如果我没有猜错的话。”

“是的，”伊斯曼回答道，“是从英国进口的，我的一位研究木材的朋友帮我选的。”

接着，艾当森又称赞了伊斯曼先生的许多收藏品，并且对他的善举表示了由衷的赞美。艾当森引导着伊斯曼说出了自己早年的创业史。

伊斯曼深情地回忆起他早年的贫穷日子，包括他为了赚50美分而去做推销业务。他说道，当时他拼命地赚钱，就是为了让和自己一起受苦的母亲过上好日子。

时间一分一秒地过去，很快就超过了两个小时，但是伊斯曼先生却谈兴正浓。到了午餐的时间了，伊斯曼先生邀请艾当森一起进餐，艾当森当然答应了。

艾当森一直没有提订单的事情。他知道，对伊斯曼来说，这件事情现在已经变得不值一提，因为他已经把艾当森当做朋友了。后来，等艾当森打算告辞的时候，伊斯曼主动提出要向艾当森公司下订单。

可以看出，艾当森看起来好像并没有在说服伊斯曼上费多大劲儿，但是他用适当的话题使谈话以一种平和、愉快的气氛朝对他有利的方向发展，并在最后达到了自己的目的——这是必然的。

假如艾当森没有采用这种方法，而是一直对伊斯曼进行说服，可以想象，不出5分钟，他就不得不离开伊斯曼的办公室。

迎合对方的兴趣的确很重要，因为这种方法可以拉近你和客户之间的关系，建立相互之间的信任。众所周知，在与陌生人的交往中，这一点是极为重要的。就像艾当森做的那样，原来显得十分困难的事情，最后却变得极为简单。

请别人帮个忙

每个人都希望被别人重视，不管他处在何种地位、有多么成功或失败。在推销商品的时候，请别人帮个忙，能够使别人得到一种被欣赏和受尊重的感觉，从而更加愿意购买你的产品。

爱莫塞尔负责推销铅管和暖气材料，他进入这个行业已经很多年了。这次，他在布洛克林地区推销的时候，遇到了一位难缠的客户。这位铅管经销商只要一见到爱莫塞尔，就会冲他吼道："滚，我什么都不需要！"

爱莫塞尔作为一个优秀的推销员，并没有被这种困难打倒，他依然坚持不懈地对这位客户进行推销。后来，他想出了一个好办法来解决这个难题，于是他又一次走进了那位经销商的办公室。

"我不是来推销产品的，"爱莫塞尔说道，"而是来请你帮个忙的。我们公司准备在这里成立一个分公司，而你正好对这个地方比较熟悉，你认为我们公司应该把分公司选在哪儿呢？"

这位喜欢吼叫的经销商一下子就变得非常友好了，滔滔不绝地跟爱莫塞尔聊开了。当离开的时候，爱莫塞尔已经用这种方式赢得了这位经销商的友谊，并且得到了一个不小的订单。

适当地否定你的产品

很多推销员急于把自己的产品推销出去，大多用的都是肯定性的语气。他们在无形之中给人的印象是，自己的产品适合所有人，已经没有缺点。

事实当然并非如此。即使你把自己的产品说得天花乱坠，也无法打消顾客的疑虑。你的产品真的很完美、无懈可击吗？可是人人都知道这是不可能的。他们需要知道关于这种产品的一些不好的信息，否则会认为你正在隐瞒什么。

因此，你应该适当地给对方介绍一点儿你产品的缺点，说明它并不是完美的。你应该知道，你现在的推销只是针对这位客户而已，并不需要把自己的产品说成适合每个人。

“这种产品并不适合那些油性皮肤的人，但是非常适合你。”这样来介绍你的美容产品，对方当然会更加相信你说的话，而这是帮助你建立诚信的一个很好的机会。

避免与对方争论

在你推销的过程中，即使对方做了一件事情或者说了一句话而冒犯了你，你也不要和他争论。对推销员来说，这可能算是一个最好的建议了。因为一旦你与对方发生了争论，就说明你的推销已经彻底失败。

一个叫奥哈尔的爱尔兰人，因为自己的业务表现并不理想，就来参加卡耐基的补习班。他就是那种说自己公司的汽车什么都好的推销员，即使他明明知道有很多缺点。他在推销汽车的时候，常因不愿接受顾客的批评而和顾客发生口角，而顾客通常会因为这样而不买他的汽车。

一开始，卡耐基并未教奥哈尔如何说话，而是训练他如何减少讲话和避免跟人争论。经过一段时间的训练，奥哈尔成了纽约福特公司的一名成功的推销员。

奥哈尔回忆说：“现在，我走进人家的办公室进行推销，但人家却这么说：‘什么，福特汽车？那太差劲了，就是送给我我也不要。我正打算买胡雪公司的卡车。’我听到他说这样的话，不但不反对，还会顺着他的话继续往下说：‘老兄，你说的一点都不错。胡雪公司的卡车确实相当不错。你买他们的卡车，相信你不会后悔的。胡雪公司是大公司，他们的推销员也都非常能干。’我这么说了，他就不会再继续称赞胡雪公司的汽车了，因此便不会发生争论。他说胡雪公司的卡车很好，我并没有反对，他就不得不把话停住了。这样，我就得到‘一个向他介绍福特牌汽车的机会’。

“而在过去，如果遇到这种情况的话，我就火冒三丈，并会向他指出胡雪公司的卡车质量是多么的不好。这样，就会激起顾客的逆反心理。争辩越是激烈，对方就越是会下定不买福特汽车的决心。

即使我取得了辩论的胜利，也没有任何好处。现在想起来，我过去做推销确实很失败，由于这种无意义的争论，我失去了许多宝贵的时间和金钱。我很高兴现在自己终于学会了如何避免争论、如何少说话，这使我得到了许多好处。”

恰当的语言技巧

实际上，恰当的语言技巧并不需要单独列出来，因为在所有的说话当中，都需要注意运用语言技巧。

很多推销员在推销的时候兴致不高，这直接导致了他们的失败。他们的话显得平淡无奇，对顾客没有足够的吸引力，甚至会使顾客产生反感。这里指的是声音的语调、语速以及其他声音元素。

而在需要有技巧地表达自己的意见的时候，他们也并不能让人满意。他们喜欢直来直去，而不喜欢运用语言的技巧。老实说，虽然职业要求他们更加能说会道，但是事实上却并非如此。因此，对这些没有运用语言表达技巧的推销员的忠告是：完善自己的语言表达技巧，这是你成功的一个重要因素。

推销中的应变技巧

最令人欣赏的是那种随时都能成功推销的推销员，他们的能力常常让人感到吃惊。在推销的过程中，即使遇到问题，他们也会机智而妥善地进行处理。正是这种能力决定了一个推销员能否成功。

机智有时候更多的是一种智力因素，对此我们无能为力，不得不承认有些推销员是天才，而自己却无法变成跟他们一样。但是，对大部分的推销员来说，重要的可能不是智力因素，而是方法问题。

前面已经谈过应变能力的重要性，并且提供了一些基本的方法。这里我们来讨论如何在推销中运用这些技巧。

细心观察

很多推销员在推销的时候，依照自己预先设想的推销办法照本宣科，根本不顾对方的感受。他们好像在对着墙壁发表演讲一样。

在推销的过程中，必须随时注意顾客的言行，并且要读懂各种言行的“隐语”。你必须首先了解这些“隐语”，才能采取必要的措施。

变换角色

把对方的重点转移到自己的身上。这种转移法的作用在于分散对方的注意力，使对方关注的焦点发生转变。

约翰决定再次走进亨利的办公室，希望能够说服对方购买自己公司的汽车。在此之前，他已经试过一次了，但是却遭到了失败。当他走进亨利的办公室的时候，亨利对他吼道：“你又来做什么呢？我已经说过我不会买你们公司的汽车的。”

约翰没有想到亨利会这么毫不客气地拒绝自己，这使得他格外吃惊，但是他马上就反应过来了，并对亨利说：“我并不是来向你推销汽车的。我只是听说你年轻的时候也曾经做过推销员，并且取得了很大的成功，所以我打算向你请教推销的技巧。”

亨利感到很惊讶，但是他显得很高兴。于是，他跟约翰谈起了他的一些经验和看法，直到约翰起身离开的时候才结束。

最后，亨利对约翰说：“你们公司的汽车质量的确很好。你下次过来的时候，请把一些汽车的资料给我带过来吧，我想看看。”

顺水推舟

在推销的时候利用发生的意外事件因势利导，往往会收到意想不到的效果。

一个推销员正在向顾客推销钢化酒杯。开始，他向大家介绍了产品的特点，然后他打算进行一次演示：通过把钢化酒杯扔在水泥地板上却不碎，来说明这种酒杯和一般杯子的区别。不幸的是，他恰好拿了一个质量不合格的酒杯，当他把它扔在地上的时候，杯子一下子就摔碎了。这种情况他以前从未遇到过，完全出乎他的意料。那些顾客则开始交头接耳，讨论起酒杯的质量来。

“你们看，”不一会儿，这位聪明的推销员就恢复了镇定，并说道，“我是不会将这种酒杯卖给大家的。”

接着，推销员又扔了五六个酒杯，结果一个都没有碎。这样，推销员又成功地博得了顾客的信任。

化不利为有利

在一般的情况下，话题都有各自的内涵，但是有时候却变得很模糊。这时，我们可以利用话题的模糊性，为自己的推销找到出路。顾客有时候评论推销员的产品有某种致命性的缺点，而这种缺点可能会影响他的选择，所以推销员必须想办法找出话题的模糊性，重新定义这个缺点。

一位推销员在推销衣服的时候，顾客评论道："质量的确不错，但是样式可能老了点。"推销员接口道："的确如此，不过很多顾客都喜欢这种经典的样式，不知道你是否喜欢？"这样，他巧妙地把不利的因素变成了有利的因素。

转移话题

不坚持到最后，就决不放弃——保持这样一种信念，对你的推销事业会有很大的好处。要知道，很多失败的推销者并不是没有成功的可能，而是因为他们没有尽到自己的努力而已。

比如，无论顾客以什么样的理由拒绝买你的产品，你都可以巧妙地转移话题。你应该控制好话题，使它朝对你有利的方向发展，而不要只停留在一条道路上，或只朝一个方向前进。毕竟，条条大路通罗马。

在转移话题的时候应该注意一定的技巧。你当然不能使自己看起来是在故意这么做，而应该自然地做到这一点。

用提问引起客户的兴趣

在推销过程中，那些成功的推销人士都喜欢用提问的方法来让客户购买自己的产品。

他们深信这样一个道理：懂得发问的人能掌握全局。有些推销员在他的对话中自始至终都穿插提问，从而牢牢地掌握了推销的主动权。

提问对推销来说的确很重要，但是以下要重点讨论的是，如何用提问来引起客户的兴趣。

我们总是从头开始做一件事情的。虽然这是一个常识，但是人们却常常忘了这一点。很多推销员总喜欢在客户面前喋喋不休，他们生怕遗漏了自己所做推销计划的任何一个细节。然而，他们很显然地忽视了一个问题，即他们的顾客可能对他们所说的东西毫无兴趣，或者他们发现了这一点，但是却无能为力。

结果是，通常情况下，还没有等他们把自己的话说完，客户早已不耐烦地把他们赶了出去。事实上，他们一开始就做错了。

只有在一开始就吸引住客户的兴趣，才能进行接下来的工作，否则还是不要继续的好。有一个十分简单的方法可以吸引客户的兴趣，那就是向你的客户提出一个他感兴趣的问题。发问有助于你和客户之间建立相互信任的关系，并且使他们对产品产生浓厚的兴趣。

具体来说，一个恰当的问题对吸引客户兴趣的作用主要表现在以下方面：

告诉对方他正受到重视。当你问了对方一个问题，这表明你很关心他；同时告诉了对方，这次推销的关键不在推销员，不在产品的好坏，而在客户自己。

让谈话更加自然。以问答的形式进行谈话，绝对比事先准备的推销计划更加自然。在一般人的眼中，推销员是一些奸诈的、唯利是图的小人。通过对客户的关心，你可以把你的诚信展现出来。我们知道，客户对我们印象的转变将使我们和客户之间的关系更加密切，也更加有利于客户在一个自然的氛围中下定购买的决心。

如何让自己掌握提问的技巧，从而引起顾客的兴趣呢？

针对客户的需求

这里指的是提问的内容以及目的。你提问题是为了了解客户的需求，而你提问题的前提也是了解他的需求。也就是说，你可以根据已经掌握的信息，通过提问来了解更多的信息。

具体说来，你可以根据已有的信息设计一些问题，比如知道他喜欢打高尔夫，你就可以进一步了解他为什么喜欢打、什么时候打以及和谁打之类的问题。

你要真正关心你的客户，了解他的需求并尽量想办法满足他的需求，这样他才愿意满足你的需求。

问与产品有关的问题

最好使你的提问跟自己的产品结合起来。当然，这种结合不要过于明显，否则显得目的性太强，但是也不能问一些与你的推销无关的事情。比如，你想向他推销保险，却问他是否喜欢读书，这种问话并没有实际意义。

你应该知道客户并不希望进行时间太长的谈话，长时间的谈话会使客户感到厌烦、郁闷，从而拒绝购买你的产品。因此，你必须尽量压缩谈话时间，使你的问话具有更强的针对性。你应该在很短的时间里获得尽可能多的有效信息。

注意问题的表述

为了了解一个妇女的年龄，第一个汽车推销员问她："请问你的出生日期是……"这位推销员没有意识到她这样问引起了妇女的不满，因为这是个人隐私问题。

第二个推销员则比较小心地处理了这类敏感问题，他问道："这份汽车登记表需要你填上你的年龄等问题，一般人都喜欢填写大于自己实际年龄一岁的数字，你会怎么做呢？"结果妇女非常高兴地把自己的年龄告诉了他。

问题的表述方式要针对不同的人和场合而有所不同。重要的是要考虑到顾客的心理，千万不要对顾客产生伤害。否则，你所有的努力都将会是徒劳的。

不一定非要在开始的时候提问，你可以灵活地把握时机。你可以在一开始就提出问题，也可以在你们谈话进行一段时间之后再提出问题。

推销员的说服技巧

对推销员来说，价格因素是特别头疼的：顾客想要以最低的价格买到最好的产品，而公司却希望以最高的价格把最差的产品卖出去。当顾客说"这太贵了"的时候，一般的推销员都会告诉对方，这已经是公司能够给出的最低价格了，结果顾客总是摇摇头走开了。但是齐格勒似乎从未遇到过这种情况。

齐格勒曾经推销过一种不锈钢锅。这种锅非常结实，所有的顾客在听完他的介绍后，都认为这种锅的质量的确不错，但是他们也都认为它的价钱太高了。

“价钱太高了，”顾客通常会这么说，“比起一般的锅，它起码要贵200美元。”

“的确如此，”齐格勒说，“我们的锅比一般的锅都要贵。先生，你认为这种锅能够用多久呢？”

“它的质量的确不错，它应该是永久性的吧？”

“你确实想用10年、20年、30年或者更长吗？”

“我想它能够用那么久。”

“那么，”齐格勒说，“我们假设这种锅能够用10年，也就是说，相比一般的锅而言，它每年贵20美元。是这样吗？”

“的确如此。”

“那么平均到每个月呢？”

“如果是那样的话，那么就是每个月贵1美元75美分。”

“请问你太太一天做多少回饭呢？”

“一般情况下，两到三回。”

“一个月至少要做60回饭，是吗？这样一来就很清楚了——每顿饭你只不过多花了3美分而已。对质量如此好的锅而言，多花3美分应该不算是太多吧？”

“的确如此。”

我们看到，齐格勒的说服方法的确很有效，本来他的产品价钱高出一般锅很多，却被他非常巧妙地说成其实一点儿都不贵。在这种情况下，顾客是很容易被他打动的。

用事实说话

齐格勒在进行价格说服的时候，是根据事实一步步得出令人信服的结论的。推销员在进行说服的时候，也一定要做到这一点。要依靠产品本身和自己适当的逻辑来说明，让顾客接受你的观点。

我们在前面已经说过，对推销来说，首要的一点是与顾客建立一种信任关系。

任何情况下，都不要企图用诡辩和臆测来说服顾客。很多推销员都喜欢把自己的产品说得天花乱坠、跟实际情况相差很远，以至有时候连自己都未必相信自己所说的话，更不用说那些顾客了。不夸大其词、根据事实说话、以理服人，这才是说服顾客的正确的方法。

满足对方的需求

有经验的推销员一再告诫那些推销新手，不要对顾客说你的产品有多好，而要看你的产品能够满足对方什么需求。把你的产品的价格、质量、特色跟顾客的需求结合起来，这才是正确的推销方法。

只有你的产品能够满足顾客的需求，顾客才有可能听你讲下去，才有可能被你说服。

首先，满足顾客的心理需求时。在你推销的过程中，你应该对顾客始终保持应有的尊重，以顾客为中心，不断地对他进行赞美；在行为上对他很有礼貌，认真地倾听他的说话，这些都是满足他的心理需求的重要方法。其次，告诉顾客你的产品能够满足对方的某一种需求，并且针对这种结合点进行恰当的发挥，对方会很容易被你说服。

以情感人

推销是一种人与人之间的交流，因此，应该使你的推销具有十足的人情味。商业箴言“顾客就是上帝”，在某种程度上就反映了顾客和推销员之间存在的天然联系。这种联系除了是一种物质上的利益关系以外，还包括某种情感关系。

推销员应该对自己的产品充满信心，对推销工作充满热情，并在推销的过程中把自己热情、自信的一面展现出来。你应该用一种富有感染力的语言来说服对方。这种语言本身就具有一种说服作用，它能够表达除语言内容以外更多的内容。

显得很专业

必须让你的顾客认识到，就这件商品及与商品有关的诸多领域而言，你更有发言权，因而也更加可信；你是这个领域的专家，其他任何人，不管他的知识有多么丰富，也比不上你对这个领域的熟悉程度。你必须为自己建立一种权威的形象。如果你对自己的产品不熟悉，顾客很难相信你介绍的东西是正确的。当他们失去这种信任的时候，你再说什么都无济于事。

消除对方的疑虑

了解对方的恐惧或者疑惑，进行有针对性的说服。顾客之所以不买你的产品，多半是因为心存疑虑。

通过问话或者观察得到的信息来了解别人的疑虑。如果对方并没有说出来，你可以设想他可能存在的疑虑，并用确切无疑的证据消除对方的疑虑和担心。

不同年龄的顾客的应对方法

不同年龄的顾客的经验、心理、习惯等诸多方面都不一样，因此有必要对他们运用不同的推销方法。一个成功的推销员，应该具备洞察人性的能力，因此，你必须对不同年龄的顾客进行详细的研究，以便采取相应的对策。这跟我们前面说过的根据对方决定说话策略的内容很相似，只是把那个方法运用到了推销中，并且具体到了不同年龄的对象上而已。

应对年轻顾客的方法

对年轻顾客的称呼问题让很多推销员觉得很麻烦——他们既不喜欢被人称呼成“大哥”，也不喜欢被称为“小妹”。其实大可不必觉得这些问题很麻烦，因为他们虽然有自己的喜好，但是在这些方面并不怎么在意。直接称呼他们为“男孩”、“女孩”可能不会有问题，即使你跟他们年龄一般大。

年轻人追随新生事物的能力和热情，是其他年龄阶段的人无可比拟的。因此，在向他们推销商品的时候，你可以告诉他们这类商品很流行、很有创意，这种方法能够使你获得成功。

相对来说，年轻人对这个世界非常好奇。因为他们知道的东西仅限于书本，而没有什么机会去了解这个社会，或者了解得还不够，而求知欲是每个人都有的。他们的好奇心往往使他们容易被他们不熟悉的东西所吸引，并且愿意进行不断的尝试。

因此，推销员更加容易抓住他们的好奇心理，吸引他们进行各种尝试。告诉他们一些他们所不知道的东西，往往会使他们感到十分高兴，并且非常乐意跟你做朋友。

对年轻人而言，没有什么不可以做的事情，也基本上没有什么禁忌。兴趣是他们最好的导师，理性在指导他们行动的时候已经退居次要地位了。因此，只要你成功地吸引了他们的注意力，就一定会收到很好的效果。

他们一般不会固执于某个观点，但是当他们发脾气的时候，他们的爆发力非常强。这时候千万不要和他们争辩，因为不用等很长时间，他们就会自己平息下来而向你道歉的。

应对中年顾客的方法

中年顾客不同于年轻顾客的一个很重要的特点是，他们已经有了自己的家庭，他们所做的一切一般只是为了使自己的家庭变得更加富裕、快乐和幸福。他们也有自己的需要，比如个人的一些爱好，但是这基本上不会花费他们多少钱。

中年人较年轻人更加稳重，能力比较强，比老年人又更加机智。因此，不要在他们面前要什么手段，他们会很容易就识破你的伎俩，然后不动声色地看着你表演。

不过，这对你也有很多好处。如果你的产品的确十分合适的话，他们也会更加理智地购买，而不需要你花费太多口舌和精力进行说服。只要你能够真诚地对待他们，他们就会很快地看出来的。

他们似乎并不需要多少花言巧语。有调查显示，口拙的推销员和能言善辩的推销员在成年人面前打成了平手，分不出胜负。因为他们不需要你的说辞就能进行独立而清晰的思考，你的说辞有时候反而给了他们夸夸其谈的不好印象，这显然影响了那些能言善辩者的推销效果。

成年人都比较实际。他们一般不会去考虑精神上的享受或者那些感性的东西。比如，你对他进行称赞，这很有可能不会影响他的决定。这并不代表他们不需要，只是这些东西退到了次要的地位而已。

中年人一旦决定了某件事情，就很难再改变。不论他接受还是拒绝了你的推销，除了感谢，你都没有必要再多说什么。

应对老年顾客的方法

老年人对我们来说永远是一个谜。虽然我们已经通过研究得出了许多令人信服的结论，但是存在于他们身上的疑点还是很多。

老年人大都比较孤独。因此，正是他们让人们相信，推销员也可以是一个受欢迎的职业。而实际上，他们喜欢跟任何人说话。但是这并不表明“好的开始是成功的一半”，因为他们接下来要谈的内容可能并不会让推销员感兴趣，而且推销员们必须想尽办法才能使对方了解自己的希望——仅仅是了解而已。

虽然老年人经历了太多的事情，但是这并不代表他们已经看开了很多。中年时期的他们所拥有的一些品质，现在已经荡然无存了，他们仿佛又回到了年轻时期，变得容易生气、激动和愤怒。因此，永远不要说他们有错。他们的固执让人难以置信，他们已经不可能轻易地改变自己的想法了，即使你已经拿出了确凿的证据，他们还是会继续坚持自己的意见。另外，他们一般都知道自己的反应十分迟钝，因此常常对推销员所说的话半信半疑。

他们像小孩子一样，非常喜欢受到称赞。如果你提及他在某一次战争中的表现非常英勇，这能够使他的眼睛里放出光来，并且乐得手舞足蹈，他对你的好感也一下子就会有很大的提升。这显然对营造一个平和的氛围是十分有利的。

他们喜欢倚老卖老，所以推销员在向老年人推销的时候，要表现得像个老实的小孩。这能够为你赢得他们的好感，进而突破他们的防线。

演讲是人类历史发展过程中产生的一枚瑰宝